◀ 马坝人（复原像）。

▼ 宝镜湾岩画　春秋—战国。1989年珠海市高栏岛宝镜湾发现。

▶ 错银铜垒 1972年肇庆松山战国墓出土。

▶ 文帝行玺 1983年广州象岗南越王墓出土。

▶ 龙凤涡纹玉璧 1983年广州象岗南越王墓出土。

▶ 银盒 1983年广州象岗南越王墓出土。

粤式铜鼓 汉代。面径0.74米，通高0.42米。

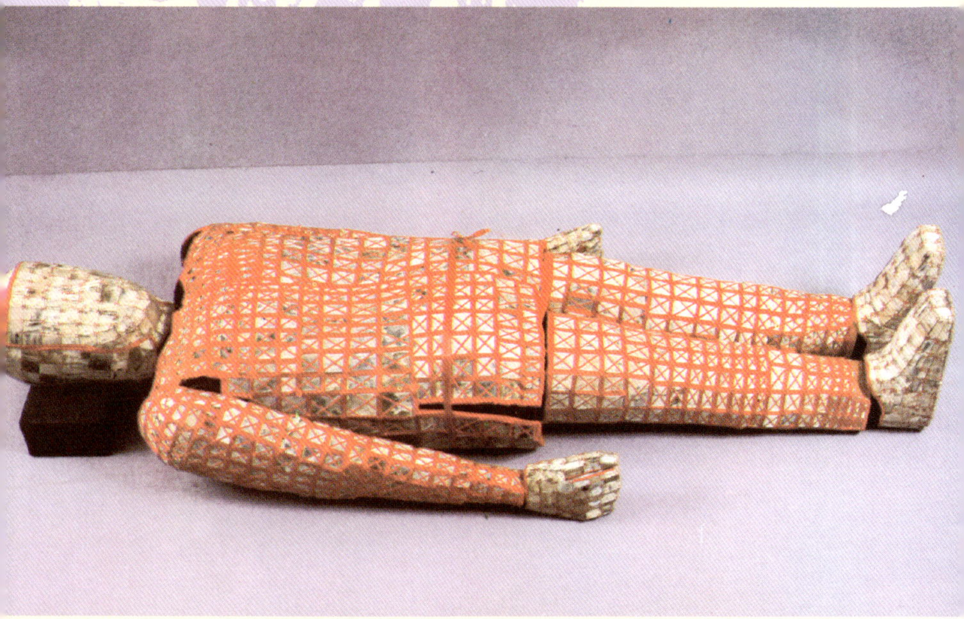

丝缕玉衣 1983年广州象岗南越王墓出土，是全国发现最早的一件玉衣。

▲ 陶船　东汉。1955年广州先烈路出土。

▲ 光孝寺　位于广州市光孝路,六朝时为制旨寺,几经易名,南宋时改名报恩光孝寺。

▶ 鎏金器　南朝。1984年遂溪县附城边湾村窖藏出土。

海神庙　位于广州黄埔庙头村,隋开皇十四年(594年)始建。

南华寺　位于曲江县马坝镇。六朝梁时为宝林寺,宋初改为南华寺。

◀ 禅宗六祖惠能像　原件乃六祖真像,现供于南华寺内。

▲ 青瓷碗　唐代。1985年广东梅县水车窑出土。

▲ 伊斯兰教徒墓碑　唐代。1978年海南三亚市送路出土。

▶ 石钱范　南汉。1982年阳春县出土。

◀ 端砚 宋代。琴式,色苍灰微带紫。1964年广东佛山市澜石镇出土

▶ 光塔 位于广州市光塔路怀圣寺内,唐或北宋始建。

▶ **青釉刻花大瓷盆** 北宋广州西村窑制，菲律宾棉兰老岛出土。

◀ **鲤鱼形瓷壶** 宋代广东潮州笔架山窑制。

▶ **铜钞版** 元代。1975年揭西县出土。

方志钦　蒋祖缘　主编

广东通史

古代上册

本册主编　汪廷奎
撰稿人
(按内容先后为序)
杨式挺　何维鼎
陈摩人　汪廷奎
李庆新　许宁英

广东高等教育出版社

图书在版编目（CIP）数据

广东通史：古代上册/方志钦，蒋祖缘主编；汪廷奎本册主编．—广州：广东高等教育出版社，1996.4
ISBN 7－5361－1846－5

Ⅰ．广… Ⅱ．①方… ②蒋… ③汪… Ⅲ．①广东－地方史 ②古代史－中国－广东 Ⅳ．K296.5

中国版本图书馆 CIP 数据核字（96）第 05882 号

广东高等教育出版社出版发行
广东省新华书店经销
深圳当纳利旭日印刷有限公司印刷
850×1168 毫米 32 开本 33.25 印张 8 彩页 690 千字
1996 年 4 月第 1 版 1996 年 4 月第 1 次印刷
印数：1－3000 册
定价：88 元

目　录

序言 …………………………………………………………… (1)
广东通史绪论 ………………………………………………… (9)
第一章　广东地区的原始社会 ……………………………… (41)
　第一节　从原始群到前期母系氏族公社 ………………… (41)
　　一、中国南方是人类起源和演进的重要地区 ………… (42)
　　二、"马坝人"——黄色人种的原祖之一 ……………… (44)
　　三、广东的晚期智人和早期现代人 …………………… (48)
　　四、母系氏族社会 ……………………………………… (50)
　第二节　母系氏族社会繁荣时期 ………………………… (56)
　　一、母系氏族繁荣时期的遗址分布 …………………… (56)
　　二、生产、生活用具及其工艺 ………………………… (59)
　　三、原始稻作农业的出现 ……………………………… (67)
　　四、房屋和葬俗 ………………………………………… (69)
　第三节　父系氏族社会的氏族部落 ……………………… (73)
　　一、锄耕农业和家畜饲养 ……………………………… (73)
　　二、原始手工业及其技术 ……………………………… (76)
　　三、小房屋 ……………………………………………… (85)
　　四、埋葬制度和拔牙习俗 ……………………………… (88)
　　五、原始宗教和文化艺术 ……………………………… (92)

第四节 广东原始居民与外地原始居民的关系 ……… (95)
　一、种系和族属关系 ……………………………… (95)
　二、与长江中下游、东南沿海原始居民的文化关系 ……… (98)

第二章 不发达的奴隶制和岭南古越族 ……………… (102)

第一节 原始社会的解体和阶级社会的出现 ………… (102)
　一、私有制的产生和氏族公社的逐步解体 ………… (103)
　二、从氏族公社解体到阶级社会的出现 …………… (105)

第二节 阶级等级关系和小国的"君"、"王" ……… (109)
　一、青铜器和埋葬制度所反映的等级、阶级关系 ……… (110)
　二、不发达的奴隶制和"百越之君" ……………… (116)

第三节 青铜时代的社会经济 ………………………… (118)
　一、青铜铸造业的出现与发展 ……………………… (118)
　二、农业和家畜饲养业的渐进 ……………………… (126)
　三、制陶业的改进 …………………………………… (129)
　四、纺织与编织 ……………………………………… (133)
　五、造船与海船船型 ………………………………… (135)
　六、交通与贸易 ……………………………………… (137)

第四节 青铜时代的文化 ……………………………… (140)
　一、刻划符号和陶文 ………………………………… (140)
　二、音乐与乐器 ……………………………………… (143)
　三、岩刻画 …………………………………………… (149)
　四、古越语和越人歌 ………………………………… (153)

第五节 岭南古越族及其特征 ………………………… (156)
　一、百越名称的由来及其种姓支系 ………………… (156)
　二、南越及其来源 …………………………………… (158)
　三、南越、西瓯、骆越的习俗与特征 ……………… (160)

第六节　岭南古越族与商、周、吴、越、扬越、
　　　　楚及东南亚的关系 …………………………（164）
　一、与商、西周的关系 ………………………………（165）
　二、与春秋战国时期吴、越、楚、扬越、闽越等的关系
　　　………………………………………………………（171）
　三、与西南地区、交趾地区的关系 …………………（174）
　四、与东南亚马来民族的关系 ………………………（176）

第三章　秦代郡县的设立与南越国的开发 ……………（178）
　第一节　秦代首置南海诸郡 ……………………………（178）
　　一、秦进军岭南 ………………………………………（179）
　　二、南海诸郡县和谪徙民 ……………………………（181）
　　三、灵渠的开凿和"新道"、郡县城的兴筑 ………（183）
　第二节　南越国的建立及其制度、政策 ………………（185）
　　一、赵佗立国 …………………………………………（186）
　　二、陆贾使越和赵佗归汉 ……………………………（188）
　　三、赵佗称帝和帝号的取消 …………………………（190）
　　四、南越国的版图和政治制度 ………………………（193）
　　五、"和辑越人"的民族政策 ………………………（196）
　　附：南越国世系表 ……………………………………（198）
　第三节　南越国的农业和手工业 ………………………（198）
　　一、"火耕水耨"的农业 ……………………………（199）
　　二、制陶业和冶铸业 …………………………………（202）
　　三、漆器制造业和丝织业 ……………………………（206）
　　四、造船技术与海船 …………………………………（208）
　第四节　汉越文化的融合 ………………………………（212）
　　一、越歌和越舞 ………………………………………（212）
　　二、宫廷音乐和饮食 …………………………………（215）

三、建筑和墓葬 …………………………………………（217）
四、汉字和汉度量衡的使用 ……………………………（220）
第五节 不发达奴隶制的继续存在与封建制的
　　　　出现 ………………………………………………（222）
一、奴隶制的继续存在 …………………………………（223）
二、封建土地所有制的出现和初步发展 ………………（225）

第四章 西汉中后期至东汉广东封建社会的初步
　　　　形成 ………………………………………………（228）

第一节 汉置交州 ……………………………………………（229）
一、吕嘉叛乱和汉楼船平南越 …………………………（229）
二、岭南诸郡和交趾部的设立 …………………………（233）
三、儋耳、珠崖两郡的裁撤 ……………………………（236）
四、东汉接收南海诸郡和交趾部改部为州 ……………（238）

第二节 封建统治的加强和土地私有制的扩大 ……（240）
一、中县人的流入和名籍统计 …………………………（240）
二、省罢贡献和征收赋税 ………………………………（243）
三、谷地的垦辟和地主经济的扩展 ……………………（245）

第三节 犁耕农业 ……………………………………………（250）
一、犁耕和水稻种植 ……………………………………（250）
二、杂粮、桑麻和水果生产 ……………………………（253）
三、犀角、象齿、鱼类和珍珠的采集 …………………（256）

第四节 民间手工业 …………………………………………（258）
一、制陶业 ………………………………………………（258）
二、铜鼓的形制和铸造 …………………………………（262）
三、木棉布和蕉葛 ………………………………………（264）
四、船的形制和设备 ……………………………………（266）

第五节　海上丝绸之路的开拓和商品集散地番禺
　　………………………………………………………………（269）
　　一、水上运输和商品集散地番禺 …………………（269）
　　二、海上丝绸之路东端进出口港徐闻和合浦 ……（274）
　　三、丝绸的出口和奇石异物的进口 ………………（281）
第六节　越族群的分化和荆蛮南移 ……………………（286）
　　一、岭南东部越人同化于汉族 ……………………（286）
　　二、从越族群分化出的乌浒人 ……………………（288）
　　三、荆蛮南移 ………………………………………（290）
第七节　汉文化在南海诸郡的推广 ……………………（293）
　　一、庠序的创设和经学家陈元 ……………………（293）
　　二、粤人从政和士风 ………………………………（296）
　　三、《南越行记》和《异物志》 …………………（298）
　　四、越人和越文化流入中原 ………………………（301）

第五章　吴晋时期广东政局的演变与社会经济的缓慢变化 ………………………………………（304）

第一节　东吴首置广州 …………………………………（305）
　　一、东汉统治的削弱和步骘攻占交州 ……………（305）
　　二、东吴与士氏的联合和破裂 ……………………（308）
　　三、陆胤治交州和广州的设立 ……………………（310）
　　四、吴晚年的暴政和郭马兵变 ……………………（314）
第二节　两晋时期的广州政局 …………………………（316）
　　一、广州归晋和郡县的增置 ………………………（316）
　　二、赋役和官吏的贪黩 ……………………………（319）
　　三、卢循据广州及其败亡 …………………………（321）
第三节　编户脱籍与流人入粤 …………………………（325）
　　一、编户大量脱籍 …………………………………（326）

二、流人入粤及其影响 …………………………………（329）
第四节　海上交通和对外贸易口岸——番禺…………（331）
   一、以番禺为起迄点的沿海航线 …………………………（332）
   二、康泰出使扶南与南海诸国使臣"入献" ……………（333）
   三、主要对外贸易口岸东移番禺 …………………………（334）
第五节　农业、手工业、商业的进步和地区差异
   ………………………………………………………（338）
   一、犁而后耙的农耕和果木园艺 …………………………（339）
   二、采矿业和手工业 ………………………………（341）
   三、商业和内地交通 ………………………………（344）
第六节　学术和宗教 ……………………………………（346）
   一、学术与选举 ……………………………………（346）
   二、佛教的传入 ……………………………………（348）
   三、道教的传入与葛洪的炼丹术、医术 …………………（350）
   四、地方史志的修纂 ………………………………（354）

第六章　南朝至隋广东全境封建制的确立与民族的分化、融合 ……………………………………（357）
第一节　宋、齐、梁、陈的更替 ………………………（358）
   一、州、郡、县的变迁 ……………………………（358）
   二、刘宋两定广州 …………………………………（361）
   三、陈霸先北伐侯景 ………………………………（363）
   四、欧阳纥之乱和陈后主的倒行逆施 ……………………（365）
   五、冼夫人和辑俚人 ………………………………（367）
第二节　广东西部封建化的完成和各州郡豪族
   势力的增长 ………………………………………（370）
   一、俚人地区封建化的完成 ……………………………（370）
   二、赋役制度 ………………………………………（373）

三、豪族势力的膨胀 ……………………………………（375）
第三节　广州港对外贸易的扩大和岭南的以银
　　　　 交易 ………………………………………………（379）
　　一、进出口船舶的增多和对外贸易 ……………………（379）
　　二、官吏的贪廉对外贸的影响 …………………………（382）
　　三、以银交易和外国银币的使用 ………………………（384）
第四节　农业缓步发展和手工业的多样化 …………………（387）
　　一、南迁人口的增加和农业的发展 ……………………（388）
　　二、陶瓷制造的进步及其外销 …………………………（390）
　　三、手工业和工艺品的多样化 …………………………（391）
　　四、采珠、煮盐、造船与矿冶 …………………………（394）
第五节　俚、僚、莫瑶各族的分化融合 ……………………（396）
　　一、俚人及其与汉族的融合 ……………………………（397）
　　二、僚及其与乌浒、俚人的关系 ………………………（399）
　　三、岭南莫瑶和粤北诸蛮 ………………………………（401）
第六节　南朝的文化 …………………………………………（404）
　　一、南来寒门士人的影响和《南越志》、《广州记》……（404）
　　二、名僧踵至，佛寺大兴 ………………………………（406）
　　三、道教及其神话传说 …………………………………（409）
　　四、民间风俗 ……………………………………………（411）
第七节　隋统一政权下岭南的改革和豪族势力的
　　　　 继续膨胀 …………………………………………（413）
　　一、隋平岭南 ……………………………………………（414）
　　二、州郡的设置与省并 …………………………………（417）
　　三、省刑宽政与轻徭薄赋下的经济 ……………………（421）
　　四、羁縻政策与豪族势力的继续膨胀 …………………（423）
　　五、流徙制度和流人 ……………………………………（427）

六、反隋割据局面的形成 ………………………… （430）

第七章 唐代广东经济的全面进展与社会文化的巨大改观 ………………………………… （432）

第一节 统治岭南的政治与军事制度 ……………… （433）
一、李靖抚定岭南 ………………………… （433）
二、总管府、都督府、岭南道、岭南东道和诸使的建置 ……………………………… （435）
三、州（郡）县沿革 ……………………… （443）
四、选官制度 ……………………………… （448）
五、军事制度 ……………………………… （453）

第二节 赋税与户口的变化 ……………………… （459）
一、唐前期以租、庸、调为核心的财税制度 ……… （460）
二、两税法实施后财税制度的变化 ……… （464）
三、户口增长与人口分布 ………………… （470）

第三节 农业的全面开发 ………………………… （474）
一、耕地开发向深度与广度伸延 ………… （474）
二、兴修水利 ……………………………… （478）
三、耕作技术的提高与农作制的改进 …… （480）
四、多种经营与商品化生产 ……………… （483）

第四节 手工业生产部门的增多与生产技术的提高 ……………………………………… （490）
一、矿冶业 ………………………………… （490）
二、陶瓷业 ………………………………… （494）
三、纺织业 ………………………………… （497）
四、造船业 ………………………………… （499）
五、制盐业与采珠业 ……………………… （502）
六、其他手工业 …………………………… （505）

第五节　水陆交通的兴盛 ··(510)
  一、关津和驿馆的设置 ··(510)
  二、水陆通道的整治与广州港口的建设 ···················(514)
  三、以广州为中心的交通网络 ···································(517)
  四、远洋交通与"广州通海夷道" ······························(524)

第六节　城乡商业的繁荣与海外贸易的勃兴 ···············(529)
  一、城乡商业的兴旺 ··(530)
  二、金、银、铜钱并用的特殊货币区域 ·····················(536)
  三、对外贸易的空前繁荣和经营方式的改变 ············(540)
  四、市舶使（院）的设立及其作用 ······························(544)
  五、外贸地域的扩大与进出口商品 ···························(549)
  六、"蕃坊"的出现与华人成批移居海外 ···················(552)

第七节　豪族势力的衰落与粤籍官宦的当朝 ···············(557)
  一、豪族势力的逐渐衰落 ···(557)
  二、张九龄、刘瞻的政治活动 ···································(562)
  三、杨思勖、高力士的宦官生涯 ·······························(568)

第八节　粤西汉越民族的进一步融合 ··························(572)
  一、俚族的消失和瑶、僚的分布 ·······························(573)
  二、黎族及其族源 ···(575)
  三、蛋人的由来 ··(577)

第九节　官民关系和阶级关系 ····································(579)
  一、官多黩货 ···(579)
  二、庄园经济的发展与农民负担的加重 ····················(581)
  三、蓄奴的盛行 ··(583)

第十节　黄巢起义军下岭南 ·······································(586)
  一、黄巢起义军攻占广州 ···(587)
  二、武装割据势力的兴起 ···(590)

第十一节　社会文化水平的显著提高 (592)
  一、教育与科举 (593)
  二、流人贬官的大批南来及其对广东文化发展的影响 (596)
  三、佛教的盛行与中外僧人的求法传道活动 (600)
  四、惠能与禅宗 (605)
  五、道教、伊斯兰教和其他宗教 (609)
  六、张九龄、刘轲、邵谒的文学成就 (612)
  七、医药的发展与对外交流 (618)
  八、粤菜及其特点 (620)
  九、《北户录》、《岭表录异》和《中国印度见闻录》 (623)

第八章　南汉的兴亡 (627)
第一节　南汉政权的建立 (627)
  一、刘氏崛起 (628)
  二、刘岩称帝 (630)
  三、南汉的政治制度 (633)
  四、南汉的疆域 (639)
  五、南汉的对外关系 (642)
  附：南汉世系表 (649)

第二节　社会经济的增长 (650)
  一、北人南移和农业生产的发展 (650)
  二、手工业生产与冶铸工艺的提高 (654)
  三、商贸的活跃 (659)
  四、兴王府的城市和园林建设 (661)

第三节　统治者的苛暴与张遇贤起义 (664)
  一、皇帝的奢暴 (665)
  二、宦官的专权 (668)

三、赋役的繁苛 …………………………………………（670）
　　四、张遇贤起义 …………………………………………（672）
第四节　人文继起和佛教风行 ………………………………（674）
　　一、科举仿唐制 …………………………………………（674）
　　二、诗文并茂，人才辈出 ………………………………（675）
　　三、《唐摭言》和《南汉国史》…………………………（678）
　　四、颇具规模的宫廷音乐 ………………………………（679）
　　五、天文、历算与医学 …………………………………（680）
　　六、崇重"西教"，"云门"大兴 ………………………（681）

第九章　北宋广南东西路的建置与社会经济的发展 …（685）
第一节　广南东西路的建置和政治军事措施…………………（686）
　　一、宋平南汉 ……………………………………………（686）
　　二、广南东西路的建置 …………………………………（689）
　　三、各级官员与"摄官" ………………………………（692）
　　四、禁兵、厢兵、乡兵 …………………………………（696）
第二节　赋役制度和农业 ……………………………………（700）
　　一、赋役制度及其演变 …………………………………（701）
　　二、农民境况的改善和户口的增长 ……………………（704）
　　三、农业技术的改进和农产品种类的增多 ……………（709）
　　四、农田水利建设和粮食的富余 ………………………（714）
第三节　采矿、陶瓷等各业的兴盛 …………………………（717）
　　一、银、铅、锡、铁等开采业的勃兴 …………………（717）
　　二、岑水场与胆水炼铜 …………………………………（721）
　　三、居全国首位的永通钱监 ……………………………（725）
　　四、盐产量的增加和销盐区的扩大 ……………………（727）
　　五、陶瓷业的发达 ………………………………………（730）
　　六、端砚的制作 …………………………………………（734）

　　　　七、舠舶船和大㯶船 …………………………………… (736)
　第四节　商业、交通的发展…………………………………… (738)
　　　　一、广州三城和其他州县城的修筑 ………………… (738)
　　　　二、水陆交通建设 …………………………………… (741)
　　　　三、市舶司的建立和对外贸易 ……………………… (747)
　　　　四、沿海和内地商贸 ………………………………… (756)
　　　　五、商业市镇的初步兴起 …………………………… (761)
　第五节　北宋中后期的战乱…………………………………… (763)
　　　　一、侬智高围广州 …………………………………… (763)
　　　　二、零星的变乱 ……………………………………… (766)
　第六节　汉、瑶、黎族风俗…………………………………… (768)
　　　　一、汉族风俗 ………………………………………… (768)
　　　　二、瑶族风俗 ………………………………………… (772)
　　　　三、黎族风俗 ………………………………………… (774)
　第七节　州县兴学和文化事业的加快发展…………………… (778)
　　　　一、州县学的设立 …………………………………… (778)
　　　　二、士宦南来和苏轼贬粤 …………………………… (781)
　　　　三、进士的增多和文化的发展 ……………………… (785)
　　　　四、余靖及其政治主张 ……………………………… (787)
　　　　五、医疗和医学 ……………………………………… (790)
　　　　六、佛教禅宗的衰落和著名寺庙 …………………… (791)
第十章　南宋广东沿海地区的加速开发与文明的
　　　　增进 ……………………………………………… (796)
　第一节　地方建置与水陆兵防………………………………… (796)
　　　　一、新县的增置和吉阳军辖境的扩大 ……………… (797)
　　　　二、水陆兵防的加强 ………………………………… (799)
　第二节　人口南迁和土地开发 ……………………………… (803)

一、北人大规模南迁及其分布 …………………… (803)

　　二、农田水利工程的普遍兴建 …………………… (809)

　　三、麦、棉种植的推广 …………………………… (812)

　　四、珠江三角洲等沿海地区的加速开发 ………… (814)

　　五、战乱下北部山区经济的衰退 ………………… (819)

第三节　城乡赋税和阶级关系 ……………………… (823)

　　一、赋役和广南独存的丁米 ……………………… (824)

　　二、名目繁多的杂税和苛敛 ……………………… (830)

　　三、地主、土豪和农民 …………………………… (834)

　　四、日趋尖锐的阶级矛盾和频繁的农民起义 …… (840)

第四节　手工业的消长 ……………………………… (843)

　　一、盐法变更和抑配食盐 ………………………… (844)

　　二、采矿和铸钱业的衰落 ………………………… (847)

　　三、沿海地区大规模造船 ………………………… (849)

　　四、棉纺织业 ……………………………………… (852)

第五节　水陆交通与贸易的变化 …………………… (854)

　　一、水陆交通和海上米粮运输 …………………… (855)

　　二、泉州兴起前后的广州对外贸易 ……………… (859)

　　三、国内沿海贸易的活跃 ………………………… (866)

　　四、重税下的内地商业 …………………………… (869)

　　五、实物税的进一步货币化和纸币的始用 ……… (873)

第六节　瑶族分布地区的扩大和海南黎族社会

　　　　　发展的不平衡 ……………………………… (875)

　　一、抚黎政策和黎族的社会经济 ………………… (876)

　　二、瑶族的分布及其变化 ………………………… (882)

　　三、壮族源流及其与俚、僚的关系 ……………… (887)

第七节　四大方言的形成 …………………………… (890)

一、粤方言 ……………………………………………… (890)
　　二、潮州方言 …………………………………………… (893)
　　三、客家方言 …………………………………………… (896)
　　四、海南方言与雷州方言 ……………………………… (898)
　第八节　文明增进和兴学育才 …………………………… (899)
　　一、书院的初兴和理学的传播 ………………………… (900)
　　二、广潮二州文教领先 ………………………………… (904)
　　三、学田和贡士庄 ……………………………………… (909)
　　四、地方志的纂修和图书的刻印 ……………………… (911)
　　五、医药、社会福利事业与游乐设施 ………………… (914)
　　六、南海神庙和道教南宗五祖白玉蟾 ………………… (920)

第十一章　元朝对南人的压迫及其短暂统治 …………… (925)
　第一节　南宋行朝的覆亡 ………………………………… (926)
　　一、"二王行朝"的建立和文天祥抗元 ………………… (926)
　　二、熊飞、马发抗元和元军三下广州 ………………… (928)
　　三、张世杰抗元和崖山之战 …………………………… (931)
　第二节　压迫南人的措施和人民的反抗 ………………… (935)
　　一、广东道与海北海南道的建置 ……………………… (935)
　　二、驻军与屯田兵 ……………………………………… (941)
　　三、民族歧视和民族压迫 ……………………………… (942)
　　四、广东人民的抗元斗争 ……………………………… (945)
　第三节　农业缓慢发展和农民封建依附性的
　　　　　加强 …………………………………………… (949)
　　一、轻田税，重科差 …………………………………… (949)
　　二、农业缓慢发展 ……………………………………… (955)
　　三、土地占有更为集中和地主对佃农剥削的加重 …… (964)
　第四节　手工业与采珠业 ………………………………… (967)

一、盐的生产和销售 ……………………………（968）
　　二、造船、陶瓷和矿冶业 ………………………（971）
　　三、得自海南的黄道婆棉纺织技术 ……………（976）
　　四、为害蜑民的采珠业 …………………………（977）
第五节　国内外贸易与水陆交通 ………………………（979）
　　一、市舶制度的完善和海外贸易 ………………（979）
　　二、国内贸易与纸币的使用 ……………………（986）
　　三、驿站和内河渡船 ……………………………（990）
第六节　封建统治深入黎峒和瑶、僚、回族
　　　　　分布的扩大 ……………………………（994）
　　一、元兵深入黎境和黎兵万户府的设置 ………（994）
　　二、广州和海南的回族及其风习 ………………（999）
　　三、遍布于山区的瑶、僚 ………………………（1002）
　　四、畲族及其风习 ………………………………（1005）
第七节　学校教育与民间诗社的出现 …………………（1008）
　　一、儒士地位的低下 ……………………………（1008）
　　二、科举迟兴与民间诗社 ………………………（1009）
　　三、官学和乡学 …………………………………（1011）
　　四、陈大震《南海志》 …………………………（1015）
第八节　反元起义和土豪割据 …………………………（1016）
　　一、各地人民的反元起义 ………………………（1017）
　　二、土豪割据和何真据粤 ………………………（1019）

征引书目 …………………………………………………（1022）
后记 ………………………………………………………（1043）

序　言

　　一个国家如果没有自己的有系统记载的历史，它便不知道自己的来龙去脉，不能很好地总结自己的历史遗产和吸收历史经验教训。这不能不说是一大憾事。值得深为庆幸的是，中国有着光荣的历史传统，有着世界上最丰富的典籍。对此，我们应引以自豪。

　　过去，史学界研究地方史的成果较少，而广东通史更是空白。随着我国社会主义物质文明和精神文明建设的飞跃发展，随着改革开放的日益深化，人们更需要深入了解中国的国情、省情和地情，为当前所用，同时还要更广泛、深入地进行爱国主义教育，弘扬祖国的光荣传统，振奋民族精神。于是，地方志、地方史的修纂，在全国各地开展起来。

　　中国幅员广大，纵横960万平方公里，约相当于欧洲的面积。她现在拥有12亿人口，约占全人类的1/5以上。她的每一个省都抵得上欧洲的一个大国或中等国家，都有其局部的发展史，而其内涵则远较欧洲的任何一个国家为丰富。由于欧洲的国家众多，故有许多国别史著作，令人眼花缭乱。又由于欧洲许多国家资本主义发展的历史最早，影响及于全世界，故西方史学家有"欧洲中心"之说。我国以往有些学者和人们受此说的影响，对欧洲的历史不无向往之情，对英吉利、法兰西、德意志、意大利、俄罗斯的历史和文化备加推崇，甚至推而至于上古史，言必称希腊、罗马，反而对自己祖国的历史不屑一顾。近来，在少数人中也颇有崇洋媚外、颠倒历史之风，似乎无论西方的什么东西，都比中国的好，中国要发展，就得走西方的老路。甚至有少数学者认为，近代中国人反对西方的侵略都是徒劳和多余的，如果中国人不搞那么多的反侵略、反封建斗争和起义、改革、革命，老老实实地向西方学习，也许中国的近现代化还要来得快捷。于是有革命不如改良，改良不如洋务，洋务不如洋治，起义不如绥靖，抗战不如求和的怪论。这种人不仅对中国历史是无知的，而且对他们所津津乐道的西方历史和世界历史也是无知的。他们似乎不知道近代西方殖民主义为害之惨烈，被害地区和人民的"亡国灭种"之痛。我们在学习中国历史的时候，深深地庆幸，正因为我们祖国有着光荣的历史传统，有着敢于和善于斗争的伟大人民，才能顶住西方世界的巨大压力，不致亡国灭种，终于争得了国家的独立、新生和发展。要认识世界，就必须学习世界史。要认识中国，就必须学习中国史。要深刻认识中国，还必须学习中国的区域史。中国的幅员太大了，要全面了解中国，就得分区进行研究，而研究历史和现状都是同等重要的。研究历史是研究现状的钥匙。

过去，人们对地方史的研究不大重视，认为地方史只是中国历史的局部，没有普遍的意义；还认为全国性的许多问题都来不及研究，哪来的工夫去研究区域性的问题！有的学者则认为，研究地区性问题，不能引起全国或世界学者的注意，很难"问鼎中原"、"走向世界"，故不愿为此付出精力。我们这本书的编写只有一种探求未知领域的欲望，不敢有扬名海内外的奢望，功名利禄早已置诸度外。然而话又得说回来，须知研究区域史是深入研究中国史所必需的。现存的各种中国通史，虽经史学前辈诸老的努力提倡，现已颇具规模，但对许多问题仍语焉不详或未曾涉及，对中国各大行政区和省的叙述则基本上是空白的。这是因为缺乏省史或区域史的研究。中国是由各个区域组成的，如果缺少区域性的研究，整部中国通史必然是不够充实的和缺乏区域特性的。以往中国历史给人的印象要么是皇朝的兴替、内乱外祸的演变和帝王将相的轮番登场，要么是宫廷斗争、官场斗争、党派斗争加群众斗争，多不及其余。其所以如此，是因为只有几条粗线的纵向研究，而没有或缺乏横向和点、面研究。要改变这种状况，光靠几个专家不断对中国通史进行修订和改编是无济于事的，必须动员全国各省的史学工作者分头去研究各省的历史，甚至是省以下各地区的历史，加以充实。我们感到欣慰的是，现在各省都在组织人力写各省的通史，若干年后，将陆续有大部头的各省通史问世。在各省编成通史的基础上再组织专家重新编写的中国通史，其面目将会为之一新。在这个意义上说，编写区域史就不仅是某一个地区的事情。再者，就各省历史的悠久、地域的广大和社会现象的多样而言，不见得会比欧洲任何一个国家逊色，这就赋予各省通史以重大意义。比方说，研究宇宙的起源，固然是科学界都关注的课题，但对作为生命起源的单细胞生物的研究，何尝没有重大意义呢！国史和省史乃至地区史的研究，只是分工的不同罢了，其重要意义当然是不分伯仲的。

广东省现有面积18万多平方公里，人口6000余万。其面积为法国的1/3弱，西班牙的1/3强，德国的1/2，意大利和英国的大半，分别超过或大大超过希腊、葡萄牙、奥地利等20余国。其人口超过除俄、德外的欧洲每个国家。鉴于偌大的一省尚无全省通史之作，我们乃自告奋勇，不避浅陋，勉为其难，于1987年编写出版了一部《简明广东史》，作为尝试。《简明广东史》是第一部系统介绍广东古今历史的专著，凡约60万字，费去了11位同人的几年心血。该书问世以来，颇多好评。但由于篇幅所限，简明则过之，深广则不足，故我们决定再接再厉，写一部六卷本约350万字的《广东通史》，为人们了解省情提供详细的历史依据，为填补中国通史中的广东地区的空白竭尽绵力。

广东是中国的南疆，濒临南海，自古以来，素称海上交通发达，是中国对外的海上门户，其历史和地理位置之重要，非内地一些省份可比。从这个方面看，广东的历史不仅具有全国性的意义，而且有世界意义。要深入研究中外交通史和中外经济、文化交流史，就非研究广东史不可。

广东是受西方资本主义侵略最早和反侵略最早的地方，与此同时，也是最早学习西方先进科学技术和经济、政治、学术的地方。进入近代以来，广东一反过去在历史风云中的相对沉寂状态，在全国反帝反封的斗争中，一直处于领先地位，为全国和全世界所瞩目。许多震动中外的事件在广东发生，许多全国性和有世界影响的领袖群伦的人物在广东成名或成长。其中在中国近代史上享有历久不衰的盛誉者，有林则徐、洪秀全、康有为、梁启超、孙中山等。至于可列入全国性的近现代明星级人物则更不胜枚举。这比之于古代广东的全国著名人物寥若晨星，数千年间只有赵佗、葛洪、惠能、张九龄、余靖、崔与之、陈白沙、湛若水、海瑞、屈大均、袁崇焕等人大不相同。近现代广东的历史，在某种意义上说是全国历史的缩影，其重要性当远远超出区域史的范围之外。要深入研究中国近现代史，就非研究广东近现代史不可。

我们认为，通史之所以为通史，应上下古今相通，经济、政治、文化相融相通，不能只限于写政治史，所以决心将广东通史分类详述，篇幅比《简明广东史》扩大约六倍，共分成三部六册：古代部分上下二册，上册自史前至元代，下册自明代至清代鸦片战争以前；近代部分上下二册，上册自鸦片战争至洋务运动，下册自维新运动至护法运动；现代部分上下二册，上册自五四运动至土地革命，下册自抗日战争至解放战争。古代部自上古至鸦片战争前，只占全书的1/3，而近现代两部110年的历史却占全书的2/3，可谓"厚今薄古"了。所以如此，并非我们对广东近现代史有所偏爱，而是根据广东历史发展的特点来决定的。

古代广东比中原和长江流域地区开发较晚，较为落后，故周秦以前记载甚少，无可大书特书者；秦汉三国以来，受中原经济、政治、文化影响较多；两晋以逮隋唐，中原人士逾岭南徙者日增，广东逐渐向中原追赶，差距日见缩小，且以对外开放和交流之故，独占海上交通鳌头，有所谓"海上丝绸之路"东方起迄点广州在焉，历史地位渐形重要；两宋以来，广东乘中原战乱频仍之际，急起直追，其发展速度颇快；及于明清，追赶势头更猛，以致社会经济在许多方面居于全国领先地位。然而就整体而言，广东比之于国内一些经济、文化发达的地区尚属后进，故给予全书1/3的篇幅（一百余万字）应属恰当。再者，由于宋元以前的广东史料甚为贫乏和零散，搜集殊为困难，即便将有关者全都用上，也不可能扩充许多篇幅；何况叙事贵精炼和条理，忌繁复和拖沓，亦无必要有文必录，令人生厌。古代部的篇幅虽短，而我们搜集、整理、筛选史料的时间却很长。有的史料搜求，如大海捞针，虽片言只语之引用，而检索的时间却以年月算，翻阅过的书刊的厚度则以尺计。这种情况，愈古而愈甚。有的因无文献可依，只能依赖于历年考古出土之物，用哑巴来说话。

若论史料搜集之难，以古代部分为最；若论史事之复杂性、多样性和多变性则以近现代部分为最。

广东近现代史，确是波澜壮阔、异彩纷呈、日新月异，令人目不暇给。因其人其事多与全国有直接关联，多为中国通史所乐道，所以许多史实，对省内外读者来说并不陌生。正因为如此，取材立论，亦难免与中国近现代史雷同。如若完全雷同，则无自身的特色，即无个性，价值也不大。所以写广东近现代史之难，不在无所遵循，而在有所突破。编写同人有鉴于此，故在编写过程中刻意创新。要而言之，一是中国近现代史各书中叙述过的广东史事，简略者详述之，讹误者订正之，分析不当者商榷之，遗漏者补充之；二是事关重大而中国现近代史各书略而不录者补叙之；三是注意地方特色和地理、人文环境的交代和分析。至于关乎社会经济方面的工、农、商各业以及文化、教育、民族、华侨等问题，本书尤为重视，力求作较详尽的论述，以补过去同类书籍的空白或不足。在政治方面，则力求全面反映各种政治力量、派别的错综复杂的关系，以别于以往出版的中共党史、国民党史、中国革命史等书籍，从而显出通史的全面性。香港、澳门原属广东，近代始为英、葡管治，但与广东仍息息相关，故本书对港澳问题亦有所论述。

经过五六个寒暑的奋斗，《广东通史》古代部上册终于交付出版了，其余五册或接近完成，或正着手编写，以后将陆续面世。我们愿借此机会，对长期甘于寂寞和清苦的撰稿人们表示感谢和致敬。时人说"时间就是金钱"；名人说"时间就生命"。本书的撰稿人已年逾半百，且有几位已年逾花甲，今后时日无多了。更有一位已于数年前逝世，不及见此书的出版。他们毫不犹豫地为本书的写作献出了最值得珍惜的，甚至是最后的时光，好几位已是"白头搔更短，浑欲不胜簪"了。也有不少正当"而立"和"不惑"之年的丁壮，为此书奉出了黄金的年华。他们默默耕耘，不计报酬，不慕荣利，为的是给史学界和广东人民留下一套可供查阅的长篇巨著。他们深知，要完成这一套"前无古人"的巨著，光靠一两个人的力量是绝对办不到的，要靠集体的努力，分工协作。须知他们中的每一个，如果在同样的时间内，付出同样的劳动，写出个人单独署名的专著是完全可以办到的，或者可以写出许多篇有分量的学术论文，确保名利双收的立竿见影之效。但是他们为了事业的长远利益，宁愿作出牺牲，义当衔石填海的精卫鸟。谚云"善有善报"，我衷心希望，他们的善举能得到社会的鼓励和表彰。而最好的鼓励和表彰便是阅读这部书。

不参与撰稿可能不知著此书之艰难。我们的一位可敬的史学前辈却是深知其艰的。他在许多年前，即我们编写《简明广东史》之前，曾善意告诫我们：现在编写系统的广东史的条件还不成熟，应先从专门史着手，待各专史有研究成果之后，才可作全面综合的研究。此说不无道理，但是当时根本就没有人力和时间去分门别类地研究广东的各项专史，即使有条件，也不知完成于何年何月。为了早日让人们了解广东的历史概貌，我们不能等了，于是写出了《简明广东史》，接着又不自量力撰写这部《广东通史》，我们认为，无论如何，有一部《广东通史》总要比没有好。虽然我们没有编出各项专门史的资料，也没有写出各种专门史的著作，但是都不同程度地对史料进行过分门别类的搜集和整理，并对许多课题作了专门研究。如果我们这部书质量不高，就让后人把它作为一条初辟的泥土小径走过去吧，在这个基础上可以扩充成一条混凝土的康庄大道。那末，我们就可以"筚路蓝缕"相告慰了。

唐代史学家刘知几认为：史家应兼备"史才"、"史学"、"史识"三长，而以"史识"为重。我们不敢自封三长兼备，更不敢以"史识"自诩，但是我们都有一颗献身史学的赤诚之心，有为广东修通史的不移之志，才、学、识虽有所不逮，但确信勤能补拙，"精诚所至，金石为开"。要是这部书能暂且填补广东通史研究的空缺，在图书馆的书架上占一席之地，于愿足矣。

主　编

1995年2月于广东省
社会科学院历史研究所

广东通史绪论[*]

一、历史沿革

广东地处岭南，历史悠久。在历史长河中，岭南发生的许多重大事件，丰富了广东历史的内容。在"岭南"大地上，逐渐出现了广州、广东的名称，并形成了广东省及其辖境。

距今约13万年前，就有早期古人（马坝人）生活在岭南这块土地上。商与西周时代，居住在这里的古越族先民与商、周王朝有直接间接的交往和贡物关系。春秋战国时代，岭南为百越（粤）之地，与长江流域的吴、越，特别是楚国关系密切，交往频繁。楚庭、南武城的传说，可反映这一历史时期岭南与楚、越的关系。秦始皇三十三年（前214），秦统一岭南，设置郡县：今广东大部分地区属南海郡，南路一带属象郡，西部一部分属桂林郡。南海郡治番禺（今广州市）。任嚣首任南海郡尉。中央集权下的郡县制的确立，使岭南开始直接纳入中央王朝的统治。

秦朝末年，中原爆发陈胜、吴广领导的农民起义，天下

---

* 本书所涉及的地域，既包括今广东省的辖境，也包括历史上曾属于广东的地域，但各时期所写的范围略有不同。

豪杰群起反秦。赵佗于汉高祖三年（前204年）在番禺建立南越国，称南越武王。番禺成为岭南的政治、经济中心。汉武帝元鼎五年（前112），南越王赵兴上书汉廷，请求内属，吕嘉因而叛乱。次年，汉武帝平定南越，南越国（立国90余年）亡，岭南回归中央王朝统治。汉朝将岭南重新划分为南海、苍梧、郁林、合浦、珠崖、儋耳、交趾、九真、日南九郡，比前增多六郡。

汉武帝元封五年（前106），汉置交趾刺史部，负责监察岭南九郡，以广信（今广西梧州市）为治所。东汉献帝建安八年（203）改为交州，地方行政制度变为州、郡、县三级。建安二十二年（217），吴交州刺史步骘将州治从广信东迁番禺。吴景帝永安七年（264），从交州划出南海、苍梧、郁林、高凉四郡及合浦北部，另置广州，地域相当今广东、广西两省之大半，州治在番禺。广州得名自此始。两晋和南朝仍置州、郡，但略有变化，南朝且多有更迭。梁武帝在位期间，建康发生侯景之乱。两江督护、高要郡太守陈霸先北伐侯景，得到粤西俚人的帮助，平定了给江南造成浩劫的这次叛乱。不久，他"受禅"于梁，建立陈朝。

隋初废郡为州，隋炀帝大业初又废州复郡。唐代在地方行政上仍实行州、县二级制，只是另将全国划为十道，岭南道是其中之一。唐初道为监察机构，后逐渐成为州以上的一级行政区划，设岭南节度使。唐懿宗咸通三年（862），岭南道被划分为岭南东道与岭南西道，各设节度使。岭南东道治广州，辖今广东大部。唐僖宗乾符六年（879），黄巢占广州，削弱了唐朝政府在岭南的统治势力。唐朝灭亡后，出现了五代十国的更替。后梁末帝贞明三年（917），刘䶮在广州称帝，建元乾亨，国号大越。次年改国号为汉，史称南汉国。宋太祖开宝三年（970），潘美受命伐南汉。次年二月，南汉后主刘𬬮降。南汉立国50余年，存在时间较长，在"十国"中仅次于吴越。

宋初置广南路。宋太宗至道三年（977）改置广南东路和广南西路。东路辖广州、惠州、潮州、梅州、循州、南雄州、韶州、连州、封州、新州、南恩州和肇庆府、英德府、德庆府。广东得名自此始。高州、化州、雷州、琼州及南宁军、吉阳军、万安军属广南西路（后属广东）。宋代比较重视海防，有巡海水军。东起潮州西至琼、雷都立寨防海，构成水上防御体系。南宋临安政权灭亡后，张世杰、陆秀夫等人拥立赵宋宗室，建立行朝，继续抗元。末帝赵昺在广东新会建崖山行朝。文天祥抗元，在海丰县北五坡岭被俘。他过伶仃洋时，写下了"人生自古谁无死，留取丹心照汗青"的名句。元军破崖山，陆秀夫抱少帝赵昺赴水死。元世祖至元十五年（1278），元朝置广东道，隶江西行中书省；十七年（1280）又置海北海南道，隶湖广行中书省，两道共辖10路、1军民安抚司、8州、3军、58县。

明太祖洪武元年（1368）正月，朱元璋正式建立明朝。二月，明军进取广东。二年（1369），设广东等处行中书省，又将海北海南道改隶广东。从此，广东成为中央所辖的行省之一。九年（1376），改广东行中书省为广东承宣布政使司（习惯上仍称省）。军事上设置卫所，广东防江防海的卫所居多。卫所、营寨水军，轮班巡视江防海防。明代中后期，广东爆发黄萧养起义和规模不一的多次农民起义、少数民族起义。明朝政府为了加强封建统治，先后增设顺德、新安（今深圳）、新宁（今台山）、三水、龙门、从化、恩平、永安（今紫金）、长乐（今五华）等22县，客观上使广东县的设置更趋于合理。明中期开始，葡萄牙在中国从事海盗活动和殖民扩张。明武宗正德十六年（1521）和明世宗嘉靖元年（1522），广东军民发动了驱逐葡萄牙殖民者的屯门之役和西草湾之役，保卫了我国的领土主权。嘉靖三十二年（1553），葡萄牙殖民者向海道副使汪柏行贿，获准在澳门上岸晾晒货物，万历初又行贿租借澳门为定居贸易地，从此葡萄牙租占澳门。终明之世，广东辖广州、肇庆、韶州、南雄、惠州、潮州、高州、雷州、廉州、琼州等10府和罗定直隶州，下辖8州、75县。广州为省会所在地。自嘉靖四十三年（1564）起，两广总督府驻肇庆。

明王朝灭亡后，朱明宗室桂王朱由榔在肇庆建立南明永历政权，后退迁广西梧州。粤中义军抗清斗争，所在皆有，但均失败。清朝始称广东省，其辖境与明代相同。南海诸岛是广东的海防前哨。西沙群岛和南沙群岛属琼州府的万州管辖。

1914年，民国政府废府、州、厅（厅始于清，直隶厅直属于府，散厅相当县一级）设道，广东省设6道，即粤海道、岭南道、潮循道、高雷道、钦廉道、琼崖道，下辖94县。1920年撤销各道，只有省县两级建制。省县之间时或设公署，为省派出机构。直至中华人民共和国成立初期，广东省的辖境与明清时期基本一致。

二、发展进程

从原始社会的原始群时代起,岭南就有原始人群在生息、劳动、繁衍。距今 4200 年至 4800 年前的石峡遗址第二期石硖文化表明,当时居住在粤北的先民主要从事农业生产。珠海沙丘遗址表明,夏商时期在今珠江三角洲南部一带的古代居民主要从事渔猎和采集。但是,中国自进入文明社会以来,境内的开发,迟早快慢不一,各地发展不平衡。由于当时广东土旷人稀,原始森林覆盖,又多水乡泽国,既有瘴疠,又有台风,加上五岭横亘,成为南北的天然屏障,陆路交通很不方便,制约着岭南社会生产力的发展。直到春秋战国时期,大国争霸和兼并战争,打破了各国原有的地域界限,才出现了前所未有的各地区之间的大交流与人口的大迁徙,从而也推动了岭南与吴、越、楚等国的交往,促进了岭南社会生产力的发展。广东的青铜铸造业在这一时期有了比较明显的发展和进步。一些地区氏族社会的解体过程加快了。在西江、北江、东江以及韩江流域沿岸的一些古代交通比较方便的地方,从春秋中期至战国晚期,最先出现不发达的奴隶制;但是,与中原地区比较却迟缓了一千多年,且远不如商周奴隶制发达。

秦统一岭南后,设置郡县,留戍军队,并把岭南作为强制迁徙中原"罪徒"和"谪徙民"之地。经秦皇批准,赵佗将 1.5 万名"无夫家"的妇女送到军中"为士卒衣补",实际上是与秦军婚配,繁衍后代。随着中原人民的大规模南迁,"与越杂处",也传来了铁制农具、先进生产技术和文化,加上开灵渠，筑新道，从而大大地加强了改造自然的力量，加速了土地的垦辟，促进了岭南经济、政治、文化的发展和思想意识的变化。"中县人"原有的封建生产方式，也自然会随着他们在岭南定居而得到移植和逐渐发展。因此，从秦统一岭南到南越国统治的100年间，在氏族公社加速解体的基础上，奴隶制有所发展，封建土地所有制亦在"中县人"与越人杂处的地方开始产生，形成奴隶制、封建制和氏族公社并存的局面。

自汉武帝平定南越至东汉末期，随着农业、手工业、商业以及国内外陆海交通的发展，番禺成为一大都会，广东境内大部分地区已基本完成向封建社会的过渡，进入封建社会，形成了两个对立的阶级——地主与农民。农民遭受地主的剥削与压迫。

隋唐至宋元，广东处于封建社会上升时期。自唐代张九龄开大庾岭路之后，改变了过去"以载则不曾容轨，以运则负之以背"的状况，使广东与中原经济、文化的交往渐趋频繁，大庾岭成了南北交通要道。唐代的广州跃为世界著名的东方大港。宋代岭北人口的大量南迁，加快了珠江三角洲和韩江三角洲的开发。南宋后期，两个三角洲的经济、文化地位超过了长期处于领先地位的粤北。所有这些，使广东的社会经济、政治、文化大为改观，并培育出唐开元宰相张九龄与北宋名臣余靖等杰出人物。

明至鸦片战争前，广东社会处于封建社会高度发展时期。这一时期，水利工程大量兴建，垦荒和垦沙面积大量增多，粮食产量显著增长，以经济作物为主的农业商品性生产迅猛发展，以冶铁、陶瓷、丝织、榨糖、造船等业为主的手工业高度发展，酿酒、造纸、竹木藤器、硬木家具、成药、剪纸、烟花、炮竹和象牙雕刻等手工业和手工艺品的生产也日益发展起来。佛山以冶铁、石湾以陶瓷著称。明代广东所造船只，以其材优、体大、坚固闻名于世，称为"广船"。广东商品行销全国，称为"广货"。同时，在冶铁等手工业部门出现了资本主义萌芽。

明代广东的文化教育与广东社会经济同步发展。社学普遍创建，府、州、县学和书院林立，人才辈出。其最著者有哲学家、教育家陈献章、湛甘泉，经济思想家丘濬，政治家海瑞，军事家袁崇焕。他们的业绩均在国内发生深刻的影响。

明清时期广东社会经济、文化的发展，已跃居全国的先进行列。

1840年爆发的鸦片战争，打断了广东资本主义萌芽的正常发展，并改变了广东历史发展的进程，使它逐渐沦为半殖民地半封建社会。

资本帝国主义的侵略，极大地加深了广东人民的苦难。外国商品的大量涌入，不断瓦解广东农村的自然经济，使许多农民生计无着，流离失所，外出谋生。一些爱国爱乡的华侨率先投资近代企业。从19世纪70年代开始，广东逐渐有了民族资本主义工业，主要是轻工业。甲午战后到第一次世界大战前夕，广东民族资本主义工业有较快的发展，全省大小工厂达2426家，仍以规模小的轻工业居多。铁路和航运事业也有一定的发展。随着广东近代民族资本主义工业的产生和发展，广东工人队伍不断壮大，民族资产阶级登上了政治舞台，领导了资产阶级改革和革命运动。

第一次世界大战后，广东的纺织业和电力工业又有所发展。广州在战前，"织造土布厂微乎其微，仅数十家"；战后蓬勃发展，"可谓之开土布厂一新纪元"。到1921年春，仅加入织造工会者就达180多家，机头达3万多部。同年，广州的发电能力也从3300匹马力增加到近1万匹马力。工人队伍继续壮大。五四运动后，马克思主义开始与广东工人运动相结合。从此，广东的工人阶级找到了改造世界的思想武器，以崭新的姿态登上了历史舞台。1921年春，陈独秀在广州建立广州共产主义小组（即共产党广东支部）。同年7月，广东共产党组织选派代表，出席在上海召开的中国共产党第一次全国代表大会。从此，在党中央的领导下，广东党组织成为广东人民反帝反封建斗争的组织者和领导者。

1929－1933年资本主义世界经济危机时期，广东引进国外的先进技术、设备，利用侨汇、侨资，新建省营企业20多家，民营企业的总资产也有较大的增长。抗日战争时期，广东工业遭到严重破坏，广州沦陷时绝大多数未及内迁的工业，几至荡然无存。抗日战争胜利后，广东工商业一度复苏。但由于国民党发动反人民的内战，通货不断膨胀，物价不断暴升，民族资本主义工商业遭到沉重打击。工人罢工、商人罢市、学生罢课、教师罢教的风潮，此起彼伏，一浪高于一浪。爱国民主运动和革命武装斗争不断发展。1949年4月25日，国民党政府南迁广州，妄图在华南地区作最后挣扎。同年10月12日迁往重庆办公。中国人民解放军挥师南下，10月14日解放广州。19日，中央人民政府委员会第三次会议通过成立广东省人民政府的决定。1950年8月广东全境获得解放，广东进入了社会主义革命和建设的新时期。

三、民族的融合与人口的增长

秦朝以前，居住在岭南的是南越族和南越族的先民。秦统一岭南后，中原人民首次大规模徙居岭南。秦以后，中原人民继续南迁，尤以六朝流人和南宋岭北人口入粤规模为最大。

历史上汉族人民的大举南迁，不仅加快了岭南的开发，而且在他们长期"与越杂处"，共同改造自然与社会的过程中，以其先进的生产力和文化影响了南越族人民，使之逐渐地改变原来的民族特点。南朝时期，粤西俚人女首领冼夫人深受汉族文化的影响，又善于团结各族人民。冯冼联婚（冼夫人与高凉郡太守汉人冯宝结婚）和她驰骋岭表60多年的事功，不仅传为千古佳话，而且成为古代岭南各族人民融合和团结的象征。

唐宋时期，南越族已基本上与汉族融合，"越"、"蛮"、"俚"等古代岭南少数民族的泛称已从史籍中消失，只有少数的溪洞俚人、僚人仍然保留着自身的特点，以黎、瑶、畲等族称载入史册。

黎族的远古祖先与古越人有密切的文化亲缘和族源关系，史书上亦称他们为"俚"、"蛮"、"僚"。黎族族称始见于唐代后期的有关记载。普遍以"黎"代替"俚"、"僚"等泛称而作为黎族的专用族称，则始于宋初。黎族绝大部分聚居在今海南岛中部和西部山区，小部分与汉族交错杂居在万宁、儋县、屯昌、澄迈、琼海、定安等县的部分地区。

苗族是明朝从广西调到海南营汛驻守的苗族士兵的后裔。主要分布在今海南岛中部、西南部，其余散居在万宁、琼海、澄迈、屯昌、定安、儋县的山区。

瑶族的先民是古代百越的一部分。秦汉以后，他们定居于粤北，同长江以南的少数民族一起，先后被泛称为"蛮"、"蛮夷"、"荆蛮"、"俚"。隋唐以后，上述各种泛称逐渐消失，瑶族的专用族称开始出现。现在，瑶族主要聚居在连南瑶族自治县、乳源瑶族自治县和连山壮族瑶族自治县，其余散居在连县、始兴、曲江、阳山、英德、翁源、仁化、乐昌、怀集、阳春等县市。

壮族，历史上称为"僮"，是古代百越人的后裔。壮族大部分是明代从广西迁来的，主要聚居在今连山壮族瑶族自治县，其余散居在怀集等县市。

回族：唐宋元时期，不少信仰伊斯兰教的波斯商人和阿拉伯商人到广州从事商业活动，落籍广州，成为广东回族先民的重要组成部分。他们与华人杂居、婚嫁，其后裔便逐渐与中国汉人同化。广东回族主要来自明清时期随军戍粤的官兵及部分商人、教士，还有从我国西北等地陆续迁入广东的回民。其次，在近代，也有随军入粤的回族军人，后来落籍广州。广东的回族主要居住在今广州市、肇庆市和海南三亚市，信仰伊斯兰教。

畲族的族称，最早见于南宋晚年。至迟在南宋时期畲族人民已在粤闽边界山区生活。畲族历史上分布在粤东的凤凰山、粤中的罗浮山、粤北的九连山和五岭的丛林叠嶂。今分散在潮州、饶平、丰顺、海丰、惠东、博罗、增城、龙川、和平、连平、南雄、乳源、始兴等市县的山区和河源市郊。

满族是清朝派到广州驻防的满族八旗官兵的后裔，主要居住在广州。

历代人口南迁，起主导作用的古汉语与原先居住在岭南的越人语言长期交流，逐渐形成了后来称为广州方言（粤语）、客家方言、潮州方言和海南方言的广东方言。

随着大批人口的多次南迁以及土地的逐渐开发和自然条件的不断改善，广东人口的分布面和增长率也较秦汉以前扩大得多。尽管宋以前，广东缺乏完整的人口统计，但从一些州郡的人口数字可以窥见其逐渐上升的趋势，并且除少数地方之外，已基本上改变了土旷人稀的状况。元世祖至元二十七年（1290），广东（含广东道和海北海南道）人口为2 503 334人，明太祖洪武十四年（1381）为3 171 950人，清乾隆十四年（1749）为6 460 638人，民国二十三年（1934）为30 837 403人。

四、经济作物在农业中的特殊地位

广东境内地形复杂，有山地、丘陵、平原、台地等，而以山地和丘陵为主。珠江三角洲与韩江三角洲是广东主要的平原地区。

广东气候温暖，夏长冬短，雨量充沛，几乎全年都适宜农作物生长，全省大部分土地可以一年二熟或三熟。据东汉番禺人杨孚的《异物志》记载，汉代广州附近已有一年两熟稻。自从宋代引进占城稻种之后，进一步发展了双季稻的种植。从明中叶开始，又迅速发展了各种杂粮，增加了农作物的品种，从而在比较广阔的区域形成了包括冬种作物在内的一年三熟制。明清时期，珠江三角洲和韩江三角洲已成为广东主要的农业基地。

经济作物在秦以前已开始种植，此后逐渐发展。至明清两代，更一次又一次掀起了栽培经济作物的高潮，日益讲究栽培技术和培育良种。

广东日渐发展起来的经济作物和商品性农业生产，种类颇多，主要有甘蔗、水果、花卉、香料、蒲葵、席草、蚕桑、塘鱼、蔬菜、茶叶、苎麻、棉花，还有明中叶后从国外引进的烟草和花生。水果的种类有荔枝、龙眼、柑桔、菠萝、香蕉、番木瓜、杨梅、枇杷、杨桃、桃、李、黄皮、西瓜、香瓜、石榴、柿、芒果、菠萝蜜、橄榄、槟榔、椰子，等等，其中以荔枝、龙眼、柑桔、香蕉和菠萝最为著名，驰名中外。明万历年间到过广东的西方传教士利玛窦说："中国人有很多欧洲人从未见过的水果，它们全部生长在广东省和中国的南部。当地人把这些水果叫作荔枝和龙眼，味道大都十分鲜美。""这里，我们还发现了桔子和其他柑桔类水果以及各种刺丛上生长的水果，种类繁多，并具有比别的国家同类水果更好的香味。"

养蚕植桑也较普遍，特别是在明末，珠江三角洲出现了"桑基鱼塘"的综合体，构成了种桑、养蚕、养鱼一体的科学耕作养殖方式，成为珠江三角洲农业生产的特色，并在清代有了进一步的发展，使广东成为全国生产丝和丝织品最主要的省份之一。明末清初人屈大均的《竹枝词》有"五丝八丝广缎好，银钱堆满十三行"之句，反映了蚕丝出口的盛况。道光十年（1830），广州出口生丝7 053担，其中广东丝为3 068担，占52.2%。

由于种植经济作物比种稻能获得更多的经济效益，所以明清以来，广东不少地方种植经济作物已发展到随其"地土所宜，争以为业"的程度，形成了众多的或大或小的专业区域。农业生产结构的这一变化，使许多农户开始"衣香食果"，或"以花为衣"，或"依食于茶"，不再依靠单一种植粮食作物来维持生计了。

经济作物的发展，为手工业提供了许多重要的原料，极大地促进了手工业的发展。如甘蔗的种植，推动了榨糖业；蚕桑的发展，推动了丝织业；麻和棉花的种植，推动了织布业；蒲葵的发展，推动了制葵业；水草的发展，推动了织席业。

明清以来，广东社会经济迅猛发展的一个极其重要的原因，是比较好地利用了广东自然条件和资源的优势，扩大了经济作物的种植面积，初步显示出经济作物在广东农业中的特殊地位，从而初步形成广东农业的优势。

近现代，广东经济作物的种植比明清时期又有了较大的发展，果树种类增多，并选育出不少佳果，果品的外销量也不断增加。如民国八年（1919），粤海关各关口输出香港的果品价值为668 375海关两，民国十九年（1930）增至1 872 871海关两。但是，经济作物的栽培，受到诸多方面的制约，因而时盛时衰。珠江三角洲的果木栽培在民国二十五年

(1936)前后仍有 355 644 亩，而到民国三十八年（1949）只剩下 198 000 亩。民国二年（1913）至十一年（1922），广东生丝每年平均产量为 104 641 担，到民国三十八年（1949）年产仅 6400 担。广东解放前夕，农业商品经济陷入衰落的境地。

五、对外贸易的传统优势

广东南临浩瀚的南海，南面与越南、马来西亚、印度尼西亚、菲律宾等国海程相近，海岸绵长，海岛罗列，是我国通往东南亚、大洋洲、中近东和非洲等地区的最近出海口。自汉代以来，广东的徐闻、合浦（今属广西）就是海上交通要道。汉武帝派遣中国船队从徐闻出发，经南海进入暹罗湾、印度支那半岛和马来半岛，过孟加拉湾到印度半岛的黄支国等。当时，番禺（今广州市）是海外贸易的集散地。东吴至南朝，中国对外贸易的重心逐渐移到广州，广州成为对外贸易主要港口和南海交通枢纽。唐代，广州成为世界著名的东方大港，以广州为起点的海上丝绸之路，经南亚诸国进入印度洋，到达波斯湾，直到非洲东岸，是当时世界上最长的航线，被称为"广州通海夷道"。宋代，广州商船已能横过印度洋，即由南洋群岛直航阿拉伯及东非。明代开辟了广州至拉丁美洲和广州至里斯本两条新的远洋航线；清代前期又开辟了北美洲航线、大洋洲航线。随着对外贸易的发展，唐朝政府在广州首置市舶使院，管理外贸外交事务。宋、元、明均在广州设市舶司，清设粤海关。

明清时期，广州有"金山珠海，天子南库"之称。它不仅给明清两朝政府提供了大量的财政收入，而且对广东社会经济的发展起了很重要的作用，使农业和手工业经济更趋向于外向型发展。明嘉靖年间，广东人黄佐说：广东鱼米价格本贱，又有番舶贸易之利，容易赚钱，而物价又平稳，所以人们的用度"自足负担"，生活"可以得饱"。

由于广东的地理位置很有利于发挥对外贸易的优势，加以在农业、手工业、商业和省内水陆交通不断发展的基础上日益兴旺的对外贸易，已经给广东社会经济的发展和濒江沿海地区的人民生活带来了较大的好处，所以明朝政府实行的海禁政策，遭到有识之士的反对，特别是遭到商人和居民的强烈反抗。嘉靖年间出现的海盗，实际上是亦商亦盗的海上武装贸易集团。他们同封建统治者展开一场禁海与反禁海的斗争，迫使明朝政府在隆庆年间不得不解除海禁，允许商人出海贸易。直到鸦片战争前，广州商民对外国商人在广州的正常贸易均表示欢迎。鸦片战争前几年，在英国下议院调查对华贸易的一次会议上，"几乎所有出席的证人都承认，在广州做生意比在世界上任何其他地方都更加方便和容易。"但是，广东人民对于英国的可耻的鸦片走私贸易则深恶痛绝。道光十八年（1838），广州发生了自发的上万人要求严禁鸦片的大示威。

第一次鸦片战争后，清朝政府被迫割让香港和开放上海等处为通商口岸。从此，广州的对外贸易逐渐发生明显的变化，贸易额退居到全国第四、第五或第六位，上海港取代了广州港居于全国首位。但是，广州港依然是华南最大和最重要的港口。民国年间建成的、纵贯广东南北的粤汉铁路，成为广东与外省交通的主要路线，并通过广州与海上交通连接。抗日战争初期，广州不仅挑起大后方对外贸易的重担，而且对战时物资供应和华中、西南各地人民日用品的供应起了非常重要的作用。

六、对外文化交流的特殊作用

绵长的海岸线和浩瀚的南海，不仅给广东带来对外贸易的优势，还为对外文化交流提供了极为有利的条件。

广东的文化，向来是开放型的。对国内，它善于吸收来自岭北的中原文化；对国外，它善于吸收外来文化。经过长期的消化和融会，创造了具有地方特色的岭南文化。

广东对外文化交流是双向的，即既有吸纳，又有输出。自汉朝以来，随着海外交通的发展，广东对外文化交流也同步进行。中国的陶瓷、纺织品、服装、工艺品、农业和手工业生产技术、科学发明、文化学术、语言文字，经由广东传到东南亚，再经东南亚传到世界各地。外国的物质和精神文明也从海上传到广东，再经广东传到国内各地。广东先后从外国引进的农作物有花生、玉米、烟草、番薯、木薯、番石榴、番荔枝、波萝蜜等，花卉植物有茉莉花、素馨花、海枣、古度树等。这些引进，丰富了广东人民的物质生活和文化生活。东吴以来，佛教和伊期兰教先后传入广州和广东各地。至今仍保存的佛教寺院如广州的六榕寺、光孝寺，伊斯兰教的怀圣寺和清真先贤古墓便是最好的历史见证。明清以来基督教的旧教（天主教）和新教先后传入广东，肇庆的仙花寺，是广东内陆建立的第一个天主教堂。著名的来华西方天主教教士利玛窦最先在肇庆活动,结交官绅,然后才转移到北京。

通过海上交通和贸易,渐有外国人来广东侨居,人数越来越多。从东吴时开始,陆续有外国僧人在广州和广东各地建寺定居。唐代中国僧人则通过广州从海路出入,从事宗教和文化交流。如义净于唐高宗咸亨三年(672)从广州赴室利佛逝(今苏门答腊),鉴真于玄宗天宝七年(748)第五次东渡日本时,因迷航而逗留广东约一年半。唐代侨居广州的外国人相当多,以阿拉伯人和波斯人为主。他们被指定聚居于城西,即所谓"蕃坊",由侨民选出番长或番酋,经唐朝政府认可,作为首领。侨民在广州广置田宅,与当地人通婚。阿拉伯人李彦升曾应科举考试,于唐宣宗大中二年(848)中进士。9世纪中期至10世纪初期,阿拉伯作家根据侨居广州的阿拉伯人的见闻和自己的亲历,写成的中国游记甚多,其中以大中五年(851)的苏来曼《东游记》为著名。宋代侨居广州("住唐")的外国人很多,除阿拉伯人外,尚有东南亚人。他们可与中国人通婚,其子弟可入广州州学或专门设立的"番学"学习。

佛教、伊斯兰教、基督教的先后传入,扩大了人们的视野。特别是明清时期西方文化的传入,使人们的耳目为之一新。此时的岭南文化,吸收了新的天文、地理、历法、数学、外语、宗教和其他科学文化知识,在许多方面受到外来文化的影响。比如:绘画,出现了仿照西洋画法的广彩;建筑物,有的仿照西洋建筑风格;一些工匠仿制自鸣钟;有的人学会了种牛痘预防天花;甚至有的少年儿童进入西洋人的学校或读书班学习；有的书院（如学海堂）增设了天文、数学、地理等课程。

外国商人、侨民、传教士在广东学习了中国的语言文字和文化学术，通过各种渠道传到世界各地，增加了外国对中国的了解。

鸦片战争前后，由于外国资本主义对中国的侵略日益加剧，中国与西方文化的接触更为频繁。广东因地理关系，对西方文化科学的接触和吸收尤居全国之先。粤人谢清高于1820年刊行其口述的《海录》一书，是最先向国人介绍世界各国概况的著作。

第一次鸦片战争在广东爆发后，广东在与外国侵略者的对抗和接触中，对西方的科技文化更有所了解。钦差大臣、两广总督林则徐在广东提出"师敌之长技以制敌"的方针，并组织人力编译《澳门新闻纸》、《澳门月报》和《四洲志》，认真研究"制敌"之策。凭着广东这个面向海洋的门户，林则徐成为中国开眼看世界的第一人。与此差不多同时，洪秀全借鉴西方基督教，在广东创立拜上帝会，推行宗教—政治改革，发动轰轰烈烈的太平天国农民革命。林、洪二人的创举，分别标志着先进的中国人从广东开始学习西方资本主义的物质文明和精神文明，初步着手改造落后的中国。

广东人民受西方殖民主义侵略最早、最深，但同时受西方资本主义的影响也最早、最深，因而促成了一批又一批向西方找寻真理的"先进的中国人"登上历史舞台。从洪秀全到孙中山，可以开列出一长串杰出人物的名单。

根据不平等条约，英国割占香港，葡萄牙强占澳门，西方列强可在中国设教堂和自由传教，可办医院、学校和报馆。广东受其影响极大。列强的上述活动，当然是旨在掠夺和奴役中国人民，然而在许多方面却产生相反的效果。人们受西方科学文化的刺激而日渐觉醒。广东的有识之士，通过外国人在港澳和内地办的学校、医院、报刊、教会、企业，先是学到了西方的科技知识，继而学习了西方的社会政治学说和资本主义的意识形态，并开始鼓吹资产阶级的改革和革命。在广东产生了中国近代最早的留学生，最早的西医，最早的新闻报刊，最早的科技人员，最早的资产阶级改革家和革命家。留学生的先驱者是香山南屏镇（今属珠海）人容闳。他于1855年自美国学成归国，对西方文化教育的传入，作出了很大的贡献。他又是近代中国派遣第一批留学生（赴美）的提倡者和组织者。中国最早最著名的工程师是早年留学美国的南海人詹天佑。他为我国铁路事业的发展立下了殊勋。中国第一架飞机的设计、制造者和飞行家是侨居美国的恩平人冯如。他是我国"航空之父"，并且在世界上享有盛誉。

总之，广东在中国历史上，特别是在近代史上，对于中外文化交流，尤其是引进西方资本主义科学、文化、政治观念等方面，发挥了非常重要的作用。但是，西方腐朽的文化也通过广东这个门户传了进来，起了很坏的作用。

七、粤人出国及其与乡土的联系

广东华侨之多，居全国各省之冠。广东华侨分布在全世界五大洲，绝大部分在东南亚和北美。

粤人出国，可以追溯到唐朝以前，唐以后侨居国外的日渐增多。从明朝开始，侨居在今菲律宾、印度尼西亚、马来西亚、泰国、新加坡等地的人数显著增加。如当时爪哇新村的村主，就是广东人。侨居旧港（在今印度尼西亚苏门答腊岛东南部）的广东人，共推南海人梁道明为首领。然而，粤人大量移居国外，则是鸦片战争以后的事。

广东人出国的原因是多方面的，诸如从事海外贸易和逃避战乱等，但最根本的原因是出外谋生。其中多为破产的农民、渔民、手工业者，还有被西方殖民主义者拐骗出国的劳工，史称"卖猪仔"。早在明代，葡萄牙人就在澳门从事罪恶的人口贩卖勾当，被卖者"每岁不知其数"。鸦片战争以后，西方殖民主义者掠卖华工的活动空前猖獗，这就是臭名昭著的"猪仔贸易"。澳门、香港、广州、汕头、海口都设有拐骗华工签署长期卖身契约的"猪仔馆"，华工经此被运往东南亚和美洲各地出卖。被拐骗、劫持者"一入番舶，如载豚豕"，受到非人的虐待。据统计，从1845年至1873年，从香港、澳门流入欧美的人口就达32万多。到1940年，"粤侨在海外人数约为600万"。这些粤侨，当然包括早年被劫去的华工及其后裔在内。

广东华侨，以潮汕和兴梅地区为最多，其次是新会、台山、开平、恩平和中山、宝安，再次是海南岛的文昌、琼山、琼海和万宁。他们既和侨居地的人民友好相处，为当地经济和文化的发展作出贡献，又具有热爱祖国、热爱家乡的优良传统。

华侨与祖国息息相关。鸦片战争之后，海外华侨和国内同胞一样，受尽外国资本——帝国主义和殖民主义的剥削和压迫。他们热切盼望中国早日成为独立富强的国家，成为海外游子的坚强后盾。所以华侨以种种不同的方式为国效力。这种爱国主义精神在海外世代相传，成为他们与祖国紧密联系的纽带。广东是中国最重要的侨乡，所以广东华侨对祖国的贡献尤为巨大。

在经济上，广东华侨对祖国和家乡的支援特别重大。他们把在国外的劳动和经营所得，以侨汇、投资或捐赠的方式，源源不绝地反哺给祖国，在祖国兴办工商企业和文教卫生事业，对祖国的经济、文化建设起了很大的推动作用。比如：中国第一家近代民族工业——继昌隆缫丝厂，是南海旅东南亚华侨陈启沅兄弟创办的；广州第一家电灯公司——广州电灯公司是台山旅美华侨黄秉常创办的；中国第一家民办火柴厂——佛山巧明火柴厂是肇庆旅日华侨卫省轩创办的。近百年来，华侨在国内投资兴办的企业，不胜枚举。不少归国的华侨工程技术人员和工人成了各个近代化厂矿企业的技术骨干。

在政治上，广东华侨以其巨大的爱国主义热情，积极投身于反帝反封建的斗争，为祖国的独立和自由，为中华民族的解放作出了巨大的贡献。在旧民主主义革命时期，广东华侨大力支持资产阶级领导的维新运动和辛亥革命，对辛亥革命的支持尤为巨大。兴中会、同盟会都是在海外华侨特别是粤侨的人力、物力、财力的支持下在海外建立起来的。为数众多的广东华侨参加了兴中会、同盟会，其中不少人成为革命的先锋和骨干，并在国内的多次武装起义中，亲临战阵，甚至献出了宝贵的生命。由于华侨在辛亥革命中作出了特殊的贡献，所以孙中山称华侨是"革命之母"。

在新民主主义革命时期，广东华侨积极参加中国共产党领导的民族民主革命的统一战线，在反对帝国主义侵略和反对新旧军阀的斗争中，发挥了很大的作用。在抗日战争中，广东华侨的表现特别出色。首先，他们纷纷以捐献侨汇、投资等方式，大量汇款回国支援抗战。据不完全统计，仅1937—1941年，华侨汇回广东的金额便达54.2亿元。其次，他们先后成立了许多支援抗战的群众团体，在海外大力开展救亡活动。有的团体从海外回国，直接参加救亡，如东江华侨回乡服务团、琼崖华侨回乡服务团等。还有不少华侨子弟毅然回粤参加抗日武装斗争，据不完全统计，参加东江人民抗日武装的华侨和港澳同胞就有1000人以上。

八、反对帝国主义和封建主义的光荣传统

1840年鸦片战争以来，中国逐步沦为半殖民地半封建社会。鸦片战争是从广东开始的。由于广东人民首先受到外国资本主义的侵略，所以最先投入反侵略斗争，在全国起带头作用。1839年6月3日，林则徐在虎门销烟，揭开了中国人民反对外国资本主义侵略的序幕。爱国官兵在同年9—11月于九龙、穿鼻洋、官涌山等珠江口前哨战中，多次击退英国侵略军，取得了反侵略战争的初捷。鸦片战争正式开始后，广东爱国军民奋力抵抗英军的侵略，使英国的图谋在广东不能得逞。林则徐被革职后，投降派把持广东局面，使形势急转

直下。英军沿珠江口长驱直入，进迫广州，迫使清朝广州当局订立城下之盟。在国家危急关头，广州近郊三元里人民挺身而出，于1840年5月30日高举义旗，痛击英军，写下了中国人民反抗外国资本主义侵略的光荣的第一页，充分显示了中国人民的英雄气概，为此后全国人民的反帝斗争树立了光辉的榜样。广东人民继承了三元里人民反侵略斗争的光荣传统，近百年来，不断地开展不屈不挠的反帝斗争，使广东成为中国反帝斗争的前哨。

广东人民不甘忍受外国资本主义和本国封建主义的双重压迫，多次举行武装起义。近代史上规模最大、影响深远的太平天国农民革命，发端于广东，其领袖人物洪秀全、冯云山、洪仁玕均为广东花县（今花都市）人。他们的反清革命思想，均在广东孕育和成熟。他们的革命理论和组织，均在广东形成和产生。

在太平天国革命的影响下，1854年爆发的规模仅次于太平天国革命的广东"洪兵"起义，震动全省，沉重地打击了清朝在广东的反动统治，有力地支援了太平天国革命。

太平天国革命和洪兵起义，说明了广东人民有着反帝反封的巨大力量，是近代中国人民反帝反封的前驱和榜样。

由于近代中国民族工业和民族资产阶级最早出现于广东，所以广东出现了一批早期的资产阶级维新派人物。他们提倡学习西方资本主义的科学技术、经济制度和政治制度，用以改造中国，发展资本主义，要求实行自上而下的改革。容闳、郑观应、何启、胡礼垣等提出了以"富强救国"为中心内容的早期维新思想，影响很大。郑观应及其所著《盛世危言》在国内最负盛名。

19世纪80—90年代，康有为、梁启超接踵而起，成为中国变法维新运动的领袖。康有为首先在广东从事变法维新的理论探索，于戊戌变法前撰写和出版了著名的《新学伪经考》、《孔子改制考》，并为《大同书》的写作做了充分的准备。这三本书是康有为变法维新的理论基础。1891年康有为在广州创办的万木草堂，成为培养维新志士的摇篮。草堂弟子最杰出者是梁启超。他帮助其师授徒讲学、著书立说、宣传变法，最为得力，逐渐成为仅次于乃师的维新领袖。师徒二人共同领导维新运动，因而闻名中外，并称康梁。维新运动虽然失败，但康梁提倡改革的主张却日益深入人心。他们在戊戌前后发动的启蒙运动，促进了一代中国人的觉醒，为中国近代化奠定了初步的思想基础。

孙中山早年在檀香山、香港和广州接受西方教育，深受西方民主共和思想的影响，早有学习西方、改革中国的想法。他在香港、广州"放言革命"、结交志士，隐然有推翻清廷之志。1894年上书李鸿章失败，乃彻底抛弃改良幻想，决意革命。由于孙中山的努力活动，使广东成为资产阶级民主革命的策源地。香港和广州均先后建立了兴中会、同盟会的组织，孙中山藉此领导并推动全国的革命运动。在孙中山的熏陶下，一批广东籍的革命家成长起来，成为辛亥革命的骨干。广东又是孙中山策动武装起义最多的省份，尤以1911年辛亥"三二九"广州起义影响最大，震动全国，成为武昌起义的前奏。武昌起义胜利后，广东全省各地积极响应。由于广东革命基础良好，各地民军纷纷起事，对广州形成包围之势，所以"兵不血刃",便在广州建立了革命政权——广东都督府。袁世凯篡夺全国革命政权后,广东又成为反袁的重要革命基地之一。

辛亥革命虽然最后失败,孙中山本人虽然屡经挫折,但是富于革命传统的广东人民总是大力支持孙中山继续革命,使广东多次成为孙中山从事革命活动的基地。在南北军阀统治全国各地的时候,孙中山尚能在广东三次建立革命政权:第一次是1917年9月至1918年5月的中华民国军政府,孙中山任军政府大元帅;第二次是1921年5月至1922年8月的中华民国政府,孙中山任非常大总统;第三次是1923年3月至1925年3月的陆海军大元帅大本营,孙中山任陆海军大元帅,直至逝世。

近百年来,广东在反帝反封建斗争和资产阶级改革、资产阶级革命运动中,一直站在全国的最前列。广东人民对中华民族的独立和解放作出了杰出的贡献。

九、在第一次国共合作和国民革命运动中的突出作用

在由旧民主主义革命过渡到新民主主义革命的历史阶段,广东以其光荣的革命传统、良好的群众基础,继往开来,成为第一次国共合作和国民革命运动的策源地。

孙中山领导的广东革命政权,为中国革命的发展提供了必要的条件;中国共产党人的帮助,为孙中山和革命政权实现伟大的转变提供了动力。两股革命力量的结合,为广东和

全国开创了革命的新局面。

1924年1月在广州召开的中国国民党第一次全国代表大会，在中国革命史上具有重大意义。它标志着全国革命高潮的到来，标志着广东成为当时全国革命的中心，成为全国人民的希望所在。

经历过同盟会、国民党和中华革命党等几个阶段的中国国民党，在中国共产党的帮助下，在孙中山的领导下，通过改组，从组织上、政治上、思想上获得了新生，成为领导中国革命的中坚力量。孙中山重新解释三民主义，把旧三民主义发展成为联俄、联共、扶助农工的新三民主义。这一历史性的伟大转折是在广东完成的。

在国共合作的推动下，新民主主义革命以国民革命的形式在广东蓬勃发展。共产党人、国民党左派、革命军人、革命知识分子、工人、农民和广大群众，在革命运动中作出了巨大的贡献，堪称全国楷模。

1924年夏，黄埔军校的建立，标志着新的革命武装力量的出现。它为中国革命培养了一批军事骨干，并为革命军队的建立打下了重要的基础。

在彭湃等共产党人的多年努力下，广东农民运动发展异常迅速。各地农民以海陆丰和东江农民为榜样，纷纷建立农会组织，开展减租斗争。为适应农民运动发展的需要，中国国民党中央执行委员会农民运动讲习所在广州开办。彭湃、毛泽东等先后担任所长。农讲所为农民运动培养了大批骨干，对推动广东和全国农民运动发挥了重要作用。1926年，在省农会的领导下，农会组织及农民运动遍及全省，会员达62万多人，占全国会员总数的 2/3，还拥有农民自卫军 3 万多人。广东农民运动的蓬勃发展，使广东成为全国农民运动的中心。

在邓中夏、苏兆征等共产党人的努力下，广东工人运动迅猛发展。1925 年 5 月，中华全国总工会在广州成立，标志着广东成为全国工人运动的中心。1925 年 6 月至 1926 年 10 月的省港大罢工，显示中国工人运动已进入巅峰状态。这次罢工，以其规模之大、时间之长、组织之严密、影响之巨大，载入中国和世界工人运动的史册，光耀千秋。

工农运动的高涨，有力地推进了国民革命。广东革命政府在广大工农和人民群众的支持下，于 1924 年 10 月粉碎了帝国主义支持的买办资产阶级的反革命叛乱——商团叛乱。1925 年，革命军出师东征，讨伐陈炯明，其后又回师广州，讨伐杨希闵、刘震寰等滇、桂军阀的叛乱。一系列的军事行动，沉重地打击了广东的反动势力，为革命政府统一广东创造了条件。

1925 年 7 月，国民政府在广州建立，随后第二次出师东征和南讨，彻底打垮了陈炯明和邓本殷的反动势力，全省底定，广东乃成为统一的革命基地。

在统一广东的基础上，国民革命军于 1926 年 7 月在广州誓师北伐，仅 9 个月便打到了武汉、上海、南京，占领半个中国，把吴佩孚、孙传芳等北洋军阀打得落花流水，沉重地打击了帝国主义和封建势力。

1927 年蒋介石在上海发动"四一二"反革命政变，打断了国民革命的进程。陈独秀的右倾机会主义断送了革命。形势转向有利于帝国主义和国内反动派。广东的反革命势力也在广州发动"四一五"反革命政变,大批共产党人和革命群众惨遭屠杀,白色恐怖笼罩广东。但是有着光荣革命传统的广东人民不屈服,不气馁,他们在中国共产党的领导下,开展了艰苦卓绝的斗争。

十、长期坚持革命武装斗争

大革命失败后,中国共产党广东组织领导群众转入地下斗争,其间还穿插着轰轰烈烈的武装起义。1927年12月11日,共产党领导工人和士兵,发动了广州起义,成立了广州公社。这次起义虽然失败,但在中国革命史上有着重大的意义。它是共产党独立领导工农兵武装起义、建立革命政权的一次尝试,对广东和全国革命事业均发生重大影响。

南昌起义和广州起义的部队后来转移到东江地区,为东江革命根据地的建立创造了条件。1927年至1935年,东江根据地经历了开创、全盛和失败三个阶段。蓬勃发展的农民运动和武装起义,是建立东江根据地的重要基础。1927年11月,陆丰和海丰一度建立的两个县级苏维埃政权,是中国第一批县级苏维埃政权。它们对处于革命低潮中的中国工农群众起了很大的鼓舞作用。东江根据地在其全盛时期,建立过10块大小根据地,成立了东江苏维埃政府,有红军主力四五千人,群众武装数万人。土地革命在东江也普遍开展起来。由于国民党反动派的残酷"围剿"和共产党内"左"倾冒险主义的干扰,东江根据地遭受严重挫折和失败,幸存的革命武装力量不得不转移、隐蔽,在极其艰苦的环境中坚持斗争。

东江根据地的长期斗争，为中国"工农武装割据"提供了宝贵的经验。

在孤悬海上的海南岛，共产党人和革命群众也在坚持斗争，建立了琼崖工农武装，并于1927年9月发动了全琼武装总暴动，创建了琼崖苏区，开展土地革命。经过多次挫折和失败，琼崖的革命红旗始终不倒，给海南和广东人民树立了好榜样。

此外，闽粤赣边区革命根据地和粤赣边、粤北、南路、中路、西江等地的斗争，也为革命事业积聚了力量。

抗日战争时期，广东的共产党组织和广大群众，在前此革命斗争的基础上，积极开展抗日游击战争。共产党领导的抗日民族统一战线和救亡运动，团结了爱国力量，广泛地动员了群众，有力地推动了广东抗战。

土地革命时期建立起来的人民武装和革命根据地，发展成为抗日人民武装和抗日根据地。新的抗日武装和抗日根据地也建立和发展起来。

在革命基础良好的东江，首先建立了抗日游击队、游击区和抗日民主政权。随后，琼崖革命武装也改编为抗日武装，并在抗击日军的过程中不断发展壮大。珠江三角洲、南路和潮汕等地的抗日游击队也先后建立起来。

经过数年的艰苦战斗，广东人民抗日游击队东江纵队成为东江地区抗日的主力，其活动范围逐渐扩展到广州市郊、粤赣湘边区和韩江地区。广东人民抗日游击队琼崖独立纵队活跃在海南抗日前线，活动范围遍及16个县市。广东人民抗日游击队珠江纵队转战在珠江三角洲地区。广东人民抗日解放军、广东人民抗日游击队韩江纵队、南路人民抗日解放军、高雷人民抗日军、广东西北区人民抗日同盟军，分别在粤中、潮汕、高雷、粤北等地展开抗日游击战。此外，还有规模较小的人民抗日武装分散在各地活动。广东人民抗日武装到1945年取得了辉煌的胜利，正规部队发展到2.8万余人，民兵发展到数万人，建立了拥有1000万人口的解放区和游击区。游击区和解放区军民的团结战斗，为抗日战争的胜利建立了巨大的功勋。

解放战争初期，东江、琼崖、粤中、南路、西江、粤北、珠江等地的人民武装，为了打破国民党反动派的"扫荡"，实行战略转移，到山区分散活动，进行艰苦的斗争。1946年6月，东江纵队（包括珠江纵队、韩江纵队、南路和粤中人民武装的骨干）2000余人北撤山东，为人民武装保存了基本力量。

随着全国解放战争形势的好转，广东各地人民武装斗争也得到恢复和发展。1947年9月，全省各地人民武装发展到1万余人，游击区和根据地也日益扩大。1948年底，粤赣湘、闽粤赣、粤中等几个大边区已建立了主力部队，兵力共约4.6万人，游击区和根据地由山地扩展到平原，逐渐迫近敌人的中心地带。

1949年初，中国人民解放军粤赣湘边纵队、闽粤赣边纵队、粤桂边纵队、粤中纵队等先后成立，标志着广东革命军民的斗争进入到夺取最后胜利的阶段。这些部队在春季和夏季攻势中，建立了一大片根据地，在全省1/3的地区建立了人民政权，解放了广东大部分农村，为中国人民解放军南下大军解放广东创造了有利条件。

1949年秋,在广东各边纵的配合下,解放大军长驱南下,解放广州。接着直下粤中、南路,于11月解放全省大陆。1950年5月,解放大军在琼崖纵队的配合下,解放海南岛,8月,解放万山群岛。至此,广东全省解放。

广东的解放,揭开了历史的新篇章。广东人民从此走上社会主义革命和建设的光明大道。广东的解放,是中国共产党领导全国军民长期斗争的结果;是中共广东组织、广东人民武装、革命根据地人民和广大工人、农民、知识分子、青年学生以及各界人士共同坚持长期艰苦卓绝斗争的结果;是近百年来几代人前仆后继进行反帝反封建斗争的结果。

第 一 章

广东地区的原始社会

根据考古发现,我国人类的出现,在各地早迟殊异。广东发现的最早人类,已不是脱离古猿不久的猿人(直立人),而是早期智人。

自此之后,在考古学上属于旧石器时代中晚期和新石器时代的十多万年中,这里的人类社会经历了母系氏族社会和父系氏族社会两个阶段。前者是漫长的,后者相对于前者则甚为短暂。由前者过渡到后者的决定因素是社会生产力的发展,其主要标志是由使用简陋的打制石器进步到磨光石器,由采集与狩猎进步到农耕和家畜饲养。

父系氏族社会和母系氏族社会的共同特点是集体生产、集体消费,没有阶级和阶级剥削,同属于原始共产主义社会。

第一节 从原始群到前期母系氏族公社

迄今为止的考古发现证明,广东的最早人类是"马坝人"和"峒中岩人"。

马坝人、峒中岩人及其以后的人类已进入母系氏族社会前期,婚姻状态也应由血缘群婚进步到族外群婚。在距今1万年前的新石器早期,人类从使用粗笨的打制石器进步到开始使用磨制石器,由能够用火进步到烧制粗糙陶器;生产始终是集体采集和狩猎;生活始终极端艰苦,穴居野处,集体消费,生活品没有剩余。社会发展极其缓慢。

一、中国南方是人类起源和演进的重要地区

人类是从一种高度发展的古猿进化来的。世界上最原始的人类称"猿人",亦称早期直立人。

20世纪30年代以来,在非洲发现的南猿(亦称南方古猿)和能人(早期直立人)化石及石器证明,人类可能出现于上新世或更新世早期,距今已有300—400万年的历史。南猿和能人已从早期猿人发展成为晚期猿人,已会制造工具,已经演变成人类。

在距今300万年前的新生代第四纪,气候发生剧变,许多森林被毁灭,迫使一支古猿群体下地,过着流浪生活。由于手脚分化,双手能制作工具和从事其他劳动,古猿便逐渐发展成了人类。古猿演进成人类的过程,目前一般认为是从腊玛古猿、纤细型南猿到直立人。

1910年,在巴基斯坦、印度两国交界的腊玛地方,发现腊玛古猿化石。70年代以来,腊玛古猿化石在肯尼亚、土耳其、巴基斯坦、印度、尼泊尔和中国都有发现。特别是在我

国云南的开远、禄丰、元谋三县都发现腊玛古猿等古猿化石，构成基本序列，即1400万年前的开远腊玛古猿——800万年前的禄丰腊玛古猿——400万年至300万年前的元谋蝴蝶中国古猿——280万年前的元谋竹棚古猿（又称"东方人"）——170万年前的"元谋人"，显示出从猿到人各个主要环节的演进过程。

1986年，在四川巫山县大庙区龙坪村，发现了更新世早期人类下颌骨和牙齿化石，定名为"巫山人"，距今200万年。根据牙齿特征和地质年代鉴定，巫山人属于"能人"。这是中国和亚洲第一次发现能人。

1939年，德奥籍古生物学家孔尼华在香港中药店的"龙骨"堆里，发现了几颗灵长类牙化石，其中的两颗巨牙化石被鉴定为"巨猿牙"（Gigantopithecus）。他将这一发现命名为中药店里的"中国人"（Sinanthropos officinales）。这些"龙骨"来自两广洞穴。1956年以来，又在广西柳城以及大新、武鸣、巴马发现了三个巨猿颌骨和4枚上颌牙化石。1989年、1990年，湖北郧县发现了两个人头骨，被命名为"郧县直立人"，这是迄今在中国大陆发现的显示人类祖先直立人进化为较进步人种的最完整标本。距今约40万年。

上述一系列发现，证明中国南方是人类起源和演进的重要地区，早有人类生息繁衍[①]。

人类社会区别于猿群的特征是"劳动"，而"劳动是从制

---

① 现在较多的中外人类学家主张人类起源于亚洲南部的广大地区。此论若经证实，则"两广地带就是远古人类东移的必经之路。"（贾兰坡：《广东在古人类学研究上的重要地位》，《纪念马坝人化石发现卅周年文集》，文物出版社1988年版。）

造工具开始的"①。人类最早制造的工具，极为简单粗糙，只是稍加敲击的石块以及木棒之类。在元谋人牙齿化石的地层中，发现有人工痕迹的石片和石器，其中有3件较好的刮削器，无疑是元谋人制造和使用的。人类用这种既简单又粗糙的工具，作为谋生的手段，同自然界展开极其艰苦的斗争，过着狩猎兼采集的原始生活。

在元谋人化石的地层中，还发现有大量的炭屑，含炭层厚达3米左右。在我国北京周口店等一些中国猿人遗址中，也发现有黑色的炭质或用火烧过的兽骨，说明在猿人生活的年代里，已开始用原始的方法取火，用来烧烤食物与防御猛兽。恩格斯说"肉类食物引起了两种新的有决定意义的进步，即火的使用和动物的驯养。前者更加缩短了消化过程，因为它为口提供了可说是已经半消化了的食物，……这两种进步就直接成为人的新的解放手段。"②

据人类学家研究，直立人（猿人）的婚姻状态，处于血缘群婚阶段，即在血缘家族内，只有同辈男女之间才允许发生婚姻关系。

二、"马坝人"——黄色人种的原祖之一

距今约20—30万年前，人类的体质从晚期直立人发育到早期智人阶段。早期智人约在二三十万年前到5万年前，原称为"古人"。智人的体质虽然还残存有猿人阶段遗留下来的

---

①②恩格斯：《劳动在从猿到人转变过程中的作用》，《马克思恩格斯选集》第3卷，人民出版社1972年版，第513、514页。

原始体质特征，但已有非常明显的进步，且逐渐接近于现代人的体质。

我国迄今发现的早期智人化石有：大荔人（陕西）、丁村人（山西）、长阳人（湖北）、许家窑人（山西和河北相邻区）、周口店新洞人（北京）、桐梓人（贵州）、巢县人（安徽）、马坝人（广东）等。1958年8月，在粤北曲江县马坝镇狮子岩的狮头洞里，有一个被命名为"马坝人"的头盖骨出土，经修复后鉴定，是一个中年男性个体。马坝人比晚期直立人进步，具有一般早期智人的形态特征。与大荔人相比，马坝人的眶上沟较深，头骨较薄，颅容量稍大，眉脊厚度薄，而面宽则比较接近。这些特征表明马坝人的粗壮度弱于大荔人，比大荔人进步[1]。根据铀系法的测定，大荔人距今为20.9万年，马坝人距今为12.9万年。马坝人具有黄种人的一些重要特征，如头骨呈卵圆形；颧骨向前突出；鼻骨较宽，鼻梁侧面观稍呈凹形；颜面上部相当扁平；眼眶圆钝而稍高，等等，说明马坝人是黄色人种的原祖之一[2]。

与马坝人伴生的古动物计有8个目38个种属，其中包括大熊猫、剑齿象和最后鬣狗等，基本属于南方泛称的"大熊猫——剑齿象动物群"[3]。从与马坝人伴生的动物群所适合的生存环境，可知马坝人生活时期的气候，不像今天这样高温

---

[1] 吴新智：《马坝人在人类进化中的位置》，《纪念马坝人化石发现卅周年》，文物出版社1988年版，第3—6页。

[2] 黄象洪：《马坝人的种族特征——试谈我国人种起源于南方》，《纪念马坝人化石发现卅周年文集》，文物出版社1988年版，第14—19页。

[3] 马坝人伴生的古动物群的目、种属数量，是连同1964年和1984年两次清理数计算的。

多雨，而是温暖湿润，四季分明；周围森林茂密，水源和草木丰盛，动物繁多。这些动物就是马坝人猎取的对象。

1984年7月，在清理狮头岩洞内与马坝人头盖骨一起搬出的堆土时，又发现两件石器，石料均为石英砂岩砾石，器形同属砍砸器，打制方法简单原始。一件选用长条形砾石，采用单面打制法，打击出一道不甚整齐的厚刃；另一件略呈扁圆形，在一侧的小部分边缘，打击出一个有明显弧度的刃口。这两件打制石器来自同一洞里裂隙的堆积，不妨认为是与马坝人同时代的工具。1996年5月，中山大学人类学系、广东省文物考古研究所与英德文管会的专业人员，在英德宝晶宫溶洞第二层古河道堆积物中，发现旧石器12件。该器物打制简单、粗糙，质料均为砾石，是迄今广东粤北区洞穴中有确切层位的旧石器。据初步鉴定，其年代至晚距今约10万年前。这些石器可能与马坝人化石同时或较早[①]。

1978年和1989年，在粤西封开县渔涝区河儿口村的峒中岩，发现人牙化石3颗，古动物化石6目17科21属21种。其中2颗人牙的结构具有较多的原始特征，其个体大小和结构与马坝狮子岩飞鼠洞那件左下颌骨所带的臼齿相似，是与马坝人同一时期的人类牙齿，被命名为"峒中岩人"。其动物化石绝大多数也与马坝动物群非常相似，属于晚更新世早期阶段[②]。它们所反映的生态环境是一个温暖凉爽的环境。再从

---

① 见《羊城晚报》1996年5月29日。
② 宋方义等：《广东封开峒中岩动物群和人牙化石的研究》，《纪念黄岩洞遗址发现三十周年论文集》，广东旅游出版社1991年版。峒中岩动物化石铀系法测定年代为14.8±1.3万年。

草食类的鹿、牛、羊和杂食类的野猪类占相当高的比例来看，也说明当时有林木茂盛，水草丰富，气候温凉，适于人类生存的良好环境。

峒中岩人也是黄色人种原祖之一。广东从马坝人、峒中岩人开始便有了人类社会。

1991年以来，广东文物考古工作者在广州、深圳、佛山、河源及其所属的若干县（市），发现了20—30处旧石器地点，采集到刮削器、砍砸器、尖状器等打制石器和石制品一批，有的地点还有薄刃斧、大尖状器和手斧。这些石器的年代估计在30万年前至10万年前之间。各地点的石制品有大有小，以中、小型的为多，石料多种多样。这些石器地点的发现，拓宽了广东旧石器文化和古人类的研究领域。兹举要如下。

1995年3月底，广州南海神庙管理所曾祥旺，带着一些在深圳龙岗镇采集的石器标本到北京，请人作鉴定。著名考古学家贾兰坡教授和北京大学考古系吕遵谔教授都认为，深圳龙岗的标本似有人工打制痕迹，要作进一步研究。经深圳市文管办组织试掘，出土了一些人工打制痕迹明显的石制品[①]。

1995年5—7月间，根据曾祥旺的初步发现，广东省博物馆与省、市文物考古研究所以及中山大学人类学系、地质系的部分专家，多次到番禺钟村镇大乌岗的三个地点作复查，先后获得打制石器制品51件。石料大部分为角砾形态的脉石英和石英岩。计有石器、石核和石片三种，其中石器39件，以石片制作的有28件，约占72%。器类有刮削器、砍砸器和尖

[①] 龙文：《深圳龙岗发现旧石器》，《广东文物工作》1995年第3期。

状器等,以刮削器为主,制法以单面加工为主,修整简单粗糙。根据国家地震局地质研究所的热释光测定,确认大乌岗旧石器遗址人类活动的年代,大约在距今9万至22万年之间,考古学年代属旧石器中期。

番禺大乌岗和深圳龙岗等地旧石器地点的发现,填补了广州地区、珠江三角洲地区旧石器考古的空白①。

据我国人类学家的研究,早期智人的婚姻关系,已由血缘群婚进入普那路亚(夏威夷语,意为亲密的伙伴)婚制阶段。普那路亚群婚制也即族外群婚制。它禁止以往血缘群婚家族内兄弟姐妹间的婚姻。这是母系氏族形成的前提和基础。到了"一切兄弟和姐妹间,甚至母方最远的旁系亲属间的性交关系的禁例一经确立,上述的集团便转化为氏族了"②。因此社会也由血缘家族公社向母系氏族公社过渡。

三、广东的晚期智人和早期现代人

大约距今1万年至5万年前,考古学上称为旧石器时代晚期,早期智人演变为晚期智人(亦称新人、真人)。距今4000年至1万年前,考古学上称为新石器时代,晚期智人发展为现代人,即人类体质形态上的原始性质已完全消失。

1992年7月,在封开县渔涝镇罗沙岩首次清理出广东旧石器时代有连续地层堆积的遗址,有4枚古人类牙齿化石、一

---

① 曾祥旺:《广东珠江流域在河流阶地发现的旧石器文化遗存》,《广东省博物馆集刊》第一集(待刊稿),广东人民出版社1996年版。

② 恩格斯:《家庭、私有制和国家的起源》,《马克思恩格斯选集》第四卷,人民出版社1972年版,第37页。

批打制石器和近千件动物化石出土。第二、三、四层经铀系法测定,其年代分别为距今约2.24万年、4.8万年和7.9万年[①]。这一发现填补了广东乃至整个岭南地区距今2万年至10万年之间即从旧石器时代中期延至旧石器时代晚期,从早期智人到晚期智人的史前文化的空白。

广东发现的晚期智人化石及其文化,连同封开罗沙岩的二、三层遗址,迄今已有60多处,绝大多数属洞穴遗存,年代距今约1万至5万年。

1984年以来,在曲江县马坝狮子岩马坝人洞穴周围的水洞和银岩,发现了6颗人牙化石。根据地层堆积及牙齿的形态特征推断,其中的4颗可能属于晚期智人的前一阶段,另2颗年代较晚。此外,在狮头岩洞西面的飞鼠(蝙蝠)洞清理出1个带臼齿的左下颌骨化石,其年代可能相当于早期智人的后一段,或晚期智人的前一段。这些人牙化石表明,马坝石灰岩洞穴地区自马坝人出现之后,古人类曾长期在这里活动。

1960年2月,在灵山县(原属广东,今属广西)马鞍山东胜岩、匍地岩和石背山洪窟洞三处堆积中,发现8块头骨片,4颗牙齿,1块髋骨,1段股骨和1块骶骨,代表四五个个体,统称"灵山人",属晚期智人。

1965年在封开黄岩洞洞口左侧发掘出两个头颅化石,其中一个为成年人,保存相当完好,经鉴定与晚期智人形态基本相同,距今11930±200年。1973年在阳春县独石仔山5号

[①] 张镇洪:《广东旧石器时代考古有新突破》,《中国文物报》1992年12月20日。

洞下层发现一颗人牙，为晚期智人的左侧第一臼齿。

1984年以来，在罗定县下山洞和饭甑山洞内，各发现一段晚期智人的桡骨化石以及灰烬、炭屑、动物化石，其年代属旧石器末期至新石器早期之间。

广东迄今发现的各处洞穴遗存，主要分布于石灰岩孤峰和峰丛山麓，洞口相对高程在5—20米之间，大小适中，一般宽、高在5米左右，适于人类出入，野兽不易入侵。洞口方向一般朝南或朝东，有利于遮避寒风。人类栖息于洞穴之中，即所谓"古之民，未知为宫室，时就陵阜而居，穴而处下，润湿伤民。"① 洞口附近必有水源，或有小河流经洞前，或洞内有地下水，便于人类取水和捕捞鱼虾、螺蚌等水产。罗定县饭甑山遗存，发现含丰富螺壳的堆积，且有灰烬、炭屑和动物化石。螺壳多去尾部，蚌多腹背分离，当为人们食后所弃。同时洞穴附近都有一片开阔地段，可供人类采集植物根茎、汁果和狩猎。从灵山县发掘的堆积中有成层的灰烬、炭屑、红烧土和烧骨遗迹，饭甑山洞内发现灰烬和炭屑来看，当时用火熟食已相当普遍，人们已掌握了人工取火的方法。

此外，灵山县遗存还发现穿孔骨珠等文化遗物，表明当时已出现了原始艺术的萌芽。

四、母系氏族社会

根据原始社会史的研究成果推断，距今约13—14万年前

---

① 《墨子·辞过》。

的马坝人、峒中岩人、马坝狮子岩飞鼠洞人以及8万年前的罗沙岩人（第四层）等早期智人，其社会属于母系氏族社会的萌芽阶段。到了距今约5万年至一二万年前的封开罗沙岩人（第二、三层）、广西柳江人和灵山人，封开黄岩洞、阳春独石仔等晚期智人的阶段，母系氏族公社已经形成，并且有了初步发展。

根据目前的考古资料，距今约7000年至1万年前，即考古学上的旧石器时代末期至新石器时代早期，或称中石器时代，广东原始遗存的物质文化及生产力水平，大致可分为两个阶段。

（一）前陶阶段

前陶阶段或称无陶阶段，即人类尚未能制造陶器和食物基本上无剩余的阶段①。这时，人类的社会生产仍以狩猎和采集为主，没有栽培植物的农业。薯芋之类块茎植物的挖掘可能已经产生。

广东这一时期的原始人类遗址主要有封开的罗沙岩、黄岩洞、螺髻岩，阳春的独石仔和罗定的饭甑山等洞穴遗址。

独石仔遗址分上、中、下三个文化层，其年代距今分别约为1.32万年、1.42万年及1.53万年。当时人们的生产工具，以石器为主，三个文化层共发现打制石制品227件，石料多采自河滩砾石。下层已有5件凿打后加磨穿孔的"琢钻孔器"，亦称穿孔重石，是一种最原始的加磨石器，而发现于上层的7件磨光石器，则都是刃部磨光的切割器。这反映该

---

① 无陶阶段只是根据广东目前考古发现状况的一种称呼。

处原始人类在2000多年间，石器工具制造技术和生产力有较显著的进步。三层的主要石器种类是砍砸器和刮削器，其主要用途，前者用于砍伐树木和敲砸果核、骨头之类，后者用于剥兽皮（作蔽体衣物）。其他出土物尚有锥、镞等骨器和食后丢弃的螺蚌壳、烧骨、炭屑等。这一切遗物，说明这里的原始人类处于狩猎和采集经济状态。

黄岩洞遗址，自1961年至1996年经多次发掘，先后发现石制品上千件，绝大多数为砾石石核石器，种类以砍砸器和刮削器为主。石器的特点是，制作粗糙，加工简单，多采用锤击法单面单向直接加工而成。它们是反映旧石器向新石器过渡时代（或称中石器时代）的石器工艺特点和水平的代表，也是西江流域粤西地区从旧石器时代向新石器时代过渡的典型遗存物[①]。此外，黄岩洞还有磨刃切割器4件出土，表明磨制石器开始出现。据洞穴遗址规模不大的情况推测，这里可能是属于家庭式群体，人数在20人左右。

以上出现较早而谈不上精致的磨光石器，可反映广东旧石器时代末期和开始向新石器时代过渡阶段生产工具进步的情况。

此外，在海南三亚市荔枝沟一孤峰落笔洞内后壁及层位，尚保存有厚约1米的灰褐色胶结物，内含打制石器、石核、人牙（数枚）、蚌壳、螺蛳壳、海南沟蜷、小动物骨骼和炭屑、红烧土等，无疑是人们生活的遗迹。据测定，年代为距今

---

① 参见宋方义等《广东封开黄岩洞遗址综述》，《纪念黄岩洞遗址发现三十周年论文集》，广东旅游出版社1991年版。

10642年，这是海南目前发现年代最早的遗址①。

（二）粗陶阶段

陶器的发明，在原始社会是一项巨大的进步，它意味着人们的生产能力已有很大的提高，能利用泥土为原料，熟练地烧造出各种器物来。陶器的出现，使人们有了炊具和盛放物品的器皿。这说明人们的生产物有时已有剩余，需要有容器储存。妇女是陶器的最先发明者。

广东最早的陶器为夹砂粗陶。在英德、始兴、南雄和南澳都发现有遗址，年代距今约7000—8000年。

英德青塘洞穴遗址，自1959年以来共发现7处，年代距今约7000—8000年。其中朱屋岩、黄门岩2号洞有少量陶片出土，为红褐色或黑褐色的夹砂粗陶，烧成温度低，测定为680℃，吸水率为14.68%②。有的素面无纹，有的可见细绳纹，有的还抹上一层赭红色陶衣（细泥浆）。在出土的50多件石器中，有几件长身和短身刃部磨光的斧、锛类，是新出现的石器，远比切割器为大，可能用来砍伐；还出土有鹿角器、蚌器，其制造技术都比独石仔和黄岩洞有了进步。

1975年冬，在始兴城南杨公岭村玲珑岩含螺壳的胶结层里，发现少量破碎的素面红褐色软陶片、夹砂陶片。1983年在南雄梅岭镇中站（一名梅铝城）一洞穴，发现少量夹砂粗陶片。这两处陶片的烧成温度均与青塘差不多；始兴玲珑岩出土的石器也有加磨的石锛和凿。其年代与青塘遗址年代大

---

① 杨式挺：《海南黎族苗族自治州文物普查漫记》，《广东民族研究通讯》1984年第2期。

② 中国硅酸盐学会编：《中国陶瓷史》，文物出版社1982年版，第50页。

致相当。

1993年2月,在南澳县后宅南澳中学背后的象山,发现一处距今约8000年、遗物分布范围达6万平方米的文化遗址。在该遗址地层深156厘米处发现一片夹砂黑陶,火候低,内壁刻划格纹,外部饰斜绳纹。其他主要遗物以小石器为代表,以刮削器为主(可细分多种型式),还有尖状器和雕刻器,长度约为1.5至3厘米。这批小石器具有细石器的风貌,是粤东目前发现的年代最早、打制精巧的小石器。它们与福建漳州市区和东山岛的小石器有极大的相似性,这表明粤东、闽南九龙江在史前应为同一文化区域。根据小石器推测,当时这里人们的生活以渔猎、采集为主[①]。

综观广东无陶、粗陶两阶段的各种遗物已可以窥见当时的人类所处的社会形态。无陶阶段,出现的穿孔砾石贯以木棒即为挖掘器;而粗陶和刃部加磨的石斧、锛的出现与其年代相接,可与储存带壳的植物种子、果实相联系。因此可以说,在粗陶阶段,广东原始社会的生产已很可能突破了狩猎与采集的范围,而有了原始农业。这时,广东原始人类的社会,已不是处于如马坝人及其前后的向原始母系氏族公社过渡时期,而是母系氏族公社早已形成并有所发展的时期。当时的经济已由长期依赖天然物的攫取性经济,逐渐向食物生产型经济即向农业过渡。尽管人们战胜自然的力量仍极微弱,必须集体进行生产,然而在采集、狩猎乃至向农业逐步发展的过程中,也终于在集体生产的前提下,产生了男女两性之

---

① 南澳县海防博物馆等:《广东南澳县象山新石器时代遗址》,《考古与文物》1995年第5期。

间的自然分工。男子作战、打猎、捕鱼、制作工具；妇女管家、制备食物、喂养孩子和从事采集。采集的收获往往比渔猎活动的收获来得可靠稳定，所以妇女在氏族内的作用要大于男子。

"氏族是由一个假定的女性祖先和她的子女及根据女系永远传递下去的她的女性子孙的子女所组成"[①]。由于女性作用大于男性，女子的地位在氏族中便较男子为高。当时实行的是族外群婚（普那路亚）制，禁止氏族内部的婚配，本氏族一群女子与他氏族一群男子成为共同的夫妻，男子来到女方的氏族，作为女方氏族的成员。恩格斯描述说："按照夏威夷的习俗，若干数目的姊妹——同胞的或血统较远的即从（表）姊妹，再从（表）姊妹或更远一些的姊妹——是他们共同丈夫们的共同妻子，但是在这些共同丈夫之中，排除了她们的兄弟；……同样一列兄弟——同胞的或血统较远的——则跟若干数目的女子（只要不是自己的姊妹）共同结婚"[②]。一个氏族是居住在一个地区、由一位女祖先繁衍下来（包含本氏族女性和别氏族男性）的血缘集团。它以女性血缘关系为纽带，经常在一起生活和进行集体劳动。这样的社会组织，就是母系氏族公社。当一个氏族发展到一定程度，就会分裂出一个或几个彼此不相通婚的"女儿氏族"，而许多互相通婚的氏族又会组成部落。

---

① 马克思：《摩尔根〈古代社会〉一书摘要》，人民出版社1978年版，第76页。

② 恩格斯：《家庭、私有财产和国家的起源》，《马克思恩格斯选集》第4卷，人民出版社1972年版，第34页。

母系氏族公社的基本原则是：共同劳动，集体分享，平等互助，财产公有，所有氏族成员有共同的利益和义务。其特点是女子尤其是年长和有经验的妇女，在氏族公社内居领导地位，子女从母居，但知有母而不知有父。

第二节　母系氏族社会繁荣时期

大约在距今6000—7000年前，我国黄河流域的仰韶文化、长江流域的大溪文化、河姆渡文化等都处于母系氏族社会繁荣时期。广东的部分地区一些氏族、部落，大约在距今5000—6000多年前也进入这个时期。

此时期的社会，妇女在生产、生活中仍处于主要地位，氏族或部落的首领也由妇女担任，妇女处于受尊敬的地位。婚姻关系已从族外群婚，演进到"对偶婚"和对偶家庭，即一个女子有一个主要的丈夫，还有些非主要的丈夫；一个男子也有一个主要的妻子和一些非主要的妻子①。子女从只知其母，不知其父，到渐知其父。

一、母系氏族繁荣时期的遗址分布

（一）韩江三角洲贝丘遗址

韩江三角洲现今的地形轮廓，是在6000年前即中全新世

---

①　参看马克思《摩尔根〈古代社会〉一书摘要》，人民出版社1978年版，第33页。

海浸以后形成的①。此地属于母系氏族社会繁荣时期的遗址主要是贝丘（又称贝冢或庖厨垃圾堆）遗址。主要分布于今潮州市及澄海一带，以潮州枫溪镇陈桥村和池湖凤地遗址较为重要。陈桥贝丘遗址面积达1－2万平方米，堆积厚1－2米，昔日是地势低平的浅水沼泽地带，形成年代距今约6000多年。年代稍晚的澄海莲上镇里美村贝丘遗址，长约1000米，宽1米多，在贝壳层中发现有人颅骨和牙齿。澄海梅陇一溪西贝丘遗址长达十多公里，为全省所罕见。各贝丘遗址乃鱼骨、贝壳、兽骨和人们生活遗物的堆积。遗址的状况表明，当时在这里的居民是以渔猎、捕捞为主的氏族和部落。

（二）珠江三角洲贝丘遗址

珠江三角洲主要由西江、北江、东江在海湾内堆积复合而成。它是在三次海浸和三次海退的过程中发育起来的。这一过程约开始于3万年前，基本完成于数千年前，现今的地貌主要是6000多年来形成的②。目前已知的遗址有30－40处，从坐落位置和经济类型来分，可分为山冈、台地、沙丘（沙堤）和贝丘三类，其中以贝丘遗址为多，也最具特色，形成年代距今约5000－6000年。

根据地理、考古学家的研究，珠江三角洲的贝丘遗址可分为三类：河岸型，分布于三角洲上游成陆年代较早的地区，

---

① 李平日：《六千年来韩江三角洲的滨线演进》，《科学通报》第19期，1986年。发源于紫金县的梅江和发源于福建宁化的汀江在大埔县三河坝会合后始称韩江。广义的韩江三角洲含韩江潮州以下、榕江揭阳以下、练江普宁以下的潮汕平原；狭义的韩江三角洲指韩江下游北、东、西三溪堆积而成的平原。

② 李平日等：《珠江三角洲六千年来的发展模式》，《泥沙研究》1982年第3期；《珠江三角洲一万年来环境演变》第五章，海洋出版社1991年版。但这里所说的乃是几千年前未形成的"珠江三角洲"，远不同于现在。

即在今南海、佛山、三水、高要（含肇庆市）及东莞、增城、博罗等境内。河—潮型，与河岸型在分布地段上没有明显界限，仅相对集中于河岸型地区的下游。海湾型，主要分布于今三角洲中部的边缘地带成陆年代较晚的江门、新会、高明、鹤山境内，当时仍为海湾之处。这三类遗址当年的居住者，也都是以渔猎捕捞为主的氏族和部落。前两类贝丘离海较远，其捕捞和采集对象以淡水或半咸水贝类鱼类为主。海湾型贝丘离海近，捕捞和采集对象以半咸水及广盐性贝类鱼类为主。主要遗址有南海观音庙口（河—潮）、增城金兰寺（河—潮）、东莞万福庵（河—潮）、新会罗山咀（海湾）、博罗葫芦山（河岸）、高要夏江村（河岸）、肇庆蚬壳洲（河岸）等处。

（三）沿海及岛屿沙丘遗址

距今约5000—6000年前，广东沿海及环珠江口岸地区，存在着众多的沙丘（含沙堤、沙岸）遗址。它们分布于东起汕尾西至台山和雷州半岛沿海，南达香港、澳门等岛屿，而以环珠江口岸地区的深圳、珠海、中山、香港、澳门、新会及汕尾较为广泛，以珠江三角洲南缘和海岛为最多。

沙丘遗址可分为拦湾沙丘（最多）、沿岸沙丘和连岛沙堤三种类型。它们一般都远离古珠江入海口的贝丘遗址分布区，属于海岛环境。这里气候温暖湿润，有着富饶的生物资源，决定了居住于此的氏族和部落的经济生活以渔猎与采集为主。出土的石器中缺乏较大的砍伐器石斧、收割器石刀和石镰、谷物磨盘等农业工具，而多为中小型斧、锛、凿、网坠、敲砸器等，也说明了这一点。主要遗址有汕尾北沙坑、珠海淇澳岛后沙湾及三灶岛草堂湾，中山南茵龙穴和石岐白水井，深圳盐田小梅沙、大梅沙、葵涌大黄沙、大鹏咸头岭，香港地区的大湾、深湾、春坎湾、蟹地湾、东湾、长洲、铜鼓洲、龙鼓滩、涌浪、虎地湾及澳门黑沙湾等。东湾文化遗物中，虽有楔形器、磨盘、磨棒和石器组合的存在，可能与磨研淀粉食物有关①，但据此还不能断定这里已有了栽培农业。

（四）粤北山区遗址

目前发现的马坝狮子岩山腰的石峡遗址下层，也属母系氏族繁荣期。这里的氏族与上述贝丘、沙丘遗址的不同，是定居在山冈（亦偶有住狮头洞穴）的聚落，社会生产以原始农业为主。在始兴县城南墨江沿岸中镇村遗址下层，也发现同期的遗址。

二、生产、生活用具及其工艺

（一）西樵山石器及其类型

广东母系氏族社会繁荣时期，各地的生产工具仍以石器为主，磨制石器是其主要特征，但仍有不少半磨石器和天然石材工具。上述四个地区的遗址中，除粤北山区和韩江三角洲外，其他两地区的遗址中多含有用西樵山石料制造的石器。因为那里比较缺乏适于制造石器的石料，以致那里的原始居民多到南海西樵山采石制器，或通过其他方式获得。所以西樵山石器制造场所制作的各种石器，是当时广东相当一部分地区使用的石器的代表。这可从一个侧面反映有关各氏族、部

---

① 邓聪：《香港和澳门近十年来的考古收获》，文物编辑委员会编：《文物考古工作十年》，文物出版社1990年版。

落的生产力水平。

西樵山原是一座古火山丘,位于今南海市西樵山上。其东麓的火石岗、太监岗等地有质坚而脆的火石和半透明玛瑙(亦称硅质灰岩),虎头岩、滴水岩和西麓则有霏细岩,均适于打制石器。大约6000多年前的新石器中期,便有珠江三角洲各地的原始居民来这里采石制器,并持续了数千年,直到青铜时代。自1958年西樵山发现石器遗址以来,至今已发现的石器地点有23处[①]。因其地点之多、制品之丰富,以及双肩石器型式之多样、典型,故被确认为华南新石器时代以制作双肩石器为主的大型石器制造场,也是我国新石器时代著名的石器制造场。西樵山制作的石器,按其制法、器型、用途可分为两大类:

细石器类型　　细石器不仅是指细小石器,而且必须是从石核母体上打制剥离下来的细长石片(石叶)和石核石器加工而成的各种工具。迄今为止,在西樵山共采集和发掘出细石器和石制品约5万件以上。经现场模拟实验,证明细石器主要是采用直接打击法(石锤打击石材)制成。它们是一种复合工具,多复合使用,如切割器、刮削器、尖状器、雕刻器、小石镞之类,要镶嵌或捆绑在骨质、角质或木竹制的柄、杆上才能使用。这些工具是与早期渔猎经济相适应的。

双肩石器类型　　也称有肩石器、大石片石器,因其柄部的两侧似人的双肩而得名。它是岭南和华南富有特色的史前生产工具。通过对西樵山东麓太监岗底层与细石器共存的

---

① 杨式挺:《试论西樵山文化》,《考古学报》1985年第1期。

贝壳作^{14}C测定,细石器平均值的绝对年代距今6300年左右;而典型双肩石器测定的平均值为距今5230年左右[①]。这表明细石器类型年代早于双肩石器类型。

西樵山遗址自1958年发现以来,历次采集和发掘的双肩石器约有3000件以上。这类石器远较细石器为大,适于砍伐树木荆棘和用于农业生产。器形以双肩石斧、石锛为主,双肩石铲(锄)较少。其制作过程是先采集霏细岩石片,然后再打制出呈"凸"形的雏形坯件,再打琢、修整、磨光(特别在刃部)。但是,真正成品和通体磨光的完整双肩石器在西樵山遗址中并不多见,因为它主要是供给来自珠江三角洲各地以至更遥远地区的原始居民使用,故其初成品多被带到各居地再作进一步的精加工磨光。西江高要、肇庆、封开及东江增城、博罗、东莞以至香港等地的霏细岩双肩石器,可能是通过交换方式获得的。在广西南宁、合浦、钦州、灵山等地发现的西樵山石器达477件[②]。

当然,使用西樵山石料的各地区,其石器也有用非西樵山石料制造的。如珠江三角洲、环珠江口岛屿以及年代较晚的雷州半岛、海南岛地区的沙丘遗址就有用砾石、板岩、泥质粉砂岩、砂岩等为材料的石斧、锛、石拍、砍砸器、砺石和网坠等等。网坠的发现,说明这些地方的人类已能结网捕捞,比用手捕捉鱼类进了一大步。

[①] 曾骐、李松生:《1986—1987年西樵山考古的新收获》,《中山大学学报》1988年第3期。

[②] 彭书琳等:《试论广西的有肩石器》,《纪念黄岩洞遗址发现三十周年论文集》,广东旅游出版社1991年版。

各地贝丘、沙丘遗址的磨制石器和型式也不大一致。韩江三角洲磨制石器约占全部石器的1/4,其中通体磨光的斧、锛类约占磨制石器的1/10。各沙丘遗址磨制石器虽占多数,但种类不多,主要是中小型斧、锛,缺乏较大型的农业工具。此外还有不少天然石料工具,如石锤、尖状器、敲砸器、石砧、石球、圆饼状石器等。

至于粤北地区,当时的主要生产工具是磨制的常型石斧、锛,柳叶形石镞,打制石片、石刀,还有磨盘、磨棒、磨研器等,而缺乏细石器和渔猎捕捞的工具。磨盘和磨研器的出现,证实了这里以农业为主,人们已发明了专用的工具,将谷物加工去壳。

双肩石锛。新石器时代。从化出土。

(二)陶器及其纹饰

广东母系氏族社会繁荣时期,各地都有夹砂粗陶和泥质陶,除粤北地区外,各贝丘、沙丘遗址还出现了彩陶。但各地区仍以夹砂粗陶为主,约占全部陶器中的大部分,有些遗址达80%—90%。各沙丘遗址的夹砂陶多为红褐、灰褐色;泥质陶以米黄、澄黄、红褐色为主,还有少量红陶和白陶(一般占1%—2.5%,澳门黑沙下层占4%)。也有一些遗址泥质陶占很大比例，如中山龙穴的占62％，白水井的占61％。夹砂陶（主要是炊煮器）与泥质陶（主要是盛食器）比例的不同，反映了陶器种类和生活需求的差异。当时陶器的烧成温度仍较低，约为500℃－800℃。

数量最多的夹砂陶的器型，主要有圜底釜（炊具）及支撑陶釜的三足支座，罐、钵、碗（豆）等储藏盛食器；粤北、粤东等地还有少量三足鼎。泥质陶则有罐、盆、钵、平底盘、圈足盘等。其中的白陶，如深圳大黄沙、咸头岭，中山龙穴，珠海后沙湾等遗址的少量白陶，其陶土可能是选用质地细密的瓷土或高岭土之类，它们的氧化铁含量比一般陶土低得多，烧锻后即成白色。

当时广东陶器的制作，除沙丘遗物中一部分陶器口沿已见有慢轮修整痕迹外，基本上全是手制。有的整个器物用手捏按而成，有些则以泥片贴筑法制成，如圈足盘的盘身和圈足，釜、罐的口部和腹部，都是分别制造，然后再接合的，有些器耳也是后附的。

陶器的修饰有磨光、加细泥浆（陶衣）、镂孔与饰纹四类。饰纹有刻划纹、模印纹和彩绘纹三种。

各地区遗址出土的模印纹陶，主要是绳纹，分粗细二种。据珠海后沙湾遗物抽样统计，粗绳纹平均每10厘米约35道，细绳纹每10厘米约50道。在模印纹中有一种贝印纹，以扇贝、毛蚶等贝壳作制纹工具，印纹呈斜直、斜弧、连弧、弦纹状。还有竹草编织纹，多见于盘钵类底部，是制作时地上铺的草、竹编织物的印痕。由此可知当时居民已多会用草和竹编织席子一类的用品。中山龙穴和白水井、珠海后沙湾、深圳大黄沙和咸头岭等处的白陶敛口盘,在口沿上压印有似浅浮雕的复杂精美图案。这时的印纹陶中尚未出现几何形印纹。

在大黄沙、咸头岭、龙穴等遗址中还发现一种石制"陶拍",是用来在陶器上拍印各种纹饰的印模工具,圆角长方形,个别为圆形,长7—12厘米、宽4—7厘米、厚1厘米左右,颇为罕见。经模拟试验,可在陶坯件上拍出绳纹、交错绳纹或渔网纹来[①]。陶拍的出现,意味着纹饰陶器较为规范和产量的增多,也可视为几何印纹陶的滥觞。

至于贝划纹(以及贝印纹)和刻划纹陶,其纹饰往往施用于罐釜类的颈部至上腹。贝划纹以贝壳为划纹工具,有斜线、曲折、水波、菱形、连弧形等。淇澳岛后沙湾出土一件复原的敛口高圈足盘,盘身所饰的刻划纹图案似为耳、目、鼻组成的抽象的人面纹,圈足上部一组似水波、雨点[②]。有的器表的刻划纹纹道较宽深,可见工具雕刻的痕迹。

彩陶是珠江三角洲等地新石器时代中期最具特色的陶器之一。它是用红色等颜料在陶坯上描绘花纹图案然后烧制的较美观的陶器,一般是泥质陶,也有少量夹砂陶。增城金兰寺的彩陶仅占全部陶器的3.9%,主要器皿是盛食器盘、钵、碗类。珠海后沙湾彩陶占34.3%。东莞万福庵、中山龙穴的圈足盘,口沿和圈足里外均绘宽带状彩,有些在陶盘表面先涂一层白色作底,再绘暗红色的带彩或弧线纹彩。肇庆蚬壳

---

① 著名民族学家凌纯声对这种石拍进行研究,认为它是拍打"树皮布"的拍打棒,在新石器时代,华南、东南亚及中美洲都存在过。

② 《淇澳岛后沙湾遗址发掘》,《珠海考古发现与研究》,广东人民出版社1991年版。

洲的彩陶圈足盘,制作时先在器表施一层白陶衣,再绘直线、弧线,间以圆点纹赭红彩,相当美观。

从目前的发现看,沙丘遗址的彩陶比贝丘遗址似乎更为盛行。彩陶器主要是矮圈足盘,有大小不同型号。还有数量较少的圈足豆、圜平底碗、罐和杯等。绚丽多采的图案花纹主要描绘在盘、豆、碗的腹部和圈足上,以圈足盘的彩绘图案最能代表广东彩陶的地方特色及其兴盛期。图案花纹基本上属于几何形系统,如条带纹、勾连弧线、勾连云纹、三角形、水波纹、锯齿状纹、大小圆点纹、"S"字形纹。它们有机地组合在盘腹外表;圈足中间多有一条水波状纹或加圆弧纹,上下配以2—3周的小圆镂孔。深圳大黄沙和中山龙穴还有长方形、规矩形的镂孔,在周围再按其形状描以赭红色彩,有机地错落有致地成为组合纹。香港春坎湾、蟹地湾和澳门黑沙湾也都发现较精致的彩陶。总之,这些彩陶既是实用器皿,又给使用者以美的享受①。

彩陶圈足碗。新石器时代。
香港岛春坎湾出土。

---

① 杨式挺:《广东新石器时代文化及相关问题探讨》,《史前研究》1986年第1、2期合刊。

黄河流域的仰韶文化、长江流域的大溪文化和青莲岗文化等，其彩陶均属母系氏族繁荣期的产物，并具有这一时期物质文化的鲜明特征。距今5000－6000年前，广东珠江三角洲、韩江三角洲贝丘及环珠江口岸的沙丘遗址出现的彩陶，同样是母系氏族繁荣期的产物，并具有这个时期物质文化的显著特征。

上述广东的模印纹陶、贝划纹陶、刻划纹陶并不都是单一的纹饰，而往往是一器物上有两种纹类。彩陶也不完全是单一的彩绘，其上也有配以镂刻或镂孔的。

（三）骨角等器

广东此时期的各贝丘、沙丘遗物中，有种类繁多的动物（含鱼类）骨、角、牙、介壳制成的器物。

韩江三角洲贝丘遗址有大量的磨制骨器。陈桥村和池湖乡凤地骨器的骨料主要是牛、猪和鹿的长骨。骨器种类有大小切割器、锛形器、刀、锥、镞和圆形穿孔饰物。磨制工艺较精巧，但切割器、锛、刀器体较小，当为动物及鱼类的切割工具。鱼骨主要用作针、锥。骨针的出现，意味着人们已懂得缝制兽皮为衣，不再是披、裹兽皮。澄海里美村发现36件磨制较精的骨箭头，属渔猎工具的标枪，以兽骨片磨成，全长约8厘米，前头有尖锋，后端有短柄，两翼多分成两级三角形尖锋倒刺，制作颇精，具有颇大的杀伤力。

珠江三角洲的贝丘遗址也有一定数量的骨、角、蠔、蚌、牙质的生产工具和生活用具出土。如在东莞万福庵、增城金兰寺、肇庆蚬壳洲、新会罗山咀等处，发现过用牡蛎壳穿孔磨刃的铲形工具及骨器锥、针、簪等。蚬壳洲还发现一支骨哨，是截一段动物肢骨磨制而成，两端和表面打磨光滑，近中段上下各穿一孔，长4.1厘米，外径1.7厘米。这在广东是首次发现。骨哨是一种吹气发声器，用以发出某种信号。骨簪的出现，说明人们蓬首的状况有所改变，对头发已懂得修饰。

三、原始稻作农业的出现

在曲江马坝狮子岩的石峡遗址下层的多种遗迹中发现有栽培稻遗物：在房屋泥墙构件的黄泥巴中，羼和有谷壳及碎杆；在一个窖穴中有数百颗已炭化成黑色的米粒；在两个灶坑台上敷贴的泥巴中有稻谷壳和稻杆碎片。这是粤北地区母系氏族繁荣时期已栽种稻谷，出现原始农业的物证。

广东省农业科学院粮食作物研究所对窖穴出土的炭化稻米作出鉴定，认为：大部分籽粒外观非常完整，形状轮廓清楚，个别米粒还可见米胚。全部米粒已炭化。标本的米粒形状大致可分为两种类型：一种籽粒较窄，长5.1—5.8毫米，阔约2.5—2.9毫米，厚1.7—2.1毫米，与现今常食用的籼稻品种非常相似；另一种籽粒较阔，长4.9—5.3毫米，阔3.0—3.2毫米，厚2.1—2.4毫米，与南方粳稻品种粒型接近。这两种类型之间，不同长、阔、厚的米粒都有，说明当时品种比较混杂，纯度较差，人工栽培程度较为原始。鉴定者还认为，窖穴出土的粳型米粒很可能属于粳稻[①]。

---

① 杨式挺：《谈谈马坝石峡遗址的栽培稻遗迹》，《文物》1978年第7期。

石峡下层发现的人工栽培稻，是华南发现的年代最早的人工栽培稻遗存之一，距今5500—6000年。目前我国南方发现稻谷遗迹最早的是湖南醴县彭头山遗址等处，测定年代距今约7700—8500年[①]。其次为浙江余姚河姆渡及罗家角遗址，年代距今6500—7000年。著名农学家丁颖教授早已指出，从稻的植物特征、特性和分类看，无论南北，籼、粳稻都早被认定属于一种，即O. Sativa L. 种。据他研究，籼稻是最先由普通野生稻（O. S. F. sp.）经人工栽培驯化而演变形成的栽培稻种，属栽培稻的基本型；粳稻则是由籼稻或野生稻的植株个体在不同的环境条件（主要是温度）影响下，通过人为的选择培育而形成的变异型，或称气候生态型[②]。曲江石峡下层的稻米，主要是籼稻，但也有粳稻。可见这里发现的栽培稻，已经有了一个演变的过程，不是它的原始形态。因此，粤北或广东的人工栽培稻，可能出现得更早，即可能出现在广东母系氏族社会繁荣时期之前。

石峡下层遗址，发现稻谷、磨盘、磨研器以及斧、锛、石片、石刀等石器，表明这里的社会生产是以栽培稻农业为主。但当时的农业生产还比较原始，从发现的石镞和某些打制石器看，还应兼事采集和狩猎。已发现有较精细的陶镂孔矮圈足盘，但未见彩陶。

[①] 1995年笔者到长沙湖南省文物考古所，看到1993年在道县蛤蟆洞遗址最新发现的少量炭化稻谷粒，从共存的打制石器和动物化石看，其年代当会在距今一万年前。

[②] 丁颖主编：《中国水稻栽培学》，北京农业出版社1961年版，第23页；丁颖：《中国栽培稻的起源及其演变》，中国农业科学院编《稻作科学论文选集》，北京农业出版社1959年版，第5—27页。

至于粤北以外的贝丘、沙丘遗址区域，迄今尚未发现此时期已有农业生产的确证。有人认为，珠江三角洲沙丘遗址地区，如西樵山大量双肩石器的存在，说明了该地的生产工具已从细石器向大片石器转变，反映了渔猎经济向农业经济的转变。套榫横装柄部的石斧、锛、铲（锄），用于砍伐树木，开垦荒地，是适应农业生产的需要而出现的。但是，贝丘特别是沙丘遗址的石器一般都偏小，又缺镰刀、磨盘等原始农业工具，因此，其栽培农业的出现，很可能晚于粤北山区。潮州陈桥贝丘遗址出土的大量牛、猪、鹿骨，如以8个肢胫骨作一头计算，至少也有百头以上。由兽骨之多，可推测那里已有了家畜驯养[①]。

四、房屋和葬俗

这个时期，以农业为主的氏族和部落，已过着定居的生活，营造了适于长期居住的房屋。

曲江石峡遗址下层发现有房址，包括墙基槽、柱洞、窖穴、灶坑、红烧土和坍塌的泥墙构件。红烧土泥墙构件平整的一面留有夹木（竹）棍条骨架的凹道。这种房屋共有4座。专家鉴定：这是一种在地面建筑的木骨泥墙长屋。其中较大的一座，残长40米，中间有隔墙（间），但具体布局已难以恢复原貌[②]。这种"长屋"，在当时的条件下，估计可住数十

[①] 广东省文管会：《广东潮安的贝丘遗址》，《考古》1961年第11期。
[②] 杨式挺：《广东新石器时代文化及相关问题探讨》，《史前研究》1986年1、2期合刊。鉴定者为北京考古研究所研究员杨鸿勋。

人，可能是氏族内一群血缘亲属的居所，其年代当在距今5500—6000年之间。

粤北以外的广东各贝丘、沙丘遗址地区，迄今发现结构明显的居住遗迹很少。珠江三角洲仅在增城金兰寺遗址的下层，发现一些柱洞（挖入生土泥沙层中）。这些柱洞表明该贝丘遗址的居民，曾在此建造房屋，过着定居生活。在沿海及岛屿的众多沙丘遗址中，目前也只发现三处有明显定居特征的遗迹。其一，在香港大屿山东湾一遗迹层中部发现排列有序的六个圆形柱子洞，有的洞内有"柱础石"和木灰，六洞构成的平面呈方形，自北向南倾斜；另一遗迹层下部，有一个遗迹遗物较为多样的居址生活面，遗迹有椭圆形石构建筑，有火口、火膛、烟道及直径约1米的红烧土堆（可能是陶窑址），还有石器制作场[1]。其二，在香港赤腊角虎地湾一处海拔约15米、俯视海湾的高地上，发掘出一个保存很好的居住遗迹。其平面上布满了密集的大小柱洞和穴坑。在方形遗址的两边，有分布成行的建筑物的柱洞，中间有煮食篝火堆、石器工场，穴坑中有大量的石器和陶器。这一发现对研究香港地区先民早期生活状况，无疑是很重要的。篝火堆木炭样品经^{14}C测定，属公元前3700—3400年的遗物[2]。其三，深圳咸头岭遗址发现有房屋基址。此地西南距大鹏湾350米，背面紧靠高500米的求水岭。房基表面基本平坦，地面用较硬的

---

[1] 区家发、邓聪等：《香港石壁东湾新石器时代遗址》，《香港考古学会会刊》第12期（1986—1988）。

[2] 香港考古学会编：《赤腊角考古》，《赤腊角岛考古调查研究》专刊（英文版），香港考古学会1994年版。

灰褐色土铺垫。发掘范围,最长7.7米、宽4.8米、厚0.13—0.2米。发现大柱洞一个,小柱洞12个,略呈"一"形散布。另有红烧土散布或堆积,范围最大的长7米、宽4米、厚0.32米。红烧土块的一面有原夹竹或木棍的印道,应是房屋的木(竹)骨泥墙倒塌的遗迹。

以上所述沙丘和贝丘遗址的居住遗迹,表明当时这些地方的先民都有过定居、半定居的房屋。但与粤北的氏族长屋相比较,他们的居所远为逊色,其定居的稳定性还不够。再者,沙丘遗址的文化层一般薄于贝丘,遗物也没有贝丘遗址多,故又可断定沙丘遗址的先民居住的稳定性也逊于贝丘遗址。

沙丘遗址先民生活的流动性,与其生活地区的自然环境密切相关。居址滨海,每年都有雨季、台风来临。台风引起巨浪、暴雨和高海潮等,甚至发生海侵。这些都直接威胁着海边人群的生存,人们不得不迁移住地。因而史前沙丘遗址的聚落形态,往往表现为非长期定居的栖居点,为从事沿海短期海产捞捕的季节性居所。凡此种种,均为导致沙丘遗址的房屋比粤北氏族长屋远为简陋的原因。

这一时期,在珠江三角洲的若干遗址中,已发现母系氏族的公共墓地,而且其墓葬有一定的葬式和葬俗。

在新会罗山咀贝丘遗址,发现一座二次瓮棺葬,葬具为两个相套的夹砂陶厚胎折肩瓮。人骨从足至头井然有序地置于瓮内。随葬品有骨簪、圆角三角形两端穿孔鳖甲"牌饰"、穿孔蚶壳饰物和小陶罐。死者似为一位老年女性。这些随葬品表示对老年女性的尊敬。

1987年底至1988年初，在肇庆鼎湖区广利蚬壳洲贝丘遗址发现24座墓坑28具人骨。这个墓群应属一处母系氏族公共墓地。据研究，墓葬可分三组，或分属于三个不同的家庭，为浅穴土坑墓或墓坑不明显。绝大部分为单人葬，仅3座为合葬墓。随葬品极少，其中一墓有一支骨笄，另一墓有两件多孔石刀。葬式流行侧身屈肢葬，个别为蹲式屈肢和双手反剪的俯身屈肢。这种合葬墓及侧肢屈肢葬，在广东是首次发现。屈肢葬是一种很古老的葬式，在我国南方推行早于北方。侧身屈肢葬、屈肢蹲葬在广西多有发现，年代也较早。据此推测，蚬壳洲墓的同样葬式很可能是由广西传来的[①]。

关于屈肢葬的意义，向来有各种不同的推测。其中一说认为：屈肢葬是原始社会制度的产物，它源于原始人对灵魂不灭的信仰。因此，原始人对死者远比对活人害怕得多。"他们把一切的坏事，一切不幸事故、伤损、衰老和死亡，都归咎于灵魂。……假如不能逃开死者，那就把他们埋葬，预先把他的四肢缚起来，在他身上堆起一个土丘，使他们的灵魂不能逃脱出来，为了安全起见，在上面还堆石块。"[②]

在潮安陈桥村贝丘遗址发现不少人骨，人骨上有红色赤铁矿粉末。广西横县西津、邕宁长塘墓地的人骨也是如此。此乃一种"饰终"风俗的萌芽，又是一种灵魂不灭观念的反映。

---

① 覃彩銮：《壮族地区新石器时代墓葬及其有关问题探讨》，《广西民族学院学报》1984年第3期。

② 拉法格著（王子野译）：《思想起源论》，转引自容观琼《文化人类学与南方少数民族》，广西人民出版社1990年版，第115页。

第三节 父系氏族社会的氏族部落

大约距今5000年左右,我国黄河、长江、珠江流域的一些氏族部落,先后进入父系氏族社会。导致母系氏族社会向父系氏族社会转变的决定因素,是生产力的发展,但最根本的原因是男女在生产中所处的社会地位的变化。男子成为生产的主要承担者,生产品有了剩余,被男人认为是由自己创造的。他们的私有观念逐渐发展,要把积蓄的财富留给亲生子女。这样就必须废除对偶婚,实行一夫一妻制,妻随夫居,世系按父方计算,男子是家庭的主宰,于是出现了父系家长制家庭。家长握有支配甚至生杀之权。所有这一切,是在经历了一个长期而充满矛盾与冲突的过程中形成的。

广东迄今发现的属于父系氏族社会阶段的遗址已有三四百处,根据其内涵及特征,可分为两个阶段:距今约4300—4700年,属新石器晚期;距今约3000—4000多年,属新石器末期。这些遗存,按地域又可分为粤北、粤西、粤东平行岭谷和粤东沿海、珠江三角洲和环珠江口、南路和海南岛等五个区域。各区域发展并不平衡,时间也有先后,但遗存大体反映了当时存在于广东各地区诸父系氏族、部落或部落联盟的社会状况。

一、锄耕农业和家畜饲养

广东父系氏族社会时期,许多遗址所反映的共同点是有着较成熟的锄耕农业。这时农业的发展，表现为农具的改进和栽培稻的推广。

农业主要生产工具仍是石器，其特点是有肩（柄）和穿孔的农具较为普遍，工具的种类增多且磨制精良。较大型的农业工具有石斧、石锛、石镬等。如石峡遗址下层墓葬出土的石镬达18件，器形特点是长身弓背，又称弓背形锛，多两头有刃，形若今日的铁镐，最大的长31厘米、上刃宽3.8厘米、下刃宽6厘米、背厚4.6厘米。装柄方法大致是用一根"T"字形木柄，将其上部贴紧或套紧镬身中部较平整的位置，然后捆绑固定。这种窄刃厚体的石镬，适于在粘性较强的丘陵黄壤土地使用。粤西封开县杏花镇禄美村对面岗、罗沙岗和菪秧岗等地，以及粤东如揭阳宝山岽遗址均有发现[①]。石斧、石锛中，还有一种长条形两面微鼓凹刃长身锛和来自西樵山石器制作工场的有肩石斧和石锛。此外，在石峡中层、翁源童子营、始兴马市大背岭、紫金在光顶和龙川坪岭头等新石器末期遗址，新出现了一种收割农具——长方形双孔石刀。

石器钻孔是为了安装柄，人们持柄劳作比持器身劳作功效要大得多。有柄的石镬、石锛更宜于掘地、翻土，石斧更便于砍伐树木，从而促进了农业发展和农业生产力的提高。使用较大农具从事这种锄耕农业，劳动非常繁重，男子一般体力较强，故比妇女较为胜任。因此，原始的锄耕农业阶段，男子成了生产中的主要劳动者，这通常是与父系氏族社会相一致的。

---

① 杨式挺等：《广东封开杏花河两岸古遗址调查与试掘》，《考古学集刊》第6集，中国社会科学出版社1989年版。

在距今4300—4700年之际，伴随着锄耕技术的进步，广东的稻作农业也有了进一步的发展。分布于粤北地区的石峡遗址及其他多处遗址，都发现了人工栽培稻的遗迹。在"石峡文化"的15座墓葬和曲江乌石镇床板岭的2座墓葬中，稻米已与泥土凝成一团，有些是在灶坑后沿等处的红烧土块中。广东省农业科学院粮食作物研究所对两块红烧土标本作出鉴定，认为："出土的谷壳粒形、大小及表面的纹理与现在我国栽培稻相同，属于Oryza Sativa L. 种（即人工栽培稻）"。另外两座墓葬的两个标本都有米粒，籽粒较小，基本上是籼稻，其中个别粒型稍阔，但很扁，仍属籼稻。其他墓葬也有出土的米粒。总的来说以籼稻型为主，也有粳型稻。这些稻米遗存，与粤北母系氏族时期的栽培稻是一脉相承的。还有，1961年在狮子岩头对面的泥岭也曾发现一件泥质三足盘，内装一团炭化稻谷。经华南农学院丁颖教授鉴定，属人工栽培稻，与现今华南种植的籼稻区别不大。1985年在翁源县坝仔下角垄遗址下层出土的红烧土中含有稻谷壳。龙川县紫市镇坪岭头新石器末期遗址，也曾有过较多的炭化稻末出土。

如上所述，装柄石镬的出土分布甚广，稻谷栽培已存在于广东北部与东部，双孔石刀也大致分布在北部与东部，并且有些还与栽培稻遗存一起出土。这些都表明，此时期广东原始农业有了进步，以栽培稻为主的种植地区也在扩大。

在原始农业发展的基础上，家畜饲养业也普遍兴起。如佛山河宕旧墟、高要金利茅岗、东莞企石龙江村和虎门村头遗址，以及香港南丫岛深湾，都发现有猪、牛、狗等动物的骨骼和牙床。经鉴定，河宕旧墟和茅岗都有幼年家猪的牙床。

在南海观音庙口和龙船田、佛山河宕旧墟、增城仙村和新塘、博罗铁场苏屋岗,都发现牛的骨骼和牙齿。这些都可以说明珠江三角洲等地区,在距今3500—4000年之际,已饲养有猪、狗、牛等①。

高要茅岗遗址还有一批青榄核、乌榄核、白果核、山枣核、残柿子壳出土②。石峡遗址墓葬中,也有核桃和酸枣的核实。这些发现,连同各地石箭头、骨箭头和石矛的大量发现,表明渔猎和采集也是当时父系氏族社会经济生活来源的组成部分。

二、原始手工业及其技术

(一)石器种类与制造技术

此时期西樵山及其周围,以制造霏细岩双肩石器为主的石器制造地点较前增多,其产品不仅广泛分布于珠江三角洲,而且及于香港地区、西江流域、北江上游(如曲江石峡遗址)、南路—海南地区,以至更遥远的地方。

曲江属于"石峡文化"的墓葬已发掘110座,出土石工具、农具、武器有1000多件。其中各种型式石镞有四五百件,大多形体整齐对称,磨制精细。扁平穿孔石斧钺③通体磨光,

---

① 杨式挺:《试论西樵山文化》,《考古学报》1985年第1期。

② 杨豪、杨耀林:《广东高要县茅岗水上木构建筑遗址》,《文物》1983年第12期。榄核的发现,纠正了《广州植物志》关于我国橄榄始于汉代从越南传入的记载。

③ 扁平穿孔石斧钺在英德穿岩、南雄、大埔、封开旧屋后山和杏花乌骚岭墓葬等遗址均有发现。

有的石钺长 30 余厘米,厚不及 0.5 厘米,磨工极精,石料为高岭岩,显然已非实用品而是象征权力的明器。一墓葬有一套大小 7 件长身有段凹刃凿刀出土,这些可能是凿琢木器圆孔的工具。可见当时已出现了专门制作某种石器的匠人。

本时期粤北"石峡中层类型"的许多遗址中,磨光石器种类更为多样,有斧、锛、小型弓背锛、凿、三棱镞、长方形双孔石刀、石镰、石矛、石戈、柄部穿孔处两侧带扉棱状的刀形端刃器、内孔沿上下突起的手镯和磨轮等。有的遗址,如始兴大背岭,仅石锛就有长身、短身、有肩、有段和有肩兼有段五种类型。这是生产发展和分工渐细的结果。

(二)玉石器的制作工艺

本时期广东各地普遍出现玉石器,制作水平亦高,尤以玉石琮最为精细。琮的特征是内圆外方,有大中小型之分。大琮亦名黄琮,小琮亦名驵(组)琮。曲江乌石床板岭 1 号墓出土的最大一件石琮,通高 14.6 厘米、上径 7 厘米、下径 6.6 厘米、孔径 4.8 厘米。与此形制相同,在石峡遗址下层 105 号墓出土的一件石琮,通高 13.8 厘米。这两件大琮的花纹,四面相称,布局整齐,配以 10 组简化的兽面纹。石硖另五座墓各出土有一件小琮,高度仅及上述曲江乌石床板岭大琮的 1/5,其花纹略异于大琮,亦有简化兽面纹。1984 年,海丰田墘镇三舵出土有玉琮 2 件,玉环 2 件,色泽湖绿,半透明。1985 年,封开杏花禄美村对面岗一墓亦出土一件与田墘三舵大小相当的中型名琮,通长 8 厘米左右。田墘玉琮镂刻有四组神面纹,庄严神秘,线条细如发丝[①]。玉石极坚,钻孔不易。已

---

① 杨少祥等:《广东海丰县发现玉琮和青铜器》,《考古》1990 年第 8 期。

青玉琮（左）。海丰田墘出土，高7.2厘米。
石玦（右）。石峡中层出土。

知当时采用的是管钻法，两面钻孔，但其使用何种工具，尚属不明。广州南方玉雕厂的专家认为已使用了金属工具。但当时尚无青铜器发现，因而有人认为玉石琮的钻孔方法应与玉石璧、环、镯一样，采用竹管、骨管工具加细砂加水反复旋转的管钻法。直至今天，对玉石进行裁割、钻孔基本上还保留和采用这种传统的加工工艺。

（三）制陶工艺和纺织

手制陶器是妇女的历史功绩，父系氏族时期已较多地使用陶车制作轮制陶器。采用陶车生产陶器，技术性强，劳动强度大，要求劳动者身强力壮，相对固定地从事制陶。显然，男子的生理条件和活动能力更符合上述要求。所以，轮制尤其是快轮制陶成了他们的专长。轮制陶器既提高了生产力，增加了产量，又使陶器的外形更加规整、匀称、美观。

广东新石器晚期的制陶工场，至今尚未发现。不过，石峡下层100座墓葬出土的多达1100件陶器，从器形的地方特点看，无疑是本地区烧制的。盘鼎、三足盘、圈足盘、豆形盖等的制作，是先做盘身，再贴接一圈口沿，然后再附上三足、圈足或捉手。当时大量制作这几类陶器，可能已采取了分工合作的"流水作业法"：有的做盘身，有的做泥片粘接子母口，有的专做三足、圈足或捉手，最后粘合成整器。

烧制陶器的窑址，目前已在马坝石峡中层、韶关走马岗、始兴城南澄陂村、兴宁永和铁窑岗和普宁广太虎头埔等新石器末期遗址发现。石峡中层发现的，结构已不甚清楚，大致可分圆形穴窑和不规则的长方形浅坑窑。韶关走马岗窑为竖穴窑。结构可分窑室、火膛、烟道三部分，保存相当完好。窑室为一圆形竖穴，口径0.98米，底径0.4米，高1.06米；窑壁敷有一层草泥土，经火烧变成坚硬的微带黄色的红烧土。窑室有三个长形小洞向外伸出，可能是用以放入陶器坯件的地方。火膛在窑室东部，为一长筒形管道，长1.8米，宽0.45米，从窑室向外分两级倾斜。烟道在窑室北壁高0.2米处，呈斜坡状向上通过一段宽0.4米的生土层，然后向上伸出[①]。从窑的结构看，走马岗窑的烧制技术仍较原始。虎头埔窑结构较为清楚，共清理15座，年代相差不远，可分四种：第一种为平面呈长方形，第二种为平面呈圆角方形，第三种为平面呈圆形。这三种窑都是直壁平底的坑窑。第三种中的一个窑，后壁有一条向外突出的烟道可以通风，是这类窑中较先进的一种。窑内直径185厘米、高55厘米、烧土壁厚6厘米。第四种窑平面略呈

---

① 广东省文管会、华南师范学院历史系：《广东曲江鲶鱼转、马蹄坪和韶关走马岗遗址》，《考古》1964年第7期。

"8"字形(或称哑铃形),共有9座,均依山势而筑。结构可分窑室、火膛、火道三部分。窑室、火膛均呈圆形,火膛在下,中间连接长方形火道;窑室中部均有一个红烧土台,用以放置陶器坯件。其中一窑,全长 305 厘米,窑室直径 158 厘米,红烧土台高 20 厘米、宽 128—138 厘米,环绕土台的火道宽 20—30 厘米,火膛直径 17 厘米。第四种窑属于较进步的横穴窑,火焰抽力较好,烧成温度较高[1],从陶器的硬度看,当在 1100°以上。石峡、西樵山陶器烧成温度为 860℃,佛山河宕旧墟陶器为 1000—1100℃[2]。

这时陶器表面的花纹装饰已相当美观,多使用陶拍加工,在陶器坯件入窑前,在陶器表面拍印出各式各样的几何形花纹,统称几何形印纹陶。

新石器晚期的印纹陶属产生期,只有曲折纹、方格纹、漩涡纹和重圈纹 4 种,而且一件陶器上只拍印一种纹饰。

新石器末期为印纹陶的发展期。陶拍在揭阳、潮阳、海丰、普宁、封开等地已发现十多件。一般是长方扁块形,在其一面或两面,甚至两侧,刻有各种花纹。封开杏花塘角咀遗址,出土的一件有柄陶拍(全省迄今出土的陶拍中唯一有柄者),全长 12.5 厘米,柄长 4.4 厘米,上顶宽 7.5 厘米,厚 2 厘米,两面阴刻方格纹和菱格纹,两侧还有平行线纹[3]。此外还有一种蘑菇形的陶"压槌",其圆弧面一般平整或光滑无纹,手持其柄,

---

[1] 杨少祥等:《广东普宁虎头埔古窑址发掘简报》,《文物》1984 年第 12 期。
[2] 河宕陶器烧成温度系经石湾陶瓷研究所测定。
[3] 杨式挺等:《广东封开县杏花河两岸古遗址调查与试掘》,《考古学集刊》第 6 集,中国社会科学出版社 1989 年版。

可在陶釜罐类等较大件器皿上槌压,使陶坯胎更加坚实。这些工具的使用,不仅增加了陶器外形的美观,且使陶器质地更为坚实耐用。各遗址发现的几何印纹陶,花纹多达20—30种。典型花纹有:规整曲折纹、多线长方格纹、双线或多线交叉凸点纹、重圈纹、编织纹(席纹)、云雷纹、圈点纹、叶脉纹、鱼鳞纹、方格纹、梯格纹等。每件陶器上都拍印两三种以上的成组组合纹。

必须指出,在石峡下层墓葬、石峡中层、佛山河宕下层、南海灶岗、高要茅岗等遗址,都有相当数量有刻划花纹特征的陶纺轮出土。纺轮为扁圆体,中间穿孔,贯以竹木杆,转动可以捻线。这表明广东的原始居民在距今4000—5000年前已较广泛地用植物纤维纺织衣物了。此外,从这时各遗址陶器底部留下的痕迹,也可看出用草、竹篾编织的席子也更普遍地生产了。

(四) 骨角牙雕器和玉石水晶饰物

此类工艺器物在这个时期的各遗址中多有出现。如在佛山河宕、南海鱿鱼岗、高要茅岗、东莞村头和普宁后山等地,出土有外形精巧、刻工精湛的象牙器、獐牙器和骨质约发器,水晶玦,玉石环、玦、镯、璜,鸟形坠饰,绿松石片、珠、管和骨角器等。河宕一座墓的男性骨架,左手腕部戴有一个象牙镯,头顶有一件梳形有槽骨饰;另一座墓的男性,头顶置两件象牙筒形器,精工细琢,薄如蛋壳,形制奇特,堪称原始工艺品中的瑰宝;还有一座男性墓随葬有一件断面呈五角形的水晶玦。河宕、茅岗和村头均有磨制精细并穿孔的骨针和骨梭,当为织网工具。用网捞捕,一次可以捕获较多的鱼类。织网工具的出现,表明当时捕鱼生产力有了提高。

广东石器时代遗址分布及年代简表（单位：处）

年代与期 地点与 数量 行政区属	旧石器时代 （约20多万— 1万年前）		新石器时代					
			早期（约1万—7000年前）		中期（约6000—5000年前）		晚期（约4700—3500年前）	
	数量（处）	地点	数量（处）	地点	数量（处）	地点	数量（处）	地点
广 州	18	广州、从化、番禺、增城等地			1	增城金兰寺	4	新市、葵涌、鹅岭、金兰等
深 圳	4	龙岗区荔枝园村、迴龙铺等			4	大梅沙、梅沙、大黄沙、咸头岭	8	多在沙丘，少数在山岗
珠 海					2	后沙湾、草堂湾	21	同上
汕 头			1	南澳象山	5	潮州陈桥村、池湖等地	40	主要分布在揭阳、普宁、潮阳等地
韶 关	8	曲江狮子岩、乐昌石灰冲等地	6	曲江、始兴、南雄、英德等地	1	石峡下层	106	主要分布在曲江、始兴、翁源、新丰等地的山岗
河 源	16	河源市区、龙川老隆镇等地					33	主要分布在龙川、和平、连平的山岗

（续上表）

年代与分期 地点与数量 行政区属	旧石器时代（约20多万－1万年前）		新石器时代					
			早期（约1万－7000年前）		中期（约6000－5000年前）		晚期（约4700－3500年前）	
	数量（处）	地点	数量（处）	地点	数量（处）	地点	数量（处）	地点
梅州							32	主要分布在梅县、五华、丰顺的山岗
惠州							8	主要分布于博罗、惠阳
汕尾					1	汕尾白沙坑	6	主要分布于捷胜、遮浪、下洋的海边沙丘
佛山（及中山）	1	三水赤岗镇			6	西樵山、中山龙穴、白水井	34	多在贝丘，少数见于沙丘、山岗
江门					1	新会罗山咀	21	主要分布于恩平、台山、新会
阳江	1	阳春独石仔	1	独石仔中上层			10	主要分布于阳江、阳春
湛江							22	主要分布于廉江、遂溪、海康

(续上表)

年代与分期 行政区属 数量 地点与分期	旧石器时代 （约20多万— 1万年前）		新石器时代					
			早期（约1万—7000年前）		中期（约6000—5000年前）		晚期（约4700—3500年前）	
	数量（处）	地点	数量（处）	地点	数量（处）	地点	数量（处）	地点
茂名							8	主要分布于高州山岗
肇庆	3	封开峒中岩、罗沙岩、罗定饭甑山	5	封开黄岩洞、罗定山洞等	3	封开蜆竹、肇庆蚬壳洲等	54	主要分布于封开、怀集、高庆等地
清远			4	英德青塘诸洞穴			18	主要分布于英德
海南岛			1	三亚落笔洞	2	陵水大港村沙丘、东方新街贝丘	约200	
合计	51		18		26		625	

说明：本表的分区及遗址数量主要依据1989年广东省地图出版社出版的《中国文物地图集》广东分册、部分县市的遗址数增补至1992年。海南岛由于正式发掘工作少，遗址数量仅供参考。广州、深圳、河源等地的旧石器地点系由曾骐旺副研究员提供。

三、小房屋

此时期广东已发现与石峡下层木骨泥墙大房址（见本章第二节）不同的小房址7处。择要分述如下。

曲江周田鲶鱼转1号房基 宽3.2米，进深3米，面积仅约9.6平方米。门道在南面偏西处，居住面铺有硬土层，房子东南、西南、西北三个角落以及中央各有一个桩洞，东南面有一大火膛。房内遗物有砍砸器、锛、刀、箭头、磨盘、磨杵和砺石等石器，还有陶纺轮和陶器残片。从遗存情况看，房屋结构应是用五根立柱支撑屋顶的、平面呈方形并有斜坡门道的半地穴式建筑[①]。该遗迹显示：居住者除农耕外，还兼事家内纺织。

韶关走马岗1号房址 平面呈椭圆形，面积约9平方米。门道在南面中央，房址有四个柱洞，前壁两个在房基外，后壁两个在房基边缘两角，房基西侧有火膛。房址内出土器物，与鲶鱼转相当。推测其结构，应是用四根立柱支撑屋顶，屋顶呈硬山状，与现今农村简易茅舍相似，为平面呈长椭圆形、有斜坡门道的半地穴式房屋。

高要茅岗木构房屋遗址 面积达数万平方米，分布广而密集，距今约3500—4000年。在试掘的112平方米范围内，有三组建筑遗存。三组的结构基本相同，唯第一组保存较好。据《发掘简报》（《文物》1983年第12期）记载：该遗存前

---

① 广东省文物管理委员会等：《广东曲江鲶鱼转、马蹄坪和韶关走马岗遗址》，《考古》1964年第7期。

后总长14.7米，行距1.64—1.70米，面积应为24.55平方米①。木柱栽入洞中，大部分凿有一个榫眼。发现木桩26根，多栽于木柱旁1米左右处，大部分桩头基本与柱的榫眼等高；圆木条14根，是穿入榫眼的架结栅棚的构件。从现存梁架结构可以推测居住面的铺设，当是在梁架上铺以木板或密排树枝，再涂上草拌泥或垫以草、席之类。从柱头残存高度看，原高度不会低于1.5米，屋顶当高得多，推测为"悬山顶"，而整个棚架则采取接榫与缚扎相结合的方法固定。各组建筑，每座大约相距4.5米或7.8米，依次排列。这种干栏式木构建筑，适于南方水乡的气候和自然环境，它高架水面或滨水低洼地，可以防御"瘴气"和毒蛇猛兽侵扰，又能防湿防涝，还便于进行渔捞和取水。这种建筑几千年来存在于我国南方许多地方，在岭南以茅岗为首次发现，而且是唯一可以基本复原的遗址②。

佛山河宕旧墟遗址 1977年发掘面积760平方米，在中文化层普遍发现红烧土硬面和红烧土灰烬堆遗迹。灰烬堆里留有不少炭屑、烧煮过的陶釜、陶盘残件以及动物、鱼类遗骨。在其下层即贝壳层的底部，发现有数以百计、分布相

---

① 另据杨耀林《广东高要茅岗新石器时代干栏式建筑遗存》（见《史前研究》1985年1期）一文载，该遗存两列木柱作长方形并行走向，左行8根立柱，首尾两头距离4米，右行仅有6根；柱与柱的间距不一，一般为1—1.2米，两列之间的行距为2米，房屋面积为8平方米。

② 干栏式建筑源远流长，从近代我国南方地区的傣、景颇、布依、瑶、高山等族，以至老挝、印度尼西亚和太平洋岛屿的一些土著民族的水上建筑，都还可以找到物证。参看戴裔煊：《干阑——西南中国原始住宅的研究》，岭南大学1943年刊本。

当密集的大小柱洞和窖穴，挖入生土中。柱洞口径一般为15—30厘米，深30—50厘米，全被贝壳、沙土充填。窖穴大的直径达170厘米、深80厘米，填满贝壳、泥沙、兽骨（包括象、猪、狗等）及石器、陶器、骨器等。从柱洞和窖穴的状况推测，这里当时应有离开地面的"干栏式"小房屋建筑[①]。

东莞村头建筑遗址　　位于虎门镇村头村西的小山岗，面积1万平方米，发掘面积2375平方米。其新石器末期（或谓广东青铜时代早期）遗存有房址、灶坑、灰坑、壕沟和个别墓葬。特别是大小9条壕沟为广东发掘记录所罕见，其中较长且宽的一条，长达80余米，基本环绕着聚落的南部边缘。6座房址，有两座平面结构保存较好。其中一座平面近于圆角方形，门道朝南，房址宽4米、进深5米，面积约20平方米；四周有一排柱洞，转角处以两个并列柱洞为一组，从倒塌的堆积物和构件看，此处可能是木骨泥墙；房里有数个柱洞，分布于四角和中间，可能是"四面坡"屋顶的支柱洞；房内地面铺垫一层纯净粘土，并经用火烧烤。另一座平面呈圆形，直径3—3.5米，面积可能在10平方米上下，周边挖有柱洞，屋顶可能为"攒尖顶"，屋内地面经过火烤且较坚实[②]。

三水市银洲贝丘遗址的房屋遗存　　遗址1992—1993年发现，面积约2万平方米。其间已见两座房屋遗存，柱子洞作基本等距、对称的长方形分布，长10米，宽4米。两房

[①] 杨式挺、陈志杰：《谈谈佛山河宕遗址的重要发现》，《文物集刊》第3集，文物出版社1981年版。

[②] 邱立诚、刘成基：《东莞村头遗址发掘的初步收获》，《广东省博物馆馆刊》第2期，1992年；《中国文物报》1993年6月20日。

址面积均在40平方米左右。遗址下层年代距今约4200—4500年[①]。

此时期各地的房屋遗迹，分布在山岗、平原、滨水洼地和海边等不同的地理环境，房屋的形制结构必然也有所不同，但有两个基本的共同点：第一，都是长期定居的房屋，不像沙丘遗址那样无固定居所；第二，所有的房屋都是"小房屋"，一般面积10—40余平方米，适合父系氏族社会一夫一妻制的小家庭居住，而不是一个母系氏族或氏族内的一个大家庭聚居的大房子或"长屋"。

四、埋葬制度和拔牙习俗

（一）墓葬制度与葬俗

我国黄河和长江流域若干新石器晚期遗址，都发现了以男性为中心的父系氏族公社的氏族公共墓地，其中一部分为夫妇合葬墓。而广东则迄今尚未发现父系氏族公社时期的夫妻合葬墓，但也无发现集体葬。已发现的都是单人葬。小孩亦如此，而且有的小孩墓中还有较精致的随葬品。这说明小孩是作为父系家庭的继承者被埋入氏族公共墓地的，这与父系氏族的父权制相适应。

广东已发现新石器晚期的墓葬200多座。下面简述两处主要墓地及其葬制（单人葬制已如上述）和葬俗。

[①] 《三水银洲贝丘遗址发掘重要成果》，《中国文物报》1993年6月20日。又朱非素：《珠江三角洲贝丘、沙丘遗址和聚落形态》，《南中国及邻近地区古文化研究论文集》，香港中文大学出版社1994年版，第219—224页。

曲江"石峡文化"墓葬。1973年以来，石峡遗址发掘面积近4000平方米，其中属于第三文化层的被命名为"石峡文化"的墓葬达100座，1988年在乌石镇床板岭发掘墓葬13座。其年代同属于新石器晚期，距今约4300—4700年。葬制分一次葬和二次葬。以二次葬深穴墓最富特色：墓为东西向，墓坑一般长1.7—2.0米，宽0.9—1.1米，深0.8—1.2米，个别墓底有"二层台"结构，没有发现葬具。二次葬在我国南方地区普遍存在，且源远流长，但各地的用意不一，最重要的共同点是为了使死者与死者的家庭、家族在一起，以达到死后与家人团聚的目的。

石峡文化二次葬墓的主要特征是：第一，葬俗上墓穴经火烧烤。烧烤原因有二：首先，迁葬要举行某种仪式，包括给死者烧赠一些东西，所以在墓坑底部或填土中留下竹木、炭条、炭屑灰烬之类；其次，为了坚固墓圹，保护尸骨。《礼记·檀弓上》载："夏后氏堲周"。郑玄注："火孰曰堲，烧土冶以周于棺也。"堲周就是烧烤墓穴，以干固墓圹保护尸骨。石峡的44座二次葬墓绝大部分是火烧坑穴，可见此葬俗之盛行。第二，盛行两套随葬品。在将原一次葬的部分骨骸拣拾迁葬时，原随葬品仍然随葬，另加入一套新随葬品。两套随葬物的陶器、石器数量大体相当，但二次葬时有玉石琮、璧、环、镯、玦、锥形器等贵重饰物。第三，随葬器物包含各种当地所产和常用的石农具、石武器和陶器等。但在年代稍晚的一些墓葬中，有少量外来器物，表明了这里的原始居民与长江中下游地区居民之间发生过产品交换和文化交流的迹象[①]。

封开杏花镇乌骚岭二次葬墓地。1990年春，在乌骚岭上

---

① 《广东曲江石峡墓葬发掘简报》，《文物》1978年第7期。

发现一处新石器晚期氏族公共墓地,在150平方米范围内发掘到111座特殊的二次墓葬群。墓坑东西向,一般长50—70厘米,宽约30厘米,深10—40厘米不等,墓内似有用火烧过的痕迹。墓地具有墓坑小而浅、方向一致、分布密集的特点,为广东首见。墓坑内已不见尸骨和葬具,随葬品每墓多者七八件,少者一二件,多已破碎(很可能是故意打碎的。这也是一种葬俗)。随葬器物种类(如石镞、扁平穿孔石钺、三足鼎等)和特征,与曲江石峡下层二次葬墓的同类器物,颇有类似之处,表明两者当有某种关系①。

广东新石器时代末期(其中有的或已属广东青铜文化早期)的墓葬已发现200多座,分布更广,其埋葬方式和习俗也更为多样。

石峡遗址中层墓葬属石峡墓葬第四期,已发掘的34座一次葬墓,基本上是东西向长方形或长方梯形土坑浅穴墓。葬式为单人仰卧直肢。其中相当一部分为火烧穴墓。近半数墓中有少量随葬品,每座1—12件不等,以小件陶器(明器)、陶纺轮和石环镯为常见。一座小孩墓随葬有4件形状特殊的精制玉石玦。

珠江三角洲贝丘遗址的一次葬墓,长方形浅坑或墓圹不甚明显,尸体多用贝壳掩埋;葬式除个别外,均为仰卧直肢;有随葬品的墓不及总数的1/3,且随葬品不多,除骨镞、陶纺轮外,有象牙臂环、象牙筒形器、水晶耳玦、石英串珠等。1993年在三水市西南镇附近的银洲贝丘遗址清理墓葬40多座,除

---

① 广东省文物考古研究所等:《封开县乌骚岭新石器时代墓葬群发掘简报》,《文物》1991年第11期。

浅穴墓外，还有年代较早的深1.2米左右的深穴墓。深穴墓的随葬品中有三个扁足釜形鼎和石英串珠①。

此外，香港深湾遗址发现有火葬；普宁池尾后山发掘的10座墓中，有较罕见的水晶器和鸟形壶。鸟形壶在粤东有多处发现，深圳咸头岭一墓也有出土。

墓葬方式和随葬品的多样化，说明了父系氏族社会生活比母系氏族较为复杂；各地随葬物形制的相同和相似说明了它们彼此之间的联系在扩大。

（二）拔牙习俗

广东原始居民的拔牙（又叫打牙、凿齿）遗骸，在珠江三角洲地区的贝丘遗址都有发现。新石器中期偏晚的仅在肇庆蚬壳洲贝丘遗址发现一例，其余主要属于新石器末期。增城金兰寺4座墓，有一例男性青年拔牙个体；佛山河宕旧墟78座墓，在牙齿完整的23个个体中，发现有19个个体做过人工拔牙，占82.6%；南海灶岗6座墓，发现一例拔牙；南海鱿鱼岗36副人骨中，发现5例成人个体有过人工拔牙。珠江三角洲地区的拔牙个体所拔牙齿均有一定的齿位或齿种。齿种主要是上颌两侧门齿；也有个别是拔除上、中门齿或中门齿、侧门齿的。拔牙在死者生前进行，从22－25岁开始。上述事实，说明拔牙已成为一种习俗。

据研究,珠江三角洲的拔牙风俗可能来自我国东部沿海。此俗发现最早、最多的是山东王因和江苏邳县大墩子的大汶口文化早期，距今约6500年。古文献如《山海经》、《淮南子》等，都有"羿与凿齿战于寿华之野"的记载。一般认为

---

① 《中国文物报》1993年6月20日。

凿齿民即拔牙的部族。珠江三角洲的拔牙齿种与山东大汶口文化基本一致，应是受后者影响。

拔牙或凿齿本是一件痛苦的事，人们为什么要这样做？一说拔牙有四种特殊的含义：第一，成人拔牙，是一种"氏族成丁仪式"，表示男女青年通过此仪式而成为氏族的正式成员；第二，婚姻拔牙，表示获得婚媾资格；第三，美饰拔牙，是一种美的追求；第四，服丧拔牙，表示悼念死者[①]。这四种含义，以第一种较可信，服丧拔牙是历史年代较晚的有文献记载的事情。另有一种说法是，它如同断发文身，是一种信仰仪式，是图腾标志在人体的一种表现。

五、原始宗教和文化艺术

宗教是一种意识形态，它"是在最原始的时代从人们关于自己本身的自然和周围的外部自然的错误的、最原始的观念中产生的"[②]。从考古发现看，原始宗教的产生，大体与原始氏族公社的初步形成相一致。广东潮州陈桥村距今6000年左右的贝丘遗址出土的人骨上，撒有赤铁矿粉末；曲江石峡遗址出土的距今约4300—4700年的二次葬人骨上，较普遍地撒有红色砾土。这种现象，在我国旧石器晚期的"山顶洞人"和约8000年前新石器早期的桂林甑皮岩墓葬中均有出现，一般认

---

① （日）春成秀尔：《拔牙的意义》，转引自黄现璠等《壮族通史》，广西人民出版社1988年版，第21页。

② 恩格斯：《路德维希·费尔巴哈和德国古典哲学的终结》，《马克思恩格斯选集》第4卷，人民出版社1972年版，第250页。

为是灵魂不灭观念的一种反映。据民族学资料,红色表示血,血是生命的来源和灵魂寄身之所。由此可见岭南地区至迟在6000—8000年前,已产生了灵魂不灭观念。其后,从墓中随葬品包括生产工具、生活用品及贵重饰物的出现,又反映出原始居民希望死者在非人世间仍享受人间的生活,也是灵魂不灭观念的进一步发展。灵魂不灭观念也是一种原始宗教。

原始文化艺术——绘画、雕刻、装饰、音乐、舞蹈等,都是社会现实生活的反映。广东原始社会晚期的原始文化艺术,大致有如下一些内容。

彩绘。珠江三角洲和环珠江口沿海各地区以及韩江地区,普遍出土有彩绘陶器或彩纹陶器,颜料色彩主要是赭红、红色,也有白色作地的,反映当时人们尚红、尚白而不尚黑。彩陶既是器皿,也是绘画艺术品,盛行于广东新石器时代中期。到了新石器时代末期的佛山河宕、南海灶岗等遗址,尚有发现,但绘画已趋简单,数量已经减少。

雕刻。迄今广东各地已出土10件玉石琮,一件玉石璧。我国玉琮、玉璧当是起源于江浙的良渚文化,然后向其他省区传播。对于它们的作用和含义,历来说法不一。《周礼·春官·大宗伯》曰:"以苍璧礼天","以黄琮礼地"。可知玉璧、琮乃是供巫师祭祀天地的贵重礼器和法器[①]。此说基本上是正确的。故玉琮、玉璧之类器物,不仅是精雕细刻的艺术品,而且还反映了当时人们对天地的崇拜和礼敬的观念。拥有这类随葬品的墓主应具有某种特殊身份。由此可见,人们已渐

[①] 汪遵国:《良渚文化的"玉敛葬"——兼谈良渚文化是中国古代文明的渊源之一》,《南京博物院集刊》第7集。

产生等级观念。

装饰艺术。反映原始装饰艺术的物品有两类。一是墓主生前所用死后陪葬的装饰品，如头饰、耳饰、项胸串饰及手脚饰物。如佛山河宕一墓出土的人骨，手腕上套着一只象牙镯，头顶上置有一个骨发约；南海鱿鱼岗一墓出土的人骨，头上有两个獠牙，应是束发器；各地墓葬中发现的穿孔蚶壳、螺壳串等，也都是装饰品。二是几何形印纹陶。各地出土的几何印纹陶上印有各种精密的花纹，它们既来源于现实生活，又是对现实生活的抽象、升华和艺术创造。

原始社会的各种装饰，都体现了先民爱美观念的滋生或发展。在香港深湾出土的一件骨质雕刻器，雕刻出人首、颈部及躯体，头顶穿一孔，可能是件垂饰，或有护身符的作用。

音乐和舞蹈。1987年在肇庆蚬壳洲出土的一件骨哨，不妨算作一种原始乐器。1985年在曲江石峡遗址中层出土的一件泥质折肩罐残片，宽8厘米，高6厘米，肩部拍印有5个人物手拉手集体跳舞的生动场面。人物多长颈细腰，舞姿动态互异，其中一人侧面张口，脑后束着一绺长发，反映出欢乐气氛。舞蹈和音乐起源于劳动，是原始先民用以表达美好的愿望、劳动的欢乐和丰收的喜悦等感情的艺术手段。这件印纹陶片，是广东迄今发现的年代最早有人物舞蹈形象的艺术珍品。

对男性生殖器的崇拜，是父系氏族社会时期出现的一种观念。在广东，增城金兰寺中层、紫金在光顶、东莞村头遗址，以及年代较晚的增城西瓜岭、海南岛黎族地区，都发现了陶祖或石祖，即男性生殖器的仿造物。这种崇拜，既是以男性为中心的社会意识的反映和父权制业已确立的标志，也是人们祈求本氏族繁殖后代的表示。此外，在龙川、和平、五华、揭阳、普宁、饶平、南澳、深圳等处发现的鸟（鸡）形壶、环（蛇）形壶，除作为仿造动物的器物，可能还有氏族图腾崇拜的含义。

第四节　广东原始居民与外地原始居民的关系

广东地处中国的南部，面向南海。从远古时代开始，这里的原始居民便与我国其他地区的居民发生相互关系，尤以与近邻的广西、湖南、江西、福建以及东南沿海各地的关系较为密切。同时与东南亚及南太平洋岛国的原始居民也有着一定的亲缘关系。这些关系，包括种族、族属的渊源，直接间接的物质文化交流等。

一、种系和族属关系

种系指人种、种族。族属指氏族、部族或民族。根据人类学、考古学和民族学的研究资料，岭南地区的远古居民，很早以来便与周边地区发生过直接间接的关系。

广东、广西的人种同属蒙古人种南亚类型，或称南亚蒙古人种。马坝人已显示蒙古人种的若干基本特征。封开峒中岩人、广西柳江人、灵山人、麒麟山人、封开黄岩洞人、白石岩人①、桂林甑皮岩人,以至年代较晚的金兰寺人、河宕组人的头骨和体质形态,都表现出南亚蒙古人种的特征。铲形(亦称箕形)门齿被公认是蒙古人种的一个显著特征。佛山河宕、金兰寺、香港南丫岛等人骨,都是铲形门齿,这证明他们都属于蒙古人种。在物质文化关系上,从旧石器晚期至新石器早期,广东(主要是粤北、粤西)和广西以及越南、泰国等地洞穴遗址的砾石石器工艺有密切关系。

1987年,闽南东山岛海域发现一段人类肱骨化石,定名"东山人",距今约8000—10000年。有学者认为,"东山人"应来自两广、云南等地,因为"从广东北进的路线,史前人类和哺乳动物却畅通无阻,并在漳州地区安营扎寨和经东山陆桥往返于闽、台之间。"②南澳岛象山发现的细小石器与漳州发现的细小石器相同,年代正好属于这个时期。又如台湾学者认为,台南县发现的"左镇人"(距今约2—3万年)和台东县长滨乡八仙洞发现的"长滨文化"(距今约1—1.5万年),都应是由华南地区迁入和传入的③。这表明,原始社会时期广东与广西、福建、台湾发生过人群迁移关系。

从珠江三角洲原始居民的拔牙习俗受山东、江苏等东部沿海地区影响的情况看,很可能在新石器晚期、末期有人群南迁而来。

---

① 封开白石岩人颅骨具蒙古人种南亚类型性状,与近代华南人形态接近。
② 尤玉柱:《东山海域人类遗骨和哺乳动物化石及其学术价值》,《福建文博》1988年第1期。
③ 《台湾报纸关于"左镇人"的报导》,载《考古学参考资料》第3辑;李家添:《介绍台湾发现的古人类化石》,《史前研究》1984年第4期。

人类学家吴新智认为："亚洲大陆对尼阿人有过相当大的影响（尼阿人距今约5－6万年，发现于加里曼丹的尼阿洞）"，"马坝人的两侧鼻骨的内侧部分合成一条细长的隆起的脊……此脊亦见于菲律宾巴拉望岛的塔邦洞出土的2万余年前的人类鼻骨，这可能暗示中国与东南亚海岛中的古人类之间有过一定程度的基因交流。"① 塔邦洞位于巴拉望岛西南海岸的陡崖上，面向我国南海，正处于亚洲大陆到东南亚和菲律宾的通道上，在冰期时由于海平面下降，其南部形成一座陆桥，与加里曼丹相连，为我国古人类特别是广东古人类南徙提供可能。

关于晚期智人，人类学家吴汝康认为："中国大陆和亚洲南部的原始人类也和澳大利亚人种的形成有关。人类学家A·G·Therne确认，广西柳江人头骨与澳大利亚发现的基洛人头骨（Kellor）有着明显的相似性状，显示它们之间可能有一定的亲缘关系"。"而印度尼西亚发现的瓦贾克人（Wadjak）、菲律宾的塔邦人（Taban）、加里曼丹的尼阿人（Nian）、新几内亚的艾塔普人（Altape）等旧石器晚期的人类，都显示与澳大利亚人种相似的若干性状，表明他们存在着一定的联系，也暗示原始人类从我国华南逐渐迁徙到澳洲的可能的途径"②。此外，柳江人等我国南部大陆旧石器晚期的人

---

① 吴新智：《中国晚旧石器时代人类与南邻（尼阿人及塔邦人）的关系》，《人类学学报》第6卷第3期，1987年；《马坝人在人类进化中的位置》，《纪念马坝人化石发现卅周年文集》，文物出版社1988年版。

②吴汝康：《亚洲早期人类的分布与澳大利亚的关系》，《人类学学报》第7卷第3期。

类,与日本冲绳岛上发现的距今约 1.6—1.8 万年的"港川人"(Mina-towa man)的祖先"可能有较密切的关系"[①];而发现港川人有拔牙个体,似与我国东部沿海或广东拔牙的原始人类有关,亦值得研究。

二、与长江中下游、东南沿海 原始居民的文化关系

广东与长江中下游、东南沿海地区原始居民的关系,主要是从史前文化和埋葬习俗两个方面反映出来的。所谓长江中下游,还应包括广东毗邻的湖南、江西这些与长江中下游相连的地区。

物质文化关系是极其错综复杂的。它包涵文化交流和器物交换,文化传播,以至氏族、部落或其成员的迁徙。由于史前没有文字记载,只能通过对遗物、遗迹以及葬俗等的比较研究来作出判断。下面仅选择石峡遗址最下层的"前石峡文化"和"石峡文化"与长江中下游、东南沿海原始文化(指考古文化)的关系作粗略的比较。

关于史前文化。在石峡遗址距今约 5500—6000 年新石器中期的"前石硖文化"层出土的一种橙黄泥质镂孔圈足盘,形制与长江中下游——洞庭湖区、湖南安乡汤家岗等地的"大溪文化"早期(距今约 6500 年左右)印纹白陶盘颇为相近,

---

① 吴汝康:《亚洲早期人类的分布与澳大利亚的关系》,《人类学学报》第 7 卷第 3 期。

更与环珠江口区沙丘贝丘遗址的"金兰寺文化"（或称大湾文化）的压印纹陶盘和彩陶圈足盘相似。因此可以推断广东"前石峡文化"层和环珠江口区①应与湖南洞庭湖区的"大溪文化"有过文化传播或交流的关系。

在其后，粤北区新石器晚期的石峡文化，含有其他省区原始文化的典型器物，而其他省区原始文化中也含有若干石峡文化的典型器物。

有人认为，石峡文化第3期墓葬出土的陶鬶、觯形器、高足杯"是石峡遗址的居民受（山东）大汶口——龙山文化影响下产生的"。又根据对石峡发现的盘形鼎、贯耳壶、琮、璜、玦、大孔钺的分析，论证了海道是石峡居民与山东省海岱史前居民交往的主要通道，而太湖区的滨海一带为其必经之路。两地相互交流的时间，始于6000年前②。海丰田墘发现的玉琮、玉环和珠江三角洲区出现的拔牙习俗也是一个佐证。有人则强调石峡文化与江浙地区良渚文化的密切联系，认为大汶口——龙山文化对石峡文化的影响，是通过良渚文化而间接给予的③。

江西清江樊城堆下层出土的陶鼎、鬶、豆、壶、盘与石峡墓葬出土的相似或相同，而且两地毗邻，因而可以认为，樊城堆下层文化应是石峡文化延伸到赣江流域的一小部分，或

---

① 杨式挺：《广东新石器时代文化与毗邻原始文化的关系》，《中国考古学会第七次年会论文集》，文物出版社1992年版。

② 吴汝祚：《试论石峡文化与海岱太湖史前文化的关系》，《纪念马坝人化石发现卅周年文集》，文物出版社1988年版。

③ 黎家芳：《石峡文化与东南沿海原始文化的关系》，《纪念马坝人化石发现卅周年文集》。

者樊城堆下层文化和石硖文化可能就是"以鄱阳湖——珠江三角洲为中轴的南方地区"当中的"赣江——北江区"同一原始文化系统的两个类型①。在湖南湘江流域的湘乡岱子坪一期遗址、长沙麓芝岭月亮山遗址和长沙县广福乡梅薮村腰塘遗址发现的盘形鼎、镢形和圆锥形鼎足、子母口豆盘、双层式豆座等器物中,都可以找到与石峡文化接近的因素。因此,湖南"极有可能分布有石峡文化类型的遗址"②。

在福建西部长汀县四都羊牯岭,发现过瓦状足的三足盘,此乃石峡文化最典型的陶器之一③。

上述事实表明,在距今约 4000－5000 年之际,粤北石峡新石器晚期的原始居民,已与同期的湘、赣、闽、江、浙、鲁等地的原始居民发生过不同程度的文化交流。

关于埋葬习俗,石峡文化的墓葬流行火烧坑穴和二次葬墓。相当于夏商之际的石峡中层在已经发现的 34 座墓中,有一部分墓底有火烧坑穴的遗迹,二次葬烧坑的红烧土硬面占 70%。广东的火烧坑穴,还见于封开禄美村对面岗、罗沙岗墓和乌骚岭墓群。在省外,樊城堆类型文化的江西新余拾年山、大汶口文化的山东邹县野店、石家河文化的湖北房县七里河和湖北黄岗螺蛳山等墓葬中,都发现有烧燎墓坑的迹象。在距今 5100－6000 年之际的安徽薛家岗文化的黄梅塞墩墓地,有一部分人骨架底下发现草类灰烬,就是这一葬俗早期

---

① 杨式挺:《石峡文化类型遗存的内涵、分布及其与樊城堆文化关系》,《纪念马坝人化石发现卅周年文集》,文物出版社 1988 年版。

② 何介钧:《湖南新石器时代文化的分区研究》,《考古学文化论集》第 1 集,文物出版社 1987 年版。

③ 《福建日报》1972 年 9 月 13 日。

阶段的实物遗存①。而石峡和乌骚岭墓地的烧穴，则是迄今发现的广东实行这一葬俗年代较早的遗存。

有的学者指出，石峡墓葬随葬器物的处理，突破了以往只有葬品没有祭品的传统，"开后代对墓葬（死者）奠祭的先河"。江苏武进寺墩发掘的良渚文化3号墓，随葬品中也发现火烧过的部分葬品和祭品的明显区分，但其年代要晚于石峡文化。这"应是受良渚文化颇多影响的石峡文化葬俗对良渚文化的反馈"②。

考古学家苏秉琦指出：石峡遗址的发现，"为我们进一步探索岭南地区从原始社会到秦汉以前的社会文化的发展找到了一把重要的钥匙；还为我们探索这一地区社会发展诸阶段与我国其它诸文化发达地区之间的关系找到了一个重要环节。不言而喻，它也是我们进一步探索我国与东南亚各国人民自古以来相互关系的一个出发点"③。他还进一步提出，我国在一万年以内至商代以前的史前时期早就存在着六大文化区系，以鄱阳湖（江西）——珠江三角洲一线为中轴的南方地区是其中之一。这六大文化区系经过多次撞击、融合，最终凝聚成多源、一统的中华民族的传统文化④。

---

① 任式楠等：《薛家岗文化及相关问题》，《中国考古学会第七次年会论文集》，文物出版社1992年版。

② 曾骐：《石硖新石器时代遗址的文化因素分析》，《纪念马坝人化石发现卅周年文集》，文物出版社1988年版。

③ 苏秉琦：《石峡文化初论》，《文物》1978年第7期。

④ 苏秉琦：《关于考古学文化的区系类型问题》，《文物》1981年第5期；《关于重建中国史前史的思考》，《中国考古学会第八届年会论文稿》，1991年。

第 二 章

不发达的奴隶制和岭南古越族

大约从中原商王朝末年到秦统一岭南之前，为广东的青铜时代。这时广东社会经济与文化发展加速，生产力和生产工艺达到比前高得多的水平，青铜器的铸造、应用及其发展，乃是最突出的标志。

随着生产力的提高，原始公社加速解体，部分地区出现了不发达的奴隶制，开始跨进阶级社会。

约从新石器晚期起，我国东南和南方各原始群体逐渐形成了包括众多支系的百越民族。广东青铜器时代的土著居民属于百越中的南越、骆越和西瓯族。他们为中华民族灿烂文化作出了一份贡献。

第一节 原始社会的解体和阶级社会的出现

在原始父系氏族社会中，出现了私有财产。私有财产制的发展，促进了氏族、部落内部的贫富分化，并出现富人剥削穷人的生产关系。同时，战争俘虏、负债人等沦为会说话的工具——奴隶。这就使无阶级的原始社会走向解体，逐步过渡到阶级社会，即奴隶制社会。

中原地区的奴隶制社会形成于夏商，而广东原始社会的解体过程则迟于中原。大致上，商代末年及西周时期广东已有奴隶主和奴隶出现。春秋、战国时代，奴隶制在广东部分发地区获得一定的发展；到战国后期，这部分地区已进入阶级社会。

一、私有制的产生和氏族公社的逐步解体

私有制的出现是与父权制的形成分不开的，并且是一起发展起来的。随着父权制的确立，生产工具进步较快，劳动生产率得到较大的提高，使一个人生产的产品除了维持自己的基本生活需要外，还有一些剩余。剩余产品的出现，是私有制产生的物质前提，也是一部分人对另一部分人实行剥削的物质条件。

私有制的产生又与一夫一妻的个体家庭出现相联系。由于生产力的进步，以致一部分社会生产可以由一夫一妻制的小家庭为单位来进行。个体家庭的劳动和经营在生产中的作用日益增大，使财产公有制的氏族公社内部，逐渐出现生产品和生产资料的小家庭或个人私有化，从而出现个体家庭经济和私有财产。个体家庭经济逐步摆脱父系氏族公社的束缚而成为社会的基本经济细胞。距今3000—4000年之际的广东父系氏族时期曲江鲶鱼转、三水银洲、高要茅岗、佛山河宕、

南海灶岗、东莞村头等地小房子的出现，正是上述情况的反映。

私有财产的扩大和贫富分化到一定程度，便导致私有制的确立。

在新石器晚期到青铜时代广东各地的许多墓葬中，墓主拥有比一般氏族公社成员多得多的生活用品、生产工具、武器或贵重装饰品。当时人们把生前认为最珍贵的物品，与已死的占有者一起埋葬到坟墓中，以便他在幽冥中能够继续使用。例如曲江石峡遗址石峡文化第3期的44座二次葬墓中，随葬品状况已与从前大不相同，其中有随葬生产工具的38座，占44座总墓数的86.36％。从数量上看，有些大墓一座就有随葬品60—70件，多至170件，而同一时期的小型墓仅有5—7件。以42号等十座墓为例，随葬品共644件，其中五座为富人墓，有597件，占总数的92.7％，另五座为穷人墓，有47件，占总数的7.3％。贫富悬殊，一目了然，说明此时这里的私有制已基本形成。

私有制的形成和确立，与商品生产和商品交换有着密切关系。一方面，在商品交换过程中，氏族或部落的首领，往往利用职权，把从交换而得到的物品攫为己有；另方面，个体家庭和氏族中那些具有特殊技能的人，也可以用自己生产的产品去进行交换，从中获利，从而积累财富。这就使氏族内部原来那种平等的、公有的财产关系，被不平等的、私有制的财产关系所代替。

恩格斯曾指出，"随着生产分为农业和手工业之两大主要部门，便出现了直接以交换为目的的生产，即商品生产，随之而来的是贸易"①。在农业和手工业分工的基础上，大致在距今约4000—5000年内，广东越族先民聚居的某些地区，已出现了古文献所说的"刳木为舟，剡木为楫。舟楫之利以济不通，致远以利天下"的情况②，已经有了商品交换。南海西樵山大型石器制造场生产的双肩石器，不仅在珠江三角洲、粤东、粤西、香港等地大量出土，而且在广西、云南、贵州、四川、台湾以至东南亚地区和南太平洋一些岛屿亦有发现。这既表明了从农业初步分离出来的采石制石手工业的出现，又清楚地显示出产品交换关系或贸易关系。石峡文化遗物玉石琮、璧、璜、玦、镯、锥形坠饰等的流布状况，反映出粤北与长江中下游以及东南沿海地区有过商品交换关系；而从海丰田墘发现的玉琮、镯等"良渚文化"产物，则可以推知两地的商品交换关系当通过海道来实现。交换的日渐频繁又反过来推动社会分工和私有制的发展。

随着私有制的发展，氏族公社成员的私有财产差异必然日益加大，各成员之间在分配方面出现的较大的不平等，成为公社开始解体的标志。上述石峡文化第3期墓葬随葬物的贫富悬殊，已显示了分配上的较大的不平等，意味着这时广东各地的原始公社大体上已进入解体过程。

二、从氏族公社解体到阶级社会的出现

原始公社的解体到阶级社会的出现，有一个较长的过渡

---

① 恩格斯：《家庭、私有制和国家的起源》，《马克思恩格斯选集》第4卷，人民出版社1972年版，第159页。

② 《易·系辞下》。

时期。在这个过渡时期中出现了许多冲突和战争、曲折和反复。传说中的尧、舜、禹成为这个时期的英雄人物，并且与广东的历史发生了某种联系。

相传舜取代尧之后，曾进入江汉地区征伐三苗。三苗中的一个部落首领驩兜因战败被放于崇山。屈大均说："考书疏，崇山在衡岭之间。"[①]即驩兜这个部落已从江汉之间迁徙到了衡岭地带，进入与广东为邻的地区。还有一个部落也可能向东南方向逃跑了，因而有"三苗氏，左洞庭，右彭蠡"（即在今鄂、赣、湘交界地区）之说[②]。又传云：舜南巡至苍梧，死于"苍梧之野，葬于江南九疑"[③]。一般认为，苍梧在今湖南宁远、道县一带。舜还在南方留下许多有关传说，如湘潭有舜奏九韶之韶山，衡阳有舜庙，宁远有舜宫，广东曲江有韶石。曲江之韶石，是相传舜南巡至此奏韶乐而得名，故韶石的三十六石（峰）中有一处名曰奏乐石。此外，还传说有象氏为舜之弟，后亦迁至湖南宁远之沩山、沩水而至湖南道县之有鼻亭立国，再南迁至广东始兴等地。《水经注·溱水》云：始兴水又西，邪（亦作斜）阶水注之，邪阶水"侧有鼻天子城"。罗泌《路史》云："象封有鼻，故墓在于始兴"。罗泌子罗苹注引《幽明录》云："始兴有鼻天子冢、鼻天子城，即《南康记》南康县鼻天子城者，……乃象冢也。"[④]

这些传说是否都确有其事，未便遽下结论，但可以肯定

---

① 屈大均：《广东新语》卷十九。
② 郭沫若主编：《中国史稿》第一册，人民出版社1976年版，第121页。
③ 《史记》卷一《五帝本纪》。
④ 罗泌：《路史·发挥五·辨帝舜冢》及罗苹注，《四部备要》本。

的是，尧舜时代是社会急剧变革的时代，联盟、战争、分化、迁徙不断发生，因而有一些部落被迫向南迁徙则是无可置疑的事实。这就必然引起各个部落的分化、组合和交错居住，相互交往，相互通婚，和相互吸收对方的文化，从而推动南方一些部落的生产、交换和氏族制度的解体。舜在湖南和粤北的一些传说，就显示了这种变化、发展的痕迹。

尽管广东所受到的影响远不及湖南、江西大，但此后在广东境内的氏族部落的继续发展，在相邻地区的继续影响下，仍不断接受自北而来的文化，并形成自身的特点。从商代中晚期至西周时期开始，广东出土的石、铜兵器和乐器的数量逐渐增多，到春秋战国时期则特别多，仅青铜制造的兵器计有605件，其中戈15件，矛104件，钺115件，长剑43件，短剑或匕首50件，箭镞248件；此外还有斧、锛等亦可作为兵器的农具[①]。经检验，广东出土的战国时期的剑、钺、矛和镞，大多光亮而不腐蚀，具有刚柔兼备的性能。兵器的大量生产和制作水平，表明当时部落、部落联盟之间战争的加剧与频繁。

从新石器晚期至青铜时代早期，广东已形成五个文化区系，即粤北的"石峡文化"和"石峡中层文化类型"，粤东的"浮滨文化"，梅江、榕江和东江上游一带的古文化类型，珠江三角洲的"河宕文化类型"及环珠江口一带的古文化类型。这些区系文化既有百越先民文化的共性，又有各区系的特点。这显然不是以氏族的血缘为纽带，而是以地域关系为基础形成的。因

---

① 本章凡关于出土青铜器的统计数（包括后面的附表所列）皆截止于1991年，个别提到1992—1993年的青铜器，不在统计数内。

此，这五个文化区系，实际上也就是逐渐形成的大的部落和部落联盟，或者说已进入部落和部落联盟时期。例如，4000—5000年前江浙"良渚文化"大墓的玉钺，不仅是部落战争的兵器，有些还是部落首领握有兵权、政权的象征物。与"良渚文化"关系密切的粤北"石峡文化"的第三期大墓中也有玉石琮、璧和石钺出土，表明这类墓主在生前不仅是富有者，而且还是部落首领。

民族不是从来就有的。古代的民族，是部落、部落联盟不断发展而逐步形成的。百越一名，虽出现于战国，但百越的各种姓支系有其长期发展和形成的历史过程。据《路史》记载，百越之名有：南越、越裳、骆越、瓯越、瓯陛、瓯人、且瓯、西瓯、供人、目深、摧扶、禽人、苍梧、蛮扬、杨越、桂国、损子产、里、海葵、九菌、稽余、仆句、比带、区吴、会稽、姑越、姑蔑、于越、句余、瓯余、顾余、闽越、黄林、姑于、海阳、秣陵、琅琊、东瓯、东越、越沤、句章、甬东、瓯、邓、诸暨等40余个①。这些名称，实际上也就是以地域形成的百越的部落和部落联盟。其中的某些名称，在商代早期已经出现。如《逸周书·王会解》载：成汤时，正东有符娄、仇州、伊虑、沤深、九夷、十蛮、越沤等，正南有瓯、邓、桂国、损子产、里、百濮、九菌等。同书还载有：东越、瓯人、于越、姑妹、且瓯、共人。其中沤深、越沤、桂国、损子产、里以及东越、瓯人、于越、姑妹、且瓯、共人等均属百越或与百越有关。春秋战国时期，百越族进入一个新的历史发展

---

① 罗泌：《路史·国名纪》，《四部备要》本。

时期,居住于苏南和浙江一带的越人建立了吴国和越国,并参与了大国争霸的行列,其他地域包括岭南也产生了"君"、"王",并互相征伐兼并。

在原始社会解体和进入阶级社会的漫长过程中,地理环境的作用也是不能忽视的。因为地理环境是社会发展的重要条件之一,它可以加速或延缓社会发展的进程。广东境内多瘴疠、毒虫,妨碍人口的增殖;多山林、水泽,又多台风,既阻碍各地区间的社会联系,又制约着社会生产力的发展。同时,岭南距中原遥远,中隔南岭,又阻碍或延缓了中原、岭北先进文化和社会形态向岭南的浸润。因此,尽管江浙地区的越人社会到战国时期已从奴隶社会进入封建社会,但广东原始社会解体到阶级社会出现的过渡时期却特别长,大体上一直延续到商和西周,直到春秋战国时期,广东的北部、西部及东部的某些地区才真正出现奴隶制,并获得一定的发展。

第二节 阶级等级关系和小国的"君"、"王"

我国中原地区的青铜时代,正是原始社会最终崩溃、奴隶社会产生和发展的时期。夏王朝是我国历史上第一个奴隶制王朝,标志着我国历史正式进入了阶级社会。

广东的青铜时代虽始于商末西周,但此一时期仅发现青铜器5件,其中斧1件,戈1件,盂1件,铙2件。此外从粤北至沿海发现一些斧、钺、镞、铃的砂岩铸范。这时广东还没有进入阶级社会。广东进入阶级社会是从春秋战国时期开始的。

一、青铜器和埋葬制度所反映的等级、阶级关系

春秋战国时期,广东出土的青铜器数量大增,共达1150件左右,为商至西周时期出土青铜器的200余倍,且有不少是广东本土铸造的。以广东的青铜文化,结合有关墓葬的葬式和出土实物所反映的阶级、等级关系来分析,可以认为春秋战国时期广东部分地区已进入不发达的奴隶制阶段。

社会的发展,归根到底是生产力的发展及由此引起的生产关系的改变。生产工具是生产力发展水平的物质标志。石器代表着原始社会的生产力,青铜器代表着奴隶社会的生产力。迄今已发现夏王朝的出土物有青铜铸的刀、锥、锛、凿、铃、镞、戈、爵等工具、兵器和酒器,同时还发现有铸铜遗址,中有陶范、铜渣和坩锅残片。商朝青铜冶炼技术和青铜器制造工艺已高度发展,青铜器种类繁多,有礼器、酒器和用具,还有工具如斧、锛、刀、锯、凿、钻、铲等,兵器如戈、矛、戚、钺、刀、箭镞等。

广东进入阶级社会后的等级、阶级的具体情况,由于缺乏文献的记载,只能根据对已发现的墓葬及遗物的分析,窥其梗概。

广东迄今发现的春秋战国时期的墓葬约有140座,其中战国墓几乎遍及广东各地。这140座墓,墓坑的大小结构,随葬品的数量、质量和工艺水平都存在着明显的差异,有许多墓没有青铜器,有些甚至空无一物。这些情况表明,广东在

春秋战国时期已经形成两个基本对立的阶级,即奴隶主与平民、奴隶的对立。为了进一步说明这种对立的阶级、等级关系,这里着重对七座大中型墓及其遗物作具体分析。

(1)清远市区西南三坑镇马头岗1号、2号墓,墓坑长度估计在4米以上,残存的青铜器共有64件,其中有铜罍、缶、编钟、鼎、兵器及人首柱形器。

(2)罗定太平南门峒1号墓,墓坑长4米,宽2米,随葬品137件中青铜器占136件,主要有编钟1套6件、鼎3件(内楚式鼎1件)、钲1件、人首柱形器4件、鉴2件、盉1件,兵器中仅铜钺一种即达43件;墓的形制特点是有腰坑。

(3)罗定背夫山1号墓,墓坑长4米,宽2米,随葬物116件,其中青铜器占98件,内有鼎2件、鉴2件、铎1件、人首柱形器4件及武器多种,不少随葬品用绢丝之类包裹,箭镞成捆盛于漆木矢箙内。

(4)四会鸟蛋山墓,残长5.7米,宽3.5米,分前后两室。前室有椁板残留,后室为器物室,中间有腰坑,随葬品63件,青铜器占59件,主要有鼎1件、铎1件、人首柱形器4件及武器多种。

(5)四会高地园墓,墓坑长3.45米,宽2.3米,有台阶式墓道,墓受破坏,器物有失,随葬品尚存32件,主要有鼎、鉴、洗、人首柱形器等。

(6)肇庆北岭松山墓,墓坑长8米,宽4.7米,是座大型木椁墓,一棺一椁。椁长7米、宽4.5米、高1.8米,有腰坑。随葬品139件,青铜器占108件,主要有编钟1套6件、人首柱形器4件、鼎5件、错银罍2件、提梁壶1件、三足盘1件，另有金柄玉环2件、玉带钩1件、琉璃珠若干、金箔近百片和一些漆器残件。

以上七座墓之外，还有如广宁铜鼓岗一处便清理墓葬22座，出土器物357件，其中青铜器295件，占82.6%，每座墓随葬青铜器最少8件，最多35件，但没有乐器钟和人首柱形器等物，这也是值得注意的。兹将广东已发现的春秋战国时期的随葬青铜器列表于下。

在墓葬中有腰坑的设置，乃中原商周奴隶主贵族惯用的葬制。内棺外椁，也是商周各级贵族的葬制。《礼记·檀弓上》云："殷人棺椁"。周代进一步发展，"天子之棺四重"，"君松椁，大夫柏椁，士杂木椁。"①即士以上的阶层才能用椁，而且君、大夫、士之间的等级差别很严格，连椁材也有规定。特别是西周初年所谓周公"制礼作乐"之后，周朝君、卿、大夫、士等所享用的饮食器、祭器、乐器、舞人、佩饰等，都有繁琐的等级、规格和数量的规定。横向考察每一等级的个体的综合情况，或称之为组合，便可知每个等级的全貌。葬制与礼制密切相关。礼制的各等级首先表现为政治和社会地位的差别。春秋时晋国叔向说过："天子有公，诸侯有卿，卿置侧室，大夫有贰宗，士有朋友，庶人、工、商、皂、隶皆有亲暱，以相辅佐也。"②由此可见，属于统治阶级的有天子、公、卿、大夫、士五个等级；被统治阶级中也分等级高低，庶人的地位较高，工、商略低，皂、隶更低。广东乃至岭南的

---

① 《礼记·丧服大记》。
② 《左传·襄公十四年》。

广东春秋战国时期随葬青铜器及其他随葬品

类别	墓号	时代	青铜器	代表性青铜器名称	其他随葬品	总计
中型	罗定南门峒1号	春秋晚期至战国早期	136	鼎、鎏、缶、钟、人首柱形器	陶瓷1	137
	罗定背夫山1号	战国早期	98	鼎、鎏、戈、剑、钟、人首柱形器	金玉3 陶瓷7 砺石8	116
	清远马头岗1号	春秋晚期	25	鼎、鑘、缶、人像柄箭	陶瓷2 砺石2	29
	清远马头岗2号	战国早晚期	39	钟、鑘、人像柄箭	陶瓷1 砺石13	53
	四会鸟蛋山	春秋晚期	59	鼎、盎、铎、剑、戈、人首柱形器	陶瓷1 砺石3	63
	四会高地园1号	春秋晚期	14	鼎、斧、鎏、洗、人首柱形器	陶瓷16 砺石2	32
	怀集拦马山墓	战国	8	鼎、斧、剑、人首柱形器	陶瓷1	9
	德庆落雁山墓	战国晚期	15	鼎、斧、剑、靴形刀、斧	陶瓷1 砺石3	19
	揭阳面头岭1号	战国早期	6	鼎、钺		6
小型	和平龙子山墓	战国晚期	5	鼎、戈	玉玦11 陶瓷6	22
	广宁铜鼓岗10号	战国晚期	8	剑、削	陶瓷3	9
	广宁铜鼓岗13号	战国晚期	8	鼎、鎏、戈	陶瓷6	14
	广宁铜鼓岗14号	战国晚期	31	长剑、短剑	陶瓷2 砺石2	35
	广宁铜鼓岗16号	战国晚期	35	鼎、短剑、盘	砺石5	40
	广宁铜鼓岗19号	战国晚期	18	斧、矛、刮刀	陶瓷1 砺石3	22
	广宁铜鼓岗21号	战国晚期	28	剑、戈	陶瓷1 砺石4	32
	封开利羊墩28号	战国晚期	4	长剑首	砺石1	5
	开封利羊墩26号	战国晚期	10	玉剑首	陶瓷5 砺石2	17
	揭阳面头岭14号	战国中期	19	鼎(?)、盘、戈、矛、镞	陶瓷5 砺石10	29
大型	肇庆松山墓	战国晚期	108	鼎、错银罍、壶、盘、提筒、钟、镞、人首柱形器	金柄玉环2、琉璃珠金箔近百片、陶瓷21 砺石1	132
合计	20		674		金玉器16 陶瓷82 砺石49	821

注:本表所列止于1991年前发现的墓葬。近又从省文物考古研究所获悉,1995年在广宁龙咀岗清理了15座战国墓,最大的一座为木棒墓,长4.2米、宽2.5米。随葬品最多的一座有30余件,其中青铜器20余件。15座墓共出土青铜器100多件。

社会发展虽滞后于中原和江南等地，然而从前述的七座墓葬的遗物来看，除那些带有地方特点和个别种类的器物外，绝大多数器物（以及腰坑）的基本形状、用途及其组合，无不与中原或江南基本相同。这决不是巧合，而正好表明广东以至岭南的物质生产和社会发展水平已达一定高度，加上受中原和江南影响，不但能制造各种青铜器物，而且也大致采用了中原和江南的礼制。

很明显，此七座墓的主人决非平民（庶人），也非一般富人。当时岭南不可能建成一个比较庞大的国家或政权系统，没有证据表明已有公、侯、伯、子、男和君、卿、大夫、士等一系列社会上层的完整等级，但无疑已有了社会上层等级即贵族或统治者。肇庆松山墓大于其他六墓，随葬物中的金柄玉环、玉带钩、琉璃珠、金箔等均为他墓所无。虽无法得知墓主人所居贵族等级是否高于其他诸墓主，但从富有程度可知其占有财富、统治人口应为七墓主之冠。又如罗定南门垌1号墓，出土铜钺达43件，说明墓主生前拥有众多的军队或卫队，既是贵族、统治者，又握有兵权。这七墓都属于厚葬。厚葬只能是贵族的特权，被统治者不但没有条件厚葬，而且按规定不能有各种贵重礼器。

这七座墓中，六座墓有人首柱形器，一般一墓四件，这是墓主身份的特殊标志。对于柱上的人首，许多学者认为是奴隶形象，也可以理解为被征服的战俘形象。广东各地出土的春秋战国时期的匕首、短剑或铜戈上刻铸有人首、人面图像，可以证明这一点。清远马头岗墓出土的一种柱形器的人首"黥首贯耳"，额上黥刻一个"↓"形记号，双耳贯穿，酷肖奴隶①。《尚书·吕刑》记载苗民（三苗）早已有黥刑，即在脸上刻记号。刻记号是在文字出现前后，后世渐改为刺字。先秦在面上刻记号实是一种刑罚，被刻者是刑徒。而非刑徒的奴隶，也多被奴隶主在其面上刻记号以防逃亡。或许刑徒黥首就是仿效奴隶黥首而来。而刑徒的身份，与奴隶也基本相当。如果黥首者是战争俘虏，那表示他们已被当作奴隶。因此可以说，那些有人首柱形器的墓主，生前当是拥有奴隶的奴隶主。

再从七座墓的器物及其组合看，各墓大体都有钟鼎二器，其中多数有编钟，但无与之相配的编磬。"钟鸣鼎食"是贵族身份的标志。按一般说法，天子享九鼎、卿七鼎、大夫五鼎、士三鼎。但上述七墓中唯肇庆松山大墓有五鼎，余皆为一至三鼎，而一鼎、二鼎均与中原制度不合。其他的组合器物，一般比中原为少。七座墓没有一座的随葬品是完全按照中原礼制组合的。

可见广东模仿中原礼制不完整，等级制不够严格、鲜明，社会权力机构发展水平不及中原。据此，又可断定：此时广东的奴隶制发展水平必不及中原。

但上述墓葬制度已反映出当时广东确实存在着两大阶级——奴隶主与奴隶的对立。奴隶主贵族中又分成不同的等级，而奴隶却处于被统治的底层。

---

① 有人认为这种形象属于"文身"的黥面。但从文身绣面资料看，额刻"↓"形记号只能属于惩罚性质的"黥首"。

二、不发达的奴隶制和"百越之君"

上述七座墓的情况至少表明各墓所在地的清远、四会、罗定、肇庆等处在先秦时期已出现了奴隶和奴隶制,但各墓出土物还不足以说明奴隶制达到什么样的程度,以及是否出现国家政权。国家的产生,是奴隶制有相当程度发展的标志。关于广东先秦时是否出现与社会公共职能有所区别的政权或国家,还有其他少数考古资料和若干文献记载可供研究。

饶平浮滨出土的大口尊上刻有"王"字形的陶文,似应是文字,当是有君主或大酋长之意。年代约在商末至西周中期。饶宗颐教授甚至认为,这"似乎表示浮滨在殷周之际曾经是属于越族的一个王国"①。春秋战国时期,粤西罗定、四会、广宁、肇庆和粤东揭阳有随葬青铜器的各墓,在部分铜矛、斧、镞、刮刀和人首柱形器上,也铸一个"王"字形图案。此时"王"字的君主或大酋长含意已更加明显,可能墓主就是仿中原、岭北而称王的。

《吕氏春秋·恃君览》载,"扬汉之南,百越之际,缚娄、阳禺、驩兜之国多无君。"高诱注:"皆南越之夷无君者"。驩兜不在岭南,"缚娄"在今博罗县北,"阳禺"在今阳山县东南②。该文意可理解为岭南多为无君之地。文中之"国"字,

---

① 饶宗颐:《从浮滨遗物论其周遭史地与南海国的问题》,《岭南古越族文化论文集》香港市政局1993年刊本。
② 谭其骧主编:《中国历史地图集》第1册,地图出版社1982年版,第25—26页。

大概是指地域而言，不是指"国家"。反之，也可以理解为少数地方有君。君就是一地的最高统治者；有君之地就是有政权之地，亦可说是国家。文中有舜时所提到的驩兜，又似乎说的是年代很早的事。

《史记·王翦传》载，秦将王翦灭楚，"竟平荆（秦人称楚为荆）地为郡县，因南征百越之君。"王翦虽没有直接率军攻打岭南，但在此以前百越有"君"应属事实。"百越之君"，亦即岭南和闽地的百越之君。贾谊《过秦论》也说：秦"履至尊而制六合……百越之君，俯首系颈，委命下吏。"又：秦军在岭南确实杀死过"西呕（瓯）君译吁宋"[①]，这个西瓯君统治的地方应在今粤西北或广西东北境。显然西瓯君是在秦军入岭之前早已存在的。可是这不等于岭南先秦时只有一个西瓯君（其统治地区大小不明）。参照考古资料，广东的肇庆、罗定、清远、四会、广宁、揭阳等地，先秦都可能有君或王，有如前述。

但是，直至春秋战国时期，岭南并没有建立起一个统一的国家政权，只是在部分地区建立起一些小的国家政权。所谓"君"、"王"，实际上就是这类小国的最高统治者。这是部落联盟进一步发展的必然结果；而在另外一些地方则还处在部落或部落联盟阶段。目前看来，广东西江、北江、东江以至韩江沿岸的一些交通比较便利的地方，最先出现奴隶制的生产关系，初步形成了奴隶制的社会形态。但这种奴隶制，远不如商周奴隶制那样发达普遍，应属于不发达的奴隶制。他

---

① 《淮南子·人间训》。

如南路至海南岛的雷琼地区,从目前材料看,先秦时期还未曾有过奴隶制。

第三节 青铜时代的社会经济

广东的青铜时代大致可分为早、中、晚三个阶段。早期为商末至西周,中期为春秋至战国早期,晚期为战国中、晚期。

此时期广东的社会经济发展进程加快。首先是出现并发展了青铜器的铸造,这是生产技术和生产力的划时代的进步。虽然青铜器还未能在农业上代替石制生产工具,农具仍以磨光石器为主,但锄耕农业已获得较大提高和扩展,家畜饲养也渐趋普遍。陶器普遍有了轮制的几何印纹硬陶,并出现了原始瓷。纺织业开始发展,出现男耕女织的农村模式。造船超过独木舟阶段,海船具有特殊型式,海外交通贸易有所开拓。

一、青铜铸造业的出现与发展[①]

(一) 商末至春秋前期的早期青铜器

青铜是铜和锡加铅的合金。由于青铜器的制造,需要经过采矿、提炼、制范、熔铸和修理加工等一系列工序,所以

---

① 为方便起见,这里将青铜器的出现与发展分为两个大阶段来叙述,唯青铜器分类统计表中仍分为三个阶段。

需要有一定数量的掌握技术的劳动者进行协作。青铜冶铸业于商代末年始出现于岭南，并成为岭南越族手工业的一个极为重要的新兴部门。它是在本地区农业、手工业发展的基础上，在岭北商、周青铜文化和青铜器的南传影响下产生和发展起来的。这一点已由目前考古发现所证实。

饶平联饶顶大埔山浮滨文化墓地发现一件具有地方特点的原始形制的青铜戈，虽系采集品，但与墓地出土的石戈、釉陶器的内涵特征和年代相一致，故可断定为当地产物。其时代约当商末、西周，是岭南目前发现年代最早的一件青铜戈。揭阳地都华美沙丘遗址出土的一件青铜斧，从共存陶器的特征看，年代当属西周。珠海淇澳岛亚婆湾出土的4件红砂岩青铜斧范，年代也相当于商末西周；淇澳岛南芒遗址出土的青铜斧钺范，年代相当于西周前后[1]。粤北乐昌县老虎头遗址采集到两件石范的半合范：一件为鱼钩范，另一件为铜铃范，顶端均有可注入铜液的浇口。铜铃范通高9厘米、宽6.4厘米，残长7.4厘米、宽3.8厘米。鱼钩范长7.2厘米、宽3.3厘米。从出土的石戈、石镬、石镞和印纹陶的特征看，年代可能相当于商周[2]。中山南萌龙穴沙丘遗址采集到两件半合范，亦均有浇口。一件是青铜斧钺石范，高12.5厘米、宽8厘米；另一件为有柄似切刀的石范，高11.5厘米、宽5厘米，范上尚有一枚铜镞。其年代相当于西周至春秋。1991年在香

---

[1] 唐振雄、李子文：《淇澳岛亚婆湾、南芒遗址调查》，《珠海考古发现与研究》，广东人民出版社1991年版，第61—69页。

[2] 《乐昌文物志》编纂办公室编：《乐昌文物志》，广东人民出版社1989年版。

港赤腊角岛南端过路湾遗址的青铜文化层,发现三副铸造青铜斧钺的石范。其中两件略呈扇形,以往多见。3号范较大,高17厘米、宽9.7厘米,形似双肩石斧,以往罕见,且作为合范在一起发现,粤、港过去尚未见过。据木炭标本^{14}C测定,两个数据为公元前1420—前1105年及前1240—前830年(经树轮校正),约当于商末西周①。此外,在汕尾、深圳以及香港的南丫岛大湾、大屿山石壁、沙埔东湾、大屿山对面的赤腊角岛等地,都先后发现过不少青铜斧、钺、鱼钩、发叉等器物的石范和一些相应的青铜器。

以上广东和香港发现的铸范有几个特点:第一,都是石范,而未发现精美的青铜容器陶范;第二,都是用以浇铸器形较小、造型简单的工具、兵器和乐器;第三,主要发现于环珠江口区(包括香港地区)或沿海地区的沙丘遗址;第四,具有南方地区早期铸铜工艺的特色;第五,发现地点较分散,说明这时的青铜器制造尚在草创阶段。其时间跨度很大,说明其发展较慢。

(二)春秋后期至战国青铜铸造业的发展

这段时期,广东的青铜冶铸业有了明显的进步。这一方面是吴、越、扬越、楚及中原青铜器铸造技术传入的影响,另方面是本地区冶铸业的发展和工艺水平的提高。同时,青铜器的数量、种类也大为增多。此外,春秋战国时期,由于社会动荡,战争频繁,广东战争似也较多,所以在发现的各类青铜器中,武器类占了总件数的一半以上。

---

① 郑启明:《赤腊角铜斧石范初探》,《香港考古学会会刊》第13期,1989—1992年。

广东春秋至战国早期的夔纹陶遗址,迄今已发现230处,墓葬36座(包括1993年以来深圳发现的10座墓),出土有青铜器461件左右(包括1993年深圳大梅沙出土的11件短剑、矛和斧,不包括香港)[①]。其中墓葬出土的以西江和北江流域为多,遗址出土的仅曲江石峡上层一处就近30件。从所出青铜扇形钺、矛、人面纹匕首、镞、刮刀和锥的特点看,明显属于本地铸造。在战国中晚期的米字纹陶阶段,发现遗址200多处,墓葬100余座,分布范围也扩大了。较集中的有乐昌大拱坪、始兴城郊、揭阳中厦、罗定南门峒和背夫山、广宁铜鼓岗、封开利羊墩等处,共出土各种青铜器660件左右[②]。

上述共1100余件青铜器,大致可分为5类:生产工具、武器、生活用器、乐器和其他杂器,详见附表。其中,除花纹器形精美的中原、吴、越酒器、水器,少量的中原式和楚式鼎、带钩、长剑,部分的戈、矛、镞等为有外来特征的器物外,其余如越式

越式铜鼎。广宁铜鼓岗战国墓出土。

---

① 杨耀林、文本亨:《从深圳青铜时代遗址管窥广东先秦时期的社会性质》,《岭南古越族文化论文集》,香港博物馆1993年刊本。

② 1995年广宁清理15座战国墓出土的100多件青铜器未计在内。

广东先秦青铜器分类统计表（截至1991年）

单位：件

种类	名称	商末—西周	春秋—战国早期	战国中晚期	合计
工具类	斧	1	22	84	107
	锛		1	4	5
	镘形器			12	12
	铲形器		2	3	5
	镰、锯		2		2
	钺、锄		1	3	4
	锥		3	2	5
	凿		3	12	15
	刮刀（篾刀）		15	78	93
	削、刻刀		7	54	61
武器类	戈	1	11	4	16
	矛		34	70	104
	钺		57	58	115
	镞		163	85	248
	钾		1		1
	短剑（匕首）		19	31	50
	长剑		6	37	43
	戚		1		1
	锌、镈		9	15	24
	靴形刀		1	2	3

第二章　不发达的奴隶制和岭南古越族　　123

(续上表)

种类	名称	商末—西周	春秋—战国早期	战国中晚期	合计
生活用具	鼎		21	27	48
	盂	1	2	3	6
	缶		3	1	4
	罍(釜)		2	5	7
	铜(鉴)			2	2
	壶		5		5
	盘			1	1
	洗			9	9
	盂		1		1
	勺			2	2
	提筒形器			1	1
	叉形钩		1		1
	带形钩			2	2
	素镜			1	1
乐器	铙	2	1		3
	甬钟(编钟)		31	15	46
	钲		2		2
	铎		2	1	3
	镈		1		1
	铃			1	1
其他	人首柱形器		20	8	28
	圆形器、方形器			5	5
	环、铺首		6	12	18
	锭			1	1
	残件		12	31	43
合计		5	467	683	1155

鼎、部分甬钟、铃、钲、短剑（匕首）、人面纹匕首、戈、斧、钺、矛、刮刀、人首柱形器、有环半圆器或方形器等，基本上具有百越系统特征或为本地仿制品。这说明春秋至战国时期本地的青铜制造业确有明显的发展。

广东出土春秋战国时期的青铜器经专家抽样鉴定，确认此时期广东的青铜冶铸技术已达到相当高的水平。

铸造工艺。此时期的青铜器铸造，已采用如下方法：（1）用有芯单面范铸造，如四会鸟蛋山出土的铜尊。（2）用无芯双面范铸造，如罗定、广宁出土的镞、剑。（3）用无芯不平分型面的双面范铸造，如刮刀。（4）用有芯双面范铸造，如罗定出土的钺和带銎刃的斧、矛等。（5）用复合范浑铸，如博罗出土的春秋编钟、罗定的战国早期编钟、肇庆的战国晚期编钟等。（6）用复合范分铸加铸接，如罗定出土的铜盉，器身由三件铸范组合铸成，鋬耳另铸再接；同墓出土的鼎，由腹范两件、顶范一件、鼎体泥芯与底范合铸，其耳、足另铸再接。又如封开出土的春秋晚期浅腹方耳鼎，器身由三块范合铸，足及双耳同体铸出，从口沿至每条足面均可见合范的铸棱。（7）用复合范分铸加焊接，如罗定出土的铜鉴，器身用对开的铸型浇铸，附耳及三足系分铸后焊接。又如四会出土的战国铜盉，盉足中空，里面留有泥范；器身用三块范合模，合范处留有明显的直棱；盉的一足曾脱落，后再焊接在一起。

合金成分。据化学成分测定及金相检验确定，此时期青铜器的主要成分是铜、锡和铅，有的还含磷、砷、铋。铜、锡、铅三元合金的多量使用，也是衡量青铜冶铸技术发展的一个重要标志。这种三元合金在殷墟小屯时期即商代晚期已有少量出现,春秋战国时期成为铜器合金的主流。广东此时期出土的三元合金青铜器有7件,约占检测总数的25%,可见在合金配制技术上早已脱离初始的发展阶段,而与中原地区相接近了。合金成分的对比,如编钟、鼎类的锡铅含量均较高,锡一般在13%—16%之间,兵器类如剑、钺、矛、镞等,含锡量为12%—22%不等,含铅量基本上在2%以内。由此可知,各类青铜器的锡、铅含量是按其用途及工艺要求而作适量配比的。含锡量愈大则硬度愈高,而含铅愈高则硬度愈低。

铸后加工及热处理工艺。金相检测表明,经抽样鉴定的38件青铜器,铸后还经过加工、处理,包括锻打的热处理、退火和激冷处理、铬处理等。如战国各墓的剑、钺、矛、镞表面经铬处理后,出现一层深绿色的保护层,光亮而不易腐蚀;罗定铜钺铸后经加工硬化而增强了硬度;广宁青铜刮刀,采用高锡铸造,并经激冷处理,因而硬度高,韧性好。青铜工具和兵器的刃具多经过锻打、退火以至激冷处理,可知当时对刃具的铸后各种加工是普遍采用的工艺措施,因而使青铜工具和兵器的性能得到了提高[①]。

此时期的青铜冶铸技术,也可从一典型器物中见其一斑:肇庆松山大墓出土的"插心剑",使用复合范铸成,先铸剑脊,再接铸剑刃。剑脊含锡量低,色黄,性柔韧、耐碰击;剑刃含锡量较高,发白,性坚硬而易于磨锐;整剑经加工处理后达到坚韧锋利的性能要求。这种"插心剑"在始兴等地也有

---

① 参看徐恒彬《广东青铜器时代概论》,广东省博物馆、香港中文大学文物馆合编《广东出土先秦文物》,中文大学出版社1984年版。

出土。

广东青铜器的矿产资源，以粤北、粤西和粤东的铜、锡、铅矿较为丰富，但何地的矿藏在先秦时被开采并用来制造青铜器，已无从稽考。唯考古工作者曾在阳春岗美发现过一铜锭与战国铜斧同出，地点距今开采的石碌铜矿不远，可证战国时阳春铜矿已被开采铸器①。

二、农业和家畜饲养业的渐进

恩格斯指出，"农业是整个古代世界的决定性的生产部门"②。同样，农业生产也是古代越族的社会经济基础。广东青铜时代的农业，已较新石器时代进步，其经营方式，以山岗、台地的锄耕农业为主。这类遗址已发现数百处之多。

水稻的种植在古代越族农业生产中具有决定意义。青铜时代广东的农业生产仍以播植水稻为主，生产技术比新石器时代有了提高。

粤北曲江石峡中层有较多的栽培稻遗迹出土。粤东揭阳新亨龙东溪畔山岗遗址出土的一件硬陶罐，上面印有稻穗痕迹，最大的一穗谷粒达23粒。

当时的农业生产工具中，石器仍占绝大部分。揭阳曲溪五堆山岗遗址发现的农具，除石镬外，还有一件三角形穿孔犁头形石器，可能也是破土工具。在粤东兴宁、五华、梅县、

---

① 徐恒彬：《广东青铜器时代概论》。
② 恩格斯：《家庭、私有制和国家的起源》，《马克思恩格斯选集》第4卷，人民出版社1972年版，第145页。

平远及揭阳等地的丘陵地带，均有一种长身形有柄双尖叉大型磨制石器出土，长约25—40厘米，柄宽5—8厘米，刃宽6—10厘米，琢制加磨比较粗糙，似为破土、翻土农具，可能适于开垦山岗坡地①。兴宁、五华、梅县还有不少长方梯形双孔石刀、半月形石镰等收获工具出土。各地发现有不少石磨盘、磨棒，如封开杏花河畔各遗址便发现32件石磨盘。

南海西樵山石器制作工场，青铜时代仍在采石制作斧、锛、锄、铲等工具和农具，其产品广泛分布于狭义的珠江三角洲。此外，值得一提的是，粤西、雷州半岛、海南岛一线的大石铲，这是一种形体较大且厚重的重要农具。石料因地而异。一般通体磨光，双面刃，双肩，短柄，双肩对称或双肩之下有锯磨痕迹。粤西封开发现10件，德庆、郁南、怀集、罗定、新兴、高要等地也有发现。雷州半岛海康溪南出土的一件，似板岩，通高53厘米、肩宽18.5厘米、厚约2厘米，为迄今发现的大石铲中之最大者，但刃部不锐利。海南岛也是盛行双肩石器的地方②，其中的大石铲在保亭、白沙、陵水、三亚、定安、儋县等地就发现了30多件。西樵山当时也生产霏细岩大石铲。番禺铲山、广州飞鹅岭和粤东的兴宁也有发现。广西是大石铲的故乡，型式多种，出土极多。广东西部、西南部出土的双肩下带锯齿状的石铲应是从广西传来的。这种大石铲出现于新石器晚期，到青铜时代有一部分已演化为

---

① 邱立诚等：《广东平远县寨顶上山遗址调查》，《考古》1991年第2期。

② 近现代海南岛居民把拾获的古代双肩石器置于牛栏、猪圈、鸡舍作为辟邪物，称为"雷公斧"。

祈求丰年的祭祀礼器[1]。

广东青铜时代农业的进步突出表现在青铜农具、工具的使用和铁器的开始使用。罗定南门垌、背夫山，西江、北江的战国墓，深圳叠石山东周遗址，都有较大量青铜斧、刮刀（篾刀）等和少量铲、锸等出土（见前表）。背夫山还有一件青铜镰（齿镰）和锯片。铜镰呈弯月形，长15厘米，高4.2厘米，刃长11厘米，柄部有一穿孔，是捆扎在木柄上使用的。始兴白石坪、曲江龙归坳头山、仁化县、封开南丰利羊墩和深圳南头叠石山遗址，还有8件铁斧、镬和3件铁锸（凹字形锄刃）出土[2]。叠石山遗址的4件铁锛（斧）均呈梯形，六角形銎口，高7.6—8.8厘米，銎口宽6.4厘米，刃宽5.4—5.9厘米，形体较小，也较特别。利羊墩出土的两件铁锸，是用于造墓铲土的，与湖南战国墓发现的相同。由此推测，广东战国铁器很可能来自湖南。这些青铜和铁农具、工具的使用，特别是铁工具的出现具有划时代的意义。从这时起，广东各地渐次排除石器，从而增强了垦辟荒地的能力，农业生产力比以往有了很大的提高。

广东各地的耕作方式，大体是在低洼之地用火烧去杂草然后耕种，待禾苗长高后再放水淹死杂草兼作灌溉；山岗坡地没有充足的水源，只能火耕，即在烧草、木之后，用木棍

---

[1] 杨式挺等：《封开杏花河两岸古遗址的调查试掘》，《考古学集刊》6；蒋廷瑜等：《桂南大石铲研究》，《南方文物》1992年第1期。

[2] 杨式挺：《关于广东早期铁器的若干问题》，《考古》1977年第2期；深圳博物馆：《深圳市叠石山遗址发掘简报》，《文物》1990年第11期。

挖坑洞点播稻种，以土（或草木灰）覆盖①。以上两种方式都是无意中获得草木灰的肥力，都无所谓中耕。但火耕水耨方式不仅多了一个淹死杂草兼作施肥的耕作层次，而且使作物得到一定程度的灌溉，比山地的火种较能保收，产量也会高些。火耕水耨的出现，是农业上的一大进步。当然，除种稻之外，人们还兼事渔猎。

在青铜时代早期及稍前时期，珠江三角洲地区不少地方如增城、佛山、高要、东莞等地遗址，已发现家养猪、水牛、羊、狗等家畜。到春秋战国时期，有了较显著的发展。1990年在博罗园洲石角村梅花墩夔纹陶窑址，发现了一批牛、狗、鹿、鸡、穿山甲等的泥塑。牛有水牛和黄牛，有的牛鼻还穿了孔。泥塑牛穿鼻，是否反映当时已有牛耕，姑且不论，然此为家畜饲养应属无疑。狗和鸡亦为家养。在香港南丫岛大湾、深湾，大屿山蟹地湾和万角咀等夔纹陶遗址，均有牛、猪、狗陶塑出土；深圳叠石山也有一件似牛残首动物塑；增城西瓜岭战国晚期米字纹陶窑址，发现有狗（或马）陶塑等等。上述分布较广泛的各地出土动物塑像，显示广东青铜时代家畜饲养比之新石器时代有了较大进展，而且出现了家禽饲养。

三、制陶业的改进

原始社会晚期开始出现第二次社会大分工，即手工业从农业分离出来。广东青铜时代的制陶业在此基础上有了新的

---

① 近代海南岛五指山区黎族仍采取这种火种方法，用铁制钩刀掘土，称"刀耕火种"。

发展。

首先是陶窑结构的改进和烧窑温度的提高。平远县石正水口村发现4座西周窑，是一种竖穴式窑，火膛与窑床上下重叠，中间隔着窑箅，火焰可直接穿过箅孔射向窑床上的陶坯，而不受火道或支柱的阻碍，比新石器时代的陶窑进步。兴宁永和湖乡村板子岗，发现3座商周窑，为长条形或方形坑窑，长的达2.86米，残深0.38—0.68米。这些窑年代较早，体积也较小。在梅县、连南、博罗、始兴等地都发现夔纹、米字纹陶窑址。这些春秋战国时的陶窑基本上仍属升焰式的圆形穴窑，但在同期也已出现了更进步的早期龙窑。如博罗园洲梅花墩发现有多座龙窑的残窑，其中一座长14.5米、宽约2米，窑床底部铺有细砂，窑顶已塌，窑尾应有烟道。1962年增城太平农场西瓜岭发掘2座窑。其中一窑残长9.8米、宽2米、残高1.54米，依山坡倾斜而筑：圆卷顶，前端宽且高于后端，前端有一长2.2米、深0.54米的方形坑，应为火膛，也是广东的早期龙窑。窑内残存陶器为米字纹、方格纹、弦纹、水波纹等几何印纹硬陶[①]。窑床结构的改善，提高了烧造温度；而窑身的增长则反映陶器生产数量的增多。

釉陶和几何印纹硬陶（烧成温度在1200℃以上）的出现，是制陶技术的一大进步，也是青铜器时代区别于新石器时代的一个重要标志。

广东是我国南部几何印纹陶分布最广和最发达的省区，可与江西、福建相媲美。广东几何印纹陶产生、发展、鼎盛、

---

① 广东省文管会等：《广东增城始兴的战国遗址》，《考古》1964年第3期。

衰亡的阶段性及其年代比较清楚,种类和纹样也丰富多采。它产生于新石器时代晚期,石峡文化的少量印纹陶是其代表;发展于新石器时代末期或青铜时代早期;鼎盛于西周晚期至战国早期,以夔纹陶为特征;衰落于战国中晚期至西汉早期,以米字纹陶为标志。兹将商周以来的发展过程概述如下:

商末西周,以饶平浮滨为代表的浮滨文化的陶器,酱褐色釉陶已居主导地位,几何形印纹陶不甚发达。泥质灰陶和夹砂陶中,除部分大型器物外,一般的大口尊(最高的达67厘米)、把壶、罐、盆、豆大多是釉陶,有的表面有浅篮纹,但不少釉片容易剥落。西周晚期至战国早期夔纹陶阶段的釉陶,胎质、釉色和器型都有了改进,还出现了釉色青绿、晶莹碧透的原始瓷。在石峡上层,博罗苏屋岗,五华东山坳,和平龙子山墓、九子山遗址,珠海华仔,深圳大梅沙、西丽湖、叠石山、追树岭,广州郊区逞岗、龙眼洞,番禺铲山,汕尾宝楼,香港大湾、东湾、万角咀、大屿山石壁等地,都有原始瓷器出土,主要器类有圜底缶和罐、平底盘、内螺旋纹规整的豆、碟及器盖等,形制十分精致。

西周晚期至战国早期,广东的几何形印纹纹饰,以夔纹(亦称简化夔龙纹)最具代表性。夔纹陶遗址已发现230余处,遍及各地区。博罗梅花墩夔纹陶窑址还首次发现了夔纹陶拍,近于长方形,长5厘米左右。80年代初,在石峡遗址采集到一件方格凸块纹残陶拍,对探索各地窑址及夔纹、云雷纹的源流有重要意义。这时的纹饰种类除夔纹外尚有云雷纹、勾连云雷纹、方格纹、菱形纹、方格纹的组合纹,等等。花纹规整、繁缛,图案美观,富于变化。其夔纹、云雷纹、勾连云雷纹,有单线、双线、阴纹、阳纹之别。这个时期,广东几何形印纹陶达到了鼎盛阶段,其夔纹、勾连云雷纹既受商周青铜文化花纹凝重神秘风格的影响,又显示出地方特点,其盛行程度为全国所未见。

夔纹陶罐。春秋。深圳出土。

到了战国中晚期,随着轮制技术的进一步普遍,广东各地的印纹陶开始衰落。这个时期的几何印纹,以米字格纹为最典型,还有各种方格纹、编织纹(席纹)和少量云雷纹,以及刻划的旋纹、水波纹。这种旋纹、水波纹,大多是用梳篦齿状工具在陶坯轮转过程中刻划出来的,比印纹显得更为规整、细密、流畅。此外,米字纹陶阶段,平底器大量增加,圜底器锐减。

米字纹陶类型遗址和墓葬的地域分布面比夔纹陶更广。雷州半岛和海南岛在此时期以前几何形印纹陶几乎是一片空白,此时也与各地一样发现有米字纹陶类型的陶器。增城西瓜岭和始兴白石坪都发现有烧制米字纹陶的窑址,并有大量青灰色和砖红色硬陶出

米字纹陶瓮。战国。佛山出土。

土,器物中平底器所占比例很大,圜底器所占比例较少,而

器物种类则较前为多，瓮、罐之类器形增大。始兴、增城、封开、佛山等地出土的米字纹陶瓮、罐，有的高达60—70厘米。

陶器种类增多和容量加大，表明当时生活需求的多样化，各地原始居民储存食物的普遍化。

四、纺织与编织

纺织业和编织业也是先秦岭南百越的重要手工业。

石峡遗址和佛山河宕等遗址均发现有大量的陶纺轮。

纺轮是纺纱的重要工具，扁圆形，中穿孔（以竹或木棍贯穿之，供手持或装于纺车上操作），直径不过几厘米。借助纺轮的转动，可将植物纤维捻成线，然后织布。陶纺轮的大量发现，说明广东在商周以前，已有原始纺织业的存在。始兴、封开、揭阳等地战国陶罐上拍印有极其细致的布纹，当是用布印上的。

先秦古文献记载："岛夷卉服，厥篚织贝。"[①] 古注："岛夷，南海岛上夷也。""卉服，葛服也。南方之布，以葛为之，以其产于越，故曰葛越。"岛夷，实指南海海滨及附近岛屿之民，应含广东沿海和海南岛之民[②]。"织贝"，一说为细苎，另一说为"吉贝"，即今之棉布。棉花（亦称木棉）非中国原产。考古发现证明，印度在公元前5000年已种植棉花，后向东传至东南亚和中国，而中国首先种植的地方则是海南岛。"织

---

① 《尚书·禹贡》。一般认为《禹贡》乃先秦战国时作品。
② 南北朝时，北魏将整个南朝疆域内之民均称为"岛夷"，见《魏书》卷九十七、九十八。

贝"实为印度梵语"木棉"的音译，近现代海南黎族仍称整株棉花为jibei，可见《禹贡》所说的织贝确指棉花无疑。由此可知，先秦时期广东已生产葛布和棉布。

1978年，福建武夷山白岩洞发现的商周时期古越人船棺葬已有棉布、丝绸、麻布和苎麻随葬。江西贵溪岩洞春秋战国墓也有麻布、土黄麻布、平织绢，还有印花织物出土，表明当地古越人（扬越）已掌握印染技术。贵溪墓出土的一套木质织具，属于早期斜织机的主要构件。广东离武夷山和贵溪不算很远，且居民同为百越族，其先秦的纺织业当与此两处有某种共性。当时的棉花种植可能已从海南引入广东大陆。广东又多蕉、葛乃至苎麻等纤维植物原料，所以先秦特别是战国时期，广东大概已较普遍生产葛、蕉之属的纺织品，一部分地方还能生产苎麻和棉纺织品。1991年在香港赤腊角岛南端的过路湾遗址发现一块布纤维织物，大概是麻质，也可能为葛质。其年代当在春秋战国时期[①]。罗定背夫山、肇庆松山、封开利羊墩等东周墓，其随葬青铜器有些用织物包裹，有些剑鞘虽朽而麻织物仍可见。这是春秋战国时期广东已能生产麻纺织品的明证。此时期的广东墓葬，也发现丝绸、绢类的织物，如背夫山和松山的墓葬，也有用丝绢织品包裹青铜器者，虽不能断定其织品为当地所产，但广东此时开始有丝织品生产是完全可能的。

用草和竹篾之类编织物件比纺织植物纤维简易，应该出现得更早一些。广东新石器时代的许多古遗址的居住生活面

---

① 郑启明：《古代纤维物简介》，《香港考古学会会刊》第13期，1989—1992年。

上，往往发现有草类、竹篾的编织物痕迹。如深圳大鹏咸头岭、佛山河宕以至香港等地的居住遗迹或陶器底部，都能见到编织物的印痕。距今3500—4000年的高要茅岗遗址，发现有竹篾和草的编织物残片。竹篾残片以一篾为纬，二篾作经，经线间距1厘米；草席残片系用宽0.4厘米的水草作单行交叉编成，其纹为三横三直；还有二段用两股篾片扭成的竹篾绳索①。广东各地发现不少春秋战国时期的篾刀，尤以春秋至战国早期的为多，这说明广东各地已普遍使用竹篾编织物。

五、造船与海船船型

广东面向浩瀚的南海，西、北、东三江皆会合于珠江口，东部有韩江、南路有漠阳江，各江均源远流长、腹地深远。这种优越的地理环境，为广东提供了舟楫之利和交通之便。

秦统一之前成书的《吕氏春秋·慎大览》说："适越者，坐而主，有舟也。"说明南方百越是善于造舟的。从考古学、民族学资料看，广东的南越先民，至迟在新石器时代，便已使用舟楫，当无疑问。因为新石器时代，仅从海路来看，当时岭南地区的古人类已向台湾、菲律宾、印度尼西亚以至南太平洋群岛流徙，其交通工具当是某种型式的船只；他们与东南沿海的关系更为密切，其来往亦应是泛舟海上。

1989年，在珠海市高栏岛宝镜湾发现了相当于春秋或更

---

① 广东省博物馆：《高要茅岗水上木构建筑遗址》，《文物》1983年12期。

早时期的岩刻画,其中几处描绘当时的船只形状和船上人物①:

(1) 天才石岩刻。岩画中有一只船,长85厘米,船头细长尖翘,饰有一物似鸟头,船身由两条线构成,船中竖一长竿,竿高75厘米,竿上飘一旗幡之类的物体,船下刻有水波纹。另外有两个人和三个似船锚或弓弩的图形,均与船不相连。

(2) 大坪石岩刻。画面有20多个人和动物,围绕着一条大船在奔跑、跳跃,酷似船只启航前祭海的场面。

(3) 藏宝洞东壁岩刻。在岩画的右上方明显的位置上刻有一条船,首尾上翘,船舷上有"山"字纹、波浪纹和水珠点;船底下有一排波浪勾连着的三个云雷纹,似表示潮水湍急;勾连纹下面横刻着一个"F"纹;船的上面有一组卷云纹,右边有一组难辨的图案。

这几幅刻画制作时间有先后,早者或为广东新石器时代末期。三幅画中有两幅是船头翘起或头尾皆翘起的。明清时期广东的船皆首尾高翘,似与这种原始翘首(尾)船的船型有着继承关系。又首(及尾)翘起,不及水面,则船的底部必不能平,平则船易翻。所以这种船虽不一定如后世海船之为尖底,却也必须上宽下窄,底部半圆式略呈尖型。船首翘起,船底圆或尖的船型在当时是适合于海上航行的。又天才石刻船中所竖长竿,当为原始的桅竿,其船长与竿长的比例,与后世船只主桅与船长的比例约略相当。竿上旗幡类之物,当为原始的帆。由此可以断定,在距今约2000—3000年之际,

---

① 梁振兴、徐恒彬:《广东珠海岩画的发现和研究》,1991年宁夏国际岩画学术研讨会论文。

广东海岛及滨海越人已能使用原始的桅和帆，利用风力推动船只航行了。至于三个似船锚的图形，似乎也可当作系船石。当时已有竹篾编成的绳索，用绳索将船系于石上以免其漂流，是理所当然的事。

这几幅刻画中的船只已不是最原始的船只。最原始的船是独木舟，即所谓"刳木为舟"。仅凭船首高翘这一点便可知这些船决非独木舟。它们已离独木舟时代很远，应是用木料加工组合而成的。此时期青铜斧、锛、凿等利器的出现，对造船工艺必大有推进。

其后，在战国魏襄王七年（公元前312年）"越王使公师隅来献舟三百……"①据说这是岭南越地向中原魏国所献之舟，是从海道前往的海船。

以上所说的都是先秦时广东或岭南的海船，至于内河的船舶制造，当会比海船为早，因制造较易，自不待言。

六、交通与贸易

广东海上交通，在新石器时代已南达菲律宾、印尼；东至国内东南沿海，并延伸到日本以至南太平洋岛屿。内河方面，东江、西江、北江、韩江及其支流，皆有独木舟、竹木排筏乃至木船往来。先秦时期五岭的南北交通，有一部分是乘船筏、走水路的。

至于陆路交通，沟通岭南岭北的必经之路，就是五岭的

---

① 《竹书纪年》卷十二，《二十五子》本。

"岭路"——山谷和隘道。

《淮南子·人间训》记载有秦并岭南的进军部署,说到五军之中,"一军守九疑之塞",即是要从湖南道县越萌渚岭达贺水;"一军守南野之界",则是要下大庾岭入北江流域;至于"一军处番禺之都",是从何路而来,史籍不详,不妨认为是一条至番禺较近的路线,即越骑田岭经阳山南下。这三条路也就是先秦往来岭南北的主要通道。秦军进入五岭的几条通道两侧及其附近,不仅有许多春秋战国时期的遗址和墓葬,还有许多早于此时期的遗址和墓葬,这些遗址和墓葬,连同南雄、始兴、翁源、韶关、曲江、仁化、乐昌以及"西江走廊"的考古发现,都说明先秦时期岭南北早有多条通道存在。

1993年1月,在罗定市南部太平镇傍城岗发现了三件青铜车的零件和车饰:一为车䡇(音卫,《说文》:"车轴头也");一为小铃,当为衡上悬挂的鸾铃;一为衡饰残件。皆有精致花纹。车䡇面饰有四朵云气纹及小云雷纹组成的鸟首纹,富有楚文化的风格,估计是战国时期墓葬的随葬品。这三件青铜器件,特别是䡇的发现,可以说明,罗定和广东的其他某些地方,在战国时期已修治了一些或长或短、可以行车的道路,供统治者出入。同时,它们也是研究楚和岭南陆路交通的珍贵资料。

商业或贸易,是随着社会分工、商品交换的扩大和交通的发展而发展的。

据古文献记载,岭南与中原商周王朝已发生"进贡"的关系。进贡时一般都会带一些非进贡产品前往进行交换,这些产品自然成为商品。这是数千里以外的远地交换。由此推论,岭南与相邻的岭北地区也会有某种程度的商品交换。岭北先进的精制青铜器的传入，表明了岭南北间存在着商业贸易关系。但从历史的发展进程看，在春秋晚期以前，广东与岭北各地的贸易关系，以及境内的贸易关系，还是局部的、渐进的、不普遍的。

春秋晚期以后，随着岭南地区社会经济的加快发展，以及吴、越、扬越和楚等岭北先进物质文化的南传，岭南地区对内对外的商业贸易活动也明显加强。

春秋晚期至战国末期，今广东境内各地的商品交换逐步发展。例如，在今肇庆、韶关、河源、梅州、潮汕、惠州和珠江三角洲地区，以至香港地区，都曾盛行过夔纹陶，这是产品交换的结果。尽管目前虽只在博罗梅花墩发现几座夔纹陶窑址，但可以断言，其他各地区当时也应有生产这种生活必需品的陶窑存在，以满足人们的需要。而在以陶窑为中心的一定范围内，人们都会以某些产品与这种陶器交换。又如春秋战国之际的罗定南门峒1号墓，出土有扇形青铜钺43件，纹饰各异，这显然并非一地所造，其中必有一些是通过贸易得来的。

此时岭南与外部的贸易已有发展。广东东江、西江、北江地区东周墓出土的青铜器，一般地说，凡花纹精美、质地优良的盉、罍、缶、鉴、鼎、壶、三足盘，以及錞于、金柄玉璧、玉带钩等，当是来自长江流域的吴、越、楚及中原地区。反之，广东以至岭南这时也有不少特产为各地区所需求。秦始皇之所以要兼并岭南，其目的之一就是"利越之犀角、象齿、翡翠、珠玑"①。犀角、象齿等是与岭北各地进行贸易的

---

① 《淮南子·人间训》。

一部分主要商品。前已提及"番禺之都",其所以称都,是因为番禺具有特别优良的江海交通条件,在先秦时已成为岭南商业最繁盛的都会和有关各方商品的集散地,在某种程度上已算得上是一个"商业都市"。肇庆松山墓有当时中国所不能制造的琉璃(即玻璃)珠,应是从外国传来的。这些都意味着广东沿海在先秦时已与西方发生过贸易关系。

商品交换必然要分离出一般等价物并最后发展到货币形态,但迄今岭南尚未发现先秦时期使用货币的痕迹。

第四节 青铜时代的文化

广东青铜时代的文化,比石器时代有了很大的进步。

随着岭南越族的形成,广东也形成了通行于诸越的越语。新石器时代的陶文进一步发展到接近于文字的程度。人们的爱美观念与抒情方式都得到发展:几何形印纹的纹饰多样而美观;绘画、舞蹈和音乐已由萌芽而得到成长;原始的宗教也演进到物神崇拜与祭祀。

此时期的广东文化仍受到中原与岭北先进文化的重大影响,特别是引进了等级森严的礼、乐制度。

一、刻划符号和陶文

文字的出现是人类进入文明社会的标志之一。

没有文字的史前人类,在生产、生活、宗教祭祀和社交活动中，为了帮助记忆、表达意愿和传递信息，很早便发明了种种记事方法。我国古文献中有"结绳记事"、"契木为文"的原始记事方法，还有"仓颉造字"的传说。在河南舞阳发现迄今最早的契刻符号，约为公元前6500—前5500年。各地发现最多的，则是刻划或绘画在陶器上的单元形体的符号和记号，统称为"陶文"。

广东在新石器时代也出现了刻划陶文。年代相当于石峡文化晚期的揭阳埔田宝山岽陶器，刻划有"＝、"‖"、"×"等符号。新石器末期和青铜时代早期的陶文更多、更复杂。如珠江三角洲的河宕、灶岗、鱿鱼岗、高要茅岗、东莞村头诸遗址，均发现刻划陶文。其中佛山河宕发现最多，也最典型，计有六七十件，主要刻划在矮圈足盘的圈足上，共有刻划陶文近20种，如｜、‖、‖、＋、×、)|(、↑等，还有一些更繁的陶文。其中有个"‖×‖"，是三个符号的联文①，这种联文显然有着更复杂的含意。

商代中晚期至西周时期，粤东——闽南地区浮滨文化的釉陶上刻划文亦多，并有其特点。如1974年饶平浮滨塔仔金山和联饶顶大埔山出土的18件釉陶上，刻划有20余种陶文，其中有＝、‖、区、×、⊤、＋、ⵔ、公、ⵕ、H、壬等②；揭阳云路出土的釉陶上还有"乂"和"ⵕ"等几个更复杂的符号，显然不是数码符号。这些陶文既与河宕的陶文一部分相同，又与江西吴城的陶文有不少相似之处；特别是"壬"，与甲骨文的"王"字、商周金文的"王""壬"相似，很可能

---

① 杨式挺：《试论西樵山文化》，《考古学报》1985年第1期。
② 邱立诚：《简谈广东饶平发现的刻划陶文》，《汕头文物》第9期(1982)。

已是文字。

至东周时期的夔纹陶和米字纹陶，刻划陶文更广泛、更普遍，并且多相沿袭，构成形式还是以单个为主，基本上没有大的变化①。在汕尾宝楼遗址和香港，发现夔纹陶阶段的陶文片100余件。在石峡上文化层和博罗铁场等地发现的陶文，除沿袭者外，尚有一些前所未有的，如丫、↓、☼、山、⚹、㠯、巛及联文"凸╳"之类。米字纹陶阶段，在增城、始兴、乐昌、肇庆、广宁、封开、珠江三角洲和粤西等地的战国遗存共发现190多个陶文（50多种），比以往更多，文形也更复杂，其中新出现的如Ⅲ、乂、北、卄、企、中、⇨、P、⼽、✕、〇、囗等，还有新的合（联）文。值得注意的是夔纹、米字纹陶阶段的陶文已出现有刀、弓箭、太阳等象形符号。

概括地说，广东的刻划陶文最初出现在5000多年前，比黄河流域的要晚。这些符号及其联文，无疑已在民间代表一定的含义。广东的刻划陶文与岭北及中原某些地区的一样，也是以单个符号为主，且基本上处于数码和符号状态，只有个别与甲骨文、金文相似的单字。这些陶文虽相沿数千年之久，却没有根本的变化发展，这是与先秦时期广东社会发展缓慢分不开的。但是，几何印纹陶及其刻划陶文，是百越及其先民物质文化的一个突出特征。广东的陶文与广西、江西、福建、浙江等地陶文有许多相同和相似之处，说明了当时的百越文化有其一定程度的同一性。

---

① 这种陶文一直沿袭到西汉早年的南越国时期，至东汉便消失了。

二、音乐与乐器

我国乐器的使用，始见于《尚书·舜典》："八音克谐……击石拊石，百兽率舞。"中原在商周时期，已有"匏、土、革、木、石、金、丝、竹"八类乐器（"八音"）。特别是从西周起，还制定了一整套礼乐制度，即所谓"礼乐征伐自天子出"，从而使音乐和乐器的作用变得极为重要。这种礼乐制度以不同速度向全国各地传播和推广。音乐又与舞蹈相伴而发展。迄今在广东发现最早的乐器是西周至战国时期的金属制品，有如下几种：

（一）铙。为打击乐器，流行于商，周代沿用。可单独演奏，也可以大小数个组成"编铙"演奏。单铙主要用于军事，以其声作为指挥的信号。《周礼·夏官司马》云："鸣铙且却，乃表乃止。"注："铙所以止鼓。军退，卒长鸣铙以和众鼓人，为止之也。"《乐记》说，"鼓鼙之声讙。讙以立动，动以进众。"鼓声能给人以一种燥动的感情，在军事上用以作为前进和进攻的信号（广东尚未发现与铙相配的鼓）。铙声清冷，含某种止动感情，故军事上用作停止和退却的信号。

铙形似甬钟，空心有柄。用时手执其柄，口朝上，以槌击之发声。广东出土3件。一件于1984年出自曲江马坝马鞍山麓，重10公斤，通高37.5厘米，全身外层有36个"枚"（如乳状的突出物）；一件于1983年出于佛冈石角镇大庙峡，重18公斤，形制与曲江铙相似；另一件1983年单独出土于潮阳禾皋村，重15.3公斤，通高52厘米，两面各有18个枚。

两广铜铙与湖南商代大铙以及江西、福建、浙江少量西周铜铙相似,当属南方铜铙系统,应为一地所铸。铜铙传入广东的时间当在西周中晚期,或更晚。

(二)钟。是悬挂的打击乐器,以西周的为最早,是中原礼乐制度中最重要的礼器。一般是成组悬列,称为编钟。依次敲击可发出不同的声音,奏出乐曲。可以与其他乐器配合演奏。

成套编钟,有大小不同依次组列的,也有大小相仿而按音阶组列的。自西周中期以后每套为6、7、8、9件,有多至13件者。通常有相应的一套石编磬配合(广东未发现磬)。在形制上有钮钟和甬种两类,钮钟直挂,甬钟斜挂。

广东发现的先秦编钟,出自11处墓葬,共45件,全是甬钟,是本省出土的先秦青铜乐器中最多的一项。每套件数多为

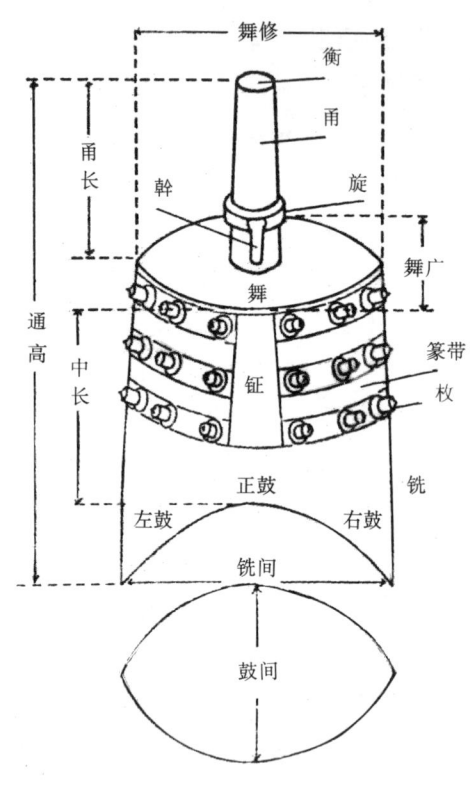

甬钟的各部位名称

广东出土先秦青铜甬钟表

名称	出土时间	出土地点	件数	制作年代	特点和说明
惠来钟	1979年	惠来华湖乡	1	不晚于春秋	甬长10厘米、身长25厘米、口宽20厘米。正反面各18个枚,枚不长。钲、鼓部正中有4个"王"字形云雷纹。钟体呈扁梯形,具有浓厚的南越地方色彩。
博罗钟	本世纪70年代	博罗铁场梅村	3	春秋	钟体厚重,铸工粗糙,两面饰勾连云雷纹。其中一件通高40厘米、甬高13厘米、口宽23厘米。
博罗编钟	1984年	博罗公庄镇陂头乡散屋村	7	春秋	1—6号大小相次,配套成组。第7件形制有别,是编钟外的一件。有一件破损。
清远编钟I	1962—1963年	清远三坑马头岗	5	春秋晚期至战国早期	形制花纹不一,正反面各18个枚。墓已被破坏。其中一件不属此套编钟。同出的有钲一件。
清远编钟II	同上	清远三坑马头岗	7	同上	瘦身,长枚,正反各12个枚,形制花纹的杂凑。墓已被损坏。钟为几套编钟的合并,有两件已损坏,不能测音。
连平钟	1964(或1960)年	连平忠信彭山	1	同上	甬长13.5厘米,正反面各有18个枚。身长36厘米、口宽25.5厘米,纹饰较特殊,鼓部正中饰3个品字形凸乳钉。与一件铜錞于同出。
罗定编钟	1977年	罗定太平南峒	6	同上	大小依次相递,甬较长,身瘦长,枚较长,其中3件正反各共有36个枚,另3件各共有24个枚。鼓部饰勾连雷纹。同出的有钲一件,铎一件。
德庆钟	1983年	德庆永丰乡宿岸村	1	春秋战国之际或战国	有残缺。
增城钟	约70年代	增城石滩镇天麻山	2	战国	正反面各18个枚。
兴宁编钟	1983年	兴宁大村乡古树窝	6	同上	大小依次相递,最大者14.25公斤,正面18个枚,背面12个枚,制作较粗糙。可能为本地区仿制品。
肇庆编钟	1972年	肇庆鼎湖区北岭松山	6	战国晚期	大小依次相递,甬长、器身瘦长,正反面各18个枚,枚较长。鼓部饰勾连雷纹,具有地方特点。
共计		45件,内属于编钟者37件,其余8件。			

6件或7件，其花纹和"枚"数颇具地方特色，很可能多是本地的仿制品。详见下表。

11处铜钟皆为春秋至战国晚年之物，其中6处为编钟，其余各处虽不成编，但其入土时或入土前也许是配套成编的。

11处铜钟出土地点没有发现一件磬，可见此时广东没有引进编磬，对中原乐制并未完全模仿。

据学者研究，钟的音量大小与共鸣箱的大小密切相关，而音频的变化则主要在于"鼓"部的厚薄。根据测试，共鸣箱凡为扁突体、似两覆瓦构成者，均可敲击出两个音。敲其下体正面即正鼓部发出的音称正鼓音，音量宏大；敲其下体侧面即侧鼓部发出的音称侧鼓音。一钟两音，可减少编钟数量，而且能构成完整的音阶。有关专家对兴宁、博罗出土的两套编钟作过初步测试，兹将其鉴定意见摘录于下。

（1）兴宁编钟6枚，其音高分别为：

1号：G_3+11（正鼓音）　　　1

　　　A_3-53（侧鼓音）　　↓2

2号：B_3+9（正鼓音）　　　3

　　　$^\#C_4+14$（侧鼓音）　　$^\#4$

3号：D_4-50（正鼓音）　　　5

　　　E_4-2（侧鼓音）　　　6

4号：F_4+17（正鼓音）　　　7

　　　$^\#G_4-40$（侧鼓音）　$^\#\dot{1}$

5号：G_4+16（正鼓音）　　$\dot{1}$

　　　A_4-9（侧鼓音）　　b$\dot{3}$

6号：G_4-15（正鼓音）　　↓$\dot{1}$

　　　A_4-20（侧鼓音）　　↓$\dot{2}$

鉴定者认为，兴宁编钟的音阶结构为七声古音阶。其正鼓音与侧鼓音的音程关系，除第五（号）钟为小三度关系外，其余五钟均为大二度关系。从第五、第六二钟的音高看，有明显的重复，其中必有一钟不在编组之内，即这六个钟为5+1的组合形式，五钟为一套，另加一单钟。在形制特征上均与江苏、浙江、安徽、湖南、两广等地的"越式钟"相同。从钟的音列结构看，明显带有百越地区的特点，而与中原钟大都为大三度或小三度的情况有所不同。

（2）博罗编钟7枚，其中首枚已破损，各枚音高为：

1号：残破，推测音高为 $\dot{5}$

2号：D_4+20（正鼓音） $\dot{6}$

　　　E_4+22（侧鼓音） $\dot{7}$

3号：F_4+20（正鼓音） 1

　　　A_4+30（侧鼓音） 3

4号：A_4-23（正鼓音） ↓3

　　　D_5-32（侧鼓音）

5号：$^\sharp A_4+5$（正鼓音） 4

　　　D_5+12（侧鼓音） 6

6号：G_5+9（正鼓音） $\dot{2}$

　　　$^\sharp C_6+29$（侧鼓音）

7号：E_5-25（正鼓音）

　　　$^\sharp F_5-6$（侧鼓音）

鉴定者认为，博罗编钟的形制亦为越式钟。其正侧两音间的音程关系，除第二钟为大二度（$\dot{6}$ $\dot{7}$）外，第三、第五等钟均为大三度关系。其音列结构与兴宁编钟有所区别，音阶结构接近于六声新音阶。由此可见，在越式钟范围内，音乐上仍存在着不同的文化类型①。

曾有人认为广东出土的编钟是明器，兴宁、博罗编钟的测试及鉴定，证实它们是实用乐器而非明器。

（三）錞于。是一种打击乐器，用于军事和祭祀。《周礼·地官·鼓人》云："以金錞和鼓"。郑玄注："錞，錞于也。圆如碓头，大上小下，乐作鸣之，与鼓相和。"它常与鼓、钟、钲、铎、铙等合用于军事，号令进退。如《国语·吴语》卷十七记："（吴）既陈（陈，即阵），去晋军一里。昧明，王乃秉枹，亲就鸣钟、鼓、丁宁（钲）、錞于，振铎，勇怯尽应。"

广东迄今仅发现錞于一件，与一件甬钟同出土于连平忠信，为春秋晚期至战国早期之物。残高51.5厘米、口径27.2×21.3厘米，形如碓头，中空，双范合铸。盘顶原有一虎钮，可悬挂，但今已缺失。

（四）钲。又称丁宁，属打击乐器，用于军事及宴享。《说文》：钲"铙类也。似铃，柄中，上下通。"也有人称铙为钲的。形似钟而狭长，执柄口朝上，击之发声，也可以大小相次组成编钲演奏。击钲鼓为行军之乐。

广东发现钲三件，一件出于清远马头岗墓，一件出于罗定南门峒，皆与编钟同出，另一件采集自云浮云城镇大绀山。三件大小形制有别，云浮出土的较方瘦，属小型。

（五）铎。似铃，有舌，摇之发声。体内顶部正中有环，

---

① 以上关于钟的检测鉴定内容系摘自1991年11月5日中央文化部音乐研究所吴钊教授给笔者的复函。"↓2"，箭头符号向下，表示比2略低而不到半音，其余同。

用以悬舌。悬铜舌称金铎，悬木舌称木铎。金铎，用于军中；木铎，用于宣谕政令。前引《国语·吴语》，已见作战时铎与钲、鼓、錞于等同用。《尚书·胤征》载："每岁孟春，遒人以木铎徇于路。"遒人乃宣令之官。

广东出土铜铎 2 件，一件出于罗定南门峒，与编钟及钲同出；另一件出于罗定背夫山一号墓，短甬中空，两缘下垂，两面有花纹，未见舌。两件均为战国早期之物。

此外，1993 年 1 月在罗定市太平镇傍城岗采集到一件小铃，估计属东周器物；另在乐昌有石铃范出土。

综上广东发现先秦乐器共 55 件，铃范作一件计，其中商末至西周 2 件，春秋至战国早期 36 件，战国中晚期 17 件。它们从一个侧面反映了广东青铜时代的礼乐制度。

三、岩刻画

广东青铜时代的舞蹈和绘画，迄今发现最主要的遗存是珠海市高栏岛的崖刻画。

1989 年 10 月，珠海市博物馆在高栏岛宝镜湾的宝镜石、大坪石、天才石、藏宝洞等 4 处发现 6 幅岩刻画，其中 3 幅保存较好。

高栏岛位于珠江口的鸡啼门与崖门之外，东北面为三灶岛，西南面为荷包岛，北面为南水岛，南侧则是广州至湛江、海南岛的航道。在古代，这里是长于舟楫的越人的良好生活环境和活动舞台。

宝镜石的岩刻，以单线敲凿而成，分左右两部分。右半部凿一圆圈，直径40厘米，圈内一边凿一半月形，上下有两个圆点；左半部上为云，下为水。石壁向西，整幅画面似"落日浮云"景象。半月形和两个圆点，似表示太阳或天象的变化。

天才石的岩刻，凿刻出一个船形，两个人和三个图形。两个人形以单线敲凿，似剪影图像，又似汉字"天才"二字，故称"天才石"。

大坪石的岩刻，敲凿在平面上。画面有20余个人和动物，均用敲凿剪影手法表现，大小不等。人物身高在17—35厘米之间，围绕着一只船活动，手舞足蹈，形态多样。有的甩手斜舞，有的伸臂正舞，有的侧立，有的跪拜，有的像蹦跳，有的像奔跑，似为出航前祭海的欢乐场面。整个画面构图随意而富动感。

藏宝洞岩刻，有洞口、西壁、东壁各一幅。洞口（东壁之洞口）的画面长2.3米、高1.5米，刻着一个冠形图案和另一个已风化难辨的图案。冠形图案长60厘米、高35厘米。西壁岩刻画面残高1.5米、长4.5米，图形已斑驳朦胧，难以辨认。

作于战国前后的藏宝洞东壁岩刻是该处的主画，也是宝镜湾已发现的6幅岩刻中最重要者。画面宽5米、高2.9米，布局繁密，有10余组图案汇集在一起，基本清晰，内容大体可分为上下两部分。上半部分画面主要表现人与自然环境。左上角有两个敲凿成的剪影式人形在驱赶着两条蟒蛇，人形的左上方是一个鱼形的人头像，头像下似是干栏式房子；左上方偏中处，以线条刻划出一只猴子；猴的右下方，以敲凿剪影手法凿出 6 个小人形，其中三个跪拜，三个手舞足蹈，似为祭祀舞蹈的场面；右上方刻有一只船。下半部分画面，主要表现人的动态。在左下角，以线条凿刻两个披连衣的舞人，整组图案犹如一男一女并肩翩翩起舞。左下方刻有一组男女拉手图，男左女右。男的面部轮廓上有三点，表示眼和嘴，头戴大耳平帽，插一支羽毛，似骷髅头猴子身。女的低头，宽胸、细腰，伸手让前面的男人搭住，忸怩跟从。左下方还刻有两组图案：一组由三角形、方形、圆圈、圆点构成，另一组由三个云雷纹规整并列排成方斗形。在偏中位置，以凿边勾勒成一个半浮雕式的裸体人物，似作练武的姿势，足下刻有一头鹿。在右下方，用半浮雕手法刻划一个两手按地、身体倒立的人，其下刻一个有头有腿而无身的小人，头插两支羽毛。在右下角，以半浮雕手法突出地刻一健壮男性形象，头戴牛角面具，肩宽腿粗，两腿叉开站立，两手平举，左手握拳，右手执一旌麾，下身明显地露出男性器官。此人似为部落头人，或许是个巫师。其后有一头双角怪兽静坐不动，再后有一组似龙非龙、上下缠绕的纹饰。

珠海高栏岛宝镜湾的岩刻画，按其内容和雕刻技法，大概可分三期：宝镜石、大坪石画为早期，天才石、藏宝洞洞口画为中期，藏宝洞东、西两壁画为晚期。其中，藏宝洞东壁岩画汇集了早、中、晚三个时期的雕刻技法：左上方敲凿的岩刻应属早期，距今约 4000 年；右上方和左下方凿刻的应属中期，距今约 2500—3000 年；右下方半浮雕式的应属晚期，距今约 2000—2500 年。

早期的岩刻，主要以单线敲凿的手法来表现内容，人物、动物成剪影式模样，题材以写实为主，使用的工具可能是坚硬的石块。中期的岩刻，主要以凿刻线条来构成图形、图像，使用的可能是石斧、石凿之类的工具。线条横竖分明，对称均衡，弯曲有致，把画面图案化了。这种图案，与毗邻地区香港大屿山、大浪湾和长洲等处的岩刻图案风格颇为接近。岩画中的云雷纹、双"F"纹（夔纹）也与广东先秦时期的几何印纹陶及青铜铙、钟的纹饰相似。晚期的岩刻，主要以凿刻线条和半浮雕相结合的手法来刻绘图形和图象，线条已改变中期那种横竖分明、对称均衡的风格而趋向于卷曲缠连，表达自如。从藏宝洞东壁凿刻的三个裸体人物的姿势、造型看，这个时期的题材，除了反映人们的日常生活之外，还反映原始宗教活动的情况。

总之，宝镜湾岩刻画应属广东青铜时代的遗存。它反映出南越族先民敬海、祭海与舟楫相依的海滨生活，把自然现象、生活习俗（如追捕蟒蛇）和原始宗教信仰的内容浓缩在一起，使之艺术化、图案化，有着鲜明的地区特色[1]。

1992年在珠海平沙连湾又发现一处岩刻。

香港迄今也发现8处岩刻，内容主要为各种图案，均未见有人物图像。

岩刻画之外，广东还发现三件陶器、石器上印刻有图画。一件是石峡中文化层出土的陶器残片，上面拍印有5人集体跳舞（详见第一章）。一件是珠海淇澳岛南芒遗址出土的西周陶片，上面的重圈纹里有人头形象。另一件是在揭阳炮台乡

---

[1] 参见梁振兴、徐恒彬《广东珠海岩画的发现与研究》，《珠海乡音》第15期。

镇坡村后山商周墓葬区采集的圆角方形石器，其上阴刻一条鱼，正在逐食两片浮萍，形象生动逼真。从形制看，与墓葬年代相符。

四、古越语和越人歌

岭南先秦百越人的语言是我国古老的民族语言之一。尽管到汉代岭南古越语在华夏文化强烈影响下已基本消失，但仍在一些与古越族有渊源关系的少数民族语言和汉语方言中，有所保留。先秦岭南的通行越语，大段、成篇地保存至今的，是目前仅见于西汉刘向《说苑》一书所记载的一篇《榜枻越人歌》。

《越人歌》记载的是公元前6世纪楚国令尹鄂君子晳乘舟游玩时越人船夫唱的一首歌。其歌词用汉字记音，并被翻译成古汉语。《说苑》原文如下："楚大夫庄辛曰，君独不闻夫鄂君子晳之泛舟于新波之中也？乘青翰之舟，极芮苊（二字音免庇，为平覆之意）张华盖而擒（音吸，为击意），班丽袿衽。会钟鼓之音毕，榜枻越人拥楫而歌。歌辞曰：'滥兮抃草滥予？昌枑（或作桓）泽予？昌州州饶（或作湛）。州焉乎秦胥胥。缦予乎昭澶秦踰渗。惿随河湖。'鄂君子晳曰：'吾不知越歌，子试为我楚说之。'于是乃召越译，乃楚说之，曰：'今夕何夕兮？搴中洲（应为洲中）流。今日何日兮？得与王子同舟。蒙羞被好兮，不訾诟耻。心几顽（烦）而不绝兮，得知王子。山有木兮木有枝，心说（同悦）君兮君不知。'于是鄂君子晳乃㩉（应为揄）修袂行而拥之，举绣被而覆之。"①这就是有赖《说苑》而得以保存下来的有名的《榜枻越人歌》。

这是一首即兴之作，感情真挚，言辞优美，富于想象力，又是按一定格式咏唱的。屈大均对它评价极高，甚至将其与《离骚》相类比。至于这个歌者是东越人、南越人，还是瓯骆人，无从稽考，但歌词的汉字记音却引起学术界的浓厚兴趣。有的学者对此作了专门研究，把记音汉字按上古音和中古音用国际音标标音，然后与有关的壮族语词逐个对照，结果译出5个与古译大体一致的句子来，并且得出如下结论："歌词既押脚韵也押腰韵，与现代壮歌、侗歌和傣歌的特点相同；歌词中大部分词语都能在现代壮、侗语中找到；语法结构，特别是其中的'倒装法'，即中心词在前，修饰成分在后，例如'滥兮'——夕这（今夕），'昌桓'——中间船（船中）等等，同现代壮侗语没有区别。它们的共同特点是：用词序和虚词来造句。主谓词组，主语在前，谓语在后；动宾词组，动词在前，宾语在后；体词性修饰词组中，中心语在前，定语在后。"②

总之，《榜枻越人歌》不但是研究民族风情，而且是研究古越族语言的珍贵资料。有的学者把以温州（古瓯越地）话为代表的吴语，以广州（古南越地）话为代表的粤语，与广西（古骆越地）的瑶族语和闽（古闽越地）语，加以对比研究，发现它们的许多词语是相当一致的。从中"大抵可以看

---

① 刘向：《说苑·善说》卷十一，《四部丛刊》本，并参《丛书集成》本。
② 韦庆稳：《试论百越民族的语言》，陈国强等编：《百越民族史论集》，中国社会科学出版社1982年版。

出，闽越、瓯越、南越、骆越语在古代大概是可以互通的，因为其古越语的成分直至今天仍然十分明显。"①

罗香林先生曾用《方言》、《越绝书》等古文献的有关资料，将越语与汉语相比较，认为越语有如下的特点：

（1）古越语的发音轻利急速。

（2）有些词与汉语不同。如：大，越语称"濯"；广大，越语称"蔘绥"或"羞绎纷毋"；热，越人叫"煦煅"；短，"桂林之中谓短娯"；鸡，"桂林之中，谓之割鸡"；犬，"南越名犬曰獿獀"；盐和盐官，越语称"余"和"朱余"。

（3）名词类的音缀，有复辅音和连音成分。如"乃命诸稽郢行成于吴"，《史记·越王勾践世家》则云勾践"令大夫种行成于吴"，种即文种，越语称"诸稽郢"系为连音。又如船，越人称"须虑"；广大，越语为"羞绎纷毋"，都是以复辅音和连音为音缀的。

（4）词序倒置。即将形容词或副词置于名词或动词之后。如上引越语称盐为"余"，称盐官为"朱余"，官，越语称"朱"，按汉语习惯，盐官应译为"余朱"，但越语却正好倒过来。汉语叫公牛、母牛、小牛、公鸡、母鸡、小鸡，粤语则叫牛公、牛乸、牛仔、鸡公、鸡乸、鸡仔，粤语的词序倒置与越语相同。

---

① 蒋炳钊等：《百越民族文化》，学林出版社1988年版，第243页。

第五节 岭南古越族及其特征

新石器时代晚期以后,我国东南和南方的各个民族共同体——百越,在氏族、部落的基础上逐步形成部落联盟。岭南的先秦居民属于百越中的南越族,按地缘关系的不同,又可分为南越、骆越和西瓯三个部分。

岭南(或广东)的古越人,因其特殊的历史条件和南方、滨海的地理生态环境,故在语言、风俗、生活习惯等方面与中原有较大较多的差异,而与东南百越中的其他诸越则大同小异,并具有若干独有的民族、文化特征。他们是中华民族共同文化的创造者之一。

一、百越名称的由来及其种姓支系

岭南古越族是我国百越族的组成部分。"百越"是我国东南和南部古代民族的泛称,其名始见于《吕氏春秋》。其书《恃君览》曰:"扬汉之南,百越之际。"同书《有始览》又曰:"东南为扬州,越也。"《汉书·地理志》颜师古注引臣瓒(汉朝人)云:"自交趾至会稽,七八千里,百越杂处,各有种姓。"由此可知百越族的大致分布范围。

古代的民族乃是原始社会末期的部落和部落联盟不断发展的结果,其间经过了长期的分化、组合和战争、联盟才逐步形成。它不是以氏族的血缘关系为纽带,而是以地域关系为基础的。百越之名虽出现于战国，但百越的各种姓支系主要来源于各地区的土著先民，有其长期形成和发展的历史过程。在百越名称出现之前，文献所载东南地区的一些部族名称均与百越族的形成有关。在尧、舜、禹的传说时代，这一地区曾被划分为蛮、苗系统，可知蛮和三苗与百越有一定的渊源关系。

西周时期的百越，有"东越"、"瓯人"、"于越"、"扬越"等。春秋战国之际，越族进入了一个新的历史时期，位于苏南和浙江一带的越人建立了吴国和越国，并参与了大国争霸的行列。其他地区的越人也很活跃，已产生"君"、"王"，并互相征伐兼并。于是古代民族逐渐定型。如荀子说："譬之越人安越，楚人安楚，君子安雅（夏），是非知能材性然也，是注错习俗之节异也。"[①] 这里把越、楚、夏分为不同的民族共同体，并指出它们有着各自的不同风俗习惯。

百越之"百"是种姓支属甚多之意，其各别的族名虽不及"百"，却着实不少。《路史》记载的百越之名计有南越、越裳、骆越、瓯越、西瓯、苍梧、扬越、损子产、里、九菌、会稽、于越、闽越、海阳、东瓯、东越等，共40余种[②]。《战国策·秦策三》谓吴起为楚悼王"南平扬越"；《史记·吴起传》则说吴起"南平百越"；而《史记·货殖列传》又说："九疑、苍梧以南至儋耳（指海南岛）者，与江南大同俗，而扬越多焉。"可见战国至西汉初，有时亦称百越为扬越。

据研究，"越"这个名称不是自称，而是被（他）称。较

---

① 《荀子·荣辱》。
② 有的族名已在前文列出，此处从略。

多的学者认为,因为越人首先发明和使用了"戉"或"钺"这种工具和武器,所以中原人因其所用"戉"而名其族。甲骨文中有"戉"的象形文字,卜辞中也不乏记载与"戉人"有关的战事。春秋时的越王钟、越王剑中的越字均写作"戉"。罗香林说:"按越族之越,甲骨文作戉,字作ᄆ,盖象斧钺之形。其后以文字之辗转假借,原义寝昧,乃加走旁为度越之越,并为越族之越。"① 此诚为精辟之论。百越地区新石器晚期至商周时期出土的石钺、玉钺的数量多于其他地区,可作旁证。

二、南越及其来源

南越作为族名,乃始于秦汉之际,如屈大均所说:"曰南越者,吴王夫差灭越筑南越宫,故(赵)佗因其旧名,称番禺为南越也。"② 同时,南越是赵佗所建国的国名。至于为什么称南越,罗香林认为:"以其地为扬越南部,故称为南越。"③ 族称的由来,似以此说为当。近人又加发挥,说扬越"即阳越,或作南越,因为扬、阳古音通转,字亦互用,又南曰阳,扬越即南越了;扬越之地,北起九疑之岭,南止儋耳。"④ 那末,自南越之称出现后,先秦岭南的扬越即为南越,应该说

---

① 罗香林:《中夏系统中之百越》,独立出版社1943年版,第57页。一说"越与粤"的古音读 wut、wat、wet,是古代南方对"人"的称呼,因而称越。

② 屈大均:《广东新语·地语》卷二。

③ 罗香林:《中夏系统中之百越》,独立出版社1943年版,第114页。

④ 韩振华:《秦汉西瓯、骆越之研究》,《百越民族史论丛》,广西人民出版社1985年版。关于扬越各说有异,不列举。

是较准确的。

众所周知,秦军进入岭南之前,岭南已有骆越、西瓯之称,它们既含于扬越(或南越)概念之内,同时也可以区别为扬越或百越族中的两个支属。当时骆越的生活地区是在今广东雷州半岛一带和今广西钦、廉等南部地区,西瓯在今广东西部及其以西的今广西东北部地区。今海南岛亦为瓯、骆居地。故除瓯、骆居地外,今广东境其他地方基本上都是南越族分布地区。当然,这三者在地域上既相邻,又犬牙交错,而且有一定程度的混杂,并不纯一。此外,粤东潮、梅地区也有南越与闽越的杂居地带。

再从广义的南越来看岭南诸越的来源。《汉书》说岭南各郡越人皆夏禹后裔,又有说来自福建武夷山区的,皆不足信。笔者认为,岭南的南越各族的基本成分是当地土著,但也包括从岭北迁来的扬越、于越等族。理由如下:

根据考古资料,虽远古无法详究,而从新石器晚期、末期至岭南青铜时代早期,仅在今广东境,就已基本形成五个经济文化区系,即粤北的"石峡文化"和"石峡中层文化类型",粤东的"浮滨文化",梅江、榕江和东江上游一带的古文化类型,珠江三角洲的"河宕文化类型",环珠江口一带的古文化类型。这些区域既有百越文化的共性,又有各地区的特点,可见各该地区的越人都是从新石器时代晚期、末期的百越先民发展而来,而决非全是夏、商以后某外地迁来的某族。即使夏、商以后有由某地迁来的某族人,也只能是杂居于土著之中并融合于土著。如明人区大任说:"公师隅者,粤人也。越王无强为楚所败,其子孙遁处江南海上,周赧王时有自立为王者。……时三晋唯魏最强，越王与魏通好，使隅复往南海，求犀角、象齿以修献，久在峤外。"[1]战国时楚灭越后，一部分越国臣民逃到岭南是可能的，但这一类从岭外迁入的人群，不可能构成南越族的主要来源。

三、南越、西瓯、骆越的习俗与特征

岭南的南越、西瓯、骆越族是经过长期发展而成的以地域为区分的民族共同体。它们具有经济生活、语言、文化、心理、宗教信仰等共性，这种共性与整个南方的百越族基本相同。但也有其自身的特点，现分述如下：

（1）经济生活和饮食的特点。由于居住的地理环境和自然资源的差别，三族在新石器时代便大致可分为以稻作农业为主及以渔猎捕捞经济为主的族体。这种状况，到了青铜时代有所改变，一般都以稻作农业为主或农业与渔猎捕捞并重，而且家庭纺织业也发展起来。这些，与全国特别是东南沿海地区，都有程度不同的共同性或相似性。

饮食方面的特殊性要大些。《淮南子·精神训》说："越人得髯蛇，以为上肴。中国得之，无用。"越人喜食鱼、鳖、蛇、蚌、蛤之类，无疑是长期以来形成的一种饮食习惯，并非汉代才这样。1983年发掘的广州象岗南越王墓内，保存了一批动物遗骨，其中有鲤鱼、龟、鳖和海产物蚶、蛤、螺类，从中可反映出越人的传统饮食习性。再就是"雕题交趾，

---

[1] 区大任：《百越先贤志》卷一《公师隅传》。

有不火食者。"①即有些地方还保持生食的习惯,也不足为奇。

(2) 生产工具和武器方面的特色。生产工具盛行有肩石器、有段石器、有肩有段石器、扁平穿孔石铲及越式青铜斧和刮刀等,兵器盛行扁平穿孔石钺、石戈、石矛及青铜钺等②。有肩石器和有段石器分布地域的不同反映出百越内部支系的不同。钺的发明和使用,似乎更为独特,甚至越的族称也是从钺而来(如前所述)。这些当然是百越的共性。广东青铜时代的铜钺发现得既多又集中,这显得更具特色。

(3) 生活用具普遍使用几何形印纹陶器。发明和使用几何形印纹陶器,是百越物质文化的显著特征之一。几何印纹陶产生发展和衰落的历史是与古越族的产生发展和消亡的历史相一致的。广东是我国几何印纹陶地区中相当发达和普遍的一个省区,其产生、发展以至衰落的过程很明显,唯高、雷地区及海南岛有些不同,并不流行。

(4) 住房流行"干阑"式建筑。"南越巢居,北朔穴居,避寒暑也。"③沈怀远《南越志》说南越"栅居"。巢居、栅居或楼居皆指干阑式房屋,即"人并楼居,登楼而上,号为干阑。"搭木为屋,上层住人,下层养牲畜。这与地理生态环境有关。南方多雨潮湿,山多瘴疠、毒草,常有毒蛇猛兽出没,干阑式房屋有防避之功用。此种房屋以4000—3000年前的高要茅岗遗址为最典型。

---

① 《礼记·王制》。

② 杨式挺:《试从考古发现探索百越文化源流若干问题》,《学术研究》1982年第1期。

③ 张华:《博物志》卷一,范宁较正,中华书局1980年版。

（5）习于水斗，善于用舟。这是越人一个很突出的特性。越王勾践曾说："夫越性脆而愚，水行而山处，以船为车，以楫为马，往若飘风，去则难从。锐兵任死，越之常性也。"①《汉书·严助传》亦云：越人"习于水斗，便于用舟。"这是与越人活动于江湖河海的环境分不开的。《淮南子》也说，九疑之南（岭南）"陆事寡而水事众"。岭南和东南沿海一带的越人早就发明和使用了各种形制的江海舟楫。春秋时期，吴国和越国的战船就是很有名的。广东在先秦时也有了适合在南海航行的船只。当时的越人多是短袖不履，以便涉水和行舟。

（6）断发文身和椎髻。这也是越人的显著特征。《逸周书·王会解》云："越沤翦发文身"。《左传·哀公七年》载："越，方外之地，剪发文身之民也。"《战国策·赵策二》："被发文身，错臂左衽，瓯越之民也。"至于岭南，《淮南子·原道训》说，九疑之南，"民人被发文身，以象鳞虫。"高诱注云："被，剪也；文身，刻画其体，内墨其中，为蛟龙之状。以入水，蛟龙不害也。故曰以象鳞虫也。"这是对文身以象蛟龙（含鳄类），避免伤害的精当之解。此外，越人文身还应有对蛇图腾崇拜的含义。《说文·虫部》："南蛮，蛇种"。又"闽，东南越，蛇种。"即越人奉蛇为祖先，崇拜蛇图腾。《山海经·大荒南经》云："南海渚中有神，人面，珥两青蛇，践两赤蛇。"广州象岗南越王墓出土的一件漆木大屏风，其两角铜座雕为一蹲着的人，口部、身上和手上有多条长蛇盘缠交错，或与蛇图腾崇拜有关。断发文身在考古遗物中并不多见，80年代

---

① 袁康：《越绝书》卷八。

在广州三元里柳园岗南越国墓葬中，出土有一件短发文身镇墓大木俑，用砵红彩绘纹绘其身。

除了断发文身习俗外，越人还有椎髻等发式和装饰。椎髻不仅大量见于文献记载，且考古发现亦不乏佐证。如广东汕尾铜戈内部人像，清远马头岗、曲江石峡上文化层、深圳大梅沙和香港大屿山等地出土的铜戈和匕首，其人面纹的头顶上都有"双髻"纹样。

（7）拔牙习俗。古越族先民有拔牙习俗，已于前章叙述。广东新石器时代的拔牙实例，主要发现于珠江三角洲一带。唐代鉴真、普照和尚在海南岛亲眼看到男女"雕题凿齿"（即文身和拔牙）的遗俗。由此可以推知先秦广东拔牙之俗颇盛，并可证海南黎族是越族遗裔。

（8）猎头[①]、食人之风。《墨子·鲁问》云："楚之南，有啖人之国者桥。其国之长子生，则解而食之，谓之宜弟。"《楚辞·招魂》中说："魂兮归来，南方不可止些。雕题黑齿，得人肉而祀，以其骨些。"前者只说食人，后者则是猎人而食了。先秦猎人、食人之风恐怕不止于此。近年来，学术界研究香港南丫岛深湾下层、cb层发现的"火葬"人骨和钻孔颌骨，大屿山石壁青铜时代墓葬中发现的陪葬钻孔人头骨，高要茅岗遗址零星发现的人头颅骨，以及广东各地青铜兵器上的人头（面）纹，认为或即是猎首、食人之迹象。

（9）"越祠鸡卜"之俗。汉武帝平南越后，越人勇之曾对汉武帝说："越人俗鬼，而其祠皆见鬼，数有效。昔东瓯王敬

[①] "猎头"实为猎人，各书记载均非专取人头，而是猎（捕）人；但如万震《南州异物志》所说，乌浒人食人肉外，"又取其髑髅破之以饮酒"，"猎头"或即指此。

鬼，寿百六十岁。"汉武帝信了他的话，"越祠鸡卜始用"①。这是元封三年（公元前108年）的事。按东瓯王寿160岁推算，则越祠及鸡卜，必在先秦早已有之。《楚辞》所说"得人肉而祀"，也说明越人早就有祭鬼祭神之祀了。《封禅书》中还提到"越巫"。巫师就是掌管祭祀和占卜的人物。

（10）葬俗葬式。越人有行一次葬、二次葬（拾骨葬、拣骨葬）、屈肢葬等葬俗葬式，均见前述。也有火葬。《墨子·节葬下》载，"楚之南，有炎人之国者，其亲戚死，朽其肉而弃之，然后埋其骨。""炎人之国"或即"啖人之国"，说明先秦岭南越人还有一种先让尸骨腐朽然后埋其骨的埋骨葬。

以上诸项，除第（1）项以外，基本上都是百越各族所特有而在各地越人中属于大同小异者，唯"鸡卜"仅见于岭南越人。以上各点，在较大程度上呈现了岭南新石器时代到战国晚年诸越族的一些特征。

第六节　岭南古越族与商、周、吴、越、扬越、楚及东南亚的关系

广东青铜时代的社会经济与文化，是在中原王朝、周边各地区和东南沿海地区的影响下发展起来的。

广东虽僻处南陲，但在商代至西周，已对中原王朝有直

---

① 《史记》卷二十八《封禅书》。鸡卜，用鸡骨占卜。这种占卜方法为岭南所独有。直到近现代犹流行于海南岛。宋人周去非《岭外代答》记其法甚详。"始用"是开始用鸡卜和越祠的祠祀之法，但越祠之法不详。

接的朝贡关系。后来，为楚势力所阻，中原的影响转为间接。与广东关系最密切而影响较大的则是今江浙沿海、福建，特别是广西、湖南、江西。此外，今云南、贵州，以及越南等与广东也有一定的经济文化联系。

一、与商、西周的关系

（一）与商周王朝的朝贡关系

我国中原的第一个王朝是夏王朝。岭南与夏王朝之间有无关系已难稽考。商王朝建立后，岭南与商王朝已建立有朝贡关系，这则是可以证实的。

商朝开国之时，伊尹受商王成汤之命，为四方令曰："臣请……正南瓯、邓、桂国、损子产、里、百濮、九菌，请令以珠玑、玳瑁、象齿、文犀、翠羽、菌鹤、短狗为献。"① 据诸家考释，"正南瓯"指岭南的西瓯、骆越。邝露《赤雅》谓"古损子产国，即乌浒也。"乌浒至东汉犹未成国，但确为岭南骆越之一支。所谓"桂国"，据《山海经·海内南经》载："桂林八树在贲隅（番禺）东"，即在桂林一带（如此，则"东"为"西"之误）。由此可见，商代岭南与商王朝有明确的朝贡关系。据研究，子安贝（Cypraea moneta C. annulus）出产在中国东南海岸及南海中，商王朝所用的子安贝多半来自这些地方。商人尚卜，龟甲是商王室用来占卜的基本卜材，所用的部分海龟甲属于一种龟类（Ocadia

---

① 《逸周书·王会解》。

Sinensis），现今只产于我国东南沿海。安阳殷墟（编号为YH$_{127}$坑）出土的甲骨"武丁大龟"，经生物学家鉴定，乃产自马来半岛。可见这是岭南地区的古越人通过某种途径获得而给商王朝的贡物①。

迨及西周，"四夷"及诸侯亦须向周王朝贡物。《逸周书·王会解》和《吕氏春秋》记载了周成王时诸侯及四夷的贡品中有："路人（骆人）大竹"、"仓吾（苍梧）翡翠"、"越骆之菌"（竹笋）和"南海之秬"（黑黍之类）。

《竹书纪年》载："周成王十年，越裳氏来朝。"《韩诗外传》卷五亦云："越裳氏重九译而至，献白雉于周公。道途幽远，山川幽深，恐使人之未达也（未达指语言不通），故重译（辗转翻译）而来。"又《说苑·辞物》："交趾之南，有越裳国。周公居摄六年，制礼作乐，天下和平。越裳以三象重译而献白雉。"《中华古今注》卷上复记曰："越裳氏重译来贡白雉一，黑雉二，象牙一。使者迷其归路。周公赐以文锦二匹，軿车五乘，皆为司南（即指南车）之制。使越裳氏载之以南，缘扶南、林邑海际，期年至其国。使大夫宴，将送至国而还。"如此多种记载，必有所据。关于越裳国，各说不一，谓在今越南之中南半岛某地，或越南中部、南部者为多。越裳给周王朝送贡物，可视为南海域外与周朝有过直接的联系和商品交换关系，而岭南便是这种关系的中介。

总之，商周时期岭南与中原王朝的朝贡关系是一种直接发生的关系。因此，岭南在某种程度上受到商周王朝先进经

---

① 参看张光直《中国青铜时代》一书《古代贸易研究是经济学还是生态学》一节，北京三联书店1983年版。

济文化的影响。

(二) 与中原及岭北的文化关系

考古发现证明，商、西周王朝的统治势力，已超出中原，越过长江，抵达今江西、湖南、江苏、湖北、四川等地。仅以江西为例，近年发现的属于吴城文化的新干大洋洲商代大墓，一座就出土青铜器480件，其中礼乐器54件；瑞昌市铜冶村发现了我国最早的采矿和炼铜遗址，长达1公里，是商王朝铜原料的重要来源。这些地方在商周王朝政治、经济、文化的直接影响下，创造了灿烂的青铜文化。岭南距中原较远，与中原王朝除发生不经常的朝贡关系外，一般没有直接的接触，只能通过江西、湖南等岭北地区与中原商周文化发生间接关系，而与各该地区的土著文化发生直接或间接关系。

广东青铜时代早期的文化，根据考古资料，大致可分为五个区域和类型。下面按这五个区域分述其在商周时期（下及春秋早期）与中原及岭北的文化关系。

1. 粤北区。这里的"石峡中层文化类型"是一种相当于夏商之际或商代的早期青铜文化，其遗存已发现近百处，并以曲江石峡中文化层为代表。其时限可能要延到西周。

石峡中层的大口高领折肩圈足罐（尊），与安徽阜南商代早期青铜尊形制相似；灰陶粗绳纹锥状鬲足，与郑州二里冈的商代鬲足颇为相似；内缘上下突起的石环镯和陶环镯，在河南二里头、郑州二里岗、殷商妇女墓及山东、四川、湖南等地的夏商遗存均有发现。这些器物在石峡的出现要比广东其他地方早，反映夏商文化因素由北向南逐渐传播的过程。

西周以后，中原及岭北文化与粤北的关系更为明显。江西发现的众多商周文化遗址中，以"吴城文化"最为重要，其中又以出土青铜器石范最具特色。而五岭南麓乐昌老虎头发现的商周青铜器石范，则可能与吴城文化技术的传入有关。湖南澧水、湘水流域出土的有商周文化特征的青铜器数百件，其中有的铜铙和甬钟正鼓部的兽面纹可追溯到偃师二里头文化的早商牛首纹铜牌饰，而较晚的铙的形制则与陕西西周甬钟衔接和重合。湘江型铜铙和由它演变发展而来的铙和甬钟，在湘南临武、广东北部以及江西、浙江、广西都有发现。出土于曲江马坝马鞍山的湘水型铜铙，足以说明这种铙已越过南岭而进入粤北；而佛岗石角镇出土的另一件与曲江马鞍山相类的铜铙，则反映此物的进一步南移。

2. 粤东饶平至潮汕一带。粤东地区的"浮滨文化"分布于潮汕、梅州地区及福建九龙江流域（即今漳州市一带）。饶平顶大埔山墓地的直援无阑戈，是目前广东发现的年代最早的青铜戈。它既受到商文化的影响，又有地方特点。浮滨文化的石戈，既与安阳殷墟的玉戈、吴城文化二期（商代晚期）的石戈相似，但又具有更多的地方特色。釉陶大口尊也受商文化和吴城文化的影响，陶器上的刻划符号也有与吴城文化有些相似的。釉陶折腹豆则与江苏句容西周墓同类者接近。从浮滨文化各地出土器物的差别看，其年代大致相当于商代中晚期至西周。有人认为这是岭北商周文化南下的一支与土著文化结合的产物，或认为是地方土著受到商周文化影响的结果[①]。浮滨文化还反映了粤东与闽南九龙江流域同类

---

① 广东省博物馆：《广东考古十年概述》，《文物考古工作十年》，文物出版社1991年版。

文化之间的紧密文化联系。

3. 梅江、榕江及东江上游一带。这些地方的早期青铜文化，除有"浮滨文化"之外，还与浙江、上海和江西的同期文化有某种关系。其地出土的陶器中有一种有流有口带提梁把的鸡（或鸟、鸭）形壶，可能与浙江河姆渡遗址上层的垂囊壶、上海马桥文化的鸭形壶、浙江长兴和江山的鸭形壶、闽北光泽扬山的鸭形壶以及偃师二里头文化有渊源关系。另外，出自海丰或粤东某地的一件酒器陶觚，既像商周时期的青铜觚，又与约4000年前的马桥文化和浙江长兴的陶觚基本相似。和平九子山、丰顺埔河等处发现的一批以细方格纹为特点的罐、壶，器形也颇似江西吴城和萧家山的商代同类器物。

4. 珠江三角洲的"河宕文化类型"。这一带的几何印纹陶的许多拍印纹样和部分陶器的形制，在江西赣江流域、太湖区的马桥文化、苏皖区的"湖熟文化"以及闽南地区新石器末期至商周时期的陶器上均可见到。河宕旧墟六七十件陶器上的10余种陶文与吴城的陶文相同或相似。这些文化之间的相互关系是比较明显的。较之广东其他地区，珠江三角洲受外来影响的成分似较多。

5. 环珠江口区域。汕尾等地商周时期的两件不全相同的青铜戈的基本形制与殷墟西区、殷墟三家岗、郑州二里岗、辉县琉璃阁、安阳小屯村北等处的商代铜戈各有相似之处[①]。在香港南丫岛大湾沙丘遗址，1990年11—12月发掘6号墓，有18件玉礼器和佩饰、串珠出土。佩饰和串珠与在汕尾遮浪角

---

① 麦兆汉：《粤东考古发现》（英文版）；《香港考古学会专刊》第二辑，1975年。

菝仔围出土的同类物品，年代均不晚于商周①。玉石器中有一件长21.8厘米、宽4.6厘米的"玉牙璋"，其形制无论是前端的刃或下端的阑齿，都近似偃师二里头、郑州杨庄及陕西神木石峁出土的玉牙璋中之一种，其随葬年代似不晚于西周。大湾6号墓"确实是一座'玉敛葬'"②，其葬制是中原传入的。又如粤北、粤东北及环珠江口等地多处遗址出土的石兵器和工具，其穿孔相对的器身或阑部两侧带突起的齿牙状扉棱，均与商代器物相类似，尤以东莞虎门村头发现的几件器形为典型。遗址年代在3500年以前左右。夏鼐曾指出："两侧有齿的扁平斧（戚）始于商代，最早见于偃师二里头的墓中"，又说商代玉匠喜于玉器边缘刻出有齿牙的扉棱③。由此可见中原文化对环珠江三角洲区的影响，以及中原文化经粤北南传的痕迹。

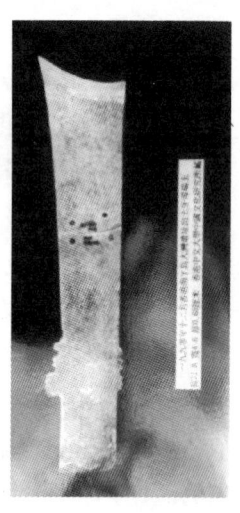

玉牙璋。战国。香港南丫岛出土。

上述的五个区域中，尤以粤北区与商周（及夏）时期中原暨岭北的文化关系最为清晰，其联系途径基本上是以江西和湖南为中介。湖南、江西都是古越族（扬越为主）聚居的

---

① 麦兆汉：《粤东考古发现》（英文版）；《香港考古学会专刊》第二辑，1975年。

② 李学勤：《论香港大湾新出牙璋及有关问题》，《南方文物》1992年第1期。

③ 夏鼐：《商代玉器的分类、定名和用途》，《考古》1983年第5期。

区域，与岭南越人的文化联系较他处更为密切，这从各该地都盛行几何形印纹陶可以看得出来。

二、与春秋战国时期吴、越、楚、扬越、闽越等的关系

春秋战国时期，是广东青铜时代的发展阶段。此期间，中原王室衰微，先后出现"五霸"、"七雄"纷争的局面，地处长江流域的吴、越、楚都强大起来。公元前474年越灭吴。前356年楚灭越后，其势力极为强大。扬越原居汉水流域，是百越诸族在西北端的一族；经楚的侵迫，不断南迁，其中一部分聚居在今湘、赣、粤、桂等地与古越人混居杂处。湘、赣境内的扬越居地，后来又全归楚有。因此，春秋晚期至战国时期，广东与吴、越、扬越的关系，都可以在它们与楚的关系中寻到线索。

（一）岭南与楚的关系

广州（古番禺）建城有始于"楚庭"一说。此说本自裴渊《广州记》所云"昔高固为楚（威王）相，五羊衔谷，萃于楚亭。"楚亭未必没有，但据《战国策·楚策一》，苏秦说楚威王时，楚"南有洞庭、苍梧"，疆域显然未达番禺。据此可以肯定楚在战国最强盛时，并未据有和直接统治整个岭南。

至于楚势力是否限于南岭之北或越过南岭达于岭南，至今尚多所争论。争论焦点之一是苏秦所说的苍梧是仅指湖南九疑山一带还是也包括今广西梧州一带。争论焦点之二是安徽寿县出土楚怀王时的"鄂君启节"中所说鄂君启的船队是

否由湖南境进入岭南的广西境。笔者认为无须详细考证这两个难以根究的问题，只提出如下的基本看法：

第一，楚国势力于春秋晚期已到达湖南，战国时期已拥有湖南全境。这已为长沙、衡阳等地发现的上千座楚墓所证明。楚占有湖南全境后，与岭南仅一岭之隔，岂有楚人绝不入岭南、越人从不入岭北之理！第二，《史记·吴起列传》有吴起相楚悼王"南平百越"之说，虽未必是楚派大军征服岭南诸越，但楚兵以其威势胁迫，或派军队攻击岭南，则势在必有。大致上可以说，楚并未直接统治岭南诸越，或统治地区很小，而岭南部分地区在战国时服属于楚，与楚保持着某种朝贡关系，则似无疑义。楚王曾对张仪说："黄金、珠玑、犀、象出于楚"①。可以理解为楚从岭南获得珠玑、犀、象等物。秦始皇出兵岭南的目的之一就是为了获得珠玑、玳瑁、犀、象等物，大概是步楚之后尘。如果岭南对楚有服属朝贡关系，则番禺之有"楚亭"之类名物，也是符合情理的。

（二）岭南越人与楚文化的关系

1984年在湖南永州市鹞子岭五座战国墓中发现越式铜鼎和米字纹陶罐等。这是越文化进入楚文化地区的实证。与此同时，楚文化进入岭南越人地区则更是普遍的现象。清远马头岗1号墓的Ⅱ式铜鼎近似于长沙楚墓常见的铜鼎形制，4号铜罍上浮凸的羽纹、云纹，也是楚器上盛行的纹饰。粤西地区的四会、罗定、怀集、广宁、封开、德庆、肇庆，粤东地区的揭阳、博罗等地的春秋晚期至战国各墓出土的钟、鼎、

---

① 《战国策·楚策三》。

盉、戈、矛、剑等铜器,都与湖南曾侯乙墓和安徽寿县蔡侯墓等楚墓中的一些器物相似,其容器和乐器上的雷纹、羽状纹、鸟状纹等亦是楚器流行的纹饰。尤其是肇庆松山战国大墓出土的错银铜罍、大铜鼎、插心剑、提梁壶、三足盘等,几乎与长沙楚墓的完全相同①。实例甚多,不胜枚举。

据上所述,不难发现,春秋战国时期岭南与楚的关系相当密切,楚文化的传入对广东越族社会经济与文化的发展起着促进作用。

(三)岭南越人与吴、越(于越)、扬越的关系

由于春秋至战国时的"扬越、吴、越文化逐渐融合于楚文化之中,所以在两广发现的青铜器,有的难于辨认其族属"②。尽管如此,还是可以从考古器物上寻到岭南与扬越、吴、越文化关系的痕迹。如连平忠信出土的虎钮镎于,最早曾使用于吴越地区;两广出土的东周铜戈、圆茎双凸箍长剑,不独为楚有,吴国亦有类似的器物。揭阳云路中夏战国墓及惠来等地出土的铜剑、铜鼎,具有吴越文化的特征。此外,传说越灭吴后,吴人有迁入岭南的。仁化县西北有吴竹岭,"旧志云,越王勾践灭吴王,其子孙避于此,山下有溪,亦名吴溪。吴溪水在县西北五十里,源出吴竹岭……世传越王勾践灭吴,子孙有避难于此者,故名。""恩溪水在县北八十里……相传吴王子孙避地经此溪,失路,逢一老妪导之而去,乃以

---

① 徐恒彬:《楚文化对广东历史发展的作用》,《中国考古学会第二次年会论文集》,文物出版社1982年版。

② 黄展岳:《论两广出土的先秦青铜器》,《考古学报》1986年第4期。

金帛报其恩,故曰恩溪云云。"① 此记载虽晚,其所据之《旧志》亦必有所本。

(四)岭南越人与闽越的关系

闽越亦为百越的一支,今福建、台湾属闽越地区。广东与闽、台的先民在新石器时代已有联系,这可从那里发现双肩石器、几何印纹陶得到证明。商末至西周,闽南与广东"浮滨文化"密切相关,已见前述。东周时期,粤东与闽南,特别是粤东北与闽西南的武平、永定、上杭等地,都有相同的夔纹、云雷纹和米字纹陶器。"潮州,春秋为七闽地,战国为越人所居。""梅州,春秋为七闽地,战国属越。"② 大致可认为潮、梅在春秋战国时为闽越和南越交错杂居地,其文化关系之共同与杂糅自不待言。

三、与西南地区、交趾地区的关系

岭南与我国西南地区包括四川、云南、贵州等地,早在新石器时代至青铜文化早期,已有交往关系。

云南的滇池、滇东南、滇南、西双版纳,特别是麻栗坡县小河洞和文山、富宁、马关、砚山等地,以及贵州,都发现双肩石斧、有段石锛、有肩有段锛、石钺和几何形印纹陶。一般认为,此等器物是两广传去的,这是云贵地区早有百越

---

① 嘉靖《仁化县志》卷一。
② 欧阳忞:《舆地广记》卷三十五,《四库全书》本。

人分布的一个证据①。曲江石峡中文化层及封开等地发现的内孔缘突起的石环镯或磨轮，粤北和广东一些地方发现的内（音纳）部两侧带扉棱的石戈，以及揭阳、增城、东莞和香港大湾出土的玉牙璋，都与四川广汉三星堆商周遗存的一些器物相同，可见两地早有文化交往关系。

云南青铜文化（滇文化）是我国西南地区灿烂的青铜文化的一枝奇葩，以其独特的风格著称于世。滇人在向东、向南扩展过程中，与西瓯、骆越发生了频繁的文化关系。在红河流域的河口、红河等地，发现一类以青铜矛、斧、钺、锛、锄、剑、戈、凿、刮刀、匕首和铜鼓为主要器类的青铜文化，其中的双肩铜斧、钺、刮刀等处的形制，与两广越人的相同。

在越南清化省绍阳县等处的"东山文化"遗存，发现有内孔缘突起的玉石环、玦和青铜环、玦，其渊源可以追溯到封开杏花河畔和曲江石峡的商代遗址。越南北方及两广地区普遍出上的双肩铜斧钺应源于两广地区，而靴形钺则可能源于骆越或滇人。越南越溪大墓出土的两件铜刮刀（越南称镖），与广东东周墓常见的铜刮刀相同。广州逻岗、香港大屿山石壁的春秋战国时期的有柄宽叶形人面纹匕首，与越南东山等地出土的"人面弓形格剑"（匕首）十分相像，这清楚地反映"东山文化"与两广先秦文化的交往关系②。

---

① 李昆声：《云南考古四十年·代序言》，《云南博物馆学术论文集》（1989年）。

② 越南青铜器详见［越］黎文兰、范文耿、阮灵编著，梁志明译：《越南青铜时代的第一批遗迹》，河内科学出版社1963年版；邓聪：《香港石壁出土人面弓形格铜剑试释》，《岭南古越族文化论文集》，香港博物馆编制，1993年。

"东山文化"广泛分布于越南北方数省,其不少青铜器物最早在先秦时由中国传入。正如《越南青铜时代的第一批遗迹》一书《引论》所说:"正是中国人教会冶金技术和改变用易腐烂的材料制造乐器和工具的方法,转而制造了有丰富花纹的铜鼓。"

四、与东南亚马来民族的关系

我国岭南、东南沿海地区,从石器时代到青铜时代都与东南亚发生过关系。

民族学家徐松石在《东南亚民族的中国血缘》一书中指出,东南亚地区居住着许多个大民族,如马来、缅甸、越南、泰和高棉等族,都有高尚的文明和悠长的历史。但这些民族都不是当地的原住土著。他们的祖先都由中国移徙而来。古代的所谓吴越、闽越、南越分布区,乃是原马来族先民的发祥地,马来人的祖先是古越族。徐松石推测,在楚威王击杀越王无强、越族散居于江南海上的时期,必定有一部分古越族遗民成批乘船出海到苏门答腊等地的马来群岛和占城等马来半岛,逼走了当地的玻里利西亚人,又征服了土著的小黑人(中国古籍称之为昆仑奴),并吸入了小黑人的血素,这样便形成一个棕色的马来民族①。

东南亚民族先民即原始马来民族的迁徙路线,大致可分陆、海两线。陆线由两广、云、贵进入印度支那半岛;海线

---

① 徐松石:《民族学研究著作五种》,广东人民出版社1993年版。

或水线由江、浙、闽、台、粤沿海地带进入马来半岛、印尼群岛、婆罗洲和菲律宾。此后，一部分马来人再经由今越南境与中国岭南居民接触和发生关系。

第 三 章

秦代郡县的设立与南越国的开发

秦始皇统一岭南，首置郡县，徙民实边，开辟新道，推行统一的文字与度量衡，把岭南纳入秦朝中央集权制的统治下，改变了境内许多地方互不统属的分散状态，开创了岭南历史的新篇章。清人屈大均说："夫以中国之人实方外，变其蛮俗①，此始皇之大功也。"② 这是中肯的评论。

继秦之后，存在将近一个世纪的南越国，是与西汉王朝并立的地方割据政权，其所施行的基本制度和政策，既继承秦制，又多仿汉朝典章。秦至南越国时期的民族融合，加速了岭南的开发，在奴隶制继续存在的同时，封建制度开始萌芽。

第一节　秦代首置南海诸郡

战国时期，岭南部分地区曾附属于楚。秦灭楚，秦军随

---

① 我国古文献多用"蛮"、"夷"等侮蔑性的字称少数民族，是很不应该的。但习用已久，我们现在使用这些字已不带贬意，本书对此不一一加引号。
② 屈大均：《广东新语》卷七，中华书局1985年版。

即逾岭南下而占领之,设置桂林、象、南海三郡,并迁徙50万人戍守五岭,与越人杂处。秦始皇顺应历史潮流完成的统一大业,对岭南以至整个中华民族的历史产生深远的影响。

一、秦进军岭南

秦王政十七年至二十六年（前230—前221）,秦国先后灭韩、赵、燕、魏、楚、齐六国。统一六国后,秦王嬴政改称始皇帝。

秦王政二十五年（前222）,秦军60万灭楚,"因南征百越之君"[①]。次年,秦疆域已"南至北向户"[②],基本上占领了岭南地区。率秦兵逾岭的将领是屠睢。其进军岭南的部署与规模,见于《淮南子·人间训》:"乃使尉（官名）屠睢发卒五十万为五军,一军塞镡城之领（领同岭）,一军守九疑之塞,一军处番禺之都,一军守南野之界,一军结余干之水。"军事行动系分东西两线展开。

东线:"一军结余干之水",余干水即今江西上饶江。此军意在对付闽越并钳制南越东部,不在南进之列。"一军守南野之界",南野在今江西南康县,地处赣江上游,通大庾岭。此军越岭从水路或折向东面,或抵番禺,都得顺流之势。"一军处番禺之都","处"为"止"意,表明番禺之都（今广州

[①]《史记》卷六《秦始皇本纪》;卷七十三《王翦传》。本卷凡引用《二十四史》之各史,皆据中华书局《二十四史》点校本。

[②]《史记》卷六《秦始皇本纪》。北向户指北回归线以南地区,能"开北户以向日",今广西南宁市和广州市、汕头市等皆在北回归线以南。

市)是军事目的地和指挥中心①。至于他们的来路,当是越过骑田岭,经湟水(连江)入今北江而下。东线三军顺利占领了闽越和南方番禺都会,形成从东面夹击瓯、骆地区的形势。

西线:"一军守九疑之塞",九疑山在今湖南宁远县南。此军越过萌渚岭,经今贺江转郁江(古郁江即今西江)可下番禺。"一军守镡城之领",镡城在今湖南西南端靖州一带,距越城岭较近,越城岭居湘、漓二水上游,此军下漓水便可转战于整个郁江流域②。此线起初似尚顺利,但在秦军基本上占领了岭南地区之后,旋即遭到当地越人的强烈反抗,发生了长达数年之久的征服与反征服战争。

《淮南子·人间训》记这几年的战争过程道:秦军"三年不解甲弛弩。使监禄无以转饷,又以卒凿渠而通粮道,以与越人战,杀西呕(瓯)君译吁宋。而越人皆入丛薄中,与禽兽处,莫肯为秦虏,相置桀骏以为将,而夜攻秦人,大破之,杀尉屠睢,伏尸流血数十万。乃发适戍以备之。"说屠睢率军"五十万"征岭南和越人在夜战中使秦军"伏尸流血数十万",显然是夸大了的数字。又汉武帝时的徐乐也说,秦"使尉屠睢将楼船之士南攻百越,使监禄凿渠运粮,深入越,越人遁逃。旷日持久,粮食绝乏,越人击之,秦兵大败。秦乃使尉

---

① 广州秦汉墓出土刻有铭文的铜戈多件,内一件刻"十四年属邦工囗囗蕺丞囗囗囗",断定是秦王政十四年之物(广州市文物管理委员会:《广州东郊罗冈秦墓发掘简报》,《考古》1965年第8期),是秦军在此驻扎的物证。

② 1974年在广西平乐银山岭墓掘得刻有地名"江鱼"、"羼陵"的铜戈、铜矛各1件。两地都在楚境,已归秦。这可作秦军自楚入桂的佐证(蒋廷瑜:《从银山岭战国墓看西瓯》,《考古》1980年第2期)。

佗（即赵佗）将卒以戍越。"①这里突出表明战争之旷日持久，并指出逾岭秦军有楼船水师。

看来，率秦军入岭南的统帅屠睢是强调对越人镇压和较为暴戾的，以致激起西瓯人的持久拼死反抗，屠睢丧师陨身。继任的统兵官应是任嚣和赵佗，他们汲取了教训，并且懂得和辑越人，而疲劳不堪的越人也不能无休止地战斗下去，于是瓯、雒地区再度被秦军占领。秦始皇三十三年（前214年）战事基本结束，岭南底定。

这是秦灭六国进而统一全中国的总体战略中的一役。历史的趋势和双方力量的对比，决定了战争以秦军的胜利而结束。秦用兵岭南，首创用楼船对越作战的先例，在中国军事史上有特殊意义。

二、南海诸郡县和谪徙民

秦始皇三十三年（前214），将所略取的岭南地区，设"为桂林、象郡、南海"②三郡，其辖境大致如下：南海郡，东南频南海，西到今广西贺县，北连南岭，包括今粤东、粤北、粤中和粤西的一部分，下辖番禺、龙川、博罗、揭阳、四会五个县，治番禺。桂林郡，今广西大部分及粤西的一部分，治布山（今广西贵港市）。象郡，今越南北部、中部以及桂西南、粤西的一部分和海南岛，治象林（今越南广南省维川）。

秦朝实行以郡县制为基础的中央集权制。在地方，郡一

---

① 《史记》卷一百十二《平津侯主父列传》。
② 《史记》卷六《秦始皇本纪》。

级设郡守，为一郡之长，掌政务；设郡尉，掌军事；设郡监（监御史），掌监察。县一级相应设县令（或长）、县尉和县丞。县下是乡，设三老、游徼和啬夫分掌教化、治安和司法赋役。乡下是里和亭，设里正及亭长。岭南诸郡各级职官大体上按此设置。但也有特殊之处，即南海等郡皆不设郡守，以尉典郡，并以南海郡尉统辖三郡，集军权、政权于一身。这种"南海郡唯设尉以掌兵，监以察事而无守"和置南海尉以典三郡，即"所谓东南一尉"① 的特殊措置，反映了秦朝在岭南地区强化军事统治的需要。正是由于南海郡擅水上交通之利，便于军事上的调度和政治上的控制，秦中央政权才以南海郡尉统制三郡。

关于秦朝的谪徙民，《文献通考》卷十四说，谪以徙边者七科："吏有罪，一；亡命，二；赘婿，三；而贾人，四；故有市籍，五；父母有市籍，六；大父母有市籍，七。"其用意是疏散六国的反秦势力，排抑商人，以充实边郡、初县的人口。终秦之世，被强迁到岭南的中原人共有三批。第一批，秦始皇三十三年（前214）"发诸尝逋亡人、赘婿、贾人略取陆梁地，……以适遣戍"②；"略定杨越……以谪徙民，与越杂处。"③。这一批习惯说法是50万人，是包含家属人口的。第二批，次年，"适治狱吏不直者，筑长城及南越地。"④ 这一批是"治刑狱"有过失的低级官吏，人数不详，但有同期徙往

---

① 顾炎武：《天下郡国利病书》卷九十七；《通典》卷一百八十四。
② 《史记》卷六《秦始皇本纪》。
③ 《史记》卷一百十三《南越列传》。
④ 《史记》卷六《秦始皇本纪》。

北方边郡的可参考：少者三万户，多者五万户。第三批，"（赵佗）求女无夫家者三万人以为士卒衣补，秦皇帝可其万五千人。"① 这一批因特殊需要调拨的女子，身份与谪徙民不同，她们会同留戍三郡的秦军官兵婚配，逐渐组成小家庭。这三批"中县人"都以家庭为单位，作为社会细胞，定居于岭南。

后代载籍同样提供了秦朝迁民的史实。唐穆宗时龙川县进士韦昌明《越井记》说，"秦徙中县之民于南方三郡……而龙有中县之民四家。昌明祖以陕中人来此，已几三十五代矣。"② 具体地说明他的祖先是"陕中"人，被迁徙到龙川县。南海诸郡的首置和谪徙民，使秦朝实现了"南至北向户，北据河为塞，并阴山至辽东"的空前统一，成为封建大帝国；而郡县制在本地区的推广和谪徙民与越人杂处，又使境内许多深居溪洞的各部越人开始告别聚族而居的氏族生活，逐渐转变成为郡县编民，并且同南下定居的"中县之民"一道，共同创造绚丽多姿的岭南文化。

三、灵渠的开凿和"新道"、郡县城的兴筑

灵渠又名零渠、秦凿渠，在今广西兴安境，亦称兴安运河，是秦代引湘江入漓江的一项著名水利设施，约于秦军逾岭遭到西瓯人强烈反抗后，由监禄督率士卒兴建，以运粮饷。主要工程是：在两江分水岭海阳山（古名阳海山）凿溜渠

---

① 《史记》卷一百十八《淮南列传》。
② 《全唐文》卷八百十六。

（或扩展天然河道），筑堤岸，用人字形的拦河大坝把海阳江水劈分为二，一为长60里的南渠，入漓江，一为长7里的北渠，入湘江①。建造过程中，从选址到分水、引水、泄水，都达到较高的科学技术水平，堪称古代南方一项杰出的成就。

南北二渠不仅便于运兵转饷，更为重要的是，沟通了珠江与长江两大水系，成了秦以后江南以至中原入越的通津，湘桂走廊上的动脉，对西江（古称郁江）流域的开发关系极大。

秦朝整治岭南水陆交通的主要项目是扩筑入越孔道，名为"新道"。《史记·秦始皇本纪》所说"（三十四年）适治狱吏不直者，筑……南越地"，可能指的就是这类事。据考订，秦朝在南越所筑新道，自东而西有四条：大庾岭（梅岭）道、连阳道（地当骑田、都庞二岭）、萌渚岭道和越城岭道②。

这四条新道具有如下特点：第一，为军事目的而设，派重兵握守。大庾岭道有横浦关，连阳道湟水上自上而下有阳山关、湟溪关和洭浦关，越城岭道湘、漓二水上有秦城和严关。第二，全是利用原有道路改筑或扩筑而成，四条新道都是秦军南进路线。第三，孔道全在南岭山脉的隘口，即所谓五岭峤道，南北有江河相接，是以水道为主的水陆交通线。新道筑成后，从关中经汉水顺流下长江，分别转赣江和湘江，逾岭后沿溱水（北江）和郁水（西江）而达番禺，把京师咸阳同南海等郡联系起来，便于加强控制。新道的兴筑和秦朝大规模道路建设的要求相一致，但绝不能同"东穷燕齐，南极

---

① 唐兆民编：《灵渠文献粹编》引言、述略，中华书局1982年版。
② 余天炽：《秦通南越新道考》，《学术研究》编辑部编：《史学论文集》，广东人民出版社1980年版。

吴楚……道广五十步，三丈而树"的岭北驰道相比①。《水经注·洭水》说，"自阳山达乎桂阳之武步驿……其道如堑"，崎岖的情形可以想见。

秦代南海郡所属的县城，可考的有番禺和龙川两城。番禺城为南海郡尉任嚣所筑，俗名任嚣城、越城。近人考订，这个早期县治、郡治所在，相当于今广州市中山四路旧仓巷至德政路这一地段，长不及500米。有意义的是，番禺城虽经历代扩建，但其中心地带一直维持至今。

龙川立县后赵佗首任县令，筑立城郭②。韦昌明《越井记》说，"（佗）建池于嶅湖之东，阻山带河，四面平旷……北距嶅十里，东距五马峰五里，南距河里许。"这就是今名佗城的秦龙川县城。城中的"越井"也是同时凿成的，"井周围二丈许，深五丈，虽当亢旱，万人汲之不竭。"该县长官不称长而称令，按秦制，其治下的编民当在万户以上，可见其人口较多。

第二节 南越国的建立及其制度、政策

秦汉之交，中原王朝无力顾及岭南，赵佗乘时割据称王，客观上具有稳定一方的积极作用。赵佗在位60多年，文治武功卓有建树，南越国处于蓬勃向上的势头。他从维护自身利

---

① 《汉书》卷五十一《贾山传》。
② 《史记》卷一百一十三《南越列传》。《正义》引裴氏《广州记》说，"（龙川）有龙穿地而出，即穴流泉，因以为号也。"

益出发，既坚持独立施政，也愿意称臣于汉。南越国的政治制度，乃继承秦制，并模仿汉制，还采取"和辑"越人的民族政策。他顺应时势，治理得法，不失为岭南古代一位卓越的政治家。

赵佗死后，南越政权开始走下坡路，日渐暴露出衰竭的症候。

一、赵佗立国

秦始皇死后，陈胜、吴广揭竿起义，秦二世三年（前207）十月，秦朝覆灭，继而是汉楚相争。汉高祖五年（前202）刘邦战胜项羽，建立汉朝，定都长安。新旧王朝交替之际，岭南人心浮动，南海郡尉任嚣临终向龙川县令赵佗提出闭关自守的设想。他在分析"中国扰乱，未知所安，豪杰畔秦相立"的局势之后，指出南越割据的有利条件：在地理上，"南海僻远……且番禺负山险，阻南海，东西数千里"；在人事上，"颇有中国人（指"中县之民"）相辅"。只要"兴兵绝新道，自备"，就是"一州之主"，可以立国①。任嚣的遗言遂成为南越立国的基本方针。

赵佗，秦东垣县即汉真定县（今河北正定）人，继任南海郡尉后，采取断然措施巩固自己的地位。首先是加强粤北的防务。他移檄横浦、阳山、湟溪三个边关，令其封关绝道，聚兵自守；又在今仁化境的城口、溱水上游的泷口（今乐昌

---

① 《史记》卷一百十三《南越列传》。

城)、溱水浈阳峡和中宿峡（今英德、清远境）构筑城寨，称"赵佗城"或万人城。这就完成了拱卫番禺的两道防线：西起阳山关、湟溪关，中经泷口、城口，东到横浦关的岭下第一线和洭浦关、浈阳峡、中宿峡的溱水中游（含今连江）第二线。又在人事上排斥异己，在郡县两级安插亲信，"因稍以法诛秦所置长吏，以其党为假守"①，保证军令政令的通行。

汉高祖元年（前206）或稍后，赵佗以南海郡为基地，出兵桂林郡和象郡。对这场战争，汉代史籍不录，而六朝时的地志则有所反映，不过所述及于今广西左江流域至越南红河三角洲的雒越地区，而且是根据传说写成，不能全视作信史。但其结果是可信的：赵佗消灭了盘踞象郡的安阳王蜀泮，"令二使者典主交趾、九真二郡民"②，把象郡析为交趾（同"址"）郡和九真郡，每郡设一使者为最高长官，诸县仍由雒将（原部落首领）治民。赵佗兼并三郡实际上是继承了秦朝在岭南的统治。

赵佗进一步在西北、东部边界驻军：一在萌渚岭，扼守今贺江通岭北的新道③；一在揭阳以东盘陀岭筑蒲葵关，扼守通闽越（今福建）的要道。至此，赵佗在南海诸郡北部边界及沿南岭山脉诸孔道的布防全部完成。其后又把南海郡治整治一番，在任嚣城的基础上向西扩展，构筑宫殿，建成城周

---

① 《史记》卷一百十三《南越列传》。"假"是代理，"守"是试用。
② 《水经注》卷十四《叶榆河》引《交州外域记》，《永乐大典》本。
③ 广西贺县金钟村一座西汉前期夫妇合葬墓出土的一枚玉印，阴刻篆体"左夫人印"四字，说明南越国确曾派重要贵族驻守此地（参见广西文物工作队等：《广西贺县金钟一号汉墓》，《考古》1986年第3期）。

10里的"赵佗城"①。

汉高祖三年（前204），赵佗自立为南越武王，以番禺为王都。南越的立国维护了岭南的安定，使秦朝的开拓成果得以巩固，境内民族融合和中原文化传播的势头得以持续进行，意义是十分重大的。同时，南越政权是广东古代第一个割据政权，其统治时间之长和对后世影响之深，都是后来的南汉和南明两个割据政权所不能比拟的。

二、陆贾使越和赵佗归汉

汉朝开国时所面临的局势是异常严峻的。首先是社会经济崩溃。长期战乱使户口大量减耗流失，饿殍遍野，连统治阶级的日子也不好过。《汉书·食货志》说，"凡米石五千，人相食，死者过半……自天子不能具醇驷，而将相或乘牛车。"其次是异姓王的挑战。"藩国大者，夸州兼郡，连城数十，宫室百官同制京师"，构成对中央王朝的心腹大患。再次是匈奴的威胁。平城大败之后，汉朝采取和亲政策，但是危险并未解除。《汉书·刘敬传》说，"匈奴河南白羊、楼烦王，去长安近者七百里，轻骑一日一夕可以至。"连京城都处在敌方的骑兵威胁之下。因此，汉高祖刘邦采取"与民休息"的国策，以恢复社会经济为首务；对鞭长莫及的南越，放弃战争手段，

---

① 1976年在中山四路广州市文化局院内掘出一段20多米长的走道，中间铺白石板，两旁夹砌刻有几何图案花纹的大阶砖，走道上残留"万岁"瓦当。估计这是南越宫署遗址（参见广州市文物管理处：《广州秦汉造船工场遗址试掘》，《文物》1977年第4期）。

专用政治手段解决问题。

南越立国后,汉朝极力防范,主要对策是把岭南地"遥封"给越族功臣,其中最重要的一项是封番君吴芮为长沙王,封地为长沙、豫章、象、桂林、南海五郡。其时五郡中的后三郡在赵佗掌握之中,吴芮只能得个"虚封"。刘邦的用意无非是给南越树敌,以图从中加以牵制。但赵佗修武备,据岭固守,使受封者无隙可乘。这就迫使汉朝不得不改变策略,派人直接同南越交涉。

汉高祖十一年(前196),汉越关系开始有转机。首先是刘邦公开肯定赵佗的作为。"五月,诏曰:'粤人之俗,好相攻击。前时秦徙中县之民南方三郡,使与百粤杂处。会天下诛秦,南海尉它居南方长治之,甚有文理,中县人以故不耗减,粤人相攻击之俗益止,俱赖其力'"[1]。这等于承认赵佗在岭南的地位和功绩,有助于消除敌对气氛。然后汉朝派客卿陆贾出使番禺,携南越王印赐给赵佗[2]。

陆贾是楚人,深知南越的内情,而且"名有口辩,居左右,常使诸侯",是个谈判能手。赵佗对陆贾傲慢无礼,但陆贾的谈话却使他看清时势:一是汉的庞大和掌握中央政权。"中国之人以亿计,地方万里,居天下之膏腴,人众车舆,万物殷富,政由一家,自天地剖判未始有也。"二是南越的弱小和不稳定,难与汉抗衡。"今王众不过数万,皆蛮夷,崎岖山海间,譬如汉一郡","(汉)使一偏将将十万众临越,即越杀王降汉,如反覆手耳。"此言虽不免夸大,但对赵佗有威慑

---

[1] 《汉书》卷一《高帝纪》。"粤"同"越","它"同"佗"。
[2] 《史记》卷九十七《陆贾传》。

作用。三是指明出路。"足下中国人",只要北面称臣,汉朝即"授君王印,剖符通使"①,可不改变南越的体制。

由于南越国的重要人物多是来自中原的秦朝官吏,入越时间不长,不仅同故土还有着地缘或亲缘关系,即如赵佗本人"亲戚昆弟坟墓在真定";在楚汉相争的几年间,赵佗等保境自守,与刘汉集团并无宿怨;汉朝政府在力量上占有绝对优势——幅员、经济和军事实力等皆远远超出南越之上。赵佗有鉴于此,经过权衡利害,决定接受南越王的封号,"称臣奉汉约"②。

于是,汉越间结束了并立、对峙的局面,开始建立起松散的隶属关系:汉廷以通使物、开关市,换取南越不定期向它缴纳不定额的贡物如"驯象"、"能言鸟"(鹦鹉)之类,从而维护了国家表面的统一。南越也从中得到好处:通过边境贸易,获取北方先进的生产工具和生产技术。这是岭南社会的进步不可或缺的。因此,这对双方来说都是有利的明智之举。但是刘邦的对越政策有反覆。同年十二月,他下诏:"南武侯织亦粤之世也,立以为南海王"③,重新使用虚封遥夺的手段对付赵佗。这一反覆为后来汉越关系走向低谷埋下病根。

三、赵佗称帝和帝号的取消

汉越建立关系以后,南越如约修贡职,惠帝时仍有信使往还,但高后吕雉称制后情况便急转直下。

---

①②《汉书》卷四十三《陆贾传》。
③《汉书》卷一《高帝纪》。注引文颖说,"遥夺佗一郡,织未得王之。"织立足于淮南界,后不知所终。

吕雉对南越采取民族敌视政策：禁止输出铁农具，连牲畜也严加限制，"毋予蛮夷外粤金铁田器，马牛羊即予，予牡毋予牝（使不能繁殖）"①。这使脆弱的南越经济遭到沉重打击。赵佗先后派出三个高级官员去长安说理，都遭扣押；又风闻他在真定的祖坟被破坏，宗族受诛杀。一怒之下，赵佗于吕后五年（前183）自称南越武帝，"乃乘黄屋左纛，称制，与中国侔"②，与吕后分庭抗礼。吕雉进而削除南越王籍，不通使节，双方关系遂告破裂。

吕雉的倒行逆施同长沙王有关。长沙王吴芮是汉初八个异姓王中的仅存者，而且有特殊的地位。其子吴臣嗣位，为吕雉所倚重。赵佗对此有所觉察："高后听谗臣，别异蛮夷，隔绝器物，此必长沙王计，欲倚中国，击灭南海并王之。"③高后七年（前181），南越兵逾岭北攻长沙，略几个边邑后撤回。吕雉派将军周灶、陈濞领兵南下，在越城岭到骑田岭一线与南越军对阵④。这时天气暑湿，士卒闹瘟疫，汉军无法前进，僵持到次年七月吕雉病死，她的错误政策随之得到纠正。

吕雉去世后，汉朝旧臣铲除吕党，迎立代王刘恒，是为汉文帝。刘恒的当务之急是"拨乱反正"，其中包括处理成为历史悬案的南越问题。他所处的形势还是非常艰窘的。一是匈奴的侵扰迫使他分两线备胡，为此弄到"卖官鬻爵"的地步；二是异姓王的威胁刚刚过去，同姓王的势力又膨胀到足以危及皇权；三是他作为刘邦的庶子，长期就藩于代，在朝

---

①②③《汉书》卷九十五《两粤传》。

④ 1973年长沙马王堆三号汉墓出土"地形图"和"驻军图"，是汉军防御南越的军事地图，可能就是这次军事行动的遗物（参见《文物》1975年第2期）。

廷缺少实力和人望,所以当将军陈武提议用武力南征时,他一口回绝:"兵凶器,虽克所愿,动亦耗病,谓百姓远方何?"①

刘恒执行刘邦对越政策积极的一面,以和平手段恢复南越过去的藩属关系。他首先采取措施缓和敌对情绪,派人存问赵佗在真定的族兄弟,修治其先人冢墓,并撤掉陈濞一军;然后于文帝元年(前179)遣太中大夫陆贾携诏书第二次出使番禺。这时赵佗面对的是一个重新趋于稳定的汉朝,而《赐南越王赵佗书》所表达的友善和明确的方针——"服领以南,王自治之……愿与王分弃前患,终今以来,通使如故"②,又使他安心,于是他欣然接受,下令取消帝制及黄屋左纛,长作汉朝藩臣。

赵佗回书汉文帝,落款自称"蛮夷大长老夫臣佗",既强调自己在岭南的统治地位,也表明自己是汉朝外臣。书中除申辩称帝的原委以外,还重申归汉的初衷,"(老夫)北面而臣事汉,何也?不敢背先人之故。"最后以献白璧、翠鸟、犀角、紫贝、桂蠹、生翠、孔雀作为对汉文帝所赠"上褚五十衣、中褚三十衣、下褚二十衣"的回礼③。汉景帝三年(前154)爆发吴楚七国之乱,吴王刘濞散发的反书牵连南越,但赵佗没有卷进去,一如既往地向汉朝称臣奉贡。以此,汉越间能够和平相处60多年,有力地促进了南北的交往。南越社

---

① 《史记》卷二十五《律书》。
② 《汉书》卷九十五《两粤传》。
③ 《汉书》卷九十五《两粤传》。紫贝,一种白质紫点的大贝,装饰品;桂蠹,雄性桂花蝉头部的脂膜,调味品;生翠即翡翠鸟,羽毛可作装饰物;褚,丝绵衣。

会文明的增进实有赖于此。

但是，汉越双方对彼此间的关系有很大的保留。汉朝不允许改变长沙国与南越国犬牙交错的边境线，并且继续在原地驻军，使后者不能完全据岭而守。而赵佗及其后继者们只是对汉称臣，做到"事天子期毋失礼"而已，从未亲自去长安朝觐。他们仍然偏霸一方，甚至在国内坚持帝制。

汉武帝建元四年（前137），赵佗辞世。他在世时对内一直使用"武帝玺"。其孙赵眜继位，是为文王，僭称文帝[1]。两年后，汉朝出兵帮助南越解除了来自闽越的军事威胁，汉使随后到番禺喻意，赵眜还是称病不肯入朝，只派太子赵婴齐去长安为质。赵婴齐在长安娶邯郸樛氏，生子赵兴。十几年后，赵眜病故，赵婴齐回越袭位，是为明王，以樛氏为王后，赵兴为太子。而赵婴齐"尚乐擅杀生自恣，惧入见要用汉法，比内诸侯"[2]，称病不肯入朝，仅以其子次公作人质。赵婴齐死时也有帝玺随葬[3]。

四、南越国的版图和政治制度

南越国是合并秦代岭南三郡建立起来的，在它灭亡时汉

---

[1] 广州象岗汉墓发掘队：《西汉南越王墓发掘初步报告》，《考古》1984年第3期。该墓墓主是第二代南越王，有印章8枚，内1枚"文帝行玺"龙纽金印、1枚"赵眜"覆斗纽玉印、1枚"帝印"蟠龙纽玉印，都是篆体阴刻。《史记》、《汉书》记此人姓名为赵胡，与此异。胡与眜是否同一人，学术界尚有争议。

[2] 《史记》卷一百十三《南越列传》。

[3] 乐史《太平寰宇记》卷一百五十七引《南越志》云，孙权派人到番禺掘赵婴齐墓得"一皇帝信玺，一皇帝行玺"。

朝在其地开置九个郡。据考订，其版图大致是：北界西起今广西三江、龙胜县南境，东至今福建诏安、漳浦而达于海；西界为今广西环江、河池、百色、德保一线；南界在今越南大岭一线以北和长山山脉以东①。但是在北界的中段，即长沙国与南越国毗邻的边界并非按照南岭山脉划分，而是将南岭稍南的一部分土地划归长沙国，使南越国北境达不到骑田岭和都庞岭上。

南越国的政制，包括王室体制、王国官制和地方官制，大体上是袭秦仿汉。

王室体制。赵佗、赵眜对外称王，对内称帝。王位世袭，或父死子继（子亡则孙继），或兄终弟及。王在位时即立太子，赵眜有"泰（太）子"金印随葬，赵婴齐、赵兴在位前都有太子称号。有南越帝号，赵眜墓葬编号铜铙上刻"文帝九年"，文帝是帝号。其他诸王例应也有。南越王母称太后，妻称后，妾称夫人（为赵眜殉葬的有左夫人、右夫人、泰夫人和口夫人），所封王侯的配偶亦称夫人②。总的说，南越王室规例超出汉朝诸王侯国而与汉皇室相当，是其"称制，与中国侔"的具体写照。

王国官制。第一，散见于史籍的中央职官有太傅、内史、中尉、丞相、御史等，这些职官虽然记载或有缺漏，但都与汉朝官制相仿。《汉书·百官公卿表》说，"（诸侯王国）有太傅辅王，内史治国民，中尉掌武职，丞相统众官，群卿大夫都官如汉朝。景帝中五年（前145）令诸侯王不得复治国，

---

① 余天炽等：《古南越国史》第2章，广西人民出版社1988年版。
② 《汉书》卷九十五《两粤传》；《西汉南越王墓发掘初步报告》。

天子为置吏，改丞相曰相。"南越国的特别之处在于不理会"景帝中五年令"，赵氏仍然治国，自置百官，连丞相的称谓都不予改变。第二，散见于两广南越国墓葬器物铭文的中央属官有泰（太）官、居室、景（永）巷、常（尚）御、乐府和私府、食官、厨丞等。在汉廷，这些官称或机构，前五种是少府下属，后三种是詹事下属。《汉书·百官公卿表》说，"少府，秦官。掌山海池泽之税，以给共养。""詹事，秦官，掌皇后、太子家。"可知是源于秦汉制，不同的是在书写上以泰、景、常作太、永、尚（均互为通假字），并将尚方、御府合并为常御而已。此外，王国的军职，仅有中尉、将军、左将军和郎诸种，与汉制略同。

地方建制。南越国同汉廷一样，地方上郡国并行。国是封邑，分侯王两级，见于《汉书》的有高昌侯、苍梧秦王和西于王。前两爵是南越宗亲，后一爵是异姓王，瓯雒族人。另外，出土有"夫人"、"左夫人"玉印的贵县罗泊湾和贺县金钟村汉墓墓主的丈夫，也具侯或王的爵位[①]。诸侯王的食邑和规制不详，但以此足证南越国并没有取消帝制。郡县是地方行政区，《汉书》载赵佗初起时"以其党为假守"，没有废除郡县制。当汉军攻克岭南时，投降的有桂林监、揭阳令等。监即郡监，令即县令。这二个职官涉及到岭南的大部，说明南越国自始至终保持秦以来的郡县，甚至称谓都与汉廷相同。至于所设郡县数，仅知郡为南海、桂林、交趾、九真四个。

南越国奉行的政制较之秦代内涵丰富，持续时间长，因

---

① 广西博物馆编：《广西贵县罗泊湾汉墓》，文物出版社1988年版。

而增进岭南社会文明的成效也必然大一些。

五、"和辑越人"的民族政策

司马迁说"佗能集杨越以保南藩"①，是对南越国民族和睦政策的高度概括。通观赵氏政权93年的历史，这一政策是贯彻始终的，主要表现在三个方面。

第一，糅和某些越族传统，创造融洽的民族气氛。在礼仪上，《史记·陆贾列传》载，陆贾首次到番禺，"尉他（佗）魋结箕倨见陆生。"箕倨是坐姿，表示傲慢；而魋结，据《索隐》说，"谓夷人本被发左衽，今他（佗）同其风俗，但魋其发而结之。"不戴王冠，头上理个圆锥形发髻，这就是越装。这个"弃冠带"的异常举动以及他后来自称"蛮夷大长"，是赵佗尊重越族的民族感情、用以和辑越众的政治家手腕。在葬制上，南越国也吸取越族的某些例规，上至国王下至中小官吏，其墓穴的形制、随葬器的组合及其造型装饰均仿照越人习俗。在乐制上，南越国不但采用了楚地和中原地区的律制，而且也采用越族乐器。在饮食上，南越王室和贵族都享用越族的菜式。南越国对越族的习俗，不但有吸收的一面，而且有改造的一面。以社会风气而论，越人本"好相攻击"，实际上是部落战争不休；但是赵佗处置得宜，"粤人相攻击之俗益止"。

第二，同越族通婚。赵氏特别重视这种婚姻。文王赵眜、

---

① 《史记》卷一百三十《太史公自序》。

明王赵婴齐都娶越女为妾①。王室的其他成员也是如此。丞相吕嘉是越族人，他家的男性尽娶王女，女性尽嫁王家子弟，他本人同苍梧秦王是连襟。这说明赵氏和吕氏的婚姻群体，既是血缘的结合，也是政治的结合。军队中的中原人，也多与越人通婚。赵佗初起时向秦朝申请派三万名女子为士卒"衣补"，结果得到一半，没有衣补的士卒也会另寻越族女子为偶。至于落籍岭南的中县之民，因为"与越杂处"，必然会出现相互间的男婚女嫁。

第三，吸收越人参政、参军，或者以越治越。在南越政权中，吕嘉当过赵眜到赵兴三代的丞相，其弟为将镇守王宫，兄弟两人执掌了朝中的文武大权。在地方政权中，"（吕嘉）宗族官贵为长吏七十余人"，长吏指郡佐或地位较高的县级官吏，光吕氏一门就是郡县官的一支大队伍。南越国的姚巳、辛偃、李嘉和赵安等的墓葬中，有不少具有民族特色的随葬品②，当中也会有越族官员。南越军队初时由留戍的秦军改编，后来想必补充了大量的当地人。1974年在广西平乐银山岭发掘123座秦末汉初墓群，全是越式的墓葬，估计墓主是在当地屯戍的西瓯族人③。在远离王都的边远地区，未具备实行郡县守令的条件，南越政权采取灵活措施，让当地土著领袖进行治理。赵佗派使者"典主"交趾和九真，即是一例。

---

① 《西汉南越王墓发掘初步报告》：赵眜殉葬者之一的右夫人，其印章为"赵蓝"，据推测是越女从夫姓。《汉书·两粤传》：术阳侯赵建德是"明王长男、粤妻子"，说明赵婴齐除王后樛氏外，尚有越人姬妾。

② 广州市文物管理委员会等：《广州汉墓》第2章，文物出版社1981年版。

③ 麦英豪：《象岗南越王墓反映的诸问题》，《岭南文史》1987年第2期。

南越统治者面对复杂的民族关系,能撇开民族偏见,以友善的态度对待土著民族,有利于消除民族隔阂,扩大了南越的统治基础,保持了社会的相对安定。

附:南越国世系表①

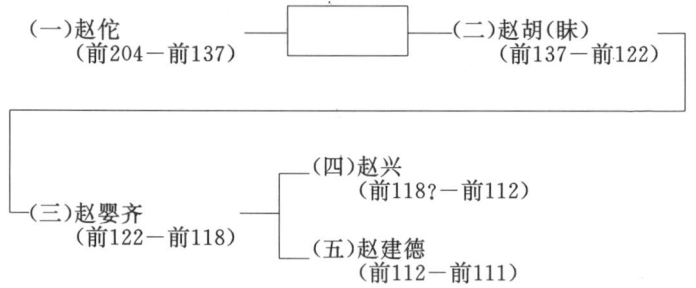

第三节 南越国的农业和手工业

南越国的工农业生产比以前大有改观。"火耕水耨"的农业与铁器的使用联系在一起,稻谷的选种与培育得到重视;经济作物的品种较前增多,荔枝、龙眼成为贡品;水产业是农业生产中的重要部门,所以有"饭稻羹鱼"之称。手工业迈出了更大的步子,较为全面地拓展到生产领域的各个部门,在

---

① 据余天炽等《古南越国史·南越国世系表》。广西人民出版社1988年版第245页。有"?"号的年分皆为不能确定的年分。赵眜、赵胡现在一般都认为不是同一人。

某些部门（例如丝织业和漆器制造业）中工艺技术已达到中原地区同期的水平。手工业发展的主要原因：一是大量利用北方先进技术、工具和工匠，使手工业生产超越了本地区的原有水平；二是手工业由宫廷营办，主要为满足统治者的需要而生产，器必求精。

一、"火耕水耨"的农业

《史记·货殖列传》说，楚越之地"饭稻羹鱼，或火耕而水耨"。这是对整个南中国水田地区的耕作和生活的概述，南越国也不例外。汉代的"火耕水耨"，据《史记·平准书》《集解》引述东汉人应劭所说，"烧草，下水种稻，草与稻并生。高七八寸，因悉芟去，复下水灌之，草死，独稻长。所谓火耕水耨也。"

现代学者结合其他文献资料的研究，认为这种水稻耕作方法是一年休耕的直播列条栽种法，既不用深翻土壤，也未实行插秧[1]。较之犁耕和秧苗移植，这是原始、粗放的耕作，土地利用率低。但有其合理之处：把取之不尽的自然资源（水、火和草）充分运用到各个生产环节中。火耕是在备耕时把田间的杂草烧掉，草木灰可肥田；烧过的土壤结构起了变化，田间的草籽、幼虫和虫卵被烧尽，利于种子发育、禾苗生长。水耨是待禾苗长到一定高度时放水淹没杂草（使之沤烂），除草，兼收施肥之效。而山坡地要做到这一点就要有一

---

[1] 杨振红：《论两汉时期的"火耕水耨"》，《中国史研究》1990年第1期。

定的水利设施。古代珠江流域土地有余而人力不足，水力资源丰富，火耕水耨不失为因地制宜的农业生产技术①。它虽起于先秦，但这时在技术上也有所改进。自汉至唐甚至近代仍有沿用的。

南越国的火耕水耨是与铁农具的使用联系在一起的。截至近年，两广考古发现的铁农具，战国时期的有2件，南越国时期的有110件。主要是松土、除草用的锄和开沟、掘坑用的锸，收割用的镰刀极少，犁铧则未见。出土地点是广州和广西平乐、贵县（今贵港市）的西汉前期大型墓②。这个情况说明，在一定范围内，农业已处在锄耕阶段。但不宜以此断定铁农具的使用已经很普遍了。因为南越国几乎没有冶铁业，铁器大多靠外地输入或翻铸，长途贩运加上政治原因造成的困难（例如吕雉对南越实行长达8年的禁运），使铁器成了贵重的器物。在生产工具中，铁器所占比例不会太大，更谈不上完全取代铜器、石器和木器③。

农业以水稻种植为主。南越国时期，人们重视稻种的选择和培育。贵县罗泊湾1号墓出土的木牍和木简中，有"仓种"、"客籼□"、"客籼米"字样。据分析，仓种是挑选过的稻种；籼是不粘而早熟的稻谷，具有分蘖性强、耐热耐强光的特点，适宜于岭南的气候。籼米而冠以客字，表明是从外

---

① 吴绵吉：《百越文化三题》，《百越史研究》，贵州人民出版社1987年版。
② 麦英豪：《象岗南越王墓反映的诸问题》，《岭南文史》1987年第2期。
③ 参见广州象岗汉墓发掘队：《西汉南越王墓发掘初步报告》，《考古》1984年第3期。墓中出土6件磨光石斧和石锛。观此可知，即便在番禺，石器在生产上仍占一定比重。

地引进的良种而且在本地培育成功了①。选择良种播种，必然会增加单位面积产量。粮食作物除水稻外，还有杂粮，仅两广西汉前期墓葬所见，有黍和粟，有时一墓出土半瓮。这是出于广种五谷以备灾荒和饲养家禽、家畜的需要。

经济作物瓜、果和花木等的品种颇为可观。贵县罗泊湾汉墓有大批植物种实，瓜菜类有黄瓜、香瓜、冬瓜、番木瓜、葫芦、芋等；水果类有桔子、李、梅、青杨梅、橄榄和仁面；花木类有罗浮栲和广东含笑；佐料和草药有花椒、姜、金银花和冬青②。陆贾在南越见过，当地栽培两种外国名花，耶悉茗花和茉莉花③。这是相双子叶、木犀科的一对姐妹花，是古代著名的观赏植物，大约同时从海道传入岭南。前者又名野悉茗，是阿拉伯语 yasamine 或 jasmine 的音译，后世改称素馨花（以南汉宫女得名），原产于喜马拉雅山一带；后者也作末利，是梵名 mallika 的音译，原产于印度。两者均可入药④。赵佗向汉廷提供的贡品有荔枝和龙眼。据黄佐《广东通志》引汉《三辅黄图》说，汉武帝平南越后，在长安上林苑建扶荔宫，移植岭南的奇花异木，"菖蒲百本，山姜十本，甘蕉十二本，白木十本，桂百本，蜜香、指甲花百本，龙眼、荔枝、槟榔、橄榄、千岁子、甘橘皆十本"（或作"皆百余本"）。因荔枝尽枯死，"遂不复莳矣，其实则岁贡焉"⑤。可见南越花卉果

---

①②广西博物馆编：《广西贵县罗泊湾汉墓》，文物出版社1988年版。
③ 嵇含：《南方草木状》卷上。
④ 《广东风物志》第2章，花城出版社1985年版。
⑤ 孙衍星等校《三辅黄图》，《丛书集成》本多为学者所引用，但行文不及黄佐《通志》所引详细，今依后者。

木品种的一斑。

水产业也是农业生产中的重要部门。《史记·货殖列传》说楚越之人"饭稻羹鱼"、"裹隋赢蛤"①，指出南方人以水产品为主要副食。珠江及沿海水产资源充足，古代人口不多，靠捕捞即可足供食用，尚未有人工养殖的客观需要。广州汉墓群的某些遗存物，是《史记·货殖列传》的恰当注脚：出土炊器内常盛有鱼骨；1152号和1175号墓的陶罐内发现海产4种，经鉴定是软体动物门的青蚶、楔形釜蛤和节肢动物门的龟足（石砌）、笠藤壶②，它们都产于东南沿海，至今仍是人们食用的海产品。

二、制陶业和冶铸业

制陶业是南越国最重要的手工业部门，无论从陶器的使用或从成形工艺看，这个行业较战国时期都有了长足的进步。

广州179座西汉前期墓，出土陶器共3490件，占器物总数72%。器形从前此发现的14种增加到49种，其中罐就有双耳罐、四耳罐、三足罐、双联罐、三联罐、四联罐和五联罐，盒就有小盒、三足盒、三足小盒、三足套盒、四联盒、八联盒和格盒。在用途上也从过去生活用具扩展到葬具、生产工具（如纺织用的纺轮、狩猎用的弹丸）和美术雕塑（如犀

---

① 前句意为以米为主食鱼为主菜；后句意为捕小的赢蛤积叠在一起，包裹而煮食

② 广州市文物管理委员会等：《广州汉墓》第2章，文物出版社1981年版。

角、象牙模型)①。至于建筑材料,尚未包括在49种器形之内。

制陶的工艺较前有明显的进步。陶质以泥质陶为主,陶土经过淘洗,掺有少量细砂。其中泥质硬陶占54%,硬度为3—5度,个别达到6度。夹砂粗陶只占3%以下,常见器形是釜和鼎。制法分轮制、模制和手制3种,绝大多数是两种以上制法兼施的。施釉方法,除继续使用蘸釉法外,还出现刷釉法,釉层薄而均匀,保存时间也可长些。施釉的陶器大为增加,约占41%,有34种器形。纹饰与器形之间有一定的配合施用关系。纹饰的制作有印模、拍印、旋压、刻划、镂孔、附加、彩绘等7种,具体纹样有几十种,每一种还可细分,例如几何形印纹就有124个不同的纹样,较战国陶器复杂而多变。装窑方法分仰烧法和叠烧法。前者用于形体小或不能相叠的器物,如小盒、钫、鼎等,单个排列在窑底仰烧;后者用于形体大或能够相叠的器物,如瓮、罐等,把两个以上器坯叠在一起(接触面用泥垫隔开)煅烧。叠烧法增加窑室的容量,是较进步的装窑方法②。

1981年在广西象州发现两处南越国时期启用的汉代窑场,占地各约3000平方米,可以看出窑室是龙窑,其中一个窑室地面痕迹残长30米、宽3.8—4米。这些陶窑同广东增城西瓜岭战国窑址相比,长宽都有明显的增大,所以每个窑的产量应有较大的增加③。

南越国冶铁业很薄弱。《汉书·地理志》载全国各郡县产铁地点和铁官,岭南诸郡都没有。而两广西汉前期墓出土的

---

①② 《广州汉墓》第2章。

③ 见余天炽等:《古南越国史》第5章,广西人民出版社1988年版。

铁器，与同期岭北的相比截然不同：农具只有锄、锸和镰刀，未见形体较大的犁和耙；武器中铜兵器仍多于铁兵器（比例约为3∶2）；工具中的斧、锛、铲等是用旧铁逐件加工锻打而成而不是用范成批铸造的。这说明当地缺乏冶铁业基础。不过铸铁业已经出现了，现在能确定的主要产品是铁鼎。《艺文类聚》卷七三引《南越志》："熙安县（故治在今番禺县附近）山下有神鼎……盖尉佗之鼎。"质地是何种金属，没有明说。而南越文王墓出土的一件铁鼎，高48.5厘米，腹径47.5厘米，重26.5公斤。该鼎器形与同墓所出越式陶鼎相同，肯定是本地铸造，而且形体大，全器铸出，熔铸技术是不低的①。

青铜冶铸业是岭南的传统手工业。南越国时期，冶炼和铸造两个部门，以后者的成就较为突出。

冶炼方面。《太平寰宇记》卷一百五十八说，春州铜陵县（即今阳春）有"铜山，昔越王赵佗于此山铸铜"。这里所说的铜山，不一定指某一个具体的山岭，极可能指两广交界云开大山的一整片产铜区。因为在阳春石录、北流（今广西北流）铜石岭等地，考古工作者都发现了汉代的采铜和冶铜遗址。其中以铜石岭规模最大，冶炼提纯技术较好，所出铜锭含铜量为96.64%，炉渣仅为0.65%②。有学者认为，铜石岭不但是汉代的冶铜基地，而且也是世界上第一个铜鼓铸造工场。

铸造方面。南越国大型墓葬提供了大量当地铸造的青铜器，工艺水平相当高。广州南越文王墓出土的青铜精品琳琅

---

① 见麦英豪：《象岗南越王墓反映的诸问题》，《岭南文史》1987年第2期。
② 余天炽等：《古南越国史》第5章，广西人民出版社1988年版。

满目,其中一些从铭文和器形看是产自番禺。贵港罗泊湾1号汉墓一件青铜提梁漆绘筒,造型很别致。形似竹筒,直腹,有盖,盖顶有环钮,上腹有一对辅首衔环耳,系活动提梁,器身分两节,器表画漆彩画。同墓所出铜钟、铜桶和铜勺都有"布"字铭文,可见布山是南越国另一个青铜器产地[1]。贵港风流岭一座西汉前期墓,清理出铜马1件。马为雄性,分9段铸造,接头是子母口,以竹钉固定,自足至耳高115.5厘米、长109厘米、背宽30厘米[2]。此件要比《后汉书》所记马援在岭南熔铜鼓铸为马式要早200年上下。至于铸造技术,据分析,主要是内模外范和全范式铸造法。前者用来铸造体积大、结构复杂的空腔器物,如鼓、鼎、钟、壶等,后者用来铸造体积小、结构简单的实心器物,如刀、斧、镞、匕首等。此外,对连环状器物,用套接法逐环套铸;对器物的附件或刀剑刃口,则用锻造法,即锻打淬火而成[3]。南越国工匠们继承了先秦传统的青铜铸造工艺,在合金成分的配制上,除铜和锡外,加入适量的铅,使浇铸时铜液流畅,减少气孔,而且能提高青铜器的硬度和韧性[4]。

---

[1] 广西博物馆编:《广西贵县罗泊湾汉墓》,文物出版社1988年版。
[2] 广西文物工作队:《广西贵县风流岭31号西汉墓理清简报》,《考古》1984年第1期。
[3] 余天炽等:《古南越国史》第5章,广西人民出版社1988年版。
[4] 广西博物馆编:《广西贵县罗泊湾汉墓》附录(文物出版社1988年版):经有关单位对罗泊湾1号汉墓5件青铜器进行光谱分析,测定其含铅量为6.94%—17.9%,与当地所出铜鼓成分相似。

三、漆器制造业和丝织业

战国至秦代，岭南已使用漆器，但漆器制造业则是南越国时才创办的。广州1097号汉墓的一个漆奁盖面，有"蕃禺"两字烙印，乃秦时产物。贵港罗泊湾1号墓的漆耳杯和漆盘，则有"布山"、"市府草（草同'造'）"的烙印。按惯例，与针刻、漆书都不相同的烙印文字，用作表示产地和官署名称[①]。本此，则番禺和布山是两个漆器业中心，监制者是王室或地方政府的工官。

迄今两广发现的汉代漆器已近1000件（片），器形有敦、耳杯、壶、盘、盆、奁、盂、豆、盒、桶、案、盾、环、珙和泡钉等，胎骨质地以木胎为主，竹胎和夹纻胎极少见。夹纻胎的出现标志着漆器制造技术达到颇高的水平。常见的器形，表髹黑漆，里髹朱漆。绘画则用朱色、灰绿色和金色。而以金色作画者，彩绘与地色对比鲜明，为内地所罕见，显示了南越漆器的地方特色和高超工艺。广州1048号汉墓的一个漆盘，盘面外圈髹朱漆，盘心黑漆为地，以金色涂绘四组凤形纹，用朱漆勾勒。出土时盘心花纹的金色依然光灿夺目。纹饰方面，具有特色的鱼形纹、蝉形纹和犀牛纹，为内地漆器所未见。广州1134号汉墓的一件扁壶，外表髹黑漆，两面各以朱漆绘一头犀牛，笔画简洁而逼真，两侧及盖面绘菱形、蝉形等图案花纹。器皿的装饰，有用铜嵌扣口缘的，更有个别

---

① 余天炽等：《古南越国史》第5章。

镶入玉片的。广州1097号汉墓的一个漆敦，木胎，髹黑漆，盖面嵌青玉片，围绕着镶孔边缘绘上各种彩画，是漆器中的精品①。总的说，南越漆器制作的技能技巧，非常接近内地同期的水平，并且有若干创新。

漆器美观耐用，在汉代是名贵而时髦的用品，为贵族官僚所喜爱。但是岭南不产生漆，全靠从产区冀、豫、蜀等地输入。漆器制造是一个分工细密的行业，至少包括素工、髹工、上工、画工、雕工、清工和造工等，这么多工种的工匠，不可能全是本地人。从南越漆器的绘画风格看，必定有漆工来自楚地②。漆料和漆工都要靠外地，必然造成生产成本的高昂，产品不是一般人所能问津的，这就决定了南越国漆器制造业的局限性。另外，人们根据生漆干固后能结成保护薄膜的特性，把它推广应用到木材、织物的防腐和金属的防锈上。罗泊湾1号汉墓墓主的棺木涂漆，某些鞋帽涂漆，铜器、铁器涂漆或绘上漆彩画，便是证明③。

南越国时代，丝织业生产也开始发展起来。罗泊湾1号汉墓《丛器志》上开列丝绵长衣50件，缯36匹（每匹长3丈），蚕丝2斤。丝织品主要是平纹的绢、纱衣料，据鉴定密度为每平方厘米经线41根、纬线31根，还有不少黑地桔红回纹织锦。南越文王墓西耳室有成匹的丝绢叠成堆，有平纹绢、方孔纱、斜纹绮，有组织复杂的锦、罗和绉纱，品类可同长沙马王堆1号墓相媲美。其中一种超细绢，密度为每平

---

① 广州市文物管理委员会等：《广州汉墓》第2章，文物出版社1981年版。
② 余天炽等：《古南越国史》第5章，广西人民出版社1988年版。
③ 广西博物馆编：《广西贵县罗泊湾汉墓》，文物出版社1988年版。

方厘米经线300根、纬线100根。练染多用朱色，而研碎和粘附朱砂是难度很大的工艺。尤其是墓主身穿的玉衣，其头罩、手套是用丝线把四角钻孔的小玉片编联而成，是稀世珍品。同时，罗泊湾1号汉墓还有翘刀、纬刀、卷经板、吊杆、调综棍、纺锤棒、圆棒、绕线棍、绕线筒、滚棒和锥钉出土，共90件之多，其中织布时打纬用的纬刀10件，形制与现代壮族地区编织壮锦用的纬刀相似。南越文王墓出土有青铜印花凸板2件（大的1件约为58×40毫米），是把彩色花纹套印在丝绢上的工具，墓里已碳化的印花罗中有相同的纹样[1]。观此，南越国的丝织生产，其工艺技术水平并不逊于楚地，但因其生产成本高昂，只能供统治阶级的少数成员享用。广州179座西汉前期墓，只有1097号和1134号两座有无花纹残绢[2]，可见丝织品之罕见。

四、造船技术与海船

南越国造船业可以从广州秦汉造船工场遗址中窥知其大概。该遗址坐落广州市中山四路市文化局大院内，1975—1976年发掘。该遗址的遗迹分为许多层，愈是下层年代愈古，造船工场在表土下的第9层，据推测启用时间约五六十年：上限是秦统一岭南时，下限是赵佗称帝后，汉文景年间。

---

[1] 广西博物馆编：《广西贵县罗泊湾汉墓》；麦英豪：《象岗南越王墓反映的诸问题》，《岭南文史》1987年第2期。所出青铜印花凸板，据认为是目前所知世界纺织史上最早的一套彩色套印工具。

[2] 广州市文物管理委员会等：《广州汉墓》第2章，文物出版社1981年版。

造船场规模颇大，整体布局和船台结构基础处理十分合理。整个工厂包括三个平行排列的造船台（只揭出两个）和一个木料加工场。船台与滑道相结合，由枕木、滑板和木墩组成。这种结构的好处在于加大受压面积，保持受压均衡，避免船体发生倾斜。滑道上两滑板中心距离，第1号船台为1.8米，第2号船台为2.8米，都是活动的，可以根据需要造出大小不同的船。但是第2号船台的木墩底部都有一个小圆榫头与滑板上的小圆卯口相套合，使木墩间的纵向距离定位，从而使所造的船符合一定的标准规格。由于滑道附近遗留很多木片和海沙，人们估计船是用堆沙卸沙的方法下水的：堆叠沙包承托船体，再垫上木板打入楔子，把船体抬高少许，然后移开木墩，破包卸沙使之降落，沿着滑道下水。如果估计无误，那么南越国的这个造船工场从布局、船台滑道结构以至下水的基本原理，都同近代木船厂没有多大区别[1]。

造船工场反映了南越国一定高度的造船技术。从选材看，用坚重耐水湿的格木做木墩，用坚硬耐磨耐水湿的樟木作滑板，用质轻而富有弹性的杉木作枕木，说明造船工匠熟识各种木材的性能，他们必然会根据船体不同部件的需要，选用恰当的船材。从使用的工具看，船台遗下铁锛1件、铁凿1件、铁挣凿1件、圆的方的铁钉7枚，说明造船工具是当时最先进的铁器，其中有些在近代木船厂还在使用[2]。从船身的拼合方法看，船台木墩和滑板既然用榫卯定位，又遗存一段有榫头的桨

---

[1] 广州市文物管理处：《广州秦汉造船工场遗址试掘》，《文物》1977年第4期。

[2] 广州市文物管理处：《广州秦汉造船工场遗址试掘》。

架底座，说明榫卯相接的方法在这个造船场已经得到广泛应用。加上铁钉的发现，人们设想船体是用榫卯接合，同时用铁钉钉联。从造船能力看，根据船身宽度与船台两滑板中心距之比是2—3倍的惯例，则第2号船台所造船只宽为5.6—8.4米；又根据汉代番禺船模长宽比为5—7倍，取其低值，则船身长应为28—42米。这起码是排水量70吨以上的船只，作近海航行是不成问题的。由于两滑板的中心距是可变的，而船模又不一定按实体如实缩小而成，故上述推断不一定准确。

西汉文、景年间番禺造船场废弃以后，以水军为主力的南越国理应还有别的造船场。《初学记》卷八引《南越志》说，"绥安县……昔越王建德伐木为船，其大千石，以童男女三千人牵之，既而人船俱坠于潭。"绥安即今福建漳浦县地。《永乐大典·潮州府》所引《南越志》文有小异，增"在郡之东十里海道也"一句，"三千"记为"三百"，余同。据此，则南越国后期至少在与东越接境处还有一个造船场，其规模或许不亚于番禺旧场，所造出海大船的载重量与上面推算的结果相近①。

当然，除上述官办大型造船业之外，还有传统的民间小型造船活动。广州1048号墓出土的一只木船和罗泊湾1号汉墓出土的大小铜鼓上的划小船饰纹，均可说明②。

---

① 关于广州"秦汉造船工场"遗址，至今考古学者的看法不一，有人认为该遗址不是造船工场遗址而是南越国宫室或南越国之前的建筑遗址。但不管怎样，据《南越志》这条记载，南越国时今广东境内已能造较大海船是没有疑问的。

② 广州市文物管理委员会等：《广州汉墓》第2章；广西博物馆编：《广西贵县罗泊湾汉墓》。

南越国还可能制造航海的铜皮船。《水经注·叶榆河》引《交州外域记》说，交趾安定县"江中有越王所铸铜船，潮水退时，人有见之者。"《太平御览》卷七百六十九引《交州记》说，"安定县有越王铜舡，潮退时有见者。合浦四十里……见铜舡出水上。"这类铜船，大概就是后世的铜皮船[①]。

南越王墓出土的一件铜提筒（藏酒器），其上共刻绘4艘海上战船，每艘各有6人，有的手持武器，船前后的水中有

铜提筒上的战船图。广州南越王墓1983年出土。

海鱼、海龟等。从船首尾高翘之状可知，这些应是尖底型海船。这种船型，与先秦时期珠海高栏岛宝镜湾岩画上的船型似为一脉相承。据此推断，南越国不但有海船制造，而且海上交通与贸易亦当有一定程度的发展。南越王墓出土的舶来品银盒，可为佐证。此盒造型纹饰与公元前5世纪波斯薛西

---

① 1982年在吴川县海边发现一艘唐代沉船，全长40余米，船上栏杆是铜柱，钉是铜钉，船面船底用铜片包着，可能就是铜皮船。见梁浩福《吴川古代商港——芷寮》，《吴川文史》第二辑（1984年）。

斯王时的银器类似，必定是来自间接的海外贸易。此银盒也是迄今在广州发现的年代最早的海外物品。

第四节　汉越文化的融合

各种民族文化的融合，既是民族融合的成因，又是它的必然结果。马克思说，"古往今来还没有一个民族在某些方面优越于其他民族"①。因此民族间的互相学习和取长补短，贯穿于民族地区的整个历史进程之中。汉越文化的相互交融，产生了别具民族特色、地方特色和绚丽多姿的南越文化。

由于汉文化是建立在较高生产力水平之上的封建文化，因而在交流、融汇的过程中无可置疑地居于主导地位，而越族文化则或被扬弃，或被改造，或被消化吸收。当然，这一进程是漫长而曲折的，而且各地区的发展是不平衡的。

一、越歌和越舞

汉代的越歌也叫越讴。黄佐《广东通志》卷五十一载，汉惠帝时，长安宫中有越人歌手张买，"侍游苑池，鼓棹能为越讴，时切规讽"。东汉灵帝时番禺人建秉政祠纪念他。这是第一个有真实姓名留传下来的越讴作者和歌者。《汉书·元后传》载，汉成帝时，成都侯王商"穿长安城，引内沣水注第

---

① 马克思恩格斯：《神圣家族》，《马克思恩格斯全集》第 2 卷，人民出版社 1957 年版，第 194 页。

中大陂以行船，立羽盖，张周帷，辑濯（颜师古注："辑与楫同，濯与棹同"）越歌"。可见越歌长期受到王公大人的赏识，但这类歌词没有流传下来。能够流传的是民间的通俗作品。《古诗源》卷一《越谣歌》引《风土记》说，"越俗性率朴。初与人交，有礼。封土坛，祭以犬鸡。"定交时双方的祝辞就是一首越谣。比如："君乘车，我戴笠，他日相逢下车揖；君担簦，我跨马，他日相逢为君下"①。短短两句，充分表现了越人不计较贫贱富贵的变化，对朋友真诚不渝的感情。

越讴和越谣是古代越族人民抒发感情的口头咏唱作品。这些思想感情纯朴、有鲜明民族特色和浓郁生活气息的民歌，因大异于秦汉大雅之堂的钟鼓之音，故当时被称为野音。古代有"越人善野音"之说。这个传统一直流传给他们的后代——壮侗语族的人民。

古代越族人民不但能歌，而且善舞。《艺文类聚》卷七十三引《风土记》说："越俗饮宴即鼓盘以为乐。取大素圜盘以广尺六者，抱以着腹，以右手五指更弹之以为节，舞者应节而举。"这是节奏感很强的欢乐舞蹈。当然，起舞的场合不限于饮宴，举凡氏族或部落的祭祀、宣战、出猎、远航、祝捷、庆丰收等等重大活动，例应有群歌群舞的场面，而且有铜鼓伴奏。

罗泊湾1号汉墓两件铜器器表的装饰画，为了解这个时期的越族舞蹈提供了实物资料。一件是提梁漆绘铜筒，器表绘漆彩画，其中有一组图画绘的是两个青年男子围着一禽一

---

① 徐坚：《初学记》卷十八引《风土记》，祝辞与此有异："卿虽乘车我戴笠，后日相逢下车揖；我步行，卿乘马，后日相逢卿当下。"

兽对舞。舞者束发，上身穿圆领短袖宽衣，下身穿紧身裤；两手张开，两臂向上举，左腿前伸作弓步，右腿拖后作箭步；一个侧右面，身体微向后倾，一个正面，重心微向前倾。简单的舞姿给人以古朴、粗犷有力之感。另一件是铜鼓。此器腰部有8组羽人舞蹈纹饰，每组2—3人，上空有衔鱼飞翔的大鹭鸟。舞者头戴羽巾，上身裸露，下身系展开的羽裙，赤足；两臂一前一后屈伸向上，手心向外，上身挺直向后微倾，两腿右前左后叉开作飞舞状[①]。由于舞者的姿势很像画面上方展翅起飞的鹭鸟，有人便把这8组大型集体舞说成是模拟所崇拜的动物体态，径称为"鹭舞"。如果所说正确，那么这种越舞就可能同中原华夏族的古典舞有某种联系：商周统治者看中鹭鸟飞行有序的特性，把它美化成明尊卑别贵贱的灵禽；《诗经》中不乏对鹭舞场面的描写，越族舞师可能有所借鉴[②]。

上述两个带有原始风味的越舞同流行于南越宫廷的汉舞迥然不同。广州南越文王墓出土两个玉舞人：一个头梳螺形髻，髻横出，左屈膝而跪，上体左倾，左手弯曲上举过头，右手弯曲下摆，两袖着地；另一个头上簪花，腰缠佩玉，右袖举过头顶，左袖横越胸下而垂落，双袖构成个S形[③]。两个舞者的动作类似近代戏曲舞台上的旦角表演水袖工夫，据说这是汉代的"长袖舞"，其婀娜之姿与越舞适成对照。

---

① 广西博物馆编：《广西贵县罗泊湾汉墓》，文物出版社1988年版。
② 余天炽等：《古南越国史》第6章，广西人民出版社1988年版。
③ 林齐华等：《象岗南越王墓珍品选录》，《岭南文史》1987年第2期。

二、宫廷音乐和饮食

汉文帝《赐南越王赵佗书》中劝赵佗"听乐娱忧,存问邻国",表明南越国有宫廷音乐。南越文王墓篆文"文帝九年乐府工造"铜铙的发现,更证实赵眜统治时南越国有专门机构乐府,主管乐器制造和演奏事宜。乐府是少府属官,秦置。据《汉书·礼乐志》载,汉惠帝时有"乐府令夏侯宽"其人,是汉朝乐府的长官。赵氏政权设立这一机构,当是仿行秦汉规制。

广州、贵港出土的地下文物有乐器多件,约略反映了南越王室和贵族、高官所采用的乐器种类和规模。种类有琴、瑟、铜钮钟、铜甬钟、铜铙、石编磬、铜鼓、铜锣、羊角钮钟、筒形钟、竹笛、木腔皮鼓、筑、十二弦乐。管乐、弦乐、敲击乐齐备。其中铜鼓、铜锣、羊角钮钟和筒形钟是越族乐器,筑在《从器志》中写明"越筑",也是越人制作或使用的,其余的是中原乐器。从规模和形制看,铜铙1套8件,器身扁圆,素面无纹饰,柄为扁方形;铜钮钟1套14件,形体较小;铜甬钟1套5件,形体较大;石编磬1套8件,另1套10件;皮鼓两个,底面同大,可两面敲击;竹笛开8孔,作2、3、3排列,用一段带两个节的竹管制成。这些乐器与中原同类乐器很接近,可能是在南越仿制的。音色方面,经测定,番禺所制每个铜钮钟、铜甬钟和铜铙都能发两个音,7个音阶齐全,音质清脆,适于演奏古典乐曲。铜铙的调首是蕤宾($^{\#}D_4-16$);布山所制铜鼓、羊角钮钟、筒形钟和铜锣,每个或发一个音或发两个音,以林钟(E_4-33)为调首。番禺、布山两地调首虽然相差一律,但音高标准和生律法是一样的①。综上所述,南越的乐制主要是承袭中原的,但也渗有若干越族的成分。

与此有关的是游戏用品。南越文王墓和罗泊湾1号汉墓都有六博盘(前者还有青玉、水晶造的六博子)随葬。六博又叫陆博,至迟在战国时流行于中原,汉朝贵族视为时尚玩意。其法是两人各执黑白棋6枚,在盘上掷彩行棋,盘分12道,中间放"鱼",博者以食"鱼"多寡分胜负。这两个墓的墓主,一个是生于番禺的第三代汉人,一个是西瓯君长,都爱好六博,这从一个侧面反映汉文化对南越国的广泛影响。

南越国同王室饮食有直接关系的职官有泰官、私官、食官、厨官、厨丞和大厨诸种名目,分别服务于国王、王后和太子。割据于岭表的蛮夷大长,其个人生活的奢侈程度是不下于中原帝君的,南越文王墓的随葬品证实了这一点。该墓所藏药材加工工具有铜杵、铁杵和铜臼一整套,药石有辰砂、硫磺、紫水晶、孔雀石和铅块,代表红黄蓝白黑五种颜色,说明墓主如同秦皇汉武一样迷信灵丹妙药,幻想长生不老。墓中金属炊具有铁鼎、铜鼎、铜鉴和铜方炉,饮宴容器有铜提筒、铜钫、铜壶和铜瓿,加上陶器,达百件之多。多数器内残存果品、蛋壳和鸡、鸟、牛、猪、鱼及其他海产品的骨骼和甲壳,其中有200多只去掉头爪的禾花雀②。高级调味品有

---

① 广州象岗汉墓发掘队:《西汉南越王墓发掘初步报告》,《考古》1984年第3期;广西博物馆编:《广西贵县罗泊湾汉墓》,文物出版社1988年版。蕤宾和林钟皆古乐律名。古乐律共12律,排列次序为:黄钟、大吕、太蔟、夹钟、姑洗、仲吕、蕤宾、林钟、夷则、南吕、无射、应钟。

② 甘叔:《岭南汉代文化宝库——广州象岗南越王墓》,《岭南文史》1987年第2期。

来自交趾的桂蠹和来自蜀地的蒟酱。这说明王室的御膳既丰盛又多样，菜式中包含越菜。罗泊湾1号汉墓的随葬品则反映了南越贵族的食性。该墓所藏炊具和食具不及前墓丰富，但《从器志》上写的食品清单也颇具特色："鲐鱼三罂"、"中土食物五笥"、"厨酒十三罂"、"有实（指果实），笥廿一"，另一片木简上写有"笋菹"（腌制竹笋，即今粤人所食的酸笋）。从中可以更清楚地看出，墓主也是兼爱汉式菜和越式菜的①。

三、建筑和墓葬

南越国的建筑兼具汉族、越族两种风格。

高台建筑是越族的擅长。赵佗在番禺建越王台、朝汉台，在粤东建长乐台②，在粤西建白鹿台，都是高地上的建筑物。其中朝汉台，《水经注·浪水》说："佗因冈作台，北面朝汉，圆基千步，直削百丈，复道回环，逶迤曲折。"此台巍峨壮观，是越族工匠的杰作。

干阑建筑是越族居室的特点。广州1048号、1182号墓，椁室是一个立体长方箱模样，分上下两层，上层置棺木，下层置随葬品③。这两座墓无疑是参照越族干阑结构建成的，连上下层的利用也和现实生活相仿。

受汉族建筑的影响，南越国已经使用同中原地区一样的

---

① 广西博物馆编：《广西贵县罗泊湾汉墓》。
② 1982年发现的五华县狮雄山遗址，经考证，乃赵佗所筑长乐台遗址。见邱立诚：《广东发掘汉长乐行宫遗址》，《中国文物报》1991年1月13日。
③ 广州市文物管理委员会等：《广州汉墓》第2章。

某些建筑材料。在广州秦汉造船场第 7 层的砖石走道，夹边的阶砖规格为 70×70×15 厘米，砖面印有几何图案花纹，砖质坚实。旁边还有砖质窗棂，涂朱涂绿的砖雕脊饰，涂朱的"万岁"瓦当和有"公"、"官"、"卢"等单字的板瓦和筒瓦[①]。汉人居室也用瓦盖顶。1962 年在连江口北岸土名江口嘴的汉代遗址发现了大量光面、布纹里的泥质灰陶筒瓦，规格与标准汉瓦相同[②]。这些瓦，带有本地纹饰或戳印，应是南越国制造的。对于单纯用竹木为材料建造棚屋类型干栏的岭南地区来说，瓦和铺地砖的应用是建筑业的一次革新。在建筑物内部的布局上，南越国也与中原地区相同。南越文王墓前部平面呈横长方形，后部呈方形；贵港罗泊湾 1 号、2 号汉墓，平面均呈凸字形。三个大墓都符合以纵轴线为主、横轴线为辅，两边均衡对称的传统建筑原则。至于番禺南越王宫，为陆贾营造的馆舍以及沿着江河构筑的关隘和万人城等等，应是本地空前华丽或宏伟的建筑物，可惜其形制和结构未得而知。

南越国的葬俗显示了汉越文化融汇的时代特点。

从墓葬的形制看。南越文王墓是一座大型竖穴岩坑石室墓，墓室全长 10.85 米，最宽处 12.5 米。除墓道外，分前后两部分共 7 个室：前部为前室、东耳室和西耳室，后部为主室、东侧室、西侧室和后藏室。据分析，这种形制来源于楚制，吸取了中原墓葬加耳室的布局并糅以越族葬制，尤以越

---

① 广州市文物管理处：《广州秦汉造船工场遗址试掘》，《文物》1977 年第 4 期。

② 梁明燊：《广东连江口发现汉代遗址》，《考古》1964 年第 8 期。

制和楚制为其特色①。罗泊湾1号、2号汉墓都是大型竖穴木椁墓,椁室分前中后3个室,室内又分若干个厢。这两个墓与南越文王墓相类,也是汉制、楚制和越制的融合体。

从随葬品的类别和器形看,鼎、盒、壶、钫是属于汉文化的礼器。在广州179座西汉前期墓中,没有这类礼器的仅54座。这54座大、中、小型墓中,墓底有腰坑或铺上小石,用于随葬的是陶瓮、陶罐、陶瓿等属于越族文化的器形。很明显,这批墓的墓主是越族人,遵从越族的葬俗②。有上述礼器的墓为125座,有的仅有一陶壶,有的有陶鼎、陶盒、陶壶和陶钫各一件而没有其他器物,有的则另置一组同类铜器,墓主仍然保留殷周贵族用礼器表示尊贵的遗风,遵从汉族的葬俗。但是,与这类礼器同出的,有属于越文化的陶提筒、陶瓮、陶罐和陶瓿,而且在同一种器物中,例如陶(铜)壶和陶(铜)鼎,包括了汉式和越式两种类型,实际上还是两种文化共存。南越文王赵眜下葬用内棺外椁,身穿丝缕玉衣,手握玉璜,胸前佩串珠、玉饰和铜牌饰,腰系宝剑,随身置"文帝行玺"金印、"泰子"金印、"泰子"玉印、"赵眜"玉印、"帝印"玉印各一枚,显然是采用汉朝帝王的葬仪③。但墓中仍然陈放数量可观的越族器物如越式铜(铁)鼎、铜提筒、铜瓿和陶罐等等。可见,南越国的葬制是汉式与越式并行,或者说是二者的糅合。

---

① 高崇文:《西汉长沙王墓和南越王墓葬制初探》,《考古》1988年第2期。《西汉南越王墓发掘初步报告》(《考古》1984年第3期)的结论与此有异,认为南越王的葬制同西汉诸侯王的没有多大区别。

② 广州市文物管理委员会等:《广州汉墓》第7章,文物出版社1981年版。

③ 广州象岗汉墓发掘队:《西汉南越王墓发掘初步报告》,《考古》1984年第3期。

四、汉字和汉度量衡的使用

随着汉越文化的交流,汉字不仅成为南越国官方唯一通行的文字,而且日渐传入民间,代替了尚处于雏形阶段的"越字"(越族文字尚未正式形成,故加引号),成为南海诸郡通用的文字。

就史籍所见,赵氏政权的对内文告是用汉字书写的,上书汉廷更不待言。就考古所见,广州汉墓除前述印章和表示官署名称的文字外,还有表示器物编码的顺序数字和"大吉"、"众鱼"、"岩"、"阿平"、"名辛"等零散汉字;另有石砚20件,个别尚存墨迹[①]。罗泊湾1号汉墓有《从器志》木牍1件,上写372个汉字和19个符号,还有带汉字的木牍、木简、封泥匣10余件和器物上表示重量、容量、人名、地名、官署名的铭文多种。另外,《从器志》列砚笔刀"二楱一笥",即文具两盒一套[②]。这些为数不少的汉字,有刀刻的、錾刻的、打印的、烙印的,也有墨书的,其书体不是篆体就是隶书(或者是带篆书笔意的隶书),与全国各地秦至汉初的文字风格相一致。上述墓葬的主人,尤其是以文具随葬的南越国的上层人物,是汉字的得力推广者。

南越国推广汉字的成效表现于两个方面。从地域来说,汉字通行于南海郡和桂林郡的同时,也传入交趾、九真两郡,成为当地使用的第一种官方文字,后来被称为"儒字"(Chu

---

① 广州市文物管理委员会等:《广州汉墓》第2章。
② 广西博物馆编:《广西贵县罗泊湾汉墓》。

Nho），在当地语言文字发展史上占有重要地位[①]。从使用者的社会阶层来说，下层也不乏懂汉字的：随葬器皿上的刀刻文字，笔意潦草，是工匠临时急就的；"岩"、"阿平"、"名辛"，是陶工、铸工在成品上记下的自己的名字，即所谓"物勒工名"；"东"、"南"等记方向的用字，广州 1134 号汉墓、东山龟岗西汉墓和秦汉造船场遗址都发现过，是施工者为便于记认刻上的。这些陶工、铸工和造墓者都已掌握一定数量的汉字的情况，说明汉字已通行于民间的部分人之中。

　　文字是交流思想和传播文化的工具。汉字的推广和通行对推进岭南社会文明起着极其重大的作用。

　　南越国有固定的度量衡制度，其标准与中原地区基本一致。

　　度。罗泊湾 1 号汉墓的木牍、木简上有"三丈"、"尺七寸"等表示长度的文字。该墓出土尺 3 件：竹尺 1 件，残存 7 个刻度，长 16.1 厘米；木尺 1 件，残存 2 个刻度，长 4.6 厘米；木尺 1 件，10 个刻度，全长 23 厘米。南越国的度与秦汉一样，以寸、尺、丈为递进单位，十进制，每尺折合 23 厘米，同长沙战国楚尺相等，当是南越国的标准长度单位。

　　量。同墓有 4 件刻容量铭文的铜鼎：1 件"二斗二升"，实测容量 4200 毫升，每升折合 190.91 毫升；1 件"二斗少半"（"少半"是 1/3 升），实测容量 4060 毫升，每升折合 199.68 毫升；1 件"二斗大半升"（"大半升"是 2/3 升），实测容量 4000 毫升，每升折合 193.6 毫升；1 件"一斗九升"，实测容量 4000

[①] 陈玉龙：《中国和越南、柬埔寨、老挝的文化交流》，周一良主编：《中外文化交流史》，河南人民出版社 1987 年版。

毫升,每升折合210.5毫升。容量同秦汉一样,以升、斗为递进单位,十进制,每升量值介乎190.91—210.5毫升之间,与汉制折合199毫升差别不大。

衡。同墓木牍、木简有"石"、"斤"等表示重量的文字,又有4件刻重量铭文的铜器:铜桶1件,"布十三斤",实测重3485克,每斤折合268.1克;铜钟1件,"布八斤四两",实测重2190克,每斤折合265.45克;铜钟1件,"布七斤",实测重1870克,每斤折合267.1克;铜鼓1件,"百廿斤",实测重30750克,每斤折合256.25克。各物每斤重量在256.25—268.1克之间,其中铜鼓"百廿斤"正合1石,重量同西安阿房宫遗址出土的秦代铜石权相等[①]。递进单位两、斤、石(16两为一斤、120斤为一石)也和秦汉没有区别。

南越国采用同汉廷基本相同的度量衡制度,是双方长期通关市的结果。这无疑有利于活跃境内外的商品交换。

第五节 不发达奴隶制的继续存在与封建制的出现

从秦统一岭南到南越国时期的百年间,岭南设置郡县,中原大量谪徙民"与越杂处",番禺成为南越国的都会,同时铁器使用有所增多,耕地逐渐扩大;但是,赵佗为了和辑越人,稳定统治,采取尊重越俗的政策,没有进行必要的改革。这

[①] 广西博物馆编:《广西贵县罗泊湾汉墓》。广州汉墓中的相关器物,未公布实测数据,暂缺。

样,使得岭南社会既经历着前所未有的变化,又受到较大的制约。就今广东地区而言,在不发达奴隶制继续存在的同时,在部分地区出现封建制并获得初步发展。

一、奴隶制的继续存在

战国时期,岭南部分地区处于不发达奴隶制的阶段。入秦之后,秦军进占岭南时,岭南的奴隶制小国受到沉重打击(如西瓯君译吁宋被杀即是一例),奴隶制被削弱。但是岭南奴隶制仍继续存在并在一定程度上复苏,这是因为:

(1)秦至南越国时期,任嚣、赵佗等不仅没有针对岭南社会的实际,对越族地区进行封建的政治、经济改革,而且还制定十多条"越律"与汉朝的封建律法相左。

(2)赵佗为了和辑越人,稳定统治,采取尊重越俗的政策,而"越人之俗,好相攻击",其攻击的结果之一便是掠取奴隶和变战俘为奴隶。

(3)秦王朝虽是封建王朝,但也留下奴隶制的残余。《秦律》中有若干条关于"隶臣妾"的条文,说明犯罪者可沦为奴隶。秦朝的刑法在岭南是推行了的[①],因此,岭南在秦王朝和南越国统治期间,也会使一些犯罪者沦为奴隶。

(4)南越国时期,王室与贵族不仅同样蓄奴,而且使用人殉和"擅杀生"。广州南越文王墓发掘出13具殉葬人,是赵眜生前的姬妾、侍从、徒隶,还有儿童。广西罗泊湾1号、

---

① 秦律有黥刑、劓刑等多种,南越国亦有黥、劓刑,可证。

2号汉墓也有8具殉葬人,是墓主生前的乐舞伎、"家㚾夫"和侍从,其中两具棺盖上还有表示姓名的"苏偃"、"胡偃"字样①。南越国第三代统治者明王赵婴齐在位时,"尚乐擅杀生自恣"②,以任意杀害奴隶为乐。这同汉法相抵触,因而称病不肯入朝。赵婴齐死后,南越王赵兴及王太后樛氏请求"内属"。汉武帝欣然同意,但要南越国"壹用汉法,以新改其俗"③,并令汉使者终军"留镇抚之"。足见南越国灭亡之前一直存在"擅杀生"的恶习。

南越王室尚且如此,存在奴隶制的越族地区自不待言。

就社会发展的进程来说,岭南地区由于土旷人稀,耕地开垦不易,且乏铁器,因而生产力落后,农业经济发展缓慢④,故奴隶制还有发展的余地,而秦朝以至南越国的统治者只能适应越族地区的这一经济事实。

但是,郡县设置后,郡县长官会在一定程度上制止越人互相攻击,且赵佗也曾使"粤人攻击之俗益止",这又限制了通过战争获得奴隶的来源和制约了奴隶主势力的膨胀。同时,大量谪徙民"与越杂处",随着时间的推移,必然有利于封建

---

① 广西博物馆编:《广西贵县罗泊湾汉墓》,文物出版社1988年版。
② 《史记》卷一百十三《南越列传》。
③ 《汉书》卷六十四下《终军传》。
④ 据李松生《从出土文物看秦汉时期的广州经济》一文(载《广州史志研究》,广州出版社1993年版)的统计,已发掘的秦及西汉前期墓205座,出土有储粮的瓮379个,四耳瓮13个;西汉中期墓65座,有储粮仓12个,囷(圆形仓)6个;西汉后期墓32座,有仓15个,囷19个;东汉前期墓41个,有仓19个,囷14个;东汉后期墓91座,有仓43个,囷10个。作者说:仓和囷在西汉中期才出现,但愈来愈多,有取代瓮类的趋势。仓、囷均为模型。

制向越族地区扩展，而不利于奴隶制的存在和发展。但这个过程相当缓慢。至于今广东西部一些地区，由于秦军进入岭南时，越人转入丛林，而谪徙民也较少，再加上郡县统治鞭长莫及，因而这里的氏族公社依然保存，解体缓慢。即便有公社解体进入阶级社会的，也不一定进入奴隶制，而更可能直接向封建制过渡。

总的说来，自秦军入岭南后，广东的封建制因素随之产生，它比奴隶制更为优越。在二种制度并存的条件下，奴隶制的发展受到限制，殆无疑问（尽管缺乏有关资料）。

二、封建土地所有制的出现和初步发展

在奴隶制继续存在的同时，封建土地所有制也从无到有地出现于岭南。

秦朝除有军队留戍岭南之外，还把中原"罪徒"和谪徙民强制迁入岭南。大量的秦军和谪民远戍岭南，运粮困难，自然免不了要垦辟草莱，进行耕种。

士卒垦辟的土地当然不可能归个人私有，而是属于军屯性质。特别是"万五千人"的妇女，作为"士卒衣补"自中原来到岭南秦军营中，会使有的屯垦士兵和军官逐渐有了妻室。他们拥有中原地区先进的农业技术，而定居下来的个体、家庭的人口自然繁殖，又会增加新的劳动力，从而有利于提高生产力和促进农业经济的发展。同时，也可能出现屯垦将领逐渐侵占屯垦土地，据为私有的情况。

除军垦之外，还有谪徙民的垦辟。秦始皇先后"发诸尝

逋亡人、赘婿、贾人"和"適治狱吏不直者"戍岭南。

这些人中的尝逋亡人和赘婿大概多为劳动力，而贾人可能会挟其赀财南来，为开发岭南提供生产资金和经营商业的经验。他们在岭南逐渐成家立业、落地生根，不仅会将中原的生产、生活方式保存下来，传播开去，更会以分散的方式从事以农业为主的各业，这就更利于建立自给自足的小农家庭经济或地主占有制经济。可以认为，这些人才是首先移植中原生产方式的真正的开拓者。通过他们"与越杂处"，逐步把封建生产方式扩散到岭南一些地区。

秦统一岭南后，在岭南推行郡县制。南越国沿袭秦汉郡县制度，有利于以各级政权推进岭南社会经济的发展。韦昌明《越井记》说："南越王赵佗氏首令龙川时……厥土沃壤，草木渐包，垦辟定规制。"虽寥寥数语，但仍可见郡县制实行后，各级政府有发号施令、垦辟农田和制定有关政策的功能。其政策（"规制"）今虽不详，但无疑是有利于当时农业发展的。赵佗当县令时尚且如此，当了南越王之后决不会无所作为。

两广出土的南越国时期的铁农具有110件，主要是松土、除草用的锄和开沟、掘坑用的锸，尽管收割用的镰刀极少且尚未发现犁、耙，但毕竟反映出这个时期的铁器有所增多，有利于垦辟土地和提高劳动效率。随着铁器的增加和耕作技术的某些改进，以及谪徙民"与越杂处"的地区人口密度的提高，拥有小块土地的自耕农也必然会增多。铁制生产工具的使用，使产品增加，兼使封建剥削成为可能，有助于滋生出新兴的地主，还会使一些奴隶主试着改变原有的剥削方式而转化为地主。自耕农中的少数人也可能上升为地主。这种使用铁器引起的从生产力到生产关系的改变,尽管过程比较缓慢,但这是历史的必然。

可以说,秦至南越国时期,郡县长官这种自上而下的政治推动与上述的"军垦"、"民垦"的经济活动相结合,加速了岭南封建生产方式产生的进程。如无这两种合力的推动,让岭南按其原来的社会发展水平顺其自然地发展,必然会延缓历史的进程。

由于南越国的统治者与汉王朝的关系一直是若即若离,南越王对外称王,对内称帝,汉、越双方都在相互防范,而南越王与邻近的长沙王、闽越王又存在着矛盾与冲突,因此,自赵佗立国至南越国灭亡,始终设置边关,驻军把守,使岭南与岭北的贸易交往受到一定程度的限制。吕后又有过不输铁器和母牛母马等入岭南的政策,使几乎没有冶铁业的岭南蒙受重大损失。这也限制了生产力的发展。同时,谪徙民并非纯粹的移民,他们还担负着戍边和修筑关隘、城堡、开新道等军事任务,因此在谪徙民中间出现封建生产关系需要时间,他们对越人的影响也同样需要时间。如从对立转变到和好相处,从语言的隔阂到相互沟通,从思想意识的相互碰撞到相互吸收,都有一个过程。这些都制约着封建地主经济的发展。

但是,尽管广东封建地主经济的发展受到多重因素的制约,其生命力还是比奴隶制和原始公社制强大,它在南越国时期是有初步发展的,而且相对于广东的奴隶制,它的发展速度要快得多[①]。

[①] 在下章(第四章)便可见到:东汉时期广东大部地区已进入封建社会,而且东汉前期今广州市区内已有了豪强地主。如果在南越国时期,广东封建制没有一定的发展,豪强地主是不可能出现在东汉前期的。

第 四 章

西汉中后期至东汉广东封建社会的初步形成

汉平南越到东汉末年（公元前111—公元220）的300余年间，广东除西部一些地区之外已完成向封建社会的过渡，进入封建社会。

汉代继续在岭南推行郡县制，郡县增多，封建政权的统治深入各地，并加强户口和土地的管理，实行赋役制度。

继秦代中县人徙居南海诸郡之后，两汉又有中原人迁入。汉族人民与越人长期杂居共处，共同开发耕地，并以其先进的耕作技术，促进农业生产的发展。两汉时的岭南有许多自耕农、佃农和拥有较多土地的地主，到东汉时还出现了与中原一样的豪强地主。

民营手工业有较快的发展。海上丝绸之路的开辟，促进了贸易和文化的交流，番禺（今广州）成为一大都会。

第一节 汉置交州

汉武帝刘彻于元鼎五年至元鼎六年（前112—前111）派兵平定南越，在岭南地区设置9郡。

元封五年（前106），全国划分为13个监察区，称为13部，每部设刺史负责所属各郡的监察事宜。岭南9郡（汉元帝时罢珠崖、儋耳两郡，为7郡）属交趾部。从西汉末年开始，各部刺史演变成为郡太守的上司，部也由监察区变为行政区，称州，地方建制从郡县二级改变为州郡县三级。但交趾部长期名称未变，名实不副，直到汉献帝建安八年（203）才改部为州。

岭南设部及由部而州是秦朝推行封建郡县制的继续，加强了南海诸郡的封建统治。

一、吕嘉叛乱和汉楼船平南越

汉武帝统治时期，形势发生了重大变化。第一，经济强大。文景之治赢得几十年休养生息，黄河中下游以至长江流域的社会财富大为增加，"至武帝之初七十年间，国家亡事，非遇水旱，则民人给家足，都鄙廪庾尽满，而府库余财"[①]，同汉初适成鲜明对照。第二，藩国势力已被削弱。平定吴楚之

---

① 《汉书》卷二十四《食货志》。

乱后，汉朝进一步实施"推恩"法，强令诸候王分封自己全部庶子，使其封邑越分越小。勉强保住爵位的侯王，"唯得衣食税租，不与政事"①，变成没有什么政治能量的社会寄生集团。第三，匈奴威胁基本解除。汉武帝对匈奴采取主动进攻的战略，大败匈奴于漠北，消除了后顾之忧。汉朝的国势正如司马相如《喻巴蜀檄》所说，"北征匈奴，单于怖骇，交臂受事，诎膝请和。康居西域，重译请朝，稽首来享。移师东指，闽越相诛。右吊番禺，太子入朝。"②

汉朝的相对巩固和强盛，使刘彻的对越政策大异于先辈。他不满足于南越政权对汉名为臣服，实则割据的现状，先是风喻赵眜、赵婴齐入朝，变外诸侯为内诸侯。由于二人不愿成行，他继而准备使用武力：在长安郊区开凿昆明池训练水军；遣使结交同南越有矛盾的夜郎国，以便一旦有事能浮船牂柯江（西江上游），出其不意直捣番禺。恰在这时南越政权内部产生了严重的政治危机。

元鼎四年（前113），赵婴齐卒，赵兴继立，兴母摎氏参预政事。由于他们感到孤立，遂与一部分近臣要求"内属"，结束南越的半独立状态，同内地诸王侯国一样真正隶属于汉朝。这批受汉文化影响很深的南越贵族，虽然只是为了保住自身的地位去倚仗汉朝，但要求国家统一，却在客观上符合岭南人民（包括中县之民和越族人民）的利益和愿望。但是，以南越丞相吕嘉为首的实权派反对内属。吕嘉"相三王，宗族官贵为长吏七十余人，男尽尚王女，女尽嫁王子弟宗室……

---

① 《汉书》卷十四《诸侯王表》。
② 《史记》卷一百十七《司马相如传》。

其居国中甚重,粤人信之,多为耳目者"①。他们同东越相呼应,成为统一岭南的绊脚石。

同年,汉廷派安国少季等三人使团到番禺,卫尉路博德屯兵桂阳(今连州市)作后应。摎氏母子即向使者上书求内属,获准。条件是:南越王三年一次到汉廷朝见皇帝;拆除边关;丞相、内史、中尉、太傅等大僚由汉廷任命赐印,其余官吏由南越王自行选置;废除南越国尚在施行的黥刑、劓刑,改用汉朝刑法。这样的条件既朝国家的统一前进了一大步,又保留了南越王相当部分的权力,此外,还加封赵兴异母兄——越妃所出赵建德为术阳侯,让吕嘉等一批臣僚留任原职。但吕嘉不予理睬,凭借手中兵权密谋作乱。拖了几个月,汉使们优柔寡断,摎氏又无力制止。刘彻对局势的严重性估计不足,只派兵二千入越,意在迫使吕嘉集团改弦易辙。

元鼎五年(前112)四月,汉兵入境,吕嘉即与其弟起兵攻杀摎氏、赵兴和三名汉使,围歼汉兵,并发兵把守边关。接着通告苍梧秦王赵光和属下郡县,立术阳侯赵建德为南越王。刘彻当即下达讨伐令,"令粤人及江淮以南楼船十万师往讨之"。同年秋,汉军分五路从北江(古亦称曲江以下为北江)、郁江挺进:卫尉路博德为伏波将军,出桂阳,下湟水;主爵都尉杨仆为楼船将军,出豫章,下浈水;另有"归义"越人带领的三路水军经漓水、郁江,"咸会番禺"②。路博德、杨仆两军是主力,次年冬,于其他三军尚未开到时,便已攻陷王都番禺。赵建德、吕嘉从海道逃亡,被追获。路博德挥军合

---

① 《汉书》卷九十五《两粤传》。
② 《汉书》卷六《武帝纪》。"伏波"、"楼船"是此役置的将军号。

浦，南越两使者备牛酒，携交趾、九真两郡户口册出降。元鼎六年（前111），汉军从合浦、徐闻渡海进入海南岛①。至此，南越全境遂告平定。

汉朝进行的是一场正义的和进步的战争，国家的统一战胜了分裂割据，先进战胜了落后。所以汉朝得到南北人民的充分支持。刘彻调军时，齐王相卜式主动上书请求参战，说"臣愿与子男及临菑习弩、博昌习船者请行死之"②。以江淮子弟为主力的汉军，一路上势如破竹，抵抗者寡而出降者众。捉获吕嘉的是前南越军官。战争中立功封侯的越方要员六人，其中有吕嘉倚为臂膊的苍梧秦王赵光和劝喻瓯雒40余万口归降的桂林监居翁。战争的性质，人心的向背，于此可见。民国《阳山县志》卷十七引宋人林概《湟（溪）关铭》说，"昔在尉佗，片檄则闭，闭不在佗，唯嬴之敝；下连炎汉，一伐则通，通不在汉，唯民之从。"

这场统一战争的胜利在岭南历史上具有重大的意义。第一，在政治上，使岭南地区归入西汉的直接管辖之下，九郡的创设，加强了中央政权对地方的控制和管理。第二，在经济上，边关的撤销，使中原先进的生产工具和技术源源输入，南方特产和异国珍品也成批北运，有利于生产力的提高和贸易的发展。第三，在文化上，使南北人民加强接触，南方人

---

① 上文的"次年冬"是今阴历的元鼎五年冬，因武帝太初元年以前一直沿用秦颛顼历，以十月为每年的第一月。《汉书》卷六《武帝纪》所云元鼎"六年冬"同此；其下文所云："春，……遂定越地，以为南海、苍梧……儋耳郡"皆在元鼎六年九月底以前。从太初六年（前104）起，才改为以正月为每年的第一个月（至今）。

② 《汉书》卷五十八《卜式传》。

民有更多的机会吸取中原地区的文明，改造落后的风俗，进一步促进越汉两族的融合。因此，后世人民在岭南各地建起侯王庙、三君祠、真武庙、伏波将军庙，以纪念曾为秦汉统一大业作出过贡献的任嚣、赵佗、陆贾、汉武帝和路博德。

二、岭南诸郡和交趾部的设立

汉武帝平南越后，同年，将岭南地区设置九郡，将今粤北部分地区并入高祖时设置的桂阳郡（治所在今湖南郴州）。

岭南九郡为南海、苍梧、合浦、郁林、珠崖、儋耳、交趾、九真、日南，其中全属广东境者为珠崖、儋耳二郡，基本属广东者为南海郡，部分或小部分属广东者为苍梧、合浦二郡，郁林郡在今广西，交趾、九真、日南三郡在今越南境。全部或部分在今广东境的郡的管辖范围如下：

南海郡治番禺，辖番禺、中宿（今清远）、四会、博罗、龙川、揭阳6县，其中揭阳县境延伸至今福建西南沿海。苍梧郡治广信，辖10县，在今广东境者为端溪（今德庆）、高要2县及广信（今广东封开及广西梧州一带）的东部。合浦郡治徐闻，辖5县，在今广东境者为徐闻、高凉（今粤西南部一片）、临允（今新兴及其西、南相邻市县的一部分）。珠崖郡治瞫都，儋耳郡治儋耳，两郡共16县，现在可考的仅珠崖郡的瞫都（今琼山）、山南（今陵水）、毒瑁（今琼山）、紫贝（今文昌）、苟中（今澄迈）、临振（今三亚市）5县，儋耳郡的儋耳（今儋县）、至来（今昌江）、九龙（今东方）3县。

此外，郡治在岭北的桂阳郡，辖11县，其中桂阳（今连州市）、阳山、曲江、含洭（治今英德浛洸镇）、浈阳（今英德）、阴山（今阳山以北）六县在今广东境。又，大部分在今江西境豫章郡所辖的南野县，其县境从大庾岭北伸至今属广东的南雄、始兴地。桂阳郡及豫章郡的"跨岭而治"，与西汉初汉同南越间疆界沿南岭犬牙交错的传统有关，但把桂阳郡境伸至今韶关、英德一带，则显然是汉平南越后为防止原南越人反叛的一项重要措置：一旦有事，汉军便可以从桂阳郡境顺流而下番禺及转郁江取重镇广信。

西汉后期罢珠崖、儋耳二郡。东汉时广东境仅南海郡加置增城一县，属桂阳郡的六县中废去阳山一县，合浦郡改朱卢县为朱崖县，改临允县为临元县。

从汉武帝时至东汉，郡、县官制基本不变。郡的长官为太守，即郡守改称，秩二千石。西汉设郡尉，掌郡军事，东汉初省去，太守兼掌一郡的军政大权，地位相当显赫，"掌治民、进贤、劝功、决讼、检奸……或自郡守入为三公"[①]。太守的佐贰官有郡丞和长史，秩六百石，由朝廷任命。属吏有功曹、督邮、主簿等，秩百石以下，由太守辟除，其作用往往超越佐贰官。县仍如秦制，万户以上县，长官称令，秩六百石；万户以下县，长官称长，秩四百石。佐贰官有丞和尉，属吏有诸曹掾。县以下设乡亭同秦制。

此外，南海诸郡还设置几个直属于朝廷的专官。据《汉书·地理志》：南海郡有圃羞官，主管果品进贡事；中宿县有洭浦官，或说即湟水与北江会合处（今连江口）的关卡官；番

---

① 《通典》卷三十三。

禺、高要两县有盐官（全国有36处）[1]。

《汉书·平帝纪》说，元始元年（公元1年），"置少府海丞、果丞各一人；大司农部丞十三人，人部一州，劝农桑。"本此，则岭南有汉廷大司农派驻的部丞主管农业；而少府属官海丞和果丞的职责，颜师古说是"主海税……掌诸果实也"，显然同岭南址部的盐官和圃羞官有关。南海诸郡的某些经济部门，直接纳入了中央王朝的行政管理系统。

汉武帝元封五年（前106）设13部刺史，每部各为一监察区，刺史每年巡行部内各郡，只有检举弹劾之权，严格按照中央的"六条"规定行事[2]。岭南地区为13部之一，称交址部（古书中交趾、交址混用），长官享有比别部刺史为高的权威与荣耀：持节[3]。交趾部的设置，在一定时期内，在打击豪强、纠举不法、澄清吏治方面曾起过积极作用。汉武帝时，罗弘为刺史，"始发苍梧，春征冬息，咨询疾苦，太守墨暴者多解黄绶肉袒请罪"[4]。

刺史地位本不高，秩六百石，而郡太守却秩二千石，官

---

[1] 高要县盐官驻地不详，番禺县的一般认为设在今深圳市南头，管理珠江口至香港一带的盐场。盐官在西汉时主管盐业专卖和调运；东汉废专卖，掌收盐税。

[2] 《汉书》卷十九《百官公卿表》。颜师古注引《汉官典职仪》说，刺史"周行郡国，省察治状，黜陟能否，断治冤狱，以六条问事，非条所问，即不省"（六条从略）。

[3] 《汉书·地理志》颜师古注："胡广记云，汉既定南越之地置交址刺史，别于诸州，令持节治苍梧。"《后汉书·郡国志》引王范《交广春秋》云："使持节……以重威镇"。故持节乃是象征有较大权威，也是一种荣耀。

[4] 黄佐：《广东通志》卷四十四。

位隆于刺史,但刺史为中央特派,地方守令多有顾忌,或曲意逢迎,遇事不敢自专。于是刺史行事便逐渐越出"六条"之外,参与并干预地方政务,凌驾于各郡长官之上。

交趾部的治所设在苍梧郡的广信县。《后汉书·郡国志》引《汉官》:"广信……刺史治。"此书与前注所引胡广《记》皆汉人著作,是可以置信的①。广信县处于岭南东、西部的心腹之地、三江交汇之口,扼水陆交通要冲,两汉选此处作为部的治所是得当的。此举对后代岭南政区的划分有重要影响。广州的得名、两广分东西都与此有关。

三、儋耳、珠崖两郡的裁撤

海南岛儋耳、珠崖两郡是汉武帝元鼎六年(前111)设立的,领16个县,23000多户②。郡县的初置把该岛同封建王朝直接联系起来,有利于经济文化的开发。

西汉对儋耳、珠崖的统治并不巩固,岛上"蛮夷"的反抗斗争持续60多年。汉武帝征和年间(前92—前89),珠崖郡太守孙幸调集"广幅布"上献,激起民变,被杀,其子孙豹依靠"率善人",使用武力,总算恢复了统治③。其后7年,同样事件发生6起。昭帝被迫对政区管理作出调整,于始元

---

① 历来有人认为交趾部治所在今越南境,但主此说者均汉以后人,不足信。
② 《汉书》卷六十四《贾捐之传》及卷六《武帝纪》注引《茂陵书》。
③ 《后汉书》卷八十六《南蛮列传》。"广幅布"是海南特产。"率善人"是指蛮夷地区土著的一部分。

五年（前82）撤销儋耳郡，以其地并归珠崖郡。裁并的目的是减轻当地人负担，但矛盾并未得到缓和。宣帝神爵三年（前59）珠崖郡3个县起事。甘露元年（前53）9个县联合暴动。宣帝出动护军都尉张禄统兵渡海。元帝初元元年（前48）暴动又起，汉廷耗费3亿（钱），损兵折将万人以上，仍未能济事，闹得刚登位的元帝刘奭专为此事举行廷议。这时西汉王朝开始走向下坡路，政治经济形势不佳。元帝"柔仁好儒"，待诏贾捐之乘机向他进言：骆越之人"与禽兽无异，本不足郡县置也……又非独珠崖有珠犀玳瑁也，弃之不足惜，不击不损威"，不如"专用恤关东"，放弃珠崖。处于困境的刘奭接受此议，于初元三年（前46）宣布"罢珠崖郡"，"民有慕义欲内属，便处之；不欲，勿强。"①

引致海南60多年民变的原因，一是郡太守不断征调当地珍异土产，扰民太甚；二是（主要是）郡县官吏贪黩："珠崖之废，起于长吏，睹其好发，髡取为髲"②。而负责督察官吏的交趾部刺史，行部从来不渡"涨海"，这就使得那里的官吏可以为所欲为。明代临高县人王佐《进珠崖录表》说得很确当："汉不择守者，因鄙夷其民，治之不以道，遂至郡县陷没"③。

朱崖郡虽罢，但县级行政区尚保留。《北堂书钞》卷七十

---

① 《汉书》卷六十四《贾捐之传》，卷九《元帝纪》。

② 《三国志·薛综传》。意谓强行割取女子长发作假发卖钱。又：《太平御览》卷三百七十三引《林邑记》说，"朱崖人多长发，汉时郡守贪残，缚好女割头取发，由是叛乱，不复宾服。"

③ 吴道镕等编辑：《广东文征》，卷六。

三引谢承《后汉书》记顺帝时交趾刺史周敞"欲到朱崖、儋耳",海上遇风事,可知岛上当有县级行政区,否则刺史就不会渡海;《三国志·薛综传》说,献帝建安年间,"珠崖除州县嫁娶,皆须八月引户,人民集会之时,男女自相可适,乃为夫妻。"所谓八月引户,人民集会,当是官府令所有人民前来核对户籍(男女乘此机会自择配偶,并成风俗)。由此亦可见海南岛一直存在某种行政机构。

汉元帝的错误决策,对海南的社会发展造成严重的消极后果。然而,除海南外,终西汉之世,南海等郡基本上是安宁的。

四、东汉接收南海诸郡和交趾部改部为州

西汉末年外戚王莽篡位,国号"新"。历时14年的王莽新朝被赤眉起义军推翻,而胜利果实最后为汉宗室刘秀所摘取。当中原大乱之际,南海诸郡在交趾部各郡长官治理下,安堵如恒。建武元年(公元25),光武帝刘秀创建东汉王朝,定都洛阳。建武五年(公元30),汉将岑彭略地至荆州,"喻告诸蛮夷,降者奏封其君长"。使人致书于交趾牧邓让,"陈国家盛德,又遣偏将军屈充移檄江南,班行诏命"[①]。

东汉朝廷力图以和平手段促使岭南地区归附是切实可行的。自从新莽政权瘫痪之后,南海诸郡的军政长官只是维持现状,并非与东汉朝廷对立。加上交趾牧邓让是岑彭的旧友、

---

① 《后汉书》卷十七《岑彭传》。

刘秀的连襟，易于谅解。因此，邓让对岑彭的和平统一倡议当即响应。他于同年底领交趾部七郡太守"相率遣使奉贡"。与交趾部毗邻的桂阳、零陵以及长沙、武陵、江夏五郡（国）太守（相）先后采取同一行动，有的甚至派亲兵协同岑彭作战，"于是江南之珍始流通焉"。十二个郡的归附使东汉能集中更多的兵力和物力消灭陇右隗嚣和巴蜀公孙述集团，迅速实现国家的统一。

岭南七郡及荆州各郡归附后，今广东境内在较长的一段时间处于休养生息的环境中。

由于西汉各部刺史权力日益增大，各部所辖的郡县，渐成刺史的下属，故在西汉末年，各刺史部纷纷改名为州，刺史正式成为州的最高长官，而地方行政区域随之演变为州、郡、县三级制。但是，13刺史部中唯交趾部称部未变。尽管交趾刺史实际上也是居于各郡守之上的更高的地方长官，各州刺史称牧，交趾刺史有时也称牧，至西汉成帝时秩亦升为二千石，但部未改为州，岭南地区在名义上仍保持郡县二级制。东汉顺帝时，"交趾太守周敞求立为州，朝议不许，即拜敞为交趾刺史"①。其后"蛮夷"暴动愈演愈烈，交趾刺史权力更重，不但集部内军权、财权、司法权和人事任免权于一身，有若干任刺史还拥有家兵部曲以长其威势。于是，承认现实，改部为州，势在必行。献帝建安八年（203），"张津为刺史，士燮为交趾太守，共表立为州。乃拜津为交州牧"②。至此，交州之名始正式确定。

---

① 《晋书》卷十五《地理志》。权重的刺史称"牧"。
② 《晋书》卷十五《地理志》。

交趾部改交州后，地方行政建制遂为州、郡、县三级制。州刺史之下的主要官属有：别驾从事史1人，主协助刺史处理政务；治中从事史1人，主财谷簿书；兵曹从事史1人，主兵事；部从事史每郡各1人，主察非法；主簿1人，主日常杂务，审阅签署文书；尚有《孝经》师、月令师（主祭祀）、律令师各1人①。各佐杂官皆由州自行辟任。

第二节　封建统治的加强和土地私有制的扩大

汉平南越后，加强对当地越、汉人民的统治，将大多数越族人口编入郡县户籍，把岭南"毋赋税"改为向越、汉编民普遍征取劳役和赋调。

封建土地所有制获得发展。东汉时期，广东东部、中部和北部地区，即广东大部分地区已进入封建社会。占面积较小的西部地区，社会进步缓慢，并存着氏族部落、奴隶制和封建制。海南全岛则处于原始社会后期。

一、中县人的流入和名籍统计

南越国以后，中县之民仍不断流入岭南地区，不过其方式与秦代的谪徙不尽相同。一是汉军留戍落籍。在粤北，黄佐《广东通志》卷五十一说，路博德副将、太原人郭孚留守

---

① 《宋书》卷四十《百官下》。

桂阳，死后桂阳民"感其遗爱，恤其子孙之旅外者，于是立祠"。在南境，嘉靖《钦州志·溪峒》说，青州（今山东境）人黄万定随马援军南下，留家合浦，其后裔世代充当溪洞首领。二是官僚贵族的流放。据《汉书》有关《传》和《表》记载，西汉末年统治集团内部倾轧的失败者，哀帝时有孔乡侯傅晏、方阳侯孔宠，平帝时有光禄大夫董恭、驸马都尉董宽信、京兆尹母将隆、中太仆史立、尚书令赵昌、关内侯张由和中山王后卫氏等，被撤或被废并强迁合浦。这几批有家口随行的流放者，有的事过之后得回原籍，更多的是老死于合浦。三是士民的避乱南迁。这以两汉末年为多，而见于史籍的都是士大夫。例如新莽时鲁国汶阳（今山东宁阳）士氏避地苍梧广信县，光武帝初年青州王氏落籍珠崖，桓帝时颍川（今河南境）唐氏、献帝时陈国（今河南境）袁氏迁居桂阳县。又《后汉书·桓荣传》载，献帝时沛国（今安徽境）人桓晔"浮海客交趾，越人化其节，闾里不争讼"。至于不见经传的平民，为数当会更多。他们的去向，迄今所见广东汉墓的分布情况可资参考：两汉墓以粤中为最多，粤北次之，粤西有一些，而粤东则极少见①。这应同中县人入粤流向有关。

两汉各有一次名籍（户口）统计。首次在西汉平帝元始二年（公元2），另一次在东汉顺帝永和五年（140）。两次间隔为138年。据《汉书·地理志》和《后汉书·郡国志》，此期间全国人口从59194900人减至49150220人，下降约17%，而南海等郡因两汉之交没有遭到战祸，情况恰恰相反：

---

① 据广州市文物管理委员会等编《广州汉墓》一书统计，广州市发现的南越国以后的汉墓为214座，附近各县市和该书写成后发现的尚未计算在内。

南海郡从94253人增至250282人，增长约166%；苍梧郡从146160人增至466975人，增长约220%；合浦郡从78980人增至86617人，增长约10%；桂阳郡从156488人增至501403人，增长约220%（桂阳郡所辖各县约有一半在岭北）。户口的增加，除自然繁衍的净增外，岭北人民的流入和本地越族加入编户行列是更为重要的因素。从顺帝永和五年（140）到献帝延康元年（220）东汉灭亡这80年间，没有名籍数字资料，但南海诸郡没有发生过重大战争和自然灾害，而黄河中下游自灵帝时黄巾起义失败后即陷入封建军阀大混战，幸存者纷纷携家眷南来，因此南方人口应处于继续增长的势头①。

两汉名籍制度是各级政府在政治上、经济上控制人民的重要手段。每当造册时，无论男女老少都得到指定地点接受检查，叫做案比。《后汉书·礼仪志》说，"仲秋之月，县道皆案户比民"②。而在南海诸郡，"案比"也叫"引户"，同样是在"仲秋之月"③。这样每年清查一次，所造户口册就有相对的准确性。另外，从《居延汉简》所保存当地西汉末到东汉初的名籍资料看④，造册时登记的项目有姓名、年龄、籍贯、爵位、家庭人口、家产（包括田宅、奴婢和牛马车辆等）以至本人的身高、肤色和面貌特征等，相当详尽。其中爵位、家口和财产诸项是征收赋税的依据。就南海诸郡而言，奴婢不

---

① 事实上人口应有所增长，但这时大量人口在酋帅率领下叛汉，不再是郡县编户，故反映为晋初户口数的锐减。
② 《后汉书·江革列传》李贤注：案比就是"案验以比之，今之貌阅也。"
③ 《三国志·薛综传》：（珠崖）"皆须八月引户。"
④ 汉居延县，今内蒙古额济纳旗。在那里发现汉代木简（屯戍文书）3万多枚，由中国社会科学院考古研究所编为《居延汉简甲乙编》。

入籍，未归"王化"的越族人也不入籍，故上述两次名籍统计数还不是本地区的自然人口数。

二、省罢贡献和征收赋税

贡献又称贡输、土贡、岁贡和纳贡，是各地臣民向皇帝进奉的金帛或物品。《玉海》卷一百七十九说，"赋（税）出于田，自上税下；贡出于土，从下献上。"贡献是有别于赋税的另一项封建义务。

南海诸郡向封建王朝的贡献，南越国时期已经实行，不过那是不定期、不定品种、不定量的，还未形成制度。赵氏通过修贡职表示臣属于汉朝，其政治意义大于经济意义。汉平南越后，贡献已形成定制。首先是专官的设置，除南海郡有圃羞官外，《初学记》卷二十引杨孚《异物志》说，"交趾有橘官长一人，秩三百石，主岁贡御橘"。其次是贡献的品种、时间和数量都有规定。贡品已不见驯象、紫贝之类，代之以荔枝、龙眼等果品，"岁时纳贡"，每年按水果生产季节运送至京。交趾刺史"竞事珍献"[1]。由此可见贡献是相当大宗的。

东汉初年，南海诸郡取道广东海道输贡，以东冶（今福州）为转运港，再运洛阳。章帝建初八年（公元83）大司农郑弘建议加筑山路作贡道，改为陆运，"奏开零陵、桂阳峤道，于是夷通，至今遂为常路"[2]。其实，这不过是对秦代"新道"稍加修整罢了。驿马在此昼夜传送贡品，耗费大量人力

---

[1] 黄佐：《广东通志》卷五十四。
[2] 《后汉书》卷三十三《郑弘传》。

物力，甚至断送许多役夫的生命。"南海献龙眼、荔枝，十里一置，五里一候，奔腾阻险，死者继路。"贡道经过桂阳郡临武县。和帝元兴元年（105），临武长唐羌就此事上奏，随即辞官还家。奏云："伏见交趾七郡献生龙眼等，鸟惊风发……死者不可复生，来者犹可救也。此二物升殿，未必延年益寿。"和帝刘肇当即接受，"敕太官勿复受献"①。

贡献的省罢免除了南海诸郡的一项生民之患，但此类"善政"只是在水、旱、蝗虫、地震等灾异出现之后，皇帝为减轻"天谴"、稳定人心而采取的临时性措施，并不能维持多久。安帝"诏省减郡国贡献太官口食"和顺帝诏封还桂阳郡太守文砮所献大珠②都是这么一回事。

两汉赋税以人口和土地为依据，按法律规定征收。但汉武帝在"诛羌，灭南越"后，曾对新平服地区实行休养生息、不事诛求的政策："番禺以西至蜀南者置初郡十七，且以其故俗治，毋赋税。"③这就减除了南海诸郡人民在南越国时的赋税或贡赋负担，不仅有利于当地经济的发展，而且取得越、汉人民对汉廷的拥护。

南海诸郡"毋赋税"的情况何时结束，史无明文。据《后汉书·循吏列传》说，桂阳郡曲红、含洭、浈阳三县的山民原来服传役（用船接送官吏往来），光武帝初年，太守卫飒改善陆路交通，以车代船，罢传役，"使输租赋，同之平民"。换言之，这个郡的平民约在东汉之前已输租赋了。区大任

---

① 《后汉书》卷四《和帝纪》及注。
② 《后汉书》卷五《安帝纪》、卷六《顺帝纪》。
③ 《史记》卷三十《平准书》。

《百越先贤志》说，东汉南海郡人疏源，"出给郡役，为户曹佐……饷晏不至。同舍人饷先至，呼之共食，源未尝听"。这一群人自备饭菜无偿为地方政府做事，显然是服役者（约相当于唐宋的"职役"）。同书载郁林郡由郡举为方正（"方正"为选举科目之一）的平民养奋，应和帝策问时有"五谷有不升而赋税不为减"之语，可见南海诸郡向政府缴纳的赋税非经批准不能减免。征收赋税的对象，是私有土地者，主要是自耕农和地主。

南海诸郡的赋税量不详，只知其较内地为轻简，所征租赋，基本上只用于地方开支，不向中央上缴。"田户之租税，裁取供办……不必仰其赋入，以益中国也。"这从政治上说是拢络边郡人民的需要，从经济上说是符合落后地区的实际情况的。但是随着东汉王朝的日趋腐朽，正税之外的苛杂征调便纷至沓来。献帝初年，交趾刺史朱符"侵虐百姓，强赋于民，黄鱼一枚，收谷一斛"[①]，形同抢劫。同租赋相比，田户最感痛苦的征剥是因地所产的"调发"和徭役、兵役。

三、谷地的垦辟和地主经济的扩展

南海诸郡的垦辟，主要是在粤北山间谷地。桂阳郡粤北诸县处于纬度较高、地势较高、气温较低的自然条件，中县之民容易适应。本郡耒阳县又有冶铁业，铁器可以就近供给。东汉初年设铁官，"罢斥私铸，岁所增入五百余万"[②]，可见铁

[①] 《三国志》卷五十三《薛综传》。
[②] 《后汉书》卷七十六《卫飒传》。

器产量还不少，这对垦辟土地较为有利。这几个县谷地的开辟有几项资料可证。第一，光武帝时，卫飒在曲红、含洭、浈阳三个县"凿山通道五百余里，列亭传，置邮驿……流民稍还，渐成聚邑"①。第二，章帝时，郑弘奏准增筑的桂阳峤道直通岭北临武县。第三，桓帝时，太守周憬治理溱水（武水），在泷口河道（今乐昌县境）裁弯取直，疏浚河床，以利于岭南北之间的商运。这三项，连同秦代新道及与之衔接的北江诸水，构成了早期粤北的水陆交通网，并与郡治郴县（今湖南郴州市）连接起来。与此同时，交通沿线增添新的田园庐舍，卫飒开山筑路后形成新的聚邑便是例证。第四，农田水利的开发。西汉昭帝时，阳山县人、洭浦关镇将吴霸在浈阳县招徕流徙人辟山种植，"民感其仁，姓所驻山曰吴山"②，所开的山地，自然是各户私有。东汉末年，迁居桂阳县的袁氏子孙，"服勤稼穑，辟龙腹陂……灌田至五千余顷（或作亩）"③。龙腹陂在今连山壮族瑶族自治县境内，是粤北最古老的人工水利灌溉工程。

番禺耕作区零星分布在背山面水的丘陵地。《水经注·浪水》说，番禺县"负山背海，博敞渺目，高则桑土，下则沃衍"，有大量的肥沃可耕地。开垦者仍以吴霸为例，此人后来迁郁林郡广郁都尉，"霸族在桂阳者欲往广郁（今广西中西部）就腴田，霸不许，惟令垦近土。庐居番禺县之西，有江

---

① 《后汉书》卷七十六《卫飒传》。
② 黄佐：《广东通志》卷五十四。
③ 黄佐：《广东通志》卷五十一。

浦焉。民服其不私"①。据考订，江浦指西樵山一带。吴氏在这里所垦的，无疑是私有土地。至于整个南海郡耕地的增辟，可从人口数字作点推算：汉代一般每年亩产粮食140斤，每人耗粮约为480斤，养活一口人需种粮约3.5亩②；而该郡在两次名籍统计之间增加156029人，单此项（设为净增人口）就应扩大稻田面积546102亩，果地、菜地尚在其外。还有一些更为边远的地方，例如合浦郡，由于铁农具陆续传入，必然有一定数量的荒地得到开辟③。

耕地的增辟使土地私有制更为扩大。可以说，两汉时期广东的土地私有制已经相当普遍，农村有着大量的自耕农和占有较多土地的地主，还有无土地而受地主剥削的佃农。

自耕农是一个不稳定的阶层，常发生贫富分化，结果少数富者成为地主，多数贫者成为佃农。但是，自耕农中也有世代自耕的，如番禺县罗威，"先世遗以负郭之田，力耕以自给"；也有半耕半读的士人，如"躬耕以足衣食"的番禺县士人董正，"非家织布不衣，非己耕菜果不食"的苍梧郡士人丁密等等④。还有"世本农家……力耕"而又"涉猎经史"，从郡功曹累官至交趾部刺史的李进；早年出给郡役的田户，后官至尚书郎的疏源⑤。这些事实证明，两汉时期，南海诸郡的

---

① 黄佐：《广东通志》卷五十四。
② 蒋廷瑜：《广西汉代农业考古概述》，《农业考古》1981年第2期。
③ 广西博物馆：《广西合浦县凸鬼岭清理两座汉墓》，《考古》1986年第9期。墓中出土凸字形弧刃铁锸4件。这在该地区是极为罕见的，应是铁农具广泛传入岭南的例证。
④ 黄佐：《广东通志》卷五十四；区大任：《百越先贤志》卷四。
⑤ 黄佐：《广东通志》卷五十四。

自耕农确是一个重要的社会阶层。他们中的少数人已从自耕农进到士人阶层，有的甚至上升为达官显贵。

根据考古发掘，番禺从西汉中后期起有专为墓葬而生产的明器，如井、灶、屋、仓、囷和鸡、鸭、鹅、牛、羊、猪、狗等模型，还有人物俑、马车、船、城堡、畜圈和水田等模型。此类陶塑艺术品，如实地再现了两汉时期番禺农业生产发展和社会生活的具体内容，主要是反映封建地主阶级和富商大贾的生活状况。例如，佛山澜石东汉墓出土一件三合院陶屋，前堂一立俑持筛，一俑下蹲按羊，一坐俑屠宰，一俑执杵舂米；斜坡通道上，一牧俑赶着三只绵羊依次前行；天井是猪栏，一坐俑持钵喂栏内二猪[①]。这所陶屋，反映一个地主家庭中养有许多牲畜的状况。广州东汉墓5051号出土三合院式陶屋一件，屋内有厕所和畜舍，前堂有若干在舂米和簸米的人俑，主人端坐于几后[②]。人俑可能是奴仆，主人当是不小的地主。

特别值得注意的是，东汉时期中原地区的豪强地方势力大为发展，而番禺也出现豪强地主。豪强地主统治下的佃农具有强烈的依附性，即具有农奴的属性。广州东汉墓5032号、5041号、5080号墓各出土陶城堡一件，各城堡中的各式陶俑多寡不一，都表现出它们之间有严格的主仆之别。专家认为，这些是豪强地主的军事建筑[③]。广州汉墓中出土的另一陶城

---

① 广东省文物管理委员会：《广东佛山市郊澜石东汉墓发掘报告》，《考古》1964年第9期。

② 广州市文物管理委员会等：《广州汉墓》第六章。

③ 《广州汉墓》第六章。

堡更有典型意义。此墓位于广州动物园麻鹰岗，其棺室后端拱顶的正中有一块砖刻写着"建初元年七月十四日甲寅治砖"13字。建初为东汉章帝年号，建初元年即公元76年，属东汉前期。陶城堡出于墓的前室，城堡四周皆高墙，前后各有大门，上建望楼。前门口有一守门之俑。城内有两幢房子，其中一幢长方形房子旁边系着一匹大马，昂首作长嘶之状。房子内共有12个俑：3个凭几端坐于矮榻上；其余9个是奴婢、侍卫、吏役等，或匍匐于主人之前，或在旁侍候，或执械仁立于门外，或持槌击鼓，或弓腰拱手、正欲进入室内。人物情态各异①。此城堡一说是军事城堡，一说是豪强地主的城堡。若在东汉前期已出现了豪强地主，则在此后的100年内外，番禺、南海郡乃至岭南其他地区，都可能出现更多的豪强地主。

陈朝顾野王《舆地广记》载：黄巾起义时，有葛姥者，"出自交趾，资财巨万，僮仆数千，于此（指今江西境古'葛姥城'）筑城为家"②。这个葛姥，自然是个很大的地主，在离开交趾前也定然是个豪强地主。

但是，由于文献资料记载缺略，还不足以说明两汉时期广东的租佃关系和佃农人身依附关系的具体细节及演变情况。

广东西部，当时由于汉人较少或甚少，越裔各族或汉化甚浅，或根本未曾汉化。其地在封建郡县管理下，大多仍处

---

① 《广州市文物志》编委会：《广州市文物志》，岭南美术出版社1990年版，第113—114页。

② 见王谟辑《汉唐地理书钞》，中华书局1961年版，第201页。

在氏族公社阶段，虽有奴隶主和封建的私有土地，但未形成奴隶制或封建制的社会形态。

第三节 犁耕农业

南海郡的番禺一带，自然环境优越。东汉以来，其水稻生产开始脱离火耕水耨阶段，逐步实行精耕细作，即用铁犁，牛耕，施人粪肥，秧苗移植，一年两造。农耕技术达到当时的先进水平，同时家庭饲养业也日趋兴旺。因此，番禺成了南海诸郡的富庶之区。

当然，精耕细作只是指番禺一带而言，广大地区火耕水耨依然存在。有的地方甚至石制生产工具也尚未完全淘汰[①]。

一、犁耕和水稻种植

牛耕技术大约在南越国时期传入番禺一带，其后不断推广。黄佐《广东通志》有关番禺罗威妥善处理邻家耕牛破坏其庄稼情况的记载，是当地最早使用牛耕的文字资料。而更多的则见于实物资料：《广州汉墓》载，西汉后期有陶牛模型随葬；东汉后期79座墓出土陶牛46件，牛与猪、羊同栏，圈栏附属于人的住房；广州沙河顶一座东汉墓出土一件单独作

---

① 在西汉至东汉早期墓葬中清理出石锛、石斧等石器4件。见广州文物管理委员会编：《广州磨刀坑汉代遗址调查》，《考古》1961年第5期。

畜圈用的陶牛圈,圈内有两个牧人俑和5头陶牛①;佛山澜石东汉墓出土陶牛3件,并且有陶水田模型1件同出,水田面被田埂分成六方,其中第一方和第四方各有一俑一手作赶牛、一手作扶犁耕田状②。这种一人一牛的犁田方法,较之二人抬杠的耦犁是个进步。至于铁犁的形制,该水田模型塑出两个:犁头大而长,横截面成等边三角形,纵截面成⊂形③。这种犁既能破土开沟,也能向两边翻土和分土,比初始阶段的犁有进步。由此说明,东汉南海郡部分地区已广泛使用犁耕,而且在技术上是相当先进的。另外,粤北诸县也有使用犁耕的可能性:与桂阳县毗邻的今广西贺县莲塘的东汉墓,发现铁犁两件,形制同上述陶塑犁头相仿④。

关于番禺水稻种植的精耕细作,澜石陶水田模型显示得十分清楚:第一方和第四方有陶俑犁田,较之先前用锄、锸更能深翻,但未见碎土和耙平这一工序;除第五方外都划有水波纹;一陶艇在第一方旁,用跳板连接地面,表示田在河涌边,便于灌溉和运输;第四方内有两个圆形肥料堆,与前述汉墓陶屋多附厕所和畜栏联系来看,可知稻田施用人畜粪作基肥;第二方和第三方各有一俑在执镰割稻和磨镰刀,第六方有一俑在脱粒,田里都有禾堆,说明收割用镰刀,但脱粒仍用手搓;第五方有一个直立休息的插秧俑,田里有整齐

---

① 广东省博物馆:《广州沙河顶发现一座东汉墓》,《考古》1986年第12期。
② 广东省文物管理委员会:《广东佛山市郊澜石东汉墓发掘报告》,《考古》1964年第9期。
③ 徐恒彬:《汉代广东农业生产初探》,《农业考古》1981年第2期。
④ 蒋廷瑜:《广西汉代农业考古概述》,《农业考古》1981年第2期。

地排列成行的篦点纹，表明是插秧移栽水稻；整件模型反映收与种同时进行，是"双夏"大忙——早晚二造连作的真实写照[①]。这与《太平御览》卷八百三十九引杨孚《异物志》所说"交趾稻夏冬又熟，农者一岁再种"的情形相合。杨孚是东汉番禺县人，所记当是其所见者。又广州5081号汉墓也有水田模型一件，方形如盘，有田埂分成四方，其中三方内有耕作俑，整件田面平坦而规整，是一片优质水田。可见，东汉时期水稻田的精耕细作在番禺一带已相当普遍。

耕地的扩大和技术的提高使南海郡部分地区稻谷产量增加，粮食较邻近地区充裕，很多农户都有储备粮。有两个事实可作说明：其一，黄佐《广东通志》卷四十四说，和帝时，苍梧郡一群饥民骚动被捕，交趾刺史杨扶"斥使就粟南海"（南海实指番禺县）；其二，广州西汉中期以后墓葬不断有陶仓、陶囷明器出土，东汉后期79座墓出土这类明器52件。仓方形，囷圆形，都是瓦顶，正面开门，其余墙面密封，一般用柱支撑离开地面，类似人住的干栏，是多雨区为防潮而设计的[②]。仓囷模型数量多，结构合理，应是现实生活中粮食储备充足的反映。连粤西的一些地方也有类似情况。合浦、苍梧的汉墓都发现过立柱的铜仓模型，苍梧模型中还残存若干稻谷。

谷物生产的增多带动酿酒业的兴起。南海诸郡有喝酒和用酒腊制食物的习惯，酒的消费量颇大，而且有名酒出产。广州汉墓以酒器随葬甚为普遍，器形有樽、杯、卮、瓶等；还

[①] 《广东佛山市郊澜石东汉墓发掘报告》，《考古》1964年第9期。
[②] 广州市文物管理委员会等：《广州汉墓》第六章。文物出版社1981年版。

有提筒，是大型藏酒器，分陶制和铜制两种。东汉前期39座墓，有陶提筒38个，其中一个器盖内墨写隶书"藏酒十石令兴寿至三百岁"①。东汉人刘熙《释名》卷四，提到一种名为"苍梧清"的酒，后世叫苍梧竹叶清，是饮誉海内的美酒。

谷物生产的增多也带动了饲养业的兴旺。广州从西汉后期起即用陶禽畜模型随葬，数量不断增多，种类有鸡、鹅、鸭、牛、羊、猪、狗（缺马）。值得一提的是猪的品种：其中陶猪4件，头颈短而宽，耳小而直，腰背圆，四肢短小，臀部和大腿肌肉发达。专家认为这是早熟、易肥、发育快、肉质好的良种猪，与现代华南小耳型猪同种②。南海郡以外的郡县，禽畜的饲养也有一定的规模。《汉书·地理志》说儋耳、珠崖郡"亡马与虎，民有五畜"。五畜指牛、羊、猪、鸡、狗。曲江、合浦的汉墓也发现陶猪圈，有的一圈内有肥猪四至五头。

禽畜饲养是农户的家庭副业。佛山澜石东汉墓出土的陶俑屋，中有猪栏，栏中有猪2头；另有喂猪、赶羊、按羊、屠宰、舂米、持筛的陶俑和羊3只。从中可见当时当地家庭副业的一斑。

二、杂粮、桑麻和水果生产

南海诸郡以栽种水稻为主，兼种的农作物种类也不少。

杂粮和豆类。从出土物看，广州汉墓有黍、高粱和豆，梧

---

① 《广州汉墓》第五章。
② 徐恒彬：《汉代广东农业生产初探》，《农业考古》1981年第2期。

州汉墓有豆①。从记载看，有甘薯和薏苡。《齐民要术》卷十引《异物志》说，"甘薯似芋，亦有巨魁。剥去皮，肌肉正白如脂肪。南人专食以当米谷，蒸炙皆香美。宾客酒食亦施设，有如果实也。"这种甘薯是薯蓣科植物，多年生缠绕藤本，富含淀粉，盛产于儋耳、珠崖两郡。薏苡，俗称薏米，米仁含淀粉，可掺稻米同吃，也可入药。《后汉书·马援传》说："援在交趾，常饵薏苡实，用能轻身省欲，以胜瘴气。南方薏苡实大，援欲以为种，军还，载之一车。"

桑麻。儋耳、珠崖郡既种桑又种苎麻。南海诸郡以植物纤维为主要衣料，虽有蚕桑业但不发达。东汉初年桂阳郡"俗不种桑，无蚕织丝麻之利，类皆以麻枲头缊著衣……（民）少粗履，盛冬皆以火燎足，多剖裂。（郡太守茨充）令属县教民益种桑柘，养蚕桑，织履，复令种苎麻。数年之间，人赖其利，衣履温暖"②。茨充在粤北推广桑麻种植，主要是解决农户的衣履问题，作为商品交换还是极其有限的。

木蜜。木蜜是一种著名的香料植物，又叫蜜香、白木香、崖香和沉香，瑞香科常绿乔木，产于儋耳、珠崖，汉代是野生的。树皮纤维柔韧，是古代制纸的原料。香料来自树身的芳香性树脂，有沉水香、鸡骨香、栈香、马蹄香诸名目。有一树八香的说法③。采制方法是：砍去树干，留下树桩，4—

---

① 黄展岳：《汉代人的饮食生活》，《农业考古》1982年第1期。

② 《东观汉纪》卷十五《四库全书》本。"著衣"，《齐民要术》卷一引作"贮衣"，即用废麻头装进夹衣中。

③ 《南方草木状》卷中。据近人研究，此书于宋代始见于著录，可能是伪书。但所记的内容应多本于晋、南朝的古书。

5年后凿取其半朽部分（香脂），用土盖好树桩，以后每年凿取一次，产量渐增。

水果。水果以荔枝、龙眼和柑橘最负盛名。这些果品以贡献和商贩的方式远运京师，数量相当可观。"孝武皇帝平百越以为园圃"后，南果充斥中原，致有"民间厌橘柚"的现象。东汉光武帝不只一次赐匈奴单于"太官御食酱及橙、橘、龙眼、荔枝"[①]。北运的水果有经过加工制作的。《太平御览》引《异物志》说，荔枝"皮中实干则焦小，则肌核不如生时奇"。这就是荔枝干。但用于贡献的是鲜果。《后汉书·和帝纪》注：交州"旧献龙眼、荔枝及生鲜，献之，驿马昼夜传送之。"又云临武长唐羌奏，"交阯七郡献生龙眼等"。鲜果长途运输，理应有一定的保鲜技术。

此时水果的种类有所增加，见于《异物志》而未见于《三辅黄图》及南越国墓葬的有槟榔、椰子、甘蔗、枸橼（类似佛手）、益智、梓棪（枣类）等。槟榔，原产东南亚，马来语作pinang，果含槟榔碱和鞣酸，供食用和药用。"无花而为实，大如桃李……剖其上皮，煮其肤，熟而贯之，硬如干枣。以扶留藤、古贲灰（即胡椒科的蒟酱和牡蛎灰）并食，下气及宿食白虫，消谷，饮啖设为口实。"椰子，原产马来西亚，汉代叫胥余或胥邪，可能与此音有关。"树高六七丈，无枝叶……实外有皮，如胡卢核；里有肤……肤里有汁升余，其清如水，其味美于蜜。"甘蔗，汉代也叫柘。"甘蔗，远近皆有。交阯所产甘蔗特醇好，本末无薄厚，其味至均。围数寸，

[①] 《后汉书》卷八十九《南匈奴传》。

长丈余,颇似竹。斩而食之,既甘;迮取汁为饴锡,名之曰糖,益复珍也。又煎而曝之,既凝如冰,破如博棋,食之,入口消释,时人谓之石蜜者也"。①

三、犀角、象齿、鱼类和珍珠的采集

南海诸郡的山区和丘陵地,狩猎与家庭饲养业并重。《异物志》记下岭南捕猎的野生禽兽达27种之多,有羽毛作装饰品的翡翠鸟,有驯化后供观赏的孔雀,有驯养用于捕鱼的鸬鹚,有作药用的灵狸和白蛤狸,更有供食用的鹧鸪,蚺蛇、猕猴等等。

犀角和象齿最负盛名。《后汉书·贾琮传》载:"交趾土多珍产,……犀、象……之属莫不自出。"犀牛吻上有一角或二角,是高级头簪和印章的上好材料,又是名贵的解毒药,犀皮可制甲。象,汉代人视之为"长鼻牙,南越大兽"②。其上颌门齿大而长,俗称象牙,用于做笏、箸、床饰和车饰。

在水网地区,捕捞业是重要的家庭副业。两汉时代,江河里的动物种类繁多,番禺江河"海怪鱼鳖,鼋鼍鲜鳄,珍怪异物,千种万类,不可胜记"③。《异物志》记下岭南天然水产17种,其中可供加工制作的如鲛鱼和玳瑁。鲛鱼即鲨鱼之类,鳍干制鱼翅,皮可制甲。"出合浦……(背甲)可以饰刀口,可以为镶。"玳瑁即海龟之一种,背面角质板(鳞)用于

---

① 贾思勰:《齐民要术》卷十引《异物志》。
② 《说文解字》卷九下。
③ 《水经注》卷十五,《永乐大典》本。

第四章 西汉中后期至东汉广东封建社会的初步形成

制造贵族专用的簪、梳、钗,也可入药。珠崖郡有玳瑁县,是其产地。可供食用者如虾、水蛇、鲮鱼和鳊（鲫）鱼。"南方鱼多不肥美,惟鳊鱼为上。大者长二尺,作鳊脍尤香而美"①。

捕鱼的方法:一是人工捞捕。1973年佛山汉墓出土陶制渔艇模型1件,其加盖仓内有陶鱼2条,艇尾部坐一渔人②,这是人工捞捕的写照。二是用鸬鹚捕捉。鸬鹚嘴长,曲而尖,咽喉和食道需要时能扩张5倍,经训练后每只一天能捕鱼20斤③。《尔雅》和《异物志》对畜养鸬鹚捕鱼都有记载。

珍珠又作真珠,是蛤蚌内分泌物形成的有艳丽光泽的固体粒状物,作装饰品或药用。古人把圆的叫珠,不圆的叫玑。汉代粤西沿海是著名的产地:一是珠崖,《汉书·武帝纪》注引应劭说,珠崖"在大海中崖岸之边,出真珠,故曰珠崖"。二是合浦,《后汉书·循吏列传》说,合浦"郡不产谷实而海出珠宝",东汉桓帝时太守孟尝革除弊政,"去珠复还"。这则"合浦珠还"的故事,从侧面说明采珠业在当地是一个头等重要的经济部门。采珠的地点最初在廉江入海口的浅水湾,其后有移动并扩展为众多的珠池④,成为二千多年闻名全国的产珠区。

产珠区的珍珠由汉廷直接统制,政府在交通要道设关盘

---

① 萧统:《昭明文选》卷一注,又《太平御览》卷九百四十引。鳊鱼少腥味,"鳊脍"即生食鳊鱼片。
② 徐恒彬:《汉代广东农业生产初探》,《农业考古》1981年第2期。
③ 张仲葛:《鸬鹚小史》,《农业考古》1982年第1期。
④ 高伟浓:《合浦珠史杂考》,《岭南文史》1987年第2期。

查，私人不得贩运。西汉刘向《古列女传·珠崖二义》载：珠崖令遗属奉丧过海关，误携珍珠，为关吏搜出，几被处死，后幸免。可见禁令之严。岭南之有海关，此为最早的记载[①]。

采珠户冒着生命危险捞得珠蚌取珠，但不知珠价昂贵，以贱价换米维持生计。有产之家从中牟利致富。《汉书·王章传》说，成帝时司隶校尉王章开罪大将军王凤，死于狱中，妻子徙合浦，其家属"采珠致产数百万"。罪官家属尚且如此，在任官吏凭借权势巧取豪夺更不待言。

第四节　民间手工业

南越国灭亡时，宫廷手工业随之罢废。汉代手工业主要属民营及家庭经营，属地方官办者甚微。考古所见的手工业品是用于造墓和建民居的砖瓦、供平民穿着的棉麻葛布和航行于内河的多种功能的中小船只。这些产品同社会需要紧密相关，产量要比前一时期多得多。民间手工业多具有岭南地方的特色，也有精品。铜鼓就是在世界科技史上占有一席之地的越族传统产品。

一、制陶业

番禺是制陶业中心，但迄今尚未发现汉代窑址，只能靠

[①] 中国古代的"关"，其职能主要在于稽查，并不一定征税。以征税为主的关始于明代，清代才有征税的海关。

汉墓出土物推知这个行业的大概情形。

从经营上说，制陶业分官办和民办两种。1953年孖鱼岗东汉墓、1973年克山东汉墓出土的墓砖有铭文："甘溪灶（永元）九年造"；"永元十六年东冶桥北陈次华灶"[①]。前者是甘溪窑和帝永元九年（公元97）的产品。甘溪是番禺城北郊的一条小河涌，自汉至唐均有此名，以地名窑当是一个官办砖窑。后者是陈次华窑永元十六年（104）的产品，当是一个民办砖窑，窑主就是陈次华。砖窑是这样，烧制其他陶器的窑场也应是这样。广州4008号、4013号、4039号汉墓的陶器，从胎质、造型、花纹到施釉方法都很一致，当是出自同一窑场；5069号汉墓陶壶刻"梁伯通"、"梁"、"十二"，壶盖上刻"梁七"、"梁八"、"梁十"、"梁十六"，陶盂上刻"梁"、"十"，应是某窑场为墓主梁伯通特意烧制的[②]。

从制作上说，烧制陶器的窑是龙窑和馒头窑，技术比前大有进步。器形圆正规整，器壁厚薄匀称，表明轮制工艺有所提高。有些陶碗器身是灰白胎，圈足是灰黄或红黄胎，说明制胚有分工，碗身和圈足分别由不同的陶工制造。陶质中细泥硬陶的比重越来越大，占出土总数的80%以上，而夹砂粗陶则极少。施釉的陶器增至65%左右，全是细泥硬陶，釉呈青绿色、黄绿色或黄褐色，黑褐色釉已不见。纹饰日渐简朴，种类显著减少。几何印纹到东汉已基本绝迹。陶文也不多见，有也是刻写的。东汉后期，广州5080号汉墓的部分陶

[①] 麦英豪等：《汉代的番禺——广州秦汉考古举要》，《穗港汉墓出土文物》，广州博物馆、香港中文大学文物馆1983年刊本。

[②] 《广州汉墓》第五章。

器，胎质坚细，挂釉薄而匀，呈黄白色，釉色光润，已接近瓷器①。

从器形上说，与南越国时期相比，在日用器方面，越式陶壶、陶鼎、陶瓮、陶瓿以及陶钫逐渐被淘汰，出现了一些新器形，如四耳展唇罐、双耳直身罐、陶瓶和陶簋等。器形的变化，既是生活的需要，也反映了越族文化被融化的过程。在模型明器方面，西汉中后期开始大量制作，主要有井、灶、屋、仓、囷和鸡、鹅、鸭、牛、羊、猪、狗模型，也有人物俑、马车、船、城堡、畜圈和水田模型。这些专供入土的陶塑艺术品，如实地再现了两汉番禺农业生产和社会生活的具体内容②。

楼阁式陶屋。汉代。乐昌出土。

建筑材料的大量生产是这个时期制陶业的另一特点。建筑材料主要是砖瓦。东汉南海诸郡的墓葬主要是砖室墓，墓底、墓壁和墓顶全铺砖，用砖很

---

① 《广州汉墓》第六章。
② 《广州汉墓》第三至第六章。

多。大墓的墓砖是优质砖，呈青灰色，烧制火候较高；中小墓的质量较差，砖质松软，火候较低。砖形根据筑墓功用不同而分成平砖、刀形砖和斧形砖三种，平面同是长方形，一般规格是 38×38×5 厘米。平砖使用最广，刀形砖和斧形砖用于筑券顶和圆锥形穹顶。砖以素面的居多，少量在两面印有几何图案或刻上纪年、窑场、工匠名以及吉祥语等铭文。制砖的工艺与近代无大区别，先将泥土筛选和踩练，然后用木框模制成砖坯，晾干后入窑烧炼。晾坯时用砂铺垫，以防粘连。瓦质较为松散，种类有瓦当、筒瓦、板瓦等。瓦当印有云纹，直径 14—17 厘米。筒瓦印绳纹，一端有子口，通长 38 厘米，直径 14.5 厘米。板瓦一端稍宽，印绳纹，规格为 45×34 厘米。另外，5029 号汉墓出土有逐节连接的陶管，管为圆筒形，子母口，通长 49 厘米，大的一端直径 20 厘米。这表明人们重视建筑物的排水设施[①]。南海诸郡的居民住宅在汉代仍是竹木棚屋或版筑土墙（顶用瓦）为主。建筑材料的大量制作，为民房逐步改造成砖瓦房打下物质基础。

番禺以外的其他郡县也有制陶业。粤北、粤西汉墓出土的陶器甚多，应是当地生产的。高州良德（在茂名市东）发现过汉窑一处[②]，可见这个行业是遍布各地的。

---

① 《广州汉墓》第六章。
② 莫稚：《略论广东古代陶瓷工艺的制作和发展》，《学术研究》1984 年第 5 期。

二、铜鼓的形制和铸造

铜鼓是中国南方古代少数民族制造和使用的特殊乐器和重器,并且流布于今越南、老挝、柬埔寨、泰国、马来西亚和印度尼西亚等邻近国家。这种青铜器是新石器时代使用的打击乐的继续和发展,脱胎于用作炊具的铜釜,春秋时代开始制作,到两汉逐渐增多[①]。

我国现存铜鼓1360多件(分散于民间的未算),根据其分布地区以及形制、纹饰的差异,可分为滇桂(西式)和粤桂(东式)两个系统。在粤桂系统中,按最先的出土地点命名,又有北流、岑溪、灵山等型。尽管类型繁多,但它们的共性是主要的,这就是:正圆,平面,曲腰(鼓身分胸腰足三段),四耳,空底,面上用太阳、青蛙、牛马等图形装饰,面与身都有不同的花纹,整体像个墩形。一般面径50—70厘米,通高30—50厘米,重20—40公斤。最大的一件北流鼓,面径165厘米,残高67.5厘米,重300公斤[②]。

汉代粤桂系统铜鼓的铸造技术超越了初始阶段,接近中原地区青铜器的工艺水平。云浮出土的一个汉代铜鼓,经测定,其含锡量为12.7%,含铅量为10.9%,属铜锡铅三元合

---

① 鼓形似倒转的釜,而且早期铜鼓出土时多倒置,面有烟炙痕,可见其源出于釜。对它的起源,学术界另有镈于说、革鼓说、木臼说、象脚鼓说和陶釜说诸种。

② 胡振东:《试论中国古代铜鼓的体系及其关系》,中国古代铜鼓研究会编《古代铜鼓学术讨论会论文集》,文物出版社1982年版。

金，但含锡量比《周礼·考工记》所说"六分其金而锡居一"的铸钟鼎为低，比罗定战国铜鼎（15.3%）也要低。选用如上的三元合金比例，使成品色泽悦目，纹饰清晰，硬度适中。制造铜鼓的内模，采用轮制法制成，再在其上塑制外范，这样既省工，又得到较为精确的圆形。鼓壁的厚度（一般为2.5—5毫米）通过缩小内模取得。在内模外范之间有规则地夹垫上与壁厚相同的铜片或铜钱，既起固定作用，也使铸件厚薄均匀。这种制模和夹垫法，很可能借鉴于殷周的青铜冶炼技术[①]。浇铸时用浇灌法，对开分型，腹模坐落在底范上，鼓面另用一块顶范，浇口设在鼓面太阳中心处，以保证铜液流通顺畅。蛙饰与鼓面、鼓耳与鼓身浑铸，蛙足、耳根有放射状脊棱，可与面、身结合得坚固[②]。

中原铜鼓始创于青铜文化鼎盛期之后，同岭南铜鼓有着密切的渊源关系。上述铸造方法实际上就是中国传统青铜工艺在南方的具体运用。当然，铸造铜鼓时诸如高温的产生、耐火材料的选用以及制范等等，都离不开当地的制陶技术；而制造工匠们的创造性，更为突出地表现在铜鼓的声学原理上。

有人对四件铜鼓进行物理测定，发现它们的振动频率为154.58—207.29赫，只及铜编钟的1/5到1/3，基本在低频声波（200赫以下）范围之内。按声音在空气中被吸收的规律，频率越低吸收越少，减弱越慢，声波传得越远。因此铜鼓具

[①] 唐文元：《关于铜鼓夹垫铸造工艺的探讨》，《古代铜鼓学术讨论会论文集》，北京文物出版社1982年版。

[②] 徐恒彬等：《广东省出土青铜器冶炼技术的研究》，自然科学史研究所主编《科技史文集》第14辑，上海科学技术出版社1985年版。

有远距离传播声音的功能，这是它有别于中原传统金属打击乐的声学特征①。铜鼓的这种独特功能，既是洞落组织远距离传递信息（例如召集力量和指挥战争）的需要，也是工匠们世代积累的经验结晶。

三、木棉布和蕉葛

南海诸郡虽有一定数量的丝织和麻织业，但却以木棉布和蕉葛见称于时。这些布的原料在南海诸郡就是木棉和芭蕉。

木棉属锦葵科，其一种为多年生木本棉花，即常说的亚洲棉，原产于印度。它与锦葵科的一年生草本棉花（非洲棉）和后来称作攀枝花的木棉科木棉（即英雄树）为同名异物。木棉原称古贝（柬埔寨语木棉 Kupah 的音译），又作吉贝（马来文木棉 Kapok 的音译），或说"吉"是"古"之讹②。关于棉布的制作，《太平御览》卷八百二十引万震《南州异物志》说得较具体："五色斑布，似丝布，古贝木所作。此木熟时状如鹅毳，中有核，如珠珣，细过丝布。人将用之，则治出其核，但纺不绩，任意小抽牵引，无有断绝。欲为斑布，则染之色。"据"古贝木"之说，当时用以织布的应是多年生的木棉花或木棉科木棉③。珠崖太守孙幸强行征调引起民变的"广幅布"，就是幅宽5尺（合115厘米）的木棉布。织造广

---

① 李进：《铜鼓的自然功能及用途》，《考古与文物》1988年第1期。
② 另有一说，"吉贝"是海南黎语 tsibui（棵棉花）的音译。
③ 学术界普遍认为木棉科的木棉果内纤维无抬曲性，不能用于织布，但也有学者认为海南棉布及"广幅布"就是用此种花絮织成的。

幅布所使用的斜织机，较之织造窄幅布（布幅不足3尺）的织机组合更为复杂，是个阶段性的进步①。海南岛的棉纺织技术在百越地区是先进的。

棉布在汉代叫做木棉或帛越，后来又叫帛叠，在海南是很普通的衣料。《汉书·地理志》说，儋耳、珠崖"民皆服布如单被，穿中央为贯头"，似指此。但在中原地区，它却与高级丝绸相提并论，是富商和贵族的名贵衣料。《太平御览》卷八百十五引《盐铁论》说："古庶人老耄而后衣丝，其余则麻枲而已，故命曰布衣。今富者绮绣罗纨素绨木棉"②。《后汉书·皇后纪》说，明帝死后，"诸贵人当徙南宫。（马）太后感析别之怀……赐白越（原注：白越，越布）三千端、杂帛二千匹。"可见棉布当时的地位。

芭蕉又叫甘蕉。芭蕉除供生食外，主干和叶梢的纤维古代用于织布和打绳索。《齐民要术》卷十引《异物志》说，"芭蕉，叶大如筵席。其茎如芋，取，濩而煮之，则如丝，可纺绩，女工以为绵绤，则今交趾葛也。"绵是细葛，绤是粗葛。但此种葛布，与以豆科、藤本的葛茎皮纤维为原料织成的葛布大异，一般叫做蕉葛。芭蕉茎有胶质，把胶质去掉才能纺织。脱胶的方法是"濩而煮之"，即沤制和加热。沤制之法，据同书说，"枸橼，似橘，大如饭筥。皮有香，味不美。可以浣治葛、苎，若酸浆。"枸橼俗名香橼，含多量有机酸，可用以沤治蕉茎。其后发明更简便易行的方法，《南方草木状》说，

---

① 蒋炳钊等：《百越民族文化》第七章。
② 《盐铁论》卷六文与此异，末句有"锦冰"而无"木棉"，可能是古今版本不同所致。

甘蔗"其茎解散如丝，以灰练之，可纺绩为绨纷，谓之蕉葛。虽脆而好，黄白，不如葛赤色也。交广俱有之"。把蕉茎放在草木灰溶液里浸泡，去胶成本低而效果好，蕉葛的质量也提高了。它是南越的名产。左思《吴都赋》说，"蕉葛升越，弱于罗纨。"赞赏它比高级丝绸还要细薄。

四、船的形制和设备

合浦和徐闻是汉代著名进出口港，马援用兵交趾时又从这里出发西进。"援将楼船大小二千余艘，战士二万余人"[①]。这是一次规模很大的海上军事行动，按理本郡应该有相当数量的造船业，建造适宜于沿海航行的大船。但是迄今尚未发现有关资料。就考古所见，出土各款船模的地点，全在内河濒江诸县，尤以番禺居多。

船模形制各异，从用途看有农用小艇、交通（游览）船、客货船和楼船诸种。

（1）小艇。《释名》卷七说："二百斛以下曰艇，其形径挺，一人二人所行也。"前述佛山澜石水田模型所附陶艇，设备简单，艇身被两坐板分隔成3个舱，即属此类。化州石宁村1976年发现的6艘东汉独木舟，是此类小艇的实体。独木舟头尾窄，中间宽，底呈鸡胸形，两端略上翘，是用锋利的金属工具把一段木材挖空而成，船体薄，分舱，某些部件使用榫卯接合，制作工艺较高。最大的一艘残长6.2米，残宽

---

① 《后汉书》卷二十四《马援传》。

第四章　西汉中后期至东汉广东封建社会的初步形成　　267

0.72米，头长0.77米，厚0.05米，尖形①。小艇和独木舟是农户运载粮食、肥料以及捞捕、交通的工具。

（2）交通船。广州2050号汉墓出土木船模1件，首尾略翘起，底平，有舷板，船头有拦板和甲板；船中有两个舱，前舱较高，方形，四阿盖顶，左边开横门，后舱稍矮，长形，上盖分向边斜出；掌楫木俑5个，有坐板，前面4个分两排，后面1个兼掌舵；船首悬锚（形状与今锚大不相同）②。德庆东汉墓出土陶船模1件，形制与上述船模大同小异：高敞部分在后舱，盖呈庑殿顶，两侧有对称窗户，有门与船尾相通；掌楫俑4个；船首无悬锚，首尾翘起③。这两艘船设置讲究，应是达官贵人的交通船或游船一类。

（3）客货船。广州红花岗东汉墓出土陶船模1件，船体稍短而宽，底平，两舷上有放置竹篙的立柱；舱室在中部，不分间格，拱形篷顶盖，可以拆卸；4个撑篙俑分立在篷盖上。这是一艘短途货船。广州5080号汉墓出土陶船模1件，船体长条形，首尾窄，中间宽，平底；船头两边各插桨架3根，两旁为施篙的走道；船内分前中后3个舱，前舱低矮宽阔，篷顶拱形，中舱略高，方形，上有微凸圆盖，后舱即舵楼，狭窄而特别高，篷盖为两坡式，右侧附有厕所；船上有6个俑，或站或坐或匍匐于地。这是一艘行驶于大河的中型客货两用船。两艘货船大小不等，但船上都有值得注意的结构：船舱

---

①　湛江博物馆等：《广东省化州县石宁村发现六艘东汉独木舟》，《文物》1981年第12期。
②　《广州汉墓》第三章。
③　杨耀林等：《广东德庆汉墓出土一件陶船模型》，《文物》1983年第10期。

各有横架梁担8根。梁担之设使船身骨干坚固，负载量大。这是南海诸郡造船史上首见的[1]。

（4）楼船。广州2060号和4013号汉墓各出土木船模1件，前者有4个舱室、3个俑和3支桨；后者建重楼，有10支桨、1支橹，天花板镂空，绘鸟和云气纹[2]。这是两艘残破的楼船模型，按比例推算，真船高可达3—4丈[3]。这种大船不但能在大河行驶，而且能在海上作战，显示了汉代番禺造船业的高水平。

以上各种船模，大致体现了两汉广东船只类型与功能趋向多样化的进步情况。

船上设备齐全，是造船业进步的另一表现。从上述船模看，推进设备有楫、桨、篙、橹等几种。楫，是短桨，桨的初始形式。2050号墓船模有5个俑掌楫，显示出交通船灵活轻巧的特点。桨，指长桨，有固定桨架，拨水量较大而且能耐久。5080号墓船模用桨适合货船载重量大的需要。篙，通常用竹竿，下端包上铁制的篙头，插入河底撑船前进。红花岗墓船模专用篙，便于在弯曲而浅窄的河段上行船。橹，是支在船旁或船尾的大桨。4013号墓船模用橹，兼有推进和调整航向的作用。上述船模未见有桅杆和帆，但从事理推断，南海诸郡的大船不可能没有这种装置。帆是船上常用的风力推动器具，挂在桅杆上。汉朝的船队从合浦、徐闻出发，远航南海诸国，自然非有风帆和桅杆不可。

---

[1]《广州汉墓》第六章。
[2]《广州汉墓》第三章。
[3] 据《汉书·食货志》，汉楼船有"高十余丈"的。

在船上的所有设备中,最具进步性的是5080号墓(东汉后期)船模上的舵和锚。这个船舵的出现要比欧洲早1000年;而船模上的锚,既有爪又有横杆,抓力较大,与近代船锚相差不远。

第五节 海上丝绸之路的开拓和商品集散地番禺

有些外国史家把中国和印度的交往追溯到公元前4—5世纪①,但语焉不详。《汉书·地理志》首次记载了西汉时中国官方商船从合浦、徐闻等港前往南海诸国的行程。这一海上贸易活动,乃是中国开拓"海上丝绸之路"的确切标志。

番禺在两汉时可能是对外贸易港口,因史无明文,不能证实。但番禺已是"一都会",是对外贸易商品集散地之一确无疑义。所以,从西汉开始,岭南沿海,特别是包含今广州市在内的广东沿海,已是中国对外经济、文化交流的重要窗口,而且还萌发着外向型经济的因素。

一、水上运输和商品集散地番禺

番禺处于南海之滨,近出海口,居三江(即今东、西、北

---

① 李长傅《中国殖民史》引述拉克伯里(Lacouperie)之说:前425—前325年之间,印度人由马六甲海峡到中国海岸,输入真珠等物。又张星烺编注《中西交通史料汇编》第一册《附录》中有古印度人关于公元前4世纪中国丝已贩运到印度和有"支那"之名的记载。

三江）之总汇，是岭南水上交通枢纽。古龙川水（东江）发源于今江西境，经龙川从番禺东入海。北江又称始兴大江，其东源称东江，又称始兴水（即浈水），发源于今江西信丰境，西源溱水（武水）发源于今湖南临武。二水在曲江相会后始称北江，沿途与诸水相会，再与郁水汇合入海。郁水（西江）又名牂柯江，主流经今云南、贵州入广西，东行过广信、高要与北江汇合，南流入海①。

　　三江的运输以郁水为主干线。一方面，漓水、浪水（今洛清江）皆自北汇注于郁水。漓水是秦、汉经略岭南的必由之道。汉朝以漓、郁交会处的广信为交趾部及苍梧郡治所，故漓、郁水路至为重要，货物的南来北往也主要经由此道。另一方面，郁水上游可通巴蜀，南越国时期已开展商运。《汉书·西南夷传》谓：汉武帝建元六年（前135），汉使唐蒙到南越，"南粤食蒙蜀枸酱，蒙问所从来，曰：'道西北牂柯江，江广数里，出番禺城下。'蒙归至长安，问蜀贾人，独蜀出枸酱，多持窃出市夜郎。夜郎者，临牂柯江……南越以财物役属夜郎，西至桐师。"这是有关南越国利用郁水水道之便，同"西南夷"地区进行带有政治目的的商业往来的记载。又谓：元狩元年（前122）张骞出使西域抵大夏（今阿富汗北境），"见蜀布、邛竹杖，问所从来，曰：'从东南身毒国（今印度），可数千里，得蜀贾人市'。"当时蜀贾人是通过哪条路把蜀布和

---

① 三江名称皆用古水名（据《汉书·地理志》及《水经注》），其源流只能杂用今地名，以便了解。

邛竹杖运到身毒去的？有学者推测是从西江经南越转海运①。此外，取道郁水输入南越的，还有蜀地的铁器。《史记·货殖列传》说，"程郑，山东迁虏也，亦冶铸，贾椎髻之民（索隐：谓通贾南越也），富埒卓氏，俱居临邛。"

北江的水运，东汉时得到加强。秦和西汉用兵岭南，经由湞水和湟水，未见经由溱水的，这当与此水滩多水险有关。东汉建都洛阳，往返番禺或广信走溱水是捷径。粤北诸县人口增加，水陆交通线经多次整治，尤其是桂阳太守周憬修凿溱水收效最明显："郡又与南海比接，商旅所臻。自瀑亭至于曲红（曲江），一由此水。"周憬"乃命良吏将帅壮夫，挑移盘石，投之穷壑，夷高填下，凿捷回曲……由是小溪乃平直，大道克通利。抱布贸丝，交易而至"②。溱水商运的开通，标志着粤北交通环境的改善和番禺内河运输的扩展。

以番禺为中心的沿海交通，至迟在汉武帝时期已经开辟，分东西二线。（1）番禺以东一线。《汉书·两粤传》说："南粤反，（东越王）余善上书请以卒八千从楼船击吕嘉等。兵至揭阳，以海风波为解，不行，持两端，阴使南粤。"余善水师从闽粤海道西下，目的地是番禺，但到揭阳而止，是一次未完成的航程。《华阳国志》卷四说，东汉初年，公孙述称帝于蜀，"三蜀大姓龙、傅、尹、董氏与功曹谢遵保郡。闻汉世祖（即光武帝）在河北，乃遣远使使由番禺江出，奉献汉朝"。这批贡物船避开长江，绕了个大弯，不知在何地登陆转运，再

---

① 吕昭义：《对西汉时中印交通的一点看法》，《南亚研究》1984年第2期。此说未必确当，更大的可能性是经云南、缅甸到身毒。

② 洪适：《隶释》卷四《桂阳太守周憬功勋铭》。

成功地经郁水到番禺，经粤东海道北上。其后，南海诸郡输贡亦由此海途。《后汉书·郑弘传》说："旧交趾七郡贡献转运，皆从东冶（今福州）沿海而至，风波艰阻，沈溺相系。"正是由于不安全，章帝以后贡品才改由粤北陆运。（2）番禺以西一线。南越王都番禺偏处东南隅，从此出发经由广东西部沿海进入今北部湾，不失为沟通交趾、九真诸郡的理想途径。有两条史料可作赵氏船队曾航行于这一海域的旁证：其一，《元和郡县图志》卷三十八提到唐代陆州（今广西钦县）官井山（今广西东兴一带）云："相传越王过海，泊船于此，为无淡水，因凿石为井，因号焉"。其二，《史记·南越传》说：汉军攻下番禺，"吕嘉、建德已夜与其属数百人亡入海，以船西去"，后为汉将苏弘、越将都稽捕获。观此可知，逃亡者和追捕者都同样熟悉西部航道而且都有合适的船只可用，否则仓促间是无法成行的。赵氏政权灭亡之后，这条航线的通航会更为经常。因为两汉集散于番禺的许多货物，包括本地区的海产品和从日南、合浦、徐闻等进出口港转运而来的外国货，都不免靠海上运输。至于番禺是否为外贸始发港，则尚待研究，目前仅能说有此可能。

番禺是南海诸郡的商业活动中心。《史记·货殖列传》说："九疑、苍梧以南至儋耳者……番禺亦其一都会也，珠玑、犀、玳瑁、果布之凑。"《汉书·地理志》说，粤地"处近海，多犀、象、毒冒、珠玑、银、铜、果布之凑，中国往商贾者多取富焉。番禺，其一都会也"。两书记载的不同恰恰反映了西汉中后期起番禺商业比前有进步："处近海"，说明海上运输日趋重要；"多取富"，说明商品流通量增大；多了"象"特别是"铜"、"银"三项,表明商品种类增加。

以番禺为集散地的商品如犀角、象齿、玳瑁和珠玑等,既有本地土产,也有进口产品。银器和铜器,主要产自中原或邻近地区。据《广州汉墓》说,银器多数是首饰,而铜器则有熏炉、樽、卮、瓶、瓿、壶、钫、盒、鼎和镜诸种。特别是铜镜,是汉代最常见的青铜日用品和随葬品之一。广州出土的159面铜镜是从全国制镜中心——楚地、蜀地和会稽携带或贩运而来的。"果布",从《汉书·地理志》注引韦昭的解说应为果与布①。据此,可以推论市面上有岭南水果和蕉葛、棉布的摆卖;加上前曾引过的《桂阳太守周憬功勋铭》碑文所说"抱布贸丝,交易而至"一语,可知番禺与岭北有着丝绸和麻布的贸易。晋人干宝《搜神记》记载了东汉留传下来的以真人真事为基础的故事:苍梧郡广信县妇女苏娥,在高要县鹄奔亭被谋财害命,托梦申冤。托梦曰:"夫死,有杂缯帛百二十疋,及婢一人……欲之旁县卖缯,从同县男子王伯赁牛车一乘,直钱万二千,载妾并缯……到此亭外。"除去其托梦的虚妄性,乘牛车从广信到高要卖缯的情节应是真实的。这说明汉代苍梧郡的商业相当活跃,丝织品是主要商品之一。广信是州(部)治,从这里将为数颇多的丝织品运到高要去卖,则高要可能是往番禺的丝织品的转运点。由此可知,内地与岭南的商道多取湘、漓水路。此外,在较大宗的国内商品中,还有海盐一项。《史记·货殖列传》说:"领南、沙北固往往出盐。"从汉武帝时在番禺、高要设立盐官可知,

---

① 韦昭云:"果谓龙眼、离支(即荔支)之属。布,葛布也。"

大量的官盐须在番禺等地销售和转运。

从番禺有汉代铜钱出土的情况看,商品货币交换方式已经存在。汉代有埋钱陪葬的习惯,但南越文王墓未发现铜钱,而据《广州汉墓》所述,西汉前期和中期墓平均每墓出土铜钱不到1枚,其后出土数剧增:西汉后期32座墓有379枚,东汉前期39座墓有399枚,东汉后期79座墓有957枚。另外,1984年在清远江口区发现窖藏钱币1万多枚,除少量是西汉半两、货泉等外,绝大部分是东汉五铢钱[①]。这种现象多少提供了番禺货币流通的线索:南越国基本上处于以物易物的阶段;西汉中、后期以至东汉,商品经济不断发展,铜铸币日益成为重要交换手段。

《史记·货殖列传》开列重要物产30种,内中姜、桂、犀、玳瑁、珠玑和齿革同南海诸郡有关。这些物产,"农而食之,虞而出之,工而成之,商而通之",通过商业渠道流布于各州各郡,"皆中国人民所喜好,谣俗被服饮食奉生送死之具也"。由此看来,番禺作为都会和商品集散地,早在西汉前期已经超越地区范围而具有全国性的意义了。"中国往商贾者"——岭北各地的商人,是番禺商业活动的参与者。他们从事长途贩运,沟通有无,除了自身"多取富"之外,还诱发和活跃了当地的商业经济。

二、海上丝绸之路东端进出口港徐闻和合浦

徐闻和合浦是汉交州(部)对外贸易的进出口港。合浦

[①] 郭宝通等:《广东清远出土汉代窖藏铜钱》,《考古》1986年第8期。

是郡治所在，濒临南海，溯江而上，可达郁水，是通往岭北各地的商路的起点。徐闻位于雷州半岛南端，与珠崖隔海相望，扼海峡要冲，汉代在这里设立专官管理商业贸易。《舆地纪胜》引《元和郡县图志》说，"汉置左右候官，在（徐闻）县南七里，积货物于此，备其所求，与交易有利。故谚云，'欲拔贫，诣徐闻'"①。本世纪七八十年代，两地的近海处发现不少汉墓，出土的珠饰有琥珀、玛瑙、水晶、玻璃诸种，应是从海外输入的。

《汉书·地理志》有明确记载："自日南障塞、徐闻、合浦船行可五月，有都元国；又船行可四月，有邑卢没国；又船行可二十余日，有谌离国；步行可十余日，有夫甘都卢国。自夫甘都卢国船行可二月余，有黄支国，民俗略与珠崖相类。其州广大，户口多，多异物，自武帝以来皆献见。有译长，属黄门，与应募者俱入海市明珠、璧流离、奇石异物，赍黄金杂缯而往。所至国皆禀食为耦，蛮夷贾船，转送致之。亦利交易，剽杀人。又苦逢风波溺死，不者数年来还……自黄支船行可八月，到皮宗；船行可二月，到日南、象林界云。黄支之南，有已程不国，汉之译使自此还矣。"由汉朝少府属官黄门译长率领应募者组成的船队，从徐闻、合浦（及日南）出发，沿着今北部湾、中南半岛、马来半岛岸边航行，经孟加拉湾，抵达印度东南海岸的"建志补罗"及其正南方的岛国

---

① 1990年5月，在徐闻城南五里乡仕尾及二桥村（二地相连并近海）汉唐时期遗址，发现汉篆体字"万岁"瓦当。据云："仕尾遗址可能就是西汉时期的徐闻港旧址。"见邱立诚、尚杰：《徐闻县汉唐遗址调查记》，《广东文博》1990年第1期。

"已程不国"。沿途受到各国的友好接待，供应粮食，派船接送，但旅程是非常艰险的。即使不遭劫，不翻船，往返也得2—3年：去程12个月，回程超过10个月。而且由于船体小，无法抗击大风浪，到第三站谌离国后即登陆步行，从第四站夫甘都卢国开始，由"蛮夷贾船，转送致之"，即改乘外国商船。因此，汉船实际到谌离国而止[①]。苏继庼《岛夷志略校释·叙论》说，汉代"我国船舶南航，似多以马来半岛南端为其终点。过此西出马六甲海峡，则由他国船舶接航。今半岛南端地方和柔佛河畔哥打丁宜等处，皆有汉代碎陶片发现，足证当时常有我国船之寄泊"。这是切合实际的推论。汉船在公元前2世纪推进到南中国海之南，毕竟是我国古代航海史上的重大成就。这与南海诸郡的造船业和航海技术密切相关。《汉书·艺文志》著录《海中星占验》、《海中五星顺逆》等天文类著作6种136卷，其内容同夜间海上行船时观察天上星宿定方位有关，是航海知识的积累和经验总结。

汉武帝时官船首航黄支国，推动了业已存在的中国和印度诸国之间的海上贸易，这是世界历史上第一次明确记载的中国船队对南海诸国的贸易，也是海上丝绸之路开辟的标志[②]。此后，商人到对方口岸经商的事渐见于史册。罗马史家普林尼（Gaius Pliny the Elder 公元23—79年）《博物志》说

---

① 诸海国中的已程不国和黄支国尚可确定，前者是斯里兰卡，后者是建志补罗 kanchipura。梵语"建志"即汉语"黄支"的对音，"补罗"义为"城"。此城即今印度马德拉斯南之康契威腊姆 Conjeveram。其余各站，中外史学界的说法很不一致。例如谌离国，即有缅甸蒲甘附近、地那悉林、仰光附近、暹罗湾头、爪哇三宝垅和印度西南岸诸说。

② 海上丝绸之路的开端，应早于汉武帝时，且可能早于陆上丝绸之路，但年代无法确知。

到赛里斯（Seres，义为"丝国"，指中国）人的海外活动：斯里兰卡岛王通罗马使臣名叫拉切斯，"拉切斯之父尝至其国，使臣途中旅行时，亦尝见赛里斯人"①。同时，汉船的出航也

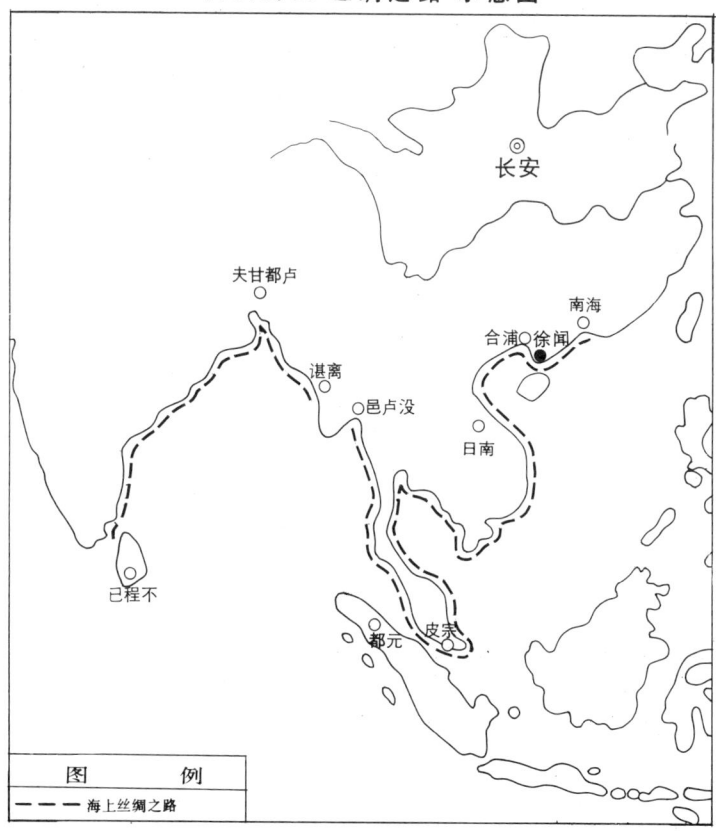

西汉海上"丝绸之路"示意图

---

① 张星烺编注：《中西交通史料汇编》第一册，中华书局1978年版，第21页。

诱发了汉人侨居海外。《晋书·地理志》注:"自此(象林)南有四国,其人皆云汉人子孙……贡金供税。"今印尼苏门答腊、爪哇和加里曼丹诸岛都发现供祭祀和随葬用的汉代陶器,其中苏岛一件灰陶鼎有纪年铭文"初元四年"(前45)四字①。清代爪哇岛刘庄的族谱谓村中的刘姓是汉惠帝刘盈幼子的后裔②,虽然记事有些离奇,但不能不承认他们的祖辈是汉人的移居者。

汉武帝派船出海,扩大了汉帝国在南亚和东南亚地区的政治影响。作为这方面的直接后果,便是若干南海国家相继经由交趾部到汉廷聘问和朝贡。这种官方往来是先前未曾有过的。终汉一代,遣使来华的有五国。其一是黄支国。武帝以后,常派人来访。后来王莽为炫耀威德,制造"四夷怀服"的假象,于平帝元始二年(公元2年)风谕黄支国来贡生犀牛。其二是天竺国,东汉和帝时,始遣使从海道入见。桓帝延熹二年(159)、四年(161),又两次遣使经日南来献方物,可能同时传播佛法。其三是究不事国,即Kamboja,扶南国的梵文音译,今之柬埔寨。章帝元和元年(公元84),该国"邑豪"取道日南到洛阳献生犀和白雉。其四是掸国。掸是梵文Shan的音译,即今之缅甸。掸国来华有两条路径,陆路由滇黔,海路由南海。东汉时该国使臣到访三次,都是国王雍由调派遣的。其五是叶调国,梵文为javadvipa,即今之爪哇西部的万丹。顺帝永建六年(131),派使臣师会由日南抵汉廷贡方物。究不事国、掸国和叶调国都是印度化的奴隶

---

① 温广益等:《印度尼西亚华侨史》,北京海洋出版社1985年版。
② 薛福成:《庸盦笔记》卷四。

制古国，到东汉时才首次同中国发生官方关系。与汉通使的南海国家可能还有一些，《后汉书》记为"日南徼外蛮夷"和"日南徼外国"的就有四起，记为"九真徼外蛮"的还不在其内。

诸国的朝贡，是出于对汉帝国的友好和崇敬。汉廷一般有"回赐"物并给予封号。封号一般只作为荣誉而不表示臣属关系。携来的方物和汉朝皇帝的回赠，都是象征性的，不同于商业交易。双方交往的意义，政治上的亲善和文化上的交流远远超过经济上的实惠。

汉朝同黄支国通航，开辟了中西海上交通的东段，而更为漫长的西段则是由大秦（罗马帝国）和波斯的商船打通的。汉朝和大秦早就有相互通商的意图，但两者均被西亚大国安息所阻①。东汉和帝永元九年（公元97），班超在西域派副手甘英出使大秦。甘英到波斯湾头，"临大海欲度"，但听到安息水手说，入海需准备三年粮食，海上"数有死亡者"，遂停止西进。大秦"与安息、天竺交市于海中，利有十倍……其王常欲通使于汉，而安息欲以汉缯绦与之交市，故遮阂不得自达"②。安息掌握了别国不知道的印度洋上季风的秘密，是长期维持其商业中介者地位并获得好处的重要原因。

但是，就在甘英出使大秦稍前的公元1世纪前期，埃及船长希巴洛斯（Hippalus）发现了这一季风的秘密并加以利用。此后，大秦商船接踵出现在印度洋，海上贸易的格局有

---

① 安息，波斯帝国阿萨息斯王朝（Arsaces 公元前249年—公元226年），其全盛时期领有全部伊朗高原和两河流域广大地区。

② 《后汉书》卷八十八《西域传》。

了改变：安息失去了中介作用，天竺成了汉朝和大秦商业交往的中转站。天竺"西与大秦通，有大秦珍物"①。而天竺早在公元前2世纪张骞通西域时已出现中国"蜀贾人"。外国史家记载："中国丝虽在公元前1世纪已发现于罗马，但丝之贸易，则须迟至公元后1世纪。且因西域交通中断，故由海道经印度而来"②。据说每年夏至时，约有120艘罗马商船从埃及渡洋到印度和斯里兰卡。同"亚洲远邦商人"做交易，于年底把货物运回埃及，辗转经地中海输入罗马都城③。

与此同时，大秦和汉朝商人也有涉足对方境土的。希腊地理学家克劳德·托勒密（Claudius Ptolemy）在公元150年所著《地理书》引述2世纪初的记载，提到一个名叫马·蒂蒂安努斯的商人，世代经营赛里斯（即中国）贸易，他的父亲和他都经常派商队去中国。罗马宫廷学者弗洛鲁斯《罗马史纲》说到，在奥古斯都皇帝时代（Augustus 公元前27年—公元14年），远方绝域如赛里斯人、印度人都遣使奉献珍宝，要求与罗马订商约④。此事中国史籍不载。西汉末年政局混乱，估计不可能由王朝派出专使赴罗马，所说的赛里斯人大概是民间的商贾。

公元2世纪中后期，大秦终于实现了直接同汉朝通商的

---

① 《后汉书》卷八十八《西域传》。

② 里希霍芬：《中国》，转引自方豪《中西交通史》（一），台湾华冈出版有限公司1971年印行。

③ 吉本：《罗马帝国衰亡史》，转引自张铁生《中非交通史初探》，北京三联书店1965年版。

④ 朱龙华：《从丝绸之路到马可·波罗——中国与意大利的文化交流》，周一良：《中外文化交流史》。

愿望。162—165年，大秦王安敦（罗马皇帝马·奥·安敦尼奥斯 M. A. Antoninus）出兵西亚，取得两河流域，控制了波斯湾头。"桓帝延熹九年（166），大秦王安敦遣使自日南徼外献象牙、犀角、玳瑁，始乃一通焉。其所表贡，并无珍异，疑传者过焉"①。这事罗马史籍缺载，所携礼物也不像是从大秦带来的，所谓遣使或许是大秦商人的冒充。不过使者出现在大秦征西亚获胜的次年，不会是巧合。166年无疑是大秦和汉朝直接通航和贸易的开端。此后东西方的交通不但经由西北陆路，而且越来越多地经由东南海道了。"大秦道既从海北陆通，又循海而南，与交趾七郡外夷比"②。

东起徐闻、合浦，西迄罗马都城的海上丝绸之路的通航，是汉朝、天竺、安息、大秦船队几百年历尽艰辛开创的伟大成果。航道的开辟，除给有关国家带来一定的商业利益外，更为重要的是促成了东西两大帝国——汉帝国和罗马帝国间接和直接的物质和文化交流，从而使东西方古文明得以初步沟通。

两汉时期，从究不事国直到大秦诸国来中国贸易和"朝贡"，必经徐闻、合浦等港，或经过今广东境的其他地方，从而为广东开展对外经济、文化交流提供了愈益增多的机会。

三、丝绸的出口和奇石异物的进口

汉朝官船出海推动了民间的海外贸易。到公元1世纪时，

---

① 《后汉书》卷八十八《西域传》。
② 《三国志》卷三十引《魏略·西戎传》。

汉朝商人在黄支国和已程不国已拥有自己的货栈,同来自埃及的大秦商船交换货物,也同当地居民做交易。普林尼《博物志》说,"赛里斯人举止温厚,然少与人接触,贸易皆待他人之来,而绝不求售也。"大秦"货物皆运至某河之东岸,置于赛里斯人货物之旁。与之议定价钱后,即取之他往"。"惜言语不通,不能与之交谈"①。"某河之东岸"指的是已程不国的某个港口。而在黄支国境的阿里卡曼陀(Arikamedu,现称维拉柏特南)则是公元1—2世纪的一个国际商埠、中西海上贸易的交汇点②。

携黄金、杂缯出海,换回明珠、璧流离、奇石异物,这是汉朝官私海外贸易的主要内容。丝绸(杂缯)是汉朝最重要的出口商品,丝绸贸易是古代世界最大宗的贸易。公元前1世纪埃及女王克列奥柏特拉所穿的丝袍,就是用华丝织成的③。大秦"又常利得中国丝,解以为胡绫,故数与安息诸国交市于海中"④。公元1世纪华丝从海路输入罗马后,刺激了当地的消费欲。普林尼《博物志》写道:"至于(罗马)今代,乃见凿通金山,远赴赛里斯以取衣料"。"据最低之计算,吾国之金钱,每年流入印度、赛里斯及阿拉伯半岛三地,不下

---

① 张星烺编注:《中西交通史料汇编》第一册,中华书局1978年版,第20—21页。

② 沈福伟:《璧流离和印度宝石贸易》,《中华文史论丛》1981年第4辑。

③ 何芳川:《源远流长、前途似锦的中非文化交流》,周一良主编:《中外文化交流史》。

④ 《三国志》卷三十引《魏略·西戎传》。

一万万赛斯透司（Sesterces，罗马货币）"①。在大秦王安敦时代，丝绸的价格竟高于相同重量的黄金，而其消费量还是有增无已。到3世纪初，大秦商人终于采取积极措施逐步建立自己的丝织业：先是用华丝作原料，把丝织品拆成丝线，重织成"胡绫"；继而进口中国提花机，提高产品的质量；最后秘密引进蚕种，种桑养蚕。

从南海诸郡进口的舶来品，除珍珠、犀角、象齿和玳瑁外，重要的尚有如下几种：（1）璧流离。也叫吠琉璃、毗琉璃，梵文 vaidūrya，汉名苍玉或青玉，富有光泽，实际上是蓝宝石或蓝晶石，用于制璧、玉环、玉璜和冕旒，所琢成的璧简称为流离璧，因此后世常把璧流离和流离（即玻璃）相混淆。我国流离璧的出土地点，汉代及其以前的多在长江以南，汉以后的才遍及南北，这也约略反映了璧流离多从海路输入的实况②。（2）流离。又作琉璃。大秦多"赤、白、黑、绿、黄、青、绀、缥、红、紫十种流离"③。此处所谓大秦，指罗马帝国统治下的埃及。那里的流离制品至迟在汉武帝时开始传入岭南。两广汉墓出土流离质地的珠、耳珰、璧、环、鼻塞、杯、碗、托盏、带钩和平板多种，尤以珠饰的数量最巨，有的一墓达千颗以上。广州2061号汉墓出土的流离碗有一件可确定为大秦所产，因此件经定性分析属钠玻璃系统，与中原的传统铅玻璃和岭南地域特产钾玻璃迥异，而同罗马玻璃

---

① 张星烺编注：《中西交通史料汇编》第1册，中华书局1978年版，第21—22页。
② 沈福伟：《璧流离和印度宝石贸易》，《中华文史论丛》1981年第4辑。
③ 《三国志》卷三十引《魏略·西戎传》。

的成分相符①。

(3) 珊瑚。这是珊瑚虫纲所形成的石灰质骨骼，骨质坚硬、颜色鲜艳的，可作装饰品，产于地中海、红海和波斯湾。珊瑚在南越国初年已有输入。《西京杂记》卷一说，长安"积草池中有珊瑚树，高一丈二尺，一本三柯，上有四百六十二条，是南越王赵他所献，号为烽火树"。其后运进的更多。以上三种进口商品，汉朝看得十分贵重。《盐铁论》卷一说："璧玉、珊瑚、琉璃，咸为国之宝。"民间亦以享用这类外国宝物为荣。古乐府《美女篇》："美女妖且闲，采桑岐路间……明珠交玉体，珊瑚间木难"②。

流离碗。西汉中期。广州出土。似是大秦产品。

外国舶来品还有：(1) 琥珀。其名由波斯语 kahruba 讹传而来。质透明，色蜡黄或红褐，是植物树脂经过石化的产物。(2) 玛瑙。指具有不同颜色而呈带状分布的玉髓。(3) 水晶

---

① 安家瑶：《中国早期玻璃器皿》，《考古学报》1984年第4期。
② 《昭明文选》卷三李善注引《南越志》说，"木难，金翅鸟沫所成，碧色珠也，大秦国珍之。"

(精)。即石英，无色透明的叫水晶，紫色的叫紫水晶。这三种珠饰主要来自大秦。(4)香料。南海诸郡有熏香的习惯，《广州汉墓》载有明器陶熏炉100件，实用铜熏炉11件，有些炉腹内尚有香料残存。合浦、韶关的汉墓也同样有熏炉出土。香料消耗量颇大，除一部分来自珠崖郡外，其余都靠进口。香料是价值高昂的进口货，有人因进贡而得官。唐人冯贽《记事珠》说，"汉雍仲子进南海香物，拜洛阳尉，人谓之香尉"[①]。在长安宫殿，焚香也渐成风气。汉人郭宪《别国洞冥记》说，汉武帝后期，在甘泉宫"烧天下异香"，其中一种名叫荃靡香的，来自波祇国[②]。看来这些香料是从海路运来的。此外，随海船而来的还有不少外国奴隶。两广汉墓出土大量陶制、木制和铜制的托灯俑、侍俑和乐俑，多是头上缠巾、深目高鼻的外国人形象。这些出自海外的奴隶，当是后世所说的"昆仑奴"。

虽然南海诸郡没有多少本地商人和本地产品参加对外贸易，但徐闻、合浦作为外贸港，番禺作为外贸商品的集散地之一，必然要投入相当多的人力、物力，例如提供帮工和船运等，对于地方经济的进步无疑是个积极的因素。另外，由此而引进的植物，如茉莉、素馨、桄柳、槟榔、椰子等等，都在南海等郡培植成功，丰富了岭南"园圃"的花果树木品种。

---

① 江畬经编辑：《历代小说笔记选》，上海书店1983年版。
② 江畬经编辑：《历代小说笔记选》，上海书店1983年版。波祇国是否指波斯Persia，未详。

第六节 越族群的分化和荆蛮南移

汉代,今广东境的原百越族群发生了分化。一方面,在汉人众多、越人与汉人杂居往来频繁的地区,由于先进汉文化的长期影响,部分越人从本族群中分化出来,被同化为汉族人。另一方面,在汉人较少或者没有汉人定居的地区,由于族内的差异越来越大,所以在不同的群体之间产生了若干新族称。

约在东汉时,又有岭北一部分荆蛮南移到苍梧郡和桂阳郡的岭南各县,他们与分化了的当地越族互相影响,从而使这里的民族变得更为复杂。

一、岭南东部越人同化于汉族

经秦而至汉代,岭南东部的南海郡大部地区,粤北诸县和苍梧郡的小部分地区,由于长时期的民族交往和杂处,当地的越人已与汉族融合,形成了共同的民族特点。

东汉以后,在这些地区内,扬越、越等称谓,已逐渐从史籍中消失,代之以平民、县人、吏人等;即便是对暴动的发起者也只蔑称为盗贼、贼寇而没有冠以族名。就是说,越族已不复存在。占该地区人口大多数的越人融合到汉族队伍之中,成为郡县政府管辖下的编民,与汉族人民的差别逐渐消失。在装束方面,越人断发文身之俗大为减少,多变为穿袍、束发加冠或束腰、长袖卷发的汉装。"跣足"之习虽然保留下来,但那是南方劳动者共有的习性而并不具有民族性。在饮食方面,有其地域特色。《盐铁论》卷九说,"越人美蠃蚌而简太牢",指的既是越族的食性,也是越地居民的食性。张华《博物志》卷一说,"东南之人食水产……食水产者,龟、蛤、螺、蚌以为珍味,不觉其腥臊也"。指的已完全是地域的食性了。由此可见,越族的食性后来已变成东南沿海人民的共同食性了。在居室方面,从《广州汉墓》所载明器看,越式干栏有所改变,屋顶改为两坡盖瓦,结构从一字式变为曲尺式,门侧设窗,下层主屋之外还有围墙。此外还出现了楼阁式、三合院式和城堡式的房舍,每座都自成院落,能派上多种用场。这些建筑上铺瓦下铺地砖,结构较复杂,同干栏有一定的继承关系而又较为先进,标志着以木柱梁架结构和以均衡对称为主要特色的中国传统建筑体系在岭南的推广。在婚俗方面,"不知礼则"的不固定婚姻遗俗,东汉以后不见记载。在葬俗方面,据《广州汉墓》载,附有腰坑或坑底铺小石的越式墓已无出现,越式陶器和铜器也基本上没有了,而代表汉文化的器物却越来越多,有些铭文的吉祥用语同内地的一样。这说明不论是汉人还是越人都采用汉族葬制。在语言文字方面,粤语开始出现,带有浓厚古越语色彩的方言,属汉语体系。文字完全使用汉字。总之,西汉中后期起,在这个地区内,越族的风尚习俗,或者被淘汰,或者被改造,或者被吸收到新的联合群体——汉族之中。

但是,东部越族被汉人同化,只是大部分,仍然有一小部分(主要居住在粤北深山地区)只是在某种程度上汉化,而保留不少越族基本特点。越汉民族的融合是历史的进步。由汉越民族亲密交往而导致的融合，是我国古代民族融合的典范。

二、从越族群分化出的乌浒人

汉代合浦、苍梧两郡各有一部分为今广东的粤西地区。这里原是百越族中的西瓯和骆越的居地，生产落后，山岭阻隔，郡县统治和汉文化影响不易达到，社会发展缓慢，虽有少数汉人杂居其间，但民族界限分明。再由于岭南百越族不同族群的互相接触和混杂，在东汉时又出现有新族称的百越后裔。其中之一是居住于原骆越地区和骆越、西瓯接界处的乌浒人[①]。

乌浒之名，始见于《后汉书·南蛮传》。东汉灵帝建宁三年（170），"郁林太守谷永以恩信招降乌浒人十余万内属，皆受冠带，开置七县。"乌浒族源甚古，《墨子·鲁问》中所说"楚之南有啖人之国"，其人即乌浒之先民。

乌浒一名的由来有多种说法：一说是"骆越"的音转，但考查古今韵母，两者全然不同，不可能是通韵或音转关系。一说是越王勾践的祖先"无余"之后。从地理上考察，百越族群不可能有如此跳跃式或长距离的奔徙，且乌浒人在经济和文化上要后进得多。一说因合浦郡得名。此说较合理。"交广

---

① 另外还有居住区域更广泛的"俚人"。因汉代俚人资料极少，故并入第六章中叙述。

之界，民曰乌浒。东界广州之南，交州之北。"①乌浒人生息的这块地域，就在汉合浦郡的西部、南部和郁林郡的南部一带。"浦"为"浒"的音转，合浦正因有乌浒人居住而得名。宋初的《太平寰宇记》卷一百六十六说：横州（治所在今广西横县）乃"乌浒旧巢"，"乌峦在州东八十里，乌蛮所居"。乌蛮亦乌浒。其地在汉合浦郡北界，或即合浦西南部之乌浒自此而来，故称其地为乌浒之"旧巢"。由此亦可证乌浒得名于合浦。在谷永之前，元初三年（116）《后汉书·南蛮传》已有"郁林、合浦蛮、汉数千人攻苍梧"的记载。古代习惯以地名与"蛮"并称，合浦蛮即合浦的乌浒蛮（后世亦称"乌蛮"或"乌蜒"）。这一支百越族群之裔多数生活在沿海丘陵地带，并渗入了疍的成分。

汉代乌浒人在风习上尚保留有古越族先民食人、猎头的原始陋俗。《后汉书》载："交趾之西，有啖人国，生首子则解而食之，谓之宜弟……取妻美则让其兄，今乌浒人是也。"②此种食长子以求"宜弟"的习俗是百越先民"损子产"族的遗风，让妻与兄则是古代同辈兄弟与同辈姊妹均互为夫妻的遗俗，属于人类婚姻史上"亚血缘内婚"的残余形态。所谓啖人国的"啖"，为吃、食之意，汉乌浒人不止啖子而且猎人而食，也是古越人某些部落的遗风。由此可知，乌浒人确是岭南土著居民的后裔。《南州异物志》说：乌浒人利得人食之，"春月方田，尤好出索，贪得之，以祭田神"。猎人以"祭田神"也是乌浒人的风俗。此外，乌浒人还有巢居、鼻饮、葬

---

① 《太平御览》卷七百八十六引《南州异物志》。
② 《后汉书》卷八十六《南蛮传》。

同一坟、男女同浴、女既嫁便缺去前一齿（"凿齿"）[①] 等等风俗。

关于乌浒人的社会状况与生产，《南州异物志》有所记载：当地有竹，破以为弓，长四尺，名"狐弓"，"削竹为矢，以铜为镞，长八寸"。地产毒药，涂以射人，须臾即死。出道旁袭击商旅，得人归家，合聚邻里，"□死人中，当四面向坐，击铜鼓，歌舞饮酒，稍就割食之"。"乌浒取翠羽，采珠为产，又能织斑布，可以为帷幔。"观此可知，汉代乌浒人虽有野蛮遗风，但社会已有某种进步。其一，似有家室邻里；其二，有铜器用具；其三，有采珠业，并与外界交换产品；其四，有水稻春种。四者均可视作社会进步的标志。但由于史载不详，难以判断其进步程度。

乌浒人的分布，在东汉末曾有过较大变化。谷永招降乌浒置七县后，交趾、合浦乌浒蛮又于灵帝光和元年（178）反叛，规模较大。光和四年（181）被交趾刺史朱俊击破。一部分乌浒人被打散。三国时今广东西部及广西"苍梧、郁林、合浦、宁浦、高凉五郡中央"等地居住着俚人。被打散的乌浒人可能进入俚人居地，并逐步与越族群中之一的俚人聚合、同化。

三、荆蛮南移

西汉初，南越王赵佗在上汉文帝的书中说："西北有长沙，

[①] 《太平寰宇记》卷一百六十六引《异物志》等书。凿齿也是岭南先民遗俗。

其半蛮夷。"① 西汉"长沙国"和武陵郡的"蛮夷"皆古荆蛮族群的后裔，称长沙蛮、武陵蛮。在先秦至汉的岭北出土文物中，有"越王州勾"剑和靴形铜钺、"王"字形纹矛等百越族的兵器②，是此时期百越族群逾岭向荆蛮居地长沙郡和沅水地区渗透的物证。反之，春秋、战国时和秦代受楚、秦所迫，岭北荆蛮逾岭而入越人地区，则更是难免的。尤其是汉置桂阳郡后，跨岭而治，该郡岭北部分的长沙蛮，游耕到同郡岭南诸县，只不过是举足之劳。但是荆蛮早期进入岭南的具体情形已不可考，东汉时始见于文献记载。

东汉长沙蛮和武陵蛮都相当强大。当他们因反叛汉廷而受到官军攻击时，就往往较大规模地向岭南逃窜或流徙。桓帝永寿三年（157）长沙蛮叛，历时几年，规模愈大。延熹三年（160），"零陵蛮入长沙"，"武陵蛮寇江陵"。两年后朝廷命冯绲为车骑将军，"将兵十余万讨之"。冯绲军到零陵，长沙蛮在营道（今湖南道县）请降③。营道与苍梧一岭之隔，反叛的长沙蛮（或零陵蛮）在此日久，成批逾岭至苍梧、桂阳郡地是合乎常理的。冯绲在长沙蛮降后，进击武陵蛮，受降10余万人后回京。于是"长沙贼（即长沙蛮）复起攻桂阳、武陵"。约在冯绲征蛮的同时，延熹五年（162），"长沙、零陵贼合七八千人，自称将军，入桂阳、苍梧、南海、交趾。交趾刺史及苍梧太守望风奔逃，二郡皆没"。朝廷派度尚为荆州

---

① 《汉书》卷九十五《两粤传》。
② 湖南省博物馆等：《湖南益阳战国两汉墓》，《考古学报》1981年第4期。
③ 《后汉书》卷八十六《南蛮传》、卷三十六《冯绲传》。

刺史进击。度尚"广募杂种诸蛮夷，明设购赏，大破之"①。度尚所募者必多为荆蛮。"长沙、零陵贼"可能就是长沙蛮、武陵蛮，或其中必有这两蛮的成分。可见，入桂阳、苍梧、南海以至交趾的，跟在后面追击的，都有荆蛮。其中必有为数颇多的人流落岭南。他们大都居留或游耕于桂阳郡的粤北山区和苍梧郡偏北的岭南山区，少数可能到达俚人及乌浒人居地。

　　荆蛮族群的南徙路线，大致上分二支。从长沙等郡直接跨过五岭而来的一支已如上述。在吴、晋时，桂阳郡粤北诸县划为始兴郡地，徙居于此的荆蛮，有了"始兴蛮"的族称，又有"始兴溪子"之称。这说明始兴蛮在此定居已久（在吴、晋以前），而且可能已经与当地土著融合而成新族。另一支是从今湘西向贵州、广西一带迁移，其中一部分又从广西进入广东西北部。这一路的迁徙多走水道。"按水经，浪（浪为浪之误）水出武陵镡城县，北界沅水谷，南至郁林潭中县与邻水合（原注：今谓之移溪）；又东至苍梧，为郁溪；又东至高要县为大水（原注：即今西江）。蛮越之众，自此逾岭而居溪洞。"②他们进入广东西北部地区后，与当地原越族后裔杂居。

　　古老的武陵蛮等，传说是盘瓠之后，尊奉狗图腾。东汉应劭云：盘瓠之后，"织绩木皮，染以草实，好五色衣服"。"好入山壑，不乐平旷。……外痴内黠，安土重旧"。有"田

---

① 《后汉书》卷三十八《度尚传》。
② 顾炎武：《天下郡国利病书》卷一百三。

作贾贩","无关梁符传租税之赋,有邑君长(酋长)"①。他们在先秦时已实行刀耕火种,并经常流动游耕,兼事狩猎、畜牧,惯居于山区。田作和贾贩的出现,可能在秦以后。凡迁来岭南的荆蛮族群,基本状况大致如此。

第七节 汉文化在南海诸郡的推广

汉廷在今广东境内施庠序之教,倡读《五经》之书,行察举、辟举之选,兴封建伦常之礼,力促汉文化的推广。因此,由读书而仕进的士大夫阶层初步形成,学者及其著述应时而生,岭南的越文化和习俗发生较大的变化,促进了汉、越民族的融合。

一、庠序的创设和经学家陈元

汉武帝建元五年(前136)始置《五经》博士,又二年,采公孙弘建议置太学,其后又兴郡国学。平帝元始三年(公元3)王莽定地方官学制度:"郡国曰学,县、道、邑、侯国曰校。校、学置经师一人。乡曰庠,聚曰序。序、庠置孝经师一人。"②南海诸郡何时创办学校不详。但从西汉时已有人举秀才、任官职可知,某些郡县可能已有学校、庠、序之类。

---

① 应劭:《风俗通义·佚文》,王利器《风俗通义校注》本,中华书局1981年版。

② 《汉书》卷十二《平帝纪》。

东汉初，史籍已有桂阳郡设置学校的明确记载。《后汉书·卫飒传》说：卫飒任桂阳太守，"修庠序之教"。同书卷五十七《栾巴传》也说，顺帝时桂阳太守栾巴"兴立学校，以奖进之，虽干吏卑末，皆课令习读"。郡县学校的课程当为《五经》等，乡村庠序则以《孝经》为必修课，刺史属官中有"孝经师"可证。从周府君碑碑阴所列名单中看出，这个时期的封建教育是有成效的。周憬任桂阳太守时，充当本地官吏的，有曲红籍士人16名、浈阳籍4名、含洭籍3名，共占所列官员的72%。这些人当为地方官学所培养。

南海郡和苍梧郡有私学，但未见官学记载。灵帝时，番禺县人董正"耽意术籍，志在规俗。年十五，通《毛诗》、《三礼》、《春秋》"①。南海郡人黄豪，"年十六，能通《论语》、《毛诗》。弱冠，诣交趾部刺史，举茂才，因寓广信教授生徒。"②董正、黄豪可能是受业于私学和家学，而黄豪后来又是教师。

东汉末年，由于中原战乱，一批学者南来，使私人办学的风气更盛。第一个南来执教于私学的学者是北海郡人刘熙。刘熙在汉献帝建安年间（196—219）南投岭表，"往来苍梧、南海，客授生徒数百人"③。在数百个生徒中，既有本地士人，也有外地迁客。例如：沛郡人薛综，"少依族人，避地交州，从刘熙学"；汝南人程秉，"隶事郑玄，后避乱交州，与刘熙考论大义，遂博通五经"；南阳人许慈，"师事刘熙，善郑氏

---

① 陆胤：《广州先贤传》，《太平御览》卷三百八十五引。
② 区大任：《百越先贤志》卷四。
③ 黄佐：《广东通志》卷五十一。

学"①。这三人后来分别成为东吴的合浦太守、太子太傅和蜀汉的博士官,都得益于刘熙。刘熙一边讲学,一边著述,著作有《谥法》3卷和《释名》27篇。《释名》把实用品物的得名及其用途加以解释,分类成篇,有一定的学术价值。由于它以同音或近音字释义,又注意到同古音相比较,因而又是一部现存汉语语源学的重要著作。

粤籍学者首次在正史立传的是东汉初年的经学家陈元。陈元字长孙,广信县人。其父陈钦,与刘歆同精《左氏春秋》,并以此传授王莽,自名为《陈氏春秋》,王莽篡汉后,任厌难将军。陈元少传家学,为父书训诂,成为这一经学派别的宗师之一。

光武帝建武四年(公元28),有人建议太学增开《左氏春秋》课,相应立博士官。光武帝刘秀在洛阳云台召开有公卿、大夫和诸经博士参加的御前会议,征询意见。这是继汉哀帝时刘歆发动而未获成功的又一场学术辩论。《易》学博士范升极力反对,认为《左氏春秋》"非先帝所存,无因得立"。这是汉儒今文经学派排斥古文经学派(左氏学属古文经学派)的门户之见。双方论难半日,刘秀不能决。陈元即诣阙上疏,首先指出"《左氏》孤学少与,遂为异家之所覆冒",然后批驳后帝必须因袭前帝的论调:就政事方面而言,"若先帝所行而后主必行者,则盘庚不当迁于殷,周公不当营洛邑,陛下不当都山东(指洛阳)也";就经学方面而言,汉武帝喜爱《春秋公羊传》,而宣帝独学《春秋谷梁传》(前者为"今文经",

---

① 《三国志》卷五十三《程来传》、《薛综传》,卷四十二《许慈传》。

后者为"古文经"），结果两传并存，"此先帝后帝各有所立，不必其相因也"①。这番议论颇有说服力。其后刘秀终于决定设立《左氏春秋》学。主持太学的太常提出该门博士候选人4名，陈元居首，但刘秀却选中第二位的李封。不久，争论再起，李封病故，《左氏春秋》设而复废。

陈元以才学著称于时，先后被司空李通和司徒欧阳歙辟为掾属，就时政发表过一些见解，有被接纳的，也有不被接纳的，后来因病去职。著作有《左氏同异》和《司徒掾陈元集》，均已散佚。其子坚卿亦长于文章，粤人以其祖孙三代合称"三陈"。陈元治学、成长于洛阳，与原籍关系并不密切②。

二、粤人从政和士风

南海诸郡士人的从政，主要通过察举和辟除两途，其他如征召、荐举、任子、纳赀等方式，均未见记载。察举是州郡长官根据规定的科目，定期向朝廷推荐人才，是两汉选士的主要制度，科目有秀才（东汉避光武帝刘秀讳，改为茂才）、孝廉、贤良方正等。辟除是高级官员聘用属员的制度，分为公府（中央的太尉、司徒、司空三公官府）辟除和州郡（刺史、太守）辟除两种。无论察举还是辟除，东汉都较西汉为盛。

察举制度，南海诸郡在西汉中后期开始实行。两汉因察举仕进的有：西汉成帝时浈阳人何丹，举秀才为含洭长。东

---

① 《后汉书》卷三十六《范升、陈元传》。
② 据道光《封川县志》，陈钦墓、陈元墓均在今封开。

汉章帝时番禺人杨孚，举贤良为议郎；顺帝时番禺人陈临，举孝廉累官苍梧太守、廷尉；桓帝时曲红人郭苍，举茂才为荆州从事；献帝时合浦人姚文式，举茂才为交州治中；揭阳人吴砀，举孝廉为成安（今河北境）长；南海郡人黄豪举茂才为外黄（今河南境）令；番禺人唐颂，举孝廉为布山令（最后三人皆东汉末人）[①]。因地方教育初创，故举士不多。

辟除制度。南海诸郡辟除属官始见于东汉。公府辟除的，有广信县人陈元、苍梧郡人邓盛和桂阳县人唐珍。州郡辟除的更多一些，因为州刺史、郡太守多是外地人，他们不可能带来全部掾属，适当吸收当地有影响的人物，便于施政。被辟除的士人，去留自由，可应辟，可"不就"，也可辞职。这样有利于扩大仕途，提高办事效率；但弊病在于：地方大吏以此笼络士人，培植私人势力，妨害中央皇权。

南海诸郡的士风同东汉王朝的文化教育政策有密切关系。光武帝刘秀及其后继者们，在推行儒学、增设五经博士的同时，大力普及《孝经》。这样做是为了巩固封建秩序："夫国以简贤为务，贤以孝行为首……事亲孝故忠可移于君，是以求忠臣必于孝子之门"[②]。因此，以孝为基本内容的封建意识和伦理道德就在南海诸郡中成为风气。南海诸郡的"巨孝"，见于地方史籍的，有南海郡的罗威、唐颂，苍梧郡的丁密、顿琦和合浦郡的丁茂等等。他们一面埋头经籍，一面实

---

① 黄佐：《广东通志》卷五十四。粤人从政者，尚有南海郡人郭稚。灵帝光和年间元氏县白石神君碑碑阴刻有"祭酒郭稚子碧"等字。见汤用彤《汉魏两晋南北朝佛教史》第四章。

② 《后汉书》卷二十六《韦彪传》。

践孝行。有的夏夜驱蚊，冬夜温席，让父母安睡；有的事亲理家，退让产业，兄弟和睦；更多的是在双亲去世后守墓六年，弄到形容枯槁。这些行径，都得到社会舆论的赞扬。其中一些在孝名昭著之后，不愿为官，终身退隐。例如：罗威，邑"令异其行过人，召辟署门下吏，威辞不就。强之颇力，遂偕母遁于增城县界，令去，还复故居"；丁茂，"太守察孝廉，终身衰绖不就，吏民皆敬重之"①。

经过两汉政权在岭南推行封建文化，行庠序之教和察举、辟举之制，在今广东境内，封建士大夫阶层初步形成。立于汉灵帝熹平三年（174）的《桂阳太守周憬功勋铭》碑阴列出参与建碑的官吏31人，属本郡籍贯的27人。其中岭南占23人，官职最高的是荆州从事（2人），其次是南部督邮（1人），其余是郡县的下级属员。从中可以看出，当时郡县官吏，特别是吏，大多在当地人中辟除。岭南的士大夫，有的官至太守、廷尉，有的官至议郎，有的以经学著称于时。他们或出身于官宦之家，或出自平民百姓。这些人中的高官、名臣绝少，也没有门生、旧属众多的官僚世家，可见此时南海诸郡土著封建士大阶层的队伍还很弱小。

三、《南越行记》和《异物志》

《南越行记》（书名始见于明黄佐《广东通志》），是第一部记述岭南事物的专书。作者是两次出使番禺的汉太中大夫

---

① 黄佐：《广东通志》卷五十四。

陆贾。在《南方草木状》中见到两段引自该书（未提书名，只云陆贾所说）的文字，其一是关于罗浮山上的杨梅和山桃；其二是关于南越境内的耶悉茗花和茉莉花，说此二花"缘自胡国而至"。胡国，当指印度。

美国学者劳费尔认为两花的记载失实，理由是公元300年以前不可能有西亚人到广州，两种花的移植也没有为外国史料所证实[①]。这个见解不正确。因为：第一，汉武帝派官船出航黄支国之前很久，即公元前4、5世纪，中印间已经有民间海上贸易往来；第二，比陆贾稍后，死于公元前2世纪后期的南越文王赵眜的墓中，有一个与刻有公元前5世纪波斯薛西斯王名字的金银器同类的银盒，肯定是赵眜下葬前拥有的西亚的舶来品[②]。据此，陆贾在同一世纪上半期在南越见到原产于喜马拉雅山和印度的这两种花就不足为怪了。

《异物志》又名《南裔异物志》、《交趾（州）异物志》，东汉杨孚撰。杨孚字孝元，番禺县人。章帝时举贤良对策，官拜议郎；和帝时，曾谏止向匈奴用兵，又抨击地方官吏的贪暴，谓"郡邑侵渔，不知纪极，货赂通于上下，治道衰矣"。由于交趾部刺史和郡县长官向皇帝"竞事珍献"，"指为异品"，故杨孚把岭南土特产分门别类，写成《异物志》，"使士民识之"，知道"其实皆常物也。"此书原为"正贡献"而作，旨在讽谏，获得了"自后罗浮玳瑁之属日绝"[③]的效果。

[①] 劳费尔著、林筠因译：《中国伊朗编》，北京商务印书馆1964年版。
[②] 麦英豪：《象岗南越王墓反映的诸问题》，《岭南文史》1987年第2期。
[③] 黄佐：《广东通志》卷五十四。据《太平寰宇记》卷一百六十引《南越志》，罗浮山下有池，产玳瑁。

《异物志》一书，《隋书·经籍志》等都有著录，只是书名稍异，至宋代散佚。清道光年间，南海县人曾钊从《水经注》、《齐民要术》、《文选》注、《艺文类聚》、《初学记》、《太平御览》和《太平寰宇记》诸书中辑录有关内容成两卷本，颇为完整。其中确为杨孚所撰者为一卷，直称《异物志》，而未冠作者姓名者为另一卷。

《异物志》是迄今可见的南海郡人第一部学术专著，也是我国第一部地域性物产志。它为后人提供了汉代岭南地区（也涉及周边各国）植物学、动物学、矿物学和民俗学的第一手材料，并在体例上开了这类著作的先河。它在写法上也有独到之处，如蚺蛇、鹧鸪、榕树、桂树等条目用韵文，四字句，读来朗朗上口，无怪清人屈大均说，粤诗始杨孚。"其为《南裔异物赞》，亦诗之流也"①。后世番禺人民在杨孚旧宅故址（今广州市漱珠冈）建杨议郎祠表示对他的敬仰之情。

此外，今存广东汉朝人所遗留下来的作品和文字有如下三则：(1)《桂阳太守周憬功勋碑》。碑文作者郭苍，字伯起，曲红人（汉曲江又称曲红），荆州从事。正文600余字，另有七字赋体文29句。屈大均称其"碑文甚奇古，六泷山水之胜，形容殆尽，其才亦扬雄之亚云"②。(2) 歌颂交趾刺史贾琮的民谣。谣曰："贾公来晚，使我先反；今见清平，吏不敢犯。"③所指系关于灵帝中平元年（184），贾琮平息叛乱、笼络人心的事。(3) 歌颂苍梧太守陈临的民谣。谣曰："苍梧府君恩广

---

① 屈大均：《广东新语》卷十二。
② 屈大均：《广东新语》卷十一。
③ 《后汉书》卷三十一《贾琮传》。

大，能令死囚有后代，德参古贤天报施。"① 其事实是：顺帝时，苍梧有为报父仇杀人者被捕，罪当死，陈临悯其无子，乃令其妻到狱中侍候，待其妻产子后处刑。郡人感陈临之恩，故有此谣。两首民谣皆浅白而口语化，属民间口头文学。

四、越人和越文化流入中原

两汉除有中县民迁入岭南之外，也有岭南越人迁至岭北及中原各地。

西汉官府曾把相当数量的骆越人北迁汉水中游的中卢县（今湖北襄阳）。东汉初年，这群世居中卢的骆越人成了刘秀和公孙述双方争取的对象，最后由汉将臧宫设计安抚②。1973年襄阳以南的江陵凤凰山10号汉墓出土的写有"越人□二户"的户籍简牍，说明汉代江汉一带散居着不少骆越人③。此外，还有奴隶北运。汉武帝斥责楼船将军杨仆，"前破番禺，捕降者以为虏……是一过也"④。汉朝惯于把战俘作奴隶，而投降者不在其内，杨仆的过错在于扩大了"虏"的范围。由此说明汉军曾把一批南越战俘及降者当作奴隶北运。

内迁的越人只是极少数。他们不仅在内地从事农业劳动，而且还进入了军队。汉武帝置八校尉，属北军，其中越骑校

---

① 黄佐：《广东通志》卷五十四。
② 《太平寰宇记》卷一百四十五；《后汉书》卷十八《臧宫传》。
③ 傅举有：《内越、外越考》载，石钟健主编《百越史研究》，中南民族学院1983年刊本，第255页。
④ 《汉书》卷九十《杨仆传》。

尉掌越骑700人，由越人组成。如淳曰："越人内附，以为骑也"①。此职到东汉犹存。汉朝水师中也不乏善于水战的越人。早在进军南越时，参战的有"粤人及江淮以南楼船十万师"。五个将领中越人占其三。"出零陵，下离水"的戈船将军郑严、"下苍梧"的下濑将军甲和"别将巴蜀罪人"遗都是"越侯"②。破灭南越后，汉军继续同东越和西南夷作战，这三支军队起了颇大的作用。

越人北迁，带去越族的风俗，见于载籍者有如下数种：(1) 祭鬼和鸡卜。元封二年（前109），在武帝身边的粤人勇之进言："粤人俗鬼，而其祠皆见鬼，数有效。"这正投合重鬼神之祀的汉武帝所好，于是"乃命粤巫立粤祝祠，安台无坛，亦祠天神帝百鬼，而以鸡卜。上信之，粤祠鸡卜自此始用"③。与此相关，太初元年（前104），柏梁台毁于火，汉武帝改在甘泉宫受觐，"勇之乃曰：'粤俗有火灾，复起屋，必以大，用胜服之'。于是作建章宫，度为千门万户。前殿度高未央。"④ 这次扩建长安宫殿的庞大工程，明显是受粤俗的影响。(2) 饰物和饮食。汉代女子不分平民与贵族都戴珍珠耳珰为饰。古乐府《孔雀东南飞》有"耳著明月珰"句。汉制，太皇太后、皇太后、皇后、贵人、长公主和公主皆簪珥。"珥，耳珰垂珠也"⑤。这种打扮是向越人学来的。《释名》卷四说，

---

① 《汉书》卷十九《百官公卿表》注引如淳语。
② 《汉书》卷六《武帝纪》注引张晏、服虔、应劭之言。
③ 《汉书》卷二十五《郊祀志》。
④ 《汉书》卷二十五《郊祀志》。
⑤ 《后汉书》卷三十《舆服志》。

"穿耳施珠曰珰。此本出于蛮夷所为也,……今中国人效之耳。"所谓"蛮夷",包括儋耳、珠崖两郡的妇女,因为她们确有这种耳饰。

第 五 章

吴晋时期广东政局的演变与社会经济的缓慢变化

吴晋时期，从三国开始至东晋灭亡，共 200 年（220—420）。

吴进入交州后，对岭南加强了统治，并分交州置广州。西晋为时较短，中原丧乱，无暇南顾。东晋政权建在江南，而且地域仅有半壁，故不得不对岭南较为重视。同时，番禺成为全国主要对外贸易港口，南方各地与南海等郡的经济联系和人际往来更为频繁。因此南海诸郡经济获得一定发展，而文化则颇受江南影响。

东汉末至吴晋之交，广东西部俚人部落大部分脱离封建郡县，社会进步延缓。于是广东境形成两大经济区域：西部大部分俚人居住的地区仍处于部落和部落联盟的阶段，具有奴隶制的因素，属于亦农亦猎亦渔的经济区域；东部、中部等广大地区则是农业、手工业、商业发展较快的区域，番禺成为岭南的政治、经济、文化中心。

第一节 东吴首置广州

东吴孙权在与曹操、刘备鼎立争雄之际，将势力扩张到岭南，统治交州、广州约70年。吴基本上把交、广作为支持荆、扬前线的战略后方和搜刮财富、补充兵源的基地，在经济、文化上并无多大建树。但是吴的统治，也不无积极意义：制止了境内已经开始的州郡长官的割据和相互攻伐，使社会经济不致因大的战祸而凋敝；击降一部分溪洞酋帅，将其属下的人民纳入编户；特别是广州的设置，在番禺建立起另一政治中心，有利于南海等郡的开发。

一、东汉统治的削弱和步骘攻占交州

黄巾起义失败后，接着是董卓之乱，交州以外的各州，掀起一场讨伐董卓和牧守之间互相攻杀的大混战。到献帝建安十年（205）前后，以丞相曹操为首的军事集团，通过兼并，控制了中原和北方，形成"挟天子以令诸侯"的局面。在董卓之乱时即位的汉献帝，一直只是个傀儡，东汉政权早已名存实亡。

早在汉献帝初平元年（190），刘表就被任命为荆州刺史。他不大参与牧守之间的争夺战，于献帝建安三年（198），掌握有利时机攻并了长沙、零陵、桂阳三郡，"于是开土遂广，

南接五领，地方数千里，带甲十余万"①。他不听命于曹操，且将中原与交州几乎阻断，使两者难于联系。

约在献帝初年，交阯刺史朱符，凌虐克剥人民，"百姓怨叛，山贼并出，攻州突郡"②。结果朱符被杀。后任刺史张津是经曹操派任的，自不免与刘表为敌，但常打败仗，故其将士厌战，且终为部将区景所杀。刘表乘机委派零陵人赖恭为交州刺史，又以吴巨接替已故的苍梧太守史璜，开始将势力伸入交州。曹操不能容忍，遂以朝廷名义下皇帝玺书，对刘表所遣牧守不予承认，命交阯太守士燮"董督交州七郡"③。士燮无力对付赖恭、吴巨，交州遂处于两股势力共存的半分裂状态。

刘表未及经营交州，于建安十三年（208）病死。同年，曹操大举征荆州。约与此同时，吴巨举兵将赖恭逐走，故交州实由吴巨、士燮分割据有。荆州方面，经赤壁之战，刘备与孙权合兵破曹，刘表故地被分而为二：孙权占领了长江中游的江夏、南郡二郡；其余长沙、武陵、零陵、桂阳四郡皆被刘备派兵占领。这时刘备的地盘零、桂二郡与交州接界，而且桂阳郡领有曲江等粤北诸县，有利于向交州扩张。而孙权在岭南的地盘则只有大庾岭以南的一小块，与交州接壤处较短，向交州扩张的条件不如刘备。

孙权对赤壁之战后刘表故地的分配极不满意，于是，把扩展的目标指向交州。建安十五年（210）孙权任命鄱阳太守

---

① 《后汉书》卷七十四下《刘表传》。
② 《三国志》卷五十三《薛综传》。
③ 《三国志》卷四十九《士燮传》。

步骘为交州刺史、立武中郎将，"领武射吏千人，便道南行。明年，追拜使持节、征南中郎将"①。据《水经注》引《交广春秋》：步骘往交州前，先派人通知并晓谕在广信的苍梧太守吴巨。吴巨亲至零陵迎步骘到广信，后又生反悔。步骘遂以邀请吴巨和将领区景议事为名，将二人诱杀。然后治舟船，将军队扩充到2万人，"下取南海"。在步骘帅水军下南海（番禺）之时，吴巨旧部苍梧人衡毅、钱博组织一支军队，在今高要羚羊峡口进行阻击，结果"毅与众投水死者千"②，步骘乃顺利地取下番禺。

自步骘到广信后，特别是杀吴巨、并其军后，分据交州数郡的上燮兄弟，便都"相率供命"；及下番禺，交州粗定，"南士之宾，自此始也"③。

建安十六年（211）益州牧刘璋迎请刘备，"使击张鲁"；但刘备随即转攻刘璋，于建安十九年（214）取得益州。曹、孙、刘三足鼎立之势至此形成。次年，孙权派吕蒙袭取了刘备的长沙、零陵、桂阳三郡。当时，刘备在曹操进军汉中的威胁下，并未与孙权决裂，而是经过双方协商，将原属荆州六郡的江夏、长沙、桂阳三郡划归孙权，南郡、武陵、零陵三郡归刘备，并以湘水为界，其东属孙，西属刘④。这样，孙权就囊括了汉扬州到交州的漫长沿海地域，而且占有粤北桂阳等县，免除粤北对番禺和广信的威胁，在交州的统治有了

---

① 《三国志》卷五十二《步骘传》。
② 《水经注》卷十五《浪水》，《永乐大典》本。
③ 《三国志》卷五十二《步骘传》。
④ 《三国志》卷四十七《吴主传》，卷五十四《鲁肃传》、《吕蒙传》。

较牢靠的陆上依托。

步骘在番禺,对其地理环境做了一番考察,"睹巨海之浩茫,观原薮之殷阜",乃将旧时南越的番禺城加以重建,于建安二十二年(217),把交州治所从广信迁至番禺。至此,"绥和百越,遂用宁集。"①

二、东吴与士氏的联合和破裂

苍梧人士燮,约在黄巾大起义前后,任交趾郡太守。在乱世中他一直连任。建安初叶,避难交州的袁徽说士燮"学问优博,又达于从政,处大乱之中,保全一郡,二十余年疆场无事"②。汉朝廷对他颇有好感。当交趾刺史朱符被当地人民逐杀、"州郡扰乱"时,士燮乘机向朝廷请求,让其长弟士壹当合浦太守,次弟士䵋(音"以")任九真太守,三弟士武为南海太守。于是一门四太守,统治了交州的大半。他"偏在万里,威尊无上。出入鸣钟磬,备具威仪,笳箫鼓吹,车骑满道……当时贵重,震服百蛮,尉他(赵佗)不足逾也"③。因此,步骘初到交州,便采取与士氏联合的策略,尽力取得士氏的支持。而士氏本无过大野心,在东吴保证其既有权益的前提下,也就愿意同步骘合作,归顺东吴。

建安二十四年(219),孙权遣吕蒙袭取荆州,杀关羽,与刘备反目成仇。接着,刘备称帝,于章武元年(魏黄初二年,

---

① 《水经注》卷十五《浪水》,《永乐大典》本。
② 《三国志》卷四十九《士燮传》。
③ 《三国志》卷四十九《士燮传》。

221）大举伐吴，同时任命李恢为庲降都督（在今云南）、使持节领交州刺史（实为遥领）①。士燮为吴积极画策抗蜀，利用他在南方的关系，对蜀永昌郡（今云南西部）大姓雍闿进行策反，使雍通吴。诸葛亮南征时，雍闿在当地被杀。吴任命刘璋之子刘阐为益州刺史，驻于交、益边界。因通款雍闿、刘阐有功，孙权特升士燮为卫将军，封龙编侯，士壹为偏将军，都乡侯。士燮则常遣使进贡，"杂香细葛，辄以千数，明珠、大贝、流离、翡翠、玳瑁、犀、象之珍，奇物异果，蕉、邪（疑即椰子）、龙眼之属，无岁不至。壹时贡马凡数百匹"②。孙权每亲自答书，褒奖勉慰。

步骘于献帝延康元年（220）被召回，由原庐陵太守吕岱接任交州刺史。吕岱到任后数年间，吴与士氏之间尚相安无事。

吴黄武五年（魏黄初七年，蜀建兴四年，226）士燮死去，孙权参照吕岱上表的意见，对交州采取了重大措施："分合浦以北为广州，吕岱为刺史；交趾以南为交州，戴良为刺史。又遣陈时代燮为交趾太守。"以士燮之子士徽为安远将军，领九真太守③。将合浦割归新建置的广州。这些措施，特别是交趾郡另派太守，都是针对士氏的。戴良和陈时到合浦，士徽便自署交趾太守，"发宗兵拒良"。此举标志着士氏与吴联合关系的破裂。

吕岱在广州闻士徽抗命，一面上表请予讨伐，一面调兵

---

① 《三国志》卷四十三《李恢传》。
② 《三国志》卷四十九《士燮传》。
③ 《三国志》卷四十七《吴主传》，卷四十九《士燮传》；《资治通鉴》卷七十。

三千,"晨夜浮海",前往交趾。吕岱至合浦,与戴良会合同进。又致书士徽等晓以利害,并命在自己军中的士壹之子士匡前往劝说:"虽失郡守,保无他忧。"士徽等见吕岱兵至皆大惊,只得从士匡之劝,兄弟六人出降。吕岱背信,立即将他们处斩,传首武昌。本来不主张反吴的士徽部将桓治、甘醴等被激怒,"率吏民攻岱",但为吕岱所灭。士氏之存者全被免为庶人。吴将交州分为交、广,本因士氏而发,士氏一平,复合二州为交州,以吕岱为刺史①,孙吴在这里的统治遂趋于稳固。

三、陆胤治交州和广州的设立

（一）陆胤在交州的治绩

吴黄龙元年（魏太和三年,蜀建兴七年,229）孙权称帝,将国都从武昌迁至建业（今南京市）。是年吴、蜀进一步结盟,共同反魏,蜀国时撤去遥领的交州刺史②。

吴赤乌五年（魏正始二年,蜀延熙五年,242）,孙权遣将军聂友、校尉陆凯领兵3万,讨珠崖、儋耳,以陆凯为儋耳太守,将海南岛纳入吴的统治范围之内③。

吴赤乌十一年（魏正始九年,蜀延熙十一年,248）,交

---

① 《三国志》卷四十九《士燮传》,卷六十《吕岱传》。在吴分交州为交、广之前,已从合浦郡分出一个高梁郡,这次划分,归广州的计有南海、苍梧、郁林、合浦、高梁五郡,与此后第二次分交、广不同。
② 《三国志》卷四十七《吴主传》,卷四十三《李恢传》。
③ 《三国志》卷四十七《吴主传》,卷六十一《陆凯传》。

州骚动，孙权命陆凯之弟陆胤为交州刺史、安南校尉。陆胤采取重在"招纳"的方针，以信义待人，使"高凉渠帅黄吴等支党三千余人皆出降"，然后引军而南，交趾、九真"贼帅"百余人、民5万余家，皆表顺服，"交域清泰"①。

陆胤平定交州之后，进一步采取安抚措施，"招合遗散"，于是流民归附，境内安定，"商旅平行，民无疾疫，田稼丰稔"。交州治所番禺濒海，水多苦咸，陆胤在城"东北五里北山脚下"，开凿一条引山泉入城的水渠，改善了人民的饮水条件，"亦呼甘泉"②。陆胤治交州不仅政绩较为突出，而且"家无文甲犀象之珍"，所以受到交州人民的拥戴，"负老携幼，甘心景从，众无携贰，不烦兵卫"。他在任11年，是交州局势最平稳、人民稍得安居纾息的时期。

（二）调、役的征取与兵员的提供

黄巾起义后，汉廷在交州的统治力量严重削弱，渠帅（多为俚族）纷纷乘机率领部众脱离郡县控制，不复为编民，不供赋役，造成供赋役地区和户口严重缩减。因此，吴势力一进交州，就不断征讨各地的渠帅，以期扩大赋役来源。

三国时期，魏、蜀、吴都实行户调制，即是按户征派田租、役和调。吴对交州编民户调的征收率不详，据薛综说，吴政权并不依赖交州的粮食和布类（布属于调），只求满足当地官府和军队的用度③，没有增加租的征收率。但编户增多却大

---

① 《三国志》卷六十一《陆胤传》。
② 方信孺：《南海百咏》。宋时此渠称"甘溪"，亦称菖蒲涧。
③ 《三国志·薛综传》："田户之租赋，裁（同才）取供办，贵致远珍名珠、香药……充备宝玩，不必仰其赋入，以益中国。"

大增加了租赋的征收量。所谓充备宝玩的奇物，如明珠、香药、孔雀等等，是吴统治者最需要的，每年要大量贡纳到吴都。这些东西大都为交州土产（也有外国进口的），征之于民，属于调的范畴。例如合浦产珠，采珠民便要输珠。即使是来自外国的宝玩，其贡献也科之于民。这些宝玩，不仅供皇室享用，还用来赏赐给有功的文武官员，或者出卖。如孙权嘉禾年间，"魏使以马求易珠玑、翡翠、玳瑁"，孙权遂借此获得战马[1]。因此，吴在交州，以攫取异物为主要内容的调十分沉重。这在一定程度上也充实了吴中央政权的财政。交州人民在吴时所服的劳役也比以前重得多，他们不但要在本州的郡县内服力役，还经常被大批抽调至京城劳作。吴景帝孙休永安年间，交趾郡就曾"科郡上手工千余人送建康"[2]。吴在交州对调和役的征取，越来越成为暴政。

三国纷争之际，吴、蜀皆缺乏兵源。吴曾多次通过伐山越（在今安徽、浙江交界一带山区），以俘获的山越之民为兵，得交州后，又以交州作为提供兵员之所。步骘入交州时只带兵一千，不过几年，其军队发展到2万人，显然是由击降和征发当地人扩大起来的。他离交州时，"将交州义士万人出长沙"，一次便为吴政权提供自成一军的兵源。陆胤治交州期间，"前后出兵八千余人，以充军用"[3]。显然，交州有供军的任务。吕岱在交州的时间比陆胤长，讨伐俘获和受降最多，向吴政权提供的交州兵可能比步、陆等更多。晋初左思《吴都赋》所

---

[1] 《三国志》卷四十七《吴主传》。
[2] 《三国志》卷四十八《孙休传》。
[3] 《三国志》卷五十二《步骘传》，卷六十一《陆胤传》。

谓"雕题之士、镂身之卒"便是指交州兵。该《赋》又说"槁工楫师，选自闽禺"，即选取闽和番禺（泛指交州）善习水性的人加入水师。

（三）广州的设置

交州地域广大，尤其是交趾、九真、日南三郡，在沿海狭长地带，民族差异较大，加之州治从广信迁至番禺，三郡更形偏远，颇不便于统一管理。孙休永安六年（263）交趾郡吏吕兴发动叛乱，九真、日南两郡立即响应。吕兴以交趾、九真、日南三郡降魏（魏随即为晋取代），于是开始了吴与魏、晋长达9年争夺三郡的战争。为便于指挥战争和战后的管理，永安七年（264），吴第二次将交州分设为交、广二州（在此之前，除已在合浦郡分出高梁郡外，又分出珠崖郡和合浦北部的合浦都尉）。交州辖交趾、日南、九真、珠崖、合浦五郡（其中的珠崖郡即今雷州半岛，郡治在徐闻，并遥领海南）。广州辖南海、苍梧、郁林、高梁、宁浦（由合浦都尉地及郁林郡的一个县构成）五郡①。

第二次分交、广后，广州作为行政区域遂告确立。至吴末，广州又新析置桂林、高兴二郡，共有7郡（由原苍梧郡分出的临贺、始安二郡割入荆州），约40余县，地域比东汉南海、苍梧、郁林、合浦四郡的总和为小，而县数却增多。

吴主孙皓于甘露元年（265）以"桂阳（郡）南部为始兴郡"②，治曲江，仍属荆州。同时（或在西晋武帝时）又将豫

---

① 关于吴第二次交、广各郡的划分，迄今各说不一，此系根据《晋书·地理志》、《宋书·州郡志》及《三国志·吴书》综合辨析所得。

② 《三国志》卷四十八《孙皓传》。

章郡南野县的岭南部立始兴县，归始兴郡。两者皆为不属原交州的地区，今在粤北。

吴在岭南置郡县的主要原因在于强化管理，扩充编户，增加赋役，防止叛乱。

吴时交、广二州郡县的职官，与汉代基本相同，没有大的变动。

四、吴晚年的暴政和郭马兵变

吴自孙权之后，继位者都是少主，或无能，或贪残，且奢侈浮华日甚一日。军队一贯实行世袭兵制，将与兵都是父亡子继，兵对将有着严重的人身依附关系，成为将领的私人部曲。兵既要打仗，又要垦田，甚至还要出外"贾作"（经商）[①]，为将领赚钱，备受虐待，苦不堪言，士气低落。而世袭将领们也一般不如他们的先人善于用兵，骄恣贪暴则过之。这样，就不能不加重人民负担而导致人民的反抗。

吴主孙皓在建业大兴土木，建昭明宫，"大开苑囿，起土山作楼观，加饰珠玉，制以奇石"，"功役之费，以亿万计"[②]。左丞相陆凯曾上书批评孙皓"二十事"，包括远贤、亲佞、不恤民、中宫万数、奢侈、多冤狱等等[③]。孙皓统治的末年，吴有扬荆交广4州，43郡，313县，523000户，32000吏员，23

[①]《三国志》卷四十八《孙休传》。

[②]《三国志》卷四十八《孙皓传》注引《太康三年地记》及《江表传》。许嵩：《建康实录》卷四，中华书局1986年版。

[③]《三国志》卷六十一《陆凯传》。

万兵,男女口230万,后宫5000余人[①]。即平均每100人要养10名兵士、一个多官吏,宫廷、皇室等巨大开支尚在其外。因此,人心厌吴,常有将领率众降晋和各地的反吴起事。而在吴之南陲,则于天纪三年(晋咸宁五年,279)夏爆发了震动全广州境的郭马兵变。

吴夺回交州三郡后,以交州刺史陶璜部将修允为合浦太守,又改为桂林(似应为郁林,当时桂林不是郡名)太守。修允因在番禺养病,先派其部曲督郭马带兵500赴桂林"安抚诸夷"。修允所统兵乃是其父修则(战死于交州)旧部,或是更早的荆州兵及其后代。郭马等是"累世旧军"。这些中下级将领同旧军兵士甚为团结。修允病死,郭马等不愿按制度将修允全军分由其他将领统率散驻各处。与此同时,孙皓又为增加赋役、征发兵员,令"科实广州户口"。于是郭马同下级军官何典、王族、吴述、殷兴等联络民众,发动兵变,攻杀广州督虞授、南海太守刘略,驱逐广州刺史徐旗。郭马自号都督交、广二州诸军事、安南将军,殷兴为广州刺史,吴述为南海太守,遣何典攻苍梧,王族攻荆州始兴郡[②],声势浩大。

孙皓闻郭马反,大惧,任命曾任广州刺史、为"岭表所伏"的滕循(《晋书》作滕修)为镇南将军、假节领广州牧,率万人从东道进讨;徐陵督陶浚(陶璜弟)领7000人,从西道进讨;交州牧陶璜率所部及合浦、郁林诸郡兵,与东、西两路军共击郭马。滕循被王族阻于始兴。陶浚在武昌闻晋大

[①] 《三国志》卷四十八《孙皓传》注引孙盛《晋阳秋》。
[②] 《三国志》卷四十八《孙皓传》。

举伐吴便停兵不进。滕循闻讯后亦回师"率众赴难"①。此后，郭马兵变是怎样平息的史无记载。唯晋初陆机说，"广州之祸，有愈乎向时之难"②，可见后果之严重。

郭马未平，吴已是"金陵王气黯然收"，"一片降幡出石头"了。

第二节 两晋时期的广州政局

岭南僻处南陲，"八王之乱"和"永嘉之乱"都未卷入，境内相对稳定。但是，为官于广州者却大肆搜括，因而水有"贪泉"之名，以刺贪官。

东晋时期由于人口增加和经济有所发展，在岭南增置郡县，今广东境内由原有的23县增至32县以上。

东晋晚期，卢循一度占领广州，割据广州等地达数年之久。卢循越岭北进，企图取代晋朝，这是中国古代第一次以广东为依托出岭"争天下"之举。此举虽然失败，却加速了东晋王朝的灭亡。

一、广州归晋和郡县的增置

晋武帝于咸宁五年（吴天纪三年，279）十一月，发兵20

---

① 《三国志》卷四十八《孙皓传》；《晋书》卷五十七《滕修传》、《陶璜传》。

② 陆机：《辩亡论》，见《昭明文选》卷五十三。"向时"，李善注："谓曹魏之世"。

余万，兵分三路，大举伐吴。晋军所向披靡，尤以龙骧将军王浚所率巴蜀水师浮江而下最为神速，出师仅三四个月，便打到建业。孙皓投降，吴亡。

晋武帝对所有吴地，命"牧守以下，皆因吴所置，除其苛政，示之简易"①。前奉孙皓命征讨郭马的滕修（《三国志》作滕循）这时也与广州刺史闾丰、苍梧太守王毅归晋。晋命滕修为安南将军、广州牧，"委以南方事"②。滕修是吴时在广州有威信的长官和名将，入晋后长期治广州，执行"示之简易"、"除其苛政"的政策，故在相当长的一段时间内，广州的政局比较稳定。

晋惠帝、怀帝在位期间，不断爆发流民起义和内迁的少数民族的反抗，终于在怀帝永嘉五年（311）酿成"永嘉之乱"，西晋灭亡。镇守建康（晋改建业为建邺，再改建康）的宗室司马睿被江南大族及避难江南的北方大族共同拥立为帝，都建康，是为东晋。时为东晋元帝建武元年（317）。

荆州刺史陶侃屡立大功，为权臣王敦所忌，被改任广州刺史、平越中郎将，实是左迁远放。其时为两晋之交。陶侃往广州，正值长沙人王机（王毅之子）叛乱，占领广州。陶侃迅速讨平王机。太兴元年（318）他晋号平南将军、加都督交州军事。几年后，又暂兼交州刺史，并晋位征南大将军。此时境内安定，在州"无事"可作，每日早上从屋内搬砖百块到屋外，下午再搬回，自云要保持勤劳，不可优逸，以便在

---

① 《晋书》卷三《武帝纪》。
② 《晋书》卷五十七《滕修传》。

国家有事时不丧失忠勤效劳能力①。陶侃搬砖的故事，后世传为美谈。他在广州（共约9年）无为而治，虽没有大的建树，然而能使境内平安，官不扰民，让广州人民得以休养生息。

两晋地方行政区域，仍为州、郡、县三级制。西晋初，对吴时的州郡县有些调整和兴革，在广州增加了一些县。东晋时所增郡县较多。

东晋先分南海立东官郡，再分东官立义安郡，并分南海立新会郡。东官郡辖有兴宁及海安等县。义安郡辖海阳（汉揭阳地）、潮阳（海阳分置）、海宁（今惠来西）、义招（今大埔南）、绥安（在今福建西端漳浦西南）五县。新会郡有新夷等县。苍梧郡亦分出晋康、新宁、永平三郡。晋康郡在广东境，辖元溪（今德庆悦城）、龙乡（今罗定南）、辽安、开平（二县不详）等县。新宁郡辖有在今广东境的临允、平兴（今高明西）等县。永平郡在今广西境。又晋元帝时分郁林郡立晋兴郡（在今广西）。划归湘州的始兴郡七县不变。

东晋末广州计辖13郡（永嘉年间由9郡减为6郡，后增7郡），至少60余县。其中今广东境有南海、东官、义安、新会、高凉、晋康、新宁7郡及苍梧郡的一部分，所辖在25县以上。再加始兴郡7县及交州合浦郡雷州半岛诸县，广东境已由23县增至32县以上②。新增郡县，基本上是人口增加、土地增辟的结果。

两晋地方官制大体上因袭前朝，州长官为刺史，其下有

---

① 《晋书》卷六十六《陶侃传》。
② 以上两晋郡县除据《晋书·地理志》、《宋书·州郡志》，尚参照《中国古今地名大辞典》、《中国历史地图集》（吴及两晋）等。

别驾、治中从事、诸曹（部门）从事、主簿等。广州的诸郡长官仍皆为太守。太守之下有主簿、主记室、录事史、功曹史、文学掾等，无督邮。县，大者置令（不必万户以上），小者置长，佐贰官有主簿、尉、诸曹史或掾。县以下有乡、里，无亭。乡置啬夫。里50—100户，置里吏1人。又晋武帝时起，专置"平越中郎将，居广州，主护南越"①。即兼顾交广二州军事，且必由广州刺史兼任。由此说明，从西晋起，岭南的政治、军事中心已置于广州的番禺。

二、赋役和官吏的贪黩

西晋武帝太康元年（280）颁行户调式，包括占田制、户调制和官员贵族按品级占田荫食客制。据《晋故事》载，一般百姓，占田及应纳户调为："凡民丁课田，夫五十亩，收租四斛，绢三匹，绵三斤。"② 这是假定一"夫"占田50亩，并非占田实数，不论占田多少，都征租、绢、绵如上数。纳税之民被规定为：男女年十六以上至六十为正丁，十五以下至十三、六十一以上至六十五为次丁，按丁征户调及役。南海郡番禺一带和苍梧郡一部分地方，以及始兴郡，凡在郡县管辖下的编户，大致按户调式计丁纳调服役。俚人酋长控制下的地方，则只能按户调式的另一规定酌情输纳："远夷不课田者输义米，户三斛，远者五斗，极远者输算钱，人二十八文。"

西晋后期中原大乱，无限征调；东晋初南北世家大族集

---

① 《晋书》卷二十四《百官志》。
② 徐坚：《初学记》卷二十七引。"夫"即是正丁，次丁如何征法，不详。

中江南，滥加赋役。但岭南得以幸免，因而人民的负担相对为轻。广出土的晋砖刻有"永嘉世，九州荒，如广州，平且康"，"永嘉世，九州凶，如广州，平且丰"的文字，反映了这种情况①。

东晋成帝咸和五年（330）六月，"初税田，亩三升"②。这是对江南南北世家大族竞相占田荫客、减损国家赋税而作出的改变，即废占田荫客制，改为按亩征税，又称"度田"。广州及始兴郡从无查实田亩的记载，不会按度田之令征租。哀帝隆和元年（362）将每亩田租减为2升，孝武帝太元元年（376）"除度田收租之制，王公以下口税米三斛"。八年（383）又"增百姓税米，口五石"③。改履亩为计口纳米，即将田税化为丁税，是服从于世族大地主的利益。计口征米的增税，在岭南少部分郡县内，当有所施行。

番禺在东晋时已渐成为主要的对外贸易港口，既有广州境内自产的珍奇之物，又有从南海诸国进口的珍宝，而且较以前更多。晋朝廷固然贪得南方宝货，到广州的牧守及其属吏们也大多为获取宝货而来。史载："广州包山带海，珍异所出，一箧之货，可资数世，然多瘴疫，人情惮焉。唯贫窭不能自给者，求补长史［吏］，故前后刺史皆多贪黩。"④ 其实，家道富裕被派来为官的人，未必不贪。至于贫者不避瘴疫，远

---

① 简又文：《广东文化之研究》，《广东文物》下册，上海书店1990年版。
② 《晋书》卷七《成帝纪》。
③ 《晋书》卷八《哀帝纪》，卷九《孝武帝纪》。这里所说的"口"，似指男、女丁。
④ 《晋书》卷九十《吴隐之传》。

道求补，更是非大肆搜括不可。车永"为广州刺史，居官贪浊，土豪等以蔽之"。其子车溢更仗父权势，"多使工作象牙细簟，工甚患之"①。邓粲《晋纪》记："浈阳令羊嗣贪而不治，县功曹吏共逐嗣"，并把他关在羊栏中②。东晋末，广州刺史褚叔度，"在任四年，广营贿货，家财丰积……还至都，凡诸旧及有一面之欸，无不厚加赠遗。"③ 在广州或岭南，得"一箧之宝，可资数世"的黩货贪官决非个别现象，人民对此十分痛恨，将番禺城北二十里石门这一往来要道口上的河水命名为"贪泉"，以刺贪官。

东晋安帝元兴年间，晋廷特别物色了一位清官吴隐之当广州刺史。他赴任时路经贪泉，不免慨叹，但不相信饮贪泉变贪之说，饮了几口泉水，并赋诗曰："古人云此水，一歃怀千金。试使夷齐饮，终当不易心。"④ 以伯夷、叔齐自许的吴隐之在广州几年，果然一尘不染，清廉无比。北归时，其妻私带沉香一斤，被他发现，投入水中。留下"沉香浦"这一古迹。吴隐之饮贪泉、弃沉香的故事，历代传为美谈。

三、卢循据广州及其败亡

晋安帝时，宗室司马道子、司马元显父子专权。他们"聚敛不已，富过帝室"。又征发江东诸郡"免奴为客"（由奴

---

① 《北堂书钞》卷七十二及《白氏六帖事类集》卷四引。
② 《太平御览》卷三百七十四引。
③ 《宋书》卷五十二《褚叔度传》。
④ 《晋书》卷九十《吴隐之传》。广州市博物馆藏明刻《贪泉碑》刻有此诗。

婢解放为佃农)者到京城充兵役,"东土嚣然,民不堪命"①。安帝隆安二年(398),广州刺史桓玄(未到任)、荆州刺史殷仲堪等,以讨伐司马道子父子为名,举兵反。此前,琅琊郡人孙泰,是个没落世族,"世奉五斗米道",颇得百姓崇信;因"扇动百姓,私集徒众",被司马道子诛杀。其侄孙恩逃往海上,后乘桓玄等反叛,纠合徒众起兵,于隆安三年(399)攻破会稽(今浙江绍兴),有众数万,又得三吴八郡的响应,声势浩大。两年后,孙恩屡被淝水战之中立大功的"北府兵"将领刘牢之及其部将刘裕打败。元兴元年(402)三月,孙恩败死于临海(今浙江临海),余众推其妹夫卢循为主。

卢循字于先,小名元龙,祖上是北方大族(范阳卢氏)。他在江南已属没落门第,遂与孙氏结姻并合谋反晋。他颇具才艺,为人宽和,故为余众数千人所推戴。这时,桓玄已消灭司马道子父子,控制了政权,正待篡位,为笼络起见,任命卢循为永嘉(今浙江温州)太守。卢循受命而不到任。桓玄派刘裕征讨,于元兴二年(403)败卢循于东阳(今浙江金华),又追破之于永嘉,再追击到晋安(今泉州)。卢循浮海南走②,趋广州。

卢循在广州也还有点根基:孙泰早年曾被司马道子流放到此,广州刺史王怀之与他同信五斗米道,以他为"行郁林太守",且"南越亦归之"③。这就是说,孙泰的五斗米道在广州境内不乏信徒,颇有影响。卢循是孙泰侄女婿,又是道众

---

① 《晋书》卷六十四《司马道子传》。
② 《宋书》卷一《武帝纪》。
③ 《晋书》卷一百《孙恩传》。

领袖，到广州靠以往孙泰的关系，较易立足。

卢循进攻番禺城时，遭到广州刺史吴隐之的抵抗，"攻击百有余日，逾城放火，焚烧三千余家，死者万余人"[1]。元兴三年（404）十月，攻下番禺并擒获吴隐之（后释放），很快占有广州，自署广州刺史、平南将军。又攻取荆州始兴郡，以姊夫徐道覆为太守，并遣使向朝廷贡献。次年，刘裕击杀称帝篡晋的桓玄，掌握了最高权力；因要削平桓氏残余势力，一时不能南顾，便以朝廷名义任命卢循为广州刺史、平越中郎将，徐道覆为始兴太守[2]。

卢循初入广州时，自号平南将军，不称"平越中郎将"，显然是注意协调民族关系，故较能和辑土著各族。当时有民谣云："官家养芦化成荻，芦生不止自成积"，"芦生漫漫竟天半"[3]。这表明民间对卢循有好感并寄以希望。他在广州站稳脚跟后，能保境安民，较得民心。他带到广州的只有几千名农民军，后来扩充到几万人，其中含徐道覆辖境内的"始兴溪子"。

徐道覆深知固守一隅非长久之计，必须伺机北进。安帝义熙五年（409）三月，晋车骑将军刘裕帅师北伐南燕（在今山东），徐道覆派人劝卢循乘虚而出。卢循颇满足于现状，不从。徐乃亲至番禺劝说，并表示如卢不同意，他便独领始兴

---

[1] 《晋书》卷九十《吴隐之传》。
[2] 《晋书》卷十《安帝纪》，卷一百《卢循传》；《宋书》卷一《武帝纪》。晋制，广州刺史必带平越中郎将衔。
[3] 《晋书》卷二十八《五行志》。芦卢、获敌同音。

兵"直指寻阳（今九江市）"①。卢循这才决计出兵。

徐道覆早有准备，先在南康山（大庾岭）一带采伐大木，藏于民间，然后用以制造大量船只。义熙六年（410）二月，卢循大举反晋，兵分两路，从始兴出发：他自率一军越骑田岭下长沙；徐道覆率一军过大庾岭进攻南康、庐陵、豫章。晋"诸守、相皆委任奔走"。徐军自赣江"顺流而下"，军势甚盛。

卢循北进出晋意外。镇南将军、江州刺史何无忌仓卒赴上游迎战徐道覆。何的僚属进言：敌兵"皆三吴旧贼，百战余勇，始兴溪子，拳捷善斗"②，晋军应缓战待援。何不从。三月，双方决战于豫章，晋军大败，何无忌战死。这时，卢循犯了出师后的第一个严重错误。他到达巴陵（今湖南岳阳）却不直下建康，而命徐道覆移师西向，合取江陵，延迟了进攻京城的时间。徐道覆西进受挫，力主"并力攻京都"，卢、徐乃"连旗而下"。五月，大败晋卫将军刘毅于桑落洲（九江附近），"战士十余万，舟车千里不绝"，顺流径达江宁（建康南）③。刘裕灭南燕，已于四月还朝。卢循惧刘裕，不听从徐道覆焚舟登陆、数道并进、强攻京城之议，于是失去战机，使刘裕疲病之师得以休整，并集结各军。七月，卢循决定退师寻阳，欲夺取江、荆二州与晋争衡，士气大挫，失败便成为定局。

刘裕见卢循退走，即派出几支军队追击，又料定卢循败后必回广州，特遣建威将军孙处、振武将军沈田子等率兵三

---

① 《晋书》卷一百《卢循传》。
② 《资治通鉴》卷一百十五。
③ 《晋书》卷一百《卢循传》；《资治通鉴》卷一百十五。

千，从海道径袭番禺，以"倾其巢窟"①。晋军于十一月抵番禺，出其不意，一举攻陷之。

卢循在荆州、江州境内屡吃败仗，至年底，仅存残兵数千，退回岭南。徐道覆保始兴。卢循于义熙七年（411）初，收集残卒，补充兵力，进围番禺。二月，刘裕所遣尾追入岭的右将军刘藩帅诸军至始兴，徐道覆战死②。参加会攻始兴的沈田子，提前回援番禺，与孙处共击卢循。始兴既失，卢循只有西走一途。他一路经苍梧、郁林，进入交州，欲取交州以图存，遂联络30年前据交州反晋的李逊之子李奕、李脱。李奕等"引诸俚帅众五六千人，受循节度"。六月庚子（411年7月31日），与交州刺史杜慧度在龙编进行水上大战，卢循战败，中箭赴水死③。其余众溃败，"奔于海岛野居，唯食蚝蛎，垒壳为墙壁"。这些人被称为卢亭④，后世居水上，以捕鱼为业，成为疍民的组成部分。

第三节　编户脱籍与流人入粤

汉末中原丧乱，继以晋"永嘉之乱"，中原和江南战火连年，两地人口大量移入相对稳定的岭南。南迁人口是一支开

---

① 《宋书》卷一《武帝纪》，卷四十九《孙处传》、《蒯恩传》，卷一百《沈田子传》。
② 《宋书》卷一《武帝纪》，卷四十九《孙处传》、《蒯恩传》，卷一百《沈田子传》。
③ 《宋书》卷九十一《杜慧度传》；《晋书》卷一百《卢循传》。
④ 《太平御览》卷九百四十二引《岭表录异》。

发南海等郡的生力军。

东汉末至吴晋交替时，原有的编户大量脱籍，特别是俚人大部分脱离郡县管辖，以致广东西部俚人社会进步缓慢。约至东晋中后期，脱籍的俚人才重新纳入郡县编户，但也仅仅是开始。

一、编户大量脱籍

吴占交州之后，吕岱任交州刺史，在南海、郁林等郡对"夷"、"贼"频繁征讨，并将出降者置于郡县管辖之下，征其赋役。吕岱离任时，薛综上疏说："今日交州虽名粗定，尚有高凉宿贼；其南海、苍梧、郁林、珠官（合浦改，后复名合浦）四郡界未绥，依作寇盗，专为亡叛逋逃之薮。"[①] 由此可见，当时交州所属岭南诸郡人口逃亡甚为严重。

先看户口统计。从东汉永和五年（140）统计岭南户口后，中断了140年，直到西晋太康元年（280）才有统计数字。两次统计数字比较，反映出此期间岭南诸郡编户的惊人锐减。

设太康元年岭南各郡每户平均口数与东汉永和五年相同，以永和五年口数为100%，则西晋初岭南各郡总户口为15.78%，南海郡为13.29%，苍梧郡为14.54%，合浦郡为27.78%，郁林郡为42.96%，桂阳郡岭南部分（始兴郡）为8.15%。太康初年交州刺史陶璜上奏说："广州南岸，周旋六

---

① 《三国志》卷五十三《薛综传》。

汉晋时期岭南两次户口统计比较表

郡　　名	东汉永和五年（140）		郡　　名	西晋太康元年（280）
	户	口		户
南　　海	71477	250282	南　　海	9500
苍　　梧	111395	466975	苍梧、临贺、始安	16200
合　　浦	23121	86617	合浦、高凉、高兴、宁浦	6420
郁　　林	18623	106743	郁林、桂林	8000
桂　　阳 （岭南部分）	61377	227910	始　　兴	5000
共　　计	285993	1138527	共　　计	45120

说明：1. 东汉各郡与西晋相应栏所列各郡的地域大致相同。

2. 汉苍梧郡所辖县有二县在岭北，且岭北零陵郡亦有岭南之县，不好计算，此栏只得按全郡计。

3. 东汉郁林郡无户口数，现按西汉户口数加50％列入，所增率小于苍梧郡而略大于合浦郡。

4. 东汉桂阳郡的岭南户口按桂阳郡平均每县户口数的5倍列入（此郡有五县在岭南）。

资料来源：《汉书·地理志》、《后汉书·地理志》、《晋书·地理志》。

千余里，不宾属者乃五万余户，及桂林不羁之辈，复当万户。至于服从官役，才五千余家。"[①] 这也证实晋初岭南各郡"不

---

① 《晋书》卷五十七《陶璜传》。

宾属"及不服官役的户口，为实际户口数的许多倍。各郡编户变迁的状况，有如下述：

西汉武帝平南越后岭南不征赋税，东汉前、中期虽征赋税但较轻，又基本上能和辑越人，所以岭南越人部落绝大多数陆续被纳入郡县编户，甚至很乐意接受郡县的管辖和保护，从而使东汉编户户口比西汉大幅度增加。东汉晚期至末年，全国赋税及"调"大增，岭南亦不例外，越、汉各族人民的负担非常沉重，于是叛乱时兴。特别是黄巾大起义之后，汉廷在岭南的军事力量薄弱，统治失控，越族（或越裔）人民在部落或部落联盟"酋帅"的率领下，纷纷摆脱郡县管辖，不供赋役，并以武力自保；各地的汉民，也纷纷在汉人豪帅（地主或豪强地主）率领下脱离郡县，同样不供赋役，武装自保。结果编户亡叛遁逃大半，日久也就不再有这些户口的户籍①。

此外，一部分汉人豪强地主虽未率众脱离郡县，但其控制下的部曲和佃农的人口大多未入郡县户籍。

吴入交州前，岭南编户减少，数字无从得知；入交州后，通过征讨，将叛离户口的一部分再度收为郡县编户，但收效不大。吴末郭马兵变，政权又一度失控，导致吴、晋交替时岭南各族人民叛离郡县和隐瞒户口的数量增大，与东汉永和年间相比，户口减少84%以上。

以上所列户口数都是郡县编户户口，并不能据此确定西

---

① 越、汉酋帅率众脱离郡县，在古文献中无记载。汉末至三国岭南没有大的战祸，又有岭北人移来，个别逃匿也只是少数，编户减少大半的最主要的原因，只能是越、汉人民集体武装叛离。

晋初岭南实际户口比东汉多还是少。然而，众多人口的脱离郡县却不能不产生严重的社会后果，尤其是对广东西部地区越裔社会的发展起着巨大的消极作用。

西晋政权，对岭南上述编户脱籍现象没有采取有效措施，大约到东晋中、后期才企图通过征服或笼络，将"不宾属"的户口，收为郡县编户。

二、流人入粤及其影响

流人含避难流亡到交、广的百姓和士人，以及被吴、晋政权流放而来的士族、官僚。

东汉末中原大乱时，中原人口避难入交州曾掀起一次高潮。这次南迁逾岭的主要路线是海道。中原不少士人携家属从江东某些口岸浮海至交州。其中大多直达交趾郡投奔士燮，也可能有到较近的南海郡番禺等地的。中原流民从陆路南迁者，绝大多数至荆州投奔刘表，继续南行逾岭者不会很多。

西晋末到东晋前期，又出现一次岭北人口逾岭的高潮。"永嘉之乱"，中原人民流离失所，大量渡过长江；而江南和荆州又数经战乱，因此中原和江南流人逾岭入粤者颇多。东晋前期，江东地区因赋役特别沉重，"百姓乃从海道入广州"，"逃逸渐多"①。这次流民潮持续的时间比上次长，且从陆路、海上入粤者均较多。东晋曾在新置的晋康郡（治所在今广东德庆）立侨宁县②，表明此县乃为岭北侨民而立。东晋末义熙年间在新

---

① 《晋书》卷七十三《庾翼传》。
② 《宋书》卷三十八《州郡志》。

置义安郡立义招县,有义招流民之意。据记载,此乃"昔流人营也"①。

另一类是流放入粤的人。两汉不断有获罪的官僚或其家属被流放到合浦。吴、晋时期岭南境的流放地域扩大了。许多人被流放到交州东部和分交、广后的广州境内。孙权曾放虞翻于番禺,孙皓时流放官员及其家属到交、广者尤多。《南越志》说:罗州"招义县,昔流人营也"②。这个招义县大约仅在东晋末一度由罗州县分出立县,其地在今化州,吴时属高凉郡,该流人营可能由南迁流人所置,更可能是孙皓时为流放者设置的。

晋特别优待士族,对他们在流放地的活动极少限制,且流放地较好。如孙泰流广州,居然能当郁林太守;王诞流广州,任卢循平南府长史③。世家大族子弟流放广州,一般必返原籍,留而不归者多属"寒门"出身。

岭北入粤人口,多数分布在南海郡和沿五岭南麓的晋康、苍梧、始兴、义安等郡,尤以接近广州治所的南海郡为多。岭北劳动人民的迁入,为南海等郡增加了土地开发者。有些原来旷无人烟的地方,经流人垦辟后,聚成村落,进而立县。他们不仅垦辟草莱,而且还带来较先进的农业生产技术。东晋入广州的江东流人,还被官府召来从事冶铁,铸造兵器。这些工匠把铁器的冶铸技术传播到民间和越裔各族居住地区,使岭南各郡普遍使用铁器。

---

① 《太平寰宇记》卷一百五十八引《南越志》。
② 《太平御览》卷一百七十二。
③ 《南史》卷二十三《王诞传》。

流徙而来的士人，如刘熙和虞翻在交州讲学授徒，在文化方面对居留地有一定的影响。

由于晋代流放岭南者士庶出身和地位不同，便逐渐形成两种对立势力。如义熙末年，"东海人徐道期流寓广州，无士行，为侨旧所凌侮。因刺史谢欣死，合率群不逞之徒作乱，攻没州城，杀士庶素憾者百余，招集亡命，出攻始兴。（始兴相刘）谦之破走之，进平广州。"① 所谓"侨旧"，乃拥护世家大族的一派。徐道期是被世族轻视的寒门士人，与流迁南海郡的百姓成为一派。两派势力冲突，便酿成上述相互攻伐事件。

第四节 海上交通和对外贸易口岸——番禺

吴与东晋偏处东南，都继续发展交、广沿海交通。

吴时康泰、朱应出使扶南（今柬埔寨），"其所经及传闻，则有百数十国"②。汉末衰退了的海外贸易，因而开始得到恢复与发展。

地理条件优越的番禺成为广州州治。自东晋时起，外贸的主要港口东移番禺，海上丝绸之路历久不衰的东方名港——广州亦由此而奠基。

---

① 《宋书》卷五十《刘康祖传》。
② 《梁书》卷五十四《海南传》。

一、以番禺为起讫点的沿海航线

吴晋时期，以番禺为起讫点的沿海航线已有明确记载①，并且分为东、西航线。

西线：由番禺至合浦。这一带沿海在吴晋皆属交广地区，地区内部联系比较密切，故番禺至合浦间的海上往来相对频繁。孙权黄武五年（226），广州刺史吕岱自番禺"督兵三千人晨夜浮海，……过合浦"②，便是这条航线的首次记载。

东线：由番禺至东南沿海。吴时，江东沿海各郡与岭南的联系，基本上是经由内地。东晋时期，广州境与东南沿海的交通逐渐加强。逃避苛重赋役的江东诸郡百姓，纷纷从江东经海道入珠江口在番禺上岸，然后散居南海郡一带。这种迁徙流动，促使番禺与东南沿海的海上交通趋于频繁。

东晋晚年，卢循率领孙恩余众数千人，从今浙闽海上南行，入珠江口攻取番禺。几年之后，刘裕派孙处等率兵三千从海道奔袭卢循军据有的番禺，与卢循当年所走的航线相同。因此，从东晋起，以番禺为起讫点的往来东南沿海各主要港口的航线，便成为经常的航线，使广州与东南沿海的海上交通日益密切。

---

① 番禺的沿海航线早已存在，不过无明确记载而已。例如西汉时徐闻、合浦是主要外贸港口，已是都会和商品集散地的番禺必有西行到徐闻合浦的沿海航线；南越国赵建德时在绥安（今福建漳州地区）造海船，其船也必然要从东面沿海航行至国都番禺。

② 《三国志》卷六十《吕岱传》。

二、康泰出使扶南与南海诸国使臣"入献"

汉末由于中原大乱，使交州的传统对外贸易，在相当长的一段时间内大为衰退。

吴黄武五年（226），大秦（罗马帝国）商人秦论自海道到交趾郡，由太守吴邈派人陪同晋见吴大帝孙权，然后返国①。孙权从秦论口中了解到一些南海国家的情况，其后遂有派遣康泰、朱应出使扶南之举。

中郎康泰和宣化从事朱应等出使扶南约在吴赤乌七年（244）至神凤元年（252）期间②。据《后汉书·百官志》，中郎为中央光禄勋（九卿之一）属官。从事，或称从事史，为州一级佐官。吴袭汉制，亦有此二官。从事前的"宣化"是称号。由此推测，朱应可能是较熟悉南海情况的交州从事。两使节从交州州治番禺启航。

康泰等到扶南，恰值天竺（印度）遣"陈、宋二人"回聘扶南，遂与陈、宋相见，并"具问天竺土俗"③。此为中印两国使节直接联系之始。这次出使，扩大了对南方诸国的了解，也加深了国际友谊。回国后，康泰写出《扶南传（记）》一书（又称《吴时外国传》），又曾"表上土俗舶利"④。朱应

---

① 《梁书》卷五十四《海南传》。
② 此说始于法人伯希和（Paul Palliot），陈序经教授在其《扶南史初探》中亦持此观点。
③ 《梁书》卷五十四《海南传》。
④ 《太平御览》卷七百八十七引。

则撰有《扶南异物志》一书。二书皆早佚，前者在《太平御览》中保存了一部分，后者只存零星片断。

孙权遣使到扶南之后，直至晋武帝泰始四年（268）十二月，才有"扶南、林邑各遣使来献"。

西晋武帝统一全国，一时境内安定，经济上升，国势强大，海外往来较前增多。殷巨记道："唯太康二年（281），安南将军广州牧腾侯（即滕修）作镇南方，余时承乏，忝备下僚。俄而大秦国奉献琛，来经于州。众宝既丽，火布尤奇。"[①]这是历史上外国使臣来华，先航海达广州（番禺），再转赴京城的第一次记载。不过，是直达广州还是由交州转达广州，则语焉不详。据载，太康五年（284）"林邑、大秦国各遣使来献"，六年（285）"扶南等十国来献"，次年扶南等21国遣使"来献"，又次年扶南又"来献"，但均未提到从何港口而来[②]。

东晋政权建立之后，林邑国与晋关系长期恶化，不利于交州诸口岸与南海各国的商贾贸易。

三、主要对外贸易口岸东移番禺

两汉对外贸易的主要港口徐闻和合浦，自汉末已开始衰退。吴时，徐闻不再见外贸记载；合浦主要作为军港。吴为垄断合浦所产珍珠，禁止商旅在此通行[③]，合浦港对外贸易因而衰废。汉末至吴期间，交州的外贸口岸几乎已尽在交趾、九

---

① 《艺文类聚》卷八十五引殷巨《奇布赋》。
② 《晋书》卷三《武帝纪》。
③ 《晋书》卷五十七《陶璜传》。

真、日南三郡，主要口岸是在交趾郡治龙编（故址在今越南北部）。

自从林邑在吴赤乌年间占领了区粟城（原属汉日南郡西卷县，故址在今越南北部），便与吴、晋时起纷争。交州诸口岸的对外贸易，连同沿中南半岛东岸北部到交趾、合浦、徐闻等地的航行也备受战争干扰。因此，交州诸口岸渐不适合作为对外贸易的主要港口。

吴晋之时，南海航行的技术条件已大有进步。《梁书·海南传》记：约当东汉末年，扶南在范蔓统治时期，"以兵威攻伐旁国，咸服属之。自号扶南大王。乃治作大船，穷涨海，攻屈都昆（在今马来半岛北部）、九稚（在今马来半岛西岸，可能即克拉地峡）、典逊（即顿逊，在今马来半岛北部）等十余国，开地五六千里"。又据《南州异物志》载，"外域人名舡曰舡［舶］，大者长二十余丈，高去水三二丈，望之如阁道，载六七百人，物出万斛［斛］"。"外徼人随舟大小，或作四帆，前后沓载之。有卢头木，叶如牖形，长丈余，织以为帆。"其船四帆不正，前帆皆斜张取风，后帆则逼风而与前帆配合，甚为灵活，必要时可减所张帆数，"故行不避迅风激波，所以能疾"①。这样的船，无疑可以作深海航行，有条件穿过南海中的"涨海"。

南海国家跨深海另择至中国口岸的航线，就是自马六甲海峡以东经南沙群岛穿过西沙群岛以达交、广某口岸的航线，它不复经海南岛以西而经海南岛以东到广州的高凉郡与南海

---

① 《太平御览》卷七百六十九、七百七十一引。

郡各港口。这些港口，当然以番禺最为优越。番禺自古以来即为一商业都会，港口优良，内河四通八达，经济腹地广阔。从番禺走海路到马六甲海峡基本上取直线，比始发徐闻、合浦也远不了很多。

番禺直到吴时，还不是外贸主要口岸。因为傍海航行实有利于交州诸港而不利于番禺。到吴时，由于深海航行的发展，冲破了傍海航行的限制，从而提高了番禺作为进出口港的地位。中国船只可能是从番禺出发、穿过西沙群岛至马六甲海峡的首航者。

康泰《扶南传》说："涨海中，倒（疑本为'到'）珊瑚洲，洲底有盘石，珊瑚生其上也。"[①] 涨海指交、广南面广远处大海。珊瑚洲底的盘石，是指西沙群岛一带的暗礁。如果这是康本人所亲见，则自番禺西行横越西沙群岛的航道，就可能由康泰等使船所开辟。若是得自外国的传闻，则外国船只在康泰出使前已经此海域，或者已经此航道到过番禺。虽然，上述情况都无确凿证据，但吴时已有船只越涨海的实践却是无疑的。

西晋泰康年间大秦国使臣"来经广州（番禺）"，标志着穿越西沙群岛经海南岛以东到番禺的航线已初步开通[②]。东晋晚年，法显在其《佛国记》中的记载，证明这时番禺已基本上成为主要对外贸易口岸。

法显是后秦国僧人，于己亥年（晋隆安三年，399）自长

---

① 《太平御览》卷六十九引。

② 从下文法显东归所乘船熟悉耶婆提到广州的航道情况看，此航道的初通必在很久之前，百余年前大秦国船"来经广州"是一个较适合的初通标志。

安循陆路到天竺寻求戒律。几年后,他从天竺乘商人大船泛海到达师子国(今斯里兰卡),"见商人以晋地一白绢扇供养"玉佛像。可见前此师子国与晋已有贸易往来。他在此又乘一艘载200余人的商人大船出发。大船后面系一小船,以备大船坏时之用。"得好信风,东下二日,便值大风"。风暴将船击破漏水,全船人几乎丧命海底,经90余日,才漂到一处,名耶婆提国(今爪哇岛)。法显在耶婆提逗留5个月,又换乘另一只商人大船,船上亦载200余人,"赍五十日粮,以四月十六日发,……东北行,趣广州(番禺)"。船上商人说:"常行时正可五十日便到广州。"由此可见,当时耶婆提和广州之间的往来不但相当频繁,而且能利用信风、准确掌握航行时日,定期往返。由此类推,马六甲海峡东西、爪哇岛以北一带国家或地区,与广州的往来也可能如此。

《汉书·食货志》载:汉船自徐闻、合浦或日南出发,到都元国(约在今马来半岛东岸),需时5个月。后来法显乘船从耶婆提出发航行到番禺,其航程要比汉船从徐闻到都元国远得多,而需时仅50日。两相比较,可知法显从马来半岛及其周近一带到广州的航线,必是穿过西沙群岛"涨海",经海南岛以东而达,航程大为缩短。1975年和1976年相继在西沙群岛北礁打捞出的南朝六耳罐、陶杯[①],证实了这条航线早已存在。

东晋时期番禺成为主要对外贸易口岸,并不意味着原交州诸口岸皆废弃或衰落不堪,只意味着中外大商船往返于番

---

① 实物图像见《南海丝绸之路文物图集》,广东科技出版社1991年版,第43页。

禺的贸易日益增多，而少到交州诸港。

关于吴晋时期中外海上贸易的主要商品，历史资料绝少言及，只能据理推断应是依两汉之旧，即出口黄金及各种丝织品，进口珍珠、犀、象、璧流离以及珊瑚、琥珀、水晶、各种香料等。魏文帝曹丕遣使向孙权求"雀头香、大贝、明珠、象牙、犀角、玳瑁、孔雀、翡翠、斗鸭、长鸣鸡"①，其中多种为外国进口物。东汉末以后，香料进口有所扩大。吴、晋时人不仅重视香，且喜欢把各种香写进有关异物的书中，既写中国交州产的，也写外国的。如《南州异物志》说："藿香出海边国，形如都梁，可著衣服中"。《广志》说："苏合出大秦"②。

主要外贸口岸东移番禺后，它在成为海上丝绸之路东端主要始发港的同时，还对岭南东部的社会进步有所推动。

第五节　农业、手工业、商业的进步和地区差异

吴至西晋的政权，绝少在今广东境实行促进和发展经济的有效措施。东晋统治者对岭南经济开始重视。同时，北方流人大量迁入和铁器使用的日益普遍，加强了广东各族人民的垦殖能力，提高了农业生产力。番禺对外贸易的兴起，推动了造船、采银等手工业发展，并使南海等郡与江南各地之

---

① 《三国志》卷四十七《吴主传》注引《江表传》。
② 《艺文类聚》卷八十一、《太平御览》卷九百八十二引。

间的商业趋于活跃，北江流域的交通运输逐渐频繁。但是，农业、手工业和商业的进步主要在广东中部、北部和东部地区，西部的经济发展则一般较为迟缓。

一、犁而后耙的农耕和果木园艺

牛耕普遍是农业精耕细作的条件或标志之一。吴末，苍梧、合浦、高凉等郡的俚人，皆酷爱牛犊及水牛，不惜"以子易之"①。这说明牛耕正在逐渐扩大到生产落后的俚人地区。至于农业比较先进的地区，牛耕不仅更为普遍，且发展到采用犁而后耙的耕作技术。

1963年，在广东连州市附城区发掘的西晋永嘉年墓葬中，出土黑色陶质犁田耙田模型一方。模型呈长方形，四角各有一漏斗状设施，中贯一田埂将耕地分为两块，一块上有一人使牛犁田，另一块上有一人使牛耙田。此耙属于秒耙类，下有六个较长的齿，上有横把。操作时人在耙后，一面掌耙，一面驱使耕牛②。耙是我国古代的大件农具，用于碎土和平整田地，使土质松散，易于吸收水分和肥料养分。使用耙，说明当时当地的山区水田已采用犁而后耙的精耕细作技术。从犁耕进到犁而后耙，是农业生产工具和生产技术发展的必然趋势，而这一发展变化带来的好处是粮食产量的提高，所以易于被人们接受和推广。1982年又于韶关市晋墓中发现了一件耙田模型（见下图），同时出土的还有"太康七年（286）"

---

① 《太平御览》卷七百八十五《南州异物志》。
② 徐恒彬：《简谈广东连县出土的犁田耙田模型》，《文物》1976年第3期。

铭文墓砖。据此可以断言,大约从西晋初年起,这种犁而后耙的精耕方式,已在始兴郡的曲江(今韶关市)、桂阳(今连州)一带采用。

陶犁田耙田模型。西晋。韶关出土。

水稻向来是岭南的主要粮食作物。伴随着农业走向精耕细作,人们也注意选择稻谷品种。据晋郭义恭《广志》所载,当时南方已有优良稻种,名蝉鸣稻①。屈大均《广东新语·食语》亦说东粤有"蝉鸣稻"。

果类见于记载的以蕉、柑为多。

蕉既产果,其茎又是织蕉布的原料,故种植最广。吴晋时的《南州异物志》等书均详为记载。吴时蕉果已有三种,一种状似羊角,名羊角蕉,"味最甘好";一种似鸡卵,味较差;一种长六七寸,"正方,少甘味",但其茎可纺绩。

---

① 缪启愉:《齐民要术校释》卷二,农业出版社1982年版。

种柑有独特的园艺方法。《南方草木状》载:"柑乃橘之属,滋味甘美特异者也。……交趾人以席囊贮蚁鬻于市者,其窠如薄絮,囊皆连枝叶,蚁在其中,并窠而卖。蚁赤黄色,大于常蚁。南方柑树若无此蚁,则其实皆为群蠹所伤,无复一完者矣。"用蚁克治害虫,是人们在实践中总结出来的一种方法,在当时有利于柑树的培植和扩大种植面积。

蒲葵也是一种重要的经济作物。西晋时,龙川产蒲葵,用以制葵笠①。东晋时,岭南已用葵叶制成葵扇,产量相当可观。

由于蕹菜(又名通菜)种植方法特殊,所以《南方草木状》中也专门作了记载:"南人编苇为筏,作小孔,浮于水上,种子于水中则如萍根,浮水面。及长,茎叶皆出于苇筏孔中,随水上下,南方之奇蔬也。"

吴晋时期,广东的农业有着地区的差异,绝大部分地区直到东晋才逐渐普及铁器,加上山区多,农业的发展较为缓慢。这些地区的农民除从事农业外,还从事狩猎和捕鱼。北部山区和西部少数民族地区,多属农、猎并重,西部沿海则多为农、渔兼重。相对而言,只有番禺一带和北部山区较为先进。

二、采矿业和手工业

(一) 采矿和冶铁

两晋至南朝前期的历史文献言及交、广的矿藏,大都仅说产地而不涉及开采。顾微《广州记》云:"四会有全岗,行

---

① 《南方草木状》卷上。

人往往见金于岗侧。"《交州记》云:"金有华,出朱崖"①。《后魏书》曰:"银出始兴阳山县"。《湘州记》(南朝宋人撰)曰:"曲江县有银山"。《桂阳记》曰:"临贺山有黑银"②。《太平寰宇记》则明确记道:新州(今新兴)"银山出银……卢循采之"。据此可知,上述各矿在晋世可能经过开采。

汉以前,广东境内无冶铁记载,但并不等于没有此类手工业。吴时广州境冶铁有了一定程度的发展则是无可置疑的事实。黄佐《广东通志》卷三十二说:"太康二年(281),禁广州铁毋与夷俚市,设西江督护巡察之。"西晋政府在吴亡后之次年便禁止把广州铁卖与"夷俚"人,足见在此以前广东所冶铁器已向少数民族居住区销售。到了东晋,广东西部也有了冶铁业。据《晋书·庾翼传》说,"刺史邓岳大开鼓铸,诸夷因此知造兵器,翼表陈东境(指江东)……逃逸渐多。夷人常伺隙,若知造铸之利,将不可禁。"邓岳是东晋咸康年间的广州刺史。他让流入广州的江东人分散到许多产铁处,在官方主持下开采冶铸。从此"诸夷"也逐渐学会铸造铁器。

(二)造船能力和技术

吴至东晋几次大规模的海上和内河行军,可以反映出当时广东的造船能力和江海船只的部分数量。吕岱发3000兵至合浦,以每船100人计,须有30只较大的海船同时开行。卢循发兵北进时,徐道覆短期内制造了数以百计的船只,且"舟舰皆重楼"③。可见当时造船能力的一斑。

---

① 《太平御览》卷五十二、卷八百十一引。
② 《初学记》卷二十七,《太平御览》卷十五、卷八百十二引。
③ 《晋书》卷八十五《何无忌传》。

卢循与徐道覆合兵下建康时，拥有"芙蓉舰千余艘"，又曾"新作八槽舰九枚，起四层，高十余丈"①。这种八槽舰，船底舱分有隔槽8个，即使某槽穿孔入水，不致蔓延他处，且易修补，利于远航。此项船底舱隔槽法是中国的发明，西方迟至近代始采用②。这说明晋代广东的造船技术是相当先进的。

(三) 侧理纸、琉璃和其他手工业

我国西汉时已能造纸，东汉蔡伦把造纸术推进了一大步。但岭南造纸始于何时，不可考。王子年《拾遗记》云：张华献《博物志》，赐侧理纸万番，南越所献也。汉人言陟理与侧理相乱。"南人以海苔为纸，其理纵横邪侧，因以为名。"张华是西晋初年人，侧理纸用海苔为原料是岭南的创造。

琉璃是半透明的玻璃。《南州异物志》说："琉璃，本质是石。欲作器，以自然灰治之。自然灰状如黄灰，生南海滨，亦可浣衣。……不得此灰，则不可释。"③据此可知，吴时岭南已能制琉璃。至东晋初，葛洪说得更明白："外国作水精（即指琉璃）碗，实是合五种灰以作之，交、广之间多有得其法而铸作之者。今以此语俗人，俗人殊不肯信，乃云水精本是自然之物，玉石之类。"④有学者认为，交、广用自然灰制

---

① 《初学记》卷二十五引萧方等《三十国春秋》，《太平御览》卷七百七十引晋《义熙起居注》。

② 朱杰勤：《中外关系史论文集·中国古代海舶杂考》，河南人民出版社1984年版，第36页。

③ 《艺文类聚》卷八十四引。

④ 葛洪：《抱朴子》内篇卷二《论仙》。

作的琉璃,乃是一种以草木灰为助熔剂的"钾玻璃"①。

其他如陶器、葵扇等日用物品的烧制和编织,以象牙丝制成席(象牙簟)的精工细雕工艺等,也都是广东吴晋时期有所进步或新创的手工业。

特别值得一提的是酿酒。《南方草木状》曰:"南海多美酒,不用曲蘗,但杵米粉,杂以众草叶冶葛汁滫(滫,音修,淘米水)溲之,大如卵,置蓬蒿中荫蔽之,经月而成,用此合糯为酒,故剧饮之。既醒,犹头热涔涔,以其有毒草故也。"这种糯米酒,是用多种草和冶葛的混合汁液,与米粉拌和发酵,制成卵状酒曲,然后投入糯米中酿造而成的。此种酿酒法比较原始。西晋张华又有"苍梧竹叶青"之句,表明苍梧是产酒的地方。

三、商业和内地交通

东汉末的大乱,使交州同五岭以北荆、扬及中原的商业往来陷于衰落。

吴占交州后,交广与荆扬的交通、商业渐次恢复,但仍不通于中原,魏国不得已,只好以马向吴"易珠玑、翡翠、玳瑁"。

晋平吴后,南海国家使臣频经交广往洛阳奉献,可见广州境内的商业有上升的趋势,且与中原相通。然而这种势头很快就为八王之乱和江南兵火所打断。

---

① 黄启善:《广西古代玻璃制品的发现及其研究》,《考古》1988年第3期。

东晋政权的建立和相对稳定，使南方各州与广州及始兴郡的联系有了加强，商业往来较为频繁。《续搜神后记》载，东晋早期郭璞为王导占吉凶，曾"取广州二大罂盛水"①，施术以消灾。罂是陶制酒器，小口大腹，亦有人认为是广州特产鸡形壶。由此可见广州制的陶器已被商人贩到建康。江东有任中宿（今清远市）县令者，归去"有蒲葵扇五万"②。这是一宗大批量的长途贩运。孝武帝太元三年（378）的一道诏书说："广州夷人宝贵铜鼓，而州境素不出铜，闻官私贾人皆于此下贪比轮钱斤两差重，以入广州，货与夷人，铸败作鼓。其重为禁治，得者科罪。"③凡此皆说明当时从事南北长途贩运的，除商人外，还有不少上任、卸任的官员。

番禺对外贸易的发展，增加了对货币的需求。当时全国通用的货币是铜钱。岭南因产铜少，不足供本境铸铜鼓，便将流入的铜钱销溶铸鼓，而通货则少用铜钱，多用金和银。用银的增多，促进了银矿的开采。

交州治所迁到番禺，特别是分交、广后，番禺渐成为岭南第一位的政治、军事、经济中心及外贸港口。番禺与岭北和京城的往来，自以取道北江流域的水陆通道为近便。从番禺循北江方向有分别经桂阳、骑田岭、大庾岭三条通道。因此，当时北江水运已在广东诸大河流中占有主要地位。

此外，在浈阳峡尚有栈道接通溱水东西两岸。其地在今

---

① 《太平御览》卷七百十七引。
② 《晋书》卷七十九《谢安传》。
③ 《晋书》卷二十六《食货志》。比轮钱是较大而重的好钱，流至岭南便会加重内地钱荒和导致私铸小钱，使币制混乱，故禁。

英德境。即《水经注》所云：溱水"历皋口、太尉二山之间，是曰浈阳峡。两岸杰秀，壁立亏天。昔尝凿石架阁，令两岸相接，以拒徐道覆"。这是徐道覆自岭北败归始兴后，晋军为阻其突围西走在今英德浈阳峡修的栈道。

第六节 学术和宗教

吴占交州后，交州的主要统治者尽是江南人，就中又以今苏、浙、皖地区的江东人为多。他们对岭南的文化有较大的影响。这时期，佛教、道教都相继传入广东。葛洪在罗浮山从事道教著述和医学著述，其中不乏进步的科学技术。

两晋是世家大族的政权，重世族而轻寒门。晋代推行九品中正制，不论人才优劣，唯看门第，使广东的人才成长受到扼制[①]。

一、学术与选举

（一）虞翻的学术活动

三国吴时，有较多的文化名人来到交广，并在此传播中原的文化学术，培育人才。其中以虞翻最为著名。

虞翻字仲翔，会稽余姚（今浙江余姚）人。先从孙策，又举州茂才，曹操辟任，不肯往，后事孙权。性刚直，敢于犯

[①] 世家大族形成于东汉，但东汉时广东并无数代大官、"门生故吏遍天下"的世家，吴晋时期迁来岭南定居的世家大族也未见记载。

颜谏争，多次触怒孙权，故被孙权（称帝前）流放到交州。虞翻是世代治《易》的经学家，学问渊博，除精于《易》外还治《尚书》及《老子》等，兼通医术。他先被流放番禺，住在故南越王赵建德的旧宅，从事讲学和著述。"虽处罪放，而讲学不倦，门徒常数百人。又为《老子》、《论语》、《国语》训注。"后因私议政事被告发，改徙苍梧猛陵。他在岭南10余年，影响颇大，约卒于孙权赤乌二年（239），享年70岁，妻子得还故乡[①]。

（二）九品中正制对岭南文化的消极影响

晋承袭曹魏时期创立的"九品官人法"，又称九品中正制。这是一种选举制度：州置大中正，郡置中正，皆以当地有声望的文人或官员担任。中正掌握评定该州郡人才优劣之权，将人才定为九等（品），按等级次第报请朝廷授官。

西晋平吴后，广州也曾设置过大中正[②]。《三国志·孙策传注》载："太康八年（287）广州大中正王范上《交广二州春秋》。"王范是南海人，"好读书，有鉴识，州里推重之"。但他并非高门出身、公侯子弟，只因晋初每州置大小中正，"俱以本土人为之"，才由刺史熊睦荐为广州第一任大中正。其后，南海人黄恭为广州刺史邓岱记室参军，又为县令，"州察孝廉……补广州大中正"[③]。黄恭之后，再不见有广州或岭南的大中正及选举"人才"的记载。

[①] 《三国志》卷五十七《虞翻传》及传注。
[②] 据《八琼室金石补证·九真太守谷朗碑》（卷八），吴时亦实行九品中正制，有桂阳郡中正及荆州大中正，但此制未见行于南海诸郡。
[③] 区大任《百越先贤志》卷四。邓岱即邓岳，因避晋康帝讳，改岳为岱。

晋代的九品中正制行之未久便弊端百出。西晋初年已是"台阁选举，涂塞耳目，九品访人，唯问中正。故据上品者，非公侯之子孙，则当涂之昆弟"①。其弊在两晋皆积而不改，以致演变到根本不顾人才优劣，唯看门第，乃致"上品无寒门，下品无势族"②。

当时，广东基本上没有世家大族，高官美职皆为岭北世族子弟所垄断。他们到岭南做官又通常要带一批本乡的寒门士人来充幕僚和属官，土著士人进身无门。所以，两晋广东地方官学、私学无多大发展。九品中正制对岭南文化的发展和人才的成长，起了极坏的作用。

二、佛教的传入

自东汉、三国之交佛教传入交州之后，进入交州和番禺的外国僧人渐多，或建佛寺，或从事佛经的翻译。吴太平元年（256），"外国沙门支强梁接"，于交州译《法华三昧经》六卷；《十二游经》一卷，"外国沙门强梁娄至，晋言真喜（中国名为真喜），泰始二年（266）于广州译。"③东晋隆安年间，又有罽宾（今喀什米尔）人昙摩耶舍，亦称法明，在广州译出《差摩经》一卷④。

按照《历代三宝记》（卷四至六）中全国译经的记载，从

---

① 《晋书》卷四十八《段灼传》。
② 《晋书》卷四十五《刘毅传》。
③ 费长房：《历代三宝记》卷五、卷六，《大藏经》本。
④ 僧慧皎：《高僧传初集》卷一。

东汉明帝时起,按译者先后排列,支强梁接为第17名,强梁娄至为第24名;按地点和时间先后排列,交州仅次于洛阳,为第2处,广州(番禺)为第5处。可见佛教和佛经在岭南或今广东地域的传播是较早的,也就是说广州接受印度佛教文化是较早的。

自西晋初以后,番禺便陆续兴建佛寺,佛教信徒和出家人也多起来。"迦摩罗,梵僧也。太康二年(281)自天竺来,于城中建三归、王仁二寺。"①东晋安帝时昙摩耶舍到达番禺,住白沙寺,并在旧虞翻宅建大殿5间,名王园寺。他在白沙寺讲诵《毗婆沙律》,时85岁,有徒众85人,并有信女张普明受佛法②。晋番禺城已有佛寺数间和一定数量的当地人剃度为僧,信佛而不为僧的更多。

罗浮山(在今博罗和增城境)也是晋佛教主要流传地。单道开,敦煌僧人,东晋升平三年(359)至建康,"后至南海,入罗浮山,……卒于山舍,敕弟子以尸置石穴中"③。这是最早居罗浮山的僧人,未建寺,只收了个别徒弟。其后,至罗浮的僧人渐多。

吴晋时期广东佛教的初步兴起,一方面固由于西土僧人乘船东来传播,另一方面是由于统治者和江南文人的倡导。强梁娄至译经,当是按吴广州刺史的意图行事。东晋哀帝时任南海太守的名士袁宏,曾与"沙门支法防共登罗浮山",并为

---

① 《广东考古辑要》卷四十四。
② 僧慧皎:《高僧传初集》卷一。
③ 《晋书》卷九十五《单道开传》。

单道开作《赞》①。上述两则,便是官员、文人倡导的例证。

三、道教的传入与葛洪的炼丹术、医术

道教在东汉始形成,其基本特点与宗旨是讲方术、求神仙。东汉晚年分为两派:一派为张角、张鲁所倡的太平道和五斗米道,用符水为人治病,是为符箓派;另一派讲求炼丹和长生不老之术,是为丹鼎派,主要人物是左慈(字元放)。丹鼎派可能在东汉末及三国时传入南海等郡。五斗米道似在东晋始传至岭南,在卢循据广州后才传播得较快较广。

道教在广东境内最有影响的人物,是丹鼎派的集大成者葛洪。葛洪(283—363)字稚川,又号抱朴子,丹杨句容(今江苏句容)人。叔祖父葛玄,吴时从左慈"学道成仙,号曰葛仙公"。葛玄以炼丹秘术授郑隐。葛洪从郑隐"悉得其法",后又拜鲍靓(曾任南海太守)为师,并娶其女,传鲍靓之业,"兼综练医术"。西晋末,他曾带兵打仗,官至伏波将军,但一心好神仙,不愿从事军政,欲"避地南土"。广州刺史嵇含(到任前已被人杀死)请他担任参军事为先行,因在两晋之交留居广州多年,后往罗浮山炼丹②。

葛洪博通儒、道各家学术,不仅是晋代道教一派宗师、道教理论家,而且是一位重要的科学家。他的科学成就,见于今存的《抱朴子·内篇》和《肘后备急方》(后世改名)中。

《抱朴子·内篇》言神仙方药、鬼怪变化、养生延年、禳

---

① 僧慧皎:《高僧传初集》卷九《单道开》。
② 《晋书》卷七十二《葛洪传》、《抱朴子·内篇·自叙》。

邪却祸之事，虽有大量迷信内容，但有部分朴素唯物主义理论和合乎科学的古代化学、医学的研究心得。《金丹》、《黄白》两篇中的炼丹术，是关于化学方面的。

炼丹是将各种自然化合物、金属等加温，使之发生分解、化合作用，生成"金丹"。据说服之可长生不死，成神仙。实际上金丹是不存在的，炼丹生成物乃是异于原来诸物料的新化合物及金属。所以炼丹其实是古代的化学实验，它的开始要比西方为早。

《抱朴子·金丹》篇说的是炼取服之成仙的金丹。炼金丹要用金、银等，故《黄白》篇讲的是炼取金、银等的方法。两篇列举了许多实验，其中也有一些是可以用现代化学分子式和方程式表述的。如《金丹》说："丹砂烧之成水银，积变又还成丹砂。"丹砂即硫化汞（HgS）。将丹砂煅烧，其中的硫便变成二氧化硫，而游离出水银；再使水银与硫黄化合，便生成硫化汞，呈黑色，放在密闭器中调节温度，再升华为晶体的硫化汞，呈赤红色，复为丹砂。其反应为：

$$HgS+O_2 \longrightarrow Hg+SO_2$$
$$Hg+S \longrightarrow HgS（黑色）\longrightarrow HgS（赤红色）[①]。$$

《黄白》云："曾青涂铁，铁赤色如铜，……外变而内不化也。"曾青即硫酸铜，古又名胆矾或石胆。西汉的《淮南万毕术》中已有"曾青得铁则化为铜"的说法，经过葛洪实验，证明用曾青涂在铁的表面，只能使铁的表面赤色如铜，内部并不发生变化。其变化的化学反应为：

[①] 王明：《抱朴子内篇校释·序言》，中华书局1980年版。

$$Fe+CuSO_4 \longrightarrow FeSO_4+Cu$$

后世，如北宋，广东便曾按此原理将铁置于胆矾水中大事"炼铜"。葛洪通过实验还发现，"金丹之为物，烧之愈久，变化愈妙"。妙在可以发生各种各样的化学变化，但只有纯金是最稳定的，"黄金入火，百炼不消"。于是他发明了"金液法"，即用某些药物合成的溶液来溶化金。他还指出，有些实验必须以"土釜"为容器。这是避免用金属容器发生与预期不同的效果。土釜就是某些实验的专用"仪器"。对于必须密封加热的实验，则有专用的"六一泥"，即用某7种（6加1）物料合成的封泥密封容器口。

炼丹实验在东汉魏伯阳的《周易参同契》中已见端倪，至葛洪则推进了一大步，并有所发明。

葛洪的《肘后备急方》，今存《道藏辑要》及《四库全书》本均为八卷，共分《救卒中恶死方第一》等七十篇，每篇医方多少不等，其中包含少量梁朝陶弘景（又称陶隐居）的医方，每篇还有"附方"，是后人附加梁以后至宋代的各家医方。此书基本上保存了葛洪原书的内容，是一部简易备急用的医方手册。《自序》曰："肘后救卒三卷，率多易得之药。其不获已，须买之者，亦皆贱价草石，所在皆有。兼之以灸，灸但言其分寸，不名孔穴，凡人览之，可了其所用。"陶弘景评曰："寻葛氏旧方，至今已二百许年，播于海内，因而济者，其效实多。"①

《肘后备急方》当是写成于岭南。其中注意到了瘴疠、疟

---

① 《道藏辑要》虚集《肘后备急方》，光绪三十二年刊。

疾、脚气等岭南常见病。如"治瘴疟：常山、黄连、豉熬各三两，附子二两捣筛，蜜丸。空腹服四丸，欲发，三丸饮下之，服药后至过发时勿吃食。"（方第十六）。治脚气用"豆豉、大豆、小豆、牛羊乳、蜀椒"（方第二十一）。又如误吞金钗方："取韭菜曝令萎，煮使熟，勿切，食一大束，钗即随出"（方第四十八）。近世民间对吞金的解救，用吞食生韭菜法，与此相似。书中还记载了对岭南人服野葛寻死（粤西俚人自尽者常如此）的几种治法，其一是"取生鸭，就口断鸭头，以血沥口中，入咽则治"（方第六十五）。又介绍苍梧道士陈元用当归、天雄、乌头等药制丸药的"膏疗百病方"（方第六十九）。在全书之末葛洪还开有"常备药"的药单，计20余种，后面附言："以前诸药，固以大要。岭南使用，仍开者，今复疏之。众药并成剂药，自常和合，贮此之备，最先于衣食耳。"其济世治病之诚，跃然纸上。

葛洪治病，又常配以灸，在《肘后备急方》的许多方中，常兼施灸法。对灸，还往往只指明大致分寸，不求穴位准确，以便病家自己操作。其妻鲍姑"尝行灸南海，善灸赘疣"[①]。在《抱朴子·内篇·至理》中，葛洪也曾指出一批中草药的特效，如"独活之除八风"、"甘草之解百毒"等，并反对俗人之"煞生请福，分蓍问祟，不肯信良医之攻病，反用巫史之纷若"。这种批评，对于当时岭南重巫轻医是很中肯的。

---

① 吴莱：《渊颖集》卷九《南海山水人物古迹记》。

四、地方史志的修纂

三国两晋，中国的史学颇为发达，并带动了地方史志的修纂。

关于广东这一时期的史志，现已全无完豹，仅存部分或片断。其中最早的是吴时陆胤所撰《广州先贤传》。陆胤是名将陆逊的侄儿，"天姿聪明，才通行洁"。他是在任广州刺史时为推行教化而写此书的。《旧唐书·经籍志》著录该书为七卷，后仅在《太平御览》中保存了若干片断，尽是记述东汉时交、广地区一些士人行孝、守贫、廉洁、忠义、好学等事迹，以及宣扬封建伦理和节操。

王范的《交广二州春秋》，是交、广地区的第一部地方志，也是吴晋时期广州人的第一部著作，《新唐书·艺文志》著录为一卷。据明人黄佐《广州人物传》所说：西晋初"司马彪号博学，尝著《九州春秋》，盛行于时。范阅之，见其略于岭服，纪录弗称，乃搜罗百粤典故为书"。此书早已亡佚，今仅于《水经注》中见引关于步骘入交州及下番禺等几条。

经王范之后，东晋南海人黄恭，"搜集《王氏交广春秋》补其遗漏"，成《交广记》①。明区大任在撰《百越先贤志》时，还多参据《交广记》，可见其书明时尚存。又区氏在《百越先贤志·黄恭传》中还说，黄恭复广其书为《十三州记》。清代此书已佚，据王谟《汉唐地理书钞》考证，黄恭字羲仲，因

---

① 区大任：《百越先贤志》卷四。

所记已包含分交、广后之广州，故名《十四州记》。《书钞》中辑有《十四州记》4条。

罗浮山是广东名山，又是道、佛二教的胜地，故历代关于它的著作较多。最早的一部《罗浮山记》，据传是徐道覆所撰，亦早佚，仅于《艺文类聚》、《太平御览》中保存若干片断，如"《罗浮山记》曰：罗浮者，盖总称焉。罗，罗山也。浮，浮山也。二山合体，谓之罗浮。在增城、博罗二县之境。"① 其他的一些片断，则多记该山的物产及怪异。

此外，继东汉杨孚之后，人们对交、广的异物异事感兴趣而予以记述者颇多。如吴丹杨太守万震的《南州异物志》，便是记述交、广以及南海一些国家的人物、特产和异俗的，散存一部分于《艺文类聚》、《太平御览》中，言及吴广州地域内的内容很少，但却有几条关于各少数民族的极宝贵的资料。又有顾微《广州记》、刘欣期《交州记》，约皆撰述于晋末宋初，散存于《太平御览》中的片断，皆记交、广异物异事。这些作者都不是岭南人。

晋时北方人嵇含曾著《南方草木状》，《宋史·艺文（四）》著录为三卷，今存。此书专记岭南草木，尤以记药物为多，是关于岭南的最早植物专志，但经学者们研究多认为它是伪书②。郭义恭撰有《广志》二卷，是记全国草木的，其中涉及岭南的谷物果木也较多。

---

① 《艺文类聚》卷七引。
② 如该书卷中说，指甲花是"胡人自大秦国移植于南海"的，但据美国劳费尔《中国伊朗篇》（Sino-Iranica）的考证，认为指甲花传入中国"似乎不早于宋朝"。

尽管这一时期关于岭南或广东地方史志之类的撰述已有一批，但比之其他地区，数量偏少。而这些撰述中只有两部是岭南人写的。

在地方史志之外，见于著录的晋代广州人所撰专著只有《易注》十卷，著者黄颖，"南海人，晋广州儒从事"①。《隋书·经籍一》云，该书已残缺，存四卷。今已全佚。

---

① 陆德明：《经典释文·序录》。

第 六 章

南朝至隋广东全境封建制的确立与民族的分化、融合[*]

南朝（420—589）及隋（589—618）统治广东的时间共198年。

宋、齐、梁、陈四朝通过武力征伐和实行"羁縻"政策，将"不宾服"的俚人地区纳入郡县，加强了封建统治，客观上有利于俚人社会的进步和各民族的分化、融合。

岭北人口继续南迁，成为广东近海地区农业发展的重要因素，而西部地区的农业技术和农业生产力也发展到新的水平，并已完成封建化过程，从而在广东全境确立了封建制。

手工业部门增多，手工艺品多样化，为广州港出口商品增加了新的品种，岭南成为特别用银区。

随着海上交通的发展，佛教迅速传播，且佛道二教已影

---

[*] 本章至第十一章所述的广东地域，是以1988年前海南未建省的广东省境为界限的，即含广东及海南省，而不含明清至民国时期属广东现属广西的钦州、北海地区。

响到民间风俗。

隋朝统一南北后实行多方面的改革，在一定程度上对广东产生了积极的影响。

第一节 宋、齐、梁、陈的更替

南朝统治阶级中的世族日益腐朽，叛乱和内战不断发生，王朝更迭频繁。

岭南介入统治集团大规模内战的次数甚少，较大的叛乱不多，因而人民所受的损害较轻。

南朝时期，宋、陈两朝的开国君主是寒门地主出身，起初还有所作为，高要太守陈霸先便是凭借广东的兵员物力以及一群江东寒门打败侯景，建立了陈朝。

梁末和陈朝，高凉俚人冼夫人和辑百越，使俚人减少互相攻伐、汉俚互相接近，促进了俚人社会的进步和汉俚融合。

一、州、郡、县的变迁

南朝广州等州、郡、县的设置与变迁，只能从《宋书·州郡志》、《南齐书·州郡志》和《隋书·地理志》等得到大致了解。

宋齐两朝在广东增设郡县较多：全属广东和部分属广东的，宋时新置5郡，共有16郡、100余县；齐时新置3郡，共有19郡，约140县。宋明帝泰始年间，又割交州合浦等郡及广州个别地区新置越州。

梁、陈二朝州郡县设置更多。其新置衡州等11州,大都小于原来的郡;新置安远等17郡,又多小于原来的县。兹将宋、齐的州郡县及梁、陈新置的州郡分别列表于下:

宋、齐广东州郡县表

州 名	郡 名	县 数		郡 治
广州	南海	宋10	齐13	番禺
广州	高凉	宋7	齐7	思平(今恩平)
广州	新会	宋12	齐11	宋元(今新会境)
广州	东官	宋6	齐8	宝安(今深圳)
广州	义安	宋5	齐6	海阳(今潮州市)
广州	乐昌	宋6	齐5	乐昌(今四会境)
广州	宋康	宋9	齐10	广化(今阳西境)
广州	绥建	宋7	齐5	新招(今广宁境)
广州	新宁	宋14	齐14	南兴(今肇庆地区境)
广州	晋康	宋14	齐15	端溪(今德庆)
广州	宋隆	宋7	齐6	平兴(今高明境)
广州	海昌	宋5	齐4	宁化(今电白境)
广州	永平	宋7	齐12	今广西境
广州	齐康		齐1	乐康(今徐闻境)
广州	广熙		齐8	龙乡(今罗定境)
湘州	始兴	宋7	齐10	曲江
湘州	临贺	唯开建(今怀集)在广东		今广西境
越州	合浦	唯徐闻等3县在广东		徐闻
越州	高兴		齐10	宋和(今广东西部)

梁、陈广东新置州郡表

新置州	治所	新置州	治所
衡州	今英德浛光镇	建州	今罗定西
东衡州	今韶关	成州	今封开及广西梧州一带
瀛州	在粤东	泷州	今罗定
高州	今阳西境	合州	今雷州
罗州	今化州	崖州	今海南琼山东南
新州	今新兴		

新置郡	治所	新置郡	治所
安远郡	今始兴	南巴郡	今高州东或茂名
清远郡	今翁源	杜陵郡	今阳西境
阳山郡	今英德浛光镇	高要郡	今高要
梁化郡	今惠东梁化	梁泰郡	今高明境
连江郡	今电白境	梁信郡	今封开境
电白郡	今电白境	开阳郡	今罗定境
平原郡	今罗定境	罗阳郡	今罗定境
齐安郡	今恩平境	梁德郡	今茂名一带
阳春郡	今阳春境		

将以上二表加以综合考察，便可看出：宋、齐两朝新置的郡都在广东西部，大多数新置的县也在那里；梁、陈两朝新置的州和郡也大部分在广东西部。其原因是四朝统治者注意把俚人居住区纳入郡县，多置州郡县以适应统治的需要。

南朝仍以广州刺史兼平越中郎将，梁以后交、广、越分成许多州，于是以广州刺史兼都督，往往都督十几、二十几州诸军事，实际上等于以前的都督交广二州军事。宋、齐除原有西江督护，又增置南江督护、东江（即北江，古亦称东江）督护。督护是广州都督府之下掌有较大兵权的武职，专征俚僚。

南朝以前，岭南只有以地方命名的封爵，并且不以封爵影响郡县官制。自刘宋起，将晋的封国及官制推行到岭南，便有公、侯、伯、子、男五等封国，置公国的郡的长官称为相，置侯国以下的县长官也称相，如始兴相、含洭男相等，齐以后封国的郡长官改称内史。①

不置封国的郡，长官仍称太守，主要属官为郡丞和都尉（有封国的郡亦然），县长官仍大县称令，小县称长。县令、县长（包括封国的县相）的主要属官仍是丞和尉。

二、刘宋两定广州

刘裕废晋，建立宋朝，是为宋武帝。继武帝位者为刘义符，年余被废，其弟义隆继位，是为宋文帝，年号元嘉。

宋文帝是个较有为的皇帝，在位期间，社会较为安定，经济有较大发展，即如史载"役宽务简，氓庶繁息，至余粮栖亩，户不夜扃"②，故史称"元嘉之治"。元嘉三十年（453）二月，太子刘劭以行为不轨惧被废，弑文帝自立。四月，京外诸臣拥立文帝第三子刘骏（孝武帝），讨灭刘劭。刘劭的死党萧斌弟萧简（行安南将军府及广州刺史事）于九月据广州

---

① 封国的受封者，享有封国所收租税的一部分，广东唯少数经济较先进的郡县有封国。
② 《宋书》卷五十四《传论》。
③ 《宋书》卷六《孝武帝纪》。

反③。孝武帝命邓琬为辅国将军、南海太守,偕同始兴太守沈法系率兵讨伐。邓琬围番禺城,一路进攻,久攻不下,后改"八道俱攻",很快打下番禺,斩萧简①。

此后,新皇帝即位,往往对掌握州镇兵权的兄弟子侄产生猜忌,宗室诸王和将帅发动连年不断的内战。

宋永光元年(465)暴君废帝刘子业被杀,明帝刘彧即位。泰始二年(466),明帝侄晋安王刘子勋,在长史邓琬等支持下,称帝于寻阳,广州刺史袁昙远响应,从而爆发一次波及地域甚广的内战。晋康太守刘绍祖等"据郡起义"反袁,士人刘嗣祖亦据始兴郡反袁。袁昙远遣部将李万周、陈伯绍攻刘嗣祖,对峙于浈阳。刘诈称寻阳已被平定,朝廷新派的广州刺史马上要到。李万周乃率军反戈攻番禺,夜袭成功,斩袁昙远,并"劫掠公私银帛"据为己有②。宋明帝任命他为宁朔将军、权行广州事。泰始三年(467),新任广州刺史羊希到职,诛李万周、刘嗣祖。后羊希又被晋康太守刘思道所杀③。直到泰始四年(468)三月,才由龙骧将军陈伯绍将据番禺等地的刘思道讨平④。

宋明帝极其残暴,在位时屡发生内战,大将薛安都叛降北魏,丢失淮北大片土地。明帝继位者刘昱年少无知,同样残暴,在位几年,造成许多祸乱,最后被杀。另一世族代表人物萧道成篡宋,建立了齐朝。

---

① 《宋书》卷七十七《沈庆之传》、卷八十四《邓琬传》。
② 《宋书》卷八十四《邓琬传》。
③ 《宋书》卷五十四《羊希传》。
④ 《宋书》卷五十四《羊希传》、卷八《明帝纪》。

三、陈霸先北伐侯景

萧氏的齐朝经历高帝、武帝两代十余年，便进入了统治集团内部残杀和三个暴君连续肆虐的时期。暴君萧宝卷永元二年（500），淮南寿春（今安徽寿县）一带大片土地又丧于北魏。继而各地起兵反对萧宝卷。萧齐的远房族人萧衍乘机篡夺政权，国号梁。齐朝的24年内，广州及其附近始兴等地未发生重大变乱。

梁武帝萧衍起初还较有作为，收复了淮南合肥等处失地。后来，他至少犯有三大错误：第一，佞佛过甚；第二，为笼络宗亲，大封诸王，并授予军政实权；第三，接纳魏叛将侯景投降，成为加速梁朝灭亡的转折点。

侯景原为北魏南道大行台，于梁武帝太清元年（547）二月以魏13州降梁，梁武帝命为大将军，封河南王。次年八月，侯景反，翌年二月，攻占宫城。五月，萧衍被囚死，其第三子萧纲（简文帝）继位。两年后，侯景杀萧纲，自立为帝，占据、统治京城建康及梁朝部分地域达三四年，与梁诸王和各州刺史数以十万计的大军处于交战状态。但梁军无统一指挥，各怀观望，屡为侯景所破。最后攻灭侯景的主力，竟是原来名位俱卑、出身寒门的陈霸先。

陈霸先，吴兴（今浙江湖州市）人，"读兵书，多武艺"，为吴兴太守萧映所常识。萧映任广州刺史，陈霸先从往，奉命召兵千人，立有战功，任监西江督护、高要太守。其时岭南多有江东诸郡寒门出身的人担任各级文武官员。叛将杜僧明、周文育等举兵攻番禺，陈霸先率兵兼程救援，"频战屡捷"，收降了杜、周之众。出身江东寒门的杜、周从此成为陈霸先的羽翼。萧映死后，陈霸先奉诏协助交州刺史讨伐在交州称帝的李贲，受任西江督护、高要太守，督七郡诸军事①。

侯景叛梁后，以广州刺史元景仲之父是叛魏的魏宗室，便与联络，"许奉为主"。元景仲举兵，欲北上与侯景合作。陈霸先于太清三年（549）七月，"集义兵"于南海，驰往征讨，元景仲穷迫自杀。陈霸先乃迎宗室萧勃为广州刺史，并受命平定东衡州诸郡之乱，兼监始兴郡，实际上掌握了岭南好几个州（小州）的大部分兵权②。他在平始兴后，派杜僧明等率兵二千屯于大庾岭，"并厚结始兴豪杰同谋义举"。始兴豪族侯安都、张偲等率千余人来附。萧勃想培植自己的实力，不愿陈霸先北伐，派人劝阻。陈遣密使与在江陵的湘东王萧绎通气，愿受节度。萧绎是萧衍第七子，拥有重兵，欢迎陈霸先投归麾下。

陈霸先于简文帝大宝元年（550）正月自始兴发兵，至大庾岭，萧勃先已与占据南康郡的蔡路养相结，"同遏义军"。陈以杜僧明、周文育为前锋，与蔡路养大战于南野（今江西南康县），取得胜利。出岭北后的一年左右，陈霸先只奉命在南康及其附近为萧绎翦除异己，至大宝二年（551）春方进克江州。是年六月，萧绎遣征东将军王僧辩"督众军讨侯景"。陈霸先军出南康，至巴丘（今江西峡江县北）而止。至侯景杀

---

① 《陈书》卷一《高祖记》；《梁书》卷三《武帝纪》。
② 《梁书》卷三十九《元法僧传》，《陈书》卷一《高祖纪》，《南史》卷五十一《梁宗室土》。

简文帝，萧绎才认为时机成熟，大举进攻。王僧辩为大都督。陈霸先任平东将军、东扬州刺史，率甲士三万为前军，于次年正月从豫章出发，所向无敌，三月便打到建康城下，侯景败死。

萧绎即帝位于江陵，是为梁元帝，命陈霸先镇守杨州。梁元帝承圣三年（554）十一月，西魏军攻克江陵，掳元帝。此后，陈霸先杀王僧辩，大破北齐南侵军，大权在握，终于代梁，建立陈朝，是为陈武帝。广州刺史萧勃曾发兵越岭征讨，被陈霸先击平。①

四、欧阳纥之乱和陈后主的倒行逆施

陈霸先即位后，任命曾与自己合作并在广东有一定势力的欧阳頠为持节、都督广交越等十九州诸军事、镇南将军、平越中郎将、广州刺史。永定三年（559），又加都督衡州诸军事，再晋为征南将军，封阳山郡公。欧阳頠在任时颇有治绩，曾出现"盗贼皆偃，工商竞臻，鬻米商盐，盈街满肆"②的局面。

欧阳頠死，其子欧阳纥袭父爵及官职，任都督广交等十九州军事、广州刺史。纥"颇有干略"，"威惠著于百越"。

废帝陈伯宗（文帝陈蒨之子）即帝位时，才十四五岁，由皇叔陈顼辅政。陈顼亟谋篡位，陈伯宗遂下密诏给南豫州刺史余孝顷、湘州刺史华皎和欧阳纥，希图借外力逼陈顼出京。

---

① 《陈书》卷一《高祖纪》。
② 徐陵：《徐孝穆集笺注·广州刺史欧阳頠德政碑》，《四库全书》本。

光大元年（567）余孝顷、华皎先后举兵反，均被讨平。翌年十一月，以太后名义下谕废陈伯宗，立陈顼，是为宣帝。

宣帝太建元年（569）正月，以沈恪为镇南将军、广州刺史，下诏征欧阳纥为左卫将军。由于陈伯宗曾"别敕欧阳纥等攻逼衡州"，欧阳纥惧不敢赴京，而"其部下多劝之反，遂举兵攻衡州刺史钱道戢"。十月，宣帝命车骑将军章昭达督众军前往征讨①。章昭达发兵昼夜兼行，很快到达始兴。欧阳纥听说章昭达已至，惊惶"不知所为"，只得屯兵洭口（今英德连江口）以盛沙石的竹笼置于水栅之外，阻遏陈军船舰。章昭达在北江上游造大战船，直逼洭口水栅，令兵士潜入水中，砍坏竹笼，使沙石流散，然后"纵大舰随流突之"。次年二月，欧阳纥兵败被擒，被杀于建康②。

沈恪赴任入广州，时"罹兵荒，所在残破"。经他致力安辑，广州乃渐平复③。

宣帝太建四年（572），以"游逸无度"的南康王陈方泰代沈恪为广州刺史、都督十九州诸军事。陈方泰为政暴虐④，广州及其他岭南诸州深受其害。结果陈方泰被罢免，继任者为马靖。

马靖（《陈书》无传）是一位好的地方长官，"大得人心"。陈宣帝对他不放心，令吏部侍郎萧引至广州劝他遣子入朝为质。马靖照办。后主陈叔宝即位，见马靖在广州年久，

---

① 《陈书》卷四《废帝纪》，卷五《宣帝纪》。
② 《陈书》卷十一《章昭达传》，卷五《宣帝纪》。
③ 《陈书》卷十二《沈恪传》。
④ 《陈书》卷十四《陈方泰传》。

"士马强盛",竟派陈方泰之弟方庆,在岭南暗中组织力量,约于至德二年(584)袭杀马靖[1]。

陈自太建十年(578)以后,连年与北周战争,丧师失地。后主"惟薄嫔嫱,有逾万数,宝衣玉食,穷奢极侈"。其暴政所及,"劫夺闾阎,资产俱竭。驱蹙内外,劳役弗已。"[2] 当时岭南的状况,如隋文帝在统一岭南后的《安边诏》中所说:"岭南之地,涂路悬远。如闻凶魁赋敛,贪若豺狼;贼署官人,情均溪壑。租调之外,征责无已。一丁年科甲一具,皮毛铁炭,船乘人功,殊方异物,千端万绪。晨召暮行,夕求旦集。身充苦役,至死不归。………彼土之人,性多纯直,弗堪州郡渔猎之苦,或避山薮,规免旦夕,即称反叛,申于伪台。岁岁起兵,西南征讨,多缚良善,以充贼隶"[3]。正因为这种种倒行逆施,置岭南人民于水深火热之中,故隋于平陈之第二年"进图岭南",很快便"岭表皆定"[4]。

五、冼夫人和辑俚人

南朝时期,岭南百越遗裔,族名众多,一般通称为"俚",有时亦称"獠"(以下改用"僚"字)。当时广东西部,虽早已汉俚错居,但俚人占大多数,与汉人多是分地而居,错

---

[1] 《陈书》卷十四《陈方庆传》,卷二十四《章华传》。
[2] 《隋书》卷二《文帝纪》。
[3] 许敬宗:《文馆词林》卷六百六十四《隋文帝安边诏》,《粤雅堂丛书》二编第十二集。
[4] 《隋书》卷四十七《韦洸传》。

而不杂。俚人随山洞而栖,各有部落,各为雄长,好相攻讨。也有势力较大的部落联盟,由酋帅们统治。互相攻杀和少与汉人往来,妨碍着俚人社会的进步。

于是有一俚人部落联盟首领出面而肩负和辑俚人的历史使命。此人便是冼夫人。冼夫人是族人和后人对她的敬称,其名已不可考。他是高凉俚族冼氏之女,出生于今电白县或高州县境(时约为梁武帝天监年间,近人研究认为出生于天监十一年,即公元512年)。冼氏"世为南越首领,跨据山洞,部落十余万家"①。这样的大首领是在南朝时期逐渐形成的。冼夫人"多筹略",因会行军打仗,善于抚慰部众,成为俚族大首领。她坚决反对俚人互相攻杀,主张和睦相处,守信仗义,因而不但为高凉一带俚人所推服,亦为高凉以外广大地区"诸越"所拥戴,"海南、儋耳归附者千余洞"②。她"请命于朝",梁武帝乃于大同年间在海南置崖州③。诸越在她的统领下,"怨隙止息",境内安宁。她愿意接受汉人的先进文化,与汉人密切往来,并且嫁给汉人高凉太守冯宝。这桩汉俚婚姻,成为千古佳话。

冯宝先人冯跋于东晋安帝义熙五年(409)建北燕国,立国28年,亡于北魏。国主冯弘奔高句丽④,后遣冯业带300人浮海归宋,住在新会。冯业及子、孙三代皆在新会以西的高凉地区任太守或刺史。他们因与俚人有民族隔阂,"号令不

---

① 《隋书》卷八十《谯国夫人传》。
② 《隋书》卷八十《谯国夫人传》。
③ 道光《琼州府志》卷首《沿革表》。
④ 《晋书》卷一百二十五《冯跋载记》。立国时间参见本卷校注二十七。

行"。梁武帝大同初年，冯业之孙冯融任罗州刺史，融子冯宝为高凉太守。冯融赏识冼夫人的才德，希望借重她"压服诸越"，故命冯宝娶她为妻。

冼夫人婚后仍然是俚人大首领。她约束俚人，要求他们同汉人一样遵守汉族礼仪，并且与冯宝共同议定政事，公平地裁决汉俚纠纷，"自此政令有序，人莫敢违"。[①]

侯景叛梁后，于梁简文帝大宝元年（550）势力南至江州。高州刺史李迁仕意欲投靠侯景，还想利用冯宝和高凉郡的兵力，但被冼夫人识破。陈霸先越岭而北进军南康后，李迁仕公开叛梁，并派大将杜平虏出兵赣石（在江西南康境），攻击陈霸先。冼夫人亲自率兵出岭，协助陈霸先打败李迁仕[②]，并认为陈霸先得人心，定能打败侯景。从此，冯、冼便成为陈霸先的拥护者。广州刺史萧渤起兵反对陈霸先失败后，其部众仍一度据广州，使"岭表大乱"。当时冯宝已死，冼夫人"怀集百越，数州（当指广州以西的高、罗、成、新等州）晏然"。陈霸先称帝后，她于陈武帝永定二年（558）派9岁的儿子冯仆"率诸首领"前往朝见，冯仆被任命为阳春郡太守，以冼夫人代行政事。陈宣帝太建元年（569），都督欧阳纥召见冯仆，要他起兵共同反陈。冯仆被扣留在广州，派人回报冼夫人。她为了维护国家统一，不顾亲子被扣，毅然"发兵拒境，帅百越酋长迎章昭达"。在冼夫人与章昭达东西夹攻下，欧阳纥迅速败灭。冯仆被封信都侯，加平越中郎将，转石龙

[①]《隋书》卷八十《谯国夫人传》。
[②]《隋书·谯国夫人传》中叙述夫人判断李迁仕谋反和袭击李迁仕的文字，疑点甚多。这里已将李迁仕在何处被冼夫人袭击败走等可疑处略去。

太守；洗夫人则被册封为中郎将、石龙太夫人，赐安车驷马，给鼓吹一部，仪仗同于刺史。在陈亡而隋势力尚未进入岭南之时，高凉及附近数郡俚汉各族，皆拥戴洗夫人，"号为圣母，保境安民"①。

梁陈之际，洗夫人的种种活动，为促进民族融合和俚族社会的进步作出了历史贡献。

第二节 广东西部封建化的完成和各州郡豪族势力的增长

宋、齐、梁、陈四朝，都在岭南加强统治，增置郡县，把未入籍的俚人纳入编户，并以当地酋帅为郡县官吏，加速了俚人地区的封建化进程。至南朝末，广东西部封建制已基本确立。

广东西部俚人酋帅，大多成为拥有部曲和奴婢的封建新豪族。同时各州郡拥有家兵部曲的汉人豪族地主的势力也在增长。这两类豪族，于南朝末年在政治上日渐抬头，当中央政权力量薄弱或发生大变乱时，便变成割据势力。

一、俚人地区封建化的完成

自东晋冶铁技术传入"夷人"地区之后，到南朝时，广东西部俚人使用铁农具日益普遍，农业生产力获得很大的提

---

① 《隋书》卷八十《谯国夫人传》。

高，为俚人社会完成封建化过程提供了必要条件。

然而，整个南朝，广东西部封建化得以完成的最重要的条件，则在于南朝政权大力推行羁縻政策，将"不宾服"的俚人纳入封建郡县。

从东晋中、后期起，如《隋书·食货志》所云：岭外酋帅，"朝廷多因而署之，以收其利。历宋、齐、梁、陈，皆因而不改"。这是用政治手段促进俚、汉酋帅统治地区归入郡县统辖，以增加财赋收入。进行的方式有两种：一是和平方式，对酋帅诱以官爵名号，让他们仍然统治原地区，任以县令、郡守乃至刺史，并允许世袭（包括后裔及族人）。这样便把原来不服属朝廷的溪洞"化外"之地纳入了封建国家的郡县系统。二是用武力征服，对诱以官爵名号无效者出兵征伐，令其屈服，强迫接受，也让这些酋帅或其族人任当地郡县地方长官，同样纳入郡县系统。

这一措施在东晋时期还不显著，进入南朝便加强了，尤以梁朝为最。

关于南朝这一措施的最早落实，见于《太平寰宇记》卷一百六十七："废罗州城"，"宋文帝元嘉三年（426）镇南（大）将军檀道济巡抚于陵罗江口，筑造此城，因置罗州，以江为名，属高凉郡。"檀道济到岭南巡抚陵罗江口，乃是挟军威迫使这一带俚人酋帅就范，以其地立为新县。元嘉年间在广东西部共新置四郡，皆与将未入籍的俚人纳入郡县编户有关。

宋明帝泰始五年（469），陈伯绍为交州刺史，奏立越州，开置9郡。史载陈伯绍为首任越州刺史，"始立州镇，穿山为城门，威服俚僚"。直至南齐时，"刺史常事戎马，唯以贬伐为务。"① 这段时间似以征服手段将俚人纳入郡县为主。

梁朝广东征俚的记载不绝于书，在广东西部开置的郡县也最多。如萧劢为广州刺史时，"俚人不宾，多为海暴，劢征讨所获出口宝物，军赏之外，悉送还台"。衡州刺史兰钦击降"俚帅陈文彻兄弟"后，萧劢"以南江危险，宜立重镇"，乃奏请在高凉郡设置高州②。武力征服外，以和平方式将俚人地区收归郡县管辖的也不少，冼夫人影响下的一些郡县和海南岛置郡便是如此。据载，截至梁武帝大同五年（539），梁新置的州共82个，其中"下品"州21个，"徒有州名而无土地，或因荒徼之民所居村落置州及郡县，刺史守令皆用彼人为之"。82州之外，"又有二十余州不知处所"③。这许多新置的州，其中很大一部分在岭南。

陈朝后期"岁岁起兵，西南征讨"，也包含对广东西部俚人地区用兵。

到南朝末，广东西部的俚人地区已基本上纳入了封建州郡县，原未入籍的人口也都成为郡县编户（俚汉酋帅们影占的户口仍多）。不宾属的俚人酋帅和汉人豪帅大都被任命为所在地新置郡县的长官，甚至担任州的长官，管理他们原来控制的地方。这些州郡县的情况多与上述下品21州相同。

南朝统治者用武力或招抚手段将不宾服的俚、汉酋帅任命为新置郡县各级地方长官，令其统治故地，带来积极的后

---

① 《南齐书》卷十四《州郡志》。
② 《南史》卷五十一《萧劢传》，《梁书》卷三十二《兰钦传》。
③ 《资治通鉴》卷一百五十八。

果。俚人酋帅既为郡县官员,便要着汉服,学汉语,甚至读汉书,并在很大程度上遵守国家的法度和礼仪,实行等级制度,与汉族官民加强接触。这一切,都使得俚人的风俗、生产和社会关系发生前所未有的变化,与汉人通婚也更为频繁。在汉人封建关系的影响下,俚人的社会很快过渡到封建社会。

这种过渡的大致情形是:坚硬锐利的铁犁等铁农具的普遍使用,有利于普遍推广牛耕,不但提高了生产率而且加强了垦辟土地的能力。原来的酋帅,在成为郡县官吏后,更增大了自己的权力,还借此将部民的耕地据为己有,奴役部民,使之成为农奴性质的部曲。同时,俚人部落迅速解体,一部分成员脱离酋帅的直接控制,成为自耕农,或者成为佃种地主土地的佃农。

南朝广东西部俚人地区归入郡县的过程,也就是俚人社会加快封建化的过程。由于归入郡县有早迟,各地俚人社会封建化也早迟不一。但是,到了南朝末年,随着整个地区基本上纳入郡县,封建化过程也就基本上完成。至此,广东全境已确立了封建制度。西部虽然经济上赶不上中部、北部等地区,然而农业生产已自给有余,珠玑之类和某些土特产的商品交换也导致商业趋向繁荣。在俚人地区也建起了若干城市。

南朝广东西部俚人地区的封建化,客观上有利于俚人社会的发展,有利于俚汉民族的融合和进步。

二、赋役制度

东晋中期以后,岭南赋役加重。宋文帝元嘉三年(426),

始兴太守徐豁上表说:"郡大田,武吏年满十六,便课米六十斛,十五以下至十三,皆课米三十斛。一户内随丁多少,悉皆输米。……或乃断截肢体,产子不养。户口岁减,实此之由。谓宜更量课限,使得存立。"① 由此可见,广东耕种大田(即公田)的人户是按丁计征的,其课率奇重,为一般民户的数倍。元嘉六年(429),宋文帝接受宰相王弘的建议,将"民年十三半役,十六全役",改为15—16岁为半丁,17岁为全丁②。这一放宽人丁承供赋役年龄政策的推行,使广东的赋役较前有所减轻。

南朝赋役记载极少。据《隋书·食货志》载,大约从宋起,"历宋、齐、梁、陈",赋役制度皆因而不改:丁男租米5石,禄米2石,另有调布、绢、丝、绵和禄绢、禄绵各若干,丁女皆课丁男的一半③。男女18—60岁为全丁,16—17岁为半丁,纳半课,61—65岁亦半课;女未出嫁则20岁方为丁。每岁服役20天,以男丁为限。又18人出一运丁,从事运输的劳役。丁课之外,征于土地所有者的田租为每亩米2斗。田租轻而丁课重是继承东晋以来于地主有利的制度。此外,还有军国所需的杂物,"随土所出,临时折课市取,乃无恒法定令。列州郡县,制其任土所出,以为征赋"。这是赋役之外的杂调,是可重可轻的,有时达到极其苛重的地步。广东的情况当大致如此,但史无明文,不得其详。

---

① 《宋书》卷九十二《徐豁传》。
② 《宋书》卷四十二《王弘传》。
③ 南朝及以前的度量衡均比隋唐小得多,度为隋的1/2,量衡均为隋的1/3。

对于少数民族的征派，仅从徐豁的奏文中得知，"中宿县俚民课银，一子丁输南称半两"。他奏请将课银改为输米，并说："官所课甚轻"。看来早已成为郡县编户的岭北俚民，丁课要比汉民轻得多，但不详是否还服力役。至于广东西部的俚人，在他们"不宾属"时，是不纳任何赋役的；纳入郡县后，是否都纳丁课也不一定。如《隋书·食货志》说："岭外酋帅，因生口、翡翠、明珠、犀象之饶，雄于乡曲者，朝廷多因而署之，以收其利。"据此可知，朝廷只收受酋帅贡献的各种宝物和生口（奴婢），而不曾计丁、计田征课；而俚民向兼任地方长官的酋帅所提供的赋役，则由酋帅自行征取。

广东西部的汉人区，农业生产水平一般较广东其他地区为低，且多为新置郡县，不可能承受过重的赋役，故其赋役负担可能较轻。

广东赋役之外的杂调，以陈朝后期最为苛重，一丁每年要交纳军用"甲一具"，还有"皮毛铁炭"等等。广东人民水深火热的处境可想而知。

三、豪族势力的膨胀

南朝时期，封建地主土地所有制不断发展，这可从南朝墓葬出土的砖、石刻"买地券"略知一二。

广东始兴、仁化南朝墓共出土砖刻买地券3件。始兴出土的一块，内容为：始兴郡始兴县东乡新城里，元嘉十九年（442）十一月二十四日，死者亲属致书地下（阴间）乡、亭、里、邑、冢侯、丘丞、墓伯等，告之死者此块葬地是用"万万九千九百九十九钱"买得的，面积5亩，勘定地界时置酒请中人，立此契券。仁化出土的一块，为元嘉二十一年（444）之物，未写明买地情况①。

广西融安在古代是民族杂居、经济后进的地方，1980年发掘的一座南齐墓中也出土买地券一件，其文有"今买宅在本郡……纵广五亩……（钱）万万九千九百九十九文……分券为明，如律令"字样②。从融安土地自由买卖现象的存在，亦可推断广东西部土地买卖同样存在。

土地买卖盛行，表明一般地主和豪强地主的势力都在膨胀。

南朝的广东豪族分为两类：一类是自东汉以来一直存在的拥有大量土地的豪强地主继续存在和发展；一类是不宾服的俚人酋帅在羁縻政策下兼任郡县长官，并逐渐成为封建领主的新兴豪族③。

《宋书·范晔传》载，宋文帝时孔熙先阴谋作乱，"广州人周灵甫有家兵部曲。熙先以六十万钱与之，使于广州合兵"。周灵甫是南海郡增城县人，"有膂力，善武艺，颇慷慨

---

① 杨豪：《广东晋南朝隋唐墓葬》，《广东出土晋至唐文物》，广东省博物馆、香港中文大学文物馆1958年刊本第25—26页；陈长琦：《六朝广东的考古观察》，《广东社会科学》1992年第3期。

② 广西文物工作队：《广西壮族自治区融安县南朝墓》，《考古》1983年第9期。两广始兴、融安两券的买地价均为"万万九千九百九十九钱（文）"，何以如此巧合？当是墓葬的惯用数字，而非真实地价，或寓有谐音"久久久久"之意，以兆吉祥。

③ 关于俚人酋帅不是变成封建地主，而是变成封建领主的问题，迄今所发现的资料尚不足以证明。此处姑持"封建领主"说。

知大义，家素以财称长雄，有家兵部曲万余人"①。他是在元嘉六年（429）孔熙先之父孔默之任广州刺史时结识孔氏父子的。当时整个南海郡领10县，共有编户8574户，49157口②。周灵甫一家便拥有家兵部曲万余人，可见豪族地主隐占户口数量之大。周氏能与广州最高长官结交，又可见其势力之大。

齐朝，始兴郡"多豪猾大姓，二千石（指太守）有不善者，辄共杀害，不则逐去之"。世族出身的范云来岭南任始兴内史，以岭北人徐艺为曲江县令。徐艺曾对曲江豪族谭俨施以鞭挞，"俨以为耻，至都诉（范）云，云坐征还下狱"③，一个始兴豪族，竟能直通朝廷，扳倒名门出身的郡太守，其势大可想而知。

南海郡人覃元先，"勇力善骑射。齐末，反者四起，元先召募民兵为乡邦卫，据有番禺"④。梁武帝萧衍令李孟坚致书劝其归梁，书云："足下南中盛族，岭表豪门。"⑤ 可见皇帝对豪门势力也要表示尊重。

梁末，始兴又有著名豪族侯安都。侯安都，字成师，曲江人，"世为郡著姓"（岭南人尽管世为郡著姓，对于世族仍属寒门），"善骑射，为邑里雄豪"⑥。梁始兴内史辟任他为郡

---

① 黄佐：《广州人物传》卷十九。
② 《宋书》卷三十八《州郡志》。这个编户的户口数比实际户口数差得太远，大多数户口被豪族隐占。
③ 《梁书》卷十三《范云传》
④ 黄佐：《广州人物传》卷二。
⑤ 《艺文类聚》卷五十三《任孝恭为李庆州孟坚与覃无名（覃元光原名"无名"）书》。
⑥ 《陈书》卷八《侯安都传》。

主簿。陈霸先北伐侯景前,侯安都与张偲等率千余人归附。这支军队自然是以侯、张的家兵部曲为主干。侯安都是始兴豪族的首领,在陈朝官至司空、征北大将军,封桂阳郡公(后被诛),其父、子及弟也都做到高官,在乡里的势力极大。

陈霸先"起家"岭南,他在此不仅网罗一批江东寒门,而且结识了许多"岭南酋豪"。他在担任梁丞相时,曾有《与岭南酋豪书》。其书云:"但昔缘王事,游践贵乡,日想山川,依然旧识。……君之才具,信美登朝。如恋本乡,不能游宦,门中子弟,望遣来仪。当为申闻,各处荣禄"①。此信意欲拉拢岭南酋豪为依靠力量,许给他们的子弟以官职,实际上是留在京城作人质。由此亦见岭南酋豪势力之大。所谓酋豪也包含一部分正在汉化的俚人酋帅。

陈朝末年,王朝对地方的控制力减弱,广东豪族势力更进一步发展,尤以西部俚人居多数的地区的豪族发展为快。除汉人豪族冯氏和正在汉化的俚人豪族冼氏最为强大外,如宁猛力,"在陈日,已据南海"。他是"倔强山洞"的豪帅(父逵,在梁、陈均为刺史,原是北方迁来的),这时已是俚化的汉人豪族②。陈亡之际,广东西部还有陈佛智、庞靖等;中部、东部又有冯岑翁、邓马头、王仲宣等,其中王是俚帅,冯、邓或俚或汉。他们大多数是占据一大片土地的豪帅,是统治一方的豪族、大首领,在隋军进入岭南以前,形成为许多大小

---

① 徐陵:《徐孝穆集笺注》卷三《为陈武帝作相时与岭南酋豪书》,《四库全书》本。
② 《隋书》卷五十六《令狐熙传》,卷六十八《何稠传》;陆增详:《八琼室金石补正》卷二十七《正议大夫宁赞碑》。

不等的割据势力。

第三节 广州港对外贸易的扩大和岭南的以银交易

南朝时期,番禺作为对外贸易主要口岸的地位已经确立,到这里贸易的南海国家较以往为多,"商舶继路",为广东发展外向型经济创造了极为有利的条件。然而,当时的统治者不能有效地利用这个条件,对民间海外贸易不闻不问,只是着眼于牟取宝货,坐等外洋商船的到来。

广州港对外贸易的扩大,加强了南北的经济联系和商品交流,同时外国银币也在广东境内流通。

一、进出口船舶的增多和对外贸易

南朝与南海诸国的交通,越涨海至番禺已成经常航道,诸国使臣从番禺到建康也比较近便。由于林邑(今越南南部)与中国的关系仍然不好,所以外国使船和商船越来越多地进出番禺,使其对外贸易得以进一步发展。史称:"舟舶继路,商使交属"①。

刘宋立国之初,颇能革弊兴利,国势甚隆,信息也很快传到一些南海国家。刘裕称帝的第二年(421),林邑王范阳迈即遣使贡献。文帝元嘉五年(428),天竺(印度)迦毗黎

---

① 《宋书》卷九十七《蛮夷传》。

国国王遣使奉表前来，献金刚指环等宝物；师子国（今斯里兰卡）国王遣使奉表曰："……方国诸王，莫不遣使奉献，以表归德之诚，或泛海三年，陆行千日，畏威怀德，无远不至"①。其后，在元嘉年间遣使臣来宋并献方物的其他国家依次有呵罗单（在今苏门答腊岛或爪哇岛）、扶南（今柬埔寨）、阇婆娑达（在今苏门答腊或爪哇）、苏靡黎（今苏门答腊北岸三马朗加）、婆皇（今马来西亚彭亨）、槃达（今苏门答腊北部或越南中南部）等。元嘉之后，新来的还有斤陀利国（在今马来半岛南部）、婆黎国（在今加里曼丹岛）。以上各国中的大多数，在宋时不止一次地来使。元嘉七年（430），呵罗陀（即呵罗单）国使臣所奉表文中有云："愿敕广州时遣舶还，不令所在有所陵夺。愿自今以后，赐年年奉使。今奉微物。"数年后，该国王又一次奉表云："前遣阇邪仙婆罗诃，蒙大家（大家，指宋帝）厚赐"②。由上可知，南海诸国遣使驾舶来中国的主要目的是奉献和贸易：诸国使船多先到广州（番禺），然后再到京城向中国皇帝奉献方物，并获得"回赐"；使船还附带货物来到番禺（或其他港口）进行贸易，并希望这种贸易受到中国方面的保护，年年如此。

齐朝，南海诸国遣使奉献，大体如宋时。至梁朝，遣使奉献的国家又有增多，计有扶南、天竺、林邑、狼牙修（在今马来半岛中部）、婆利（即婆黎）、干陁利（即斤陀利）、师子、盘盘（在今马来半岛北部）、波斯（今伊朗）、丹丹（在今马来西亚境）等国。

---

① 《宋书》卷九十七《夷蛮传》。
② 《宋书》卷九十七《夷蛮传》

陈朝，南海诸国亦遣使不绝，又有头和国（在今泰国南部）新遣使来。但陈末因岭南官吏贪暴，"南海诸国，欲向金陵，常为官非法槃检。远人嗟怨，致绝往还"①。

南朝时与中国使船往来最密切的是扶南国，京城专设有扶南馆以待其使节。

南朝时期中国亦有使船到南海国家。如梁大同年间，"敕直后张汜等，送扶南献使返国"②。即派使船偕扶南使船从广东口岸赴扶南。此时期最重要的当然是中外商船贸易，其数量应远较使船为多，但往往不见于官方记载。

宋文帝时，有求那跋摩和求那跋陀罗两位外国高僧，分别从阇婆（在今爪哇岛）和师子国乘商船来到番禺③。宋、齐时，扶南国王另"遣商货至广州"及遣使赍杂物行广州货易"，天竺僧人亦曾购货返国而搭乘扶南回船④。梁"常有高凉生口及海舶每岁数至，外国贾人以通货易"⑤。梁武帝后期，萧励为广州刺史时，外国到番禺者舶"岁十余至"⑥。

中国商船到南海诸国则仅见于外国人的个别记载。10世纪上半叶的马斯迪欧（Maccoudi）在其《黄金的草原》（Lesprairies d'or）一书中说：很早以前，中国和印度的商船便航行到波斯湾北端、幼发拉底河下游的Hira（今伊拉克的纳贾夫或巴士拉）。乃劳特（Reinaud）在其《印度中国见闻

---

① 许敬宗：《文馆词林》卷六百六十四《隋文帝安边诏》，《粤雅堂丛书》本。
② 释道宣：《续高僧传》卷一，《大藏经》本。
③ 僧慧皎：《高僧传初集》卷三。
④ 《南齐书》卷五十八《东南夷传》。
⑤ 《梁书》卷三十三《王僧孺传》。
⑥ 《南史》卷五十一《吴平侯景附子劢传》。

录》(Relation des Voyages etc)中，认定中国船到Hira的时间在5世纪上半叶（东晋末至宋元嘉年间）①。也就是说，大约在南朝初年，从广州港出发的中国商船，到南海、印度洋诸国贸易，最远处已达今波斯湾的伊拉克境。

若遣使来中国的南海国家都有商船前来贸易，则南朝已有十余国的商船到广东；而中国商船往返于波斯湾，一路停泊买卖，所至之国也当不少。

关于此时期南海、印度洋海上交通的航线，凡经马六甲海峡以东者，基本上是穿越南沙群岛、西沙群岛经涨海往来番禺；经马六甲海峡以西到印度、师子等国者，仍多傍海岸行驶，即沿印度东海岸北行（虽则横越孟加拉湾以南印度洋的航线在南朝以前已开通）。例如宋时师子国表文所谓"泛海三年"，就是意味着傍孟加拉湾海岸航行往返（当时横越此处的印度洋洋面到番禺，一年可往返一次，不需三年）。从印度半岛南端到波斯湾（并进入两河流域）的一段，可能要改乘小船沿海岸航行前往。②

二、官吏的贪廉对外贸的影响

南朝时期进出广东的中外商船以及使船所载货物，也较以前更为丰富。综合各史所载，进口物（按奉献物综合）有

---

① 两书内容转引自桑原骘藏著杨铁译：《唐宋贸易港研究》，商务印书馆版，第17—18页。
② 后来两宋时期中国商船到波斯湾阿拉伯国家贸易，便是从今印度西海岸的奎隆换小船前往的。

金银宝器、犀象、古贝（棉布）、斑布、金刚石、琉璃、玳瑁、珠玑、槟榔、兜鍪、珊瑚、沉香、杂香药等；出口物除传统的丝绸、金、银、漆器等外，还有陶瓷、铠仗、袍、袄、马等。其中陶瓷一项，已是中国（包括广东）大量出口的产品。"海上丝绸之路"同时又是"海上陶瓷之路"，即自此开始。

自汉至南朝，海上贸易的进出口货物，都还没有抽税的制度，也没有建立相应的管理制度和管理机构。晋和南朝，一直未把从对外贸易得到的收入看成财政的一项重要来源，而任由驻在番禺的广州有关官吏自行处理。显然，南朝广州的对外贸易，尚处于早期阶段，在管理上缺点和弊端很多，而且其兴衰和稳定程度多取决于官吏的廉贪。

《梁书》记载，番禺"外国贾人，以通货易。旧时州郡以半价就市，又买而即卖，其利数倍，历政以为常"①。这种对外国船只装载来的进口货物，按低于市价很多的价格由当地官府收买，买后按市价出售以取利的办法，约在南朝以前即已实行，一直沿袭到梁朝之后。其"半价就市"，所得的"数倍"之利，可能是由经办官吏和有关的主管官员掌握和支配，只将其中"宝物"的一部分以实物形式奉献给皇帝。其余的便用于地方财政支出及归官吏私人所得。但是，梁朝后期萧励为广州刺史时，却将外贸收入很大的一部分解送朝廷，"军国所须，相继不绝"，成为国家财政收入。这仅是个别时期能办得到的，所以梁武帝高兴地说："朝廷便是更有广州"②。

由于无法令规章，外贸收入实际支配权不在政府而在广

---

① 《梁书》卷三十三《王僧孺传》。
② 《南史》卷五十一《吴平侯景附子劢传》。

州刺史、南海太守等官吏个人,所以有谚语说:"广州刺史但经城门一过,便得三千万(文钱)。"刘宋时,广州刺史王琨离任回京,皇帝问他"还资多少?"王琨答:"臣买宅百三十万,余物称之"①。像王琨这样一任广州刺史得200余万钱,在当时似乎还算是正常现象。

南朝广东有关对外贸易的官吏,大多属于贪黩之辈。他们对进口货尽量压价,还勒索和攫取贵重宝物。有获奇珍异宝者,"卷握之资,富兼十世"②。外国商船被"侵刻"过度,无利可图或其利甚微,便不愿到中国来贸易,或者在广东沿海偏僻港口与当地商人进行不见于记载的私下贸易。例如梁武帝时,广州"外国舶至,多为刺史所侵",因此在很长一段时间内,"每年舶至不过三数"。但到比较清廉的萧励任刺史时,"丝毫不犯",每年来船便增至十余艘。官吏的廉贪,突出地左右着对外贸易的升降。陈朝末年,因广州官吏特别贪暴,竟弄得外国使船不至,商船贸易也可能近于绝迹。

三、以银交易和外国银币的使用

宋、齐、梁、陈皆都建康,广州等州郡与江南各州的南北交通、商业往来,因而以番禺——北江——大庾岭(或骑田岭)道为主。广州港外贸的扩大,促进了境内及岭南北之间的商品流通。但是就总体而言,广东境的商品经济发展并不迅速。

---

① 《南史》卷二十三《王琨传》。
② 《南齐书》卷十四《州郡志》。

第六章 南朝至隋广东全境封建制的确立与民族的分化、融合

广东境内土产交易最大的是米与盐。徐陵《广州刺史欧阳頠德政碑》说："工贾竞臻，鬻米商盐，盈街满肆"。这决非陈朝一时的情形，大抵宋、齐、梁三朝亦皆如此。尽管米盐盈街满市，但米是农家产品，有余则鬻，主要在境内流通；盐是滨海产品，除销售本境外，纵有可能销往岭北，为数也不甚多。所以这时南北交易，除了外贸进出口货和少数南方特产外，在五岭阻隔而道远的条件下，并非兴旺频繁。岭南在经济上还是一个相对独立的地区，并且在境内商品流通中有着自己的特点。

南朝全国的通用货币是铜钱。而宋初"广州市司用银米"[①]。又有记载：梁初"交、广之域，全以金银为货"[②]。广州市司应是管理市场的机构。此时番禺的商品交换以银和米作为一般等价物。岭南的其他地方亦当如是。至梁朝岭南则已全用金银。这既反映了岭南商品交换有所发展，又表明金银开采量有所增多。

岭南之所以从用银米发展到全用金银（基本上是银），其原因如下：（1）当时岭南产铜不多，所产仍大多用于铸铜鼓，不铸铜钱；（2）南朝经常闹全国性的钱荒，没有多余的铜钱满足这一经济区对流通手段的需要；（3）岭南已有用银的传统，产银量较前增加，而且通过对外贸易，有进口银源源流入。

外国进口银为银铸币，输入后被作为银块在岭南流通。1960年7月，在英德浛光镇南齐建武四年（497）至永元元年

---

① 《太平御览》卷二十七引《广州记》。
② 《隋书》卷二十四《食货志》。

(499) 的墓葬里，发现波斯银币 3 枚①，乃波斯萨珊朝卑路斯 (PROUZ, 457—484) 时所铸，其中 1 枚的边被剪去。1973 年 3 月，又在曲江南华寺南朝墓中发现 9 片经剪割的波斯银币。

诸银片不能对合，当是从 9 枚不同银币剪下的，其铸造年代不明②。这些外国银币当时已在沿北江一带的浈阳、曲江等县境使用。其剪边和剪成半片者，乃是在交易额低于 1 个银币值时作为碎银使用，以适应岭南用银块的习惯。

上述波斯银币，自然是外国商船带来购中国货的货币，后来辗转流通于番禺一带以及北江曲江等地。此外，1984 年 9 月，在广东遂溪边湾村，发现一个窖藏陶罐，里面全是金银器物，除散失者外，"共收回完整及破碎银器七斤一两，金环二个，鎏金盅二个，波期银币二十个"③。这 20 枚银币和其他物件皆萨珊朝伊卜尔三世至卑路斯时(383—484,

波斯银币。1984 年遂溪出土。

---

① 杨豪：《广东英德、连阳南齐和隋唐古墓的发掘》，《考古》1961 年第 3 期。

② 王贵忱、王大文：《从古代中外货币交流看广州海上丝绸之路》，载《广州与海上丝绸之路》，1991 年广东省社会科学院编印。

③ 遂溪县博物馆：《广东遂溪县发现南朝窖藏金银器》，《考古》1986 年第 3 期。

东晋太元八年至齐永明二年）的制品。遂溪治所距湛江港不远，古时窖藏出土处当更近海，其器物应是海舶直接带来的。尽管到梁天监十五年（516）攻占波斯领土的滑国（哦哒）才遣使来献方物，中大通二年（530）波斯国"遣使献佛牙"①，但梁以前并非没有波斯船到广州港和徐闻、遂溪等港口的可能。这些器物可能是由早已于5世纪到达波斯湾尽头的中国或印度或其他国家的商船直接或间接带来遂溪的。同理，高凉沿海也可能有外国贾人为"通货易"而带来银币。因此，遂溪自会同曲江一带那样把这些银币用于流通领域。据此，南朝广东全境以及广西境，都会有外国银币流通的可能。于是岭南成为不同于全国其他地区的特别用银区，本地银块和外国银币均可作为货币使用。

第四节 农业缓步发展和手工业的多样化

南朝时期，岭北人口的继续南迁，使广东近海地区和北部始兴等地的劳动力有所增加，有利于农业生产的扩大。广东西部的农业技术和农业生产力也提高到一个新的水平，但发展的速度较慢。

这个时期的手工业部门和品种较以往增多。竹、木、藤、香制品花色纷繁。陶瓷业的发展和漆器制造业的兴起，为出口商品增加了新品种。

---

① 《梁书》卷五十四《诸夷传》。

一、南迁人口的增加和农业的发展

南朝广东人口有所增加,是促进农业发展的重要因素之一。由于缺乏准确的户口统计,境内人口自然增长状况无从得知,但岭北人口续有南迁则有记载,并有踪迹可寻。

东晋末年,卢循在始兴郡带了许多"始兴溪子"北伐,大多未归,加上战事激烈,使人口减少。然而宋大明八年(464)的户口(编户),与西晋初年相比,始兴郡却由5000户增至11756户,增长135.12%;同期南海郡境则仅增长34.36%。始兴户口增长率是广东各地区中最高的[1],这说明始兴郡自西晋以来有许多南来人口定居。

南朝岭北南迁广东的人口,就其总量言,以迁居于近海的郡县为多,迁徙者又多从海道而来。如冯宝的祖父冯业,便是宋时从北方率众三百浮海而至新会。特别是梁末侯景之乱,曾造成一次人口南迁高潮,主要是从海道迁徙闽、广。陈文帝天嘉六年(565)三月,诏侯景之乱以来移居在闽境及义安郡(今潮汕地区)者,"许还本土,其被略为奴婢者,释为良民"[2]。但是,迁入广东境内的流人早已定居下来,多不欲北返了。他们多年的辛勤劳动已在一定程度上加快了广东一些地方的农业发展。

南朝广东的农业生产技术也有进步。西部俚人居住地区随着牛耕和铁器的广泛使用,农业技术和农业生产力也发展

---

[1] 《宋书》卷三十七、卷三十八《州郡志》。
[2] 《陈书》卷三《世祖纪》。

到一个新的水平。1980年,广西梧州南朝墓葬出土的陶质耙田模型①与连州出土的西晋陶模相同,显示犁而后耙的精耕农业正在由广东北部向西部和广西境推广。

这一时期广东米的产量增加了。米不但在境内是主要商品,而且供给境外,如陈霸先从江西出发讨侯景时,贮有军粮50万石,有一部分就是从大庾岭以南运去的,此后西部的罗州等处又陆续"应接军粮"。②

1988年,在宝安县南朝墓葬中发现随葬品滑石蚕③,反映出这时广东部分地方蚕桑业有一定的发展。农产品的种类也在增多。关于茶,《南越志》云:"茗苦涩,亦谓之过罗。"裴渊《广州记》也说:"酉〔西〕平县(约在清代肇庆府境内)出皋卢(即过罗)茗之利。茗叶大而涩,南人以为饮。"④这是广东产茶的记载。

直至南朝时期,广东境内最适宜于农业发展的平坦沃壤还很少,经济较为发达的南海郡内的今珠江三角洲地域,当时还远未冲积成三角洲的广大平沃地带,今顺德、新会以南和番禺南端,皆属海域或散布着岛屿,低洼地多为沼泽,人们只部分地开发了这些沼泽地区⑤。当时人们防止洪水侵袭农田的能力很弱,在山区种植水稻的灌溉水平也很低。

---

① 李乃贤:《浅谈广西倒水出土的耙田模型》,《农业考古》1982年第2期。
② 《陈书》卷一《高祖纪》、卷十五《陈拟传》。
③ 深圳市博物馆:《广东深圳宝安南朝墓简报》,《文物》1990年第11期。
④ 均见《太平御览》卷八百六十七引。
⑤ 参见佛山地区革命委员会:《珠江三角洲农业志》(一),佛山地区革命委员会1976年刊本,第49—54页。

二、陶瓷制造的进步及其外销

广东出土的晋代陶瓷经测定，陶器火候在900—1200℃之间，瓷器都达到1300℃上下（合乎标准）。陶瓷器种类，计有釜、罐、洗（盆）、钵、盂、盅、壶、瓶、虎形器、碗、杯、盘、碟、盒、勺、纺轮、砚、水注、案、耳杯等生活用品，还有水田模型及各类明器。陶器，胎有白黄和灰褐等色，陶土都经过筛选，质地细而坚实；瓷器，胎以乳白色为主，器体都施有青绿或黄绿色釉层，釉匀称，晶莹有光泽，但还有开片及脱釉现象[①]。

晋陶器中有些还保存以前的印纹陶纹饰，粗砂陶极为个别。陶器种类以大小不同的带耳陶罐、碗和杯为最多。瓷器也以这几种器物为多。罐、碗、杯等器物种类的多样化，反映人们贮藏物的种类增多和日常饮食比以往丰富。

南朝的陶瓷已能制出较多不脱釉不开片的瓷类精品，从而显示出陶瓷烧造技术有所提高。出现灯盏以及碗与底盘相合成套的套碗。黄绿釉或青绿釉的六耳罐出土较晋时为多，其耳皆为穿系绳藤而设，六耳均匀分布于罐的腹部上端。这时的鸡形壶，与今酒壶、茶壶类似，鸡首较晋时为长。广东省博物馆馆藏1959年韶关市莲花山17号墓出土的南朝青瓷碗，内外施青黄釉，釉色光润，且不易脱落，外形相当美观，是当时的精品，比东晋的青瓷碗质量更佳。1981年始兴白石坪出土的南

---

① 杨豪：《广州晋南朝隋唐墓葬》，《广东出土晋至唐文物》，广东省博物馆、香港中文大学文物馆1985年刊本，第17页。

朝青瓷鱼纹盘,上刻单鱼、双鱼,形象逼真,反映当时的绘画和雕刻水平。1983年韶关市南郊出土的莲花纹洗,内底中央饰以一朵莲花,共12瓣,中心有11个小圆圈组成花蕊,说明以莲花为特征的佛教艺术当时已在始兴、南海等郡传开。①

南朝时今广东境制作的陶瓷已经出口到南海国家。1975年,考古工作者在西沙群岛北礁礁盘上发现古代沉船遗物甚多,年代最早的是南朝的两件青釉六耳罐残件和一件青釉小杯②。这两种器物是南朝南海等郡较流行和较精致的瓷器。这些陶瓷成为出口商品,无疑会促进当地陶瓷生产的扩大和工艺技术的进步。

南朝六耳罐。1975年西沙群岛北礁出土。

三、手工业和工艺品的多样化

(一)竹、藤、木、香的加工

岭南各地竹的种类甚多,可用以加工成各种竹制品。《齐

---

① 以上器物图形皆见于《广东出土晋至唐文物》,广东省博物馆、香港中文大学文物馆1985年刊本。
② 广东省博物馆、广东省海南行政区文化局:《广东省西沙群岛第二次文物调查简报》,《文物》1976年第9期。

民要术》所引各书云:"有竹曰篃,其大数围,节间相去局促,中实满坚强,以为柱榱"。"石麻之竹,劲而利,削以为刀,切象皮如切笋"。"罗浮山生竹,皆七八寸围,节长一二丈,谓之龙钟竹"。罗浮山"又有筋竹,色如黄金"①。《文选》左思《吴都赋》刘渊林注引《异物志》云:"箽笃生水边,长数丈,围一尺五六寸,一节相去六七尺,或相去一丈。庐陵界有之。始兴以南,小桂(今连州一带)夷人,绩以为布葛。"裴渊《广州记》也说:"员当竹,剥古缘(缘疑为"终")藤,绩以为布"②。《南州异物志》说,交广之间,乌浒人居地有棘(厚竹),"破以作弓,长四尺余,名狐弩。削竹为矢"③。

岭南藤类繁多。顾微《广州记》说:"藤类有十余种"。粗细不一,一般都具有韧、软两种特性,粗硬者可作手杖,细者可拴缚物件,细藤丝可以加工成布。

岭南多木,一般用以造船和制作各种家具,有的树皮还可以作为织布的原料。裴渊《广州记》云:"白荆堪为履,紫荆堪为床。"可见制造木器具的用料已有所讲究。

《南越志》记:"绥宁(在今增城县西)白水山多漆树,高十余丈,刻漆常□(疑为"缘")上树端,鸡鸣日出之始,便刻之,则有所得。过此时,阴气沦,阳气升,则无所获也。凡刻漆,别有氏族以为业。"④后句说明晋和南朝时今增城县境内已有种漆的专业户和漆园,当然会有各种木、竹、藤器的

---

① 缪启愉校释:《齐民要术校释》卷十,农业出版社1982年版。
② 《太平御览》卷八百二十。
③ 《太平御览》卷七百八十六。
④ 《太平御览》卷七百六十六。

髹漆工艺。漆器已成为广东对南海诸国贸易的商品。

香是南方特产。晋和南朝广东产香最多最佳的地方是海南，次为南海郡。梁朝任昉说："香洲在朱崖郡，洲中出诸异香，往往不知名焉。千年松香，闻之十里，亦谓之十里香。"①所谓"千年松香"，应是沉香。任昉又云："南海郡有香户"，"南海上出百步香，佩之，香闻于千步也。今海隅有千步香，是其种也，叶若杜若而红紫间杂"。这种香似为草本。香户不仅种香，且加工制成上等香料进贡。

（二）精工细作的工艺品

南朝初年广东已能生产一种一端8丈的"入筒细布"②进贡给皇帝。宋武帝刘裕令退还，并令"岭南禁作此布"，为的是此布"精丽劳人"。

南朝"南海出蛟绡纱"，"一名龙纱，其价百余金。以为服，入水不濡"③。这是一种精制丝织品。

元嘉十六年（439）宋御史刘桢弹劾广州刺史韦朗的奏本奏云：韦朗"虐法暴浊，是彰于州。所造牙楯三十幡，朱画青绫楯三十五幡"。又于"广州所部作犀皮铠六领"，"作银绿涂漆屏风二十三床，又绿沈屏风一床"。"于府州部所作新白莞席三百二十二领"，另外还有铜镜台、银镂合等和"白荆屐

---

① 任昉：《述异记》卷下，《四库全书》本。
② 《南史》卷一《宋武帝记》。这种布当是棉（吉贝）布。古代绢以匹为单位，布以端为单位。
③ 徐坚：《初学记》卷二十五，《太平御览》卷三百五十六、三百五十七、七百一、七百十七引《元嘉起居注》。

六十七量"①。所列皆为精品。

四、采珠、煮盐、造船与矿冶

采珠是合浦（含今雷州半岛）沿海的传统手工业。吴时，"合浦郡土地硗确，无有田农，百姓唯以采珠为业，商贾去来，以珠贸米"。但是吴统治者欲尽得好珠，严禁珠民将好珠卖给商人，致"民以饥困"。西晋初，交州刺史陶璜有所改革，规定凡采得"上珠"要缴纳2/3，较次的缴1/3，"粗者"不征；每年自十月至次年二月，是出产上珠之时，除这段时间外，产珠区"听商旅往来"不禁②。因此，合浦珠民的境况因此稍有改善。东晋、南朝政权，虽赋役苛重，但一般不干涉民间生产，合浦采珠至少不会比陶璜时为差。梁时，任昉记道："越俗以珠为上宝，生女谓之珠娘，生男谓之珠儿。……合浦有珠市"。又说："越人谚云：种千亩木奴，不如一龙珠。"③由此看来，珠禁似较西晋还宽些，合浦采珠业应比前发达。

历来采珠，都是由采珠人潜入浅海海底捞取珠蚌取珠，吴晋合浦民"善游，采珠儿十余岁，便教入水。官禁民采珠，巧盗者蹲水底剖蚌，得好珠，吞之而出"④。

手工制盐在广东沿海早已有之，但具体情况缺乏记载。最

---

① 徐坚：《初学记》卷二十五；《太平御览》卷三百五十六、三百五十七、七百一、七百十七引《元嘉起居注》。
② 《晋书》卷五十七《陶璜传》。
③ 任昉：《述异记》卷上，《四库全书》本。
④ 《艺文类聚》卷八十四引《南州异物志》。

早的记载见于南朝初年裴渊所撰《广州记》:"东官郡煮盐,织竹为釜,以牡蛎屑泥之烧用,七夕一易。"① 东官郡乃东晋成帝时分南海郡设置,是广东沿海古代主要产盐区。当时全国皆无晒盐,制海盐全用煮法。别处沿海可能已用铁制"牢盆"煮盐,广州则用加涂牡蛎灰的竹釜。这种竹釜在南朝初年还不很耐用,将盐卤置于釜中烧熬,七天便要更换新釜。盐产量甚丰,是广东日用必需品中仅次于米的商货。

南朝广州港对外贸易有所增进。中国商船能越涨海远达波斯湾,其造船技术自应向更大更坚的方面改进和发展,惜不见于文献记载。唯沈怀远的《南越志》记道:"南海江岸间有芦头木,叶如甘蔗,织以为帆。以其疏畅怀风,故帆不以布。"② 以芦头木叶为帆,与《南州异物志》记吴时"外徼船"所用之帆是一样的质料。此时,海上商舶和海边渔民,已掌握海鸥飞翔与风暴相关的规律:"海鸥在涨海中,随潮上下。……颇知风云。若群集飞至岸,必风。渔人及度海者,皆以此为候"③。

在山区多木的地方,所制的内河小船有一种长达五六丈的独木舟。据记载:"力陈岭(不知在何处),民人居之,伐船为业。随树所居,就以成槽。皆去水艰远,动有数山。生一草,名曰膏藤,津汁软滑,无物能比。导地牵之如流,五六丈船,数人便运。"④

---

① 《太平御览》卷六百五引。文中"泥"是动词,为"以泥涂"之意。
② 《太平御览》卷九百六十一引。
③ 《太平御览》卷九百二十五引《南越志》。
④ 《太平御览》卷九百九十五引《广州记》。

南朝广东皆以银交易,足见当地产银较多。产银最多的是始兴郡。王韶之《始兴记》云:"泠君西北有小首山,宋元嘉元年(424)夏,霖雨,山崩。自巅及麓,崩处有光耀,有若星辰焉。居人往视,皆是银,铄铸得银也。"又徐豁在元嘉年间任始兴太守时,谓有"郡领银民三百户",而实际采银户当不只此数。

南朝广东冶铁业也略有进步的痕迹可寻。1981年在梅县南朝程江墓出土的铁鼎,通高36厘米、口径29.5厘米;铁釜,高19厘米、口径24.2厘米。这两件铁炊具均不算小,反映出南朝广东采冶、铸铁技术有一定的进展。又《名山记》云:"罗浮山有道士,赍铁杵欲合丹"[1]。乳源县的三座南朝墓葬中,似有炼矿渣的痕迹[2]。从这两则资料来看,铁器的用途已较广;乳源或已有铁矿的采冶,或距乳源不远的曲江大宝山铁矿已开采。

第五节 俚、僚、莫瑶各族的分化融合

南朝四朝相继将广东西部各族纳入封建郡县管理之下,从而加速了这些地区以俚人为总称的各族人民的汉化过程,很大一部分俚人被融合于汉族。

在广东北部及其以西,有经分化的荆蛮遗裔生息其间,他

---

[1] 《太平御览》卷七百六十二引。
[2] 韶关市文物管理办公室等:《广东乳源县虎头岭南朝墓清理简报》,《考古》1988年第6期。

们以莫瑶为族称。

一部分未曾汉化的俚人与僚人更接近起来。早已南迁的荆蛮与莫瑶，又和广东北部越族遗裔混杂。蛮、僚渐成各族的泛称。

一、俚人及其与汉族的融合

东汉至三国时期，百越族后裔之一的俚族在岭南西部分布极广。《南州异物志》载："广州南有贼曰俚。此贼在广州之南，苍梧、郁林、合浦、宁浦、高凉五郡中央。地方数千里，往往别村，各有长帅，无君主，恃在山险，不用王。自古及今，弥历年纪。"① 同书又说："民俗蠢愚，唯知贪利，无有仁义道理。土俗不爱骨肉而贪宝货及牛犊，若见贾人有财物水牛者，便以其子易之。夫或鬻妇，兄亦卖弟。"还谈到邻里间的债务纠纷。又《博物志》云："交州夷名俚子。俚子弓长数尺，箭长尺余，以燋铜为镝，涂毒药于镝锋，中人即死。"

东汉至吴晋时，各地俚人的社会发展很不平衡，但大致处于半农半猎的状况，能冶铜制箭，与东汉末的乌浒人基本相同。上引资料所揭示的俚人社会，农耕已渐占主要地位，故对牛特别重视，不仅有交换和商贾贸易，而且贫富分化，有债务关系和人口买卖，亦即含有奴隶制因素。

宋、齐、梁、陈对岭南俚人地区加强统治，一方面实施羁縻政策，以其酋帅为郡县官，轻其赋役；一方面不断加以

---

① 《太平御览》卷七百八十五。

挞伐，迫其降顺，终于使苍梧、高凉、合浦等地大多数的俚人由"不宾服"而纳入封建郡县控制之下。尽管买卖"生口"的奴隶制因素仍然普遍存在，但封建制的社会关系已渐次确立，特别是在封建化加速的过程中，汉、俚两族接触更为频繁，并且互相通婚，产生地域性的俚、汉共同首领，使俚人同化于文化较高的汉族，加快两族融合。然而，至南朝末或隋末，广东西部俚族并未全部同化于汉族，同化的仅是一部分，而且这一部分仍然保留着若干俚人的原有习俗。大体上说，基本同化于汉族的是今高要及其以西的若干相邻地区。这里的俚人还长期保留其部分习俗。如"晋康郡夫阮县夷人曰獀，其俗栅居，实为俚人城落"①。俚人在水上建栅而居，以适应水涯地势（这种建筑形式至今仍可见到）。其居屋为古越人"高栏"或"干阑"建筑的变异形式。广东西部俚人未被同化的较多。

乌浒人在俚人之西，两者同是越裔，居地相接并互相杂居，但俚人社会及文化略先进于乌浒。经两晋、南朝，两广境内的乌浒人已被称为俚人，其间必有同化过程。两晋至南朝，乌浒人曾向岭北迁徙。《太平寰宇记》卷一百二十二引《荆州记》说："舞阳（在湖南古武溪地区）有詹辰、新丰二县，其乌浒万余家，啖蛇鼠之肉，能鼻饮。"乌浒人至舞阳须经俚人地区，在北移过程中，不可避免地与俚人频繁接触、杂居和融合。

海南岛早期也有俚人居住，他们是黎族先民来源之一。

---

① 《太平御览》卷七百八十五引《南越志》。

二、僚及其与乌浒、俚人的关系

僚，古书中多作"獠"①。最初载于张华《博物志》："荆州极西南界至蜀，诸民曰僚子。妇人妊娠，七月而产。临水生儿，便置水中，浮则养之，沈便弃之，然千百多浮。既长，皆拔去上齿牙各一，以为身饰。"②其后的记载，经常是俚、僚连称。《宋书》载，东晋末，交州石碕，"盘结俚、僚，各有部曲"③。这是关于岭南僚人的最早记载。《太平御览》卷七百八十五引裴渊《广州记》又云："俚僚贵铜鼓，唯高大为贵，……风俗好杀，多构仇怨，欲相攻击，鸣此鼓集众，到者如云。有是鼓者，极为豪雄。"越州，"本合浦北界也。夷僚丛居"。宋元徽二年（474），陈伯绍为刺史，"威服俚僚"④。

记僚事最详的是《魏书》："僚者，盖南蛮之别种。自汉中达于邛、筰川洞之间，所在皆有。种类甚多，散居山谷，略无氏族之别，又无名字，所生男女，唯以长幼次第呼之。……依树积木，以居其上，名曰'干兰'。干兰大小，随其家口之数，往往推一长者为王，亦不能远相统摄"。其中有涉及僚人买卖"生口"情况：平常掳掠人口，卖去换猪狗。"亲戚比邻，

---

① 以下凡引文中有关少数民族族称带"犭"旁者一律改用"亻"旁，非引文则用今族称，如"瑶"、"壮"，唯涉及族称起源时仍须保留原字样。

② "拔去上齿牙各一"即先秦章中所述的拔牙习俗，《康熙字典》引《字汇》云："上曰齿，下曰牙。"原文有语病，应为"上齿下牙各一"或不要"上"字。

③ 《宋书》卷九十二《杜慧度传》。

④ 《南齐书》卷五十四《州郡志》。

指授相卖，被卖者号哭不服，逃窜避之，乃将买人捕逐，指若亡叛，获便缚之。但经被缚者，即服为贱隶，不敢称良矣。……其俗畏鬼神，尤尚谣祀。……至有卖其昆季妻奴尽者，乃自卖以供祭焉。"其纳税或进贡皆以布匹，"岁输租布"①。这里所说的是川、滇、黔诸省境内之僚。岭南僚亦应大略相同。

关于僚的种属及其由来，《魏书》所谓"南蛮别种"，意即与荆蛮有血缘关系或经混杂而成，故曰"别种"。据学者研究，僚人乃骆越后裔，亦是百越族中分布很广的一支，其"老家"，就岭南而言，是在今广东西南部和广西的南部及西南部②。上述居于越州的僚人正是分布在这些地区或与俚人杂处。岭南的僚又有峒僚、峒蛮、夷僚、山僚等许多称谓。顾炎武说："峒僚者，岭表溪洞之民，古称山越。"③又认为僚人是山越演化而来的。即便如此，山越也是属于百越族群的。由于同为百越后裔，故岭南的僚人与俚人乃至乌浒人必然有血缘关系和许多共同点。

广东西部的僚人和俚人一样，都能织出工巧精致而有别于中原丝麻织品的葛布、蕉布、斑布以及用藤或木皮织成的布等。这些布屡见于晋、南朝的诸种记载。

僚人与乌浒人均有"猎头"陋俗：一是仇杀而食之。一是祀神鬼，猎取"美鬘髯者，必剥其面皮，笼之于竹。及燥，

---

① 《魏书》卷一百一《僚》。

② 戴裔煊：《僚族研究》，《南方民族史论文选集》，中南民族学院民族研究所1982年刊本。

③ 《天下郡国利病书》卷一百三。

号之曰'鬼',鼓舞祀之,以求福利"①。所取者多族外人之男性美髯者,须髯愈多则昭示禾谷丰登。这种迷信是人类蒙昧野蛮时期所烙下的标记。僚人尚淫祀,畏鬼神,以及凿齿、鼻饮、栏居(干阑)、竖棺葬等习俗,也是与乌浒人或其他百越族群后裔相同的。

南朝之后,岭南的俚与乌浒在史籍中逐渐少见,并最终消失,僚则分布益广。这意味着六朝时僚、俚、乌浒三者发生过融合同化,至少一部分俚、乌浒与僚同化、融合后被通称为僚②。

三、岭南莫瑶和粤北诸蛮

莫瑶之名始见于《梁书·张缵传》：梁武帝末年,"零陵、衡阳等郡,有莫瑶蛮者,依山险为居,历政不宾服。"零、衡等郡在五岭北麓,居于山险之地的莫瑶,举足可至岭南。梁时或更早五岭南面山区可能已有莫瑶活动或居留。《隋书·地理志》最早明言岭南在隋以前已有莫瑶："长沙郡又杂有夷蜒,名曰莫瑶。自云其先祖有功,常免徭役,故以为名。……武陵、巴陵、零陵、桂阳、澧阳、衡山、熙平皆同焉。"以上各郡唯熙平郡在岭南,辖桂阳、阳山、连山、开建、游（浈）安（今怀集）、熙平（今连山）、武化（在今广东境）、宣乐（在

---

① 《魏书》卷一百一《僚》。
② 《新唐书》卷二百二十二下云："有乌武（唐避李虎讳,亦改浒为武）僚,地多瘴毒,中者不能饮药,故自凿齿。"此即广西横山"乌浒旧巢"之乌浒人在唐时已称僚之一例。唐宋之后,僚的种属关系更为复杂。

今广东境)、桂岭(今广西贺县东北)九县,除三县在今广西境外,余六县皆在五岭南麓,入岭莫瑶在粤北此八县地随岭逶迤呈一线分布。

由于莫瑶族称出现迟,生活在岭南的起始时间不明,以致其是否即为长沙蛮、武陵蛮,还是早期南移入岭的荆蛮后裔,均不详。所谓"杂有夷蜒",表明莫瑶的种族成分相当复杂。其出自长沙郡,自必与长沙蛮相近,原属荆蛮族群,而蜒(疍)却原是百越后裔。《隋书·南蛮传》云:"南蛮杂类,与华人错居,曰蜒,曰儴,……古先所谓百越是也。"蜒人祀蛇,蛇为龙图腾的雏形,所以蜒人亦称龙户。这支百越遗裔原是生活在西江中、下游的渔猎部落。大约在秦军进入岭南之际,蜒人受到冲击而四散、分化,于是后世继续在江河捕鱼者称鱼蜒,在滨海取蚝者称蚝蜒,入海采珠者称乌蜒,窜伏丛林伐山取木者称木蜒。可能入山伐木之蜒北移,与南移的荆蛮接触,经交错杂居而被融合,或更有僚之类的新血液渗入,而致出现杂有夷蜒的莫瑶。

在风俗上,"其男子但著白布挥衫,更无巾袴;其女子青布衫、斑布裙,通无鞋屦。婚嫁用铁钴锛为聘财"。长沙、武陵、零陵、桂阳、熙平等郡皆同。其丧葬习俗与岭北广袤地区各郡的"蛮左"颇为相同:"始死,置尸馆舍,邻里少年,各持弓箭,绕尸而歌,以箭扣弓为节。其歌词说平生乐事,以致终卒,大抵亦犹今之挽歌。歌数十阕,乃衣衾棺敛,送往山林,别为庐舍,安置棺柩。亦有于村侧瘗之,待二三十丧,总葬石窟。"① 这些风俗与岭南北荆蛮族群后裔相同，而与岭南百越族群大异。关于莫瑶的生产方式，就其使用铁农具和弓箭来看，仍属半农半猎。其葬俗则反映其族基本上是定居的。

六朝时期，粤北除莫瑶之外，其他族属也复杂难究。首先，"荆蛮"之称不再出现，有了泛称的"蛮"。他们似乎包括南移荆蛮后裔和土著的山区越裔以及莫瑶。如《梁书·兰钦传》载：兰钦都督衡州三郡兵"讨桂阳、阳山、始兴叛蛮"。阳山在始兴郡，始兴蛮是泛称始兴郡蛮，既包括阳山蛮，也可含莫瑶。早在卢循反晋时，徐道覆军中有"拳捷善斗"的始兴溪子，有人说是始兴山区峒居的溪人。这种溪人也可归入始兴蛮范畴，却不一定是荆蛮后裔（与荆蛮混杂容或有之），主要成分当属越人遗裔的范畴。又南朝粤北山区有俚人，是从粤西移来，或为当地土著越裔，或为粤北各族总称，皆难明确。如是总称，则俚与蛮又成同义。由此可见，南朝粤北民族情况，较以往更为复杂。这种情形突出地显示在历史进程中"无种不杂"和各民族血统多源这一普遍规律。

《陈书·徐度传》记载梁末"始兴内史萧介之郡，（徐）度从之，将领士卒，征诸山洞"。后世广东方志则记为："……时诸峒瑶、僚屡出剽掠……度帅师讨之"②。"诸洞瑶、僚"的说法与《陈书》有出入，但不一定错，不过南朝广东瑶族的数量及地区分布却远不及僚族之多之广。

---

① 《隋书》卷三十一《地理志》。
② 金光祖：《广东通志》卷十九。

第六节 南朝的文化

南朝广东的文化进步缓慢。没有出现文化名人，也不见当地人的撰述著录。但是，随着海上交通的发展，外国名僧踵至，佛寺大兴，佛教迅速发展。不仅佛经的翻译增多，且佛、道二教也已影响到民间风俗。

一、南来寒门士人的影响和《南越志》、《广州记》

南朝时期到岭南各州郡为官的世族子弟，多带寒门士人充当僚属和州郡县的文武官吏，同时也有徙来的士民。寒门士人和流徙士民较能接近岭南的寒门，因而对广东的私学、官学（极少）的兴办和文化的发展起了一定的积极作用。境内寒门尽管受到九品中正制的制约，没有居高官或者享盛名的文化人，但广东的文化在江南文化的影响下，毕竟在缓慢发展，出现了一些以儒术知名的人士或官员。

封川人张岊，字彦高，齐时"举秀才，初仕晋兴（在今广西）令，材明敏，有吏干"。事齐明帝，官至司空[①]。

桂阳人廖冲，字清虚，"博学能文辞，于经史无所不通……

[①] 郭斐：《粤大记》卷二十五。封川，隋置，即今封开，南朝宋为封兴，属苍梧郡。

以儒术知名,举秀才,仕梁为本郡主簿、西曹祭酒。武帝好儒术,招徕天下名士,冲与焉。尝命赋诗,称上意"。皇子湘东王萧绎出镇荆湘,闻廖冲有词藻,"请以为王国常侍",在湘东约10年以上。廖冲以萧绎"内猜忍而外浮华",规谏反益遭疏远,遂于大同三年(537)挂冠归,在县北50里静福山隐居。"托迹黄老,以炼丹服气为名,幽栖自适"①。

梁末始兴郡曲江县豪族士人侯安都,才兼文武,"工隶书,能鼓琴,涉猎书传,为五言诗亦颇清靡"②。

冯融于梁朝任罗州刺史,"能以礼义威信镇其俗,汲引文华士,相与为诗歌,蛮中化之。蕉荔之墟,弦诵日闻"③。罗州以俚人居多,文化落后,但在冯氏影响下,不仅有了文华之士,而且在俚人地区开始推广文化教育。

外地籍文人所撰著述,与广东有关的主要有《南越志》和《广州记》两部。

《南越志》,沈怀远撰,《隋书·经籍志》著录八卷。沈怀远是吴兴郡人,被宋孝武帝流放广州10年以上,后返籍,官县令④。《广州记》,著者裴渊,身世不详,应是南朝宋人。此书《隋书·经籍志》未见著录,唐初的《艺文类聚》中已有引用。《南越志》和《广州记》今皆亡佚,但在《艺文类聚》、《太平御览》等书中还保存不少片断。这两本书的残存内容,

---

① 郭斐:《粤大记》卷二十五。《粤大记》尚引唐刺史蒋防为廖冲所作碑铭:冲"晋身玉堂,辞词林学苑之职,以红霞丹府为家。"郭斐所记皆属事实。
② 《陈书》卷八《侯安都传》。
③ 黄佐:《广州人物传》卷二。此乃据《南中一统志》及明代旧《新会志》,所云应属可信。
④ 《宋书》卷八十二《沈怀文传》。

涉及岭南各地的山川、物产、古迹、传说、风俗等方面，是了解和研究晋和南朝时期广东历史的重要资料。

江南名士对罗浮山还有若干吟咏，如谢灵运的《罗浮山赋》等。侯景之乱时，有好学寒士吴兴人章华，"游岭南，居罗浮山寺，专精习业。"① 是为士人以罗浮山作读书处之始。

二、名僧踵至，佛寺大兴

南朝是中国佛教继汉、晋之后大盛的时代。最高统治者提倡佛教不遗余力。西土名僧从陆道、海道纷至沓来，中国也高僧辈出。

较早来到广东的外国名僧是求那跋摩，又名功德铠，罽宾国人，"妙入禅要，时号曰三藏法师"。后至师子国，又至阇婆，声名传到中国，宋文帝元嘉元年（424）"敕交州刺史，令泛舶延致"。求那跋摩在未得中国延请前，已随商舶到达番禺。文帝令州郡官员送到京城。求那跋摩路经始兴，爱此处虎市山，改名灵鹫山，居年余，于元嘉八年（431）初方抵建康。据说他在灵鹫山"或时值虎，以杖按头，抒之而去。于是山旅水宾去来无梗，感德归化者十有七八"②。

杯渡禅师，不知姓名，因"常乘木杯度水"，遂被称为杯渡。初在冀州（河北），又往建康。宋元嘉五年（428），自言"当向交、广之间"，后居屯门山（今香港青山，人们称此处

---

① 《陈书》卷三十《章华传》。

② 僧慧皎：《高僧传初集》卷三。据阮元《广东通志》卷二百二十九，早在宋永初年间（420—422），已有陀罗三藏到广州。

为杯渡山）①。

求那跋陀罗，又名功德贤，中天竺人。精大、小乘经，"博通三藏"。先到师子等国，于元嘉十二年（435）随商舶至广州。刺史韦朗表闻于朝，宋文帝派人迎至京城②。

释道亮，中国僧人。在京城，"神悟超绝，容止可观，而性刚忤物"。元嘉末被流放到广州6年，"讲说导众，化陶岭外"③。弟子智林等12人追随之。

齐初，天竺沙门昙摩伽陀耶舍，又名法生，在广州朝亭寺手译《齐无量义经》一卷；外国沙门摩诃乘于广州译《五百本生经》一卷、《他毗利律》一卷；永明六年（488），外国沙门僧伽跋陀罗，又称僧贤，与本地沙门僧猗于广州竹林寺译出《善见毗婆娑律》十八卷④。

梁武帝萧衍十分佞佛，并曾"舍身同泰寺"，由公卿以下用钱一亿万赎出。在此气氛下，全国佛教特别兴旺。

菩提达摩，是南天竺香至王子，出家"演道国中"，后"寄载商舟，以梁大通元年（527）达南海"。广州刺史奏于朝廷，诏至京城。达摩与梁武帝议论不合，乃北至嵩山少林寺，面壁九年，遇毒而卒。临终前传衣钵与弟子慧可，"授袈裟以为法信"，并传《楞伽经》四卷⑤。达摩是中国佛教禅宗的"初祖"，影响很大。又传闻达摩在普通七年（526）建华林寺

---

① 僧慧皎：《高僧传初集》卷十一；阮元：《广东通志》卷三百二十八。
② 僧慧皎：《高僧传初集》卷三。
③ 僧慧皎：《高僧传初集》卷七。
④ 费长房：《历代三宝记》卷十一，《大藏经》本。
⑤ 僧志磐：《佛祖统纪》卷二十九，《大藏经》本；《旧唐书》卷一百九十一《方伎传》。一说菩提达摩乃南朝宋时航海到广州。

于广州城西南。

此外,梁武帝初年有天竺僧智药禅师自海上到番禺,在罗浮山创宝积寺,在曲江创檀特寺、月华寺。景泰禅师,不知何许人,大同年间驻罗浮,建南楼寺;大同三年(537),在番禺城西建宝庄严寺(即今六榕寺),又建塔。今清远有普通年间所建广庆寺,因传说是从别地飞来,故后又称飞来寺。仁化县于大通年间建临江寺。同时,于今英德境建果业寺。梁朝在罗浮山又建资福寺、延祥寺和阿育王塔36所[1]。

梁、陈之际,有一批中外僧众会集广州进行大规模的译经活动。主译者为拘那罗陀,又称真谛,西天竺人。真谛"遵融佛理,而以通道知名"。他历游诸国,至扶南,梁武帝遣张汜等至扶南,求名僧及诸经,真谛乃携带经论于大同十二年(546)到番禺,经二年而达建康。旋遭侯景之乱,真谛辗转江南各州,仍从事译经。至陈朝初年,"遂停南越",后乘舶西归,又被风漂还广州,刺史欧阳颁延请居制旨寺(又称制止寺,即今光孝寺),"请翻新文"。又有僧法泰、僧宗、法忍等,远寻真谛于制旨寺,助其翻译,"笔受文义,垂二十年,前后所出五十余部"[2]。真谛在广州先住制旨寺,后在王园寺。这两寺是当时藏经最富之所。

综观南朝广东所译佛经多是旨在普渡众生的大乘经典。真谛大量翻译的是印度大乘瑜伽行派的无著、世亲、陈那等

---

[1] 以上均见阮元《广东通志》卷二百二十九至二百三十及卷三百二十八。初唐王勃《广州宝庄严寺舍利塔碑》云宝庄严寺建于南朝刘宋年间,梁大同三年昙裕法师建塔。宝庄严寺及塔创建年代当以王勃碑为准。

[2] 释道宣:《续高僧传》卷一《拘那罗陀及释法泰》,《大藏经》本。

人的佛学论著①。菩提达摩所传《楞伽经》（全称《楞伽阿跋多罗宝经》），其最初译出者为宋元嘉年到过广州的求那跋陀罗。此经是禅宗的主要经典。因求那跋陀罗早于达摩，故而有主张求那跋陀罗为禅宗初祖者。唐释道宣说：菩提达摩"大乘璧观，功业最高，在世学流，归仰如市"②。但是，尽管多有西土及本国岭北名僧到来译经传道，而广东本地还是少出深研经典、精通佛理的高僧。

南朝广东佛教信徒越来越多，男僧、女尼都有。如：慧琼，本姓钟，广州人，"履道高洁"，住广陵（今扬州市）南安寺；又有女尼僧敬，原在建康，元嘉中与刺史孔默之同到广州，在番禺30余年，为建"众造寺"，"舍园宅施之者十有三家"③。见于记载的晋至南朝末广东境内所建的佛寺，约有30余所，以番禺居多，次为罗浮，其余都在北江流域④。佛教的兴盛，给广东文化增加了新的内涵，如佛教文化中包含一些有益的哲理和因明学（即逻辑），同时也增加了具有佛教特色的建筑形式和艺术。

三、道教及其神话传说

随着佛教大兴，道教较晋时则相对冷落。据阮元《广东

---

① 任继愈主编：《中国佛教史》第三卷，中国社会科学出版社1988年版，第227页。
② 释道宣：《续高僧传》卷二十《禅论》。
③ 释宝唱：《比丘尼传》卷二、卷三，《大藏经》本。
④ 据《大藏经·传记部》各书及阮元《广东通志》卷二百二十九至二百三十及卷三百二十八。

通志》载,南朝广东境内仅有道观二所(在今始兴和连州),晋时葛洪在罗浮山所建的都虚观及四庵皆废。

然而,道教与原始的巫术有渊源关系,特别是久居罗浮山的葛洪,讲究长生之术,精于医道,所以对于岭南人来说,道教仍有其深远影响。其有关神仙、修仙之类的说法留传甚广,并载于古籍。

葛洪撰《神仙传》中有一个善于医病的神仙董奉的故事,被历代的《志》书一直记载下来,而且把葛洪文中误写的交州刺史杜燮改正为士燮(交趾太守)。

晋末的《罗浮山记》说,鲍静(即鲍靓)"博就仙道,为南海太守,昼临民政,夜来罗浮山,腾空往还"。宋初的《南越志》又添枝加叶:鲍靓"为南海太守,尝夕飞往罗浮山,晓还。有小吏晨洒扫,忽见两鹊飞入小齐〔斋〕,吏帚掷之,坠于地,视乃靓之履也"①。这则神话已被夸大得神乎其神了。

始兴郡也是道教神仙传说出现较早的地方。王韶之《始兴记》说:"劳口北有逃石,一名灵石。昔(东晋)永和中有二飞仙,衣冠而来,憩此石。"②

广州的神话更脍炙人口。南朝初年裴渊的《广州记》中已记载五羊衔穗的故事。其文曰:"(广)州厅事梁上画五羊像,又作五谷囊随像悬之。云昔高固为楚相,五羊衔谷萃于楚庭,于是图其像。广州则楚分野,故因图象其瑞焉。"③ 广

---

① 《太平御览》卷七百六十五引。
② 《太平御览》卷五十二引。
③ 《太平御览》卷一百八十五引。"分野"乃天文上所分的"地域",此处有先秦广州为楚地之意,不足信。

州称羊城缘于此。唐代文献已将五羊与五仙人联系起来,但最早将五羊与道教仙人联系在一起的可能在南朝。

四、民间风俗

南朝广东风俗仍多具岭南地方特色,见于记载的,大致有如下几个方面:

饮食。米仍是岭南的主要粮食,而《南越志》等书所载岭南鱼类也特别多,因而"饭稻羹鱼"仍属于当地民俗的特点。酿"女儿酒",已成一时风尚。《南方草木状》记道:"南人有女,数岁,即大酿酒。既漉,候冬陂池竭时,置酒罂中,密固其上,瘗陂中。……女将嫁,乃发陂取酒,以供贺客,谓之女酒。"槟榔成为迎宾必备物品,"土人以为贵,婚族客必先进。若邂逅不设,用相嫌恨。"[①]

穿戴。《太平御览》卷六百八十七引《广志》:"交趾苍梧,俗以翡翠为帻。"《南方草木状》云:耶悉茗花、末利花,皆胡人自西国移植于南海。"南人怜其芳香,竞植之。……彼之女子,以采丝穿花心,以为首饰。"又云:水葱花,"色有红黄紫三种,出始兴。妇人怀妊,佩其花生男。"

娱乐。《太平御览》卷五十二引刘欣期《交州记》云:"俗好鼓琴。牧竖于野,乘牛唱辽辽之歌(声音宏亮的山歌)。僮隶于月下抚掌发烈谣(疑为高声戏谑)"。俚人最爱铜鼓,鼓当然是通行的乐器。《交州记》又说:"大吴公出徐闻县界,取

---

① 《艺文类聚》卷八十七。

其皮可以冠鼓。"①"吴公"可能是指蟒蛇。《南方草木状》载，桄榔树"木性如竹，紫黑色，有文理。工人解之，以制棋枰"。说明晋以后岭南一些有文化的士民已有下围棋的爱好。

器用。《太平御览》卷七百五十七引《朱崖传》云："朱崖俗多用土釜"。南海等郡当时亦多用土釜②。南方卑湿多雨，宜穿木屐。裴渊《广州记》说"白荆堪为履"。据此可知，广州在南朝已有穿木屐的习俗。晋、南朝墓葬有陶砚和石砚出土，且南朝多于晋，说明广东识字、写字的人渐多，士人或已有书法的爱好。

居处。《太平御览》卷七百七十一引《吴录》云："苍梧高要县，郡下避瘴气，乘筏来停此。六月来，十月去，岁岁如此。"《南方草木状》说："芒茅枯时，瘴疫大作，交、广皆尔也。土人呼曰黄茅瘴，又曰黄芒瘴。屈大均《广东新语·瘴》（卷一）亦说，"当八九月时，黄茅际天，暑气勃郁"。这种黄茅瘴与春夏间的青草瘴尤毒。故在瘴疠时令，人多易地趋避。广东已有此俗。上引高要（今肇庆一带）人民每年迁居之俗，即是一例。

迷信、祈禳。《荆楚岁时记》云："谢道通登罗浮山，见数童子以朱书桃板贴户上。道通还，以纸写之贴户上，鬼见畏之。"③ 所云当是罗浮一带受道教符箓影响而形成的风俗，其后渐被引至荆楚。《太平御览》卷五十六引《始兴记》云："卢水合武水甚险，名曰新泷，有太守周昕（或作憬）庙，即

---

① 《太平御览》卷九百四十六引。

② 土釜，今称沙煲。

③ 宗懔：《荆楚岁时记》，岳麓书社1985年版，第60页。

始开此陇者。行者放鸡散米，以祈福，而忌湿衣入庙。"这种经水路风险之处放鸡散米的祈福方式，直至清代，犹为广东航海船只所沿用，流传至久。又从这一记载中可知，南朝以前，粤北已有为先贤立庙的风气。《太平御览》卷十一引顾微《广州记》云："郁林郡山东南有一池，池边有一石牛，人祭祀之。若旱，百姓杀牛祈雨，以牛血和泥，泥石牛背，祀毕则天雨大注。"郁林郡虽不属广东，但岭南杀牛祈禳的风气可能不止郁林一郡①。南朝墓葬中多有买地券，如始兴郡及广西出土的"地券"中，都有符箓语言"如律令"的字样，反映道教符箓派一些活动方式和用语，已传到民间并加进了葬俗。

第七节　隋统一政权下岭南的改革和豪族势力的继续膨胀

隋朝（581—618）是一个统一富强而又短命的王朝。开皇九年（589）统一全国后，在岭南东部推行一系列的改革措施：政治上，省并南朝以来既多且滥的地方行政机构，推行州（郡）县二级政制，废除九品中正制，开创科举制，推行考绩制度等。经济上，革除旧弊，减免徭赋，鼓励对外贸易，发展海外交通。凡此种种，都对地方产生程度不同的影响，有利于社会经济和文化的发展。

对于岭南各少数民族地区，隋朝仍采取羁縻政策，任用汉俚豪族为当地的州县官吏，故豪族势力继续增长。炀帝倒

---

① 宋代海南盛行杀牛祭鬼，当是受大陆近处影响所致。

行逆施，葬送了隋朝，岭南东部豪族乘时而起，演成地方割据的局面。

一、隋平岭南

北朝宇文氏北周王朝后期，关陇贵族杨坚利用其特殊的政治、社会地位和外戚关系进入最高统治集团，并逐渐掌握了政权。周静帝大定元年（陈太建十三年，581）二月，杨坚代周，建立隋朝，是为隋文帝，建元开皇，定都长安（今西安市）。

隋朝建立后，加紧统一全国的步伐。开皇七年（587），灭由北周扶植、建都江陵的萧梁王国。次年春，下诏揭露陈朝后主的暴政，声言讨伐；十月，以晋王杨广为淮南行台尚书令，节度90总管，统兵51万，大举伐陈。九年（589）正月，隋军攻入建康，俘获后主陈叔宝，陈亡。随后，隋军横扫江南、荆湘诸地，并兵分两路，直逼岭南：东路由韦洸统领，出豫章，越大庾岭而南；西路由周法尚统领，出零陵，入今广西境。

岭南是南朝时期江左政权的大后方和南方政治、经济要地。陈朝起家于此，随着巴蜀和江北的丧失，疆土日蹙，对这里更加倚重。陈祯明三年（隋开皇八年），隋师渡江，陈廷即以东衡州刺史始兴内史王勇为使持节，总督衡、广、交、桂等二十四州诸军事，总管岭南防务，以备隋军。继而岭北形势急剧变化，建康失陷，王勇移檄所属，征兵据守，遣部将邓暠率兵五千，屯驻大庾岭，以扼隋师，又诛杀不能与他协

第六章　南朝至隋广东全境封建制的确立与民族的分化、融合

调一致的陈宗室广州刺史陈方庆、西衡州刺史陈伯信。与此同时，豫章太守徐璒也率部退守南康①。从而形成阻挡东路隋军南下的两道防线。

二月，韦洸统兵二万抵南康，为徐璒所拒，逡巡不敢进②。

隋采取拉笼岭南俚人豪族势力的策略，分化陈军阵营。杨广命陈后主写信给高凉冼夫人，"谕以国亡，令其归化，并以犀杖及兵符为信"。冼夫人见信，遂"集首领数千，尽日恸哭"。随后派兵攻打旁郡，以应隋军；又遣其孙冯魂率军北上迎接韦洸。当时丰州（今福州市）刺史郑万顷已降隋，举兵抗拒王勇③。于是，韦洸在北、冯魂在西、郑万顷在东，置王勇于三面受敌的境地，王勇遂以所部投降韦洸。韦洸在冯魂的接应下，击斩徐璒，下广州，岭南东部遂定。

同年十二月，周法尚率兵3 500人逾岭，陈将钱季卿、柳濬、邓暠等相继降附，岭南西部很快也被平定④。

隋统一全国后，在南方推行了一系列旨在抑制豪门大族势力的措施，各地"牧民者尽更变之；苏威复作《五教》，使民无长幼，悉诵之"，引起南方豪族的反对，"士民怨嗟"。复传言隋廷准备把陈境士民全部迁徙入关，"远近惊骇"⑤。因此，激起各地豪族武装暴动。开皇十年（590）十一月，"陈之故境，大抵皆反，大者有众数万，小者数千，共相影响"。

---

① 《陈书》卷十四《陈方庆传》，《隋书》卷八十《谯国夫人传》。
② 《隋书》卷四十七《韦洸传》，卷八十《谯国夫人传》。
③ 《隋书》卷八十《谯国夫人传》，《陈书》卷十四《陈方庆传》。
④ 《隋书》卷六十五《周法尚传》。
⑤ 《资治通鉴》卷一百七十七。

为首者或自称天子，署置百官，或称大都督，攻陷州县。广州王仲宣、泷水（今罗定）陈佛智等也举兵反隋①。

王仲宣原为王勇部将，韦洸下广州时降隋，此时乘机起事，得到各地豪族首领的响应，派部将周师举围东衡州，自己引兵攻广州。隋广州总管韦洸率兵迎战，中流矢阵亡。仲宣声威大振，遂围广州②。隋廷急忙调兵遣将，命慕容三藏检校广州道行军事，固守广州，给事郎裴矩、大将军鹿愿统兵驰援，同时令冼夫人出兵助战。裴矩在大庾岭击溃叛军，解东衡州之围，斩周师举，进逼南海（今广州市）。冼夫人初遣其孙冯暄率部援广州。冯暄与陈佛智素相友好，迟留不进，冼夫人遂派人执暄下狱，另遣孙冯盎前往。冯盎斩陈佛智，进兵至南海，与鹿愿会师，形成合击之势。

广州被围月余，城中粮少矢尽，隋军大至，慕容三藏从城内杀出，内外夹击，仲宣大败退散，广州获全③。

王仲宣既败，其他参与反隋的豪酋望风归降。裴矩在冼夫人的陪同下，巡抚岭南20多州。苍梧陈坦、冈州（今新会县北）冯岑翁、梁化邓马头、罗州庞靖等首领，皆来参谒。裴矩令其返回各地，统其部落。由是隋朝在岭南的统治始趋巩固④。

---

① 《资治通鉴》卷一百七十七；《隋书》卷八十《钟士雄母传》。
② 《隋书》卷四十七《韦洸传》。
③ 《隋书》卷六十五《慕容三藏传》，卷六十七《裴矩传》，卷八十《谯国夫人传》。
④ 《隋书》卷六十七《裴矩传》，卷八十《谯国夫人传》；《资治通鉴》卷一百七十七。

二、州郡的设置与省并

隋朝沿袭北朝旧制，在要州边镇设置总管府，都督各州军事；州置总管者，列为上、中、下三等，总管刺史加使持节[1]。平陈后，在岭南东部设置广州（治曲江）、循州（治归善，今惠州市西）两个总管府。隋又取消郡一级地方建置，推行州县二级制，以州统县。州分九等，长官刺史之下，置长史，司马，录事参军事，功曹和户、兵等曹参军事，法、士曹等行参军事以及仓督、市令等。县亦分九等，长官县令之下有丞、尉、正、功曹等属吏。县以下基层组织，以五家为保，五保为里，四里为族，分别置保长、里正和族长[2]。开皇九年至十一年（589—591），岭南共设置了30多个州，有仍陈州之旧者，有更名者，有新置者。其中属广东境的有潮（治今潮州市）、循、广、连（治今连州）、泷、罗、合、封（治今封开）、高、冈、建、泷、新、端（治今肇庆）、越（治今广西合浦）、崖等16州[3]。开皇十四年（594），改九等州为上、中、中下、下四等。开皇末，广州总管府移治南海，废泷州。隋文帝仁寿元年（601），广州改为番州[4]。

炀帝继位，政制多所更革。炀帝大业元年（605），罢诸总管，改越州为合州。大业三年，罢州置郡，以郡统县。郡

---

[1]《隋书》卷二十八《百官志》。
[2]《隋书》卷二十八《百官志》，卷十四《食货志》。
[3]《隋书》卷三十一《地理志》。
[4]《隋书》卷三十一《地理志》。广州改番州为避太子杨广讳。

分上、中、下三等，郡长官太守之下置赞务、东西曹掾、主簿等佐僚，罢长史、司马。有兵处别置都尉、副都尉，与郡不相知。后诸郡加置通守一人，位次于太守①。广东境内被废的州有建、冈、罗、新4州。改番州为南海郡，循州为龙川郡，潮州为义安郡，连州为熙平郡，高州为高凉郡，端州为信安郡，泷州为永熙郡，封州为苍梧郡，合州为合浦郡，崖州为珠崖郡，共10郡，统74县②。大业六年（610），析珠崖郡置临振、儋耳二郡，共12郡78县（内有4县属今广西），详见下表。

隋朝推行州（郡）县二级地方政制，是南朝以来地方行政体制的一大改革。大业年间，广东境内由南朝末约30余郡减少为12郡，减少60％以上，从而彻底改变了南朝州郡"民少官多，十羊九牧"③的现象，扩大郡县治理的面积与民户，减少行政开支，提高了行政效率。虽然隋广东郡的设置仍大多在西部，但比之南朝末西部郡数占绝大多数的布局渐趋合理。海南增置到三郡，并实现环岛置县的布局，改变了西汉后期以来这里县级机构时有时无的状况。

---

① 《隋书》卷二十八《百官志》。
② 《隋书》卷三十一《地理志》，合浦郡领县数仅计今广东雷州半岛的海康等4县，下同。
③ 《隋书》卷四十六《杨尚希传》。

大业六年（610）广东境郡县表（附各郡户数）

郡名	领县数	县名（第一县为郡治）	户数
南海	15	南海、曲江、始兴、翁源、增城、宝安、乐昌、四会、化蒙（今广宁东南）、清远、含洭、政宾（今清远西北）、怀集、新会、义宁（今开平东北）	37482
龙川	5	归善、河源、博罗、兴宁、海丰	6420
义安	5	海阳、程乡、潮阳、海宁（今普宁东）、万川（今大埔南）	2066
熙平	9	桂阳、阳山、连山（今连山）、宣乐（今清远北）、浈安（今怀集西北）、熙平（今连南）、武化（今封开西北）、开建（今封开西北）、桂岭（今属广西）	10265
高凉	9	高凉、连江（今电白东）、电白（今高州东北）、杜原（今阳江西）、海安（今恩平北）、阳春、石龙（今化州）、吴川（今吴川）、茂名（今高州）	9917
信安	7	高要、端溪（今德庆）、乐城（今德庆悦城）、平兴（今高明西）、新兴、博林（今高要西南）、铜陵（今阳春北）	17787
永熙	6	泷水、怀德（今信宜）、良德（今高州东北）、安遂（今郁南西南）、永熙（今罗定）、永业（今属广西）	14319

(续上表)

郡名	领县数	县名（第一县为郡治）	户数
苍梧	4	封川（今封开县）、都城（今郁南）、苍梧（今广西梧州）、封阳（今属广西）	4578
合浦	4	海康、隋康（今徐闻南）、扇河（今遂溪）、铁杷（今湛江西南）	28690
珠崖	5	舍城（今琼山西南）、澄迈（今澄迈老城）、武德（今文昌北）、颜卢（今琼山西）、琼山（今定安）	1950
儋耳	5	义伦（今儋县三都）、昌化（今昌江昌化）、感恩（今东方感城）、吉安（今昌江昌城）、毗善（今临高）	
临振	4	宁远（今三亚崖城）、延德（今乐东西）、临川（今三亚）、陵水（今陵水）	

资料来源：《隋书》卷三十一《地理志》；《元和郡县图志》卷三十四；《太平寰宇记》卷一百五十七至一百六十九。

隋朝在选官制度上也有重大的改革。文帝时废除了魏晋以来的九品中正制，搜罗贤哲。开皇十八年（598），命"京官五品以上、总管、刺史，以志行修谨、清平干济二科举人"[①]。炀帝"始建进士科"[②]，创立科举制度。从此打破了过去门阀大族把持选举的弊端。与此同时，又废除汉代以来州

---

① 《隋书》卷二《高祖纪》。
② 《通典》卷十四。

第六章　南朝至隋广东全境封建制的确立与民族的分化、融合

郡长官可以自辟僚佐的制度，规定九品以上官吏任命统归吏部，且县佐必须回避本郡，任期三年，不得连任。少数民族地区例外，但豪族任官仍需得到朝廷承认。此外，还推行严密的考绩制度和朝集使制度，每年年终诸郡太守或佐贰都要进京述职。这些改革措施，大体上都在岭南推行过，对加强中央对地方的统治，促进广东社会的发展，起积极的作用。

三、省刑宽政与轻徭薄赋下的经济

陈末，以陈叔宝为代表的统治集团腐败荒淫，聚敛无度，人民苦不堪言。岭南作为陈朝的大后方与财政重要来源地，虐政繁生，赋役尤重，百姓"各不聊生，无能自保，昼悲宵恨，行号哭泣"[①]。隋平岭南后，为缓和社会矛盾，稳定统治，曾省刑宽政，轻徭薄赋，以苏民困。开皇九年（589），全国初归统一，朝廷免除原陈朝境内当年租赋及其后10年徭役[②]，岭南当然在免除之列。稍后隋文帝又下著名的《安边诏》，革除积弊，"宣扬皇化"，"重加存恤之理，别申爱养之义"，减轻人民负担。他特别重视广州的海外贸易，规定"外国使人欲来京邑，所有船舶沿泝江河，任其载运，有司不得搜检"。开皇十四年（594），朝廷在南海镇建南海神庙，祀南海神祝融[③]，也表现出对广州海外贸易的重视。炀帝即位后，曾减免

---

① 许敬宗：《文馆词林》卷六百六十四李德林《隋文帝安边诏》。
② 《资治通鉴》卷一百七十七。
③ 《隋书》卷七《礼仪志》。

徭赋，"除妇人及奴婢、部曲之课"①。这些，都有利于岭南社会经济的发展。但是，由于这方面的史料甚少，无法了解经济发展的全貌。

人口增长是农业发展的重要标志。大业五年（609），广东境内10郡（含海南，时海南为1郡）达到127737户、659889口②，与刘宋孝武帝大明八年（464）相比较，编户的人口总数增长75.62%。从各郡人口分布看（海南除外），在俚人大都归入郡县后，广东西部人口较为密集，数量大于东、中等部，农业生产力提高，从而渐发挥其地区农业人口多的优势。这时社会安定，俚僚尤"尽力农事"③。由此可见此时的农业当比前朝为进步。

炀帝大业元年（605），通济渠开通后，南海与内地各通都大邑的商旅往来更加频繁，联系更加密切。唐人杜佑称隋代岭南广、交等中心城市与荆、扬、益、越之间"运漕商旅，往来不绝"④。李吉甫亦谓"自扬、益、湘，南至交、广、闽中等州，公家运漕，私行商旅，舳舻相继"⑤。

海路交通方面，南海依然是中外海上交通的总枢纽，远洋航线达印度洋和波斯湾诸国。海外客商多荟萃于此，转贩内地，外出者也多从此出发。大业三年（607）十月，屯田主事常骏、虞部主事王君政等出使赤土国（今马来半岛南部），

---

① 《通典》卷五。
② 《隋书·地理志》只有郡县户数无口数，广东口数乃以全国平均每户口数乘户数而得出。
③ 《隋书》卷三十一《地理志》。
④ 《通典》卷一百七十七。
⑤ 《元和郡县图志》卷五。

即从南海启航，经焦石山（今越南占婆岛）、陵伽钵拔多洲（今越南归仁北燕子岬）、师子石（今越南南部昆仑岛附近的一个岛）、狼牙须国（今马来半岛中部）海岸和鸡笼岛（今马来半岛东南），到达赤土国①。此乃南海交通史上的一件大事，在中外关系史上占有重要地位。

地处今韩江下游的义安郡，自东晋设郡以来，对外交通贸易也逐步展开。韩江水流量大，河道深宽，海舶可直驶入港，故义安成为东南沿海一个外贸口岸。大业六年（610），炀帝遣陈稜、张镇州统兵1万余人从义安出发，东击流求（今台湾），俘获男女数万及军实而还②。可见义安在东南沿海诸港口占有较重要的地位。

此外，合浦在海上交通中的地位也较重要。仁寿末大业初刘方等征林邑，其中有一路水军即从合浦出发。

南海等港口的对外贸易也有一定的进展。史称南海"所处近海，多犀、象、玳瑁、珠玑，奇异珍玮，故商贾至者，多取富焉"③。大业中，"南荒诸国朝贡者十余国"，其中可考的有林邑、赤土、真腊（今柬埔寨及越南南端）、婆利、丹丹和盘盘④。

四、羁縻政策与豪族势力的继续膨胀

隋代广东西部岭南东部俚汉豪帅在不少地区仍根深蒂

---

① 《隋书》卷八十二《南蛮赤土国传》。
② 《隋书》卷六十四《陈稜传》，卷八十一《东夷传》。
③ 《隋书》卷三十一《地理志》。
④ 《隋书》卷八十二《南蛮传序》

固，甚有势力，朝廷很难在这些地区任用外地官员，建立直接、有效和稳固的统治。隋平岭南之初，对俚僚采取强硬政策，各总管往往"以兵威相胁"，并派北人为这些地区的州县官吏，将原来的"牧民者尽更变之"，试图改变长期以来控制不力的局面，结果激发了王仲宣反隋等事件①。事实上，朝廷派往各地的州县官吏也因"州县生梗"，"多不得之官，寄政于总管府"②。朝廷吸取教训，变换措施，仍采取前代推行过的羁縻政策，以维持中央对岭南少数民族地区的间接统治。

任用俚人豪族和在少数民族地区为雄长的汉人豪族为州（郡）县长官是羁縻政策的核心。平岭南后，隋文帝在《安边诏》中就强调"岭外土宇，置州立县"，"擢彼人物，随便为官"。只要豪族拥护中央，就加署官号，承认其在地方的统治地位。平王仲宣后，所绥集者20余州，皆署其渠帅为刺史县令③。为笼络俚、汉豪帅，隋朝对忠于朝廷而又有功者，往往授予高勋显爵，或封赠诰命，荣宠有加。

隋朝虽推行羁縻政策，但对俚、汉豪族危害统治秩序的行为，也不姑息。王仲宣、王万昌、冼宝彻等先后反隋，朝廷都出兵镇压。对地方政府过分纵容宽待当地豪族也不允许。开皇中，权武为桂州行军总管，常与岭南酋领互赠金币宝物，关系甚密，被文帝除名为民，便是一例。

恩威并用、剿抚兼施是羁縻政策的两个方面，相辅相成。隋朝在广东少数民族地区推行这一政策，确实收到了一定的

---

① 《隋书》卷五十六《令狐熙传》，《资治通鉴》卷一百七十七。
② 《隋书》卷五十六《令狐熙传》。
③ 《隋书》卷六十七《裴矩传》。

效果。首先，俚、汉豪族为州（郡）县长官，可"知风俗之事"，若能"正身率下"，"训人导德"，即可安定一方，收到任用汉官所不能达到的效果；同时以本地人为官，"省迎送之烦"，不扰民①。其次，此策并不侵害俚、汉豪族的利益，故豪族能够接受，乐意归顺朝廷，并为之出力。如平王仲宣，得到冯、冼家族大力支持；刘方征林邑，宁氏家族亲自参战；何稠讨桂州李光仕，冯暄亲作先锋；隋炀帝征辽东，冯盎、宁长真率部从征。

应该指出，羁縻政策毕竟是在承认和保留俚、汉豪族的政治经济特权的条件下实行的，因而隋代广东西部少数民族社会的基础和结构仍然与前代一样，没有发生多大的变化，酋帅豪族垄断着州（郡）县官职，且世袭相传，自行其是。他们雄踞一方，拥有大量的土地、民户和部曲武装，势力没有因为改朝换代而稍减，甚至继续膨胀。从这个意义上说，羁縻政策实际上又是助长俚、汉豪族势力的原因。

豪族势力膨胀最具代表性的是冯冼和宁氏家族。

以冼夫人为代表的冯冼家族在梁、陈时期已是左右岭南政局的俚化汉人豪族。开皇九年（589），冼夫人协助韦洸平定岭南，被册封为宋康郡夫人；次年，又协助平王仲宣，其夫冯宝被追赠为广州总管、谯国公，她被封为谯国夫人，获赐物 5000 段，独孤皇后所赐首饰及宴服一袭，并奉朝谕：仍开幕府，"置长史以下官属，给印章，听发部落六州兵马，若有机急，便宜行事"。冼夫人很珍惜朝廷给予她的名誉与地位，

---

① 许敬宗：《文馆词林》卷六百六十四李德林《隋文帝安边诏》。

经常告诫子孙要效忠朝廷,为国尽力①。番州总管赵讷贪虐,激起民变,洗夫人上表奏陈赵讷罪状,并论"安抚之宜"。文帝乃派人查办,诛赵讷,并委派洗夫人"招慰亡叛"。她"亲载诏书,自称使者,历十余州,宣述上意,谕诸俚僚,所至皆降"②。文帝赐给她临振县汤沐邑1500户,赠其子冯仆为崖州总管、平原郡公。仁寿二年(602),洗夫人去世,享年91岁③,朝廷赙物千段,谥诚敬夫人。

洗夫人是梁隋间岭南杰出的女豪族首领,为民族融合和隋平岭南作出了贡献。由于她的威望与能力,冯洗家族地位越来越高,地盘越来越大,势力越来越强,成为岭南首屈一指的豪族势力和广东西部数郡的统治者。洗夫人去世后,其孙冯暄、冯盎继承其业。

冯暄一直任罗州刺史,在冯氏家族中的地位似乎远不及其弟冯盎显要。冯盎少有武略,开皇中为宋康(今阳西境)令,因伐王仲宣有功,升高州刺史。仁寿初,潮、成等五州僚反,冯盎驰至京师,请发兵讨伐,议论独到,为大臣杨素所叹服,说:"不意蛮夷中乃生是人。"④朝廷乃发江岭兵讨平之。冯盎因功授金紫光禄大夫、汉阳(今甘肃西和西)太守。大业八年(612),从炀帝征辽东,迁武卫大将军,其子冯智戴也任侍卫军官。隋末,全国义军蜂起,群雄割据。冯盎父子弃职奔还岭表,"啸署首领,有众五万",据有番禺、苍梧、珠崖

---

① 《隋书》卷八十《谯国夫人传》。
② 《隋书》卷八十《谯国夫人传》。
③ 王兴瑞:《洗夫人与冯氏家族》,中华书局1984年版,第10页。
④ 《新唐书》卷一百一十《冯盎传》。

等20余州①。至此，冯盎成为冯冼家族的首要代表人物，其统治范围由高凉扩展至跨有广东中、西部及海南，"地数千里"，俨然岭南一方霸主，势力远较冼夫人时强大。

宁氏祖居临淄（今山东临淄县），后移入岭南，"世为南平僚渠帅"②。梁武帝时，宁逵为定州（今广西贵县）刺史，总督九州诸军事；陈宣帝时授安州（隋改称钦州，今属广西）刺史，势力发展至雷州半岛。宁逵之子宁猛力，陈末为宋寿郡太守。陈亡，隋朝授以使持节开府仪同三司、安州诸军事、安州刺史，开皇十七年（597）病卒。其子宁长真袭刺史，仁寿末为钦州道行军总管，出兵征林邑，以功转上大将军，寻转右光禄大夫、宁越郡（治今钦州）太守。大业中，率兵从炀帝征辽东。隋末，奔回岭南，兼并郁林等郡，后附萧铣。其弟宁瓛，隋时亦官至显位③。

宁氏家族在宁猛力时已相当强大，至宁长真兄弟时，势力更由宁越扩展至合浦、始安、郁林数郡，跨有今广西大片地区及广东雷州半岛，在岭南与冯冼家族难分伯仲。

隋朝冯、宁两族正是利用羁縻政策，成功地保存了自己，并乘时发展壮大。

五、流徙制度和流人

秦汉至晋，流徙尚未列入"五刑"。北方自北魏以来，流

---

① 《新唐书》卷一百一十《冯盎传》。
② 《新唐书》卷二百二十二下《南蛮南平僚传》。
③ 陆增祥：《八琼室金石补正》卷二十七《正议大夫宁瓛碑》；《新唐书》卷二百二十二下《南蛮南平僚传》；《资治通鉴》卷一百八十五。

徒开始变为"论犯可死，原情可降"的刑罚，成为五刑中仅次于死刑的重刑，且逐渐形成明确的量刑标准。

隋朝沿袭北周刑律，定《开皇制》，定死、流、徒、杖、笞五刑。其中流刑分五等：一等流1000里，二等流1500里，三等流2000里，称"三流"。流刑应配者，1000里居作二年，1500里居作二年半，2000里居作三年；应住居作者，三流俱役三年。开皇十三年（593），改流为配防①。流刑的确定与执行，视罪人的身份及其他属性而异。一般平民，确定流刑后先决杖一顿，然后"枷锁传送"至流所②，由当地政府管制服役，期满或遇赦免即放归原籍。有官爵者，确定流刑后，一般享受"八议"③的特殊待遇，可以减刑、赎刑，越是大官越不致真被流配；但是"十恶"之罪不得"议"，故官员、贵族之被判流刑而流放者，多数在"十恶"范围内，或皇帝特别痛恨的人以特旨流放。官人流配，一般不须用刑，至流所后免居作，身份相对自由，期满或遇赦即放归；他们往往得到特赦，不到期限便还复高官。当然，也有长流或死于流所的。

岭南归隋后，成为重要的流放地区，南来流人络绎不绝，为数甚多。开皇中，厍（音"社"）狄士文为贝州（在今河北境）刺史，"发摘奸隐，长吏尺布升粟之赃，无所宽贷，得千余人而奏之，上悉配防岭南"④。仁寿末，朝廷发岭南罪徒征

---

① 《隋书》卷二十五《刑法志》。流人在流所中服役称"居作"。
② 《隋书》卷七十三《王伽传》。
③ 八议起源甚古，为议亲、议故、议贤、议能、议功、议贵、议勤、议宾，见《周礼》卷九《秋官司寇》。
④ 《隋书》卷七十四《厍狄士文传》。

林邑，从军者数千①，可见流人数量之多。

　　隋朝对贪官污吏等惩办甚严，统治集团也常以流徙作为打击政敌、铲除异己的手段，因此在流人队伍中官僚贵族占有相当比重。开皇中，著名学者、吏部侍郎薛道衡坐抽擢人物不当，"有言其党苏威，任人有意故者"，遂除名"配防岭表"②。检校相州（今河南安阳县）事薛胄，坐收留汉王谅部将綦良，朝廷以为其怀贰心，除名"配防岭南"③。大理掌固来旷，告少卿赵绰滥免徒囚，文帝使人推验，"初无阿曲"，旷被反坐徙广州④。

　　隋朝皇室之间争权夺位的斗争极为激烈，因而皇亲国戚被流放的也不在少数。炀帝弑父登位后，罗织罪名杀逐宗室。其兄原太子杨勇被杀，诸子"分徙岭外"，又敕"在所皆杀之"⑤。宗室杨纶被诬"怨望咒诅"，除名为民，徙珠崖，再徙儋耳，诸弟散徙各郡，其中杨温徙南海⑥。河东人柳述，因尚文帝女兰陵公主，忤杨广意，杨广登位后即徙柳述于龙川郡，以报复旧怨⑦。

　　隋代实施流刑的目的，主要是为了惩治和预防犯罪，故其流放地多集中在南方，而广东的流放者，则多在南海、龙川等郡。这些地区经济比较发达，且驻重兵，政府的控制力

---

① 《隋书》卷八十二《南蛮林邑传》。
② 《隋书》卷五十七《薛道衡传》。"任人有意故者"，指徇私。
③ 《隋书》卷五十六《薛胄传》。
④ 《资治通鉴》卷一百七十八。
⑤ 《隋书》卷四十五《房陵王勇传》。
⑥ 《隋书》卷四十四《滕穆王嗣王纶传》。
⑦ 《隋书》卷四十七《柳述传》。

最强，管理较得力，故流人较多；而秦汉时期流人较多的合浦等郡，此时流人则相对减少，因为这些地区俚僚豪族主政，隋政府鞭长莫及。总而言之，流徙广东的罪犯，多为平民，他们是流刑的最大受害者。

六、反隋割据局面的形成

仁寿四年（604），太子杨广弑父篡位，改元大业，是为隋炀帝。他穷奢极侈，荒淫无度，横征暴敛，穷兵黩武，致"海内骚然"，民不聊生，起而造反。各地豪强武装乘机扩大势力，割据称雄，"大则跨州连郡，称帝称王，小则千百为群，攻城剽邑"①。从大业六年（610）起，全国反隋浪潮一浪高过一浪，"十分天下，九为盗贼"②。

岭南也深受炀帝虐政之害，劳动人民赋役沉重，百姓多次被征入伍，或服徭役。大业六年（610），炀帝准备征伐高丽，"总征天下兵，无问远近，俱会于涿（今北京市）"。次年四月，又发江淮以南水手1万人，弩手3万人，岭南排镩（即短矛）手3万人北上，充实水师。七月，再发江淮以南民夫，船运黎阳及洛口诸仓米至涿郡，"舳舻相次千余里，载兵甲及攻取之具，往还在道常数十万人，填咽于道，昼夜不绝，死者相枕，臭秽盈路，天下骚动。"③同年，珠崖民王万昌、王

---

① 《隋书》卷四《炀帝纪》下，卷二十四《食货志》。
② 温大雅：《大唐创业起居注》卷二。
③ 《资治通鉴》卷一百八十一。

仲道兄弟率兵据郡，但很快被镇压①。大业九年（613）八月，酋帅陈瑱率兵3万，攻占信安郡；九月，酋帅梁尚惠率兵4万，攻占苍梧郡；十二年（616）七月，高凉通守冼宝彻举兵起事，"溪洞多应之"②。

隋恭帝义宁二年（618）三月，炀帝在江都为右屯卫将军宇文化及所杀，天下更乱。岭南地方官吏、汉俚豪族、农民武装纷纷拥兵自保，据地称雄，形成复杂的割据局面。南海豪族邓文进，散财募兵，"归之者如市"，旬月之间，众至数万，掠地至始兴，为据有豫章、建国号楚的林士宏所阻，退保南海、曲江③。冯盎及其子冯智戴击溃广、新等州首领高法澄、冼宝彻、冼智臣，据有高凉、番禺、苍梧、珠崖等地，自号总管。宁长真据有合浦、宁越、郁林诸郡。杨世略据有潮、循。

隋唐之际，建立梁国、定都巴陵的南朝萧氏之后萧铣和楚国林士宏均向南扩张。岭南各路势力大部分分别依附萧、林：冯盎、杨世略归附林士宏，宁长真、张镇周、王仁寿、丘和等归附萧铣，只有邓文进和据有始安的李袭志例外。邓文进曾与冯盎、杨世略、宁长真等相约，"定盟同归于好"，共拒岭北势力南犯，保境安民。由此，林士宏势力一度被遏制在岭上。不久，林士宏派使者到番禺，"授诸州以伪官"，邓文进势单力孤，无法阻挡其南进，只好据险自保。岭南各路势力于是重新组合，东部归附林士宏，西部归附萧铣，在两大境外势力的表面统治下保持实际上的割据。

---

① 《隋书》卷三《炀帝纪》上，卷五十二《韩洪传》。
② 《隋书》卷三《炀帝纪》上。
③ 黄佐：《广州人物传》卷三《邓文进传》。

第 七 章

唐代广东经济的全面进展与社会文化的巨大改观

唐朝（618—907）是汉朝以后又一个强盛的封建王朝。在这290年间，广东社会经济较前进入更高的发展阶段。朝廷在广东推行与内地大体相同的地方政制与军事制度，对地方的控制进一步加强，使南朝以来长期左右岭南政局的豪族势力受到打击而走向衰微。在经济上，随着人口大幅度增长，农业和手工业等各方面都获得较大发展。水陆交通状况大为改善。高宗以后，朝廷在广州设置全国唯一的市舶使，主管海路邦交外贸，广东对外贸易空前繁荣，广州成为东西方贸易的东方中心。中唐以后，广东成为朝廷重要的征收财赋之地。

随着社会经济的发展与学校科举的兴起，广东人文蔚起，社会文化面貌出现巨大改观。惠能、张九龄、刘轲等文化巨匠不仅开创了岭南文化的新局面，还在唐代文化史上占有重要的席位。对外文化交流日趋频繁，广州成为东西方宗教文化交流的门户和枢纽。

第一节 统治岭南的政治与军事制度

唐朝在广东境内的行政管理体制、军事制度与全国基本上是一致的。安史之乱后，岭南成为南方大镇，由于唐朝设置监军、市舶、盐铁等使，在军事、财政等方面形成对岭南节度使权力的有效制约与分割机制，藩镇专擅局面极少出现。

唐中期以前广东官吏除由吏部铨选外，先后实行过都督府简选与"南选"；后期方镇势力膨胀，自行任命管内官吏，中央对地方官的任命权丧失殆尽。

由于广东远离政治中心，在军事上的重要性不及西北和中原地区，故军府设置、驻军数量都不是很多，但水军稍有优势；后期岭南西部战事频繁，广东军力迅速增加。

一、李靖抚定岭南

隋恭帝义宁二年（618）三月，关陇贵族、相国李渊废隋恭帝称帝，国号唐，改元武德，仍定都长安。李渊底定关中后，平薛举、李轨、刘武周、窦建德、王世充等，尽有陇西、河西、河北、山东之地，使唐成为北方最大的军事政权。武德四年（621）九月，大发巴蜀兵，以赵郡王李孝恭为荆湘道行军总管，李靖摄行军长史，统率12总管，进攻萧梁政权。唐军顺长江而下，迅速包围江陵，梁主萧铣投降，"南方州县闻之，皆望风降款"①。梁交州刺史丘和等率部降唐。梁黄门侍郎刘洎略地岭表，得50余城，知萧铣败，亦以所得地降唐。同年十一月，唐军度岭抵桂州，梁桂州总管李袭志率部出降。其后，李靖遣使分道招抚。

武德五年（622）正月，杨世略以潮、循二州降唐；四月，宁长真以宁越、郁林，邓文进以广州，宁暄以合浦，李晙以日南先后归附；七月，冯盎以高罗、珠崖、苍梧归降，岭南悉平。"凡所怀辑九十六州，户六十余万"②。唐以李靖为岭南道抚慰大使、检校桂州总管。

岭南虽定，但一些豪族势力仍伺机叛乱。一度衰微的林士宏纠集萧铣散卒复起，于武德五年（622）十月派其弟鄱阳王林药师攻循州，为杨世略所败，药师亡于阵。翌年四月，高州首领冯暄与南州（今广西博白）刺史庞孝泰、南越州（今广西合浦）民宁道明俱反，攻占南越州，进袭姜州（今广西合浦西），为合州（今广东海康）刺史宁纯、钦州都督宁长真等所平。七月，冈州（治今广东新会）刺史冯士翙据新会反，为广州刺史刘感击降。武德七年（624）六月，泷州（今广东罗定南）、扶州（今广东信宜）僚作乱，被南尹州（今广西贵港市）都督李光度击平。高州总管冯盎也对旁郡"侵掠不已，新州已南多被其害"③。持续不断的豪族叛乱到唐太宗贞观初年才趋平息，唐朝在岭南的统治始臻巩固。

---

① 《资治通鉴》卷一百八十九。
② 《旧唐书》卷六十七《李靖传》。
③ 许敬宗：《文馆词林》残卷。

二、总管府、都督府、岭南道、岭南东道和诸使的建置

高祖武德四年（621），刘洎降唐，朝廷即分端州之端溪置南康州都督府，督端、康、封、宋、泷等州。平岭南后，沿袭隋制，在边境及襟带之地置总管府，以统军事，于岭南东部置广、高和南康州三个总管府。五年（622），再置循州总管府。七年（624），改总管府为都督府。九年，废南康州都督府，以所管11州隶广府，广州升为大都督府。

都督为地方最高军政长官，"纠察所管州刺史以下官人善恶"，"掌督诸州兵马、甲械、城隍、镇戍、粮廪，总制府事"。都督加使持节者，权力更大。都督府佐僚有长史、司马、录事参军事、录事和功、仓、户、兵、法、士六曹参军事，还有典狱、市令、仓督，以及经学、医学博士等①。

太宗贞观元年（627），省天下州县，分天下为十道，作为中央不定期派遣使职视察各地的行政监察区。岭南为其中一道，范围包括今广东、广西、海南、福建四省区全部，云南、贵州二省一部分和越南北部。又改广州大都督府为中都督府，置崖州都督府，统御海南。二年（628）、二十三年（649），先后废循、高二州都督府。

高宗永徽以后，在边疆地区设置节度使，以都督充任，"除都督带使持节，即是节度使，不带节者，不是节度使"②。

---

① 《旧唐书》卷四十四《职官志》。
② 《唐会要》卷七十八。

以广州、桂州、容州、邕州、交州五都督府统管岭南各州及其他都督府，名岭南五管。五管又统摄于五府节度使，由广府都督兼任①，故广府在岭南具有很高的地位。正如韩愈所云："岭之南其州七十，其二十二隶岭南节度府，其余四十州分四府，府各置帅，然独岭南节度为大府"；四府之对大府，"虔若小侯之事大国。有大事，咨而后行"②。

中宗神龙二年（706），选内外五品以上官20人为十道巡察使，二年一代，以巡察州县，成为道的常设长官。睿宗景云二年（711），改巡察使为按察使，道各一人。道逐渐演变为州以上的地方一级行政机构。

玄宗开元元年（713），规定满2万户以上的都督府为中都督府，不满2万户者为下都督府，③广府仍为中都督府。次年，改十道按察使为十道按察采访处置使。二十二年（734），分天下为15道，各置采访处置使，检查非法，考核官员善绩，"许其专停刺史务，废置由己"，三年一奏，永为常式④。岭南采访使治广州，辖境包括今广东、广西、海南三省区全部和越南北部。至此，道正式成为地方一级行政机构。

与此同时，朝廷又于边境置十节度经略使，"式遏四夷"；岭南置五府经略使，"绥靖夷僚"，仍统广、桂、容、邕、安南五管，其广管直辖广、潮、漳、循、韶、连、端、封、康、泷、冈、新、恩、春、高、辩、潘、雷、罗、儋、崖、琼、振

---

① 《旧唐书》卷四十一《地理志》。
② 韩愈：《昌黎先生集》卷二十一《送郑尚书序》。
③ 《唐会要》卷六十八。
④ 《唐会要》卷七十八。

共 23 州①。

天宝以后，随着国内政治、军事形势的演变，节度使权力日趋膨胀，不仅"专一面之寄"，而且兼任管内经略、支度、营田、转运、采访、处置等使，"既有其土地，又有其人民，又有其甲兵，又有其财赋"②，成为地方最高军政长官，而原有主管军事的都督府形同虚设。道变成军政合一的方镇，与作为行政区的"道"在性质上又有不同。

节度使自辟佐僚，置副使1人，行军司马1人，判官2人，掌书记1人，参谋、随军4人③。岭南节度使（五府经略使）这一时期转变为南方大镇，"节度五岭诸军，仍观察其郡邑，于南方事无所不统"④。

安史之乱爆发后，兵事频繁，岭南诸管均置经略、防御、招讨、处置、观察等使，邕管、安南曾一度升为节度使和大都护府。肃宗乾元元年（758），于韶州置韶、连、郴（今湖南郴州市）三州都团练守捉使，以镇岭上。肃宗上元二年（761），废韶、连、郴三州都团练使，以三州隶岭南节度使⑤。

德宗贞元五年（789），岭南节度使李复派判官姜孟京、崖州刺史张少逸统兵收复失陷100多年的琼州，奏升为都督府，加琼、崖、振、儋、万安等五州招讨游奕使，仍隶广府，同

---

① 《旧唐书》卷三十八《地理志》；《唐六典》卷三、卷五；《通典》卷一百七十二《序目》下。

② 《新唐书》卷五十《兵制》。

③ 《旧唐书》卷四十四《职官志》。

④ 陆耀遹：《金石续编》卷十韩愈《南海神广利王庙碑》。

⑤ 《新唐书》卷六十九《方镇表》。

时，停崖州都督府并使额①。

　　大中、咸通间，南诏数陷安南、邕管，朝廷为改变岭南西部"委人太轻，军威不振"的局面，于咸通三年（862）五月改岭南节度使为岭南东道节度使，仍治广州，辖广、韶、郴、连、循、潮、端、封、康、泷、新、恩、勤、春、潘、高、辩、

唐岭南东道简图

注：今广东境内唐容管窦州未入图

---

① 《唐会要》卷七十一，《全唐文》卷六百二十李复《收复琼州表》。

雷、罗、崖、琼、振、儋、万安等24州,辖境相当于今广东、海南二省全部及湖南南端之一部;同时升邕管经略使为岭南西道节度使,治邕州①。岭南五镇互不统属,然五管之名不废。

昭宗乾宁二年(895),赐岭南东道节度使号清海军节度使。

岭南节度使是唐朝众多节度使中资格很老的一个,史籍言岭南必称"雄藩"、"大藩"、"名藩"、"重镇"、"雄镇"、"巨镇",朝廷选帅"常重于他镇"②,委"旧德重臣,抚宁其地"③。岭南(东道)节度使一般都带正三品以上中央台省长官、散官衔,不少还带"三师"、"三公"和"同平章事"(宰相)衔;特别是黄巢起义后,岭南东道十任节度使曾任宰相的就有五人,带宰相衔者(使相)更达六人,其数居唐末南方诸镇之首④,岭南藩帅确实如韩愈所谓"既贵且富"⑤。后梁黄滔所作《祭南海南平王(刘隐)》文称:"五羊奥区,番禺巨壤,汉为列郡,唐作雄藩,总百蛮五岭之殷,有出将入相之盛。"⑥唐朝对岭南节度使的选任非常重视,所选之人必须

---

① 《新唐书》卷六十九《方镇表》;《唐大诏令集》卷九十九《分岭南为东西道敕》。
② 陆耀遹:《金石续编》卷十韩愈《南海神广利王庙碑》。
③ 《通典》卷一百八十四。
④ 参见王寿南:《唐代藩镇与中央关系之研究》附录1《唐代藩镇总表》,台湾大化书局1978年版。
⑤ 韩愈:《昌黎先生集》卷二十一《送郑尚书序》。
⑥ 《全唐文》卷八百二十三。

忠于朝廷，以文官居多①；另外，又在广州设置监军、市舶、盐铁等使，在军事、财政等方面形成对岭南节度使权力的分割与制约机制，使其不易专权跋扈。因此，岭南虽雄富而极少出现跋扈藩帅，史称"唐末，南海最后乱。僖宗以后，大臣出镇者，天下皆乱，无所之，惟除南海而已"②。

唐代有一种特殊的官职，即由朝廷定期或不定期派出代表中央至地方主持专项事务的"使"。唐初，使的派遣因事而设，事罢即省，为临时性和不固定的官职。高宗以后，部分使职开始变为常设。玄宗时，诸使权位日见提高和地方化，既独立于中央部司机构，又分掌地方专项实权，在中央与地方政治、军事、经济运作中发挥极为重要的作用。唐人李肇云："开元已前，有事于外，则命使臣，否则止。自置八节度、十采访，始有坐而为使，其后名号益广，大抵生于置兵，盛于兴利，普于衔命，于是为使则重，为官则轻。"③安史之乱后，使的派遣更加普遍，有的甚至取代中央某些中枢机构与地方要害部门行使职权，作用重大。

唐岭南的使名目很多，按其功能，大致上可分为三类：(1)军事类。如安抚使、镇抚使、招讨使、节度使、防御使、团练使、经略使、监军使等。(2)行政监察类。如宣慰使、宣抚使、巡察使、按察使、采访使、观察使、黜陟使、南选

---

① 据王寿南《唐代藩镇与中央关系之研究》（台湾大化书局1978年版）第884—896页统计，开元以后69位岭南节度使中，文官53个，占76.81%，武官8个，占11.59%，不明身份者8个，占11.59%。

② 《新五代史》卷六十五《南汉世家》。

③ 李肇：《国史补》卷下。

（选补）使等。(3) 经济管理类。如市舶（押蕃舶、监舶）使、两税使、租庸使、盐铁使、营田使等。这些使中有的由于政治形势的发展由长期设置转化为地方军政长官，如节度使、观察使、经略使；有的由地方军政长官兼任，如采访使、转运使等；有的属临时派遣，随事而设，事罢即废。兹将节度使之外的常设而对岭南影响较大的使职分述如下：

市舶使。又称监舶使、押蕃舶使。高宗显庆六年（661）或稍前置①。总管东南海路邦交外贸事务。设置之初，大概由广府都督兼任，开元以后，始设专官。唐后期常以监军兼任，权力大增，堪与节度使相抗衡，形成岭南最高权力的二元结构，一如柳宗元在《岭南节度飨军堂记》所云："唐制，岭南为五府，府部州以十数，其大小之戎，号令之用，则听命于节度使焉；其外大海多蛮夷，由流求、诃陵，西抵大夏、康居，环水而国以百数，则统于押蕃舶使焉。内外幅员万里，以执秩拱稽，时听教命；外之羁属数万里，以译言赘宝，岁帅贡职。合二使之重，以治于广州。"

市舶使的官署称"市舶使院"，在地方自成一系，独立于岭南当局之外，掌握着东南海外贸易的管理权与市舶之利，为中央提供丰厚的财政来源，在很大程度上分割了岭南节度使的财权与财源。

监军使。隋末唐初有御史监军。开元二十年（732），以中官（宦官）为监军，谓之监军使，监军制度进一步完善，地方监军机构——监军使院也普遍建立起来，独立于方镇之外，

---

① 参见李庆新《论唐代广州的对外贸易》，《中国史研究》1992年第4期。

自成体系。"监军则权过节度，出使则列郡辟易"①，在地方权力极大。元和中，岭南节度使马总在广州建飨军堂，大宴将士宾客，排座次时，马总"与监军使肃上宾，延群僚，将校士吏咸次于位"②。监军权位之高，可见一斑。代宗广德元年（763）宦官、广州市舶使吕太一发兵逐走岭南节度使张休。由此看来，吕太一可能是监军③。元和五年（810），岭南监军许遂振"以飞语毁节度使杨于陵于上"，导致杨被召还④。可见监军权势有时还凌驾于节度使之上。唐中后期监军还常兼任市舶使，分割了岭南节度使的权力。

盐铁巡院。安史之乱后，唐朝为解决财政困难，大力开辟工商税源，对盐、茶、酒等实行专卖，统管于盐铁使。唐后期这部分收入成为中央财政两税之外的另一支柱，盐铁使于是成为堪与度支、户部鼎足而立的中央财政管理机构。与此相适应，在地方就形成直辖于盐铁使的巡院——监——场盐务管理系统。盐务繁剧之地还设置盐铁留后。岭南在肃宗乾元元年（758）、代宗宝应元年（762）分别设置过监院和巡院⑤，文宗时设置过盐铁留后⑥。

盐铁岭南巡院或留后主管地方榷盐、榷茶、税矿、铸钱等事务，为中央财政提供源源不断的大笔收入，同时，还具有监视藩镇的职能。正如杜牧在《李鄠除检校刑部员外郎充盐

---

① 《旧唐书》卷一百六十八《高力士传》。
② 柳宗元：《柳河东集》卷二十六《岭南节度飨军堂记》。
③ 《旧唐书》卷十一《代宗纪》。
④ 《资治通鉴》卷二百三十八。
⑤ 《唐会要》卷八十七，《新唐书》卷五十四《食货志》。
⑥ 《全唐文》卷七百四十九。

铁岭南留后制》中所谓："非唯山泽之饶，归于公上，亦得以远人利病，闻于朝廷"①。很明显，这也形成对岭南节度使的分权与制约。

选补使。又称南选使。高宗上元初年，为消除岭南等道都督府简选土人为官"未甚得所"的弊病，朝廷不定期派选补使主持南选，把岭南等道的大部分州县官吏任命权收归中央。安史之乱后渐被废止。

三、州（郡）县沿革

唐初承袭隋制，实行州县二级制。改郡为州，州长官为刺史，其下置别驾、长史、司马、录事参军事、录事、六曹参军事、参军事、典狱、问事、白直、市令、丞、佐、史、仓督，以及经学、医学博士等。县长官为县令，下置丞、主簿、尉、录事、司户、司法、仓督、典狱、问事、白直、博士等②。

武德初，为酬赏、笼络各地豪族和前朝官吏，大量增置州县，予以安置，故州县之数"倍于开皇、大业间"③。武德四至五年（621—622），岭南至少设有96州，其中广东有27州④。贞

---

① 《全唐文》卷七百四十九。
② 《旧唐书》卷四十四《职官志》。
③ 《资治通鉴》卷一百九十二。
④ 广东的27州是广、东衡（番）、连、绥（今四会）、洭（今英德）、威（今怀集）、齐（今怀集北）、南康、端、新、宋、封、泷、建（今罗定南）、高（今恩平）、春、南扶（今高州北）、南宕、勤、罗、南石（今化州）、南合、循、潮、崖、儋、振等州。

观元年（627），太宗以天下州县设置过滥，大加省并①。至贞观十三年，广东剩下22州95县②。

从中宗至玄宗时，地方行政体制演变成道、州、县三级制。开元十八年（730），按户口多寡定天下各州为三等，4万户以上为上州，2.5万户以上为中州，2万户以下为下州；缘边地区3万户以上为上州，2万户以上为中州。县也分为三等，6 000户以上为上县，3 000户以上为中县，3 000户以下为中下县；缘边地区5 000户以上为上县，2 000户以上为中县③。

天宝元年（742），改州为郡，刺史改称太守。今广东境内有24郡93县。

安史之乱后，地方建置变成方镇、郡（州）、县三级制。乾元元年（758），复改郡为州，太守复称刺史。自此至唐亡，州县建置再无大的变动。

唐代岭南州（郡）的数量始终保持在70个左右，今广东境内则超过20个，比隋代有较大的增长，这对加强中央对地方的统治是有利的。不过州县布局并不均衡，广东境内广州以东、以北地区（包括广州）的面积起码占全境的一半，但仅有5州31县，分别占州县总数的20.83%和33.33%；广州以西地区（包括海南岛）面积也占全境之半，却有19州62

---

① 广东境内威、宋、齐、泹、南康五州被省。又改东衡州为韶州，南合州为东合州；其后改建州为药州，南绥州为浈州，扶州为窦州，东合州为雷州，南宕州为潘州，南石州为辩州，南康州为康州。置琼州（海南琼山县南）、冈州。

② 据《旧唐书》卷四十一《地理志》统计。

③ 《唐会要》卷七十。

天宝元年广东郡县表

郡（州）名及等级	领县数	县名及等级
南海郡（广州）中都督府	13	番禺[上] 南海[上] 增城[中] 四会[中] 化蒙（今广宁）[中] 东莞[中] 浈阳[中] 洽洭[中] 新会[中] 义宁[中] 怀集[中] 浈水[中] 清远[中]
始兴郡（韶州）[下]	6	曲江[上] 始兴[下] 乐昌[下] 浈昌（今南雄）[下] 仁化[下] 翁源[下]
连山郡（连州）[下]	3	桂阳[上] 阳山[中下] 连山[中]
潮阳郡（潮州）[下]	3	海阳[中下] 潮阳[中下] 程乡[中下]
海丰郡（循州）[下]	6	归善[中下] 博罗[中下] 河源[中下] 雷乡（今龙川）[中下] 海丰[中下] 兴宁[中下]
高要郡（端州）[下]	2	高要[下] 平兴（今高明西三十里黄村都）[下]
晋康郡（康州）[下]	4	端溪[下] 晋康[下] 都城[下] 悦城[下]
新兴郡（新州）[下]	2	新兴[下] 永顺（今云浮）[下]
云浮郡（勤州）[下]	2	铜陵[下] 富林（今云浮）[下]
临封郡（封州）[下]	2	封川[下] 开建[下]
开阳郡（泷州）[下]	4	泷水[下] 开阳（今罗定东南）[下] 镇南（今罗定西）[下] 建水（今罗定东北六十里）[下]

(续上表)

郡（州）名及等级	领县数	县名及等级
怀德郡（窦州）下	4	信义（今信宜）中下　怀德（今信宜东北）中下　潭峨（今信宜西北二十里）下　特亮（今信宜西北）下
高凉郡（高州）下	3	电白下　保宁（今电白东北）下　良德（今高州东北高州水库良德库区）下
恩平郡（恩州）下	3	恩平（今恩平）下　阳江（今阳江市）下　杜陵（今阳江市西）下
南潘郡（潘州）下	3	茂名下　潘水（今茂名市南）下　南巴（今茂名市东）下
南陵郡（春州）下	2	阳春下　罗水（今阳春西南）下
陵水郡（辩州）下	2	石龙下　陵罗（今化州北一百二十里）下
招义郡（罗州）下	4	廉江下　干水（今廉江西）下　零绿（今廉江西）下　吴川下
海康郡（雷州）下	3	海康中　遂溪（今遂溪东南七十里）下　徐闻下
珠崖郡（崖州）下郡督府	3	舍城（今海南琼山东南四十里）下　澄迈下　文昌下
琼山郡（琼州）下	5	琼山下　曾口（今海南澄迈南七十里博罗村）下　乐会下　临高下　颜罗（今海南琼山东二十里）下

(续上表)

郡（州）名及等级	领县数	县名及等级
昌化郡（儋州）下	5	义伦下　洛场（今海南儋县东南）下　昌化下　感恩（今海南东方感城）下　富罗下
万安郡（万安州）下	4	万安（今海南万宁万城）下　富云（今海南万宁万城）下　博辽（今海南万宁）下　陵水（今海南陵水）下
延德郡（振州）下	5	宁远（今海南三亚市崖城）下　延德（今海南乐东西南）下　吉阳（今海南三亚市藤桥）下　临川（今海南三亚市）下　落屯（今海南三亚市崖城东北）下

说明：①此表资料来源：《新唐书》卷四十三上《地理志》。

②表中第一县为郡治。

③表中珠崖郡原作下等、琼山郡作下都督府，误；贞元五年两郡才分别废、升都督府。

④会昌四年，南海县升为望县。

县，分别占总数的79.17％和66.67％。显然，广州以西地区州县过多过密，除因西江一带经济比较发达外，其余均与中央为加强广东西部（含海南）传统的俚人居住区的统治、分散汉俚豪族势力而尽量析置州县有关。这就出现州县大小不一，参差不齐，等级也普遍低下的情况。从上表可以看出，粤中、粤北州县多数属中上等，粤西、雷州半岛、海南多属下等。

唐代县以下基层组织有乡、里、保。按规定，百户为里，五里为乡,四家为保。每里设里正一人,"掌按比户口,课植农桑,检察非违,催驱赋役"。在城市者为坊,每坊置坊正一人,"掌坊门,管钥,督察奸非"。乡村每村置村正一人①。天宝初年,今广东各地设乡至少有379个,设乡最多的是南海郡,有89个,其次为始兴郡,有42个,再次为连山郡,有31个;设乡最多的县为南海县,有21个,其次为桂阳县,有18个,再次为曲江县,有16个②。

四、选官制度

唐初李靖等进入岭南,采取以招抚为主的策略,任命降附的原"牧民者"为都督、刺史,"量其诚效,授以官爵"③。其后,朝廷控制要州大郡官吏的任命权,五品以上官由中书门下委任,五品以下官由吏部选派,与内地无异。但是,对偏远小州及少数民族地区,则尽量不作改动,州县官吏由所在都督府简择本地豪族和原有官吏充任。此种吏部铨选与都督府简选并行的选官体制,到太宗时仍无很大改变。广东境内除广、韶等州官吏由吏部选派外,西部和海南州县官吏依然由冯氏、冼氏、宁氏等豪族充任,当然,这些人继续为官,得到唐朝的承认与任命,特别是五品以上官。

---

① 《通典》卷三《乡党》。
② 据唐耕耦、陆宏基编《敦煌社会经济文献真迹释录》第一辑(书目文献出版社1986年版)所载《天宝年间地志残卷》统计。《残卷》中缺潮、琼、万安三州乡数,潮州乡数据《元和郡县图志》潮州条补入。
③ 《册府元龟》卷三百九十七。

岭南要州大郡由吏部铨选之官,素质与能力本应较高,较适合封建统治的需要。不过,唐代北方士人多不愿到岭南为官,而愿意南来者不乏平庸贪刻之辈,造成岭南选官良莠不齐。文宗时岭南节度使卢钧曾指出,北人南来任官者,"若非下司贫弱令史,即是远处无能之流;比及到官,皆有积债;十中无一,肯识廉耻"①。说的虽是唐后期的选官弊端,但唐前期也是如此。

都督府简选是唐朝针对岭南地处偏远、民族杂居、豪族势力根深蒂固等情况而实行的特殊选官政策。其选官对象、简择程序都达不到吏部铨选的要求,所选之人,素质与能力均弱,所以唐政府曾多次指出选官"未得其所","官非其才"②。贞观十八年(644),广州都督萧龄之上奏说:"岭南州县,多用土人任官,不顾宪章,唯求润屋。其婚姻资须,即税人子女,百姓怨苦,数为背叛。且都督、刺史多居庄宅,动经旬月,不至州府,所有辞讼,皆委之判官。省选之人,竟无几案,惟有敕诏施行,才经省览而已。"③ 于此可见其弊。

随着唐朝国力的强盛,对岭南豪族的政策也转趋强硬,改革岭南选官制度势在必行。于是,在加强实施吏部铨选的同时推行南选。

南选又称南铨,是由朝廷派遣选补使主持的不定期选拔当地及第而未授官者及前官、现官填补阙官的制度。《新唐书》卷四十五《选举志》下记载:"高宗上元二年(675),以

---

① 《唐会要》卷七十五。
② 《唐会要》卷七十五,《新唐书》卷四十五《选举志》。
③ 《册府元龟》卷六百八十九。

岭南五管、黔中都督得即任土人，而官或非其才，乃遣郎官、御史为选补使，谓之南选。"又《唐会要》卷七十五载："上元三年（676）八月七日敕：桂、广、交、黔等州都督府，比来所奏拟土人首领，任官简择，未甚得所。自今已后，宜准旧制，四年一度，差强明清正五品以上官，充使选补，仍令御史同往注拟。"由此可见，南选主要是针对都督府简选而实行的，其创始时间，当在上元二年或稍前。南选是相对于"北选"、"东选"而言，除行于岭南外，还在江南、淮南、山南、福建、黔中等南方诸道推行。

南选不定期实行，三年、四年或五年一选。选补时，朝廷派选补使、监察御史各一人同往选官之地，经考核确定官职人选后，于当年五月三十日前申报尚书省，至次年正月三十日铨注完毕。凡选补五品以上官员，由选使会同所管都督府，确认被选人素行、艺能、政术等俱称职，然后上报朝廷，由吏部量拟，中书门下访择闻奏，最后由皇帝下制除授。选官到职后，待遇同正官[①]。

南选就地取材，程序简便，节省开支，方便选人，也减少省司的事务，尤其是把偏远地区州县官吏任命权从都督府收归中央，从而加强了中央对岭南的控制和管理，并且从根本上改变了南朝以来豪族势力世袭为官的格局，对岭南社会发展有积极意义。

开元初，朝廷在边远地区广泛推行吏部铨选制。当时"蛮僚"诸州，多缺官员，朝廷经铨选派去的官，多不就任，

---

① 《唐会要》卷七十五。

直到"任期"满后才另求铨选。对此,开元四年(716)勅令:"如有迟违,牒管内都督决六十,追毁告身,更不须与官。"①这对岭南"蛮僚"地区自不例外。

吏部强行往偏远地区派遣官吏,必然导致南选的萎缩。唐前期岭南选补使一般驻广州,开元八年(720),移驻桂州②。十四年(726),张九龄任桂州都督,兼任岭南选补使③。说明南选的重点已不在岭南东部,而转移到了少数民族势力雄厚的岭南西部。

安史之乱爆发后,唐朝的统治秩序完全被打乱。肃宗至德元年(756),唐玄宗在四川,为吸引各道节度使投入平叛战争,允许节度使"署官属及本路郡县官,并各任便自简择,五品以下任署,置讫闻奏"④。在此之前,节度使或观察使对地方官的任命权仅限于本府僚属,此时则扩展到几乎包括所管郡县刺史、县令在内的全部地方官吏。这一本属权宜之计的选官体制,随着唐朝走向衰落和方镇势力日益膨胀而积重难返,遂成定制。从此,唐朝地方官任命权相当一部分下移使府,"郡守之职,总于诸侯帅,郡佐之职,移于部从事"⑤。

在中央和方镇势力此消彼长中,岭南节度使的权力也增长很快。德宗贞元初,岭南节度使李复于判官中"拣择材吏,

---

① 《唐会要》卷七十五。
② 《唐会要》卷七十五。
③ 《全唐文》卷四百四十徐浩《唐尚书右丞相中书令张公(九龄)神道碑》。
④ 《全唐文》卷三百六十六贾至《玄宗幸普安郡制》。
⑤ 《白居易集》卷四十三《江州司马厅记》。

令知州事"①。元和末,岭南节度使孔戣在《奏加岭南州县官课料钱状》中指出,岭南偏远地区的州县官吏"皆非正员,使司相承,一例差摄"②。文宗开成四年(839)三月中书门下奏:"岭南小州,多是本道奏散、试官及州县官充司马知州事,不三两考,便请正除。"③可见使府辟署在岭南的推行相当普遍。

使府辟署的官吏,一般都以"摄官"形式代行州县政务,代理期间(两或三考),如果"廉慎有闻",确有政绩,府主奏报朝廷,便可正除。其辟署之官,来源甚多。大体言之,有:(1)当管现官,特别是本府佐僚。(2)本地富豪。如懿宗咸通七年(866)大赦诏云:邕、容、桂、广等道"所奏监州官,多是本土富豪、百姓兼杂色人,例皆署为本道军职,或作试衔,便奏司马权知军州事。"④(3)游历或流贬至岭南而未归的外地人士。唐代流寓岭南的人士很多,从政机会不少。元和十二年(817),孔戣为岭南节度使,曾从128族南来人士中"用其才良"⑤。名相牛僧孺曾说:"南越会府,有摄官承乏之利,济沦落羁滞衣冠"⑥。

使府辟署制度的确立与推广,对吏部铨选制产生强烈的冲击,使其选任范围日益减少。文宗时,今广东境内25州官吏由吏部铨选者仅有广、韶二州⑦。开成五年(840),潮州刺

---

① 《唐会要》卷六十八。
② 《全唐文》卷六百九十三。
③ 《唐会要》卷六十八。
④ 《唐大诏令集》卷八十六。
⑤ 陆耀遹:《金石续编》卷十韩愈《南海神广利王庙碑》。
⑥ 牛僧孺:《玄怪录》。
⑦ 《唐会要》卷七十五。

史林郇阳奏请该州官吏准广、韶等州例由吏部注官，朝议认为："潮州是岭南大郡，与韶州略同，宜下吏部，准韶州例收阙注拟。"岭南节度使卢钧认为："海峤择吏与江淮不同，若非谙熟土风，即难搜求民瘼"，"岭南往日之弊是南选，今日之弊是北选"，请循往例，"不令吏部注拟"①。朝廷只好收回成命，仍令使府辟署。

至于南选，更无法维持，元和以前，仅代宗大历十四年（779）、德宗兴元元年（784）、德宗贞元十二年（796）和文宗大和二年（828）记载过四次，长庆以后，岭南再不见南选的记载②。

五、军事制度

岭南地濒南海，是重要的边防、海防前线。唐朝在这里初步建立边防和供给系统，以保岭南与海疆的安宁。

（一）边戍机构与军队组织

唐前期，岭南的军队可分为三大系统：府兵，统辖于折冲府，直属于中央；州镇兵，统辖于都督府、节度使；蕃兵，统属于汉俚豪族。前者为中央军，后两者为地方兵。

折冲府与府兵。唐初，沿用隋制，在重要地区设置统军府。贞观十年（636），改为折冲府，以折冲都尉、果毅都尉为正副统将。府分三等，领兵满1 200人为上府，1 000人为

---

① 《唐会要》卷七十五。
② 《唐会要》卷七十五。

中府，800人为下府，诸府"多因其地，各自为名"①，即在军府前加上所在的地名。岭南的折冲府有6个，其中广东有3个，即广州番禺府、绥南府、潘州潘水府②。折冲府直隶于中央卫府，其调遣、征发权在皇帝，通过兵部传达执行皇帝旨意。府兵是从军府所在地的均田农民中拣点而来，按规定，三年一拣点。"拣点之法，财均者取强，力均者取富，财力又均，先取多丁。"③府兵入伍，自备资粮、戎具，"三时农耕，一时教战"，轮番至府服役，担负征防任务。府兵制属征兵制，具有寓兵于农、亦兵亦农的特点，在兵源上较有保证，所以府兵是唐前期岭南军事力量的骨干。

都督府、五府节度使与州镇兵。唐平岭南后，先后设置了多个总管府（都督府）和都护府，作为地方军事指挥机构。永徽以后，岭南置五府节度使、五府经略使，总管岭南军务。节度使之下，镇戍机构有军、镇、戍、关。天宝初，岭南节度使共管6军，有兵15 400人。其中经略军，兵5 400人，驻广州城；清海军，兵2 000人，驻恩州城；余4军在今广西和越南境内④。至于镇、戍、关，广东见诸史籍的有10镇：广州屯门镇、牛鼻镇、金利镇、香山镇，端州青歧镇，韶州安远镇，封州贺水镇，高州青山镇，潘州博畔镇，崖州勤连镇；5戍：广州赤岸戍、紫石戍、石门戍，循州安怀戍，连州湟口

---

① 《通典》卷二十九，《新唐书》卷五十《兵志》。
② 《新唐书》卷四十三上《地理志》；谷霁光：《唐折冲府考校补》，《二十五史补编》第六册。
③ 长孙无忌：《唐律疏议》卷十六《擅兴》。
④ 《旧唐书》卷三十八《地理志》。

戍。

从这些军、镇、戍的布局可以看出,以广州为中心的珠江口是岭南防务的重点,这里集中了2军(广、恩)4镇(屯门、牛鼻、金利、香山)3戍(赤岸、紫石、石门),两军驻兵占岭南五管镇兵的48.05%[1]。

州镇兵是岭南边防部队的主体。他们大多从自愿投军的百姓中招募而来,军需由官府供给,与府兵不同。出于边防的需要,州镇兵的编制限额不如府兵严格。武则天时,宋庆礼为岭南采访使,"时崖、振等五州首领更相侵掠,荒俗不安",庆礼"躬至其境,询问风俗,示以祸福,于是安堵,遂罢镇兵五千人"[2]。这五千人大部分可能是就近临时招募而来的。

蕃兵。六朝以来,汉俚豪族势力兴起,组织了各种各样的地方武装,维护私人利益与地盘。在唐人看来,这些由少数民族组成、掌握在豪族手中的武装,就是蕃兵。唐初,汉俚豪族完好无损地保存下来,蕃兵仍然是民族地区的基本军事力量。太宗时,岭南蕃兵还多次被朝廷征发,参与平叛或对外战争,如贞观五年(631),罗、窦诸洞僚反,高凉首领冯盎统部落2万人,为诸军前锋,平定了这次叛乱[3]。高宗以后,朝廷采取比较强硬的民族政策,多次兴兵,打击豪族势力,冯氏、冼氏、宁氏等传统势力从此走向衰微,蕃兵在岭南大部分地区也随之消声匿迹。

---

[1] 据《唐会要》卷七十三《安南都护府》条记载,开元二十四年广州宝安县置屯门镇,领兵2 000人,以防海口。

[2] 《旧唐书》卷一百八十五《良吏传》下。

[3] 《资治通鉴》卷一百九十三。

高宗、武后以后，由于土地兼并日趋严重，逃户、客户大批出现，以均田制为基础的府兵制因兵源的短缺而开始瓦解。至玄宗时，"遂令诸军皆募，谓之健儿"①，以补充和代替府兵戍边。这些健儿从诸色征人及客户中招募，"长充边军"，故又称"长征健儿"②。健儿带有职业兵性质，官给资粮田宅。天宝八载（749），折冲府已无兵可发，朝廷乃撤销折冲府③，府兵制遂告终结。从此，募兵制取代征兵制，长征健儿变成边防军的骨干，节度使演变成集地方军政大权于一身的方镇。

唐后期岭南屡为南诏和西原蛮所侵扰，大规模的军事行动连绵不断，诸道军队屯聚岭南，"骄兵逐帅"的事时有发生。至德以后至唐亡，这类事件在岭南起码有16次，其中广东境有3次④。

团结（团练）兵。团结兵最迟在武则天时已经出现，玄宗时趋于盛行。团结兵在就近招募，"仍许在家，常习弓矢，每年差使，依时就试"⑤，负责征防。由于团结兵一般都在本地戍防，故又叫"土军"或"土镇兵"。唐后期，团结多称团练，统辖于团结使、守捉使、防御使、防遏使等，与长征健儿相结合，是唐中后期岭南重要的边防部队。

宪宗元和十四年（819）二月诏曰："诸道节度、都团练、防御、经略等使，所管支郡，除本州军使外，别置镇遏、守

---

① 《玉海》卷一百三十八引《邺侯家传》。
② 《资治通鉴》卷二百十四。
③ 《通典》卷二十九。
④ 据《资治通鉴》有关部分统计。
⑤ 《唐六典》卷五。

捉、兵马者,并令属刺史;如刺史带本州团练、防御、镇遏等使,其兵马各额,便隶此使,如无别使,即属军事。其有边于溪洞,接连蛮蕃之处,特建城镇,不关州郡者,则不在此限。"①这样,岭南不少支郡刺史兼领团练等使职权,集一州军政大权于一身,对唐晚期岭南政局的发展影响很大。

乡兵。乡兵为大族地主统领的地主武装,唐初的"蕃兵"也具有乡兵性质。唐前期,岭南军队组织比较健全,地方安定,乡兵的作用不太显著。唐中期以后,政局动荡,豪族地主纷纷建寨立堡,发展乡兵组织,拥兵保境。与此同时,政府也经常征发乡兵,参与作战。如代宗大历八年(773),循州刺史哥舒晃反,攻占广州,杀死岭南节度使吕崇贲,朝廷命路嗣恭统军征讨。其部将敬冕招集义勇8 000人,自间道插入广州,"挠敌心腹"②。这些义勇应属乡兵。

乡兵屡被征发,成为正规军的后备兵源,经常脱离本土,远远超出"自卫乡里"的范围,这就失去了乡兵原有的意义。但是,乡兵毕竟不同于长征健儿或团练,它一般没有编制局限,多系临时征集,不免赋税,保卫乡里仍然是其主要的职能。僖宗乾符六年(879),黄巢起义军进入广东,浛洭县豪族虞氏曾"率兄弟,领乡兵"③抵抗。

(二)**兵种和军需**

唐代岭南军队分为步、骑、水三种。步兵数量最多,骑兵较少,水军较为突出,兹将水军情况专述如下。

---

① 《册府元龟》卷六十。
② 《旧唐书》卷一百二十二《路嗣恭传》。
③ 王象之:《舆地纪胜》卷九十五。

岭南地控江海，水上攻防历来是军事活动的重要内容。唐代岭南水军建设颇具规模，在全国水军中居于领先地位，拥有楼船、蒙冲、斗舰、走舸、快艇等多种战船，各具特色。宪宗元和初，张舟为安南都护，"自创新意"，造艨艟舟400余艘，每船可配备战手25人，棹手32人，车弩1支，两弓弩1支，"棹出船内，回船向背，皆疾如飞"①。

天宝二载（743），海贼吴令光犯永嘉郡（今浙江温州市），朝廷命南海太守刘巨麟率水军北上征讨，次年四月平定②。广东水军由海路远征江浙沿海，这在历史上还是第一次。可见当时广东水军之重要。

水军在征战中多著战功，威力很大。大历八年（773），岭南节度使路嗣恭统军征讨叛将哥舒晃，"以水陆士徒分道鼓行"③，其中就有水军。

唐前期，岭南军队粮饷军需一般是"税本镇以自给"，即从岭南的赋税中拨充。1972年，新疆吐鲁番阿斯塔那230号墓出土的《唐仪凤三年中书门下支配诸州庸调及折造杂练色数处分事条启》残卷提及"交州〔都督府〕□料，请委〔交〕府，便配以南诸州，□粮外受纳，递送入东都。其钦〔州〕安海□非所管，路程稍近，遣与桂府及钦州相知。准防人须粮支配使充。"④，说明交州及钦州驻防军队所需粮

---

① 《唐会要》卷七十三。
② 《旧唐书》卷九《玄宗纪下》。
③ 《旧唐书》卷一百二十二《路嗣恭传》。
④ 国家文物局古文献研究局等：《吐鲁番出土文书》第8册，文物出版社1987年版。

饷可从正租中拨充,正合"本道自给"原则。

安史之乱后,海南置五州招讨使,领兵500人,军粮悉由本地及岭南财政提供,史称"海中五州岁赋,廉使不得有一缗,悉以给琼,军用军衣仍仰给于北海诸郡。每广州易帅,仍赐钱五十万以犒饫。琼守虽海渚,岁得金钱,南边经略使不能及。"①

唐后期由于战事频繁,驻军剧增,岭南军需超过岭南财政的负担能力,因而军粮补给常从岭北诸道转输。懿宗咸通四年(863),朝廷对安南用兵,大军屯集广州,粮饷供给顿形紧张。时有润州人陈磻石,建议造千斛大舟,自福建泛海运米,不用一月就可到广州,朝廷从之,"军食以足"②。五年,又诏江淮盐铁巡院和雇舟船,运淮南、浙西道米至安南,仍由海运③。

咸通六年(865),杨收请于洪州置镇南军,"屯兵积粟,以饷南海"④。乾符初,朝廷因郑畋之请,以岭南盐铁委广州节度使韦荷,"岁煮盐直四十万缗,市虔、吉米以赡安南"⑤。开辟了供给军需的新渠道。

第二节 赋税与户口的变化

唐代广东的赋税制度与全国是一致的。唐前期,租、庸、

---

① 《太平广记》卷二百六十九《韦公干》条引《投荒杂录》。
② 《资治通鉴》二百五十。
③ 《唐会要》卷八十七《转运盐铁总叙》。
④ 《旧唐书》卷一百七十七《杨收传》。
⑤ 《新唐书》卷一百八十五《郑畋传》。

调制是财政税收的核心,其收入部分留拨供军,部分上交中央财政。经过肃宗、代宗两朝的调整,赋税结构发生变化,按资产、土地计征钱物的户税、地税和按田亩征收的青苗钱、地头钱取代了租、庸、调。唐后期,推行以两税法为主体的新赋税制度。

广东是唐朝南方经济比较活跃的地区,人口密度虽不及江浙、剑南,但人口增长较快,总体水平不低。其人口分布仍不平衡,粤中、粤北、粤西保持旧有的人口优势,密度高于其他地区。

一、唐前期以租、庸、调为核心的财税制度

武德七年(624)三月,颁布均田令,丁男(21—59岁)、中男(16—20岁)每人授田100亩,其中20亩为永业田,80亩为口分田;不是户主的老男、笃疾各给口分田40亩,寡妻妾各给口分田30亩;"凡道士给田三十亩,女冠二十亩,僧尼亦如之","诸以工商为业者,永业、口分田各减半给之"[1]。这是对一般百姓的授田方法。官吏授田,则有永业田、职分田等。唐在岭南大部分地区推行与内地一样的政治制度和经济政策,均田制在广东实施,当不成问题。唐前期岭南已推行租庸调制和府兵制,与之相配套、互为依存的均田制亦应得到贯彻。但是,岭南民族构成复杂,部分地区豪族势力强大,形同地方割据,推行均田制肯定会遇到很大阻力,难于

---

[1] 《唐六典》卷三,《通典》卷二。

全面实施。

租庸调制是与均田制同时颁布、推行于全国的,其主要内容为:"课户每丁租粟二石;其调随乡土所产,绫、绢、䌷各二丈,布加五分之一;输绫、绢、䌷者绵三两,输布者麻三斤,皆书印焉。凡丁岁役二旬(有闰之年加二日),无事则收其庸,每日三尺(布加五分之一)。"①对岭南,《赋役令》作了特别的规定:"若岭南诸州则税米,上户一石二斗,次户八斗,下户六斗;若夷獠之户,皆从半输。"②即岭南正租按户等高低以米折纳。《新唐书》卷五十一《食货志》称:"先是,扬州租、调以钱,岭南以米",也说明岭南正租征米③。

《赋役令》中没有提及广东的调与庸,但《唐六典》卷三对调的记载则很明确:"厥赋蕉、纻、落麻。广州等调以纻布,端州调以蕉布,康、封二州调以落麻布"。其征收原则与内地一样,"随乡土所产"。1970年10月,在西安市南郊何家村出土的四块开元间广州属县上缴的庸调银,其中两块刻有"浛安县开元十九年庸调银拾两,专知官令彭崇嗣、梁海,匠琔";第三块铭文同上,作匠为陈喜;第四块铭文为"怀集县开(元)十(年)庸调银拾两,专当官王文乐,典陈友,匠高童"④。

---

① 《唐六典》卷三。
② 《旧唐书》卷四十八《食货志》上。
③ 日本学者日野开三郎在《论唐代赋役令中的岭南户税米》一文中认为岭南是一个"免收国税的特别区域",朝廷豁免了岭南诸州的租庸调,赋税不用上缴中央,《赋役令》中的"税米"是一种地方税,即"户税"。(该文原载《泷川政次郎博士米寿纪念集》,亦载《唐史论丛》第三辑,陕西人民出版社1987年版,辛德勇译。)这是不符合事实的。
④ 秦波:《西安近年出土唐代银饼之研究》,《文物》1972年7期。

此银可证广东有"庸",而且广东有些地方还以银折纳庸调,出现了以货币缴纳赋税的现象。

唐前期岭南正租按户等征米,部分地方以货币缴纳赋税,这应该是对两晋南朝赋税制度的继承和沿用,这一点与内地按丁征赋是有差别的,但它的赋税结构仍与内地一样,包括租庸调三部分。这一结论在敦煌吐鲁番

唐代怀集县庸调银饼。西安何家村出土。

出土文书资料中也能找到证据。上节所引《唐仪凤三年中书门下支配诸州庸调及折造杂练色数处分事条启》涉及交、桂等府租庸调的征收与漕运入东都的情况,广东当不例外。本世纪初在敦煌出土的《开元水部式残卷》对广东实施租庸调制的记载更为明确:"桂、广二府铸钱及岭南诸州庸调并和市、折租等物,递至扬州讫,令扬州差纲部领送都,应须运脚,于所送物内取充。"①

除租、庸、调外,地税、户税、资课等也是唐前期的法定税收,料应在广东实施过,惜史无明载,不知其详。

------

① 刘俊文:《敦煌吐鲁番唐代法制文书考释》,中华书局1989年版,第331页。

从财政角度看,包括租、庸、调在内的各项法定税收的支配权都属中央,除部分允许当地留用外,例应上缴中央财政。唐前期广东财赋收入是循例上缴中央的,一般是先解运至扬州,然后转输至洛阳或长安。岭南作为唐朝边防重地,五管镇兵的军需须由本道承担,广东部分正税收入留用地方,当以供军为大宗。

唐前期还规定各地每年定期向朝廷进贡一定数量的"土物","任土作贡",实际上是变相的额外赋税。据不完全统计,广东25州土贡的物品有36种之多,详见下表。

唐代广东各州土贡物品表

州	贡　物	州	贡　物
广州	银、生沉香、甲香、石斛、鼊鼊皮、龟壳、蚺蛇胆、詹糖香、藤簟、竹簟、竺席、水马、荔支	潮州	蕉、鲛鱼皮、甲香、蚺蛇胆、龟、石井、银石、水马
		循州	布、五色藤盘、镜匣、蚺蛇胆、甲煎、鲢鱼皮、筌台、绶草
		端州	银、柑
韶州	钟乳、竹子布、石斛	康州	金、银
连州	细布、钟乳	封州	银、石斛、鲛革
泷州	石斛、银	辩州	竹鞻、银
窦州	银	雷州	丝电、斑竹、孔雀
新州	蕉、银、金	罗州	银、孔雀、鹦鹉
冈州	甲香、詹糖香	崖州	金、银、真珠、玳瑁、高良姜
恩州	金、银	振州	金、五色藤盘、斑布食单
勤州	石斛、金、银	琼州	金
春州	石斛、钟乳、银	万安州	金、银
高州	银、蚺蛇胆	儋州	金、糖香
潘州	银		

资料来源:《唐六典》卷三;《通典》卷六;《新唐书》卷四十三上《地理志》。

二、两税法实施后财税制度的变化

高宗以后,土地兼并与户口流失日趋严重,均田制遭到破坏,动摇了租庸调制的基础。安史之乱时,租庸调制完全崩坏。由于战乱,中央财政开支骤升,收支严重失衡。为解决财政危机,唐朝对原有的财税体制进行调整:一是改革农业税制,开征青苗钱、地头钱。大历四年(769)正月,"定天下百姓及王公以下每年税钱,分为九等",确立起"无问有官无官",例皆按户等纳税的原则①,按资产、土地计征钱物的户税、地税和按田亩征收的青苗钱、地头钱取代了租庸调。二是开辟工商税源。工商税在国家财政中的地位越来越重要。

新税制很快在广东实施,肃宗时派韦某至江、岭诸道催缴青苗钱可为证明②。德宗建中元年(780)正月,宰相杨炎对新税制加以改进,变之为两税法。其内容为:"凡百役之费,一钱之敛,先度其数而赋于人,量出以制入。户无主客,以见居为簿;人无丁中,以贫富为差。不居处而行商者,在所郡县税三十之一,度所与居者均,使无侥利。居人之税,秋夏两征之,俗有不便者正之。其租庸杂徭悉省,而丁额不废,申报出入如旧式。其田亩之税,率以大历十四年(779)垦田之数为准而均征之。夏税无过六月,秋税无过十一月。逾岁之后,有户增而税减轻,及人散而失均者,进退长吏,而以

---

① 《旧唐书》卷四十八《食货志》。
② 《全唐诗》卷二百八李何《送韦侍御奉使江岭诸道催青苗钱》。

尚书度支总统焉。"①此制得到德宗的批准，诏谕全国推行。二月，派黜陟使分行天下，推行新法，广东也及时实施。贞元八年（792）四月，东南两税财赋自河南、江淮、岭南、山南东道至渭桥，以户部侍郎张滂主持；元和四年（809），以盐铁江陵留后兼领荆南、山南东道、鄂岳、江西、湖南、岭东等道两税使；六年，以扬子留后为江淮已南两税使；八年，崔俊为扬子留后，兼淮岭已南两税使②。上述各官所管均包括广东在内。唐后期广东两税法始终不废。

两税征纳钱和粮，有时也以土产折纳。唐人刘恂称："南土多野鹿藤，……儋台琼管百姓皆制藤线，编以为幕。其妙者亦排纹为花药鱼鸟之状，业此纳官，以充赋税"③。

两税是唐后期的正税。其颁布之初，规定两税之外，"租庸杂徭悉省"，实际上并未做到，特别是国家财政长期紧张，为摆脱困境，朝廷常巧立名目，提高税率，开征新税，因而两税之外，并存着多种税收。在广东，比较重要的有如下几项。

丁口税。又称身丁钱。文宗开成四年（839）十一月，安南都护马植奏，都知兵马使杜存诚所管四乡，"丁口税赋，与一郡不殊"④。咸通初，朝廷准安南"两税、丁钱等量放二年"⑤。可知丁口钱与两税一样，属法定的税项。

---

① 《旧唐书》卷一百十八《杨炎传》。
② 《唐会要》卷八十七。
③ 《太平御览》卷九百九十五引《岭表录异》。
④ 《唐会要》卷七十三。
⑤ 《旧唐书》卷十九上《懿宗纪》。

广州、潮州和海南等沿海地区有较多的外国商民侨居。武德七年颁布《赋役令》时,规定"蕃胡内附者,上户丁税钱十文,次户五文,下户免之"①。看来,唐前期在广东的外侨要征身丁钱。唐后期,政府对外侨按资产征收人头税,应该就是丁口税。9世纪来过广州的阿拉伯商人苏莱曼所记甚详:"有人头税,根据表面的财富,每个男性必须交纳一定数量的税收。在中国的阿拉伯人或其他外国人,要按其动产交纳税收"。乾符六年(879),黄巢农民军攻占广州,"寄居城中经商的伊斯兰教徒、犹太教徒、基督教徒、拜火教徒,就总共有十二万人被他杀害了。""死亡人数所以能知道得这样确凿,那是因为中国人按他们的人(头)课税的缘故。"②

商税。唐代征收商税始于何时,史籍缺乏明确的记载。1977年,陕西省博物馆征集到岭南道进贡的税商银两铤,均刻"岭南道税商银伍拾两官秤"。从外型和文字字体看,与大明宫遗址出土的天宝年间杨国忠所进信安郡税山银大同小异,可以断定是玄宗时的税商银铤。由此可见,商税最迟在天宝年间,在岭南已经存在③。肃宗、代宗时,商税渐兴。建中元年(780),定商税三十税一;二年,又增为十分税一,商税开始成为政府大宗税收。

广东商业比较发达,唐后期商税收入相当可观。贞元中,

---

① 《旧唐书》卷四十八《食货志》。
② 苏莱曼等著,穆根来等译:《中国印度闻见录》,中华书局1983年版,第17页、第96页。此说黄巢杀人十二万之数未必准确,因为人口流失也会减少课税。
③ 《西安发现唐代税商银铤》,《考古》1981年第1期。

岭南节度使王锷"计居人之业,而榷其利,所得与两税相埒"①。又有记载说,王锷"租其廛,榷所入与常赋埒"②。观其文意,大概是指对中外商人征收营业税或出租货栈而言,收益极丰。

其他税收。唐后期广东的江、湖、池、潭、陂、塘等"聚鱼之处",橘园、水碓、鹅、鸭、柴薪等,官府都要征税③。文宗时,岭南当局"擅置竹练场,税法至重,害人颇深"④。凡此种种,可见税项的繁重。

建中改制时规定:"每道定税讫,具当州府应税都数及征纳期限,并支留、合送等钱物斛斗,分析闻奏,并报度支、金部、仓部、比部。"⑤包括两税在内,由地方政府征收的各项财政收入,大部分由中央与地方共享,被划分为上供、留使、留州三部分⑥,此即所谓"两税三分制"。

安史之乱后,藩镇割据日益严重,各地上供的多少或有无,实际上要视乎藩镇是恭顺还是跋扈。岭南长期对朝廷恭顺,上供基本不断。建中年间,两河叛乱,南北漕运皆断,京师大恐,江淮水陆转运使杜佑提出疏浚鸡鸣冈以通舟楫的建议,使"江、湖、黔中、岭南、蜀汉之粟可方舟而下,由白沙趣东关,历颖、蔡,涉汴抵东都"⑦。这说明两税法推行之

---

① 《新唐书》卷一百七十《王锷传》。
② 《旧唐书》卷一百五十一《王锷传》。
③ 《文献通考》卷十九。
④ 《唐会要》卷八十四。"竹练"是一种布。
⑤ 《唐会要》卷八十三《租税》上。
⑥ 元稹:《元稹集》卷三十四《钱货议状》。
⑦ 《新唐书》卷五十三《食货志》。

初，岭南即开始上供。贞元初，户部侍部元琇、吉中孚掌财政，运南方诸道（包括岭南）米120万石入关中①。贞元中，岭南节度使王锷"以两税钱上供时进及供奉"②。贞元十三年（797），制度支苏弁奏："岭南行纲送钱物数满二万贯无损折者，即依旧例与改官。"③此指两税钱物上供而言。元和十二年（817），朝廷对淮西用兵，经费紧张，乃派盐铁副使程异巡行南方诸道，催促"上供钱米"及"当司合送上都行营钱物"，"且讽有土者以饶羡入京"，岭南在其巡行之列④。开成四年（839），邕管经略使唐宏实奏请当管上供两税见钱每年仍附广州纲送纳，朝廷令其易轻货附纲送省⑤。可见，在黄巢起义前，广东是始终保持上供的。当然，岭南是唐后期南边大镇，属"有重兵处"，养兵多，军费大，其财政收支"体例"与江南诸道不同，正税收入部分留拨供军，其上供数当会减少。至德、咸通间，岭南屡受南诏侵扰，境内西原蛮多次暴动，征战频繁，庞大的军费开支超过岭南地方财政收入，不得不从岭北诸道调运补给。在这种情况下，广东两税上供有时也会出现大幅度减少的现象。

黄巢起义后，唐政权摇摇欲坠，政令通行地区日益萎缩，"江淮转运路绝，两河、江淮赋不上供，但岁时献奉而已。国命所能制者，河西、山南、剑南、岭南西道数十州"⑥。大概

---

① 《新唐书》卷五十三《食货志》。
② 《旧唐书》卷一百五十一《王锷传》。
③ 《册府元龟》卷四百九十八。
④ 《册府元龟》卷四百八十四；《旧唐书》卷一百三十五《程异传》。
⑤ 《唐会要》卷八十四。
⑥ 《旧唐书》卷十九《僖宗纪》。

岭南东道、桂管、容管、安南都曾一度偏离唐朝的控制，广东的上供也不一定很正常。

总的看来，唐后期广东的上供基本上是有保证的，后唐窦专在分析唐朝国家财政收入布局时，充分肯定其在国家财政收入中的地位，把它与江淮并列为朝廷特别倚重的赋税之地："自天宝中安史作乱，民户流亡，征赋不时，经费多阙，惟江淮、岭南郡县完全，总三司货财，发一使征赋。"①

唐后期国家赋予地方较大的财政自主权，在保证"不破上供钱物"前提下，府、州对留使、留州部分"任于额内方圆给用，纵有余羡，亦许州、使留备水旱"②，自主安排供军、官吏俸粮、州府杂给、进奉及其他开支，尤其是节度使，对上供之外的财政收入有全权支配，远非刺史可比。节度使有权增加包括自己在内的官吏俸粮，也可以自行决定放免两税钱物等。如贞元中徐申为岭南节度使，"以己俸薄，月加三十万"③。元和中孔戣为岭南节度使，加管内刺史县令课料钱，又免除属州逃逋租赋18万缗，米8万斛，黄金税800两④。大和元年（827），岭南节度使郑权给端、康、封三州刺史月俸钱各加至100贯文⑤。开成元年（836），卢钧为岭南节度使，除管内诸州采金税。

进奉也是一项重要开支。从现有史料看，岭南藩帅进献

---

① 《五代会要》卷二十四。
② 《全唐文》卷七十八武宗《加尊号赦文》。
③ 《全唐文》卷六百三十九李翱《杨公（于陵）墓志铭》。
④ 《全唐文》卷六百三十九孔戣《奏加岭南州县官课料钱状》；《新唐书》卷一百六十三《孔戣传》。
⑤ 《册府元龟》卷五百七。

的次数、数量都不落后于他镇。

唐中后期是广东经济快速发展的时候，综合经济实力大为增强，成为南中国颇具活力和特色的经济区，号称"富饶之地"①。除农业税（两税）之外，还有市舶、榷盐、榷茶、矿税等大宗工商税收，相对于内地大多数单纯依靠农业税收的地区来说，具有明显优势。广东赋税收入增大，成为国家财政收入的重要来源地。

三、户口增长与人口分布

隋唐之际，政局混乱，战火不息，北方民众纷纷流入岭南。唐高祖《简徭役诏》称："江淮之间，爰及岭外，涂路悬隔，土旷人稀，流寓者多"②。武德五年（622），李靖抚定岭南，得州96，户60余万③。贞观十三年（639）岭南道有州59，户354 235，其中广东诸州有105 302户，300 572口，估计实际人口达到566 402人④。除去安南部分不计（下同），凡达8 000户以上的州，大多数在今广西境灵渠以南的通道旁，广州1.2万余户，户数低于桂、贵、钦、龚四州，仅占第五位；广东还有潘、辩二州在万户以上，亦处于西部。这些数字表明，唐初岭南的人口分布，是西部人口较多，广东境内，

---

① 《资治通鉴》卷二百四十五。
② 宋敏求：《唐大诏令集》卷一百十一。
③ 《资治通鉴》卷一百八十九。
④ 《旧唐书》卷四十一《地理志》，赵立林、谢淑君：《中国人口史》，人民出版社1988年版第228页。唐代广东诸州户口脱漏甚多，统计数字实际偏低，不够准确，仅反映大致情况。

亦以粤西人口较密。此后，广东户口大幅度增长。开元元年（713），广东人口估计达到1 037 727人。天宝元年（742），共有223 927户、7 682 927口，其中有10个州尚缺口数，除新州据《通典》卷一百八十四所载为90 150口外，其余循、冈、春、高、恩、崖、儋、琼、万安9州所缺口数，均无法确知，实际人口估计达到1 092 437人。盛唐广东各州人口分布见下表：

唐贞观十三年、天宝元年广东各州户口数

州	贞观十三年（639）		天宝元年（742）	
	户	口	户	口
广州	12 463	59 114	42 235	221 500
潮州	—	—	4 420	26 745
循州	6 891	36 436	9 525	—
韶州	6 960	40 416	31 000	168 948
连州	5 563	31 094	32 210	143 533
冈州	2 358	8 662	5 650	—
新州	7 388	35 025	9 500	90 150
端州	4 491	24 303	9 500	21 120
封州	2 555	13 477	3 900	11 827
康州	4 124	13 504	10 510	17 219
泷州	3 627	9 439	3 627	9 439
春州	5 714	21 061	11 218	—
窦州	3 550	—	1 019	7 339
高州	—	—	12 400	—
恩州	—	—	9 000	—
勤州	—	—	682	1 933
罗州	5 460	8 041	5 460	8 041
潘州	10 748	—	4 300	8 967
辩州	10 350	—	4 858	16 209

（续上表）

州	贞观十三年（639）		天宝元年（742）	
	户	口	户	口
雷州	2 458	—	4 320	20 572
崖州	6 646	—	819	
儋州	3 956	—	3 309	—
振州	—	—	819	2 821
琼州	—	—	649	
万安州	—	—	2 997	—

资料来源：《旧唐书》卷四十一《地理志》，《新唐书》卷四十三上《地理志》；天宝元年新州口数据《通典》卷一百八十四补入。表中有两州经百年以上户口数全同的现象，极不合理，但也只能照录。

表中以广、韶、连三州的户口为多，但广州面积很大，韶州面积也大，当时这两州的人口密度并不高。在西部，除海南外，从表上看，许多州貌似人口稀少，但这里大都是些小州，尤以新、封、辩州的面积为小，所以实际上它们的人口密度往往比广、韶等州为大。又，从贞观到天宝初，韶、连、康、春四州皆由不足万户增至万户以上，其中以连、韶二州增长幅度最大。连州户增479%，口增361.61%；韶州户增345.4%，口增318.02%。连州虽为多山地区，但地处南北通道，开发早于其他地区，故在唐代经济与人口居于领先的地位。此外，广州户与口都增加两倍多，康、冈等州的增长率也较高。这些数字表明，贞观至天宝100多年时间内，广东户口的增长，主要在粤中、粤北和粤西，粤东地区次之。

天宝之后，经过安史之乱，据《元和郡县图志》记载，广东各州户数（此书不载口数）较之天宝元年，有升有降，其中广州增长较为突出，达到74 099户，比天宝初多75.45%，在同期全国各州府中，仅次于京兆府、太原府、襄州、苏州和洪州，居第六位。天宝初年是唐代经济和人口发展的高峰，广东也是如此。安史乱后，广东人口虽未必减少，可是"逃户"大量增多，户口统计更难达到完整和准确①。

隋唐之际到晚唐，北方曾经开国动乱和安史之乱，人口大量损耗，而南方各地则损耗较轻或者并未发生大的战乱，甚至还有北方人口迁来，其中岭南所受战祸更少。这就使岭南和广东的人口数呈现上升之势。安史乱后，全国经济重心移至南方，直到黄巢进入广东之前，广东经济发展步伐加快，超过了北方许多地区，在南方居于中等水平。从下表的人口密度比较中得到证明。

唐代广东与南方各省人口密度对比表（单位：人/平方公里）

人口密度 地区	贞观十四年 (640)	开元元年 (713)	天宝十一载 (752)	元和八年 (813)
广东	2.56	4.7	4.94	5.94
江苏	4.57	23.05	28.76	40.14
安徽	2.25	15.24	20.47	25.97
浙江	7.78	22.26	44.49	16.92
江西	1.94	7.92	9.95	16.64
福建	0.9	3.46	4.23	5.91

---

① 一说天宝元年岭南等地的户口记录只占实际人口的27.7%（见崔瑞德主编《剑桥中国隋唐史》，中国社会科学出版社1990年版，第23页）。不论此计算是否准确，当时各地逃户相当多则无疑问。

(续上表)

人口密度\年份\地区	贞观十四年（640）	开元元年（713）	天宝十一载（752）	元和八年（813）
湖北	1.64	5.92	7.29	9.79
湖南	1.24	3.94	5.57	4.22
四川	7.32	8.65	11.04	4.32
云南	1.8	2.19	3.2	3.09
贵州	0.9	5.97	3.21	3.21
广西	8.48	4.95	3.76	2.17
全国平均	2.15	4.78	6.26	4

资料来源：赵文林、谢淑君：《中国人口史》，人民出版社1988年版，第228页。

第三节 农业的全面开发

唐代是广东农业全面开发的时期。耕地开发从平原、河谷、山间盆地向山地、丘陵和沿海地区拓展，农耕技术与农作制度大有改进，粮食产量提高，农业多种经营与商品化生产较前发展，自然资源的优势得到较充分的利用并开始转化为经济的优势。这一切使广东成为南中国有影响的农业区。

一、耕地开发向深度与广度伸延

从广东北部沿粤北、粤西至海南岛走向，大部分地区属山地、丘陵，平地面积狭小。到唐代，这里的耕地开发，已向山地、丘陵拓展，开垦"畲田"与"山田"。

"畲田"又称"火田"、"火耕田"，垦耕方法是以畲刀砍伐山地草木，然后放火烧山，平整土地，即可播种作物，连续耕种二至三年。这种垦耕方式盛行于山区与少数民族地区。元和间，刘禹锡为连州刺史，其《莫徭歌》中有"火种开山脊"诗①，即描述这一垦田方式。戴叔伦在《桂阳北岭偶过野人所居聊书即事呈王永州邕、李道州圻》一诗中也有记述："种田烧险谷，汲井凿高原"②。高宗永淳二年（683），岭南行军总管陈元光表请设置漳州，称该地"可耕乃火田之余"③。在唐代以前，漳州地区在行政区划上长期归属交广，垂拱二年（686），始从潮、泉（今福州市）间析出，独立成州④，故与潮州经济生活，难分彼此。所以，潮州山区应同样存在这种垦耕方式。海南也有畲田。大中初李德裕贬崖州，曾作诗曰："五月畲田收火米"⑤，可以为证。

"山田"主要分布在粤北、粤西。农民开垦山坡地，以石筑垅，由低到高，层层上升，远看如梯，故又称"梯田"。元和中殷尧藩送刘禹锡刺连州，临别赠诗云："此去定知偿隐趣，石田春雨读书耕"⑥。石田即是梯田。唐后期粤西新、泷等州农民开垦山间荒地，筑田养鱼，兼收鱼米之利⑦，更是十

---

① 《刘禹锡集》卷二十六。
② 《全唐诗》卷二百七十四。
③ 《全唐文》卷一百六十四陈元光《请建州县表》。
④ 《旧唐书》卷四十《地理志》。
⑤ 《全唐诗》卷四百七十五李德裕《谪岭南道中》。
⑥ 《全唐诗》卷四百九十二殷尧藩《送刘禹锡侍御出刺连州》。
⑦ 刘恂：《岭表录异》卷上。

分独特的山田垦耕方式。

唐代广东山区耕地开发颇具规模，可从地理学研究成果得到证实。据报道，隋代以前，今珠江西北江三角洲堆积成陆较慢，前沿在今顺德安敦、逢简、富裕、番禺紫泥、沙泥、石楼、茭塘一线；东江三角洲前沿在东莞洪涌至莞城一线。至唐宋间，情况发生很大变化，西北江三角洲前沿已推移至顺德南华、昌教、龙涌、桂洲、番禺石楼、庙头一线；东江三角洲前沿也推移至东莞以西、中堂以东①。唐代西北江与东江两大三角洲前沿的推进速度，前者（从紫洞至万顷沙）每年约30米，后者每年14米（前者的推移速度，与宋代每年约38米差距不大）②。韩江三角洲，春秋时期南部前沿尚在澄海程洋岗，潮州东凤、龙湖、江东、浮洋、沙溪至桑浦山东麓、汕头鮀浦一线，至南汉乾亨初，南部前沿已推移至潮州庵埠以南、澄海澄城南部和溪南一线③。唐代珠、韩两江三角洲的发育过程说明：唐代两三角洲快速成陆，前沿迅速推进，是两江流域土地开发引起的水土流失造成的结果。由此可以反证地处两江中游以上的粤东特别是粤北、粤西山区耕地开发的规模较前为大，速度较快。

粤中、粤东等平原三角洲地区耕地开发则是另一种情况。今珠江三角洲是岭南开发最早的地区之一，唐以前番禺、南海一带人口相当密集，唐代今中山、番禺、东江新冲积三角

---

① 《广东省海岸带和海涂资源综合调查报告》，海洋出版社1987年版，第103页。

② 曾昭璇《历史地貌学浅论》，科学出版社1985年版，第107页。

③ 赵伯群：《潮州古地理环境演变考略》，《潮州市志资料》，1986年创刊号。

洲居民点不断增加,且呈向南扩展的趋势①。向江河海滨拓展耕地是这一地区土地开发的显著特点。

西江三榕峡以下端州段的一条分汊,唐代已干涸成旱峡,人们排干低洼地区积水,垦辟成田。在广州,人们选择肥沃的河湖浅水区,打桩搭架,以泥土和水生植物封住架底部及四周。这些架随水涨落,其上可种植蔬菜,无干旱之虞,又收扩大耕地面积之效。这就是"葑田",又称"浮田"、"架田"。唐人段公路曾有记载:"蕹菜,……土人织苇簿长丈余,阔三四尺,植于水上,其根如萍,寄水上下,可和畦卖也"②。此乃在浮田上种蕹菜的实况。

滨海地区"以潮水溉田,名潮田"③。江口潮水涨退,淤泥渐积。人们筑堤成田后常用淡水冲灌,洗尽盐卤,便可种稻,成为丰产田。

珠江三角洲耕地开拓还向边缘地区发展。贞元间,常衮贬刺潮州,曾主持罗浮山地区耕地开发,"开垦水田千余亩,后人取仙家种玉故事名之曰蓝田"④。

潮汕平原的开发稍迟,至六朝时期才有较快的发展。唐代特别是中期以后,潮州成为"与韶州略同"的"岭南大郡"⑤,农业与发达地区的差距不断缩小。中唐诗人吕温《送

---

① 参见曾昭璇《历史地貌学浅论》第103—107页(科学出版社1985年版)及中山、东莞、顺德、番禺等市县地名志。
② 段公路:《北户录》卷二。
③ 曾慥:《类说》卷四引郑熊《番禺杂记》。
④ 宋广业:《罗浮山志会编》卷一。
⑤ 《唐会要》卷七十五《选部》下。

僧归漳州》诗云："溪云黄橙熟，沙田紫芋肥"①。"沙田"即当时漳州人民在沿海围垦淤积浮生沙坦，经过改良而成的农田，可以种植粮食。可以想见，与漳州相邻的经济发展水平更高的潮州沿海地区，"向水要田"的进程应该不迟于漳州。近年来，考古工作者在揭阳锡场、曲溪、渔湖等地泥炭土层发现唐代大面积砍伐的大小树干，据研究，是开荒造田的遗留物②。粤东平原地区向边缘地带拓展耕地的趋势与粤中是一致的。

总之，唐代广东耕地开发是颇具规模的。人们除继续开发平原、河谷、山间盆地外，还向山要田，与水争地。

二、兴修水利

唐代广东各地根据不同的气候、地形及水资源状况，兴修水利，防止旱涝，保障农业生产的发展。

珠江三角洲和潮汕平原是广东的主要平原，地势低平，河网密布，水资源丰富，但由于地处沿海，风雨季节常遭浪潮侵袭。每年8月，潮水猛涨，"淹没人庐舍，荡失苗稼"，入秋复多台风③，因而修筑堤围、水闸是主要的水利工程。宋人修筑桑园围时，在南海西樵山波斯庙前发现了古基围和水闸，

---

① 《全唐诗》卷三百七十一。
② 张宗仪、张秀清主编：《揭阳县文物志》，揭阳县博物馆1986年刊本，第29页。
③ 刘恂：《岭表录异》卷上。

估计是唐代的遗存①。当地还有吉庆围,系唐代修筑。在潮州,人们修筑了北门堤,挡韩江上游之水,以卫田庐②。

从粤北、粤中北部、粤西至雷州半岛一带,山地丘陵广布,地势较高,地表水资源不如沿海平原,常现干旱;一遇暴雨,则有山洪,因而水利工程以修筑陂、塘、池、湖为主,防旱蓄水。大历间,道州刺史元结曾主持连州海阳湖的修筑,至元和中刘禹锡加以修拓,不仅利及农业,而且成为著名的风景区③。广州增城县东北150里有石陂,灌溉大片农田④。潮州的西湖,也曾修浚过,可吐纳韩江水。在沈既济《雷民传》中,记述了这样一则故事:元和间,雷州大旱,州民祈雷神降雨,不验。海康人陈鸾凤乃斥雷神曰:"我之乡,雷乡也。为神不福,受人奠酹如斯,稼穑既焦,陂池已涸,……"⑤。从中可见雷州半岛有陂池。诸如此类唐人笔记、小说提及粤西等地陂塘的也不少。

凿井汲水也是山区开拓水源的常见方法。前引戴叔伦诗"汲井凿高原"反映了连州山田灌溉的情况。循州龙川县有越井,周围二丈许,泉深五丈,相传为赵佗所开,至唐代"其迹如新","虽当亢旱,万人汲之不尽"⑥。韶州浈昌县凿有梅岭泉,附近农民栽种水果、药苗,全赖泉水。唐末诗人孙鲂

---

① 佛山地区革命委员会:《珠江三角洲农业志》第3册,1976年刊本,第4页。
② 光绪《海阳县志》卷二十一。
③ 《刘禹锡集》卷三十八《海阳十咏》。
④ 《元和郡县图志》卷三十四。
⑤ 《太平广记》卷三百九十四引。
⑥ 《全唐文》卷八百十六韦昌明《越井记》。

曾作《题梅岭泉》诗以咏之①。永贞元年（805），礼部尚书辜玑贬琼州，居于东河湖上村，时田禾伤旱，乃劝民"凿井导泉灌溉"②。从这些记载还可以推断，唐代广东山区大概已广泛使用水车这一重要的提水灌溉工具。

三、耕作技术的提高与农作制的改进

唐代广东使用铁农具与牛耕已相当普遍是毫无疑问的。官府比较重视农桑，尤其是多次在各地推行营田，供给农具、种子等生产资料，对农业技术的改进起了促进作用。当时广东精耕细作技术已相当成熟。元和初，柳宗元为柳州刺史，曾对当地耕作情况作详细的描述："余南迁度高乡，道逢老叟帅年少于路次，讲明种艺，其言深耕穊植，时耘时籽，却牛马之践履，去螟螣之戕害，勤以朝夕，滋以粪土，而有秋之利，盖富有年矣。"③这段文字说明，西江一带农民已熟练地掌握深耕细作、合理种植、中耕除草、培土施粪、防治病虫害和畜害等一整套耕作技术。

适时施肥对增加地力、促进农作物生长有很重要的作用。唐代广东农民对人工施肥已积累了很多经验，上引西江老农"滋以粪土"的说法中已有反映。据唐人记载，广东菜农为使茄树多结茄子，"待其花时，取叶布于过路，以灰规之，人践

---

① 《全唐诗》卷八百八十六。
② 咸丰《琼山县志》卷十八。
③ 柳宗元：《龙城录》。

之,子必繁也"①。这是以草木灰肥田之法的写照。唐德宗时,韶州刺史徐申募民营田,由于"田久不理,草根腐",而"地增肥"②,结果取得好收成,反映出时人对植物腐烂可肥田有一定的认识。新、泷等州农民开垦山田,"拣荒平处,以锄锹开为町畦,伺春雨,丘中积水,即先买鲩鱼子散于田内,一二年后,鱼儿长大,食草根并尽,既为熟田,又收鱼利,及种稻,且无稗草"。这种独特的养鱼除草肥田的方法,时人盛赞"乃齐民之上术"③。

随着耕地的开拓、水利的兴修和耕作技术的提高,粮食产量也在增加。贞元间韶州刺史徐申募民营田300顷,采取分成收取官租之法:"假牛犁粟种与食者,所收其半与之,不假牛犁者三分与二",结果岁入官租3万斛④。按此估计,每亩产量为2斛或2斛以上,接近江淮地区水稻亩产(每亩约3石)水平,说明广东相当部分地区粮食生产已接近全国领先地位。

广东地处热带、亚热带,适宜双季稻的种植。据《郡国志》载,唐代潮州"稻得再熟,蚕亦五收"⑤。元和十四年(819),韩愈贬刺潮州,四月至任所,时淫雨连绵,影响水稻成熟,乃作《祭界石神文》祭告神明,恰巧"淫雨既霁,蚕谷以成";进入秋季,阴雨不断,又作《祭止雨文》:"稻既穗

---

① 段成式:《酉阳杂俎》卷十九。
② 《全唐文》卷六百三十九李翱《徐公行状》。
③ 刘恂:《岭表录异》卷上。
④ 《全唐文》卷六百三十九李翱《徐公行状》。
⑤ 《太平御览》卷一百七十二。

矣,而雨不能熟以获也;蚕起且眠矣,而雨不得老以簇也;岁且尽矣,稻不可以复种,而蚕不可以复育也"①。韩愈祭文中所言,正是早稻与晚稻抽穗、结实时节,可为一年两造之佐证。循州水稻也两熟。开元末,杜楚宾《雷乡县白石鹿记》云:"岭南无祁寒,故二月民殷东作","耕者不休,饷者不息"②。所言当为早稻备耕情形。雷州半岛"有再熟稻,五月、十一月再熟"③。天宝初,鉴真和尚至振州,见当地"十月作田,正月收粟,养蚕八度,收稻再度"④。这说明唐代海南有的地方实行两稻一粟的一年三熟制。

人们对各种农作物先种后熟或后种先熟的特性都比较了解,掌握了不同作物的轮作复种技术。如水田割稻之后,复种麦、粟、薯、芋、豆等作物。贞元中,韩愈为连州阳山令,曾作诗曰:"禾麦种满地,梨枣栽绕舍。"⑤ 9世纪中叶阿拉伯地理学家伊本·胡尔达兹比赫说:"汉府(广府)有各种水果,并有蔬菜、小麦、大麦、稻米、甘蔗"⑥。由此可见稻麦复种皆已实行于粤北、粤中等地。

水稻的一年二熟制和海南的一年三熟制的推广,提高了广东的土地利用率与复种指数,促进粮食增产,使粮食自给

---

① 韩愈:《昌黎先生集》卷二十二《潮州祭神文》。
② 《全唐文》卷三百七十四。
③ 《太平寰宇记》卷一百七十二。
④ 真人元开:《唐大和上东征传》。
⑤ 韩愈:《昌黎先生集》卷二《县斋有怀》。
⑥ 伊本·胡尔达兹比赫著,宋岘译注:《道里邦国志》,中华书局1991年版,第72页。

有余，出现了"今日海隅鱼米贱"[①]的景象。当然，各地农业发展水平并不平衡。比如，海南的农耕技术比较粗放，虽然一年三熟，但收成未必比得上一年二熟的地区。

四、多种经营与商品化生产

广东商品经济素来比较活跃。唐代中后期，城乡商贸日趋繁荣，市场因素逐渐渗透到社会经济的各个领域，这对农业的商品化生产起刺激与促进作用。尽管唐代广东农业生产结构包括农（主要指种植业）、林、牧、副、渔等多项生产而仍以粮食种植业为主导，但伴随着商品经济的发展，农业生产出现了较大的变化：一是种植业中经济作物种植与日俱增；二是多种经营有增长的势头。这些变化都与市场需求相联系，或多或少是为增殖财富而进行的商品化生产，有些部门发展为专门生产工业原料以满足外销手工业部门需求的专业化生产部门，为农业经济增添新的内容与活力，使唐代广东农业呈现多元化特色。

唐代广东经济作物品类繁多，种植规模扩大，栽培技术与新品种（特别是外国品种）引进有新进展；不同品类中存在不同程度的商品化生产。

水果。广东果树资源极为丰富。唐代见诸史载的就有荔枝、龙眼、柑、桔、甘蔗、香蕉、大蕉、橄榄、李、杨梅、梨、柚、枇杷、余甘、桄榔、椰子、木瓜、人面子等，外国品种

---

① 范摅：《云溪友议》卷下。

则有枇杷子、古度树、菠萝蜜、枸橼(香橼、佛手)、波斯枣、黎檬、黄皮、番石榴、芒果(密望子)等。

荔枝是广东最出名的水果,唐代种植面积大。咸通间,广州城西一带广植荔枝,已形成远近闻名的"荔园"①。荔枝的品种很多,据郑熊《广中荔枝谱》载,有玉英子、燋核、沉香、丁香、红罗、透骨、胀泂、僧耆头、水母子、蒺藜、大将军、小将军、大蜡、小蜡、松子、蛇皮、青、银、不忆子、火山、野山、五色荔枝等22种②。品种之多,为唐代各产区之冠。

广州荔枝"每至季夏,其实乃熟,状甚瑰诡,味特甘滋,百果之中,无一可比"③,因而被列为贡品,每年定期进献朝廷。杨贵妃认为"南海荔枝胜蜀者,故每岁飞驰以进"④。广州荔枝因而名闻遐迩,引发了唐人很多吟咏。杜甫诗云:"忆昔南海使,奔腾献荔枝。百马死山谷,到今耆旧悲"⑤。杜牧亦有诗云:"长安四望绣成堆,山顶千门次第开,一骑红尘妃子笑,无人知是荔枝来"⑥。

高、潘、新等州所产荔枝也很有名。"有无核类鸡卵大者,其肪莹白,不减水精,性热液甘,乃奇实也。"又有蜡荔枝,青黄色,"亦绝美"⑦。

龙眼与荔枝齐名,分布地区基本相同。七月成熟,刚好

---

① 《全唐诗》卷七百十七曹松《南海陪郑司空游荔园》。
② 汪灏等:《广群芳谱》卷六十《果谱》引郑熊《广中荔枝谱》。
③ 《全唐文》卷二百八十三张九龄《荔枝赋并序》。
④ 《新唐书》卷四十三上《地理志》,卷七十六《杨贵妃传》。
⑤ 《全唐诗》卷二百十九杜甫《病橘》。
⑥ 《全唐诗》卷五百二十一杜牧《过华清宫绝句三首》之一。
⑦ 段公路:《北户录》卷三。

荔枝过时，故俗称"荔枝奴"、"亚荔枝"①。时人对龙眼的生物学特性有相当了解，已注意到它的药用价值。

柑桔从粤东潮州至粤西泷州都有种植。开元间，张九龄曾作"桔柚南中煖"②诗以记其盛。端、循等州所产柑品质极佳，被列为土贡③。

果农在长期生产实践中总结创造出不少先进的柑桔栽培经验与技术。在粤西一带，果农在冬天桔树结果时，即以布覆盖，至明年春夏，其果皮保持青色，味道则甜中带酸，更为可口。武后时被贬为泷州参军的宋之问曾目睹这种改良水果品质的方法："林暗交枫叶，园香覆桔花"④。有些地方果农懂得利用天敌防治病虫害。唐人刘恂称："南中柑子树，无蚁者实多蛀，故人竞买之，以养柑子也"⑤。段成式谓："岭南有蚁，大于秦中蚂蚁，结窠于甘树，实时，常循其上，故甘皮薄而滑，往往甘实在窠中，冬深取之，味数倍于常者"⑥。利用蚂蚁还可改良柑质。在新州，果农从端州高要县移植柑树，结果"形味俱变"，"其苞大于升者"，"皮薄如洞庭之橘，余柑之所弗及"，故名"变柑"⑦。这大概是我国果树品种改良的最早记载。

---

① 刘恂：《岭表录异》卷中，《苏轼诗集》卷四十三《廉州龙眼质味殊绝，可敌荔枝》引《番禺杂编》。
② 《全唐诗》卷四十九张九龄《别乡人南还》。
③ 《新唐书》卷四十三上《地理志》，段成式：《酉阳杂俎》卷十八。
④ 《全唐诗》卷五十二宋之问《过蛮洞》。
⑤ 《岭表录异》卷下。
⑥ 段成式：《酉阳杂俎》卷十八。
⑦ 段公路：《北户录》卷三。

橄榄主要在山区丘陵种植。高凉银坑橄榄为出名,"细长多味",在圩市上售价比其他地区所产贵好几倍①。

花卉。广东气候温暖,鲜花四季不断。唐人对花有浓厚的兴趣,种花蔚然成风,正如诗人孟郊所云:"海花蛮草连冬有,行处无家不满园"②。由于市场需求不断增大,种花卖花遂成为一种专门职业。不少外国名花伴随着中外经贸往来传入广东沿海,广为种植,深受欢迎。如指甲花,系从波斯移植,花白色,绝芳香,在广州很得外国侨民的喜爱,有广阔的市场。朱槿花,又称扶桑、佛桑,四时常开,广州等地颇多种植,"俚女采而鬻之,一钱售数十朵"③。常种的名花还有素馨花、茉莉花、鹤子草、豆蔻花、相思子蔓等。

蔬菜。随着城乡人口的增长与饮食需求的多样化,蔬菜业发展很快。常种的有蕹菜、芜菁、睡菜、芥兰、芥菜、葱、姜、薤、竹笋、莲藕等,从国外传入的菠菜(波稜菜)、佛土菜、醋菜、新罗茄、莴苣等也有种植。崖州所产高良姜负有盛名,被列为土贡④。

蔬菜种植在城市附近商品化程度较高,广州菜农在葑田上种蕹菜,"可和畦卖也"。

茶叶。广东是我国最早的产茶地之一。唐中期以后,"风俗贵茶",茶的种植不断增多。德宗时同州王野人游罗浮山,

---

① 段公路:《北户录》卷三。
② 《全唐诗》卷三百八十五孟郊《送侯判官赴广州从事》。
③ 刘恂:《岭表录异》卷中。
④ 《新唐书》卷四十三上《地理志》。

筑室而居,"植茶成园"①。宪宗时,柳宗元为柳州刺史,韶州周二十二丈以土产生黄茶一封相赠②,说明粤北产茶。晚唐广州人郑愚作《茶诗》云:"嫩芽香且灵,吾谓草中英;夜臼和烟捣,寒炉对雪烹;惟忧碧粉散,尝见绿花生。"③唐末诗人曹松居南海西樵山,"移顾渚茶于此,居人遂以茶为生。"④可见广州种茶也有相当规模。此外,恩州、封州、高州也产茶⑤。

随着植茶的增多,广东成为唐中后期的税茶区。长庆初,盐铁使王播希恩图宠,"增天下茶税,率百钱增五十,江淮、浙东西、岭南、福建、荆襄等,播自领之"⑥。大和九年(835)九月,盐铁使王涯奏请变江淮、岭南茶法,并请加税,以赡邦计⑦。广东茶税之重要可见一斑。

香药。广东是我国传统的香药产区。唐代广、潮、儋等州出产的詹糖香、甲香、沉香、糖香质量极佳,被列为土贡⑧。香树有些是山中野生的,广州新会县利山"多沉香木"⑨,高州良德县冯盎故居"左右即出香树"⑩,大概都属野生香树;有些则是人工栽培的。

---

① 《全唐诗》卷六百七十三李翱《解惑》。
② 柳宗元:《柳河东集》卷四十二《奉和周二十二丈酬衡江夜泊得韶州书并附当州生黄茶率然成篇》。
③ 《全唐诗》卷五百九十七。
④ 范端昂:《粤中见闻》卷七。
⑤ 张泽咸:《汉唐时期的茶叶》,《文史》第11辑。
⑥ 《新唐书》卷五十四《食货志》。
⑦ 《册府元龟》卷四百九十四。
⑧ 《新唐书》卷四十三上《地理志》。
⑨ 《元和郡县图志》卷三十四。
⑩ 《太平广记》卷四百十四引《国史纂异》。

草药的种植也有进展。孙鲂《题梅岭泉》诗称韶州浈昌县"药苗繁似结,萝蔓猛如编"①,可见粤北草药种植之盛。特别是随着对外贸易的繁荣,不少外国药用植物传入广东,广为种植,成为全国重要的"海药"生产基地,为岭南和中国医学增添许多新药。补骨纸,又称婆固纸、破固纸,原产印度和斯里兰卡。元和五年(810)郑絪出镇岭南,因"越地卑湿,伤于内外,众疾俱作",诃陵国舶主李摩诃得悉,"遂传此方并药"。这一祛风湿、壮筋骨的海药从此移植广州②。印度的荜茇、波斯的莳萝(小茴香)、胡黄连等在广东各地也有种植。

衣料作物。唐代广东种桑业有很大的进展,潮州"蚕亦五收",海南"养蚕八度"。值得注意的是,随着广州对外贸易的发展与丝织品外销的增加,蚕桑与丝织业和海外市场已建立起紧密的联系。乾符六年(879)春,黄巢农民军进入岭南,把广州地区的桑树全部砍光,造成丝织业原料短缺③。

棉又称吉贝,岭南早有种植,唐代进一步推广。明人孙蕡在《上舍公墓表》中云:梁乾化中,有区观昱者,"避江淮寇乱,迁岭南之韶州,隐居棉圃里"④。五代之初所居地以棉圃为名,可推知唐代韶州已有木棉的种植。王建《送郑权尚书南海》诗云:"白氎家家织,红蕉处处栽"⑤,可见广东部分

---

① 《全唐诗》卷八百八十六。
② 唐慎微:《证类本草》卷九引苏颂《图经本草》。
③ 苏莱曼等著,穆根来等译:《中国印度见闻录》,中华书局1983年版,第67页。
④ 区仕衡:《九峰先生集》。
⑤ 《全唐诗》卷二百九十八。

地方植棉已相当普遍。

麻、葛、蕉、竹等是重要的衣料作物。唐前期推行均田制时，国家规定除种植粮食外，必须兼种桑、麻等作物，所以麻的种植也较为普遍。唐前期调的征取，广州等为纻布，康、封二州为落麻布；土贡，循州为布，连州为纻、练、白纻细布①，丝、棉不在调贡之列，说明麻的种植多于桑、棉。

水产。广东濒临南海，有全国最长的海岸线。内陆河网交织，水产资源极为丰富。自古以来"业渔"就是人们重要的生产活动之一，"饭稻羹鱼"是广东社会经济生活的一大特色。唐人更充分利用地利兼河海的优势，开发海产资源，发展淡水养殖。沿海渔民近海捕捞经济价值较高的海产品不下30种，其中不少被投放市场②；农民则在陂塘放养鲤、鲩、鲫、鲐等鱼。

广东的淡水养鱼在全国处于领先地位，商品化生产程度很高。南海诸郡乡民掌握鱼在八、九月间产卵的习性，在池塘收集带有鱼卵的水韭、水西菜，然后"悬于灶烟上，至二月春雷发时，却收草漫于池塘间，旬日内，如虾蟆子状，悉成细鱼，其大如发。土人乃编织藤竹笼子，涂以余粮，或遍泥蛎灰，收水贮鱼儿，鬻于市者，号为鱼种。鱼即鲮、鲤之属，育于池塘内，一年内可供口腹也"③。这是我国商品化鱼苗养殖的最早记录。

新、泷等州农民有丰富的养鱼经验，了解鲩鱼栖水底层、

---

① 《唐六典》卷三，《新唐书》卷四十三上《地理志》。
② 据《北户录》、《投荒杂录》、《岭表录异》等。
③ 段公路：《北户录》卷一。

以水草为食、生长迅速的特性，在新开山田中蓄水放养鲩鱼，兼收粮鱼之利，极富创意。

唐代广东畜牧业也有发展。广州洽洭县农民多养鹅、鸭，还用以淘金①。

第四节 手工业生产部门的增多与生产技术的提高

唐代，广东手工业取得显著的成就，主要表现在：(1)生产门类增多。矿冶、纺织、陶瓷、制盐、造船等业在全国占有一定地位。(2)产业因地制宜。各地根据自身在资源、交通运输等方面的特点，发展相应的生产品种。(3)生产技术提高。大多数生产部门都出现富有创造性的新技术、新工艺，促使产量增长，并涌现一些名优特产。(4)商品量增大。有些产品畅销国内外，为开拓海外市场创造良好的开端。(5)官营、民营并存。因此，广东手工业得一时之盛。

一、矿冶业

广东大地构造属华南褶皱系南端，岩浆活动与构造活动频繁，地层结构复杂，矿产资源丰富。唐代，各类矿物的开采遍及各地，其中金、银、铜等产量最多。

---

① 刘恂：《岭表录异》卷上。

金。广（四会）、连（连山）、康、新、勤、恩、崖、琼、振、儋、万安等11州产金[1]，占全国产地（73州府）的15%，是重要的金产地。唐代官府对采金一般不加限制，任人采掘，但征采金税而已。有时官府还免征采金税，如元和十二年（817）孔戣出镇岭南，免除属州采金税800两[2]；开成元年（836）卢钧为岭南节度使，也曾免除采金税[3]。这对采金是有利的。

黄金易被发现，但"沙里淘金"却颇费功夫；如是矿石，还要先碎石，后淘金。在西江一带，"江溪间皆产金，侧近居人以木箕淘金为业"[4]。唐后期诗人许浑有"洞丁多斫石，蛮女半淘金"[5]之句，生动记述了西江一带的采金热。

利用鹅鸭淘金是特殊的方法。广州浛洭县有金池，"彼中居人，忽有养鹅、鸭，常于屎中见麸金片，遂多养，收屎淘之，日得一两或半两"[6]。有陈怀卿者，"养鸭百余头，后于鸭栏中除粪，粪中有光烂然，试以盆水沙汰之，得金十两，乃觇所食处，于舍后山足下，土中有麸金，消得数千斤，时人莫知，卿遂巨富"[7]。这种独特的采金法，后人名为"鹅鸭淘金法"。

---

[1]《新唐书》卷四十三上《地理志》。
[2]《新唐书》卷一百六十三《孔戣传》。
[3]《新唐书》卷一百八十二《卢钧传》。
[4] 刘恂：《岭表录异》卷上。
[5]《全唐诗》卷五百三十七许浑《岁暮自广江至新兴往复中题峡山寺》。
[6] 刘恂：《岭表录异》卷上。
[7]《太平广记》卷四百九十五"陈怀卿"条引《朝野佥载》。此说或有夸大，但养鸭淘金应是事实。

银。广、康、泷、端、新、封、连、窦、潘、春、勤、罗、辩、高、恩、崖、万安等 17 州产银,是全国最重要的银产区[1],占全国产地(68 州府)的 25%。唐初政府对采银放任自由;德宗时,曾一度禁止民间私采,由官府经营。元和三年(808)规定"五岭以北,银宜禁采","采银一两者,流他州,官吏论罪"[2]。岭南不在禁采之列。

铜。产于勤州铜陵、连州连山等地。政府实行采铜官营和民采官收政策,供铸钱及其他用途。

铁。产于广州怀集、浈阳,连州桂阳、连山、阳山,潮州海阳等地。

铅。产于广州化蒙、春州阳春。

汞(水银)。产于连州、广州。

除金属矿产外,非金属矿产也有开采。如石炭矿(煤炭),唐时称"樵石",在一些地方已广泛被采掘作燃料。康州悦城县北百余里山中,有樵石穴,"每岁乡人琢为烧食器,但烧令热彻,以物衬阁,置之盘中,旋下生鱼肉及葱韭齑菹腌之类,顷刻即熟,而终席煎沸。南中有亲朋聚会,多用之"[3]。

广东从北部、西部至雷州半岛,广布岩溶地形,采取钟乳供药用和炼丹相当普遍。广、连、韶、泷、封、春、勤等州每年都上贡一定数量给朝廷。韶、连所产质量最佳,号称天下之最。著名医学家王焘说:"乳石,第一出始兴,其次连、

---

[1] 《新唐书》卷四十三上《地理志》。
[2] 郑樵:《通志》卷六十二,《新唐书》卷五十四《食货志》。
[3] 刘恂:《岭表录异》卷上。

广……等州"①。刘禹锡也指出：连州"山秀且高，灵液渗漉，故石钟乳为天下甲，岁贡三百铢"②。

随着采矿业的发展，冶铸业也有很大的进步，铁、铜、金、银、锡等金属矿产被广泛冶铸成各种物品。钢铁的冶炼已达到一个新的水平，灌钢法得到推广，炼炉及鼓风技术有所改进。金银器制作相当精细，技法有金饰镂花、鎏金，在国内处于先进水平。铜器制作相当精致，器类甚多。20世纪七八十年代，广东始兴县出土的唐代瑞纹和葡萄纹铜镜、电白的方形兽钮铜镜、高州的菱花鸾凤纹铜镜、韶关市的宝相花纹铜镜等，均纹饰精美，制作巧妙，有较高的工艺价值③。

铸钱业在冶铸业中占有重要的地位。建中四年(783)，制度支赵赞建议采连州白铜铸当十大钱。会昌五年（845），朝廷在22州置监铸开元钱26品，各以本州郡名为背文。广州所铸刻"广"字④。唐末，清海节度使刘隐铸"开元通宝"铅钱和五铢铅钱，是我国最早铸造的铅钱⑤。

唐代铸钱一般都采用"母钱"冶铸法，亦称"母钱"翻砂铸钱法。唐前期铸币由国家垄断，所铸的铜钱比较精美工整；安史之乱后，"官铸之外，私铸颇多"，以致恶钱充斥市场，广东也不例外⑥。前述刘隐所铸铅钱"小铅开元"和"小

---

① 王焘：《外台秘要方》卷三十一。
② 《刘禹锡集》卷九《连州刺史厅壁记》。
③ 广东省博物馆：《广东出土晋至唐文物》，香港中文大学文物馆1985年版，第192—195页。
④ 《新唐书》卷五十四《食货志》。
⑤ 陈衣：《清远县发现五铢、开元通宝铅钱》，《广东文博》1983年第2期。
⑥ 《唐会要》卷八十九。

铅五铢"的质量也不好。

20世纪70年代以来，在河南息县（1983）、陕西礼泉县（1978）、山西孝义县（1977）等地发现了背铸"广"字的开元通宝[①]，说明广州所铸铜钱曾使用于内地。直到明清时期，广东"自河头至高、雷二郡，用唐宋钱，廉州则用开元钱"[②]。此可说明唐代广东铸钱量之大。

二、陶瓷业

唐代广东陶瓷生产遍及各地。在已发现的28处唐代窑址中，粤东有10处（占35.71%）：潮州市南郊的洪厝埠、竹园墩，北郊的田东园、瓮片山、竹竿山、象鼻山、北堤头，澄海的程洋岗，梅县的瓦坑口、南口区的崇芳山。粤中有8处（占28.57%）：广州西村，新会官冲，佛山石湾，南海奇石、三水洞口，高明大岗山，鹤山古劳，增城朱村等。粤西有9处（占32.14%）：遂溪长坝山，廉江廉山、河岗岭、长山仔岭、盐埠岭，高州东岸、长坡、大井曹江，封开江口等。粤北仅连州一处（占3.57%）。这些窑址基本上都分布在陶土瓷土丰富、交通便利的沿海或江边城镇[③]。

[①] 《考古》1987年第8期、1988年第4期，《考古与文物》1987年第1期有关简讯。

[②] 屈大均：《广东新语》卷十五。

[③] 参见广东省博物馆：《广东唐宋窑址出土文物》，香港大学 冯平山博物馆1985年版，第11页（本目内容除注明出处者外，多参见此书）；陈历明主编：《潮汕文物志》（上册），汕头市文物管理委员会1985年刊本，第68—73页；《刘禹锡集》卷九《连州刺史厅壁记》。

广东的陶瓷产品种类甚多,有碗、碟、杯、执壶、盂、盆、军持、豆、罐、炉、灯、灶、釜、勺、砚、兽头陶塑、坛、网坠、碗范母、碗外范、碟外范、砖、瓦、瓦当等20多种。胎质有白色、灰白色及灰色3种。釉色亦有青、酱褐、酱黄3种,此外还有一种淡紫色陶衣施于器表,无光泽。从出土器物看,日用陶瓷除个别罐、盂镂连线孔外,一般均为素面,不重纹饰,讲求实用,釉色如玉。一些地方的陶瓷装饰除保留传统特色外,还受外来文化的影响。佛山石湾窑和奇石窑所产的酱黄釉高身魂坛,造型精美,器肩雕塑神龙,其下环坛一周附贴多个人物,表情各异,可见其传统风格。该魂坛又贴附坐佛像,器身捏有象征佛教的莲花瓣纹,另附凸雕莲花镂孔座,气魄雄伟,显然是受佛教影响所致。

陶瓷制作技术比前代有明显的进步,轮制是普遍采用的方法。碗、盘、碟等圆身器器胎均用轮制,器身的附加部分,则以捏塑、雕塑、模印、贴附、刻划等手法加工,以增加器物款式。器坯上釉,有三种方法,一是荡、蘸兼用,二是蘸釉法,三是刷釉法。器坯的烧制,采用匣钵,这是重大的改进。匣钵呈圆筒形、平底。器坯放在匣钵内,可避免烟火熏染与落砂粘附,使瓷器烧成后釉面光洁纯净,色泽晶莹,保证质量。匣钵一般以耐火土制成,耐高温,可架叠多层而不倒塌,增加窑内装烧容量。

唐代广窑一般为馒头窑,其结构分窑门、火膛、窑室和烟道四部分,火候一般为900—1 000℃,最高为1 300℃,可烧成标准的瓷器,但不宜烧制高质量的瓷器(如青瓷)。唐后期广窑结构出现重大改革,使陶瓷生产水平大为提高,其标志是龙窑的改进。龙窑结构比馒头窑复杂，一般由火门、火膛、窑床、窑门、后壁、烟道等构成，其特点是升、降温快，装烧面积大，热利用率高，适宜烧制青瓷，产品釉色晶莹，透明度高。1986年，广东省博物馆在高明县大岗山挖掘出的一座唐龙窑窑址，可为例证。

技术的改进促进产品质量的提高。唐代广州陶瓷质量较好。刘恂称："广州陶家，皆作土锅镂，烧热，以土油（釉）之，其洁净则愈于铁器，……斯亦济贫之物"[1]。可见精美的陶瓷已成民间常用之物。

唐代陶瓷由于海外市场需求量大增而成为大宗出口商品。广东陶瓷也大量出口南海、印度洋和波斯湾诸国，成为唐朝重要的外销瓷生产基地。据考古发现，唐代生产外销陶瓷的广窑有8座，分布在沿海地区，如粤东的潮州北郊、梅县水车窑，粤中的南海、新会官冲、三水、广州西村，粤西的廉江、遂溪。唐代"广州通海夷道"所及的海域，都发现了不少广东陶瓷。在珠江口外零丁岛与荷色岛附近，打捞到与新会官冲产品相同的四耳罐、瓷碗，捞出时，碗大小相套，放置在大四耳罐内[2]。在海南岛东部陵水县海滩，发现了不少广东产青瓷碗，多为10个一捆堆放[3]。在西沙群岛附近海域，也发现了不少唐代广东产青釉罐[4]。这些陶瓷制品大概都是

---

[1] 刘恂：《岭表录异》卷上。
[2] 杨少祥：《珠江口发现的唐代外销瓷》，《广东文博》1983年第1期。
[3] 何纪生等：《陵水县移輋村海滩发现唐宋时代陶瓷器》，《文博通讯》1978年第8期。
[4] 广东省博物馆：《西沙文物》，文物出版社1974年版，第2—3页。

唐代沉船的遗物。

不少外国考古资料显示,唐代广瓷在海外颇有市场。1936年至1939年,美国纽约大都市博物馆三次发掘伊朗内河布尔古城,发现大量唐宋瓷器和残件,其中有唐代广东产白瓷钵、碗残件①;在巴格达东南的帖尔·阿比鲁塔,考古学家也发现了9—10世纪制作的华南白瓷残片②;在菲律宾,出土过有唐代风格、与广州西村窑产品一样的凤头壶③;在泰国曼谷,也发现过梅县水车窑的产品④。

三、纺织业

在桑、棉、麻、丝、葛等作物种植扩大的基础上,广东纺织业发展较快,产品质量也有提高,有些产品大量进入国内与国外市场。

棉纺织业是广东传统的手工业。唐代随着植棉的兴起,棉纺在有的地方成为普通家庭副业,即所谓"白氎家家织"。

棉织工艺相当精巧,产品精美。《岭表录异》谓:"古贝木,其花成对,如鹅毳,抽其绪纺之,与苎不异。""多紫白二种,亦有诸色相间者,蛮女喜织之,文最繁缛"。

---

① 沈福伟:《中西文化交流史》,上海人民出版社1985年版,第208页。
② 三上次男著,李锡经、高喜美译:《陶瓷之路》,文物出版社1984年版,第82页。
③ 张维持、胡晓曼:《从出土陶瓷看古代中菲关系》,《景德镇陶瓷》(中国古陶瓷研究专辑)第1辑。
④ 广东省博物馆:《广东梅县古墓葬和古窑址调查发掘报告》,《考古》1987年第3期。

丝织业有较大进步。在日本正仓院，收藏有唐代广东所产的锦（"广东锦"）。据研究，系以"染花经丝"织成，是当今流行的"印经织物"的前身①。这一技术在唐代是很先进的。永贞元年（805），南海贡奇女子卢眉娘，"工巧无比，能于一尺绢上，绣《法华经》七卷，字之大小，不逾粟粒，而点画分明，细于毛发；其品题章句，无有遗漏。更善作飞仙盖，以丝一缕分为三缕，染成五彩，于掌中结为伞盖五重，其中有十洲三岛、天人玉女、台殿麟凤之象，而外列执幢捧节之童，亦不啻千数；其盖阔一丈，秤之无三数两，自煎香膏傅之，则虬硬不断。上叹其工"②。广州刺绣工艺水平之高，于此可见。

广东丝织品在国内外都很有市场，当时的波斯商舶，"汎舶汉地，直至广州取绫、绢、丝、绵之类"③。黄巢攻占广州时，砍光桑树，使"农桑失业"，丝织业陷于停顿，丝织品出口停止，导致阿拉伯市场丝绸脱销。由此可知广东丝织品在国外市场的地位。

除棉、丝织品外，广东传统纺织品种类颇多，唐时仍有发展。《岭表录异》谓："南方草木可衣者，曰'卉服'。绩其皮者，有句芒布、红蕉布；绩其花者，有桐花布、琼枝布、婆罗布"④。韶州产的竹布，循州的布，振州的斑布，连州的纻、

---

① 祝慈寿：《中国古代工业史》，学林出版社1988年版，第390页。
② 苏鹗：《杜阳杂编》卷中。
③ 张毅：《往五天竺国传笺释》，中华书局1994年版。第101页。
④ 乾隆《马平县志》卷二引。

练、白纻细布，质量均上乘，被列为土贡①。

此外，在新州以南地区，人们收集鹅头上及腹下的细毛，加以蒸治，然后"夹以布帛，絮而为被，复纵横衲之，其温柔不下挟纩也"。鹅毛轻柔暖和，特别适宜婴儿使用，以其"辟惊痫也"②。武则天时，南海郡献"集翠裘"，"珍丽异常"，"价逾千金"③，当是珍禽毛羽的精制品。

四、造船业

唐代广州等地海外贸易空前繁荣，内河交通相当活跃，珠江水运与远洋运输尤为频繁，这都为造船业的发展创造了有利条件。

广、潮、雷、琼、封等沿江沿海地区都有不同规模的造船业，广州尤为著名，为全国造船中心之一。官营的造船业，设场经营，规模庞大，工艺先进，代表着当时的高水平，所造船舶种类较多，主要供军事、漕运及驿传之用。民营造船业规模不等，水平不一，所造船舶可适应从江河至海洋航运的多种需求。广州等地富商豪帅所拥有的巨舰大舶，制作水平之高，丝毫不低于官造者。造船的原料，为结实、坚韧、沉重、耐腐蚀的乔木。如海南产的乌木，色黑有光泽，坚硬细密，为造船的名贵材料。

广东是唐朝的海防重地，江河密布，河海相连。出于江

---

① 《新唐书》卷四十三上《地理志》。
② 段公路：《北户录》卷二，刘恂：《岭表录异》卷上。
③ 《太平广记》卷四百五。

海防卫的需要,政府对水军建设十分重视。唐前期驻广州城的经略军、恩州的清海军及屯门镇兵,任务都是"防海口",故水军占很大比重,其战船的制造水平很高。天宝初,江南沿海海贼横行,岭南采访使刘巨麟受命率岭南水军北上征讨;天宝二载(743),鉴真和尚在扬州准备第二次东渡日本,买得刘巨麟战船一艘,可载121人,香药200石及其他物品[①]。从此船略可窥见岭南造船水平之高。

兴元元年(784),杜佑为岭南节度使,督造战舰,共有六种,其"阔狭长短,随用大小,胜人多少,皆以米为率,一人重米二石,其楫、棹、篙、橹、帆、席、绹索、沉石、调度与常船不殊"。

楼船。是体型最大的战舰。建楼三重,列女墙战格,树幡帜,开弩窗矛穴,"置抛车垒石铁针,状如城垒"。

蒙冲。又作艨艟。以生牛皮蒙覆船背,两厢开掣棹孔,前后左右有弩窗矛穴,配有弓弩,攻防设备完善,行驶疾速,利于攻击偷袭。

斗舰。船上设女墙,高三尺,墙下开掣棹孔,舷内五尺;又建栅与女墙齐高,其上又建女墙,树牙旗、幡帜、金鼓。

走舸。舷上立女墙,列金鼓旗帜于其上;棹手多,作战时往返如飞鸥;战卒虽少,可攻敌不备,迅速取胜。

游艇。无女墙,舷上置桨床,运转灵活,"回军转阵,其疾如风",专用于侦察敌情。

海鹘。头低尾高,前大后小,如鹘之状。舷下左右置浮

[①] 《旧唐书》卷九《玄宗纪》下;真人元开:《唐大和上东征传》。

版,形如鹘翅翼,以助其船,故"虽风涛涨天,免有倾侧"。船身"左右张生牛皮为城",以防矢石①。

这六种战舰各具特点,各有优势,无论在性能、设备、载重、推动与器械使用等方面,都达到唐代战船先进水平。

乾符五年(878),刘谦为封州刺史,在一年多时间里,就造出战舰百艘②,反映出西江沿江港口造船业也很发达。

广东海船制造技术与能力在全国居领先地位,不仅官府制造的战船可远航出海,民间所造的船舶也多能远渡重洋。当时往来于广州与波斯湾、印度洋诸国的中国海船,长20余丈,能载客600—700人,比大食船要大要好,因而各国商人都愿乘中国海船从事通商贸易。这种海船可能就是海商在广州订造的。贞元间,王锷为岭南节度使,经营贸易,日发十余艇,"重载以犀象珠贝,称商货而出诸境,周以岁时,循环不绝"③。这些船只显然是在广州自制的。在潮州,常有木兰舟进出④。据宋人云,木兰舟"浮南海而南,舟如巨室,帆若垂天之云,桅长数丈,一舟数百人,中积一年粮,豢豕、酿酒其中,置死生于度外,径入阻碧,非复人世"。由于"舟大载重",故"不忧巨浪,而忧浅水"。越过大食国远航至木兰皮国的海船

---

① 参见嘉靖:《广东通志》卷三十一,李靖撰、汪宗沂辑:《卫公兵法辑本》卷下,陆心源:《唐文拾遗》卷二十七杜英策《举张舟政迹状》。
② 吴任臣:《十国春秋》卷五十八。
③ 《旧唐书》卷一百五十一《王锷传》。
④ 元和十四年,韩愈贬刺潮州,诗人贾岛赠诗云:"此心曾与木兰舟,直到南天潮水头"。

更为庞大,"一舟容千人,舟上有机杼市井"①。

广州是唐代东西方海洋贸易的东方中心。"海外诸国,日以通商",各式各样的外国船舶大量汇集其间,有利于中外造船技术的交流。公元1世纪,波斯湾北岸的阿曼纳出现了一种用棕榈纤维捆扎的马达拉塔(madarata)船,后来在西拉夫和阿曼发展成用椰索绳缝合、用油灰填塞船缝的新式缝合木船。中世纪早期,阿曼和阿拉伯南部沿海的船工创造出用椰索缝合的马卡布(markab)、赛发纳(safinah)单桅木船。这种造船技术至迟在西晋已传至岭南东部,为广东航海业提供新的交通工具②。到唐代,这种造缝合船的技术依然存在。刘恂对此亦有记载:"贾人船,不用铁钉,只使桄榔须系缚","尤宜咸水,浸渍即粗胀而韧"。缝接后,"以橄榄糖泥之,糖干甚坚,入水如漆也"③。

五、制盐业与采珠业

唐代,广东产盐区较前代扩大,沿海"百姓煮海水为盐,远近取给"④。潮州海阳,循州,广州新会、东莞,恩州石桥,罗州,琼州琼山,振州宁远,儋州义伦都产海盐⑤,有些还设

---

① 周去非:《岭外代答》卷六。关于木兰舟,参见第九、十章"造船"之注。
② 参见沈福伟:《中西文化交流史》,上海人民出版社1985年版,第197页。
③ 刘恂:《岭表录异》卷上、中。
④ 《元和郡县图志》卷三十四。
⑤ 参见《新唐书》卷四十三上、《岭表录异》、《北户录》等。

置盐场。

沿海盐民在总结前人经验的基础上,根据本地水文、土地和气候特征,形成一套高效省功的取卤、验卤、煎煮的制盐技术。在恩州石桥场,以海潮取卤,简单易行,远较当时浙、淮、闽等盐区普遍采用的刮咸、晒灰、淋灰等取卤制盐方法有效,具体方法是:先在海水盐度较高的滩地收集咸沙,待潮来滤卤入坑,卤水中的盐分达到一定浓度后,即以竹盘煎煮,很快就可成盐①。恩州还生产红盐,"色如绛雪",是煎煮时染成,很有特色②。

唐代广东海盐的产销量现在已无从查考,销区基本上局限在岭南。乾符初年,朝廷对交广用兵,驻军粮饷往往取给于岭北五道,远道转输,耗费甚大。宰相郑畋奏请"以岭南盐铁委广州节度使韦荷,岁煮海取盐直四十万缗,市虔、吉米以赡安南,罢荆、洪等漕役,军食遂饶"③。此时粤盐销区已扩张至岭北。

唐初,承袭隋制,开放盐禁。开元初,始议榷收盐税,重申盐禁。乾元元年(758),盐铁使第五琦创立盐法,"就山海井灶近利之地置监院",推行就场专卖制,"尽榷天下盐"。宝应元年(762),户部侍郎刘晏充度支、盐铁、铸钱等使,对第五琦之法损益变通,推行民制、官收、商运、商销,即盐归民制,官收其盐,就场专卖,商人缴价纳税后任其自销,所过州县,不再征税。另于商运不便之处,设常平仓,以调剂

---

① 《太平御览》八百六十五引《岭表录异》。
② 段公路:《北户录》卷二。
③ 《新唐书》卷一百八十五《郑畋传》。

市场，平抑盐价。当时自淮北设巡院13个，禁捕私盐，岭南为其中之一①。文宗时，岭南曾设盐铁留后②，地位仅在盐铁使之下，说明朝廷对岭南盐务管理的重视以及粤盐在全国地位的上升。

作为唐朝重要的海盐产区，广东在实行榷盐之后，给中央提供了重要的财政来源。乾符初，岭南以粤盐易虔、吉米，"直四十万缗"，加上岭南五管盐利，总收入要大得多。

唐代，廉州合浦、雷州、崖州都产珍珠，其海域相连。史称"廉州边海中有洲岛，岛上有大池，谓之珠池。每年刺史修贡，自监珠户入池，采以充贡……。如豌豆大者，常珠；如弹丸者，亦时有得；径寸照室，不可遇也"③。

官府对采珠实行官营，垄断珠利，禁止民间私采。"每岁太守修贡，自盐珠户入池"，"取以充贡"④。朝廷也曾派使直接管理，如高宗时，曾派桂州都督府法曹参军杨志本为岭南市阉□珠玉使⑤，唐代派专使主管采珠仅此一例。官营采珠实由地方政府主持，往往竭泽而渔，肆意滥采，违反珠的生长规律，以致有采无收。宁龄先《合浦珠还状》云："合浦县海内珠池，自天宝元年以来，官吏无政，珠逃不见，二十年间，阙于进奉"⑥。可见官营采珠之弊。

---

① 《新唐书》卷五十四《食货志》。
② 《全唐文》卷七百四十九杜牧《李雱除检校刑部员外郎充盐铁岭南留后制》。
③ 《太平广记》卷四百二引《岭表录异》。
④ 《太平广记》卷四百二引《岭表录异》。
⑤ 《全唐文》卷二百六十七。
⑥ 《全唐文》卷四百三十八。

采珠之法，仍然是传统的潜入水底"采老蚌割珠"。珠户每年都要入海求珠，所得大部分为官府攫取。王建《海人谣》云："海人无家海里住，采珠役象为岁赋。恶波横天山塞路，未央宫中常满库"①。珠民悲惨的境遇，可以概见。

六、其他手工业

（一）酿酒业

酿酒在广东各地极为普遍，使用各种原料酿造出来的酒品种很多，其中以循州博罗和新州所产最为出名②。

以药草制曲的方法，继承前代，所酿酒含诸草的药性，有防治疾病的功效。刘恂详细记载了这种制曲和酿酒的方法："南中酝酒，即先用诸药，别淘漉秔米，晒干，旋入药和米捣熟，即绿粉矣。热水溲而团之，形如馅饪，以指中心刺作一窍，布放簟席上，以枸杞叶攒罨之，……一如造曲法。既而以藤篾贯之，悬于烟火之上。每酝，一年用几个饼子，固有恒准矣。南中地暖，春冬七日熟，秋夏五日熟。既熟，贮以瓦瓮，用粪扫火烧之；亦有不烧者为清酒"③。

南朝粤人酿"女儿酒"之俗，传至唐代不衰。唐时名之为"女酒"，《投荒杂录》有所记载④。

唐中期以后，政府实行酒专卖，"禁人酤酒，官司置店自

---

① 《全唐诗》卷二百九十八。
② 李肇：《国史补》卷下。
③ 《太平御览》卷八百四十五引《岭表录异》。
④ 见《太平广记》卷二百三十三。

酤，收利以助军费"①。但广东似乎没有推行。从唐代广州等地嗜酒成风、酒多价贱的情况看，广东酒的产量相当可观。时人称"广州人多好酒"，"一瓯三文，不持一钱，来去尝酒致醉者，当垆妪但笑弄而已，盖酒贱之故也"。各地还有这样一种风俗：酒酿成后，"即揭瓯趋虚，泥固犹存，沽者无能知美恶，就泥上钻小穴可容筋，以细篛插穴中，沽者就吮篛上，以尝酒味，俗谓之'滴淋'。无赖小民空手入市，遍就酒家滴淋，皆言不中，取醉而返"②。从这些记载可知，以酒作为商品投放市场是普遍现象。

（二）文具业

唐代广东文化发展有巨大的改观，社会上对砚、笔、纸等文具的需求也急剧增加，文具制作业随之兴盛。

制砚。砚为文房四宝之一，按质地可分为二类。一类为陶瓷砚，系以陶瓷土烧制而成。广州、高州、高明、英德、始兴、韶关、梅县等地唐墓出土有风格各异的陶砚或青瓷砚，表明陶瓷砚在各地都有生产③。另一类为石砚，系以砚石制成，端州高要、康州端溪都有出产，其中高要所产称"端砚"，最有名。

端砚以产于端州而得名。产地在羚羊峡斧柯山端溪水一带及七星岩至鼎湖山一线山岭。其开采"始于唐武德之世"④，

---

① 《通典》卷十一。
② 《太平广记》卷二百三十三引《投荒杂录》。
③ 广东省博物馆等：《广东出土晋至唐文物》，香港中文大学文物馆1985年版，第198—201页；《广东省梅县古墓葬和古窑址调查发掘简报》，《考古》1987年第3期。
④ 计楠：《石隐砚谈》，《美术丛书》第3集第7辑。

后蓬勃发展,至唐后期出现"洞丁多矸石"①的采石热,使端州成为唐朝最著名的制砚基地。

端砚从采石到制作,工序繁复,费时费力。诗人李贺有"端州石工巧如神,踏天磨刀割紫云"②之句,可为写照。从现有资料看,唐前期端砚制作比较讲究实用,形状多作箕形,为抄手砚(或称袖手砚);随着人们审美观的变化,中后期注意实用与艺术相结合,在砚体雕刻各种仿古纹饰,风格古朴华贵。端石质地细嫩润滑,颜色多种多样,具有绚丽多彩的天然花纹,雕琢成砚,外观雍容华贵。"唐人最重端溪石,每得一佳石,必梳而为数板,用精铁为周郭,青州(今山东益都县)人作此,至有名家者"③。青州曾是唐代最著名的制砚地,所制端砚有可能比端州的更精美。

唐人用砚起初最重青州砚,绛州(今山西新绛县)次之,"后始重端、歙(今安徽歙县)、临洮(今甘肃岷县)"④。端砚实为后起之秀,渐而名声大噪,极受世人珍重。李肇云:"内邱白瓷瓯,端溪紫石砚,天下无贵贱通用之"⑤。唐代诗人刘禹锡、皮日休、杜甫、陆龟蒙、李山甫、李咸用等都有诗咏之。

---

① 《全唐诗》卷五百三十七许浑《岁暮自广江至新兴往复中题峡山寺》。
② 《全唐诗》卷三百九十二李贺《杨生青花紫石砚歌》。
③ 何薳:《春渚纪闻》卷九。
④ 吴兰修:《端溪砚史》卷二。
⑤ 李肇:《国史补》卷下。著名古文字学家商承祚教授曾收藏一块后晋时的箕形端砚,砚背有铭文:"天福五年(940)伍月一日,买此端州彦(砚),凡计价钱五拾阡文,卖叁拾阡文。释□□□□耳"。此砚石质中下,已如此昂贵,上等佳品,更难于估价。

造纸。唐代造纸一般以麻、藤、竹、苔、栈香皮等为原料，品种多样。比较著名的有如下几种：

竹纸，产于韶州，以竹为原料，经过硾烂浸泡等多种工序而后制成。中唐以后的李肇把"韶之竹笺"列为全国名纸之一。

谷纸，产于广州。据《新唐书·萧俶传》载"南海多谷纸"；大中末，萧俶镇岭南，"敕诸子缮补残书"，缮补用纸即为谷纸，因其柔韧，不损原书，故采用之。

香皮纸，产于广、罗、辩等州，以栈香树皮制成。栈香树"皮堪捣为纸，土人号为香皮纸。作灰白色，文如鱼子笺。今罗、辩州皆用之"[①]。"其纸慢而弱，沾水即烂，远不及楮皮者，又无香气"[②]。这种纸除供应本地外，还销往国内市场。

苔纸，以海苔为原料，不少地方都有出产。

制笔。取材相当广泛，兔毫是最常用的材料。广州以青羊毫、鹿毛、野狸毛制笔，"其为用与兔毫不异"。韶、春、勤等州以鸡毛制笔，"其三覆锋，亦有圆如锥，方如凿，可抄写细字"[③]。

（三）竹、木、藤、骨角等加工业

广东各种奇异竹木和动物骨壳，均可加工而成日用品或工艺品，且有相当部分成为商品。

藤器。南方多藤，民间用以编制成器，品种繁多，不仅

---

① 段公路：《北户录》卷三。又：《说郛》卷十八引《负暄野录》云："南蕃出香皮纸，色白，纹如鱼。"

② 刘恂：《岭表录异》卷下。

③ 段公路：《北户录》卷二；刘恂：《岭表录异》卷上。

供自用和投放市场,还用以充赋役,作贡品。琼州"出五色藤合子、书囊之类,花多织走兽飞禽,细于绵绮,亦藤工之妙手也。次卢亭纫白藤为茶器。新州作五色藤筌台,皆一时之精绝"①。"南土多野鹿藤,苗有大如鸡子白者,细如箸,采为山货,流布海内。儋台琼管等百姓皆制藤线,编以为幕,其妙者,亦挑纹为花药鱼鸟之状"②。广州所产的藤簟,循州、振州产的五色藤盘、镜匣、筌台,尤为精美,被列为土贡③。

竹器。民间日常用具几乎无不用竹。怱筹竹,极为坚硬,以制锁(锉)子,"利胜于铁"。广州人织席,增城人制弓,辩州人制鞋,沿海盐户作煎盐用的竹釜,鱼户编笼、箩等,都要用竹。

木器。桄榔木,"木性如竹,紫黑色,有文理而坚",民间以之制铍、锄,锋利如铁;利用其自然纹理,又可制作博奕局④。枹木,"身坚类桐,惟根软不胜刀锯";潮、循一带用其未干之根刳而为履,既干之后,柔韧异常,"或油画或漆,其轻如通草,暑月著之,隔卑湿地气如杉木"。唐后期,官吏上任,也入乡随俗,"皆有油画枹木履也"⑤。

骨壳器。种类极多,变化万千。海南等地椰子果圆大而坚,工匠截去一头,"砂石磨之,去其皴皮,其烂斑锦文,以白金涂之",制成"珍奇可爱"的水罐⑥。岭南有犀牛,其骨角可"治为

---

① 段公路:《北户录》卷三。
② 《太平御览》卷九百九十五引《岭表录异》。
③ 《新唐书》卷四十三上《地理志》。
④ 刘恂:《岭表录异》卷中。
⑤ 刘恂:《岭表录异》卷中。
⑥ 刘恂:《岭表录异》卷中。

盘碟器皿之类",广州工匠"能补白犀,补时以铁夹夹定,药水煮而拍之,胶为一体,制梳掌多作禽鱼,随意匠物。论其妙,至于铸玉者,方之蔑如也"[1]。各地工匠以龟甲制腰带、梳子之类,以沙箸、越王鸟头冠、石头鱼脑石、鹦鹉螺、细螺、红蟹、虎蟹等制作酒杯、酒筹等酒器,均甚奇巧。

第五节 水陆交通的兴盛

唐代交通事业甚为发达。在广东,以广州为中心,形成以水运为主导、水陆相联、河海相通的交通网络,并向四周延伸,北可达长安、洛阳,东可抵闽、浙、淮海,西可到滇、黔、两川,南可航南海、印度洋、波斯湾和东非海岸诸国。

一、关津和驿馆的设置

唐代,全国各地的主要通道都设有关津和驿馆,承担交通管理与服务职能。关津一般设置在道路河川的咽喉要地,其目的一是"限中外,隔华夷,设险作固,闲邪正暴者也";二是"司货贿之出入",稽查行旅,检验商货[2]。按规定,行人往来,"必据过所以勘之"。"过所"即官府签发的通行证,在京由刑部司门郎中及员外郎发放,在外则由州府发给[3]。广东

---

[1] 段公路:《北户录》卷一。
[2] 《唐六典》卷六。
[3] 《旧唐书》卷四十三《职官志》。

地处南疆，是对外交通的主要孔道，交通要道当有关津之设。从日本三井寺所藏的一份唐过所（附后）看，岭南关防制度是与内地相同并严格执行的[①]。

9世纪中叶曾经到过广州的阿拉伯商人苏莱曼说："如果到中国去旅行，要有两个证明（按：即过所）：一个是城市王爷（按：当即节度使或观察使）的，另一个是太监（按：即监军）的。城市王爷的证明是在道路上使用的，上面写明旅行者以及陪同人员的姓名、年龄和他所属的宗族，……而太监的证明则注明旅行者随身携带的白银与货物。在路上，有关哨所要检查这两种证明"[②]。这从一个侧面反映了岭南关津制度的执行情况。另外，文中提到的"太监"（按：即监军）当时已在地方关津管理中拥有与藩帅相等的权力，显示出唐后期宦官权力的扩大。

驿馆是专为公职人员提供交通服务的设施。每30里置一驿，分水陆两种，一般根据其"闲要"配备数量不等的交通工具。陆驿给马匹，"江南、岭南暑湿，不宜大马处，兼置蜀马"；水驿配舟船[③]。每驿置驿长一人，其上有观察使、刺史监临。"凡乘驿者，在京于门下给券，在外于留守及诸军、州给券"[④]。岭南各水陆通道都有驿馆，见诸史载的有广州广江驿、海阳馆，春州仙署馆，潮州盐亭驿、酉津驿等。由于岭

[①] 转引自内藤虎次郎：《三井寺藏唐过所考》，载万斯年辑：《唐代文献丛考》，开明书店1947年版。

[②] 《中国印度见闻录》中译本，中华书局1983年版，第18页。

[③] 《唐六典》卷五。

[④] 《唐六典》卷五。

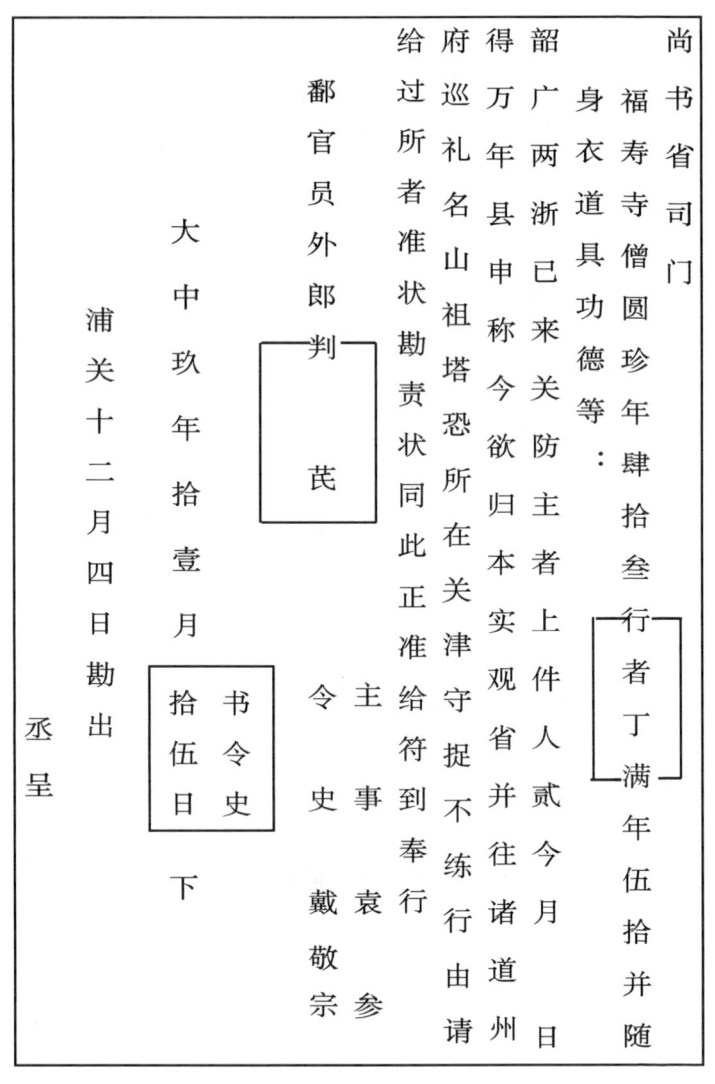

唐代"过所"式样

南是南方重镇，高官显要、王公贵族往来其间者不少，外国贡使商徒更是络绎不绝，所以，重要州府的驿馆设备条件都比较好，如广州海阳馆，为专门接待外国贡使的宾馆，以皇家名义开设，故又称"岭南王馆"。它坐落在珠江边，堂庑华丽，规模宏伟，高楼飞甍，外国宾客入居其间，即能充分感受到大唐帝国的富强兴盛。贞元间，岭南节度使兼市舶使王虔休对海阳馆加以装修，备极豪华："太槛飞轩"，"崇其栋宇"，"陆海珍藏"①，不一而足。

驿馆系官设机构，举凡公事往来，如朝廷的征令赐予、官吏的升迁流贬、外使的迎来送往等均可使用。玄宗时，杨贵妃喜食岭南鲜荔枝，"乃置骑传，送走数千里"②，当然要靠驿馆提供方便。唐末，尸罗夫③商人伊本·瓦哈卜（Ibn Wahab）经广州进京觐见皇帝，深受宠遇，回广州时，皇帝传谕"用驿馆的马送到广府"④。于此可见驿馆的作用。

唐代对驿馆控制很严，车马舟船的调拨配给都有规章可循。如官吏上任使用马匹有明确的规定："准《公式令》，诸给驿马：职事三品及爵三品已上若王，四匹；四品已上及国公，三品、五品及爵三品已上，二匹；余官爵各一匹"⑤。岭南对此有所变通，规定赴岭南任职的官吏使用驿马的数量普遍比内地为多。史载："安南、桂管等官身及家口赴任给传乘：

---

① 《全唐文》卷五百十五王虔休《进岭南王馆市舶使院图表》。
② 《新唐书》卷七十六《杨贵妃传》。
③ 尸罗夫是9—10世纪波斯湾最繁荣的贸易港之一，遗址在今伊朗塔昔港（Bender-Tahiri）。
④ 《中国印度见闻录》中译本，第107页。
⑤ 《唐会要》卷六十一。

一品马十匹，驴十头；二品马九匹，驴九头；三品马八匹，驴八头；四品五品马四匹，驴四头；六品七品马二匹，驴二头；八品九品马一匹，驴一头。口少者准见口给之"①。大概是因为自岭北至岭南路程遥远所致。

二、水陆通道的整治与广州港口的建设

唐代政府很重视岭南水陆通道的建设，使交通状况大为改善。

粤北是岭南通内地的重要孔道。随着唐代全国经济重心的南移，广东与江淮的经济联系更为紧密。唐前期广东的漕运一般先至扬州，再转输两京。广州等地从海外进口的货物，大部分也流向江淮市场；而江淮的陶瓷、丝绸等则南运广州，运销海外，故大庾岭路南北商旅往来甚为频繁。但是当时此路"以载则曾不容轨，以运则负之以背"，往来不便。开元四年（716），去官家居的始兴人张九龄上书朝廷，要求重修大庾岭路，获准，并被委派主持其事。同年十一月，张九龄募集民夫，利用农闲，"缘磴道，披灌丛，相其山谷之宜，革其坂险之故"，凿平险峻，拓宽路面；又在沿路设置驿站，以供歇息，从而修成"坦坦而方五轨，阗阗而走四通"的新道，使"高深为之失险"，"转输以之化劳"，交通顺畅。广州的对外贸易和其他方面受益匪浅，正如明人丘濬所云："兹路既开，然后五岭以南之人才出矣，财货通矣，中原之声教日近矣，遐

---

① 黎厕：《安南志略》卷十六。

陬之风俗日变矣，公之功于是为大"①。

广东的道路有些是官府主持修建的，有些则是地方富户豪族自发出资修建的。潮州潮阳县地处练江平原中部，河网密布，但缺少桥梁。当地大族洪大丁、洪奋虬、洪宗启祖孙先后在歧北修建了潇湘、泥湄、洪使、麒麟等桥，"以周人渡涉"；同时改造举练、岐石、岐南等市街道，选石材铺设，"以济人往来"②。私人大举修桥整路，此为岭南首次记载。

广东水路的整治也颇有成绩。连江是广东北路交通孔道之一，在北江水道中占有一定地位，但其急流险滩甚多，以楞伽峡最为出名。贞元间韩愈过此峡有《贞女峡》诗云："江盘峡束春湍豪，雷风战斗鱼龙逃；悬流轰轰射水府，一泻百里翻云涛；漂船摆石万瓦裂，咫尺性命轻鸿毛"③。如此险峡，对连江水运很不利。文宗大和初，连州刺史蒋防发动民工，对该峡河段进行整治，使连江水运大为改观。武宗会昌年间，岭南节度使卢贞对广州城北的甘溪进行治理，"疏导其源，以济舟楫"④。珠江三角洲一带兴修水利，修筑堤围，对固定珠江主支流河床，加速水流，改善航道也有良好的效果。

广州是唐朝的海外交通中心，也是东西方海洋贸易的东方大港，至唐代已形成内港和外港。城西的蕃坊（今广州市光塔路一带），是外国侨民的聚居地和繁华的商业区。因其南

---

① 丘濬：《重编琼台稿》卷十七《唐丞相张文献公开凿大庾岭碑阴记》。
② 洪已任辑：《（潮州）洪氏族谱·序歧北》，民国刊本。
③ 《昌黎先生集》卷三。楞伽峡东岸有石酷肖美女，相传为秦时女子所化，人呼贞女石，故峡亦名贞女峡。
④ 方信孺：《南海百咏·甘溪》。

临珠江，故江岸发展成为广州最大的码头区，中外海舶多聚于此。天宝初，鉴真和尚从海南到广州，称珠江里外国船不计其数，其所见大概就是在这一带。清乾隆时，元妙观（今光塔路以南的海珠北路）道士黄某在观西挖掘出一艘深埋地下的洋舶，据认为是唐宋时物，证明该地曾经是一个停泊海舶的港区。在城西北的兰湖（今流花湖）一带，有河涌（即洗马涌）与珠江相通，逐渐发展成码头，从北江、西江往来广州的船只大多在此停靠。文宗大中年间，广州刺史李玭在码头建"余慕亭"，"使舟楫避风雨，皆泊此"[1]。

广州东南80里处有个古斗村，又称扶胥港，是狮子洋与珠江口的转接处。珠江口漏斗湾由东向西从此向南转入狮子洋大漏斗湾，江宽水深，风平浪静，是天然的优良港湾，自晋代以来就是海舶放洋之地。隋代在此置南海镇，开皇十四年（594）建南海神祠于镇南。唐代，这里是中外海舶进出广州的必经之地，成为广州外港。史称"南海，在县南，水路百里，自州东八十里有村，号曰古斗，自此出海，浩淼无际"[2]。天宝十载（751），玄宗封南海神为广利王，"祝号祭式，与次俱升"，"常以立夏气至，命广州刺史行事祠下"[3]。中外海舶出海之前，也多进港祭祀海神。1973年，考古工作者在庙头村码头围的鱼塘中发现三排大木桩，两侧有支柱夹持，每条长2米多，延伸20米以上。经C_{14}测定，木桩年代为1110±80年，即唐晚期，木材为海南紫荆木。这一发现表明，码

---

[1] 道光《南海县志》卷二十三。
[2]《元和郡县图志》卷三十四。
[3] 陆耀遹：《金石续编》卷十韩愈《南海神广利王庙碑》。

头围原来就是唐代扶胥港码头区，颇具规模。1984年，该地又发现了码头建筑的陶制壁饰残件①。

唐代广东与邻近地区的交通很频繁。为此，各地投入了不少人力物力，修整水陆通道，对改善广东外部交通环境，加强对外联系有促进作用。

三、以广州为中心的交通网络

唐代广州通过珠江水系在商品流通和交通运输上发挥总枢纽的作用，成为岭南水陆交通中心。同时，广州又兼具河港、海港功能，居于全国外贸中心地位，并成为唐朝海上交通中心和东西方海洋贸易东方首港。以广州为中心，以珠江水运为主导、水陆相联、河海相通的岭南交通网络在唐代已经形成。

（一）北路交通

1. 大庾岭——虔州线　从广州出发，溯北江北上至韶州，越大庾岭，过虔州（今江西赣州市）、洪州（今江西南昌市）、江州（今江西九江市），顺长江东下，直达唐代漕运和盐铁转运中心——扬州，再沿运河历汴州（今河南开封市）、宋州（今河南商丘县）至东都洛阳。这条路线贯穿唐朝经济最发达的南方诸道，商货运输、漕运土贡、官吏贡使往来都十分频繁，是东南地区的经济大动脉。贞元初，虔州刺史路应"凿赣石梗险，以通舟道"②，大庾岭路北上通道更为顺畅。唐后期，与南诏关系紧张，战火不断，这条路线还担负转运军需

---

① 曾昭璇：《广州历史地理》，广东人民出版社1991年版，第249—250页。
② 《新唐书》卷一百三十八《路嗣恭传》。

至岭南前线的任务。咸通三年（862），朝廷征江南诸道兵入岭，"诏湖南水运自湘江入灄渠，并江西水运，以馈行营诸军"①。"江西水运"，就是指这条路线。

元和三年（808）十月，李翱被岭南节度使杨於陵辟为掌书记，他在《来南录》中详细记述了南下路程：从洛阳出发，沿运河历河阴（今河南荥阳东北）、汴州、陈留（今河南开封东南）、宋州、泗州（今江苏泗洪东南）、楚州（今江苏淮安）抵扬州，渡长江至润州（今江苏镇江），沿运河过常州、苏州、杭州，入浙江（今富春江），沿江经睦（今浙江建德）、衢（今浙江衢州）、信（今江西上饶）、洪、吉（今江西吉安）、虔等州，上大庾岭，进入岭南，过浈昌（今广东南雄），下浈水，抵韶州，顺江南下，过浈阳、清远两峡，到达广州。全程7 600里，历时6个月②。天宝初，鉴真和尚从广州北返，经韶、虔、吉、江等州回到扬州③，行程基本可与李翱所记相印证。

这条路线北上经江州西折入长江，经鄂（今湖北武汉市）、襄（今湖北襄樊市）、邓（今河南邓县）、商（今陕西商县）等州，可至西京长安，全程5 210里。安史之乱后，江淮交通常受阻，东南漕运不得不"取江路而上，抵商山入关"④。岭南租赋也不时取此道转输入京，故此路日显重要。

2. 武水——郴州线　从广州出发，沿北江至韶州，溯武

---

① 《唐会要》卷八十七。
② 《全唐文》卷六百三十八。
③ 真人元开：《唐大和上东征传》。
④ 《太平广记》卷四百四《肃宗朝八宝》条。

水，经乐昌越骑田岭过郴、衡（今湖南衡阳市）、潭（今湖南长沙市）、岳（今湖南岳阳市）等州至鄂州，走襄、邓道入长安，全程4 210里，是广州至长安里程较短的路线之一。

唐代官宦出入岭南不少循此线。如开元元年（713），尚书左丞崔湜坐附太平公主，流放泷州（行至荆州，有诏赐死），即走此路北段①。咸通末路岩长流儋州，贞元末韩愈由阳山赴江陵，也走这一路线。不过，由于此道所经韶郴段山高水急，艰险难行，运输不便，经济价值不大。如武水"八泷"中的神泷、伤泷、鸡附泷等处"如原瀑流"，"皆急险不可上"②；全江"惊湍激石，流数百里"③，行人视为畏途。

3. 洭水——连州线　从广州沿北江北上清远，在浈阳峡附近折入洭水（今连江），经阳山、连州越骑田岭过郴、潭走荆、襄道至长安，全程4 555里，也是广州通京师的捷径之一。士宦往来甚多，张说、沈佺期、杜审言、王仲舒、刘禹锡、韩愈等流贬岭南，都曾走此线。连州为岭南经济较发达的地区，工商业繁荣，商旅往来也不少。

北路三线都以北江为主干，沟通两京、江淮等地，在全国交通体系中占有重要地位，特别是大庾岭路，把岭南与江淮连结在一起，尤为重要。

（二）西路交通

1. 桂州——灵渠线　此路秦汉以来一直是五岭南北交通干线。从广州出发，沿西江水路过端、康、封、梧（今广西

---

① 《资治通鉴》卷二百十六。
② 《全唐诗》卷四百八十李绅《逾岭峤止荒陬抵高要》。
③ 洪兴祖：《韩子年谱》引《韶州图经》。

梧州市)、富(今广西昭平县)、昭(今广西平乐县)等州至桂州,涉灵渠经永(今湖南永州市)、衡与北路北上线路相合,可至长安,全长5 040里;如在邓州分叉,越鲁阳关(在今河南鲁山县西南)、汝州(今河南临汝县)则可至洛阳,全长5 085里。敬宗宝历初,桂管观察使李渤对灵渠进行整治,"铧其堤以扼旁流,斗其门以级直注",使"泝沿不复稽涩"①。咸通九年(868),桂帅鱼孟威再次大规模疏浚灵渠,"其铧堤悉用巨石堆积,延至四十里","其斗门悉用坚木排竖,至十八里",使渠道畅道,"虽百斛大舸,一夫可涉"②。因此,该线在西路交通线中保持最重要地位,仍然是岭南漕运干道,士宦、商旅往来不绝。

2. 贺州—萌渚岭线　此路从广州沿西江至封州,北溯临贺水(今贺江)过贺州(今广西贺县),陆行越萌渚岭至道州(今湖南道县),与桂州路北上线路相合,至长安4 215里,至洛阳3 955里。

3. 泷州线　此路是西江入南道③的主要路线。从广州出发,沿西江至康州,南折入建水(今罗定江),过泷州、窦州下茂名水(今鉴江),可至高、雷等地。

西路交通还连接邕管、容管和安南等地,向西南延伸,可至南诏、剑南、黔中。贞观十三年(639),渝州(今重庆市)人侯弘仁"自牂柯(今贵州黄平西北)开道,经西赵,出

---

① 《全唐文》卷八百四鱼孟威《桂州重修灵渠记》。
② 《全唐文》卷八百四鱼孟威《桂州重修灵渠记》。
③ 段公路:《北户录》卷一《鹦鹉瘴》条称:广州以西新、勤、春等10州为"南道"。

邕州，以通交、桂"①。此路与"安南通天竺道"相连，则可到天竺、东南亚诸国，是一条国际性边贸交通线。

（三）南路交通

粤西地处沿海，有漠阳江、茂名水等河流，可以通航。不过，这些河流多作南向或东南向独流入海，且互不相通，因而南路交通是水陆相兼而以陆路为主，与北路、西路大不相同。从广州出发，一般是沿西江经端州下新江（今新兴江）至新州，由此折向西南，历勤、春、高、潘、辩等州至罗州，往南即抵雷州；从徐闻县扬帆渡海，即至海南。

从广州至南道亦可先走水路，即经新会县沿潭江至恩州，再登陆北上新州西去。房千里《投荒杂录》云："恩州为恩平郡，……凡自广至勤、春、高、潘等七州，旧置传舍，此路自广州泛海，行数日方登陆，前所谓行人惮海波，不由传舍，故多新州陆去"②。于是地处新江上游的新州就成为南路交通之枢纽，往来商旅聚汇之所，岭南经济较发达、人口密集之区，故有"西南道尤好郡"③之誉。

雷州也是西路的一个枢纽，从安南回广东的商旅如果不走海路，就一定在雷州登陆走陆路。"交趾回人多舍舟取雷州缘岸而归，不惮苦辛，盖避海鳝之难也"④。从雷州向西北方向，则可到达容管各州。天宝初，鉴真和尚从海南北返，即取道雷州，再由此过罗、辩、白（今广西博白）、傭（容）、藤

---

① 《资治通鉴》卷一百九十五。
② 《太平寰宇记》卷一百五十八。
③ 《太平寰宇记》卷一百五十九。
④ 刘恂：《岭表录异》卷下。

（今广西藤县）、梧等地至广州。

（四）东路交通

广东潮、循两州的地形多属山地丘陵，北部山地将其与闽、赣分离，成为天然屏障。东南——西北走向的莲花山脉又把潮、循两州分隔开来，使潮州在地理上形成相对独立、自成一区的特点。区内外只能依靠东江和韩江（当时称"恶溪"）间接沟通。从广州出发，自珠江口转东江过循州，北上至雷乡县，陆行越循、广二州分水岭——丞相岭①抵兴宁县，下韩江，过程乡，南下即抵潮州，全程1 600里。这条道路迂回曲折，艰险难行，"来往动皆经月"②。

据《元和郡县图志》卷三十四载，潮州西北至上都取虔州路5 625里，西北至东都取虔州路4 810里，西北至虔州1 500里，说明潮州北上还有其他通道，不必绕道广州越大庾岭③。

由潮州经东经漳州，可至闽南；往北沿汀江至汀州（今福建汀州市），可入闽西。

（五）沿海交通

唐代沿海交通空前活跃，经济性运输显著增大。广东沿海交通以广州为中心，有东西二线。东线出珠江口，经屯门镇（今深圳市南头）、循州沿海至潮州，继续航行，可至闽浙各港，并与通新罗、日本国际航线相接。宣宗大中十年（856），船主李英觉、李大信曾在广州开一艘装载天竺贝多柱

---

① 据《太平寰宇记》卷一百五十九《循州》载，大历中宰相常衮贬刺潮州，途经此岭，土人遂呼为丞相岭。
② 《昌黎先生集》卷三十九《潮州刺史谢上表》。
③ 北宋时有一路：从虔州经信丰、龙南入循州境，下潮惠，应即此路。

杖、广州斑藤柱杖和玻璃器皿的海船至日本，就是走这条路线①。懿宗咸通七年（866），前来唐朝访问的日本高岳亲王真如从广州返国，也是走这条海路②。

西线亦出珠江口，沿新会县海岸航行600里至恩州，经南道沿海抵雷州；由雷州西去，可至钦廉地区和安南，南航则达海南岛。咸通九年（868），静海节度使高骈召募工徒，疏凿海中巨石，使交广水路舟济安行，储饷毕给③。

在西线诸港中，地处潭江上游的恩州是个经济发达地区，富鱼盐之利，时人誉为"远郡之沃壤"④；且"通海南五郡泛海路"，扼西线交通之要冲，在沿海交通中占重要地位。武德四年（621）平定萧铣后，朝廷即在该地置高州都督府，管高、春、罗、辩、雷、崖、儋、新八州；贞观二十三年（649），都督府废，但驻兵如故；永徽以后，岭南置五府节度使，于广、交、桂、邕、容五都督府各置经略军，于恩州置清海军⑤，可见恩州地位特殊重要。雷州三面环海，也是西线的一个枢纽，往东经硇洲（今雷州湾硇洲岛），"泛海通恩州并淮、浙、福建等"，往西经围州（今北部湾涠洲岛），"通连安南诸蕃国路"，往南则至海南⑥。

---

① 木宫泰彦著、陈捷译：《中日交通史》，商务印书馆1932年版，第138—146页。
② 叶显恩主编：《广东航运史》（古代部分），人民交通出版社1987年版，第46页。
③ 《旧唐书》卷一百八十二《高骈传》；孙光宪：《北梦琐言》卷二。
④ 《全唐文》卷八百零三李磎《授朱塘恩州刺史制》。
⑤ 《旧唐书》卷四十一《地理志》。
⑥ 《太平寰宇记》卷一百六十九。

海南孤悬海外，对外交通只有依靠海路，不过，由于海岸线长，港湾众多，且处南海交通要冲，对外交通还是比较方便的。从琼州泛海，一日夜即到雷州，便风10日到广州；自儋州扬帆，便风7日夜可至广州。

唐代岭南沿海交通有一个特点，就是商业运输显著增多，区际贸易空前活跃。唐人沈亚之称："（杭州）南派巨流，走闽禺瓯越之宾货，而盐鱼大贾，所来交会"①。刘恂则称广州每岁"常发铜船过安南贸易"②。可见沿海商业运输已经是经常性的现象。

四、远洋交通与"广州通海夷道"

唐代广东经济的发展、造船技术与航海技术的提高、海外贸易的兴盛，为远洋交通的发展提供了良好的条件。武则天时，唐与吐蕃、东突厥的关系比较紧张，导致中原通西域的陆上丝绸之路通阻不常；安史之乱后，吐蕃乘虚而入，尽取河西、陇西之地，造成中西陆路交通完全中断。其后，唐朝国势日衰，再没恢复对西北地区的统治。这样，客观上促使中西交通完全转向东南海路。当时的海外诸国，也大力发展海上交通，开拓东方远洋航线，与唐朝对外交通面向海洋的变化相吻合，因而促进东西方海上交通与贸易的繁荣。

唐人对中外交通的路线已相当熟悉，贞元间宰相贾耽在《皇华四达记》中具体描述了唐通四裔的7条国际路线，其中

---

① 《全唐文》卷七百三十六沈亚之《杭州场壁记》。
② 《岭南录异》卷下。

"广州通海夷道"的走向如下：

从广州启航，往东南航行200里至屯门山（今深圳市南头），出珠江口，西南海行2日至九州石（今海南东北部七洲列岛），又2日至象石（今海南东南独珠山），再往南进入越南沿海，3日至占不劳山（今越南岘港东南占婆岛），5日至陵山（今越南燕子岬），过门毒国（今越南归仁）、古笪国（今越南芽庄）、奔陀浪洲（今越南藩朗），又2日抵军突弄山（今越南昆仑岛），再行5日进入马六甲海峡。这条海峡南北百里，当地人称为"质"。其北岸为罗越国（今马来半岛南端），南岸为佛逝国（今印尼苏门答腊东南部旧港）。由此向东行4至5日，至南海中最大的国家诃陵国（今印尼爪哇岛）。出海峡向西行3日至葛葛僧祇国（似即黑人峡）。此国北面为箇罗国（今马来西亚吉打）、哥谷罗国（今泰国克拉地峡西南）。离此国行4至5日过邓胜洲（今印尼苏门答腊北部日里附近），西行5日，至婆露国（今印尼苏门答腊婆罗师岛），又6日至婆国伽蓝洲（今印度尼科巴群岛）。由此北行4日（应为14日）穿越印度洋至狮子国（今斯里兰卡），距南天竺（今印度南部）仅百里之遥。西行4日，经没来国（今印度西南阔伦）及十多个小国，抵婆罗门（今印度）西部，再向西行2日，至拔颰国（今印度孟买附近的洛奇），又10日过5个国至提颰国（今巴基斯坦卡拉奇），再行20日入波斯湾，历20多国至提罗卢和国（一称罗和异国，今伊朗阿巴丹附近）。当地人在海中建华表，夜间点燃火炬，作为航标。又1日，至乌剌国（今伊拉克奥波拉）。在此换乘小船，泝弗利剌河（今幼发拉底河）北上，2日至米罗国（今伊拉克巴士拉），舍舟陆行千里，则抵茂门王所都缚达城（今伊拉克巴格达）。在波斯湾，乌剌国是个交通枢纽。自此向东南沿岸航行，可至天竺南端。沿西海岸航行，经拔离谓磨难国（今巴林），10日至没巽国（今阿曼苏哈尔），南行6至7日，过十多个小国抵萨伊瞿和竭国（今阿曼马斯喀特西南），又行10日，经六七个小国，到达设国（今也门席赫尔），南行20日，历十多个小国，抵三兰国（今坦桑尼亚桑给巴尔）[1]。

贾耽所记的这条海路贯穿南海、印度洋、波斯湾和东非海岸的90多个国家，航期89天（不计沿途停留时间），是当时世界上最长的远洋航线，也是唐朝最重要的海外交通线。

唐代"四夷之与中国通者甚众"，西方世界对中国的了解远较汉代来得深刻和具体。一些阿拉伯地理学家详细记录了从波斯湾到中国的航程，可与贾耽所记相印证。9世纪中叶成书的《道里邦国志》记有这样一条航线：从巴士拉出发，经乌尔木兹（Urmūz，即霍尔木兹，今伊朗阿巴斯湾一带）出波斯湾，沿印度海岸过穆拉（Mulā，即没来国）、塞兰迪布（Sarandib，今斯里兰卡），横渡孟加拉湾南的印度洋抵艾兰凯巴鲁斯（Alankabālūs，今印度尼科巴群岛），历凯莱赫（Kalah，即箇罗）、巴陆斯（Bālūs，即婆罗洲，今印尼加里曼丹）、加巴岛（今印尼爪哇岛）、舍拉黑脱（Shalāhit，今印尼苏拉威西岛）、海尔赖赫（Harlah，今菲律宾和乐岛）和"香料园之国"（即香料群岛，今印尼马鲁古群岛）抵玛仪特（MāYt，今

---

[1] 《新唐书》卷四十三下《地理志》。文中今地名据章巽《我国古代的海上交通》、张铁生《中非交通史初探》、沈光耀《中国古代对外贸易史》等书的有关记载。

第七章 唐代广东经济的全面进展与社会文化的巨大改观

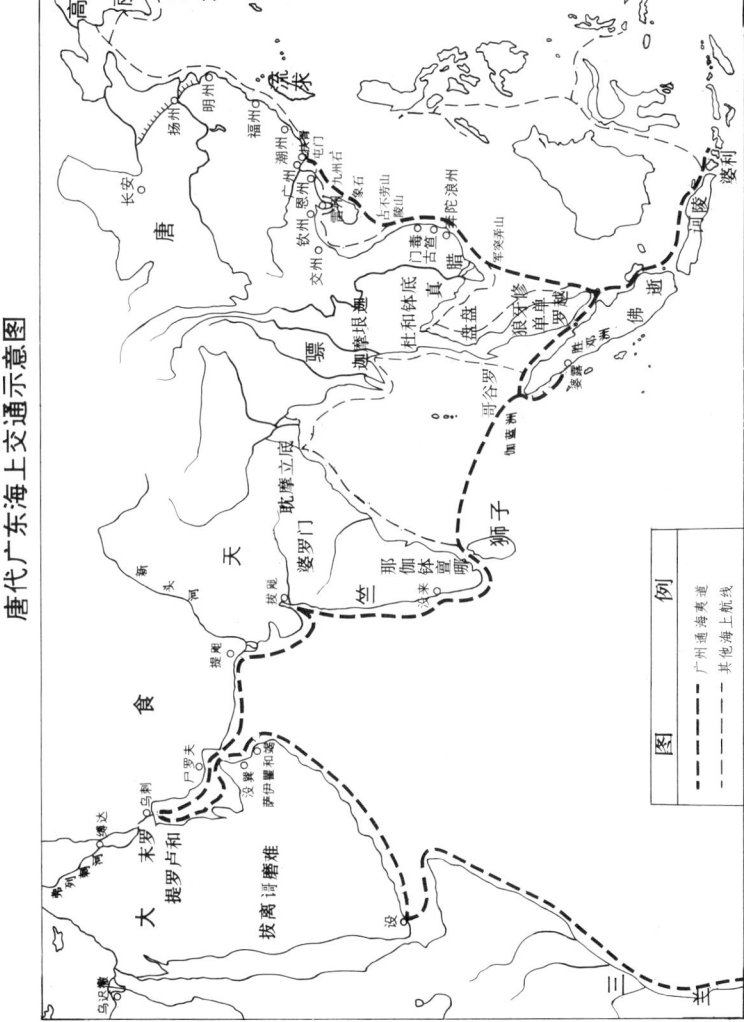

唐代广东海上交通示意图

菲律宾民都洛岛），左行至梯优麦赫岛（TiYūmah，今地不详）、埃玛尔（今地不详）、栓府（Alsanf，即占婆），到达唐朝南部城市鲁金（Lūqin，即龙编，今越南河内），往北就到唐朝最大的港口汉府（Khānfū，今广州），继续航行即达汉久（Khānjū，今泉州，一说杭州）、刚突（Qāntū，江都，今扬州）①。这条航线全程需时可统计的有87天，与贾耽所记差不多。在波斯湾以东，马六甲海峡以西，东、西行的两条路线相同，不同的是，这条东行航线在穿过海峡以后，不是北上越南沿海，而是继续东行，经爪哇海、苏拉威西海直抵菲律宾，然后才向西折入越南沿海，驶往广州。这说明当时东西方海上航线有所扩展，南洋群岛已基本上纳入东西方海洋贸易之内。近百年来，在菲律宾的巴坦群岛、巴布扬群岛、伊洛科、邦加斯南、新怡诗夏、庞邦加、圣安娜（马尼拉附近）、黎萨、内湖、明多罗、宿务、保加、卡拉扬苏禄岛、和乐岛等地发现了为数不少的唐代陶瓷和钱币，显然是各国海商运来的，可以证明上述航线的存在②。

一些外国商人、旅行家远渡重洋到中国，记下了航海历程，也为中西交通留下珍贵的原始材料。9世纪中叶曾经到过广州的阿拉伯商人苏莱曼记载了从西拉夫（即尸罗夫）至广州的航线：从西拉夫出发，经马斯喀特岬角、巴努—萨发克海岸和阿巴卡文岛至苏哈尔，再往东航行约1个月，抵达故

---

① 伊本·胡尔达兹比赫著，宋岘译注：《道里邦国志》，中华书局1991年版，第64—72页。文中今地名据译者注。

② 黄滋生、何思兵：《菲律宾华侨史》，广东高等教育出版社1987年版，第4—5页。作者根据这条材料，认为唐代广州已开辟直航菲岛的航线。

临（今斯里兰卡），进入海尔肯德海，经朗迦婆鲁斯岛（今印度尼科巴群岛）行约1月，至箇罗，再行10天至潮满岛，又10天至奔陀浪山，再10天至占婆，又10天至占不牢山，穿过"中国之门"，进入"涨海"，约1个月到广州[①]。这条路线航程约需时120天，在穿越马六甲海峡以后，航线与贾耽所记相同，在穿越海峡之前则有所不同，它不是直穿印度洋，而是沿孟加拉湾海岸航行。

以上的航线分别以广州为起迄点。航线经过的潮州、恩州、雷州和海南等地与海外各国也有海交往来，虽远不能与广州相比，但对发展本地海外贸易也有促进作用。

综上所述，唐代岭南的海上交通是发达的，以"广州通海夷道"为主导的远洋航线几乎包揽了唐朝全部的远洋交通，成为连结东西方经济文化往来的重要纽带，在人类航海史上占有重要的地位。通过这条航路出口的商品以丝绸、陶瓷为大宗，故有"海上丝绸之路"或"陶瓷之路"之称。

第六节 城乡商业的繁荣与海外贸易的勃兴

随着唐代广东农业、手工业的发展和水陆交通的兴盛，城乡商业也日趋繁荣。广东商人"周流天下，无所不至"。金银货币的流通，别具特色。在朝廷对外开放、鼓励通商政策推动下，广州等地对外贸易空前兴旺，其规模、内容和管理面

---

① 《中国印度见闻录》中译本，中华书局1983年版，第4—10页；文中今地名据译者注。

貌为之一新。广州成为全国外贸中心与国际海洋贸易东方中心，对广东、全国和国际社会的发展，都产生深远的影响。

一、城乡商业的兴旺

随着唐代广东水陆交通、农业、手工业和对外贸易的发展，社会对商品的需求量激增，因而刺激了商业的发展。不少人投身商业活动，使经商成为重要的社会职业。故有"百粤之地，其俗剽轻，猎浮淫之利，民罕著本"[①]之诮，又有"广人与夷人杂处，地征薄，多牟利于川市"[②]之谓，虽言过其实，但较之岭北许多地方，这确实是一大特色。当时的商业人口究竟有多少，已不得而知，但有一条资料可知其局部情况。乾符六年（879），黄巢农民军鲁景仁部没有随大军离岭北上，转据连州，本地追随的工商业者四五千人[③]。如参照元和年间连州的户数（5720户）和天宝年间每户平均的口数（4.46口）推算，当时的连州人口约2.3万余，则工商业追随者约占总人口的20%左右，非追随者的数目尚不在其内。连州如此，经济水平高于连州或不相上下的广、韶等州当大体类似。

在经商者中，有小商贩，也有富商大贾，还有亦民亦商的官宦之家。由于政治、经济地位的不同和经商条件的差异，各类商人的情况大不相同。下面四种商人最有特色。

---

① 《全唐文》卷七百六十四萧邺《岭南节度使韦公（正贯）神道碑》。
② 《新唐书》卷一百七十《王锷传》。
③ 《新唐书》卷一百八十六《邓处讷传》。

官商。六朝以来，广东官吏就有参与商业的传统。唐代官吏利用政治特权和雄厚财力，厕身商业，左右市场，与民争利，大发横财，在对外贸易中尤具竞争力和垄断性，具有亦官亦商、官商一体的特点。尤以贞元年间岭南节度使王锷最为典型。他大力经营商业租借业务，"租其廛，榷所入与常赋埒，以为时进，衷其余悉自入"。"西南大海中诸国舶至，则尽没其利，由是锷家财富于公藏"，每日发 10 余船经商，数年后，"京师权家无不富锷之财"，"锷钱流衍天下"[1]。宝历二年（826）出为岭南节度使的胡证，"厚殖财自奉"[2]，"岭表奇货，道途不绝"，"于京城修行里起第，连亘闾巷，……京师推为富家"[3]。

海商。主要经营海外贸易，往来于南洋、印度洋和波斯湾诸国，富有冒险精神和开拓精神，是中国海商的佼佼者。

蕃商。广东是唐代外贸最活跃的地区，广、潮等州有大批的外国商客往来居留，不少人在广州置田营宅，娶妻生子，长期定居，已成为广东人口的组成部分。他们在城市开设邸店，经营银钱、珠宝生意，活跃于岭南和国内通都大邑，在对外贸易中扮演显要角色。在唐人文献特别是笔记小说中，随处可见他们的活动。如裴铏《传奇》中，就有一则关于老胡商以十万缗购买一颗宝珠的故事[4]。

牙商。又称"牙人"、"牙郎"，在商业交易中为买卖双方

---

[1] 《旧唐书》卷一百五十一《王锷传》；《新唐书》卷一百七十《王锷传》。
[2] 《新唐书》卷一百六十四《胡证传》。
[3] 《旧唐书》卷一百六十三《胡证传》。
[4] 《太平广记》卷三十四《崔炜》条。

说合，收取佣金，起商业中介作用。天宝初，鉴真和尚东渡日本，漂泊至振州海域，"遣人求浦，乃有四经纪人便引道去，……经三日乃到振州江口泊舟，其经纪人往报郡"①。这里的经纪人，应是牙人。他们的出现，表明牙商的活动已从经济发达的商业都会扩展至某些偏远落后的海滨城镇。

广东商人善于货殖，积聚起雄厚的商业资本。大历八年（773），广州发生哥舒晃之乱，朝廷派路嗣恭为岭南节度使，率军平叛。乱平之日，"商舶之徒，多因晃事诛之，嗣恭前后没其家财宝数百万贯"②。贞元中，王锷为岭南节度使，"计居人之业"，征收商税，"所得与两税相埒"③，于此可见广东商业资本是很雄厚的。唯其如此，广东才成为举世瞩目的"富饶之地"，"以宝产富天下"，亦所谓"雄藩夷之宝货，冠吴越之繁华"④。

唐代广东商业繁荣的另一个表现就是城市商业兴旺。

广州建城历史可上溯至先秦。秦汉时期，广州已发展成为全国著名的工商业都会和海贸要港，至唐代形成"州城三重"的格局。旧城，即古越城，依然是行政中心区，为岭南节度使府所在地，其范围相当于今华宁里以东、越华路以南、小北路以西、西湖路至青年文化宫一线以北整个地段。南城，在旧城之南，人烟稠密，市廛繁荣，是新兴的商业区，著名

---

① 真人元开：《唐大和上东征传》，汪向荣校本。
② 《旧唐书》卷一百二十二《路嗣恭传》。
③ 《旧唐书》卷一百五十一《王锷传》。
④ 《新唐书》卷一百八十五《郑畋传》，《全唐文》卷八百二十七陆扆《授陈佩广州节度使制》。

的海阳馆即在城南的珠江边;唐末清海节度使刘隐凿平番山、禺山,把南城扩展至今大南路一线,号"新南城。西部市区,在旧城以西,今文昌南路宝华直街以东,以蕃坊为核心,为外国商民聚居区,商业最盛;其南端已扩展至今光复南路杨仁坊一带。经过宋璟、杨于陵、杜佑等人的整理改造,市区街道大为改观,今中山路和北京路大部分已成为东西和南北走向的主要街道①。当时广州街道行肆邸店林立,相当繁华。如"生酒行","两两罗列",一间紧挨一间,"皆是女人招呼"②;经营寄存业务的货栈生意兴隆;还有夜市也颇为热闹,诗人张籍有"蛮声喧夜市"之句可证③。

广州是唐朝的对外贸易中心,"是阿拉伯货物和中国货物的集散地"④,海外珍异和名优土产毕集其间,品种繁多,交易量大。时人有诗记其盛:"戍头龙脑铺,关口象牙堆"⑤。"常闻岛夷俗,犀象满城邑"⑥。当时江淮、两京、巴蜀商贾把本地产品运往广州,分售岭外和销往海外,又购回舶货,销往内地,形成大规模的不断的货流循环。时人于邵云:"南海,有国之重镇,北方之东西,中土之士庶,舻连毂击,合会于其

---

① 参见柳宗元《柳河东集》卷二十六《岭南节度飨军堂记》;民国《番禺县续志》卷三十三《隋故太原王夫人墓志铭》;梁廷枏:《南汉书》卷一;曾昭璇:《广州历史地理》第1、2章,广东人民出版社1991年版。

② 《太平御览》卷八百四十五引《岭表录异》。

③ 《全唐诗》卷三百八十四张籍《送郑尚书出镇南海》。

④ 《中国印度见闻录》中译本,中华书局1983年版,第7页。

⑤ 《全唐诗》卷二百九十九王建《送郑权尚书南海》。

⑥ 《全唐诗》卷四百九十二殷尧藩《寄岭南张明甫》。

间者，日千百焉"①。反映了广州对国内交通贸易的盛况。"外国之货日至，珠香象犀玳瑁奇物，溢于中国，不可胜用"②。这是广州对外贸易（进口部分）的写照。外货由广州转运内地，于是长安"宝货药肆咸丰衍于南方之物"③，扬州"多富商大贾，珠翠珍怪之产"④，杭州"走闽禺瓯越之宾货"⑤，可见广州与国内各大城市尤其是江淮城市的横向商业联系已大为增强，直接影响国内城市商业的发展，成为南中国为数不多的具有超区域辐射力的商业中心。

广东各水陆通道上的城镇商业也相当发达，并自成一方中心。粤北重镇韶州是唐后期仅次于广州的岭南大郡，商业兴旺，交通繁忙。皇甫湜《朝阳楼记》说："岭南属州以百数，韶州为大"⑥。会昌末，许浑在韶州驿楼饮宴，留下了"楼前千帆背夕阳"⑦的诗句，可见水运之盛。连州是湘粤陆路通道的一个连结点，人口众多，经济发达，工商业人口在唐末达四五千人。新州当南路交通要冲，为粤西的商业繁盛之处。潮州兼具河港、海港功能，唐后期已成为"与韶州略同"的"岭南大郡"⑧，是粤东最大的商业城市。此外，恩、封、雷等州的商业也较具规模。

---

① 《全唐文》卷四百二十七于邵《送刘协律序》。
② 《昌黎先生集》卷四《送郑尚书序》。
③ 《太平广记》卷一百十七《萧仿》条引《唐阙史》。
④ 《旧唐书》卷八十八《苏环传》。
⑤ 《全唐文》卷七百三十六沈亚之《杭州场壁记》。
⑥ 《全唐文》卷六百八十六。
⑦ 《全唐诗》卷五百三十四许浑《韶州驿楼宴罢》。
⑧ 《唐会要》卷七十五。

乡村圩市较前增多，是广东商业发达的又一表现。圩是岭南对农村市场（集市）的特殊称呼，至迟在南朝刘宋时期就已出现。沈怀远《南越志》云："越之市为圩，多在村场"。唐代广东圩市有如下几个特点。

（1）固定的交易场所。一般设置在乡村的交通要道上，圩期交易，必有定点，习以为常，不易改变。

（2）定时聚散。农村集市有一定时间，称"圩期"，一般是三日一虚。段公路谓："南人呼市为虚，今三日一虚"[1]。《郡国志》云："窦州悉以高栏为居，号曰干栏，三日一市。"[2]也有五日一虚的。《十道志》曰："（容州）呼市为虚，五日一集"[3]。

（3）商品以本地所产者为多。举凡米、酒、油、盐、果、花、木等等都有供应。有些土产则为圩市所特有，如用于灭除柑桔害虫的蚁窠、药用的蛤蚧等。值得注意的是，唐代岭南蓄奴之风甚盛，故有些圩市有奴隶买卖。

（4）专业性圩市。随着商品经济的发展，一些具有特殊经济生活的地区出现了专业性市场，专门经营特殊的土产。会昌末，许浑入南海幕府，其《岁暮自广江至新兴往复中题峡山寺》诗曰："海虚争翡翠，溪逻斗芙蓉"。自注："南方呼市为虚，呼戍为逻，新州有翡翠虚，芙蓉逻"[4]。所谓翡翠虚、芙蓉逻就是买卖翡翠、芙蓉的专业市场。许浑的《新兴道中》又有"芙蓉村步

---

[1] 《北户录》卷一。
[2] 《太平御览》卷一百七十二。
[3] 《舆地纪胜》卷一百四。
[4] 《全唐诗》卷五百三十七。

失官金"之句①,可知芙蓉逻就设在有码头设施和水路可通的芙蓉村。李珣的《南乡子》有"渔市散,渡船稀,越南云树望中微"之句②。所云则是专门买卖水产的渔市。此外,广东还有专门经营珍珠的珠市和专供少数民族交易的僚市。

圩市面向农村,虽在各方面都不可与城市商业相提并论,但是它有局部商品交换功能,对活跃农村经济,促进城乡交流,起积极的作用。

二、金、银、铜钱并用的特殊货币区域

唐朝在全国推行统一的货币制度,使用铜钱,但有时仍并用布帛谷粟。由于岭南自六朝以来一直是一个特殊的货币区,习惯用银,唐朝政府也就维持原状,不强求与内地完全一致,另一方面,唐初在桂州设钱监铸钱,开元二十六年(738)"诏出铜所在置监,铸开元通宝钱"③。广东逐渐改变了两晋、南朝以来交易一以金银(或银米)的状况,而杂用铜钱了。

在敦煌出土的《天宝间地志残卷》中,记载了岭南各州公廨本钱的数量,其计量单位用贯(钱)和两(银)。其中广东境内22州中以贯计的有广、韶、循3州,以两计有端、封、新、康、恩、辩、潘、春、雷、罗、陇(泷)、崖、儋13州,连、振、高、琼、万

---

① 《全唐诗》卷五百三十六。"村步"即"村埗"——码头。
② 《全唐诗》卷八百九十六。
③ 《新唐书》卷五十四《食货志》。

安、窦6州因无本而不详（潮州未见）①。这反映天宝年间广东货币流通的多样化,银、钱并用。广、韶、循三州之以钱计,或因零售商品交易频繁,或因所在产铜铸钱,或因受岭北普遍用钱的影响,而且广州作为岭南首府,也不能不带头使用铜钱。端、封等13州则反是,这里盛产金银,有使用金银货币的习惯;另外,这些地区在前朝多居俚、僚等族,有铜则熔铸为铜鼓,客观上减少了铜钱的币材来源,缺乏铜钱流通,故基本上仍沿袭以往,交易以银（及金）。当然,以银以钱计算仅是指各地使用货币以何者为主而已,而总的情况则是,直到代宗大历以前,岭南除用铜钱外,还"杂以金、银、丹砂、象齿"②,与岭北各地区基本用钱有所不同。

唐中后期,全国商品经济发展加速,铜钱不足,杂用布粟的场合越来越少,以银作为货币迅速扩展。朝廷为维持币制的统一,曾多次禁止开采银矿。如元和三年（808）六月诏曰："天下有银之山必有铜矿。铜者,可资于鼓铸,银者,无益于生人,权其轻重,使务专一。其天下自五岭以北,见采银坑,并宜禁断"③。此诏把岭南排除在禁采地区之外,实即允许岭南继续以银为货币,并将其作为一个较特殊的使用货币的地区。然而,白银作为货币进入市场势不可挡,朝廷自知无法抗拒,乃于第二年六月正式解禁,诏"五岭已北银坑,

---

① 唐耕耦、陆宏基:《敦煌社会经济文献真迹释录》第一册,书目文献出版社1986年版,第62—67页。
② 《新唐书》卷五十二《食货志》。
③ 《旧唐书》卷四十八《食货志》。

任人开采"①。此后，岭北虽准用银，也远不及岭南用银之普遍。

关于用银（及金），如张籍《送南迁客》诗曰："海国战骑象，蛮州市用银"。又《送邵州林使君》谓："词客南行宠命新，潇湘郡入曲江津……，郭外相连排殿阁，市中多半用金银"②。元稹《钱货议状》亦云："自岭以南，以金银为货币"③。这些都是金银在岭南广泛流通的佐证。岭南是唐代最重要的金银产区，可提供足够的币材来源；广州等地外贸发达，外国金币、银币源源流入，也对金银起补充作用。它们质纯、耐磨不腐、轻便易带，且单位重量所含物化劳动量多，作为交换媒介和价值尺度，不仅优于布粟之类，在大宗交易上也比铜钱优越，所以唐代岭南，银（及金）长用不衰，始终是主要货币之一。

与此同时，随着商品经济和对外贸易的发展，广东铜钱流通有所扩大。晚唐时到过中国和到过广州的外国人说："中国人都用铜钱交易"，广府"使用铜钱交易"，而黄金、白银等"仅仅是商品"④。可见这时广州乃至广东用钱很广泛。但是，说广府金银仅是商品大概只是指对外贸易而言。因为外国商人喜爱中国铜钱，他们输入金银，将金银作为商品与中国铜钱交换，然后用钱购货或将钱携带回国。从前述胡商以10万缗买珠的故事，亦可见广州铜钱流通数额之大。值得注

---

① 《旧唐书》卷十四《宪宗纪》。
② 张籍：《张司业诗集》卷二、卷四。
③ 《元氏长庆集》卷三十四。
④ 《中国印度见闻录》中译本第99、15页。

意的是，广东铜钱流通与铜钱"外泄"关系甚密，且随外贸之扩大而增多，甚至成为唐后期全国铜钱缺少、金融紧迫的原因之一。所以朝廷屡次禁止铜钱出岭，但很难奏效。在唐代，波斯湾的尸罗夫就发现"铸着汉字的铜钱"①。"广州通海夷道"航路所及的海外各国，已有不少唐代铜钱出土。如在今托克玛克南的阿克希姆古城遗址中，出土过"开元通宝"、"乾元重宝"、"大历元宝"等铜钱②；在菲律宾也有发现③。甚至远在非洲坦桑尼亚的桑给巴尔岛，也有"开元通宝"铜钱4枚出土④。它们应是从广东流传出去的，可证当时广东铜钱之外泄。

唐末，清海节度使刘隐曾铸开元通宝铅钱和五铢铅钱⑤。这二种铅钱质地粗劣，流通时间不长，在岭南货币经济中不占重要地位。

唐代岭南多种质料的金属货币并存，还兼用实物，但主要货币是银和铜钱（金是少数），在国内形成一个特殊的货币区域。银作为货币首先在岭南普遍使用，实开中国后世银本位货币之先河。

---

① 《中国印度见闻录》中译本第99页。
② 汶江：《唐代开放政策与海外贸易的发展》，《海交史研究》1988年第2期。
③ 黄滋生等：《菲律宾华侨史》，广东高等教育出版社1987年版，第5页。
④ 马文宽：《非洲出土的中国钱币及其意义》，《海交史研究》1988年第2期。
⑤ 陈衣：《清远县发现五铢、开元通宝铅钱》，《广东文博》1983年第2期。

三、对外贸易的空前繁荣和经营方式的改变

唐代推行对外开放和鼓励通商的政策,以及农、工、商、交通事业的兴旺,为海外贸易的繁荣提供了良好的条件。广东以其地理环境和对外贸易的传统优势,把外贸事业推向新的高潮,形成了以广州为中心,潮、恩、雷和海南岛各州都有发展的外贸新局面。唐代广东对外贸易大体上可分为三个时期:

(1)勃兴时期:天宝以前,对外贸易出现第一个高潮。至迟在高宗显庆六年(661),朝廷已在广州设置市舶使,总管东南海路外贸外交。其后,广州"每岁有昆仑乘舶以珍物与中国交市"[1],"海外诸国,日以通商"[2]。天宝初,鉴真和尚从海南到广州,见"狮子国、大石国、骨唐国、白蛮、赤蛮等往来居[住],种类极多",珠江中"有婆罗门、婆斯、昆仑等舶,不知其数,并载香药、珍宝,积载如山,其舶深六七丈"[3]。可见当时广州外贸已相当繁盛。

(2)萧条时期:从天宝十五载至贞元八年(756—792),广东的对外贸易转趋萧条。"安史之乱"以后,唐朝由盛转衰。受政局影响,岭南亦动乱频仍:代宗广德元年(763)十二月,

---

[1] 《旧唐书》卷八十九《王方庆传》。
[2] 《全唐文》卷二百九十一张九龄《开大庾岭路记》。
[3] 真人元开:《唐大和上东征传》。

广州发生吕太一之乱,长达三年之久①;代宗大历四年(769),番禺酋帅冯崇道在广州反叛②;大历八年(773)九月,哥舒晃之乱爆发,岭南大乱,朝廷派路嗣恭为岭南节度使,率兵平叛,"及平广州,商舶之徒多因晃事诛之"③。这些,都直接打击了广东的对外贸易,从此,外贸萧条近30年。大历四年(769),"西域舶泛海至者,岁才四、五"④。这一时期的岭南藩帅又大多贪刻,招携失所,导致外商多不来广州而往安南。贞元八年(792),新任岭南节度使李复上表要求于安南置市舶中使,以收其利,陆贽辩其不可,其事乃罢⑤。不过,在这不景气的时期,广州外贸也曾出现短暂的兴旺。大历四年,京兆尹李勉出为广州刺史兼岭南节度使,迅速平定了番禺冯崇道、桂州朱济时等发动的叛乱,政局趋于稳定;李勉本人居官廉洁,不干市舶,舶来都不检阅,吸引外商来广州贸易,结果广州外贸复显生机,到广州的商舶显著增多,"末年至者四十余舵"⑥。诗人杜甫闻知作《送重表侄王砅评事使南海》诗以纪其盛:"番禺亲贤领,筹运神功操。大夫出卢宋,宝贝休脂膏。洞主降接武,海胡舶千艘"⑦。可惜好景不长,就

---

① 《旧唐书》卷十一《代宗纪》;《资治通鉴》卷二百二十三。
② 《旧唐书》卷一百三十一《李勉传》。
③ 《旧唐书》卷一百二十二《路嗣恭传》。
④ 《旧唐书》卷一百三十一《李勉传》。
⑤ 《资治通鉴》卷二百三十四。
⑥ 《旧唐书》卷一百三十一《李勉传》。因版本不同,《新唐书》和《旧唐书》的《李勉传》对当时到广州外舶的数量记载也有差异,《四部备要》本《旧唐书》作四千余舵。
⑦ 《全唐诗》卷二百二十三。

在李勉离镇不久，即大历八年（773），广州即发生哥舒晃之乱和路嗣恭屠杀商徒事件，外贸复苏转瞬即逝。

（3）再盛时期：从贞元九年至天祐四年（793—907），广东的对外贸易又再掀高潮。德宗以后，唐朝推行两税法，国家财政收入增加，政局也略为稳定，至宪宗时，出现了"元和中兴"，社会经济得到较大的发展。当此机遇，广东经济也迅速发展，成为国家重要的财赋之地，广州市舶收入成为中央财政的一大来源。因此，朝廷常派监军兼任市舶使，提高其权位，以确保广州外贸管理权与市舶收入掌握在中央手中。贞元中，岭南节度使王虔休兼任市舶使，"革划前弊"，遂使"诸蕃君长远慕望风，宝舶荐臻，倍于恒数"①。长庆初，工部尚书郑权出为岭南节度使，"外国之货日至，珠、香、犀、象、玳瑁、珍物，溢于中国，不可胜用"②。大中初，中官李敬实为广州都监兼市舶使，"才及下车，得三军畏威，夷人安泰，不逾旬月，蕃商大至，宝货盈衢"③。大中末，集贤学士萧仿出任岭南节度使，"清誉俭德，时所推伏"，贸易大盛，以致长安"宝货药肆，咸丰衍于南方之物"④。景福二年（891），广州据称甚为繁盛："涨海奥区，番禺巨镇，雄蕃夷之宝货，冠

---

① 《全唐文》卷五百十五王虔林《进岭南王馆市舶使院图表》。关于王虔休，两《唐书》本传及《唐方镇表》等均不言其任职岭南，然其表有："则郡国之外，职臣所理"，"任蕃商列肆而市"之句，可知其任市舶使无疑；又有"圣恩以军府交代之际，委臣在镇"之语，可知其为岭南节度使。

② 《昌黎先生集》卷二十一《送郑尚书序》。

③ 崔郾：《李府君敬实墓志铭》，见关双喜：《西安东郊出土唐李敬实墓志》，《考古与文物》1985年6期。

④ 《太平广记》卷一百一十七《萧仿》条引《唐阙史》。

吴越之繁华"①。商贾云集，外侨众多，据称不下12万人（一说20万）②。不过，这一阶段的广州外贸也因战乱一度陷于停顿。乾符六年（879）正月至闰十月，黄巢率农民军攻占岭南，外国商人一时不敢到广州，而改在箇罗（今马来半岛吉打）与中国商人贸易。于是，"从尸罗夫港到中国的航运也中断了"③，广州外贸受到沉重的打击。

唐以前，广东对外贸易有官方和私人两种方式。唐代，依然二者并存，但已出现很大的变化。官方对外贸易由广州市舶使直接经营，外贸管理权和市舶收入从地方转移到中央，贸易的双方也从以前的"地方——外商"改变为"国家——外商"，国家几乎包揽广东全部的对外贸易，始终居垄断和主导地位。官方贸易又分朝贡贸易和市舶贸易两种形式。唐前期，国家富强，万国来朝，朝贡贸易占主导地位。唐朝对来"朝贡"的国家一般都有相当丰厚的回赐。这种"贡""赐"关系实际上是不等价的，对唐朝来说是得不偿失的。唐朝之所以明知亏本而乐此不疲，是因为这种交易隐藏着唐朝"怀柔万国"，"申辑睦，敦聘好"，"开怀纳戎，张袖延狄"④的政治目的。正因为如此，朝贡贸易的存在与发展就完全取决于朝廷是否支持与鼓励。唐前期朝廷大力发展朝贡贸易，朝贡贸易十分兴盛：太宗时"条风开献节，灰律动初阳，百蛮奉遐赆，

---

① 《全唐文》卷八百二十七陆扆《授陈佩广州节度使制》。
② 《中国印度见闻录》，中华书局1983年版，第96页、140页中译者注。
③ 《中国印度见闻录》第95页。
④ 《全唐文》卷二十七玄宗皇帝《安置降蕃诏》。

万国朝未央"①;玄宗朝,"开元太平时,万国贺丰岁"②。

安史之乱后,唐朝元气大伤,已无力也无心做这种亏损生意,朝贡贸易遂萎缩不振,逐渐为市舶贸易所取代而失去官方贸易的主导地位。市舶贸易也是由市舶使主持的,但其目的主要是从贸易中获取市舶之利,以裕财政。在唐中后期,这种形式居主导地位。

私人贸易虽史无明载,但确实存在。地方官吏、豪酋仍然是主要角色。他们凭借特权和资金,经营外贸,增殖财富,在广东外贸中占有一定地位。但是在唐朝政府垄断广东对外贸易的情况下,私人贸易无疑受到压制,不可能自由发展。

四、市舶使(院)的设立及其作用

国家直接设置机构,经营海外贸易,始于唐代。唐朝在广州设置市舶使院,作为总管东南海路外贸的专官和专门机构。

市舶使一词首见于《旧唐书》:开元二年(714)十二月乙丑,"右威卫中郎将周庆立为安南(按:系岭南之误)市舶使"③。《新唐书》也有记载:"开元中,(柳泽)转殿中侍御史,监岭南选,时市舶使右威卫中郎将周庆立造奇器以进"④。据

---

① 《全唐诗》卷一太宗皇帝《正日临朝》。
② 《全唐诗》卷五百四十二李肱《省试霓裳羽衣曲》。
③ 《旧唐书》卷八《玄宗纪》上。
④ 《新唐书》卷一百十二《柳泽传》。

此可知开元二年已有市舶使之设，但不知始设于何年①。

高宗显庆六年（661）二月十六日《定夷舶市物例敕》云："南中有诸国舶，宜令所司，每年四月以前预支应须市物，委本道长史，舶到十日内，依数交付价值，市了任百姓交易，其官市物送少府监简择进内"②。敕文中的"所司"，本为职能机构的泛称，一般并无实指，但其与"本道长史"显然有别，当另有实职，而非泛称无疑。其时广州贸易已盛，制定《夷舶市物例》当与设一专官和专门机构配套，按章管理外贸，乃是理所当然的事。实际上，由中央派遣专使到外地主持专项事务的做法在高宗时已很经常了。因此，可以推断，这个专官就是市舶使，其创置时间应在显庆六年或稍前。

唐朝初置市舶使，常驻广州，建制大概还比较简单，有时以广帅监领。其任官一般地位都较高，如开元二年的市舶使周庆立带右威卫中郎将衔，官阶四品。开元以后，宦官势力开始壮大，并向地方延伸，朝廷有时派遣宦官充任市舶使，如开元十年，以内府局丞韦某充任广州市舶使③。开元二十年（732）以后，监军制度确立，监军在藩镇权过节度，且朝廷常以监军兼领市舶使，遂使市舶使权力大增。唐后期有时也以岭南节度使兼任市舶使，如王虔休、马总等都是，但更多的仍是以监军兼任。

---

① 明代学者顾炎武在《天下郡国利病书》卷一百二十中说："贞观十七年，诏三路市舶，市番商贩到龙脑、沉香、丁香、白豆蔻四色，并抽解一分"。因而产生贞观十七年置市舶使之说，实误。误在把《宋史·食货志》所记南宋绍兴十三年事植入贞观十七年。后世史家不察，多沿袭此说，以讹传讹，不足为训。

② 陆心源：《唐文拾遗》卷一。

③ 《全唐文》卷三百七十一于肃《内给事谏议大夫韦公神道碑》。内府局为内侍省六局之一，掌内宫财宝出纳等事务。

外贸管理机构的名称叫"市舶使院",有王虔休的《进岭南王馆市舶使院图表》可证。唐代经济管理机构多称"院",如漕运有"扬子院"、"江陵院",盐铁曰"盐铁院"、"巡院"等。市舶使院附属机构有"海阳馆",是以皇帝名义设置、专供市舶使迎接外宾的驿馆,故又称"岭南王馆",其建置时间已不可考。

市舶使(院)的职能,就是代表朝廷总管东南海路外交和外贸。一方面,掌管海外诸国的朝贡事务。由流求、诃陵至大夏、康居的海外各国到唐朝进贡,都必到广州,在广州先择首领1人,随员2人,由北江——大庾岭官道入京,其余随员留在广州①。另一方面,总管东南海路贸易。各国商贾来华,必先至广州,市舶使"籍其名物,纳舶脚,禁珍异"②,然后让其转贩到国内各大城市。所谓"海外杂国,时候风潮,贾舶交至,唐有市舶使总其征"③,即指此。

唐朝在创置市舶机构的同时,还建立了一系列的管理制度,尤以征榷制度为最重要。唐前期,政府在外贸管理上相对疏宽,对市舶的征取较有节制,从前引《定夷舶市物例敕》看,仅"官市物"一项。中期特别是唐后期,国家财政长期紧张,对市舶的征求大为增加,李肇《国史补》卷中称,外国商舶到达广州,市舶使即令"纳舶脚"。由于征收日益加重,以致外商怨言载道,乃有文宗《大和八年疾愈德音》云:

---

① 《柳河东集》卷二十六《岭南节度飨军堂记》;《新唐书》卷四十八《百官志》。

② 李肇:《国史补》卷中。

③ 宝庆《四明志》卷六。

"南海蕃舶本以慕化而来，固在接以恩仁，使其感悦。如闻比年长吏，多务征求，嗟怨之声，达于殊俗，况朕方宝勤俭，岂爱遐琛！深虑远人未安，率税犹重，思有矜恤，以示绥怀。其岭南、福建、扬州蕃客，宜委节度观察使常加存问，除舶脚、收市、进奉外，任其来往通流，自为交易，不得重加率税"①。

所谓"舶脚"，大概是指按商船容量征收的进口货物税。韩愈《唐正议大夫尚书左丞孔公（戣）墓志铭》云："蕃舶之至，泊步有下碇之税"②。此"下碇税"，即是舶脚，但不知税率几何。

"进奉"，即外国所进献的物品。

"收市"，即"官市物"，唐朝继承南朝以来的办法，从进口货物中以低价征买专卖商品，利用专卖价格获取高额的财政收入。征买的物品一般较贵重，为全部货物的3/10。9世纪阿拉伯商人叙之甚详："海员从海上来到他们的国土（广州），中国人便把商品存入货栈，保管六个月，直到最后一船海商到达为止；他们提取十分之三的货物，把其余的十分之七交还商人。这是政府所需要的物品，用最高的价格现钱购买，这一点是没有差错的"③。

以上是比较固定的三种税项，实际上往往不止这些，上引《大和八年疾愈德音》中所谓"多务征求"、"重加率税"就说明了这一点。特别是唐末，朝廷刻意诛求，"他们强迫（阿

---

① 宋敏求：《唐大诏令集》卷十。
② 《昌黎先生集》卷三十三。
③ 《中国印度见闻录》中译本第15页。对征买（收市）的30%付以最高价格（原文如此），于理是说不通的，应该是按最低价格，收市才有征榷之义，且与南朝以低于市价的价格收买的传统一致。

拉伯）商人承担不合理的义务，没收他们的财产，甚至往日规章所不容许的行为，也都受到纵容"，引起外国商人的不满①。

通过征榷制度，唐朝获取了巨大的市舶收入。玄宗时，"海外诸国，日以通商"，"上足以备库府之用，下足以赡江淮之求"②。乾符六年，黄巢攻占广州，求为岭南节度使，朝议或请从其所求，左仆射于琮极为反对，认为："南海有市舶之利，岁贡珠玑，如令妖贼所有，国藏渐当废竭"③。可见广州市舶之利与国库悠关，对延续残破的中央政权有很大作用。

为鼓励贸易，招徕远舶，朝廷对外商采取优待政策。至迟在开元二十年（732），已在广州设置蕃坊和蕃市，方便外国商民居留交易；还设置专门栈房，共外商存放货物。为保障外商的财产安全，政府发放专供他们使用的"过所"，上面注明持有者的姓名和父名、所属宗族、到达广州日期以及随身携带的白银、物品。"如果出现（物品）丢失，或（其人）在中国去世，人们将知道物品是如何丢失的，并把物品找到交还他，如他去世，便交还给其继承人"④。关于外商在华遗产继承问题，政府曾作过具体的规定："海商死者，官籍其赀，满三月无妻子诣府，则没入"⑤。这个规定有不合理之处，因为领取遗产的有效期仅3个月，只有波斯、阿拉伯人单程至

---

① 《中国印度见闻录》第97—98页。
② 《全唐文》卷二百九十一张九龄《开大庾岭路序》。
③ 《旧唐书》卷一百七十八《郑畋传》。
④ 《中国印度见闻录》中译本第15、18页。
⑤ 《新唐书》卷一百六十三《孔戣传》。

广州的一半时间。元和十二年（817），孔戣为岭南节度使，取消领取遗物的3个月限期，改为"苟有验者，悉推与之，无算远近"①。外商在华遗产的合法继承权因而获得保障。

市舶使（院）在广州设置后，广州作为全国外贸中心和国际海洋贸易东方中心的地位已确立不移。在外国人的心目中，广州成为唐代中国的代名词。义净《大唐西域求法高僧传》卷上《那兰陀寺》云："（支那寺）古老相传云是昔室利笈多大王为支那国僧所造。支那即广州也，莫诃支那即京师也"。支那，梵文Cina，意即中国；莫诃支那，梵文Mahācīna，意译为大中国，或伟大的中国。市舶使（院）作用和影响之大，由此可以想见。

五、外贸地域的扩大与进出口商品

唐代"广州通海夷道"延伸到东非海岸，海贸地域较前更为广阔。中国海商通过广州口岸，频繁往来于琉求以南、南海以西和印度洋、波斯湾、东非海岸沿岸诸国，与林邑、扶南、真腊、环王国、门毒国、古笪国、奔陀浪、罗越国、佛逝国、葛葛僧祇、箇罗国、婆露国、诃陵、朗迦戌（今泰国北大年）、干陀利、哥谷罗国、伽兰洲、狮子国、五天竺、没来国、拔䫻国、提䫻国、提罗卢和、乌剌国、末罗国、缚达城、波斯、大食国、摩领（今肯尼亚）、拨拨力（今索马里）等国家和地区建立直接的贸易关系，与日本间的贸易往来也

---

① 《昌黎先生集》卷三十三《正议大夫尚书左丞孔公（戣）墓志铭》。

较前代密切。10世纪初,阿拉伯地理学家马素地(Masúdi,一译马斯欧迪)在其名著《金草原及宝石矿》(一译《黄金牧地》)中说:"中国之船直航至瓮蛮(阿曼)、波斯湾畔之西拉甫港、八哈剌因(Baharain)、俄波拉(Obollah)、巴斯拉(Basrah)等港,而以上诸地之船舶,亦直接航至中国"①。中国、阿拉伯地区携手合作,左右了当时东西方的海上贸易。东方以广州为中心和主要起讫点,西方以大食的西拉夫(尸拉夫)、苏哈尔诸港为中心和主要起讫点,连结东南亚的诃陵、室利佛逝,南亚的狮子国、印度河口等重要海贸枢纽的海上丝绸之路于是形成,广州与海外市场的联系空前紧密。

海贸地域的扩大,为中国产品的外销开拓了广阔的国际市场,也为更多的外国商品进入中国市场提供了机会,使广州外贸进出口商品的结构发生变化,日常用品和原材料的贸易显著增加。

进口物品中,传统的象牙、犀角、珠玑、玳瑁、香料等奇珍异宝仍属大宗,药材和其他商品明显增多,如来自印度的有胡椒(昧履支)、补骨脂(婆固脂、破故纸)、青黛(靛花)、郁金香、婆罗、天竺桂等,来自阿拉伯的有珊瑚、琥珀、炉甘石、密陀僧、石硫黄、绿盐(石绿)、金钱矾、乳香、没药、安息香、芦荟、莳萝(小茴香)、胡黄连、石蜜、阿月浑子、无石子(无食子、没食子)、阿魏、偏桃(婆淡、巴旦杏)、波斯枣(窟莽)、诃黎勒等,来自拜占庭的有白矾、阿勒勃、婆那婆(波罗蜜)、槃笞嬬、齐暾(橄榄)、齫齐(阿

---

① 张星烺编、朱杰勤校订:《中西交通史料汇编》第二册,中华书局1977年版,第221页。

拉伯香膏)、阿驿(无花果)、指甲花、野悉密(素馨花)、棕祗(水仙)、阿勃参等,为岭南和中国医药增添许多新方药[1]。

值得指出的是,由于唐蓄奴与奴隶买卖之风很盛,一些外商为赚大钱,竟将印度以及南洋诸岛的土人掠运到广州贩卖,并转售内地,使之沦为富家豪门的奴隶,时称"昆仑"或"昆仑奴"。

出口物品中,丝绸仍然是主要的,产自国内各地的花色品种繁多、质地精良的丝织品在海外市场极受欢迎。广东的丝织品也开始进入国际市场,在日本大受欢迎,唐代销往该国的"广东锦"至今保存于正仓院[2]。波斯海商"亦泛舶汉地,直至广州,取绫、绢、丝、锦之类"[3]。

陶瓷出口是唐代新崛起的行业。越州、潭州等地生产的青瓷大批远销东南亚、印度、波斯湾、亚丁湾和红海地区。据考古发现,凡是唐代海上航线所及的地方,都有大量的唐瓷出土。903年,阿拉伯地理学家伊本·法基在其《地理志》一书中,把中国陶瓷、中国丝、中国灯并列为三大名牌货[4]。唐代广东陶瓷生产已有外向型的特点,产品可与浙江等地媲美。广、潮等州的陶瓷产品在海外很有市场。伊朗、菲律宾、泰国等都发现过唐代广东青瓷。值得一提的是,1985年珠海市

---

[1] 参见沈福伟《中西文化交流史》,上海人民出版社1988年版,第191—192页。
[2] 祝慈寿:《中国古代工业史》,学林出版社1988年版,第390页。
[3] 王仲荦:《慧超往五天竺国传残卷笺释》,载《敦煌石窟地志残卷笺释》,上海古籍出版社1993年版。
[4] 转引自沈福伟《中西文化交流史》,上海人民出版社1988年版,第205页。

渔民在唐代远洋航线经过的荷包岛以南海域，打捞到唐代广东瓷器 21 件。据研究，确认是唐代沉没的海舶所遗。这些瓷器捞出时大小相套，显然是为了便于装船运输出口①。

此外，出口商品还有铁、宝剑、麝香、沉香、马鞍、貂皮、绥勒宾节（Silbinj，意思是围巾、斗篷、披风）、肉桂、高良姜等。

六、"蕃坊"的出现与华人成批移居海外

随着对外贸易的蓬勃开展，唐代来华的外国商民骤然增多。他们到广东后，大多先居留广州等口岸，然后到内地经商，久而久之，广东沿海各港就有众多的外国侨民聚居。据载："自唐设结好使于广州，自是商人立户，迄宋不绝，诡服殊音，多流寓海滨湾泊之地，筑石联城，以长子孙"②。于是形成"广人与夷人杂处"，"与海中蕃夷、四方商贾杂居"③的局面。潮州在隋代已有外国人定居。隋大业初陈稜等经略流求，曾在潮州招募通晓流求语的"昆仑人"，以充翻译和向导④。唐代潮州外侨当更多。海南地处国际航路必经之地，外国商船往来频繁。天宝间，振州大首领冯若芳常抢劫波斯商船，"掳人为奴婢"；"其奴婢居处，南北三日行，东西五日行，

---

① 珠海市博物馆等：《珠海考古发现与研究》，广东人民出版社 1991 年版，第 298—299 页。
② 顾炎武：《天下郡国利病书》卷一百四《广东·杂蛮》。
③ 《旧唐书》卷一百五十一《王锷传》；《岭南名胜记》卷五章望之《重修南海神庙碑》。
④ 《隋书》卷八十一《东夷流求传》。

村村相次，总是若芳奴婢之住处也"①。其中海外奴婢当不少。1978年，海南陵水县干教坡和三亚市送路、酸梅角发现了50多座唐代伊斯兰教古墓群②，也说明海南沿海各港有外侨居住。广州是外贸中心，外侨之多在全国各大城市中属首屈一指。唐代到过广州的阿拉伯人曾多次宣称，广州是"阿拉伯商人的荟萃之地"③。天宝初，鉴真和尚在广州城内见到狮子国、大石国、骨唐国、白蛮、赤蛮等国和地区的人"往来居住，种类极多"④。唐末，广州外侨据说多达12万人。10世纪前期的阿拉伯历史学家麦斯俄迭（马素地，卒于957年）则称："广府是一个大城市，……人烟稠密，仅仅统计伊斯兰教人、基督教人、犹太教人和火祆教人就有二十万人"⑤。

日益增多的外国侨民，在广东一些沿海港口，特别是在广州，已形成强劲的势力。"蕃僚与华人错居，相婚嫁，多占田，营第舍，吏或桡之，则相挺为乱"⑥。有时甚至发展到与地方当局相抗衡、攻城夺邑的地步。如武后光宅元年（684）七月，广州商胡不堪官吏侵渔，直闯都督府，杀死都督路元睿及左右十余人，扬长而去，登舟入海，追之不及⑦。肃宗乾

---

① 《唐大和上东征传》。
② 广东省文管会等：《南海丝绸之路文物图集》，广东科技出版社1991年版，第54页。
③ 《中国印度见闻录》中译本，第7、6、100、115、118—119页。
④ 《唐大和上东征传》。
⑤ 转引自杨怀中《唐代的番客》，载甘肃省民族研究所编《伊斯兰教在中国》，宁夏人民出版社1982年版。
⑥ 《新唐书》卷一百八十二《卢钧传》。
⑦ 《新唐书》卷一百十六《王琳传》；《资治通鉴》卷二百三。

元元年（758）十月，广州的大食人、波斯人联合暴动，攻入城内，"劫仓库，焚庐舍"，然后"浮海而去"①。为妥善安置外侨和加强管理，朝廷乃在广州设置"蕃坊"。

"蕃坊"一词首见于大和间高州刺史房千里的《投荒杂录》，其中述及"顷年在广州蕃坊"②，其创置当会更早。又《宋高僧传》中提及开元二十九年（741），岭南道采访使召诫蕃客大首领伊习宾，命其"约束船主"，送天竺高僧不空等至天竺的事③。所言"蕃客大首领"，即"蕃长"，又称"蕃酋"④，由朝廷从蕃客中挑选充任，"管勾蕃坊公事，专切招邀蕃商入贡"⑤。有蕃长必有蕃坊，其出现必早于开元二十九年。

蕃坊的范围，大体上包括今广州中山路以南、人民路以东、大德路以北、解放路以西一带，以光塔街及其附近为中心⑥。这里店肆林立，万商云集，是个繁华的商业区。各国人都可在此定居经商，保持他们的风俗习惯和宗教信仰，所以伊斯兰教、祆教、摩尼教、佛教在这里都各自拥有信徒。由于阿拉伯人、波斯人数量最多，因而伊斯兰教占主导地位，蕃长一般由穆斯林担任。在不损害国家主权前提下，唐朝赋予外国侨民民族自治权力，规定蕃人犯法，"同类自相犯者，须同本国之制，依其俗法断之。异类相犯者，若高丽之与百济

---

① 《旧唐书》卷十《肃宗纪》，卷一百八十九《西戎波斯传》。
② 转引自顾炎武《天下郡国利病书》卷一百四十。
③ 僧赞宁：《宋高僧传》卷一《唐京兆大兴善寺不空传》。
④ "蕃长"一词见于李肇《国史补》卷中，"蕃酋"则见于刘恂《岭表录异》卷中《波斯枣》条。
⑤ 朱彧：《萍洲可谈》卷二。
⑥ 曾昭璇：《广州历史地理》，广东人民出版社1991年版，第235页。

相犯之类,皆以国家法律,论定刑名"①。

总之,蕃坊既是广州特有的涉外居民管理组织,又是一个功能多样、结构复杂的外侨社区。

唐代东西方经济文化交流极为频繁,中国人从海路出国者大为增加,且不少长期留住或定居海外,其中不乏广东人,广州成为唐人出国的一个主要港口。

中国人出国的原因很多,主要有如下三个方面:

(1) 政治原因。唐末政局动荡,内地人为逃避战祸,纷纷迁往岭南。"是时,天下已乱,中朝士人以岭外最远,可以避地,多游焉"②。其中有些人再由广东迁居海外。乾符六年(879)黄巢占领广州,有的广人为避战乱,成批移居相当于今之印度尼西亚一带。943年,阿拉伯地理学家马斯欧迪到东方旅行,在苏门答腊见有许多中国人耕植于此岛,而尤以巴邻邦(室利佛逝)区域为多,皆为"避中国黄巢之乱而至者"③。

(2) 经济原因。唐代海商无远弗届,定居海外的唐人肯定比前代多。天宝间,杜环游历西亚诸国,在大食见到京兆人樊叔、刘泚,河东人乐环、吕礼在该地从事手工业生产④。他们可能是搭乘海船到那里的。唐末五代之际,中国海商大批南航筒罗,与各国商人交易,居留南洋诸国的机会就更多。

---

① 长孙无忌:《唐律疏议》卷六《化外人相犯》。
② 《新五代史》卷六十五《南汉世家》。
③ 《黄金牧地》,引自李长傅《中国殖民史》,商务印书馆1937年版,第61页。马斯欧迪所见华人,应多系避乱者的后裔,盖此时距黄巢入广州已65年。
④ 《通典》卷一百九十卷《西戎大食》条引《经行记》。

据爪哇史书记载，924年，即南汉乾亨八年，一艘中国大沙船在爪哇北海岸失事，全体乘员脱险上岸，有些人住在扎巴拉附近，其余的住在三宝垄和直葛。这是中国人定居爪哇的最早记载①。从这艘船带有不少宝石的情况看，它可能是商船。此船是否发自广东港口，不得而知，但由此可以推断，唐代商民在海外定居者必大有人在，其中必有广东商人。

（3）宗教原因。唐代佛教昌盛，西行求法僧侣颇多，其中有些人留居海外不返。如咸亨年间，澧州僧哲泛舶西域，长期居留在三摩呾吒国（今恒河三角洲一带，故城在今孟加拉Comilla西12英里的Bad—Kamta）②。永昌初，孟怀业随师自广州附舶至室利佛逝，"恋居佛逝，不返番禺"③。交州僧运期，"往复宏波"，"后便归俗，住室利佛逝国"④。这些居留海外的僧人以及还俗者便是唐朝的华侨。

唐人成批移居海外，艰苦创业，或垦殖，或经商，或传播佛教，开华侨大批移居国外的先河。

---

① 参见Campbell：《爪哇的过去和现在》；佛莱士：《爪哇史》，转引自李学民、黄昆章《印尼华侨史》，广东高等教育出版社1987年版，第85页注。
② 义净：《大唐西域求法高僧传》卷下《澧州僧哲禅师》、《重归南海传》卷上《交州运期法师》。
③ 义净：《大唐西域求法高僧传》卷下《澧州僧哲禅师》、《重归南海传》卷上《交州运期法师》。
④ 义净：《大唐西域求法高僧传》卷下《澧州僧哲禅师》、《重归南海传》卷上《交州运期法师》。

第七节 豪族势力的衰落与粤籍官宦的当朝

随着唐代封建中央集权的强化与社会经济的繁荣，从高宗朝起，朝廷开始改变对南方诸道偏远地区和民族地区的统治政策，着手削弱豪族势力。唐朝又在各州县建置学校，确立科举制度，选拔更多的博学多才之士进入统治阶层。因此，广东地方政治出现两大变化：(1)豪族势力不断受到打击，日趋衰落，中唐以后基本上退出历史舞台；(2)粤籍人士开始走向全国政治舞台，张九龄、刘瞻等政治家跻身于统治集团的最高层，打破了"南士未有以科第显"、北人垄断国家政权的局面。

一、豪族势力的逐渐衰落

唐初，国基未固，朝廷尚无力加强对广东的有效统治，对各地豪族推行羁縻政策，基本上仍沿隋朝之旧。地方豪族只要称臣降服，即授予官位，保持其在地方的政治、经济特权。如冯盎降唐后，朝廷即授予上柱国、高州总管的权位，并先后晋封吴国公、越国公、耿国公，其子冯智戴为春州刺史，冯智彧为东合州刺史①。宁长真以宁越之地降唐后，朝廷授予钦州都督官职，其子宁纯授廉州刺史，族人宁道明授南越州刺

---

① 《旧唐书》卷一百九《冯盎传》，《新唐书》卷一百十《冯盎传》。

史①。此外，潮、循的杨世略，冈州的冯士翙也分别被授予循州、冈州刺史。前朝豪族摇身一变而为唐朝新贵。

唐初对豪族的"生事滋扰"一般也不动用武力。曾经是岭南一霸的冯氏家族降唐后实力丝毫未减，依然是高、罗一带的实际统治者。贞观初，冯盎自恃兵多势大，久不入朝，而且侵掠未已。面对十多次冯盎"阻兵反叛"的举报，唐太宗没有轻易派兵征讨，而是采纳魏征不可用兵、"但怀之以德"的建议②，派散骑常侍韦叔谐、员外散骑侍郎李公淹"持节往广州、高州、崖州都督管内充使巡省"③，化解冲突。虽然另有派将军蔺謩等统江、岭数十州兵南下之举，但只不过是虚张声势、"纵兵威"而已④。贞观四年（630），还罢撤与冯盎有龃龉的广州都督刘感，代之以齐善⑤，以缓和矛盾。这一事件最终以冯盎"自悔前往，令子入侍"，并于贞观五年亲自入觐而平息。事后唐太宗肯定这种和平解决的办法是正确的："不劳而定，胜于十万之师"⑥。

为保持少数民族地区的长治久安，朝廷还注意整肃吏治，"制奸抚弱"。贞观十五年（641）正月，太宗告诫诸州官吏："南方诸州，多统夷僚，官人于彼，言语不通，里吏乡里首侵渔，匹庶不胜忿怨。……卿当深识朕念，制奸抚弱。又不肖长吏，或与富室交通，积成款狎，急忽刑典，是惟蠹政，特

---

① 《新唐书》卷二百二十二下《南蛮南平僚传》。
② 吴兢：《贞观政要》卷九。
③ 许敬宗：《文馆词林》六百六十四唐太宗《安抚岭南诏》。
④ 《资治通鉴》卷一百九十二。
⑤ 参见岑仲勉《唐史余瀋》卷一有关《文馆词林》残简的考证。
⑥ 吴兢：《贞观政要》卷九。

宜禁绝。"① 他还说过："自古皆贵中华，贱夷狄，朕独爱之如一，故其种落皆依朕如父母。"② 确实，唐初比较开明的民族政策在广东取得了较好的效果，促进了民族的和解，维护了地方的安定。贞观七年（633），冯盎派其子冯智戴入京朝觐，备受优礼。唐太宗与太上皇（唐高祖）在未央宫置酒款待他，宴会中"上皇命突厥吉利可汗起舞，又命南蛮酋长冯智戴咏诗，既而笑曰：'胡越一家，自古未有也'"③。于是各地豪族纷纷效忠朝廷。贞观十四年（640），罗、窦诸洞僚反，朝廷任命广州都督党仁弘为窦州道行军总管，而冯盎则率部众二万为先锋，"时有贼数万屯据险要，不可攻逼。盎持弩语左右曰：'尽吾此箭，可知胜负'。连发七矢，而中七人，贼退走，因纵兵乘之，斩首千余级"④。冯盎为平定这次豪族暴动立了大功。

不可否认，唐初推行羁縻政策，造成了与前代一样的严重后果，就是保留了各地豪族的各种特权与统治地位。冯氏家族"所居地方二千里，奴婢万余人，珍货充积"⑤，权势不减当年。冯盎的五个儿子都任州刺史，其中一人还娶高宗时礼部尚书许敬宗之女为妻⑥。贞观中，族人冯子猷入朝，"载金一舸自随"。高宗派御史许瓘查其财产。"瓘至洞，子猷不出迎，后率子弟数十人，击铜鼓、蒙排，执瓘而奏其罪"。高

---

① 《册府元龟》卷一百五十七。
② 《资治通鉴》卷一百九十八。
③ 《资治通鉴》卷一百九十四。
④ 《旧唐书》卷一百九《冯盎传》。
⑤ 《资治通鉴》卷一百九十三。
⑥ 《新唐书》卷二百二十三上《许敬宗传》。

宗急派御史杨璟南下处理。"璟至,卑辞以结之,委罪以瑾。子猷喜,遗金二百两,银五百两,璟不受,子猷曰:'君不取此,且留不得归。'"① 气焰嚣张,竟至于此。这些土豪财雄势大,分割朝廷的土地、户口与赋税,形同地方割据。

太宗晚年,逐渐改变政策,开始削弱冯氏势力。贞观二十年(646),冯盎卒。二十三年,朝廷撤销高州都督府,分高州地增置恩州,又把高州州治从恩平移往良德县②,以分散冯氏家族势力。永徽以后,随着南选与吏部铨选的推行,冯盎的孙子一辈已极少有任刺史的。高宗晚年,冯盎之子智戴卒,其子君衡袭位。武则天长寿初,冯家"以矫诬罪","裂冠毁冕,籍没其家"③。经此变故,南朝以来岭南头号豪族便一蹶不振。宁氏的命运与冯氏差不多。宁长真之后,宁氏在地方充任刺史的也越来越少。神龙二年(706),因蛮酋宁承基兄弟杀害流钦州外戚遗属五人,中宗命广州都督周仁轨率兵二万征讨,追斩宁承基于海上,"杀掠其部众殆尽"④。此后,朝廷继续采取强硬手段,用武力征讨对抗朝廷的豪族首领。开元十六年(728),春、泷等州首领陈行范联合广州首领冯璘(一作冯仁智)、何游鲁等"聚徒作乱",规模空前,"陷四十余城,行范自称帝,游鲁称定国大将军,璘称南越王,割据岭表"。朝廷派骠骑大将军杨思勖征发桂、永、连、道等州兵

---

① 《新唐书》卷一百十《冯盎附子猷传》。
② 《旧唐书》卷四十一《地理志》;《全唐文》卷二百三十一张说《赠潘州刺史冯君(君衡)墓志铭》。
③ 《唐故开府仪同三司兼内侍监(赠扬州)大都督葬泰陵高公(力士)神道碑》,《考古与文物》1983年第2期。
④ 《资治通鉴》卷二百八。

及淮南弩手共10万人进讨,斩何游鲁、冯璘、陈行范及其部众6万人①。

经过朝廷的反复打击,豪族势力大受削弱,已不可能左右岭南政局,但是尚未彻底铲除,在偏远的邕管、安南、海南等地,他们还保存较大的实力。如天宝间,万安州大首领冯若芳拥有大批私人武装和庄客、奴婢,其奴婢居处,村村相续,南北行程可达三天,东西可达五天。另外,一些效忠朝廷的豪族还继续受到朝廷的重用,保存势力。如泷州陈集原,在武后时官至左豹韬卫将军、颍川郡开国公,其族人陈叔珪、陈臣感、陈灵托、陈罗积等都官至岭南县令或州的佐贰官②。

安史之乱后,唐朝国势一落千丈,中央对地方的控制大为削弱。为平定叛乱,朝廷"频诏征发岭南兵募",造成岭南防务一时空虚。于是,岭南一些豪族势力又乘虚而起,肃宗至德元载(756)至大中末,"岭南豀洞夷獠乘此相恐为乱"③,并与南诏、剑南等地豪族相呼应,成为唐后期的主要边患。受其影响,广东的残余豪族也发动了一些反唐事件。大历二年(767),罗州首领冯季康、新州人何如瑛以参与平广州吕太一之乱时"多匿财宝"的罪名被逮杀,何如瑛"所部不服,遂起为乱",冯季康的族人冯崇道起兵响应,"阻洞为乱,前后

---

① 《旧唐书》卷一百八十四《杨思勖传》,《资治通鉴》卷二百十三。
② 陈大远等:《岭南第一唐刻——龙龛道场铭》,香港三昧出版社1993年版。
③ 《旧唐书》卷一百五十七《王翃传》。

累岁，陷没十余州"①。虽然如此，毕竟经过唐前期的反复打击，广东豪族势力基础已相当薄弱，不可能再掀起很大规模的反政府暴动；另方面，唐后期国力尽管不如前期，但对豪族叛乱一般仍可派兵镇压，以恢复地方的安定。大历四年（769），岭南节度使李勉派大将李观与容管经略使王翃联合出兵，扑灭了冯崇道的暴乱②。贞元五年（789），岭南节度使李复派判官姜孟京到海南，用武力收复为洞僚占据120余年之久的琼州。朝廷升琼州为下都督府，加琼、崖、振、儋、万安等五州招讨游奕使，以镇海南③。此后广东再不见有豪族暴乱的记载。

二、张九龄、刘瞻的政治活动

唐代广东各地建立学校，社会文化水平比前大有提高，一批才识卓越的社会精英通过各种途径进入各级政权机构，如冯盎、陈集原、陈元光、张宏愈、张九龄、张九皋、何昌期、张九章、张仲方、何履光、刘轲、刘瞻、郑愚、何鼎等，在政治上或军事上各有所作为，引人注目。唐代生于南方的宰相共有44人，按今省域统计，江苏27人，湖北8人，浙江5人，江西、湖南各1人，四川、福建、云南、贵州、广西均

---

① 《旧唐书》卷一百三十一《李勉传》。
② 《旧唐书》卷一百三十一《李勉传》，卷一百四十四《李观传》。
③ 参见《唐会要》卷七十一；《旧唐书》卷一百二十《李复传》，《全唐文》卷六百二十李复《收复琼州表》。

无人，广东则有张九龄和刘瞻二人①。可见人才蔚起，胜于前代。

张九龄（678—740），字子寿，又名博物。先世居范阳方城（今河北定兴县）。曾祖君政，官韶州别驾，定居于始兴。祖胄，曾在浙江任县令。父宏愈，新州卢索县（今广东新兴县南）丞。九龄幼好读书，七岁能文。武则天天授元年（690），投书广州刺史王方庆，大受赏识，称"此子必能致远"②。中宗景龙元年（707）登进士第，二年，中才堪经邦科③，擢校书郎，从此进入仕途。玄宗先天元年（712），应道侔伊吕科对策，列第二等，迁左拾遗，上书请重视刺史、县令之选，并陈辟举之法。旋因"不协时宰"，称病南归。开元四年（716），主持重开大庾岭路。六年，除礼部员外郎。九年，为中书舍人、内供奉。十二年正月，封曲江县开国男，食邑300户，转太常卿。十四年，张说罢相，因受牵连出为洪州都督，政绩斐然，与前后都督张庭珪、张休合称"三张"④。十八年，徙桂州都督兼岭南道按察选补使，"黜免贪吏，任良登能"⑤。不久，召为秘书少监、集贤院学士副知院事。二十年，拜工部尚书兼知制诰。二十一年，加正议大夫检校中书侍郎，"常

---

① 据《新唐书》"宰相表"，吕绍纲、吕美乐：《中国历代宰相志》（吉林文史出版社1991年版）唐代部分统计。

② 《旧唐书》卷九十九《张九龄传》。

③ 唐代设科举考试选拔官吏，由皇帝临时特诏举行者为制科，优予录取者官职。才堪经邦科、道侔伊吕科均属制科。

④ 《全唐文》卷四百九崔祐甫《卫尉卿洪州都督张公（休）神道碑》。

⑤ 《全唐文》卷四百四十徐浩《唐尚书右丞相中书令张公（九龄）墓志铭》。

密有陈奏，多见纳用"，极得玄宗信任①。同年十二月，以本官同中书门下平章事（宰相）、尚书右丞相。次年，迁中书令。二十三年加金紫光禄大夫，封始兴县开国子，食邑400户。开元二十四（736）年，为奸相李林甫所谗，遂以尚书右丞相罢知政事。二十五年，坐引荐非人，贬荆州大都督府长史，在贬所"不戚戚于婴望，惟文史自娱"②。二十七年，封始兴县开国伯，食邑500户。二十八年南归，五月七日卒于曲江私第，享年63岁③。赠荆州大都督，谥文献，葬于韶州洪义里武陵原（今广东韶关市西北20里罗源洞）。

张九龄在朝为官特别是任相四年，廉洁自持，克己奉公，政绩卓著，成为一代贤相。其突出表现如下：

第一，犯颜直谏。"每见帝无不极言得失"④，"小必谏，大必诤，犯雷霆之威，不霁不止"⑤。武惠妃、李林甫等欲废太子，九龄向玄宗力谏，挫败了他们的篡权阴谋。范阳节度使张守珪、凉州都督牛仙客等边将屡立战功，玄宗欲加给宰相衔，九龄反对，以防边镇势力坐大，危及国家安全。开元二十四年（736），幽州偏将安禄山伐奚、契丹，兵败，罪当处死，玄宗姑息之；九龄力言"禄山狼子野心，有逆相，宜即

---

① 《旧唐书》卷九十九《张九龄传》。
② 《新唐书》卷一百二十六《张九龄传》。尚书右丞相原为宰相之职，开元中叶以后"不知国政"，已不属宰相之职。
③ 《全唐文》卷四百四十徐浩《唐尚书右丞相中书令张公（九龄）神道碑》。新旧《唐书》本传称九龄享年68岁，误。
④ 郑处诲：《明皇杂录》卷下。
⑤ 《全唐文》卷六百二十九吕温《张荆州画赞》。

事诛之,以绝后患"①。玄宗不听,遂酿日后禄山之乱。由于九龄屡加进谏,忠言逆耳,引起玄宗不满,故逐渐被疏远,乃至于被罢斥贬黜。

第二,知人善任。主张用人不循资格,注重能力。所提拔和赏识者,如严挺之、袁仁敬、梁升卿、卢怡、包融、王维、孟浩然等,皆一时博学俊彦。

第三,革新吏治。置十道采访使,检察地方官吏,以防弊政。

张九龄图像
选自《始兴文史》(8)

第四,刑省政通。主张省刑罚、薄征徭、兴农田水利。开元后期,在九龄等朝臣的辅政下,国中"野无遗贤,朝无缺政,百揆时序,庶工允整"②,社会安定,经济繁荣。

张九龄身后好评如潮,不胜枚举。玄宗避安史之乱逃至四川,悔不听九龄处死安禄山之言,叹道:"吾听九龄之言,不到于此!"乃遣人往韶州,"以太牢祭之"。又吹成一曲《谪仙怨》,以寄哀思③。宣宗时,使人画功勋卓著之臣37人像于

---

① 《新唐书》卷一百二十六《张九龄传》。
② 《全唐文》卷四百四十徐浩《唐尚书右丞相中书令张公神道碑》。
③ 康骈:《剧谈录》卷下《广谪仙怨》。此曲后佚名,或名曰《剑南神曲》,大历中流行于江南。刘长卿、唐骈等配词。

凌烟阁，九龄居其一①。元和中，宰相崔群与宪宗论开元、天宝间治乱得失，认为罢贤相张九龄，任奸相李林甫是理乱之所分②。直至明代，著名政治家邱濬对九龄评价极高，认为他"气节功业著在信史，播物于天下后世"，"乃有唐一代第一流人物也"③。这是中肯之论。

刘瞻（？～874），字几之，祖居彭城（今江苏徐州市），后徙居连州桂阳县。父景，元和中进士擢第，为鄜坊从事，号"湘中才子"。刘瞻天资聪颖，富于文才，宣宗大中元年（847）登进士第，四年复登博学宏词科，历任方镇幕僚。咸通初，入充大理评事、太常博士，为宰相刘瑑所赏识，荐为翰林学士。旋出为河中（治今山西永济县蒲州镇）少尹。九年，征拜中书舍人、户部侍郎，出为太原尹、河东节度使。复入为京兆尹、户部侍郎、翰林学士。十年六月，以本官同中书门下平章事（宰相）。次年正月，以中书侍郎兼刑部尚书同平章事，充集贤殿大学士，封上柱国彭城县开国侯，食邑1000户。④

懿宗皇帝残暴荒淫，任用小人。幸臣路岩、韦保衡恃宠横行，"势动天下"，"素所不悦者，必加排斥"⑤。刘瞻梗直当朝，素为所忌恨。咸通十一年（870）八月，同昌公主病卒，懿宗怒杀医官韩宗召等20多人，受累下狱者超过300人。众

---

① 《新唐书》卷一百九十一《忠义传》。
② 《旧唐书》卷一百五十九《崔群传》。
③ 丘濬：《重编琼台稿》卷九《张文献公曲江集序》。
④ 《旧唐书》卷一百七十七《刘瞻传》；《新唐书》卷一百八十一《刘瞻传》。
⑤ 《旧唐书》卷一百七十七《韦保衡传》。

官惧不敢谏，惟独刘瞻上书为医官辩解求情，批评懿宗"行法太过"，"肆暴不明"①，触怒懿宗，罢相，出为江陵尹、荆南节度使。韦保衡、路岩等乘机诬陷刘瞻与医官合谋害死同昌公主，遂再贬为廉州刺史，与刘瞻友善的正直大臣10人也被贬为远州司户，史称"十司户"②。

咸通十四年（873）七月，僖宗继位，徙刘瞻为康、虢（今河南灵宝县）二州刺史，旋召为刑部尚书。乾符元年（874）五月，以中书侍郎同中书门下平章事复相位，八月去世③。

刘瞻是继张九龄之后的第二位岭南籍宰相④。由于权奸当道，故刘瞻经国济世之才不得施展，政治上的成就远不及张九龄，但以为官清正廉明著称于时。史载他居相位后仍"家无留储，无舍第"，在京师所寓旧宅，系租赁而来；"四方献馈，一无所受"⑤。正因为如此，刘瞻受到朝野上下的景仰和爱戴。他罢相出镇荆南时，"都城士庶，以少及长，闻之俱为涕泣"⑥。他返京复职时，长安百姓欢欣鼓舞，两市人"率钱雇百戏迎之"⑦。一个封建官僚受到人们如此崇敬，实属罕

---

① 《新唐书》卷一百八十一《刘瞻传》。
② 马永易：《实宾录》卷一。
③ 《资治通鉴》卷二百五十二。关于刘瞻之死，时人多认为是韦、路党羽刘邺以毒酒害死的。
④ 唐代还有第三位岭南籍宰相姜公辅。姜祖居天水，后徙爱州日南（今越南境）。进士。建中四年（783）拜相，后卒于贬所。
⑤ 康骈：《剧谈录》卷下《刘相国宅》。
⑥ 《新唐书》卷一百八十一《刘瞻传》。
⑦ 《资治通鉴》卷二百五十二。

见。

三、杨思勖、高力士的宦官生涯

唐代政治有一个显著的特点，就是宦官势力强大。从玄宗时起，宦官势力日见增长，肃、代以后，开始干预朝政，与朝臣争权对抗，在最高统治集团形成新的权力中心；还参预皇位之争，"立君、弑君、废君如同儿戏"[①]。唐后期宦官败坏政治风气，引发政治危机，推行虐民暴政，造成军事失利，激起藩镇叛乱。人们一提起宦官，就深恶痛绝，恨之入骨。不过，宦官中人也并非个个都是不肖之徒，玄宗时的粤籍宦官首领杨思勖、高力士凭着过人的智慧、谋略与组织才能，辅佐玄宗，为迎接"开元盛世"的到来作出了贡献。因此，杨、高二人赢得了世人的尊敬与称颂。

杨思勖，罗州石城（今广东化州）人，大首领杨历之子，雷州大首领陈元之外孙。少年入宫为宦官，景龙元年（707），太子李重俊联络左羽林大将军李多祚等发兵诛杀武氏集团首领武三思，进军皇城，企图逼中宗退位；思勖保护中宗脱险，为平定兵变立下"殊常之功"[②]，得破格晋升银青光禄大夫、宏农郡公、行内侍省，旋改拜将军。景云元年（710）六月，韦后毒死中宗，作为皇太后听政，欲除去有皇位继承权的相王李旦，仿效武则天当女皇帝，临淄郡王李隆基联络羽林军将军葛万福、陈玄礼等，抢先发动政变，杀死韦后及其党羽，拥

[①] 赵翼：《廿二史劄记》卷二十《唐代宦官之祸》。
[②] 《全唐文》卷二百二十七张说《颖川太夫人陈氏碑》。

李旦重登帝位。杨思勖因参与密谋政变有功，擢左监门卫将军，被李隆基倚为心腹。其后，在朝廷平定南方边疆豪族叛乱中，杨思勖多次带兵出征，屡立战功。开元十六年（728），玄宗又命杨思勖率10万兵进讨泷州首领陈行范、广州首领冯仁智（一作冯璘）、何游鲁联合发动的武装反叛，迅速平定了岭南东部规模最大的一次豪族叛乱[①]。

杨思勖的一生事功，说明他是维护唐王朝统治的功臣。

高力士（684—762），原姓冯，名元一，高州良德（今广东高州东北）人。曾祖冯盎，父君衡。武则天时君衡被诬陷，全家"籍没"。圣历元年（698），冯元一为岭南讨击使李千里所得，取名力士，进献内宫为宦官。武后"以其强悟，敕给事左右"[②]。因小过被逐出宫，为宦官高延福收养，改姓高。后复被召入宫。因性情谨慎，传递诏敕可靠无误，颇得武后器重，授宫闱丞。韦后杀中宗，准备临朝称制时，高力士支持李隆基发动政变。"自是之后，恩遇特崇"[③]，授朝散大夫、内给事。先天元年（712），李隆基即皇帝位，是为玄宗。太平公主纠集朝臣窦怀贞等准备杀玄宗谋篡；玄宗在高力士等亲信的支持下，先发制人，挫其谋，令太平公主自杀，肃清了朝廷的异己势力。力士以功升银青光禄大夫行内侍同正员。开元初，加右监门卫将军，知内侍省事。天宝初，晋冠军大将军、右监卫大将军、渤海郡开国公。天宝七载（748），加骠

[①] 《旧唐书》卷一百八十四《杨思勖传》。
[②] 《旧唐书》卷一百八十四《高力士传》。
[③] 《唐故开府仪同三司兼内侍监［赠扬州］大都督高公神道碑》，《考古与文物》1983年第2期。

骑大将军、齐国公。

此后，高力士更备受玄宗宠信。玄宗有"力士当上，我寝则稳"之语。"每四方进奏文表，必先呈力士，然后进御，小事便决之"①，可谓权重一时。但是他"性和谨少过，善观时俯仰，不敢骄横"，"中立而不倚，得君而不骄，顺□而不谀，谏而不犯，□王言而有度，持国柄而无权"，因而获得朝野好感，"天子终亲任之，士大夫亦不疾恶"，"近无闲言，远无横议"②。

开元十四年（726）宰相张说被宇文融、李林甫诬陷，玄宗准备重惩，高力士敢于为张说申解，使张得以从轻处置，仅被免去相位③。开元间武惠妃勾结李林甫诬杀太子李瑛，欲立己子李瑁为嗣。高力士反对，劝玄宗"推长而立"，忠王李亨遂被立为太子，武惠妃、李林甫的阴谋乃不得逞④。

天宝年间，玄宗沉溺酒色，不理朝政，李林甫、杨国忠相继掌政，打击贤能，排斥异己，政事日非。高力士对玄宗不时进言规谏。

天宝初，李林甫、牛仙客推行"变造"（租税改折他物）、"和籴"（官府向民间购粮），聚敛财物以供皇室挥霍，玄宗颇为满意。力士则认为变造和籴"未可长行"，如行之，则"国无旬月之蓄，人怀饥馑之忧"；"军国之柄，未可假人"⑤。玄宗听了很不高兴。

① 《旧唐书》卷一百八十四《高力士传》。
② 《高力士神道碑》，《资治通鉴》卷二百十六。
③ 《新唐书》卷一百二十五《张说传》。
④ 《新唐书》卷二百七《高力士传》。
⑤ 郭湜：《高力士外传》。

天宝十三载（754），杨国忠等两次发兵攻南诏，士卒死亡近20万，群臣无人敢言败状；安禄山身兼平卢、范阳、河东三节度使，招兵买马，阴谋反唐。年迈昏愦的唐玄宗却以为天下太平无事，"朝事付之宰相，边事付之诸将，夫复何忧"。高力士马上提醒他："臣闻云南数丧师，又边将拥兵太盛，陛下将何以制之？臣恐一旦祸发，不可复救，何得谓无忧也？"① 玄宗不听。直至安史之乱爆发后，才追悔莫及说："卿往日之言是今日之事"②。

同年秋，关中大雨成灾，百姓大饥，杨国忠却对玄宗谎称"雨虽多，不害稼"，朝臣"无敢言灾者"。玄宗向力士问灾情，力士答道："自陛下以权假宰相，法令不行，阴阳失度，天下事庸可复安？臣之钳口，其时也"。说得玄宗作声不得③。

安史作乱，玄宗率众逃难至马嵬驿（今陕西兴平县马嵬坡），禁军哗变，不愿前行，高力士劝玄宗舍弃民愤极大的杨贵妃，玄宗被迫接受，军心乃定。

肃宗至德二年（757），玄宗回到长安，称太上皇。力士与肃宗宠信的宦官李辅国发生冲突。上元元年（760），力士被诬"潜通逆党，曲附凶徒"，长流巫州（今湖南黔阳县西南）。代宗宝应元年（762）四月放还。六月，力士行至朗州（今湖南常德市）龙兴寺，闻玄宗、肃宗已先后去世，"北望号恸，呕血而卒"。代宗"以其耆宿，保护先朝"，悉还其官，追赠扬州大都督，陪葬泰陵（玄宗墓）。

---

① 《资治通鉴》卷二百十七。
② 郭湜：《高力士外传》。
③ 《新唐书》卷二百七《高力士传》；《资治通鉴》二百十七。

高力士历仕则天、中宗、睿宗、玄宗、肃宗五代,做了不少好事,其一生的主流是值得肯定的。唐人对这位"大宦官"颇多好评。太原郭湜所撰《高力士外传》,对他推崇备至。只是到了唐后期特别是宋代以后,人们由于对宦官弄权祸国十分痛恨,才把高力士与李林甫、杨国忠、安禄山等奸臣以及李辅国、程元振、鱼朝恩、仇士良①等宦官恶棍混为一谈②。尽管如此,后世仍然有一些有识之士力排众议,为高力士说好话。元人张志公就是其中之一,其《金粟山高公墓》诗有:"忠臣不合巫州死,金粟山下有墓田"之句③。明代学者李贽更直言:高力士"真忠臣也,谁谓阉官无人!"④ 当然,作为统治阶级的上层人物,高力士不免有其不良的一面,比如资产丰厚,生活奢华,家族赖以荣显等等,不一而足。

第八节　粤西汉越民族的进一步融合

唐朝对广东的少数民族聚居区加强了控制,并且对粤西的俚、汉豪族实行打击。在经济措施与赋税制度方面,除海南外,少数民族地区也大致与汉人地区相近或特予优待。在

---

① 仇士良(781—843),字匡美,循州兴宁人。文宗时宦官首领,历任内外五坊使、左神策军中尉等职。在职20余年,左右朝政,横暴贪残,前后共杀二王、一妃、四宰相,恶名昭著。

② 晚近已有学者进行辩正,如葛承雍:《重评高力士》,载《人文杂志》1984年第一期。

③ 引自高世瑜等《唐玄宗与泰陵》,陕西旅游出版社1992年版,第89页。

④ 李贽:《史纲评要》卷二十。

这一时期，汉、越民族进一步融合。这主要发生在粤西俚人地区。广东西部大批俚人为汉族同化，同时也与僚人融合，并与瑶族扩大接触。

唐代已开始有较多的汉人官员和被贬谪者前往海南，因此海南黎人开始与汉人有较多的来往和接触。

一、俚族的消失和瑶、僚的分布

唐朝对少数民族的羁縻政策比以往更加完善，对于"声教所暨"、"贡赋版籍多不上户部"的诸蕃及蛮夷州县，还特置"羁縻州"。尽管广东（含海南）无羁縻州，但此项政策也有施行。

岭南各族，由于地理环境影响及支系庞杂，互不统属，无力对抗中央集权的唐王朝，较之全国各地社会相对安定，故社会经济文化空前发展。汉以来主要聚居于广东西部地区的越裔和初唐时已汉化和未汉化的俚人，大都在当地大首领的统治下。如洗夫人之孙冯盎，是当地俚、汉人的共同领袖，诸子皆为刺史，其家"奴婢万余人，所居地方二千里"。冯氏这样的巨族及其下属的大小俚汉豪酋，都是封建领主。他们统治下的人民，特别是俚人，没有人身自由，负担沉重。而唐朝前期，对岭南的赋役却是"夷僚之户皆从半输"，或俚人输半课①。但轻税之利，实归于领主。冯盎这类的家族和封建领主，大约两三世后便在唐朝中央政权的打击下消失（只有一

---

① 《唐六典》卷三，《资治通鉴》卷二百四。

部分仍存留下来)。在其统治下的俚、汉人民因而获得"解放",众多的俚人成为自由的小农,并且受到轻税的优待。他们在郡县官吏的直接管理下,与汉民更易接近、混杂,从而加快了汉化的步伐。中唐改行两税法,岭南及时实行,而且全国统一的法令基本上不再有岭南夷僚纳税较轻的特殊规定。这说明与汉人杂居的"夷僚"地区,有更大量的各族人民融合于汉族。

宋初的《太平寰宇记》所载岭南各族的情形,实是唐、五代时期的有关史实:卷一百六十一至一百六十九,共记俚人七处,其中广东仅有雷州一处,余六处皆在广西境内及其与广东相邻之地。此时俚人的分布已不是跨州连郡,而是星星点点。可知广东西部俚人已基本消失,绝大部分与汉人及其他族融合①。

在俚人逐渐消失的同时,岭南瑶族和僚族的分布却有所扩展。《隋书》所载生活在熙平郡的莫瑶,唐代依然存在。刘禹锡任连州刺史时作的《连州腊日观莫瑶猎西山》诗可证。隋代莫瑶后来通称为"瑶",西山即在州城近处。隋唐时期,瑶族分布于连、韶、广、肇、封、泷、新、高、雷等九州②。关于僚,据北宋初的《太平寰宇记》记载:循州"人多僚蛮";新州新兴县有僚;唐初南扶州及五县"以僚反,寄治泷州",后改南扶州为窦州,辖信宜等县;"康(州)、泷(州)一同,

---

① 北宋之后整个岭南皆不见俚人族称。
② 李默:《隋唐广东瑶族分布考略》,《广东社会科学》1984年第2期。其中明确见于《隋书·地理志》者为连州及封州,其余多据后世资料或推论,李说恐不全准确。

并夷獠相杂";雷州,"地滨大海,人杂夷獠"①。可见唐时獠分布的地方远比俚为多。还有以下几点值得注意:第一,窦(或泷)、新、康、雷等州原是俚人(或乌浒)居地,这时多见獠而少见俚的族称,说明俚已被同化于獠或包容在獠之内;第二,泷、新二州为瑶族伸延之处,又是原俚人、唐僚人居住之地,三族在此便于相互接触相互影响,故有"康、泷一同,并夷獠相杂"的情况;第三,循州新出现的"獠蛮",是广东北部的蛮(与瑶颇类似)和西部的獠东徙而来,说明獠的分布日广,并可能已成为广东一些少数民族的泛称。

二、黎族及其族源

关于黎族的族源,学者见解各异。近几十年来,我国学者根据文献、考古、民族学、语言学等方面的资料,综合前人研究成果,以及经过实地调查考察,多数人认为黎族与南方壮、侗、水、布依、傣等民族有密切的渊源关系,是从我国古代南方的百越族群发展而来,与百越西部的一支——骆越有较密切的关系②。

历代史籍对海南岛土著居民,有过不同的称谓:《汉书·贾捐之传》称为"骆越";《后汉书·南蛮传》称为"里"、"蛮";隋朝则"俚"、"獠"并称;唐代普遍沿袭隋的称谓。但"俚"、"蛮"、"獠"并不是黎族的专称,而是当时南方少数民族的泛称。"黎"这一专用族称最早见于唐代后期。《新唐书·

---

① 《太平寰宇记》卷一百五十九、一百六十三、一百六十四、一百六十九。
② 《黎族简史》,广东人民出版社1982年版,第9页。

杜佑传》有"朱崖黎民三世保险不宾,佑讨平之"的记载;刘恂的《岭表录异》首次出现了"儋振夷黎"的称谓。普遍以"黎"代替"俚"、"僚"等泛称而作为黎族的专用族称,始于宋初,并一直沿用至今。

黎族"有一个共同的民族自称,这就是 ɗai¹（或作 sai,音译近似于"赛",不同的方言有称为 tɗai¹、dai¹、thai⁴ 的,都是 ɗai¹ 这个音的方言变读)"①。由于地域、方言、服饰不同,形成不同支系,内部有各自不同的称呼,如 ha³（汉译为"侾"）等。

据考察,黎族聚居地出土的磨光、有肩、有段的石斧、石锛、大型石铲、印纹硬陶属东南沿海古越族新石器文化系统,与雷州半岛原始文化更加近似,并属于比较进步型之列,而初级型都在大陆东南沿海地区发现。据此可以推断海南岛黎族原始文化与我国东南沿海古越族文化向南扩展的渊源关系②。黎语语音有所谓"发声"的习惯,语法结构的主要特点之一是名词修饰语在被修饰的名词之后,这与古越语有共同之处。黎语与同一语族的壮、布依、傣、侗、水等语在语音、语法和词汇上有显著的共同特征。黎族在本世纪中叶仍存在文身、居住"干栏"、鸡卜、不落夫家等风俗以及广泛流传着与壮、侗等民族基本相同的神话传说。凡此等等,都说明了黎族远古祖先与古越人有密切的文化亲缘和族源关系。

国内外另有学者认为,黎族来源于东南亚的古代民族,

---

① 《黎族简史》,第6页。

② 参看林惠祥:《中国东南区新石器文化特征之一:有段石锛》,《考古学报》1958年第3期。

系远古从南洋乘舟漂洋过海迁到海南岛的。其理由是出土石器、人体测量、血统分析、神话传说均与印尼古代马来民族、印支大陆各族有类似之处。我们认为，考察黎族族源，更应在长期历史发展过程中，在黎族与其他民族（如汉、回、苗）进行频繁的经济、文化交流中作全面的分析研究。

唐代有关黎族的社会状况和风俗的最早记载是：崖州"十月作田，正月收粟，养蚕八度，收稻再度。男著木笠，女著女絮。人皆雕题，凿齿，绣面，鼻饮，是其异也。"① 而《太平寰宇记》卷一百六十九关于海南黎族的记载，也是唐（至五代）时的状况：儋州"俗呼山岭为黎，人居其间，号曰生黎。杀人取齿牙贯之于项，以炫骁勇。弓刀未尝离手，弓以竹为弦。绩木皮为布。尚文身。""观禽兽之产，识春秋之气；占藷芋之熟，纪天文之岁"。"不知礼法，须以威服，号曰生黎"。居于深洞，以木棉为毯；好饮酒，打鼓吹笙以为乐；男人插梳于发，带人齿，削竹为箭而无羽；女人纹面、穿耳戴环；病无医药，但杀羊犬祭神。崖州（唐振州）风俗与琼州同。《太平寰宇记》未载明"熟黎"情形。因当时大陆移居和往来海南的人尚少，故黎族的社会进步极其缓慢。唐时海南的"土贡"为金、银、珍珠、玳瑁、高良姜、糖、五色藤盘、斑布、食单、香②，后四种应是黎族的主要特产。

三、蛋人的由来

蛋人，又作旦、但、蜑、蜒、㕴，都是同音异写，首见于

---

① 《唐大和上东征传》，《群书类丛》第四辑卷六十九。
② 《新唐书》卷四十三上《地理志》。

《淮南子》："使旦吹竽"。至南北朝、隋、唐，史籍中称之为"蜑蛮"，且在《隋书·南蛮传》中指出蛋、儴、俚、僚、㐌、苹泛称南蛮，与华人交错杂居。唐代韩愈写的《郡公房公墓碣铭》，提到"林蛮洞蜑"。

蛋人是百越族群很古老的一支，或说起源于巴蜀川东一带江河，由川、湘入五岭，线索难明。岭南蛋人应是由土著发展而来。"九疑之南，陆事寡而水事众，于是民人被发文身，以象鳞虫。短绻不绔，以便涉游；短袂攘卷，以便刺舟。"①这是一支活跃于南方粤闽河网地带及沿海的以渔猎为生的民族，自古即"习于水斗，便于用舟"，在水上村落栅木而居。至南朝时已遍布两广的河岸、水涯。西江中下游及今珠江三角洲，曾有大量蛋人聚居。蛋人的散布，还及于红河三角洲及东南亚一些滨海地区。这些地方也有栅居习惯和水上村落。近代学者罗香林在《唐代蛋人考》一书中认为蛋人与台湾岛上的先民也有关系，台湾岛上的高山族与古蛋人可能是同源异流，在三国孙吴进入台湾之前，早有其历史渊源。另有一说，认为百越族群的一支，名曰蛋人，最早来到南太平洋，又称为"TANGAROA"，其音似乎是"蛋家佬"；使用"双身船"（方舟）和他类船只，来往于东海、南海和南太平洋之间②。至今还在波里尼西亚流传的"水神"蛋家佬的传说，为古蛋人向海外移殖的观点提供了新证。由此可见，蛋人曾是我国古代航海事业及海外文化传播的先驱。

广东古代的蛋民原是江海上的"自由民"，其生产以及生

---

① 《淮南子·原道训》。
② 石钟健：《百越史研究》，中南民族学院1983年版，第71页。

活来源，主要是捕鱼和采珠。汉合浦郡有乌浒人采珠，后世称乌蜑。可见乌浒人也是后世蛋民来源之一。又据《岭表录异》载：东晋末卢循败亡后，其余党奔入海岛，实亦加入了蜑民队伍。大约至唐代，蛋民才被纳入郡县编户，并须计丁纳课。

第九节 官民关系和阶级关系

唐代的吏治既有好的一面，又有坏的一面。在广东，这坏的一面表现为官多黩货，肃而不清，与前代相较，大同小异。这是封建社会本身的性质决定了的。

唐前期广东同时存在着领主庄园经济（主要在西部）和地主庄园经济。其后，领主庄园经济渐趋衰落乃至基本消失，农奴式的部曲也多转化为依附性较弱的佃农或佃客。而整个唐代，地主庄园经济则不断发展，但租种地主土地所受的地租剥削很重。此外，唐代广东的蓄奴之风相当普遍。

一、官多黩货

广东历来是贪官污吏云集之地，唐代不少官场中人视到广州做官为肥缺，千方百计求为广东长官，特别是唐后期，岭南藩帅，即有"厚赂北司而得之"[①]。长庆初，工部尚书郑权

---

① 《资治通鉴》卷二百四十五，文宗开成元年。安史之乱后，宦官势力形成最高统治集团中另一个权力中心，因其机构在皇城北部，故称"北司"。

不愿当京官，通过关系求得岭南节钺，目的就是为了改变"奉入寡薄"的状况①。这些人一入广东，即作法渔利，大肆搜刮，任满后"靡不捆载而还"，"前后刺史，皆多黩货"②。贞观中的广州都督党仁弘，"擅赋役夷僚甚多，去职北还，有七十船"③。宝历初，户部尚书胡证出为岭南节度使，"好掊敛财货"，"岭表奇货，道途不绝，京邑推为富家"④。据现有资料分析，唐代125位广帅中为官确称清廉者仅王方庆、宋璟、裴伷先、李朝隐、卢奂、李勉、杜佑、徐申、杨于陵、孔戣、卢钧、韦正贯、萧仿、李知柔等十数人而已。

州县官吏的贪黩更为普遍。贞观初，广州都督萧龄之曾称岭南州县"多用土人任官，不顾宪章，唯求润屋"⑤。文宗时岭南节度使卢钧指出，北方人南来做官"十中无一，肯识廉耻"⑥。据《报应录》载，广州四会县县令何泽"性豪横"，"尤嗜鹅鸭"，常令乡胥里正四处征敛，以致其家"常豢养鹅鸭千百头"⑦，即是一例。

唐朝其实很重视岭南吏治的整肃，一方面，尽量委任清廉耿介之士为岭南长吏，另一方面，严惩贪官污吏。如贞观

---

① 《旧唐书》卷一百五十二《薛连诚传》；《册府元龟》卷四百五十五、四百九十五。
② 《旧唐书》卷一百七十七《卢钧传》。
③ 《册府元龟》卷四百五十五。
④ 《旧唐书》卷一百六十三《胡证传》。
⑤ 《册府元龟》卷六百八十九。
⑥ 《唐会要》卷七十五。
⑦ 《太平广记》卷一百三十三《何泽》条引。

间，广州都督党仁弘聚财百余万，被免为庶人，徙钦州①。天宝初，刘巨麟、彭杲（一作果）相继为南海太守兼五府节度，"皆坐赃钜万而死"②。上元二年（761），广州刺史张万顷坐赃被贬为巫州龙标县（今湖南洪江市黔城）尉③。一些岭南藩帅也采取措施，防止贪污，如元和初岭南节度使孔戣，试图增加州县官课料钱，以达到肃贪养廉的目的④，但似乎没有收到预期效果。贪官污吏的搜括，必然导致官民关系的紧张，不利于社会的安定。

二、庄园经济的发展与农民负担的加重

唐初岭南也推行过均田制，但很不彻底；同时，西部（含海南）豪族势力强大，大的封建领主被原封不动地保留下来，在其土地上耕种的是部曲或农奴，其经济属于农奴制的庄园经济。高宗以后，朝廷对冯氏、冼氏、宁氏等豪族反复进行打击，他们拥有的土地或被没收归国有，或被他人占有，分别落到地主和自耕农手中，原有的依附性极强的部曲或奴婢得到解放，转化为依附性较弱的佃农、佃客或独立的自耕农，农奴制庄园经济随之分崩离析。唐后期，农奴制庄园经济在广东已基本消失。

与农奴制庄园衰落的情况相反，地主庄园经济却获得较

---

① 《册府元龟》卷四百五十五。
② 《旧唐书》卷九十八《卢怀慎子奂传》。
③ 《册府元龟》卷七百。
④ 《全唐文》卷六百九十五孔戣《奏加岭南州县官课料钱状》。

大发展。高宗以后土地兼并愈演愈烈,大地主不断产生,拥有大片土地和众多的庄客。开元、天宝间,"法令弛坏,兼并之弊,有逾于汉成(帝)、哀(帝)之间"①。这种局面的恶性发展,导致均田制崩溃和租庸调制的废止。两税法施行后,广东的土地兼并规模更大,地主庄园经济在封建经济中渐占主导地位。岭南地主、官僚、豪强乃至富商,除了用不正当的侵夺、霸占等手段外,较多的是通过合法买卖兼并土地。咸通初,岭南节度使韦宙喜好清远飞来寺一带名山胜水,乃"以俸钱买菜园",营建别墅,自名"韦氏园林"②。唐后期广州的外国侨民也"多占田营第宅",其获得土地的手段一般也是购买。凡属拥有较多佃农或庄客的成"庄"土地,其"庄田"即是地主庄园经济。寺院地主也一样。其占有土地除受田、赐田外,大多是接受捐赠。如潮阳大地主洪大丁,自贞元七年(791)至十三年(797),捐与灵山寺田1 400亩,号贞元庄。大中六年(852),洪大丁之孙洪奋虬又捐予灵山寺庄田三处,共1 700亩,总共捐田3 100亩,年收租谷4 900石③。这每处数百亩至1 000余亩的寺田,也就是寺院地主的庄园经济。

地主庄园的增多,是广东封建经济进一步发展的结果。当然,还有占有土地较少的小地主。在土地兼并浪潮中,大批自耕农丧失土地,他们大都沦为佃农,或成为雇佣劳动者,或

---

① 《通典》卷二。
② 光绪《清远县志》卷十五。
③ 洪己任辑:《洪氏族谱》(潮州):《碑阴舍田记》、宋淳化五年《洪氏舍田碑》、元至正六年《洪氏舍田之记》,民国11年铅印本。

转入都市从事工商杂务，或到处流浪，或成为"盗贼"，甚至卖身为奴。

佃农向地主租种土地，所受的剥削是很重的。当时的地租租率一般是五五或四六分成，佃农一年辛勤劳动所得有一半以上被地主占有。《广异记》云："山魈（佃农）者，岭南所在有之。……每岁中与人营田，人出田及种，余耕地种植，并是山魈。谷熟则来唤人平分，性质直，与人分，不取其多，人亦不敢取多。"① 这是租佃关系的实况。德宗兴元间，韶州刺史徐申募民营田，"假牛犁粟种与食者，所收其半与之；不假牛犁者三分与二。"② 这种耕种官田的营田（性质上相当于租种官田）者，所受的剥削相对稍轻。自有土地的农民，除了要缴纳国家正税外，还要负担各种各样的杂税、徭役。广大农民在地主阶级的压迫与剥削下，负担日重，特别是唐末，不少人遂相聚为"盗"。黄巢起义军进入岭南时，广东出现"群盗蚁结"的局面③。

三、蓄奴的盛行

唐代广东官府与私人都占有大量的奴婢。官奴婢主要在官府从事各种杂役，或在官营手工业中从事生产；私奴婢主要从事家务劳动和服务性杂役，也有从事生产的。唐前期冯盎、冯若芳的奴婢成千上万，中宗时韶州巨富邓祐"奴婢千

---

① 《太平广记》卷四百二十八《斑子》条引。
② 《全唐文》卷六百三十九李翱《徐公（申）行状》。
③ 梁廷枏：《南汉书》卷一《烈宗纪》。

人"①，肯定都有一部分投入工农业生产。文宗时琼州刺史韦公干驱使女奴制作各种手工业产品，颇具规模。

官私奴婢的来源很多，主要有如下几个方面。

（1）掳掠。唐朝在对外战争中，经常俘获大批战俘与人口，其中不少被发配广东为官奴。大历、建中间，朝廷频繁对吐蕃、南诏用兵，掳获蕃口尤多，大多被安置到江南、岭南为官奴。如大中五年（851）二月诏令云："边上诸州镇送到投来吐蕃、回鹘奴婢等，今后所司勘问了，宜并配岭外，不得隶内地。"②元稹也说："近制西边每擒蕃囚，例皆传置南方，不加剿戮"③。白居易诗云："缚戎人，缚戎人，耳穿面破驱入秦，天子矜怜不忍杀，诏徙东南吴与越。"④可见对外战争带来的官奴婢数量很大。

朝廷对岭南少数民族作战，也常把战俘没为官奴，数量可观。贞观间广州都督党仁弘征伐岭南俚僚，"没降僚为奴婢"⑤。开元间，杨思勖镇压泷州首领陈行范等暴乱，"获口、马、金、玉巨万计"⑥，人口亦多没为官奴。

掳掠平民为奴，在岭南、黔中、福建等地时有发生，故元和四年（809）闰四月敕令："缘公私掠卖奴婢，宜令所在长吏，切加捉搦，并审细勘责，委知非良人百姓，乃许交关，

---

① 张鹜：《朝野佥载》卷一。
② 《唐会要》卷八十六。
③ 《元氏长庆集》卷二十四《缚戎人》。
④ 《全唐诗》卷四百二十六白居易《缚戎人》。
⑤ 《册府元龟》卷四百五十五。
⑥ 《旧唐书》卷一百八十四《杨思勖传》。

（2）买卖。唐代广东奴隶买卖之风甚盛。柳宗元称："越人少恩，生男女必货视之，自毁齿已上，父兄鬻卖，以觊其利，不足，则取他室。"② 韩愈亦谓："岭南以口为货，其荒阻处，父子相缚为奴。"③ 广大劳动人民为贫困所迫，不得不出卖骨肉，并非"少恩"之过。宣宗大中九年（855）闰四月发布的《禁岭南货卖男女敕》称岭南奴婢买卖"夙习为常"，就是百姓迫于征税造成的④。《南海异事》记载有这样一种现象："南海民妻方孕，则诣富室，指腹以卖之，俗谓'指腹卖'。或己子未胜衣，邻之子稍可卖，往贷取以鬻，折杖以识其短长，俟己子长与杖等，即偿贷者"⑤。这也是贫困所致。

广东奴婢买卖是政府特许的。买卖双方按奴婢姿容的妍丑、年纪的幼壮而定价格，成交后则立契券，官府从中征税。由于这种交易有利可图，造就了一批职业人贩子，一些地方官吏"因亦自利"，"京师权门多托买南人为奴婢"⑥。

被贩卖为奴者，多为少数民族，另外还有一些海外番舶贩入的马来人、印度人、南洋各岛屿土人、新罗人及非洲人。这些外籍奴婢大多皮肤黝黑，体格强壮，尤善探水，富家豪门多见蓄用，时称"昆仑"或"昆仑奴"。张籍诗云："昆仑家住海中州，蛮客将来汉地游。言语解教秦吉了，波涛初过

---

① 《唐会要》卷八十六。
② 《柳河东集》卷十七《童区寄传》。
③ 《昌黎先生集》卷三十三《唐正议大夫尚书左丞孔公（戣）墓志铭》。
④ 《全唐文》卷八十一。
⑤ 《太平广记》卷四百八十三《南海人》条引。
⑥ 《旧唐书》卷一百五十四《孔巢父附戣传》。

郁林洲。金环欲落曾穿耳，螺髻长卷不裹头。自爱肌肤黑如漆，行时半脱木绵裘。"① 于此可见昆仑奴的形象。

（3）罪犯没官。唐律规定："凡反逆相坐，没其家配官曹，长役为官奴婢"；"谋反者男女奴婢没为官奴婢"②。神龙三年（707）八月七日规定："反逆缘坐应没官者，年至十六以上，并配岭南远恶州为城奴。"③ 这也是广东官奴婢的一个来源。

（4）奴产子。奴婢世代相承，"当色为婚"，其子女仍属奴籍。虽然官奴婢可通过老免或特赦免为番户、杂户乃至良民，私奴婢也可以通过政府放免、官府代赎、自赎及本主放免等途径免为良民，但这些机会并不多。

此外，柳宗元曾记载广西柳州有负债典质子女为奴者，广东也可能有这种奴婢。

唐代蓄奴之风盛行是全国性现象，不独某一地区为然，但大体言之，南方盛于北方，愈往南此风愈盛，广东是较为盛行的地区。此风盛行的结果，导致大批劳动人民沦为贱民，备受统治者的压迫与驱使，同时造成各地"户口滋耗"，政府的赋税收入因而减少，并且束缚了社会生产力的发展。唐政府曾多次限制蓄奴、放免奴婢，使蓄奴之风有所减弱。

第十节 黄巢起义军下岭南

唐末，久经宦官、藩镇之祸折磨而衰败不堪的唐王朝又

---

① 《全唐诗》卷三百八十五张籍《昆仑儿》。
② 《新唐书》卷四十六《百官志》、卷五十六《刑法志》。
③ 《唐会要》卷四十一。

受到黄巢等人领导的农民起义军的冲击。僖宗乾符六年(879),起义军进占岭南将近一年,削弱了中央对岭南的统治,各种武装力量纷纷乘乱兴起。

一、黄巢起义军攻占广州

唐末,社会矛盾与阶级斗争日趋尖锐,先后激发了浙东裘甫起义和桂州戍兵起义。僖宗乾符二年(875)五月,濮州(今山东濮县东)人王仙芝在长垣(今河南长垣县东北)聚众数千起,随后曹州冤句(今山东曹县北)人黄巢聚众响应,掀起更大规模的农民起义。五年,王仙芝战死,黄巢尽收其部,率众南下淮南、浙东、福建等地;次年正月,进入岭南,远离唐朝布置重兵的东都及运河、长江沿线地区,取得休整机会[1]。

经过长途转战而疲惫不堪的农民军,稍作休整后,于六年(879)五月围攻广州,即日攻陷,执节度使李迢[2]。随后起义军分兵攻打岭南其他州县,除在容州、高州、韶州等地受到唐将庞巨昭、刘昌鲁、地方首领虞夫人的抵抗外,势如破竹,"遂据交、广"[3]。

---

[1] 黄巢入粤路线,一说由闽入粤,一说由赣入粤。由闽入粤之说,或认为沿海南进,或认为稍偏内地。参见徐俊鸣《有关黄巢进军岭南的一些资料》,《光明日报》1961年10月25日。

[2] 《旧唐书》卷十九下《僖宗纪》。黄巢攻占广州的时间,一说在乾符五年,一说乾符六年。后说或认为在六月,或认为在九月。参见方积六《黄巢起义考》,中国社会科学出版社1983年版,第91—99页。

[3] 《旧唐书》卷二百下《黄巢传》。

当中原王朝衰弱，对地方控制力消减时，岭南以其地理和经济的相对独立性，较容易形成或大或小的割据势力。有些外来势力，盘踞岭南，并以此为根据地，向内地扩张，也往往影响大局。黄巢下岭南，显然"欲据南海之地，永为窠穴，坐邀朝命"①。六月，黄巢命李迢草表替其求官，李迢不从，被杀，遂亲自上表求为广州节度使同平章事（使相）兼安南都护。黄巢在表中自称义军百万都统兼韶、广等州观察处置等使。朝臣对黄巢的处置意见不一：宰相郑畋主张"以南海节制縻之"②；另一位宰相卢携则"坚言不可假贼节制，止授率府率（太子属官）"，如果黄巢不接受，则派镇海节度使高骈统兵讨平之③；左仆射于琮认为"南海以宝产富天下，如与贼，国藏竭矣"，亦不主张授予黄巢节钺④；诸道行营都统、镇海藩帅高骈更主张调集兵马分海、陆数道围剿起义军⑤。僖宗本人不主张对起义军用兵，乃派内侍仇公度带手诏和节度使、指挥观察使等官告56通往广州招抚，九月十二日到达广州⑥。

起义军多为北方人，不习南方水土，自春及夏，"其众大疫，死者十三四"，且思乡心切，"劝请北归，以图大利"⑦。黄巢乃决定离开岭南，并于十月一日，退回朝廷官告，宣布即

---

① 《旧唐书》卷二百下《黄巢传》。
② 《旧唐书》卷一百七十八《郑畋传》。
③ 《旧唐书》卷一百七十八《卢携传》，卷二百下《黄巢传》。
④ 《新唐书》卷一百八十五《郑畋传》。
⑤ 《新唐书》卷二百二十四下《高骈传》。
⑥ 参见《通鉴考异》卷二十四引《续宝运录》；方积六《黄巢起义考》，中国社会科学出版社1983年版，第94—95页。
⑦ 《旧唐书》卷二百下《黄巢传》。

将入关,指斥朝廷"宦竖柄朝,垢蠹纪纲",揭露"诸臣与中人赂遗交构状",以及"铨贡失才"等"当时极敝",提出"禁刺史殖财产,县令犯赃者族"的政治主张,同时发出通牒,敦促唐僖宗归降义军①。这一露布揭露了唐朝的黑暗与腐败,反映了劳动人民的愿望和呼声,为义军发动北伐、推翻唐朝统治下了一道总动员令,指明方向,大壮声威。闰十月,起义军"自桂州编大筏数十,乘暴水,沿湘江而下"②,转战湖、湘、江、浙一带。僖宗广明元年(880)十二月,攻克长安,建立大齐政权。

黄巢起义军攻占广州,是唐末农民战争的一次重大胜利,使起义军得以休整和补充,为北伐的胜利奠定了基础。起义军占据岭南将近一年,对地方封建势力进行大规模的扫荡,打乱了旧有的政治格局,削弱了朝廷对地方的控制,对岭南政局的发展产生了巨大的影响。然而,据当时侨居广州的阿拉伯商人称,黄巢曾镇压广州的外国商民,导致大批中外商民逃往海外,东西方贸易活动一度冷落③。

---

① 《新唐书》卷二百二十五下《黄巢传》。
② 《资治通鉴》卷二百五十三。
③ 9世纪阿拉伯文献《中国印度见闻录》云,黄巢占领广州后,"屠杀居民","据熟悉中国情形的人说,不计罹难的中国人在内,仅寄居城中经商的伊斯兰教徒、犹太教徒、基督教徒、拜火教徒,就总共有十二万人被他杀害了。"黄巢还"把那里的桑树和其他树木全部砍光了。……这一事件,就是阿拉伯各国失去货源,特别是失去丝绸的原因。"而马斯欧迪的《金草原》则称黄巢"占领省城,杀戮大量居民。伊斯兰教徒、基督教徒、犹太人以及波斯拜火教徒,在逃避刀兵中死于水火般的劫难者,计有二十万之众。"(见《中国印度见闻录》第96页及140页中译者注)

二、武装割据势力的兴起

在黄巢起义的打击下，腐朽的唐王朝摇摇欲坠，国内大部分地区强藩林立，"皆自擅兵赋，迭相吞噬，朝廷不能制。江淮转运路绝，两河、江淮赋不上供，但岁时献奉而已。国命所能制者，河西、山南、剑南、岭南西道数十州"①。这时，一向对朝廷恭顺的岭南，除岭南西道（邕管）外，岭南东道、桂管、容管和安南大概也偏离了唐朝的控制。1955年西安市西郊出土的《唐故南内留后使承奉郎行内侍省内仆局令上柱国赐绯鱼袋陇西李府君（令崇）墓志铭》记载了黄巢起义后朝廷二次派高级宦官出抚岭南的一些情况。其中有"陆贾义隆，尉佗信寡"②的比喻，表明当时岭南藩帅确实出现过对朝廷离心的现象。但是，这种局面为时不长，僖宗末年朝廷对岭南的控制又得到恢复，李迢之后已知的岭南东道节度使郑续、裴璩、刘崇龟、李知柔、徐彦若等都是恭顺的。

尽管朝廷对岭南恢复了控制，但已远不如以前那么牢固。各种势力乘乱兴起，纷纷登上地方政治舞台，形成大小不等的武装割据。

（1）刺史、州将。唐后期，专职的团练使在军事行动时有权专奏，不受节度观察使的制约，拥有较大的自主权；身兼团练等使的刺史集一州军政大权于一身，掌握州兵武装，权

---

① 《旧唐书》卷十九下《僖宗纪》。
② 陈全方：《两块唐墓志与唐末农民起义》附录，《考古与文物》1983年第2期。

力不断膨胀。黄巢起义后,握有兵权的刺史与州将乘机招兵买马,扩充势力,攻城略地,割据一方,甚至发展到与节度使相抗衡的地步。乾符中,刘昌鲁为高州刺史,黄巢起义军入粤时,兼任南五州防遏使,"遏黄巢之乱",保"一境独全"①;刘隐为清海节度使后,"数召之(昌鲁),欲籍没而有其地",昌鲁反抗,并击败刘的进攻②。曾任高州刺史的刘潜,后据新州,也长期与刘隐对抗。昭宗时,曾衮为韶州刺史,不服藩帅李知柔节制,于光化元年(898)十二月,联合州将王环发动兵变,谋攻广州,为刘隐所平③。唐末江东七十余寨为跋扈军将所据,"负嵎自固",刘隐多年无法收复④。

(2)藩镇军将。唐后期,岭南节度使的不少佐僚和军将被派到属州假摄阙官。黄巢起义后,部分军将在地方扩充势力,发展武装,逐渐成为地方的实际统治者。如乾宁初,广州牙校刘知谦被升为封州刺史兼贺水镇遏使,一年后,就拥有精兵万余,战舰百余,成为西江一带最强大的武装力量。一些有野心的军将依仗手中兵力,骄横跋扈,甚至觊觎帅位,制造兵乱。乾宁三年(896)十二月,广州牙将卢琚、谭宏玘利用藩帅刘崇龟去世而新帅李知柔尚未到任的机会发动叛乱,占领广、端等州,企图夺取清海节度使之位,但很快被封州刺史刘隐击平⑤。

---

① 《全唐文》卷八百三十九刘昌鲁《致马殷书》。
② 梁廷枬:《南汉书》卷十八《刘昌鲁传》。
③ 《南汉书》卷一《烈宗纪》。
④ 《南汉书》卷二《高祖纪》。
⑤ 《资治通鉴》卷二百六十,唐昭宗乾宁三年。

(3) 农民起义军余部。黄巢北伐后，没有追随他的农军留下继续坚持斗争，形成武装割据。黄巢的部将鲁景仁因病以千骑留连州，得到唐连州戍将黄行存的支持，"完垒自守"，并与道州蛮蔡结、郴州人陈彦谦、零陵人唐行旻等结成犄角之势，割据湘粤边境达二十年①。

上述种种武装力量各据一方，互相攻伐，有如唐后期国内藩镇割据局面在广东的再现。经过反复的较量，起家封州的刘隐以过人的智慧和卓越的政治、军事才能，最终扫平群雄，登上清海节度使宝座，拥有岭南最强大的武装力量。

第十一节　社会文化水平的显著提高

唐政府兴科举、设学校，在广东各地培养出一批有用的人才。不少南迁的中原人士为广东开展教化、移风易俗、改善人文景观作出了重大贡献。惠能等高僧创立中国化的佛教——禅宗，开创了中国佛教传播与发展的新时代。张九龄、刘轲、邵谒等文坛巨擘的文学创作，留下了大量脍炙人口的诗文，在唐代文学史上占有一席地位。广州成为东西方文化交流的东方前沿与桥梁。西方宗教、艺术、医学等知识纷纷由此传入，扩散到内地，给广东和全国文化增添了新的养分。以儒家学说为主体的封建文化，在广东融汇了海外文化、乡土文化，形成风格独特的广东地方文化，使广东的文化状况灿

---

① 《资治通鉴》卷二百六十一，唐昭宗光化二年。

然改观。

一、教育与科举

隋代废除九品中正制,创立科举制,至唐代科举教育体制已较为完善。唐代各州县均置学校,招收生徒,学习文学、算术、法律、医学等多方面的知识。按规定,州(府)县学生徒均有定额,大、中都督府和上州为 60 人,下都督府和中州为 50 人,下州 40 人;上县 40 人,中、中下县各 35 人,下县 20 人①。

唐代派往广东境内的各级官员有不少是重视地方文化教育事业的。在广州,高宗龙朔中,广帅"明婚冠于县邑,布庠塾于闾阎"②。在潮州,高宗仪凤二年(677),刺史常怀德"以礼义教民","郡中丧祭,鲜用浮屠","民皆化之"。代宗大历十四年(779),宰相常衮贬刺潮州,兴学育才,"潮人由衮知学"③。宪宗元和十四年(819),韩愈刺潮,复兴乡校,"督生徒兴恺悌之风",使"潮人皆笃于文行,延及齐民"④。在韶州,元和末,刺史张蒙"修广庠序","梗化者莫不濯心焉"⑤。懿宗咸通末,张祎为封州司马,"封民语不可解,祎时

---

① 《新唐书》卷四十四《选举志》。必须指出,唐代各州县虽曾设置学校,但不少废置不常。
② 《全唐文》卷一百八十五王勃《常州刺史平原郡开国公行状》。
③ 顺治《潮州府志》卷四。
④ 《昌黎先生集》文外集卷五《潮州请置乡校牒》;《东坡全集》后集卷十五《潮州韩文公庙碑》。
⑤ 黄佐:《广东通志》卷四十六《周君巢传》。

以文义教之,渐知读书,士子日来请益,与论文章不倦"①。在儋州,太宗贞观初,太子校书王义方贬为吉安丞,"召诸首领,集生徒,亲为讲经,行释奠之礼,清歌吹篪,登降有序,蛮酋大喜"②。这些活动对提高各地文化教育水平起直接的推动作用。

私学是唐代广东教育的重要方面,特别是一些南来人士或在家讲学,或在山林聚徒授业,也造就了不少学问渊博、颇有成就的人才。德宗贞元间,曲江人刘轲至罗浮山师事寿春杨生,研究经学,著书立说,宪宗元和初登第,后成为古文运动的健将。元和初,文学家李翱摄循州刺史,育才兴文,"文学为一方矜式"③,循州文风由是日盛。元和中,刘禹锡为连州刺史,重视教育,扶植后进,江浙以南学子"以进士书刺者,浩不可纪"④,连州文风一时蔚起。

明崇祯年间首次披露罗定龙龛古道场保存的唐代石刻铭文,武则天圣历二年(699)冠军大将军陈集原所撰。该铭使用了15个武则天时创造的字,如而(天)、埊(地)、☉(日)、逼(月)、恶(臣)、霋(初)、秊(年)、击(正)、⊙(星)、璧(证)、囡(国)等⑤,说明当时广东推行了新字,也反映出广东对中原文化信息吸收的迅速。

唐代广东文士参加科举,每年十月,由州县把考试合格

---

① 黄佐:《广东通志》卷四十六《张裪传》。
② 《旧唐书》卷一百八十七《忠义传》上。
③ 黄佐:《广东通志》卷四十六《李翱传》。
④ 《刘禹锡集》卷三十八《送曹璩归越中旧隐使》。
⑤ 陈大远等:《岭南第一唐刻——龙龛道场铭》,香港三昧出版社1993年版;陆增祥:《八琼室金石补正》卷四十四陈集原《龙龛道场铭》。

的生徒报送尚书省,再到京城参加考试。考试的科目甚多,有秀才、明经、俊士、进士、明法、明字、明算、一史、三史、开元礼、道举、童子等①;此外还有制举,即皇帝亲自主持的考试。高宗以后,进士科日显重要,士子"凡由文学一举于有司者,竞集于进士"②。于是进士科成为一般士子追求功名、"以文章达"的最主要途径。一个地区登进士第人数的多寡,也就成为衡量该地区文化教育水平高低的最主要标志。据统计,唐代广东登进士科者有36人,其中韶州9人,广州8人,连州8人、潮州3人、封州3人、循州3人、康州1人、端州1人;另外制科9人,其他各科12人③。

唐代广东科举具有如下几个特点:(1)唐中后期登进士第人数占唐广东进士总数的94.44%,说明此时文化教育事业有跳跃性进展。(2)韶州人数最多,广、连、潮、循、封五州居其后,端、康二州也占一定比例,南道、海南各州空白,说明社会经济发展水平较高的地区文化教育也比较发达。(3)广东登进士第人数不及中原和江浙。考其原因,除文化教育的发展存在差距之外,还与广东地处偏远、朝廷对岭南的进士举额分配不平等有关。以武宗会昌五年(845)的分配额为例,东监、同华、河中各30人,凤翔、山南、江南、浙东、浙西、荆南等道各15人,河东、陈许等道各10人,岭

---

① 《新唐书》卷四十四《选举志》。
② 王定保:《唐摭言》卷一。
③ 据徐松《登科记考》、阮元《广东通志·选举表》、广东各府县志及部分唐人诗文笔记综合统计。

南、桂府、安南、邕、容等道与福建、金汝、盐丰各7人①，广东进士举额远不及中原诸道和江、浙。广东进士及第人数在南方虽不及江苏、浙江、四川、江西、福建，但与湖北安徽不相上下，而高于湖南、广西、云南、贵州等地②，文化教育水平在全国排名不低。

二、流人贬官的大批南来及其对广东文化发展的影响

唐朝实行流徙和贬降制度。流徙系继承隋制而来，贬降则是唐朝的新制，是把犯轻罪或有过失的官吏降秩贬级，例授偏远之处。由于这一制度也是把左降官投放远处，形同流放，故唐人每以流贬并列，后人也往往不加区别。其实两者不是一码事："流为摈死之刑"，"贬则降秩而已"③。流人的身分纯粹是一般庶民或贱民，而左降官则仍是官吏；流人服刑期满，一般附籍流所，非经特赦不能放还原籍，左降官则满五年即可量移近处。

唐朝统治集团长期把流徙和贬降当作内部斗争的工具频繁使用，因而导致大批流人、左降官进入岭南。流贬广东者，

---

① 王定保：《唐摭言》卷一《会昌五年举格文》。

② 参见徐松《登科记考》及乾隆《江南通志》、光绪《浙江通志》、雍正《江西通志》、乾隆《福建通志》、嘉庆《四川通志》、道光《广东通志》、民国《湖北通志》、光绪《湖南通志》、光绪《广西通志》、乾隆《贵州通志》等《选举表》。

③ 《唐会要》卷四十一。

流人较多分布于海南、雷州半岛及粤西地区，左降官则多安置于粤北、粤东及海南。唐代流贬广东有史籍可考者，流人将近300人（次），左降官近200人，其中皇亲国戚37人（家），宰相49人（次），此外还有一批高官显贵、名士高人。这些人有的遇赦或秩满返回内地，有的死于流所贬所，有的落籍当地。一部分左降官对提高各地的文化素质与文化水平，或多或少地出过力，一些著名的人物作用尤大。

刘禹锡（772—842），字梦得，洛阳人。唐代著名文学家和诗人。顺宗时为屯田员外郎、判度支盐铁案，与韦执谊、王伾、王叔文、柳宗元等发动"永贞革新"，触犯了宦官、大族和方镇的利益，遭到政敌的反对。宪宗立，逐杀新党，刘禹锡被贬为连州刺史，未至，改贬朗州司马。宪宗元和十年（815）改授连州刺史。

连州地虽偏远，但经济发达，且山清水秀，风景宜人，被刘禹锡称为"荒服之善部，而炎裔之凉圩"①。他在连州重视地方文化建设，扶植后进。九疑村有个书生名周鲁儒，自幼苦读，"持一刺来谒"，刘禹锡把他列于宾籍，和他探讨学术，"引古事以相劘切"。周鲁儒因而学业精进，被荐举上京参加科举考试，刘禹锡特地写一首诗为他送行②。可见刘对培养人才的重视。经过刘禹锡大力倡导，连州文化教育更显昌盛，登科第者代有人出，人数之多，居岭南各州前列（仅次于韶州）。

刘禹锡还为开发连州风景名胜作出贡献。连州有海阳湖，

---

① 《刘禹锡集》卷九《连州刺史厅壁记》。
② 《刘禹锡集》卷三十八《送周鲁儒赴举诗》。

是德宗时道州（今湖南道县）刺史元结所筑。刘禹锡"作吏隐亭于海阳湖壖"，使海阳湖成为"亭"、"溪"、"瀑"、"池"、"潭"、"窟"并胜的风景区[①]。

刘禹锡居连州四年，深入生活，接近人民，写下80多篇诗文，如《连州刺史厅壁记》、《海阳十咏》、《插田歌》、《莫徭歌》、《连州腊日观莫徭猎西山》等。这些诗文讴歌连州风土人情，关心民间疾苦，很有感染力，是研究连州难得的历史资料。元和十四年（819），刘禹锡应曹溪僧道琳之请而作的《大唐曹溪第六祖大鉴禅师第二碑》，是研究惠能和禅宗的重要史料。

韩愈（768—824），著名思想家、文学家，古文运动领袖。字退之，河南河阳（今河南孟县西）人。祖居昌黎，故自称昌黎人，世称韩昌黎。宪宗时官至刑部侍郎。元和十四年（819），因上《论佛骨表》，谏迎佛骨入宫，触怒宪宗，贬为潮州刺史。韩愈正月离京，经秦岭，过蓝关，写下《左迁至蓝关示侄孙湘》等诗篇。二月中旬到达韶州昌乐泷江口，三月廿五日至广州，然后东经增城，溯东江，过程乡，下恶溪，四月廿五日至潮州[②]。十月廿四日量移袁州（今江西宜春县）。韩愈在贬潮州之前曾两度到过广东，一为大历十二年（777）随兄赴韶州贬所，二为贞元十九年（793）左迁连州阳山县令。

韩愈在潮州六个月，为地方做了一些好事。他采取措施，

---

① 《刘禹锡集》卷三十八《海阳十咏》。

② 一说三月廿五日至潮。此处据李庆新《论韩愈刺潮》，载《广东社会科学》1986年第4期。

遏制蓄奴之风，凡被掠卖之人口，为设法赎身①。他曾作《祭鳄鱼文》、《祭城隍文》、《祭大湖神文》、《祭止雨文》等，祈求消灾除害，虽不免迷信灵异，但可见其关心民间疾苦的真情，尤以《祭鳄鱼文》为千古传诵之佳作。他荐举海阳人赵德摄海阳县尉兼州衙推官，命其"专勾当州学，督生徒，兴恺悌之风"。还捐赠部分薪俸，作为兴学经费②。

韩愈是唐代儒学宗师，夷夏之别的正统思想极为浓厚，鄙视少数民族。他在《潮州刺史谢上表》等诗文中，把潮州渲染成不可一日而居的险恶之区，说他身在其间，"常惧染蛮夷"，视治下人民为魑魅鸟兽。后来名士李商隐到循州考察，"举户籍而虽有蛮夷，考地志而尚无魑魅"③，对韩愈丑化潮人提出批评。不过，韩愈毕竟为潮州做了好事，尤其是振兴教化，使"峒僚海夷陶然自化"④，"自是潮人皆笃于文行"⑤。潮人感戴韩愈之德，修建韩文公祠以为纪念，"饮食必祭，水旱疾疫，凡有求必祷焉"⑥，并给山取名"韩山"，水取名"韩江"，木取名"韩木"，头帕取名"文公帕"，真所谓"令百世血食而山川草木尽蒙姓韩"⑦。

李德裕（787—849），字文饶，赵郡（今河北赵县）人。文宗、武宗两代宰相，"牛李党争"中的李党首领。宣宗立，

---

① 皇甫湜：《皇甫持正集》卷六《韩文公神道碑》。
② 《昌黎先生集》文外集卷五《潮州请置乡校牒》。
③ 《舆地纪胜》卷九十一《循州》引李商隐《循州刺史谢表》。
④ 张读：《宣室志》卷四《韩愈驱鳄》。
⑤ 《东坡全集》后集卷十五《潮州韩文公庙碑》。
⑥ 《东坡全集》后集卷十五《潮州韩文公庙碑》。
⑦ 林熙春：《重修韩祠碑记》。该碑现存于潮州韩文公祠。

牛党得势。大中元年（847）李被贬为潮州司马。二年冬抵达潮阳。他"虽苍黄颠沛之中，犹留心著述，杂序数十篇，号曰《穷愁志》"①。不久又贬崖州司户参军。

李德裕于大中三年初到崖州，由于当朝宰相皆为"怨仇"，官府亲朋都不敢存问，所以他处境甚为恶劣："块独穷悴，终日苦饥"；"资储荡尽，家事一空，百口嗷然，往往绝食"；"药物陈衰，又无医人"②。他唯有写诗以寄哀愁。其《登望阙亭》诗云："独上江亭望帝京，鸟飞犹用半年程；青山也恐人归去，百匝千遭绕郡城"③。凄苦无奈之情，聚于纸上。十二月十日，李德裕病逝于贬所。他的两个儿子落籍崖州。其后裔至明清之际繁衍至百余家数百人，"俱化于黎"④。

李德裕在崖州虽无大作为，但影响却很大。海南人同情这位威名"独重于时"的二朝宰相的悲惨遭遇，取其诗名建"永日轩"，以示怀念。越数百年，还立"五公祠"祀之⑤。

三、佛教的盛行与中外僧人
的求法传道活动

在唐朝统治者的大力倡导与扶植下，佛教纷纷开宗立派，

---

① 《旧唐书》卷一百七十四《李德裕传》。
② 《全唐文》卷七百七李德裕《与姚谏议郃书》。
③ 钱易：《南部新书》己。
④ 光绪：《崖州志》卷二十二。
⑤ 五公祠在今海口市，祀唐宋五位贬海南的名臣：李德裕、李纲、赵鼎、胡铨、李光。

形成唯识宗、华严宗、律宗、法相宗、密宗、禅宗、净土宗等七大宗派，走向鼎盛时期。广东佛教也很盛行。韶州为禅宗开宗之地，"寺最众，僧最多"[①]，佛教极盛。据不完全统计，唐代广东有寺院105所，韶州就有25所，占总数的24%。广州是岭南的政治、经济、文化中心，佛教也很流行，全州寺院19所（占总数的18%），大批中外僧人流连其间，或译经，或布教，禅宗、密宗、律宗等荟萃其间。新州是禅宗六祖惠能的出生地，佛教亦盛，州境内寺院有12所之多。循州罗浮山佛教自东晋起就开始盛行，唐代循州境11所寺院大都集中在这里。开元间，政府开明月戒坛于延祥寺之右，"凡岭南落发坏衣者悉受具于此。"[②] 因而循州在广东佛教中占有特殊重要地位。潮州在唐中后期经济文化发展较快，佛教的传播也随之加快。德宗贞元七年（791），禅宗高僧大颠在潮阳灵山建寺弘法，学者云集，传法至千人，禅风大盛，并成为粤东、闽南的佛教中心。州境有寺院18所，占广东寺院总数的18%，仅次于韶、广二州。比较而言，海南、雷州半岛一带佛教不甚流行，寺院甚少。文宗大和间，曾任高州刺史的房千里指出："南人率不信释氏。虽有一二佛寺，吏课其为僧，以督责释之土田及施财，间有一二僧，喜拥妇食肉，但居其家，不能少解佛事，土人以女配僧，呼为师郎"[③]。直到唐末，尚少正式出家的僧人。

[①] 余靖：《武溪集》卷七《韶州开元寺新建浴室记》。
[②] 余靖：《武溪集》卷九《惠州罗浮山延祥寺记》。
[③] 《太平广记》卷四百八十三引《投荒杂录》。

唐代广东各州寺院统计表　　　　（单位：所）

韶州	广州	潮州	新州	循州	端州	恩州	连州	泷州	雷州	康州	窦州	琼州	崖州	儋州	振州
25	19	18	12	11	5	3	2	2	2	1	1	1	1	1	1

资料来源：1. 阮元：《广东通志》卷二百二十九至二百三十；2. 各府、州、县志及唐人诗文有关记录。

说明：无寺院的州不入表。

唐代广东不仅有不少外国僧人由海路到广州传播佛教，或从广州再转入内地传教，而且有大批中国僧人从广州等港乘海舶直航至室利佛逝、诃陵、末罗瑜、天竺等国，礼圣迹，研佛法，取经典，开展空前的西行求法活动，也有到国外弘法的。因此，广州成为唐朝中外佛教交流和传播的重地。

唐代中国僧人由海路西行求法可考的有40多人，其中成就最大的为义净。

义净（635—713），俗姓张，齐州（今山东济南市）人①。幼出家，"仰法显之雅操，慕玄奘之高风"。高宗咸亨二年（671）到广州，得到冯孝铨兄弟的资助，备足经费，十一月偕弟子善行乘波斯舶启航南行，经室利佛逝、末罗瑜、羯荼等国，于四年（673）到达东天竺耽摩梨底国。高宗上元元年（674），复随商队至中天竺，历30余国，在那烂陀寺留住10年，研究瑜伽、中观、因明和俱舍，求得梵文本三藏佛经近400部50余万颂。武则天垂拱元年（685）东归，永昌元年

---

① 一说范阳（今河北涿县）人。

（688）七月回到广州，住制旨寺（今光孝寺）。十一月，又偕清远峡山寺僧贞固、怀业、道宏、法朗等南航室利佛逝，译写佛经，抄补梵本。长寿三年（694）夏，复归广州。证圣元年（695）抵洛阳，从事译经工作①。义净是继东晋法显、唐初玄奘之后又一位杰出的求法高僧，在印度、南海诸国居留25年，对推动中印文化交流，增进中国与各国人民的友谊作出了有益的贡献。他回国后共译佛经56部230卷，大大丰富了中国佛教理论与和佛藏。所撰《大唐西域求法高僧传》、《南海寄归内法传》等著作成为研究印度、南海诸国历史和中外关系史的珍贵史料。

中国僧人也有走出国门，到日本、新罗等国弘扬佛法的。天宝初，扬州大云寺律宗大师鉴真应日本学问僧荣睿、普照的邀请，赴日本传播佛教，多次东渡不就。天宝七载（748）六月廿五日，鉴真率弟子14人第五次东渡，途中遇风浪，十一月漂至振州，住大云寺。后经万安州至崖州，发动僧众，修建佛寺，又登坛授戒，讲授律学。不久，至雷州，经今广西境到达端州。沿途"官人、僧道、父老迎送礼拜，供养承事，其事无量，不可言记"。在端州，前来迎接的荣睿患病逝世。鉴真一行到广州，受到广帅卢奂的欢迎，住大云寺一春，旋赴扬州，广州市民"倾城相送"。天宝九载至韶州，游祥居、法泉诸寺，因旅途炎热，眼疾发作，遂致失明。他在岭南居留将近二年，扩大律宗在海南、广州等地的传播，在岭南佛教史上写下重要的一页。返回扬州后，鉴真于天宝十二载第

---

① 赞宁：《宋高僧传》卷一《唐京兆大荐福寺义净传》。

六次东渡日本成功，受到日本朝野的尊敬，乃于奈良建招提寺，"长敷律藏"，成为日本律宗始祖①。

外国僧人由海路到广州宣传佛法，翻译佛经，培养人才，颇有成就。中印度高僧极量，梵名般剌密谛，武则天时到广州。神龙元年（705）五月，在制旨寺与乌苌国沙门弥加释迦、罗浮山南楼寺僧怀迪、前宰相房融一起翻译《灌顶部》中之《大佛顶如来密因修证了义诸菩萨万行首楞严经》10卷，开元中流传至内地②。此外，若那跋陀罗、般剌若、释智慧、释跋日罗菩提、乾末多罗等外国僧人也来过广州。

开元七年（719），狮子国僧人不空（705—774）在阇婆国遇见金刚智三藏，随来广州，建大曼拏罗灌顶场，宣扬密藏。八年，至洛阳广福寺。二十九年，奉命赍送国书往狮子国，率弟子含光、惠誓等37人南下广州，受到岭南采访使刘巨麟的厚待，于法性寺（今光孝寺）"相次度人百千万众"。十二月，不空等乘昆仑舶离开广州，经诃陵国到达狮子国，受到国王殊礼接待；广求《密藏》及诸经论，获陀罗尼教《金刚顶瑜伽经》等80部，大小乘经论20部，共1 200卷。又游五天竺，于天宝五载（746）回到长安。后在武威、两京等地译经弘法，成为中国密宗的祖师③。

---

① 真人元开：《唐大和上东征传》；赞宁：《宋高僧传》卷十四《唐扬州大云寺鉴真传》。

② 赞宁：《宋高僧传》卷二《唐广州制旨寺极量传》，卷三《罗浮山石楼寺怀迪传》。

③ 赞宁：《宋高僧传》卷一《唐京兆大兴善寺不空传》；中国佛教协会编：《中国佛教》第二辑，知识出版社1982年版，第212页。

四、惠能与禅宗

惠能（638—713），一作慧能，俗姓卢。祖居范阳（今河北涿县）。父行瑫，唐高祖武德间左迁新州，遂落籍岭南。三岁丧父，移居南海，家境贫穷，靠采樵供养母亲。某日在市中听人诵《金刚经》而有所悟，乃离家往韶州曹溪宝林寺出家为僧，人称卢行者。不久，至乐昌西石窟，从智远禅师学禅。高宗龙朔元年（661，一说咸亨三年，即672年）从智远之议到达黄梅（今湖北黄梅）东禅寺向弘忍学禅。弘忍问："汝是岭南人，又是獦獠，若为堪作佛？"惠能答："人虽有南北，佛性本无南北，獦獠身与和尚不同，佛性有何差别！"弘忍遂命他随众劳动，为舂米行者。居数月，弘忍命门徒各作偈呈验，以选择法嗣。大弟子神秀作一偈云："身是菩提树，心如明镜台，时时勤拂拭，莫使有尘埃。"惠能亦作一偈："菩提本无树，明镜亦非台，佛性常清静，何处有尘埃？"又有一偈云："心是菩提树，身为明镜台，明镜本清静，何处染尘埃？"① 从"空无"的观点看，惠能的悟性显然比神秀高，所以弘忍决定选惠能为法嗣，于夜间私下授以《金刚般若经》和衣钵。为避免神秀的加害，弘忍叮嘱惠能速回南方，待时行化。

惠能隐遁于广州四会、怀集之间，"杂业于编人（民）"。高宗仪凤元年（676）正月，至广州法性寺，值印宗法师讲

---

① 《大正藏》卷四十八，法海本《六祖法宝坛经》。惠昕本、契嵩本、宗宝本《坛经》均作："菩提本无树，明镜亦非台，本来无一物，何处惹尘埃？"

《涅槃经》，惠能与众僧讨论风幡飘动的原因，语惊四座。印宗延之上席，惠能开示传法衣钵，印宗乃集众僧于菩提树下，为惠能剃发，由智光律师授戒。居二月，惠能开示禅门，说般若波罗密法。次年春，辞众北归韶州宝林寺。韶州刺史韦璩仰慕其道风，率同僚入山迎惠能至大梵寺，为众说法，兼授无相戒，聚众千人以上。门人法海录其法语，又加入惠能后来的禅理，编为《南宗顿教最上大乘摩诃般若经六祖大师大梵寺施法坛经》，简称《法宝坛经》①。此后，惠能在曹溪说法30余年，禅法大盛，谒者奔凑。武则天、唐中宗曾诏其入京，惠能固辞。中宗赠摩纳袈裟一领及绢500匹供养，并改宝林寺名为中兴寺，又以新州故宅为国恩寺。睿宗延和元年（712），惠能回新州，命门人建报恩塔。玄宗先天二年（713），圆寂于国恩寺，弟子迎其遗体归葬曹溪。其后，著名文学家王维、柳宗元、刘禹锡都曾为其作碑铭。宪宗元和八年（813），岭南节度使马总表请追褒，宪宗诏赠大鉴禅师。禅宗自梁代普通中菩提达摩传入中国后，世代传承，历传慧可、僧璨、道信、弘忍，六传至惠能，故一般称惠能为六祖大师。

惠能是唐代最杰出的佛教领袖，他的禅学集中在《坛经》。他把自己的思想与中国传统相结合，在宗教哲学上通过牛头禅吸收老庄玄学，在宗教伦理上认同上尊下卑、图报国

---

① 此本发现于敦煌，故又称敦煌本，为现存最早的版本。晚唐沙门惠昕改编《六祖坛经》，北宋契嵩改编《六祖大师法宝坛经曹溪原本》，元比丘宗宝编《六祖大师法宝坛经》，学者多认为这三本《坛经》对原书篡改、杜撰、增删甚多，价值不如"法海本"。

恩皇恩、善养父母、落叶归根等儒家学说①。其"顿悟"法门，以直悟人性为主，把佛理归结为"一切万法不离自性"，人人皆有佛性，"道由心生"，"万法唯心"，"自身是佛"。他不主张保持传统的坐禅方法，不立戒、定、慧，认为"一切修多罗及诸文字，大小二乘，十二部经，皆因人置，因智慧性，方能建立，若世无人，一切万法，本自不有"；只要把心看成空的，无念、无相、无住，即可顿悟成佛。所以"不立文字"，直澈心源。惠能的世界观是主观唯心主义，但他的禅学使佛教义理简单化、通俗化，不仅易为社会各阶层所接受，而且成功地完成了中国佛教从诠释佛法到创造理论、改变修持方法的转变，使禅宗成为中国化最彻底的佛教宗派；惠能的弘法活动，对照搬天竺佛法、墨守成规、不敢变通、拘泥于繁琐戒律的各派旧法而言，是具有划时代意义的佛教革新。惠能禅学对以韩愈、李翱为代表的唐代性理学说也产生重大影响，直接开启宋明理学陆九渊一派"宇宙便是吾心，吾心即是宇宙"的观点，在中国哲学思想史上影响十分深远。

惠能的禅学与神秀的禅学大不相同。在方法论上，惠能强调"顿悟"，神秀主张"渐修"，故有"顿派"与"渐派"之分。惠能禅学初时主要流传于南方，称"南宗"；流传于北方的神秀禅学，则称"北宗"。开元十二年（724）正月十五日，惠能的弟子神会在滑台（今河南滑县）大云寺设无遮大会，批评北宗最有声望的神秀门人普寂，伪造禅宗法统，"荡其渐修

---

① 参见姜伯勤《国恩寺考》，《中山大学史学集刊》第二辑，广东人民出版社1994年版。

之道",大弘南宗宗旨,取得决定性胜利①。天宝以后,神会以及惠能的其他门人大力弘扬"顿"教,使曹溪顿悟法门流行天下,"天下言禅道者,以曹溪为口实矣"②。南宗遂成为禅宗的正统,是唐后期最流行、影响最大的佛教宗派。

惠能的门人很多,《景德传灯录》、《传法正宗记》称其嗣法弟子有43人,比较著名的有青原行思、南岳怀让、荷泽神会、永嘉玄觉、南岳慧忠等,再传弟子希迁(700—790)、五传弟子慧寂(807—883)也颇有成就。希迁,端州高要人,年轻时投曹溪,受度为沙弥。天宝元年(742)到衡山南寺,于大石上结庵而居,人称"石头和尚"。其禅学思想集中于所著《参同契》一书中。"参同"二字,原出于道家,希迁取其意以发挥他的以"回互"为眼目的禅法。"参"是指万殊诸法各守其位,互不相犯;"同"是指诸法虽万殊而统于一元;"回互"则指万殊诸法间的互不相犯而又相涉相入的关系。其说丰富了禅法的内容,开辟其一系宗风,对中外禅学影响很大。其门人药山惟俨数传至洞山良价、曹山本寂,形成了曹洞宗;门人天皇道悟弘其禅法,至五代时更形成云门、法眼二宗。禅宗五家中,有三家是希迁所传。曹洞、法眼二宗,又传其法至日本、高丽,迄今传习不衰。此外门人灵山大颠、丹霞天然等也是很有影响的禅宗高僧③。

慧寂,韶州浈昌(今南雄)人。17岁出家,依宝林寺通

---

① 赞宁:《宋高僧传》卷八《唐洛京荷泽寺神会传》。
② 赞宁:《宋高僧传》卷八《唐韶州今南华寺慧能传》。
③ 参见中国佛教协会编《中国佛教》第二辑,知识出版社1982年版,第208—210页。

禅师，数年后随沩山灵祐，学禅十多年，得沩山心传。后住袁州（今江西宜春）仰山，别开一派，世称"仰山慧寂"，与灵祐合称沩仰宗，为禅宗五家之一。沩仰宗的基本观点，是把主、客观世界分为"三种生"："想生"、"相生"、"流注生"，只有否定"三种生"，"方得自在"①。

五、道教、伊斯兰教和其他宗教

唐代统治者提倡佛教，也积极扶植道教。道教的创始人老子被认为是李唐的远祖，故道士颇受朝廷优礼。开元间，道教发展到鼎盛时期。广东是唐朝的道教重地，罗浮山被列为"第七洞天"，连州抱福山则被列为"七十二福地"之一②。各地名山胜地，均有宫观：罗浮山即有冲虚观、轩辕庵、黍珠庵，广州有元妙观、五仙观，韶州有元妙观、锦石岩、招隐岩，连州有清虚观、延真观、真祺观，潮州有超真观，儋州有景昌观③。

罗浮山是岭南道教中心，在全国很有影响。天宝初，玄宗派道士申太芝"往名山修功德"，罗浮山在巡祭之列④。冲虚观朱明洞有祈雨坛，高百尺，亦名百尺坛，据称是"唐玄宗赐祭之所"，"后凡赐祭则行祀于此"⑤。罗浮山还聚集过一

---

① 参见郭朋《隋唐佛教》，齐鲁书社1980年版，第548—550页；黄忏华《佛教各宗大纲》，台湾天华出版事业股份有限公司1980年版，第288页。
② 杜光庭：《洞天福地记》。
③ 阮元：《广东通志》卷二百二十九、二百三十。
④ 《全唐文》卷三百二十四王维《贺古乐器表》。
⑤ 宋广业：《罗浮山志汇编》卷三。

批有影响的道士，如轩辕集、吕洞宾、何仙姑、许碏、徐仙姑、蔡天一、司马退之、王体靓、侯道华、罗万象、李终南、侯八八、严士则、王锡、刘瞎、邓元起、厉归真等①。在佛道之争中，罗浮道士曾扮演重要角色。武宗时，道教势力在最高统治者的支持下进行大规模的排佛运动。会昌五年（845），罗浮道士邓元起、轩辕集被迎入宫，与赵归真等"共为犄角，同毁释门"，"而拆寺之请行焉"②，从而造成"会昌灭佛"事件。大中元年（847）宣宗即位不久便下敕恢复佛教，杀邓元起，逐轩辕集。这次道佛冲突虽为时不长，但对佛教打击却异常沉重，除禅宗仍一枝独秀外，其余宗派从此一蹶不振。大中末，宣宗亦好仙道，经广州监军吴德励介绍，轩辕集再次被迎入京，传授摄生延年益寿之道，居留月余。可见罗浮山道教仍然在统治集团中具有一定的影响③。

广州是唐朝对外经贸中心，外国商民往来留居甚多，因而伊斯兰教、祆教、摩尼教、景教等外国宗教也先后传入。诸教并存，构成岭南宗教文化的开放性、多元化特征。

伊斯兰教是7世纪初阿拉伯半岛麦加人穆罕默德创造的。628年（唐太宗贞观二年），穆罕默德遣使至当时世界上最强大的三大帝国即拜占庭帝国、波斯帝国和大唐帝国传播伊斯兰教。派往唐朝的使臣在麦地那的扬布（Yanpu）启航，循海路到广州，受到唐朝的厚待。唐朝对"其科学之见解，颇

---

① 宋广业：《罗浮山志汇编》卷四。
② 《旧唐书》卷十八上《武宗纪》，赞宁：《宋高僧传》卷十七。
③ 《旧唐书》卷十八下《宣宗纪》，裴庭裕：《东观奏记》卷下，苏鹗：《杜阳杂编》卷下。

加赞许,并助之建一清真寺于广东,以备阿拉伯商人之用"。这是伊斯兰教传入中国之始①。

广州是阿拉伯在唐侨民最多的城市。在蕃坊,每逢节日,蕃长都要"带领全体穆斯林作祷告,宣讲教义,并为穆斯林的苏丹祈祷"②。当时所建的怀圣寺,是我国现存最古的伊斯兰教建筑。据广州地方志书记载,穆罕默德的近臣阿布·宛葛素唐初来到广州,死后葬于城北,即今清真先贤古墓,也是早期伊斯兰教在中国传播的重要遗迹。

1978年,考古工作者在海南三亚市送路、酸梅角、陵水县干教坡发现50多块唐代伊斯兰教徒的墓碑,证明伊斯兰教在海南也有传播③。

景教是唐人对基督教聂斯脱利派的称呼,5世纪末叶由君士坦丁堡(今土耳其伊斯坦布尔)主教聂斯脱利在波斯创立。贞观九年(635),该教派教士阿罗本等人到中国,最初在长安建寺,继而向各地传播,于各州置景寺。景教"法流十道","寺满百城"。开元间,景教徒及烈曾多次活动于广州、长安之间,并与广州市舶使周庆立"广造奇器异巧以进"④。会昌五年(845),武宗灭佛,景教同时被禁,但对广州似乎影

---

① 威尔斯:《世界史纲》第30章,转引自金吉堂《中国回教史研究》,台湾瑾庭出版社1971年版,第53—54页。关于伊斯兰教始传中国的时间,还有如下几种说法:隋开皇七年,唐武德五年、永徽二年,一般认为前二说不可信。

② 《中国印度见闻录》中译本,中华书局1983年版,第7页。

③ 广东省文管会等:《南海丝绸之路文物图集》,广东科技出版社1991年版,第54页。

④ 阿·克·穆尔著,郝镇华译:《1550年前的中国基督教史》,中华书局1984年版,第72—73页。

响不大。乾符六年（879），黄巢率起义军攻占广州，逐杀外国侨民，景教徒亦不能幸免。从此，景教势力消失殆尽。

祆教（又称拜火教）、摩尼教也传入广东，在黄巢起义军攻占广州之前，都有一定影响。

六、张九龄、刘轲、邵谒的文学成就

唐代文苑百花盛开，争奇斗艳，尤其是诗歌，派别分立，风格多样，臻于全盛。广东也涌现出一批文学家与艺术家，张九龄、刘明素、区泽、刘轲、卢宗回、张随、郑愚、莫宣卿、李文儒、韦昌明、张鸿、杨环、邵谒、黄匪躬等人的诗赋文章，高力士、张询、僧徽的书画，都有很高的造诣，尤以张九龄、刘轲、邵谒享有盛名。

张九龄不仅是唐朝杰出的政治家，而且也是著名的文学家、思想家。他7岁能文，进入仕途后，所写的大量敕书诏令，看似质朴无华，但"明白切当，多得王言之体"，因而深受朝野推崇。唐玄宗称赞道："张九龄文章，自有唐名公皆弗如也，朕终身师之，不得其一二，此人真文场元帅也。"①

张九龄的诗歌写得更好。他一反齐梁以来婉丽浮华的诗风，以兴寄风雅的手法、平实显浅的语言来表达真实的感情，形成清新刚健、韵味隽永的独特风格。其《望月怀远》诗可为代表。诗云："海上生明月，天涯共此时。情人怨遥夜，竟夕起相思。灭烛怜光满，披衣觉露滋。不堪盈手赠，还寝梦

---

① 王仁裕：《开元天宝遗事》卷下。

佳期。"此诗既有《诗经》比兴寄托手法,又有《楚辞》香草美人式的浪漫色彩,诚为唐诗中难得的抒情佳作。又如《湖口望庐山瀑布泉》:"万丈洪泉落,迢迢半紫氛。奔飞下杂树,洒落出重云。日照虹霓似,天清风雨闻。灵山多秀色,空水共氤氲。"意境幽远,气势恢宏,语言精妙,一气呵成,也是唐诗中之佳品。

开元末,玄宗荒于政事,重用奸臣李林甫,张九龄对此十分不满,写下《咏燕》、《白羽扇赋》等诗,表露自己忠君爱国而又满怀忧愤之情。被贬斥荆州后,张九龄诗风大变,更多咏物言志之作。所作《感遇》十二首及《杂诗》五首被公认为其此时的代表作,后人评价"其言造道,雅正冲淡,体合《风》、《骚》"[①]。下面两诗可见一斑。其一:"兰叶春葳蕤,桂华秋皎洁。欣欣似生意,自尔为佳节。谁知林栖者,闻风坐相悦。草木有本心,何求美人折!"(《感遇》之一)其二:"江南有丹橘,终冬犹绿林。岂伊地气暖,自有岁寒心。可以荐佳客,奈何阻重深。运命惟所遇,循环不可寻。徒言树桃李,此木岂无阴!"(《感遇》之七)

张九龄上承"初唐四杰"王勃、杨炯、卢照邻、骆宾王开拓诗歌新领域、探索格律新形式的余绪,中继陈子昂"风雅兴寄"和"汉魏风骨"的践履,以自己非凡的才华和不懈的努力,大破齐梁颓风,成为初、盛唐之际诗歌革新运动的领袖人物。他长期在朝为官,奖掖后进,"以文学用臣",团结了一批富有才华、敢于创新的诗歌高手。王昌龄、王维、孟

[①] 高棅:《唐诗品汇》卷二。

浩然等都深受他的影响，形成以"清淡"为基本特征的诗歌流派。明人胡震亨指出："张子寿首创清淡之派，盛唐继起。孟浩然、王维、储光羲、常建、韦应物，本曲江清淡而益以风神者。"① 明人王士祯称："唐人于六朝率揽其菁华，汰其芜蔓，可为学古之法。自陈子昂追怀建安之风，开元之际，则张曲江以继之，李太白又继之。"② 清人沈德潜说："唐初五言古渐趋于律，风格未进，陈正字起衰而诗品始正，张曲江继续诗品乃醇。"③ 张九龄的诗歌创作在初唐盛唐诗坛中起承前启后的作用，为开创群星灿烂、异彩纷呈、空前绝后的盛唐诗界作出卓越的贡献。

张九龄著述甚丰，其诗、赋、敕、书、铭后人结集为《张曲江集》。另外曾监修《大唐六典》三十卷，著《姓源韵谱》一卷，《千秋金鉴录》四卷，《珠玉钞》一卷，《唐初表草》一卷，《朝英集》三卷，后五种已散佚。

刘轲，字希仁，生于大历中。原籍徐州沛县（今安徽沛县）。天宝末，其祖父刘效携家自连州迁韶州，遂为曲江人。幼年好学，仰慕孟轲，故名轲。曾至曹溪落发为僧，名溢纳，复依月华寺惠朗禅师。后赴罗浮山，从寿春杨生学《春秋》三传。元和初，游高安（今江西高安县）南果园，求黄老之术。旋隐居庐山，从茅君学《南山钞》及《百法论》，"积书窗下，日与古人磨砻，寖成书癖"④。元和十三年（818），以韶州籍

---

① 胡震亨：《唐音癸签》卷九。
② 王士祯：《渔阳诗话》。
③ 沈德潜：《唐诗别裁集》卷一。
④ 《全唐文》卷七百四十二刘轲《上座主书》。

登进士第。大和元年（827），为福建观察使张仲方从事，历任监察御史、侍御史、宏文馆学士、史馆修撰，后出为磁（今河北磁县）、洺（今河北武安县）等州刺史，仕终侍郎。

刘轲与韩愈、柳宗元、白居易、刘禹锡是同代人，"文章与韩、柳齐名"①，是古文运动的一员健将。他反对魏晋以来华而不实的文风，力倡古文。在《上崔相公书》中，自称"自知书来，耻不为章句小说、桎梏声病之学，敢希趾遐踪，切慕左邱明、扬子云（雄）、司马子长（相如）、班孟坚（固）之为书，故比居庐山，亦常有述作"②。据不完全统计，在离庐山以前，刘轲所作杂文就多达100多篇③。与古文运动诸大家相比，其"行文不如韩子（愈）之汪洋恣肆，而谨严则过之；其文在韩子之下，欧阳（詹）诸子之上，若中山（刘禹锡）、文泉（刘蜕），瞠于其后矣"④。可惜刘轲的著作亡佚太多，传世的太少，清人编辑《全唐文》仅收得其书信碑记14篇，故后世论及古文运动，"但知韩、柳之下，有欧阳詹、李观、李翱而已"⑤。

刘轲对史学、经学和儒学均颇有研究，据他的自述及史籍记载，其专著有《三传指要》十五卷、《汉书右史》十卷、《黄中通理》三卷、《翼孟子》三卷、《隋鉴》一卷、《三禅五革》一卷、《十三代名臣议》十卷、《豢龙子》十卷、《帝王历

---

① 王定保：《唐摭言》卷十。
② 《全唐文》卷七百四十二。
③ 汤擎民：《刘轲生平及著述考略》，《学术研究》1988年第4期。
④ 《刘希仁集》江藩《序》。
⑤ 《刘希仁集》江藩《序》。

数歌》一篇、《唐年历》一卷、《帝王镜略》一卷、《牛羊日历》一卷,共12种57卷(篇),可惜亦已失传。

邵谒,韶州翁源人,晚唐著名诗人。少为县衙役,因受到县令折辱,乃发愤读书,久之,博通经史百家。咸通七年(866),官府荐举入国子学。时大诗人、国子助教温庭筠为主试官,对邵谒诗作极为叹服,认为"识略精微,堪裨教化,声词激越,曲备风谣,标题命篇,时所难及,灯烛之下,雄辞卓然,诚宜标示众人,不敢独专华藻",乃榜谒诗三十余篇[1]。从此,邵谒诗名鹊起,"诗道大倡于唐"。

邵谒生活在晚唐时期。当时社会黑暗,国运日衰,诗歌创作充满萧瑟伤感气氛,大部分诗人追求精工语言,拘泥声律,"嘲云戏月,刻翠粘红","徒务巧于一联,或伐善于只字",流于轻浮繁缛,被元人辛文房指讥为"秋蝉乱鸣"[2]。一部分诗人则继承杜甫、白居易的现实主义传统,关心民间疾苦,多刺时弊,诗歌语言浅近通俗,富于比兴,保持清新自然风格,邵谒就是典型的代表。他的《论政》诗云:"内政由肱股,外政由诸侯;肱股政若行,诸侯政自行;一物不得所,蚁穴满山邱。"深刻揭露了咸通中藩镇跋扈、宰辅非人、朝纲紊乱的现实。

邵谒写下不少反映劳动人民痛苦生活的诗篇,控诉劳者不获与获者不劳的不公平现象。《岁丰》是这方面的代表作:"皇天降丰年,本忧贫士食。贫士无良畴,安能得稼穑。工佣输富家,日落长叹息。为供豪者粮,役尽匹夫力。天地莫施

---

[1] 辛文房:《唐才子传》卷八。
[2] 辛文房:《唐才子传》卷八。

恩，施恩强者得。"《寒女行》则为被压迫妇女的遭遇鸣不平，表现出诗人对封建社会妇女问题的关注，是晚唐难得的现实主义佳作："寒女命自薄，生来多贱微。家贫人不聘，一身无所归。养蚕多苦心，茧熟他人丝。织素徒苦力，素成他人衣。青楼富家女，才生便有主。终日著罗绮，何曾识机杼？清夜闻歌声，听之泪如雨。他人如何欢，我意又何苦。所以问皇天，皇天竟无语。"

邵谒长于五言古诗，明人胡震亨称"其源似并出孟东野（孟郊），洗剥到极净极真"，"初看殊难入，细玩亦各有意在"，"多有恻心句堪击节"①。他的诗作曾汇编成集，宋初曲江人胡宾王刊行传世，后多亡佚，《全唐诗》仅见32首。

唐代，广东已出现颇有名气的画家。

南海县人张询，善画山水，精于小笔。曾居长安，并随唐僖宗避难至成都。他为昭觉寺所画《三时山图》，僖宗为之"叹赏弥日"②，其传世之作"《雪峰危栈》极奇，吴山楚岫，枯松怪石，小笔亦工"③。晚唐画家僧徽，亦南海人，善画龙。尝画双龙赠诗人齐己，齐赠诗曰："近有五羊徽上人，闲工小笔得意新。画龙不夸头角及须鳞，只求筋骨与精神。……等闲不敢将悬挂，恐是叶公好假龙，及见真龙却害怕"④。

---

① 胡震亨：《唐音癸签》卷八。
② 郭若虚：《图画见闻志》卷二；《宣和画谱》卷十。
③ 汪兆镛：《岭南画征略》卷一。
④ 《全唐诗》卷八百四十七齐己《谢徽上人见惠二龙障子以短歌酬之》。

七、医药的发展与对外交流

唐代有比较完整的医学机构和医学教育制度，各州设有医学博士和助教，收录学生，传授医学常识与医疗技术。玄宗、德宗时，曾在城乡颁布《开元广济方》、《贞元集要广利方》，推广医疗知识。另外，各州也设有病坊，负责收养贫病之人，国家给悲田，以供粥食。阿拉伯商人苏莱曼称："有一石牌，高十肘，上面刻有各种疾病和药物，某种病用某种药医治。如果其个人很穷，他还可以从国库中得药费。"① 大概就是指朝廷在地方颁布的"广济方"等和病坊制度。

唐代随着医学实践的深入、医方的创新与新药的出现，医学理论也有长足的进步。其与岭南及广东有关者，据新旧《唐书·艺文志》、《通志》、《宋史·艺文志》等记载，综合类医书有王方庆的《岭南急要方》三卷、杨炎的《南行方》、韦宙的《韦氏集验独行方》十二卷、郑景岫的《南中四时摄生论》一卷、佚名的《广南摄生方》三卷、《治岭南众疾经效方》（一作《岭南经效方》）一卷，还有刘禹锡在连州时，将柳宗元的《治脚气方》等医学著作编为《柳州救三死方》，将薛景晦的《古今集验方》部分检校，编为《传信方》；药物类有郑虔的《胡本草》七卷、无名氏的《南海药谱》七卷；专科类有李暄的《岭南脚气论》等。这些书的著者，大都是到过岭南的名人、学者。

---

① 《中国印度见闻录》中译本，中华书局1983年，第19页。

此外，民间也有不少实用有效的医术医方。贞元中，番禺有老妪，"善灸赘疣"，后传术于崔炜，为不少患者解除痛苦①。新州人以"吉财"（药名）根加甘草煎煮内服，治疗风毒，"神用无比"②。又有"三百头牛药"，或称"三百两银药"，是由都㮕藤、生姜、甘草、常山、黄藤、白盐等配制而成的，对解食物中毒有特效③。粤西著名的"陈家白药"，专治风毒瘴气，曾被列为土贡药品④。岭南不少民间验方驰名内地，被收入《唐本草》、《千金方》、《外台秘要方》等权威医书之中。

随着对外贸易的蓬勃开展，"海药"被贩运到广州，而且有些药用植物在本地移植成功，为"南药"增加新品种。一些外国医术医方也传入广州等地。如天宝初鉴真和尚在韶州、元和末刘禹锡在连州，曾分别请胡人和印度人治疗眼疾⑤。元和七年（812）郑细出镇岭南，由于"越地卑湿，伤于内外，众疾俱作，阳气衰绝，服食乳石补药，百端不应"；后得诃陵国舶主李摩诃送"补骨脂"方药，"自尔常服，其功神效"。后来郑细罢镇返京，把这一药方带到北方，从此留传下来⑥。

与此同时，一些中国医术、药物也经广东传到海外。咸亨二年（671）义净从广州泛海到印度求法，在各地以中医为

---

① 裴铏：《裴铏传奇》，上海古籍出版社 1980 年版。
② 《太平广记》卷四百八《治蛊草》引《投荒杂录》。
③ 王焘：《外台秘要方》卷三十一。
④ 《太平御览》卷九百八十引《岭表录异》。
⑤ 真人元开：《唐大和上东征传》；《刘禹锡集》卷二十九《赠眼医波罗门僧》。
⑥ 李时珍：《本草纲目·草部》卷十四《补骨脂》引苏颂《图经本草》。

人治病，受到印度人民的欢迎。应当指出，唐代医药发展还有历史局限，一是劳动人民普遍缺医少药，二是迷信鬼神和巫医，医药学水平总的来说还不高。

八、粤菜及其特点

唐代，广东城乡商业流通与对外交流的频繁，为粤菜的发展提供良好的条件。在继承传统的烹饪技术、饮食习惯基础上，粤菜博采众长，发展创造，终于形成自己的风格，以"南食"、"南烹"之名见称于世，成为唐代饮食文化中的一枝奇葩。

从用料方面看，粤菜已充分利用了滨海南陲的大自然的恩赐，享用来自天上地下、空中水中的食品资源，除鸡、鹅、鸭、猪、牛、羊等家禽家畜外，还有石斑、鲍鱼、明虾、跳鲩、嘉鱼、鲨鱼、黄腊鱼、竹鱼、乌贼、章鱼、鲚鱼、紫贝、蟹、牡蛎、海镜、彭蜞、江瑶柱等河鲜海鲜，连理、果子狸、蛇、象、鸽子、鹧鸪、老鼠、蚁、蜈蚣等走兽、飞禽、昆虫等，真所谓"飞潜动物皆可烹食"。用料博杂成为粤菜的一大特点。

在烹饪和制作技术上，粤菜已形成多样化、精细化的特点，见诸史载的有煎、炒、爆、烧、炙、蒸、煲、煮、腌、卤、腊、蜜等。

粤人饮食追求清新原味，不少菜肴制作均很独特。《南楚新闻》记载民间食青蛙的办法："先于釜中置水，次下小芋烹之，候汤沸如鱼眼，即下其蛙，乃一一捧芋而熟，如此呼为

'抱芋羹';又或先于汤内安笋笴,后投蛙,及进于筵上,皆执笋笴,瞠目张眼,而座客戏之曰:'卖灯心者';又云疗皮者最佳,掷于沸汤,即跃出,其皮自脱矣,皮既脱,乃可修馔,……其味绝珍。""凡有筵会,斯为上味"①。

吃"鱼生"是一种传统吃法。《岭表录异》卷下云:"鲮鱼,如白鱼而身稍短,尾不偃,清远江多此鱼,盖不产于海也。广人得之,多为脍,不腥而美,诸鱼无以过也。"脍,即生食的鱼片。用于生食的还有水母、跳鲢等。"虾生"实为"鱼生"的变种,刘恂记云:"南人多买虾之细者,生切绰菜、兰生蓼等,用浓酱醋,先泼活虾,盖以生菜,以热釜覆其上,就口跑出,亦有跳出醋碟者,谓之'虾生',鄙俚重之。"②

粤人自古有吃蛇的习惯,唐代,人们吃蛇成风,房千里在《投荒杂录》中称:"岭南无问贫富之家,教女不以针缕绩纺为功,但躬庖厨,勤刀机而已,善醯醢菹鲊者,得为大好女矣。……故俚民争婚娉者,相与语曰:'我女裁袍补袄,即灼然不会,若修治水蛇黄鳝,即一条必胜一条矣。'"③ 贯休《送人之岭外》诗有"小店蛇羹黑"④之句,说时人们已懂得烹制蛇羹了。由于大量捕食,使不少地区已很少能见到蛇的踪迹,新州及其西南诸郡,"绝不产蛇",就是因为"为夷僚所食"所致。大和间,房千里为高州刺史,居官10年,"竟

---

① 《太平广记》卷四百八十三《芋羹》引。
② 《岭表录异》卷下。
③ 《太平广记》卷四百八十三《岭南女工》引。
④ 《全唐诗》卷八百三十二。

不睹蛇,盛夏露卧,无嚼肤之苦"①。

唐代广东仍有很多大象。"广之属城循州、雷州,皆产黑象,牙小而红,堪为笏裁,亦不下舶上来者;土人捕之,争食其鼻,云肥脆,偏堪为炙,滋味小类猪而含滑。"②可知广东吃象之风也很盛。

上述的一些食物和吃法,被内地人视为"异馔",其实正是粤菜的最大特色。

粤菜既注重清新原味,又讲究配味调料。一些地方名食,不仅需要经过多次加工、多种技术处理,而且还使用多种配料。如"煲牛头",须先把牛头"火上燂过,复以汤毛去根,再三洗了,加酒豉葱姜煮之,候熟,切如手掌片大,调以苏膏椒橘之类,都内于瓶瓮中,以泥泥过,煻火重烧",这样制成的牛头,味道比熊掌还美③。人们吃赤蟹,"壳内黄赤膏,如鸡鸭子黄,肉白如豕膏,实其壳中,淋以五味,蒙以细面,为蟹饆饠,珍美可尚"④。吃水母:"以草木灰点生油,再三洗之,……肉厚可二寸,薄处亦寸余,先煮椒桂或豆蔻生姜,缕切而瀹之;或以五辣肉醋,或以虾醋,以脍食之,最宜"⑤。元和末,韩愈刺潮,面对市面上数十种海鲜,在惊叹之余,觉得"自宜味南烹",遂"调以咸与酸,芼以椒与橙",吃得他"嘴吞面汗骍",留下深刻印象,故"聊歌以记之,又以告同行"⑥。

---

① 《太平广记》卷四百七十八《南海毒虫》引《投荒杂录》。
② 段公路:《北户录》卷二。
③ 《北户录》卷二。
④ 《岭表录异》卷下。
⑤ 《岭表录异》卷下。
⑥ 《昌黎先生集》卷六《初南食贻元十八协律》。

此外，某些粤式点心的制作亦颇讲究。《北户录》卷二云："广州俗尚米饼饼，合生熟粉为之，规自可爱，薄而复明，亦食品中珍物也"。殷富之家制作团油饣，以煎虾鱼、炙鸡鹅等十多种配料合制为馅，味美可口，是广州著名食品。高州以薯做麻饼，"绝宜人，味极芳美"。

人们既注重食品的色、香、味、美，还在一定程度上注意食物的保健功能。吃鱼生时，喜欢配以山姜，以去腥臊，"以治冷气"。人们知道，吃倒捻子，可"暖腹，兼益肌肉"①；吃槟榔，则可"祛瘴疠"②。

广州等沿海地区侨居着众多的外国商民，阿拉伯、印度等国的一些食品食法也传入广东。唐末，广州司马刘恂到"番酋"家作客，品尝到从国外带进的波斯枣，"色类沙糖，皮肉软烂"③。

从上所述可知唐代粤菜已基本上形成自己的风格、特色，可谓自成一系，但是有不顾生态平衡、滥捕滥吃野生动物的偏向。

九、《北户录》、《岭表录异》和《中国印度见闻录》

唐代的北方人士通过到岭南做官、旅游、经商等途径认识岭南，有些人把他们的所见所闻辑录成书，使内地人士对岭南有更多的了解，也为岭南留下宝贵的历史资料。这一时

① 《岭表录异》卷中。
② 《太平御览》卷九百七十一引《岭表录异》。
③ 《岭表录异》卷中。

期专门记述岭南的著作为数不少,其中风土杂记类有李翱的《来南录》、段公路的《北户录》、房千里的《南方异物志》和《投荒杂录》(一作《南行录》)、孟琯的《岭南异物志》、李德裕的《南迁录》、刘恂的《岭表录异》、无名氏的《续南越志》等,传记类有刘晏的《张九龄事迹》、郭湜的《高力士外传》,与海外贸易、海上交通有关的,则有达奚通的《海南诸蕃行记》等。广东人记述岭南风物的则有莫休符《桂林风土记》。可惜这些文献流传下来的并不多。现将影响较大的《北户录》和《岭表录异》介绍如下。

《北户录》三卷。段公路著、崔龟图注。段公路,临淄(今山东淄博市东北)人,穆宗时宰相段文昌之孙。咸通末,游南海、高凉等地,因作《北户录》,记岭南事。

该书的内容十分广泛,举凡岭南"民风土俗,饮食衣制,歌谣哀乐,有异于中夏者,录而志之;至于草木果蔬,虫鱼羽毛之类,有瑰形诡状者,亦莫不毕载"[①]。此书叙事平实,详细准确,"又能连类引证","其著于录者,悉可考验"。《四库全书总目提要》对其评价甚高:"载岭南风土,颇为赅备,而于物产为尤详,其征求亦极博洽,如《淮南万毕术》、《广志》、《南越志》、《南裔异物志》、《枝园记》、陈藏器《本草》、唐钧与郭缘生《述征记》、《临海异物志》、《陶朱公养鱼经》、《名苑》、《毛诗义》、《船神记》、《字林》、《广州记》、《扶南使》诸书,今皆散佚,藉此得以略见一二,即所引张华《博物志》,多今本所无,藉此得以考证真伪"。

---

① 《北户录》陆希声序。

唐代中原人士对岭南一般都怀有若干偏见与歧视心理，视岭南为落后野蛮的"化外之地"；而段公路却比较客观，不存偏见，更无歧视心理，直书其在岭南的亲见亲闻，这是很难得的。

《北户录》南宋时始刊行，后世诸本错漏甚多。清光绪六年（1880），陆心源以汲古毛影宋写本为蓝本，旁参群书，拾遗纠谬，加以校订，收入《十万卷楼丛书》，这是现今所见比较完备的版本。

《岭表录异》三卷，又名《岭南录》、《岭表记》、《岭南录异》、《岭表录异记》。作者刘恂，鄱阳（今江西波阳县）人，昭宗时为广州司马，秩满，因中原战乱居南海，潜心民俗风物，乃著此书。此书原本已佚，因转辗抄录，讹异甚多。清人陆锡熊、纪昀等修《四库全书》时，从《永乐大典》中逐卷辑出124条，分三卷刊出，还其旧观，虽不免遗漏，亦足珍贵。1983年由广东人民出版社标点整理出版的鲁迅校勘本是目前最完善的本子。

《岭表录异》是唐代又一部质量较高的岭南风物志，内容广博精确，素为学者推崇。《四库全书总目提要》称："其中记博赡，而文章古雅，于虫鱼草木，所录尤繁，训诂名物，率多精核"。刘恂与段公路一样，不囿于中原人士的传统偏见，客观对待记述对象，十分可贵。

广州以其唐朝海外贸易中心的地位，引起9—10世纪外国学者的关注。外国学者介绍中国，必定以广州为重点对象。阿拉伯学者出版的历史地理著作，无论是苏莱曼的《中国印度见闻录》、马斯欧迪（一译马素提）的《黄金牧地》，还是伊本·胡尔达兹比赫的《道里邦国志》,都以较多的篇幅描述广州。外部世界对广州的认识已从猜想发展至实证,在深度与广度上都有进展,其有关著作的可信程度未必会低于一般唐人的著述。

《中国印度见闻录》是那个时代中国以西的外国人关于中国和广州知识的最重要文献之一。作者之一苏莱曼是阿拉伯商人,9世纪上半叶到广州,居留了好几个月。该书的前半部分,就是他(或者还有其他商人)游历中国的见闻;后半部分则为西拉夫商人阿布·赛义德·哈桑根据别人见闻而作的。全书内容涉及唐朝的行政管理、赋税、货币、过所、学校、医疗卫生、侨务、宗教、民俗等问题,对广州的对外贸易、海上交通、黄巢起义军、监军制度记述尤详,可以补唐代文献记载之不足。

该书是西方现存最早的中国游记,具有很高的史料价值,被誉为中西关系史的杰作,东西方学者对此书历来都非常重视①。

---

① 18世纪以来,此书有多种文字译本。1982年穆根来、汶江、黄倬汉译成中文,次年由中华书局出版。此为目前最新、最完备的中文译注本。

第八章

南汉的兴亡

五代十国是唐后期藩镇割据的继续与发展，刘隐、刘岩兄弟乘时而起，割据岭南，建立起岭南历史上第二个割据政权——南汉。

南汉前期，高祖在赵光裔、杨洞潜等贤臣辅佐下，依照唐制，建立朝廷，尚能保境安民，辑睦四邻，注意民生，发展经济，鼓励通商贸易，使府库充实，国力日上，傲视中朝，与吴、南唐、前后蜀相颉颃。在军事割据的同时，颇注重以文治国、培养人才，故使岭南在文学、史学、天文、历算等方面均有明显的进展，佛教理论更有新的突破。

但是，南汉统治者毕竟与五代诸国一样，以谋私利为重。高祖晚年，奢华日甚，政事日非。中宗以后，暴政繁滋，国势转衰。传至后主，终为宋朝所灭。

第一节　南汉政权的建立

唐末，刘知谦、刘隐父子乘乱崛起，成为岭南最强大的地方势力；刘岩承其父兄之业，割据两广，建号称帝，史称南汉国。

一、刘氏崛起

刘知谦（一作刘谦），祖籍蔡州上蔡（今河南上蔡县），其祖先徙居福建仙游，后到南海经商，遂居番禺①。传至刘仁安（一作刘安仁），官潮州长史。刘知谦是仁安之孙，唐宣宗咸通年间为岭南牙校。节度使韦宙以侄女嫁给他。唐僖宗乾符六年（879），黄巢起义军进入岭南，知谦"击贼屡有功"。唐僖宗中和三年（883），授封州刺史兼贺水镇遏使，"以御梧、桂以西"，旋徙家封州，"抚纳流亡，爱啬用度，养士卒"，甚得民心，势力迅速壮大。岁余，"有兵万人，战舰百余艘"②。

唐昭宗乾宁元年（894），刘知谦卒。军中共推其长子隐为嗣。广帅刘崇龟闻刘隐勇略过人，召署右都校，复领贺水镇将、封州刺史。

唐昭宗乾宁二年（895）七月，以嗣薛王李知柔为清海节度。三年十一月，知柔行抵湖南，广州牙将卢琚、谭宏玘据境叛乱，刘隐举封州兵讨平之。知柔"深德之，辟为行军司马，委以兵赋"③。

---

① 王偁：《东都事略》、《新五代史·南汉世家》、《五国故事》（北宋初书，撰人不详）。新旧《唐书·刘知谦传》作寿州上蔡人；《旧五代史·刘陟传》又作彭城人。有学者认为刘氏是大食商人之后裔，亦有认为是俚僚。
② 《新五代史》卷六十五《南汉世家》。
③ 《旧五代史》卷一百三十五《僭伪列传·刘陟》。

唐昭宗光化元年（898）十二月，韶州刺史曾衮、广州将王怀联合谋乱，刘隐一战破之。韶州将刘潼复据浈阳、洽洭，亦为刘隐所破。三年秋，朝廷以宰相徐彦若代李知柔镇清海，威令不振，事皆决于刘隐，因表为节度副使。唐昭宗天复元年（901）十二月，徐彦若卒，遗表荐刘隐权两使（岭东观察使、清海节度使）留后，昭宗不许。二年，以宰相崔远为清海节度，远南行至江陵，闻岭表多盗，且惧刘隐不受代，逗留不进。三年，昭宗召回崔远，乃以刘隐为两使留后。

唐昭宗天祐元年（904），梁王朱全忠（朱温）包揽朝政，刘隐遣使重赂，以求表荐；全忠乃奏隐为清海节度使，二年三月，加同平章事。四年四月，朱全忠废唐哀帝即皇帝位，建立梁朝，改元开平。刘隐以拥戴有功加检校太尉兼侍中，封大彭王。十月，诏刘隐兼静海节度使，领安南都护。后梁太祖开平三年（909）正月，加刘隐检校太师，兼中书令；四月，改封南平王。次年四月，进封南海王。

刘氏从方镇牙校一跃而成为唐朝强藩，瞬即与淮南杨行密、吴越钱镠、湖南马殷、四川王建等强藩并驾齐驱，独霸岭南，这是唐后期方镇割据大势发展所致，也是刘氏父子悉心经营的结果。从封州起，刘氏就励精图治，扩张势力，特别是刘隐，十分注意延揽人才，"收拾衣冠之胄以为用"。当时天下大乱，"中朝士人以岭外最远，可以避地，多游焉。唐世名臣谪死南方者，往往有子孙，或当时仕宦遭乱不得还者，皆客岭表"①。刘隐对他们都竭诚相待，延入幕府。宁远巡官

---

① 《新五代史》卷六十五《南汉世家》。

王定保、太学博士倪曙、名臣刘崇望之子刘濬、李德裕之孙李殷衡、建武巡官杨洞潜、司农少卿周杰、膳部郎中赵光裔等当世贤才，都聚集刘氏麾下。

刘氏父子颇知民间疾苦，节用安民，发展经济，充实力量，尤其是大力发展海外贸易，掌握广州外贸管理权，使市舶之利从中央转移到地方，成为刘隐坐邀朝命、重赂求官的一大资本。

后梁初期的刘隐已成为岭南事实上的霸主，刘氏据地称帝只是时间问题。

二、刘岩称帝

刘岩，一名陟，又名龚，复名䶮（音俨），刘知谦的庶子，善骑射，有军事才能。刘隐为清海行军司马时，李知柔辟刘岩为王府咨议参军；及刘隐任清海、静海节度使时，又表刘岩为节度副使。唐昭宗天复二年（902），虔州卢光稠、卢光睦兄弟率兵南陷韶、潮二州，刘隐率都指挥使苏章攻打韶州，刘岩谏曰："韶州有虔、潮之援，击之，则两州必应，首尾受敌，宜计取，不宜直攻。"刘隐不听，结果中虔人埋伏，大败于韶州城南。从此，刘隐知刘岩有过人的智谋与预见，乃"尽以兵柄付之"①。

梁乾化元年（911）三月，刘隐病危，表荐刘岩权知留后。隐殁，梁乃以刘岩为清海军节度使。二年，除检校太保同平

---

① 梁廷枏：《南汉书》卷二《高祖纪》。

章事,旋加检校太傅。梁末帝即位,对诸藩行姑息之政,"尽以(刘)隐官爵授陟",刘岩身兼清海、建武等军节度使、岭南东西道观察处置供军粮料市舶等使,加中书令,进封南平王、食邑五千户①。

刘岩承袭刘隐对梁朝的策略,表面上奉梁正朔,实际上自行其是,并不断发展势力,加快建国称帝的步伐。其举措如下:

(1)继续网罗人才。刘岩对刘隐旧部极为尊重,尤其是对赵光裔、杨洞潜诸人,待以师友之礼,经常咨询治国之道。赵光裔"自以家望显达甲中朝,耻事霸国","恒怏怏思归";刘岩乃仿作光裔手书,遣人至洛阳迎其家属南来,使他很受感动,"自是乃感慰尽职"②。在刘岩的苦心笼络下,这批人成为后来南汉政权的中坚力量。南汉"吉凶礼法,为国制度,略有次序,皆用此数人焉"③。

(2)剪除异己,扩大地盘。尽管刘隐很早就取得独霸岭南的合法权位,但直至他去世之前,五岭南北还是存在不少敌对势力。交州曲颢、桂州刘士政、邕州叶广略、容州庞巨昭、高州刘昌鲁、新州刘潜及江东七十余寨,互不统制,各据一方。虔州卢光稠、卢光睦兄弟,占据韶、潮二州。湖南马殷,先取郴、连二州,继而击败刘士政,取桂、宜、岩、柳、象五州;梁太祖开平二年(908),又遣大将吕师周,与刘隐

---

① 《旧五代史》卷一百三十五《僭伪列传·刘陟》;钱俨:《吴越备史》卷一《武肃王》上。
② 梁廷枏:《南汉书》卷九《赵光裔传》。
③ 《新五代史》卷六十五《南汉世家》。

争夺桂管其余各州。经过十多次战役,昭、贺、梧、蒙、龚、富六州尽为马殷所取,楚国势力也延伸至岭南。四年,容管、高州亦归附于楚国①。面对这一局面,刘岩采取首先削除岭南异己势力的策略,集中兵力平定了江东七十余寨,杀邕州叶广略、新州刘潜,"并二州之地,更置刺史"②。后梁太祖乾化元年(911)十二月,黎球杀卢光稠之子卢延昌,自立为镇南节度使。黎球旋卒,刘岩乘机发兵攻韶州,逐刺史廖爽,并乘胜收复潮州。同年,刘岩乘楚不备,发兵攻取容州;容州既下,高州四面受敌,不战而下。至此,岭南除桂管为楚国所占、安南为曲颢所据外,其余各州全部纳入刘氏控辖之下。

(3)通好邻藩,保境息民。唐末以来,群雄割据,互相争霸,战无虚日,百姓流离失所,饱受战祸,渴望和平。各地藩镇几经较量,强胜弱败,重新组合成数个势均力敌、相持不下的割据势力。这些藩镇大多出身社会下层,比较了解民间疾苦与人心背向,在角逐中懂得如何自强自保,因而大都采取保境息民之策,彼此承认,互相尊重,不轻启兵端。刘岩在五代属比较好战的藩镇,"颇以善兵自负","有吞并邻封志"③,但自取得岭南统治者的地位后,也与邻藩讲和通好。楚国马殷是唯一足以威胁岭南的劲敌,夺取桂管后"土宇既广,乃养士息民"④。乾化二年(912)四月,后梁以右散骑常侍韦戬为潭、广和叶使,调解刘、马宿仇。刘岩接受调解,双方

---

① 《资治通鉴》卷二百六十七。
② 梁廷枬:《南汉书》卷二《高祖纪》。
③ 梁廷枬:《南汉书》卷十一《吴融传》、卷七《后妃传》。
④ 《资治通鉴》卷二百六十七。

遂言和。三年，刘岩从杨洞潜之请，主动向马氏求婚，马殷许以女妻之，并于后梁贞明元年（915）八月，遣弟马存送女至广州完婚。由是双方暂时和平相处，"百粤休息"①。与此同时，刘岩还结好南方大国吴国。乾化四年（914）派陈用拙出使吴越，以兄事钱镠。贞明二（916）年，又遣幕属王定保出使荆南。三年，闽王王审知遣使为其子王延钧求婚，刘岩以次女清远公主刘华妻之，双方建立睦邻关系。

贞明元年（915），刘岩上表求加四邻都统，封南越王，梁末帝不许。刘岩叹曰："今中国纷纷，孰为天子？安能梯航万里，远事伪庭乎！"② 自是贡使遂绝，并自称南越王。三年（917）十一月一日，刘岩在广州称帝，改元乾亨，国号大越③。翌年，改国号为汉，史称南汉，以别于中原的后汉。

三、南汉的政治制度

刘岩以赵光裔、杨洞潜等一班幕僚为骨干，参照唐制立国，设置百官，也创立了一些新的制度。

（一）中央官制

唐代，在皇帝之下，中央形成三省六部、九寺、五监等政务、事务机关和御史台等监察机构，同时还有一套完整的

---

① 刘应麟：《南汉春秋》卷三《杨洞潜传》。
② 《资治通鉴》卷二百六十九。
③ 何松：《梁吴存锷墓志铭》，见程存洁《新发现的后梁吴存锷墓志考释》，《文物》1994年第8期。《资治通鉴》卷二百七十谓刘岩于贞明三年八月癸巳日改元乾亨，但《吴存锷墓志铭》作十一月一日，当以墓志所载为是。

品阶勋爵制度。南汉建立之初，采取赵光裔等人的建议，定吉凶礼法，立学校，开贡举，设铨选，"一依唐制，百度粗有条理"①。当时的三省长官中书令、侍中、尚书令职位尚多空缺，但其副职及尚书省六部长官则逐步配齐，如尚书省有左丞、右丞之设，门下省、中书省有侍郎、舍人之设。赵光裔任兵部尚书、杨洞潜任兵部侍郎、李殷衡任礼部侍郎、倪曙、卢膺任工部侍郎、陈用拙任吏部郎中；另外，刘濬任宗正卿、周杰知司天监事，内侍省也有掖庭诸局令、丞之设。又以周邦为御史大夫，表明全国最高监察机构——御史台也已成立。中央各部门及品阶勋爵制度渐趋完善。

宰相制度是政权中枢的重要政制。唐朝安史之乱后，为宰相者咸以某官加"同平章事"，造成宰相普遍兼带其他职务的现象。刘岩准备称帝，首先于乾亨元年（917），依唐制以兵部尚书赵光裔、兵部侍郎杨洞潜、礼部侍郎李殷衡皆同平章事，是为设宰相之始。殇帝立，以越王弘昌为太尉兼中书令，诸道兵马都元帅、知政事。中书令是在同平章事外的宰相。

中宗以后，宦官、宫人势力已很强大，侵夺宰相之权，甚至成为实际上的宰相。乾和八年（950），以宫人卢琼仙、黄琼芝为女侍中，"朝服冠带，参决政事"②。侍中是门下省长官，女侍中就是事实上的宰相，为唐以来所未见。后主时，朝政败坏，宰相制度受到严重破坏，宦官有为内三师（内太师、内太傅、内太保）、内三公（内太尉、内司徒、内司空）、内侍

---

① 《南汉书》卷九《杨洞潜传》。
② 《资治通鉴》卷二百八十九。

中者，女官有师（太师）、傅（太傅）、令（尚书令、中书令）、仆（左仆射、右仆射）之号，朝臣但备员数，"不复预机务"，成为"门外人"；为宰相者，仅见尚书左丞钟允章一人，但也无实权①。

五代各国统治者除宠用宦官、宫女、伶人、巫师甚至僧道外，还沿袭唐制设置枢密院、翰林院，提高枢密使、翰林学士的权位，制约、削弱相权。后梁建国，改枢密院为崇政院，使它实际上成为中央另一个行政中心和军事统御机构，知崇政院事的权位往往居宰相之上。南汉不见设置枢密院或崇政院，但有承宣院。乾和中，中宗以内给事、甘泉宫使龚澄枢知承宣院事，权力之大超过宰相。大宝初，后主以内中尉薛崇誉为签书点检司事，实际上也行宰相职权②。

唐中后期，翰林学士"专掌内命"。皇帝的诏令分为内制和外制，翰林学士所撰，发自禁中，称内制；中书舍人所撰，为外朝所拟，称外制。对翰林学士"选用益重，而礼遇益亲，至号为内相，又以为天子私人"③。于是外朝宰相之权乃被分割。南汉的翰林学士，都是文苑中出类拔萃的人物，备受宠用。翰林学士除制诏、应对外，还知贡举，参与朝政，也侵蚀了宰相的部分权力。

唐代不少使职从临时差遣发展至长期设置，从而在中央行政系统外形成新的权力中心，如盐铁使，主掌天下漕运转

---

① 《十国春秋》卷六十《南汉后主本纪》；《南汉书》卷十一《钟允章传》；《宋史》卷四百八十一《南汉世家》。

② 《南汉书》卷十六《龚澄枢传》、《薛崇誉传》。

③ 《新唐书》卷四十六《百官志》。

输、盐铁专卖等事务，自成系统，与户部、度支构成中央财政中枢三司鼎立的新格局。黄巢起义后，三司组织系统瘫痪，租庸使取而代之，掌天下钱货。南汉中央财政究竟沿袭何种管理体制，尚不清楚，但盐铁转运使一职可能是存在的[①]。

总的看来，南汉的中央官制还是比较完备的。不过，随着统治集团内政治权力的再分配，特别是宦官势力的扩大，朝官和宰相的权力大受侵夺，使原有的官僚体制发生紊乱，造成政出多门的局面。

（二）地方官制

安史之乱后，唐朝地方行政机构从道、州、县三级制演变为方镇、州、县三级制，南汉的地方行政体制基本上也是如此，但在方镇组织、节度使与刺史的任命上出现重大的变革。

刘氏以武人起家，对唐中后期武夫悍将跋扈现象深有体会。刘岩在取得岭南统治权后，采纳杨洞潜的建议，"多延中国士人，置于幕府"，以打破武人专擅州级权力的局面，结果岭南"刺史无武人"[②]。南汉建立后，节度使选文人充任，如乾亨年间的王定保为宁远节度使。同时还常派宗室诸王出任节度使，如齐王弘弼、镇王弘泽、高王弘邈均曾出任建武节度使，通王弘政出任祯州节度使。文士或诸王，比较容易受制于中枢，一般不会复现跋扈割据现象。南汉宦官势力很强大，监军制度继续施行。大宝中，潘崇彻为西北面招讨使，后

[①] 据吴兰修《南汉金石志》卷一《宴石山记》载，乾和十五年（957）设有"容州管内都制置盐铁发运等务"一职，可能是盐铁使的外派下属机构。

[②]《资治通鉴》卷二百六十八。

主派薛崇誉监其军。大宝二年（959）的《宝林禅院铜钟款》记载内府局令郑敬都监乐昌防遏诸都并监乐昌县事[1]，说明南汉对一些边防重镇也派驻监军。这种情况不一定普遍，但表明监军制度更趋严密。

南汉以文人和宗室诸王出任节度使，为削弱方镇权力，摧毁方镇制度提供了有利的前提条件。现有资料显示，唐后期盛行的使府辟署制度和支郡制度在南汉已不复存在，节度使也不见再兼领观察、营田、支度等使，说明节度使的行政、民政、司法权已被剥夺，而仅仅是边区要地的军事长官，与唐末和五代各国的节度使相比较，已发生质的变化，这是南汉政治的主要成就。

南汉州长官为刺史或知州事，以文人充任；知州事即临时代理刺史，在各地已很普遍。刺史之下，仍置别驾、长史、司马、录事参军事、六曹参军事等僚属。南汉定都广州，改称兴王府，长官为尹，仿唐长安分南海县置咸宁、常康二县，以为京邑。在兴宁县，还置齐昌府，可能是兴宁军节度使治所。此外，韶州也升格为府[2]。

县长官为县令，下置县丞、主簿、尉、录事等僚属。县以下设乡，乡下设保。清代在广州北郊下塘村发现南汉马氏二十四娘的买地券，中称"买得左金吾街咸宁县北石乡石马

---

[1] 《南汉金石志》卷一。

[2] 大宝六年，后主派韶州都监军府事梁廷鄂同本府官吏至云门山开验文偃墓塔，迎真身入宫，说明韶州至迟在后主时，已升府置节镇。见吴兰修《南汉金石志》卷二陈守中《匡圣宏明大师碑铭》。

保菖蒲观界地名云峰岭下坤向地一面"①，清晰地显示出基层组织的层次。

（三）军事制度

五代是个军阀混战、割据时期，军队的强弱是决定各国兴亡的主要因素。各国统治者都想方设法扩大武装，加强军队建设。刘氏以武力建立政权，也很重视军队建设，设置诸道兵马都元帅，统帅全军。

南汉的中央直辖部队分为一般禁军与侍卫禁军两部分。一般禁军即仿唐代南衙六军，各分左右卫；各军由上将军、大将军和将军统率。高祖时，以秦王弘度判六军；大宝末，以祯王保兴判六军十二卫。侍卫禁军即仿唐代北衙诸卫，以宫闱诸卫押番统领，由宦官充任。中宗时吴怀恩、李托均曾任此职。

南汉的水军在五代十国中是比较强大的，也归中央直辖，负责江海巡防与水上作战，由朝廷特置巨舰指挥使统辖。此职一般由皇帝的亲信武官充任。中宗时，名将暨彦赟曾任此职。

象军为南汉特有的作战部队，统辖于巨象指挥使。平时教象为阵，每象载十余人，皆执兵仗；战时列于阵前，冲锋陷阵，势不可挡。

地方部队主要统辖于各节度使，驻守边防要地。南汉所置节度使已知的有七个：建武（邕州）、宁远（容州）、祯州、静江（桂州）、兴宁、韶州、贺州。节度使本为军职，故其自

---

① 倪鸿：《桐阴清话》卷二。

成一套军事组织，如贺州节度使下属有管甲指挥使、指挥使、左右厢都押衙、防城都押衙、四界马步都虞候、防拓、应援等军十将，军事、鼓铸、读示、表奏等孔目官[①]。在沿边地区，设有土军，统属于土军都知兵马使，主要维持地方治安，有时也参加作战。少数民族地区则有蕃兵。

五代时军队编制已形成厢、军、营、都组织统辖系统，统兵官分别为都指挥使、都虞候、指挥使、都头等。南汉大概也形成了类似的部队编制。贺州节度使管辖下的地方部队就有左厢、右厢、防拓、应援等军，容州管内有义胜等都，乐昌有防遏诸都[②]。

南汉的军种有陆军和水军；陆军又分步兵、骑兵与象军；步兵、水军是军队的主力，数量最多。此外，南汉末又将数千采珠民按军事编制，组成媚川都，用以采珠。大宝末，南汉对宋战争，短期内就集结起一二十万军队，可见其军队数量相当庞大。南汉的兵源来自募兵和征兵。

四、南汉的疆域

乾亨初，岭南除桂管、安南及连州外，其他各州均尽入南汉版图，东邻福建，东北与吴国接壤，北邻楚国，西接南诏，南濒大海。乾和六年（948），南汉北伐楚国，取贺、昭二州；九年，复取桂、蒙、宜、连等十州；同年十二月，又从南唐手中夺取郴州和桂阳监。于是，南汉的北疆拓展至岭

[①] 吴兰修：《南汉金石志》卷一《乾亨寺钟款》。
[②] 《南汉金石志》卷一《宴山石记》、《宝林禅院钟款》。

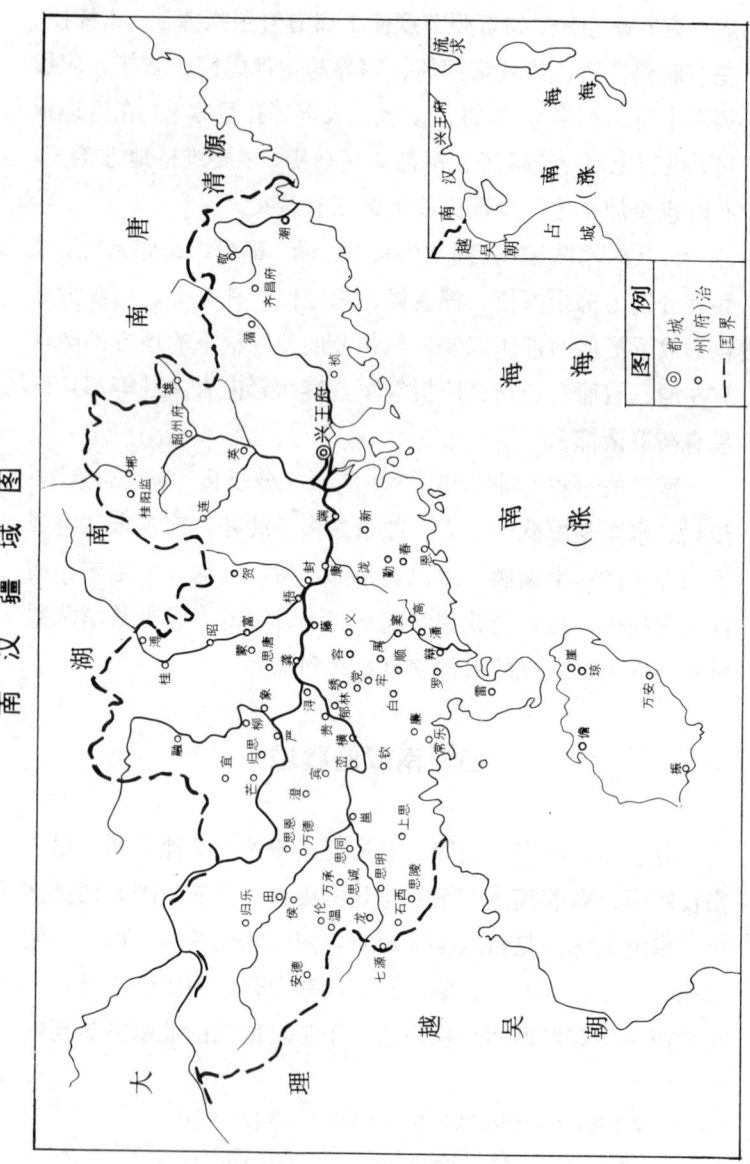

北，其疆域包括今广东、海南、广西全部及湖南、贵州、云南三省各一部分，共辖3府、64州（都、监）、218县，其中今广东境内有29州府89县（见下表），在五代十国中是版图最大的国家之一。

南汉各府州领县表（广东部分）

府州	领县数	县　　名	备　　注
兴王府	13	常康、咸宁、番禺、增城、四会、化蒙、怀集、浈水、东莞、清远、浛洭、新会、义宁	乾亨元年，改广州为兴王府，分南海置常康、咸宁二县。
韶州府	5	曲江、始兴、乐昌、翁源、仁化	自此以下凡第一县皆为州治
连　州	3	桂阳、阳山、连山	
潮　州	2	海阳、潮阳	
敬　州	1	程乡	乾和三年析潮州置敬州
祯　州	4	归善、博罗、河源、海丰	乾亨元年改循州置祯州
齐昌府			乾亨元年新置于兴宁县
雄　州	1	浈昌	乾和四年析韶州置雄州
英　州	1	浈阳	乾亨四年析广州置英州
端　州	2	高要、平兴	
封　州	2	封川、开建	
康　州	4	端溪、晋康、悦城、都城	

(续上表)

府州	领县数	县　名	备　注
泷　州	4	泷水、开阳、镇南、建水	
勤　州	2	铜陵、富林	
新　州	2	新兴、永顺	
高　州	3	电白、良德、保定	
潘　州	3	茂名、潘水、南巴	茂名一度改为越裳
罗　州	3	廉江、吴川、干水	廉江今属广西
辩　州	2	石龙、陵罗	
春　州	3	阳春、流南、罗水	
雷　州	3	海康、遂溪、徐闻	
窦　州	4	仪义、怀德、潭峨、特亮	
琼　州	3	琼山、临高、乐会	
崖　州	3	舍城、澄迈、文昌	
儋　州	4	义伦、昌化、感恩、洛场	
万安州	2	万安、陵水	
振　州	2	宁远、吉阳	

资料来源：《宋史·地理志》；吴兰修《南汉地理志》；刘应麟《南汉春秋·地理志》。

五、南汉的对外关系

南汉地处岭外，疆域较广，号称"富强"，后人视其为堪与中原五王朝以及吴、南唐、前蜀、后蜀相颉颃的南方大国[①]。这一特点决定了南汉对外关系既可以和，也可以战。

[①] 参见黄以周等：《续资治通鉴长编拾补》卷五，马端临：《文献通考》卷二十四；王夫之：《宋论》卷二；李庆新：《略论南汉时期的岭南经济》，《广东社会科学》1992年第6期。

（一）与中原各国的关系

中原五朝是所谓正朔所在，刘隐、刘岩都曾称臣于后梁，贞明以后，后梁在李存勖（后唐庄宗）的强大攻势下"连年丧师，疆土日蹙"[①]。羽毛已丰的刘岩视梁朝为"伪庭"，遂与它分庭抗礼，建立南汉。龙德三年（923），后唐代梁，刘岩闻庄宗兵威甚盛，恐其有"包并四方之志"，派宫苑使何词往邺宫假通聘好，窥伺虚实。刘岩在国书上"称大汉国主（一作国王）致书上大唐皇帝"，"且言本国已发使臣，大陈贡物，期今秋即至"，唐庄宗大喜。何词回国后，备言后唐"朝章已紊，行自救不暇，何能以道御远方，固知其无足畏也"，刘岩遂与后唐绝交，"贡亦不至"[②]。其后，刘岩自恃富强，渺视中朝，呼"唐天子为洛州刺史"[③]。"每见北人，盛夸岭海之强"[④]。

经过高祖一代的发展，中宗时南汉国力更为强盛，也不把中原王朝放在眼里。乾和十四年（956），周世宗遣使来聘，"南汉馆接者遗茉莉，文其名曰'小南强'"[⑤]。乾和十五年，后周伐南唐，取淮南14州，中宗才感到威胁，遣使入贡于周，因湖南道阻，使者返回，乃治战舰，修武备，加强国防。

五代十国有名的昏君后主刘鋹在位，朝政腐败，国势日衰，却"益骄于无事"，轻视中朝，对赵匡胤代周建立宋朝完全不当一回事。诸国"悉珠宝以奉中国"，南汉却"未尝遣一

---

① 《资治通鉴》卷二百七十。
② 《旧五代史》卷一百三十五《僭伪列传·刘龑》；《南汉书》卷十二《何词传》。
③ 《新五代史》卷六十五《南汉世家》。
④ 《五国故事》卷下《伪汉彭城》。
⑤ 陶谷：《清异录》卷上。南汉名花"小南强"，显示出争强好胜心理。

介之使，驰咫尺之书"。名臣邵廷琄劝刘𬬮遣使修聘，刘𬬮恶其言直，"深恨之"①。大宝末，宋朝已顺利吞并了荆南、湖南和后蜀，兵锋直指岭南，后主仍甚轻敌，派兵攻掠道州。大宝十三年（970）八月，刘𬬮拒绝南唐主劝其归附宋朝之意，宋师旋越岭南下，攻灭南汉。

（二）与吴、南唐的关系

吴国是十国中最强大的国家，直接与中原王朝对抗，其地与奉中原正朔的吴越、闽、楚相邻。刘岩为对付楚、闽两国，乾亨初即遣客省使刘瑭出使吴国，告以南汉建国，主动表示友好，且劝吴王杨演隆称帝②。两国从此结盟，共同对付闽、楚。

淮南是南北交通枢纽，岭南则是中外海上交通要冲。梁初，杨行密割据江淮，中原通东南诸镇只能取道湖、湘入岭，再从广州走海路转往闽、浙③。吴、汉结盟，切断了后梁与其附属国吴越、闽的往来通道，"阻塞梯航"，对中原系统各国来说是个沉重的打击。

吴天祚三年（南汉大有十年，937），李昪受吴禅让，建立南唐。当年十二月，李昪遣使告知南汉他已即位，刘岩旋派集贤殿学士邹禹谟至南唐祝贺。其后，两国使臣往来频繁，关系亲密。虔州地处南唐南端，是出入岭门户，为南汉使者往南唐必经之地，南唐政府特别告诫该地的节度使务必悉心招待南汉使者。有一节度使名王安，与南汉刘氏祖先刘仁安

---

① 《南汉书》卷十五《邵廷琄传》。
② 《资治通鉴》卷二百七十。
③ 《旧五代史》卷二十《司马邺传》。

同名，李昪为避其讳，命王安改名王会。于此可见南唐与南汉的友好关系①。

刘岩卒，殇帝继位，"欲续邻好"，先派萧规"告哀于南唐"，后派公孙总出使南唐告即位。"同时两使，南唐人盛称殇帝能笃睦邻之谊"②。

南唐保大年间，中主李璟一反"保境息民"成策，先后出兵灭中原附属国闽、楚，南汉中宗刘晟自恃富强，也出兵北伐，进攻楚国。为争夺桂管，昔日盟国反目成仇，一度发生激烈冲突。结果南汉取得胜利，从楚人手中夺得桂管，在南唐手中夺得郴州和桂阳监。由于南唐国势转衰，不久复失湖南之地，乃"绝南顾之意"③。南汉亦罢兵，两国关系趋于缓和，此后相安无事。

南汉与南唐毕竟曾经是友好的邻邦，有"累世之睦，祖考之盟"，"情若弟兄，义同交契"④，所以宋太祖诏令南唐后主李煜利用这一关系，劝南汉归宋。大宝十三年（970），李煜派陈省躬出使南汉，游说刘𬬮向宋称臣，刘𬬮不从⑤。稍后，李煜再次派通晓粤方言的知制诰龚慎仪持书出使南汉，要刘𬬮息兵，行"玉帛朝聘之礼"，"俱事中朝"；刘𬬮得书，极为愤慨，写信痛斥李煜厚颜无耻，助纣为虐，表示坚不附宋，并把龚慎仪囚禁起来。两国从此绝交。南汉灭亡后，龚慎仪才

---

① 陆游：《南唐书》卷六《王会传》。
② 《南汉书》卷十二《何词传》。
③ 《五国故事》卷下《伪汉彭城》。
④ 《全唐文》卷八百七十六潘佑《为李后主与南汉后主书》。
⑤ 《十国春秋》卷六十《南汉后主本纪》。

回到江南①。

（三）与楚国及湖南的关系

南汉与楚是一对势均力敌的死对头。后梁贞明元年（915）两国和亲，关系一度缓和。南汉乾亨三年（919）正月，马殷之女、越国夫人马氏被封立为皇后，但两国的矛盾并未消除。南汉大有六年（933）三月，楚人发水军围封州，南汉乃派大将苏章领神弩军三千，战舰百艘赴援。苏章至贺江，"沉铁絙水中，两岸作巨轮以挽絙，筑长堤隐之，预伏壮士堤中。章驾轻舟逆战，佯败，楚人以为怯，逐入堤中；壮士挽轮举絙，楚舰不能进退，乃以强弩夹水对射，尽歼楚兵。"七年，马皇后卒，两国关系进一步恶化。九年四月，南汉派将军孙德成进攻蒙州，袭击桂州，为楚王马希声所败。十二年，刘岩派谏议大夫李纾出使楚国，重修旧好，楚亦遣使回聘。十四年，南汉遣使会同楚使至吴越，迎接马殷的另一个女儿为继室，该女不从，遂罢②。

马殷死后，子马希声继位，骄奢贪暴，乱势已萌。其后马希范、马希广兄弟继立，非暴即懦，楚国势日衰，在与南汉较量中处于被动挨打境地。南汉大有十四年（941），刘岩认为灭楚时机已经成熟，遂遣使至南唐，劝李昇出兵伐楚，瓜分楚国，李昇没有答应。南汉乾和六年（948）八月，中宗派工部郎中知制诰钟允章聘于楚，并向楚求婚，楚王马希广不许。允章还报，中宗大怒，以内常侍吴怀恩为西北面招讨使，与巨象指挥使吴珣统大军伐楚，取贺州，大败楚将徐知新，乘

---

① 陆游：《南唐书》卷十三《龚慎仪传》。
② 钱俨：《吴越备史》卷三。

胜取昭州，掠全州而还。其后，马希广、马希萼、马希崇兄弟内讧，湘湖间战火不息，南汉、南唐遂乘机大举伐楚。南汉乾和九年（951），南唐军攻占长沙，楚亡。与此同时，南汉吴怀恩也大举攻楚国，楚蒙州刺史许可琼弃城而逃，蒙州不战而下。随后，吴怀恩派兵四出进攻，先取桂州，连下宜、连、梧、严、富、柳、龚、象等州，"南汉始尽有岭南之地"①。同年十二月，中宗派内侍省丞潘崇彻、将军谢贯率兵攻郴州，大破南唐兵于义章（今湖南宜章），遂取郴州和桂阳监，把南汉的疆域拓展至岭北。

不久，南唐在湖南的统治瓦解，大部分地区先后被刘言、王逵占据。乾和十年十二月，南汉潘崇彻军复大败武安节度使王逵军于义章之蠔石。十一年正月，南汉军掠全州而还。

宋平湖南后，南汉后主刘𬬮多次派兵进攻潭、道等州，均为宋将潘美击退。

（四）与闽国的关系

闽在五代是个弱小国家，"自以国小地僻，常谨事四邻"②。后梁开平四年（910），闽主王审知派使入岭通好。后梁乾化元年（911），刘隐卒，王审知派使臣至广州祭奠，以"表同盟之心"，"永言欢好"③。南汉乾亨元年（917）十月，王审知遣使为其子王延钧求婚，刘岩以清远公主刘华妻之，两国关系更加密切。

乾亨七年（923）四月，刘岩至与闽国西界相邻的敬州梅口

---

① 《资治通鉴》卷二百九十。
② 《资治通鉴》卷二百七十八。
③ 《全唐文》卷八百二十七黄滔《祭南海南平王》。

镇避灾,被闽将王延美带兵偷袭,遁归,两国关系遂趋于紧张。八年四月,刘岩亲率大军进攻闽国,屯于汀、漳境上,为闽军击退。此后南汉与闽(及闽亡之后的清源)"人使不通"。

(五)与吴越的关系

吴越地狭兵少,长期打着"奉事中国"的旗号与吴、南唐对抗,保全自己。它与南汉虽不相邻,但常有贸易往来。后梁贞明五年(919),末帝任命吴越王钱镠为天下兵马都元帅,发兵征讨南汉;钱镠不愿得罪南汉,佯为受命,托词"山川隔越,地方扰攘",按兵不发①。其后,刘岩以父兄之礼节事钱镠,互通聘好。南汉大有六年(933)钱镠卒,刘岩遣左仆射何瓘至吴越致祭,大得文穆王钱元瓘的欢心。

(六)与南平(荆南)的关系

后梁开平元年(907),陕州硖石(今河南三门峡市东南)人高季兴为荆南节度使,据有荆南。因地小兵弱,与中原五朝和蜀、楚、吴(后为南唐)为邻,靠卑词厚币,四向称臣,以图自保。及南汉等建国称帝,南平所向称臣,以求赐予②。

南平虽与南汉不相邻,但称臣于岭南,与楚国为敌,故成为南汉牵制楚国的一个盟友。刘岩称帝前,曾遣王定保出使荆南,通聘好。南汉中宗乾和七年(949),荆南派使者至南汉,约与南唐共同出兵攻楚,瓜分湖南,但没达成协议。

(七)与前蜀、后蜀和南诏的关系

前、后蜀是五代十国中的大国,与南汉不相邻,但在经

---

① 《吴越备史》卷二《武肃王》下。
② 《新五代史》卷六十九《南平世家》。

济上有一定联系,外交上则不密切。南汉乾亨元年(917),刘岩曾遣使至蜀通好,但其后不见有使节往来。

南诏在唐中后期曾兴盛一时,多次进犯岭南、剑南,但唐末南诏内乱,郑氏建立大长和政权,不再骚扰岭南。后梁开平元年(907),王建建立前蜀,南诏通中原的道路被阻断。为打破孤立隔绝局面,南汉白龙元年(925),大长和郑仁旻遣其弟昭淳到南汉为己求婚,刘岩遂以增城公主嫁给郑仁旻①。长和之后,赵善政建立的大天兴、杨干贞建立的大义宁、段思平建立的大理国,均与南汉相安无事。

(八) 与安南的关系

交州在唐代原为岭南五管之一。南汉大有三年(930),刘岩派李进为交州刺史,把安南纳入南汉版图。翌年,交州脱离南汉统治,但仍保持藩属关系。

附:南汉世系表

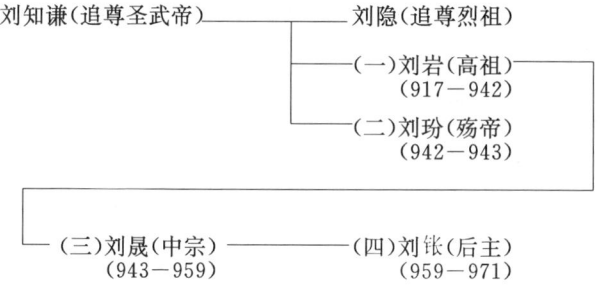

---

① 《十国春秋》卷五十八《南汉高祖本纪》。

第二节　社会经济的增长

刘氏"坐拥百粤，闭关自擅"①，"五十年来，岭表无事"②，在相对安定的环境中，特别是在南汉初期，广东经济在原有基础上大致保持增长势头，粮食产量有所增长，有些手工业部门中的生产规模和生产技术水平也有提高，商业贸易活跃。宋太祖赵匡胤在平定湖湘后对其弟赵炅说："中国自五代以来，兵连祸结，帑藏空虚，必先取巴蜀，次及广南、江南，即国用富饶矣！"③，可知在宋人眼里，南汉统治下的岭南也是一个经济重地。

一、北人南移和农业生产的发展

唐安史之乱以后，藩镇之祸愈演愈烈，中原地区人民为逃避战火，纷纷南徙，形成两晋以来又一次规模较大的移民浪潮，特别是黄巢起义后，"天下已乱，中朝人士以岭外最远，可以避地，多游焉"④。这批人一般从福建、江西、湖南进入粤东、粤北，扩散至粤中，远及海南。例如：渤海吴氏，"散处中州，其后有随王潮入闽，而入于粤之潮、嘉（嘉应州，今

---

① 王夫之：《宋论》卷一。
② 路振：《九国志》卷九《邵廷琄传》。
③ 王偁：《东都事略》卷二十三《刘铱传》。
④ 《新五代史》卷六十五《南汉世家》。

梅州市）等处"①。曲江余氏，世为闽人，五代之际逃乱入韶，遂著籍韶州。洪州人古蕃，"当五季之世，中原扰攘，遂南迁岭表；长（子）曰全交，居古云，次全规，居江下，三全则，居白沙，四全望，居增城，五全让，居惠州，六全赏，居高州"②；滑州（今河南滑县东）人刘濬，"以中原乱离相继，避来岭表"，"遂流寓广州"③。唐司农少卿周杰，"以天下方乱，惟岭南可以避地"，唐昭宗天复中弃官"携家来南"，遂居南海④。苏轼《伏波将军庙碑》谓："自汉末至五代中原避乱之人多家于此（按指海南）"⑤。

　　唐代"谪死南方者，往往有子孙，或当时仕宦，遭乱不得还者，皆客岭南"⑥。前一种情况如唐驸马都尉王敬直，"坐事贬死岭南，子孙留者，因为曲江著姓"，"世袭簪绅不绝"⑦。后一种情况如豫章人罗昌儒，唐末官循州刺史，"因黄巢乱，道路梗塞，流寓不归"⑧。南昌人王定保，唐末为容管巡官，"遭乱不得还"，久客岭表，后入清海节度刘隐幕府⑨。鄱阳人

---

① 《崇正同人系谱》卷二《氏族》，转引自罗香林《客家研究导论》，台湾众文图书股份有限公司1981年版，第48—49页。
② 《崇正同人系谱》卷二，《氏族》，转引自罗香林《客家研究导论》，第48—49页。
③ 《南汉书》卷十《刘濬传》。
④ 《十国春秋》卷六十二《周杰传》。
⑤ 《东坡全集·后集》卷十六。
⑥ 《新五代史》卷六十五《南汉世家》。
⑦ 余靖：《武溪集》卷十九《宋故大理寺丞知梅州王君墓碣铭》。
⑧ 胡曦：《宋乡贤罗学士遗事考略》，转引自罗香林《客家研究导论》第49页。
⑨ 《十国春秋》卷六十二《王定保传》。

刘恂，昭宗时出为广州司马，任官期满后，因上京途中扰攘，遂居南海。

在南来人士中，逃避战乱者占大多数。他们携带家属乃至随从迁移至人口较少的山区和沿海荒地，为各地提供较多的劳动力，对改变广东人口布局和地区经济发展不平衡状况，特别是加快珠江新三角洲和韩江三角洲的开发，具有重要的意义。南汉建立后，在粤东、粤北、粤中地区增置了二府（齐昌府、韶州府）、四州（祯州、敬州、英州、雄州），显然是上述地区人口增长及其经济进一步发展的结果。

刘知谦父子对外来人口采取抚纳政策，同时保持境内安定，以促进本地人口的自然增殖。南汉建立后，对农业颇为重视，在偏远地区，曾推广屯田与营田①。一些地方官吏恤民疾苦，为农业做了有益的工作。如高州刺史谢杰、敬州程乡令曾芳，"为政清简"；后主时，东莞大象踏食田禾，官府多次派人捕杀。上述诸措施对农业发展都是有利的。

南汉时期广东耕地进一步开发。今珠江、韩江两三角洲南汉时持续快速成陆的现象表明，地处西、北江和韩江中上游的粤西、粤北、粤东地区耕地开发颇具规模，"山田"（梯田）、"畲田"等造田方式在粤西、粤北等地依然广泛流行。平原地区耕地开发也有新的突破，葑田在珠江下游一带更加普遍。五代宋初时人范质指出：番禺"海之浅水中有藻荇之属，被风吹，沙与藻荇相杂，其根既浮，其沙或厚三五尺处，可以耕垦，或灌或囷故也，……若桴筏之乘流也，以是植蔬者，

---

① 余靖：《武溪集》卷二十《宋故殿中丞梅州陈公墓碣》。

海上往往有之。"① 大宝末，有稻田"自海中漂浮至兴王府鱼藻门外，民聚观之"②。这种漂浮的稻田，无疑就是葑田。与唐代不同的是，葑田不仅被辟种菜蔬，而且还种植水稻，说明其耕作技术比前进步，作物布局更为合理。

唐代广东西江、北江和广州附近的农业已相当精细，一年二熟的稻麦轮作复种制正在推广。韶州的水稻单产每亩2至3斛，达到或接近江淮地区的水平。白龙、大有间，潮阳大族洪宗启之妻林氏舍田900亩入灵山寺，岁入租谷1 000石③，如按50%或60%租率计算亩产，则900亩田总产应为2 000石或1 700石，单产约2.2石或约1.9石，与唐代韶州单产相差无几，说明南汉时潮州水稻生产有了明显的进步。

耕地面积的扩大与粮食单产的提高，必然促进粮食总产的增加。乾和十三年（954），白州博白县绿含村"山谷间斗米一二钱"④。这在一定程度上反映出当地粮多价贱的情况，岭南其他产粮区也应是如此。

比较唐代与南汉的军粮供给情况，也可说明南汉时岭南粮食的增产，且自给有余。南汉独霸岭南，且长期与楚、闽为敌，养兵用兵，无疑要比唐时的岭南为多，但不见粮饷供应短缺的记载。这可以作为岭南粮食增产的反证。

南汉广东农业的多种经营与经济作物的种植也有进展。各地蔬菜、水果、花木的种植比较普遍，兴王府的荔枝湾、蕉

---

① 《太平广记》卷四百八十三《番禺》条引《玉堂闲话》。
② 《十国春秋》卷十五《南汉林楚材传》。
③ 洪己任辑：《（潮州）洪氏族谱》家传。
④ 《南汉书》卷四《中宗纪》。

林、素馨田等均以大量种植花果而得名，其产品也多是商品性生产。

在南汉农业有所发展的同时，农村土地兼并仍在继续进行，尤其是寺院大地主经济比唐代更为发展。后主时崇尚佛教，各地建佛塔，舍庄田，蔚然成风。粤北曲江为禅宗发祥地，"名山秀水，膏田沃野，率归于浮屠氏"①。僧竟钦在韶州双峰山创兴福寺，"数十里广置田庄"②。潮阳灵山寺自唐后期起不断获得洪氏的施与，至南汉已拥有庄园7所，良田4590亩，岁入租谷6900石③。这些寺院拥有大量土地、资产和民户，与世俗地主庄园并无二致；广大僧众、寺户与一般农户、佃户一样，租佃寺田，或服工役，受到僧侣地主的奴役与剥削。这些情况，无疑是妨碍农业生产的消极因素。

二、手工业生产与冶铸工艺的提高

南汉时期广东手工业大体上保持唐代的生产布局与部门结构，经营方式也仍为官营与私营两种，但有的部门生产规模及技术则有所提高。

（一）矿冶业

南汉矿冶业的进步主要表现为矿产量的增长与冶炼技术的提高。金、银的产量甚为惊人，观南汉各朝宫殿建设穷极

---

① 余靖：《武溪集》卷七《韶州乐昌县宝林禅院记》。
② 《南汉书》卷十七《竟钦传》。
③ 洪己任：《洪氏族谱·世德》，（宋）《洪氏舍田碑》，（明）《重修洪氏施主祠堂记》。

奢华,耗费金银无数,即可见其大概。如高祖作昭阳诸殿、秀华诸宫,"皆极瑰丽",多饰以金银。明末有人发掘康陵(刘䶮墓),见陵中"皆金蚕珠贝筑之","有金人数枚,各重五十斤,金像二枚,各重五六十斤"①。后主建万政殿,"饰一柱凡用银三千两,又以银为殿衣"②。铜、铁矿冶业有很大的发展。中宗建乾和殿,12条柱均为铁制,每条周长7尺5寸,高1丈2尺③,据推算,这些铁柱每条重量为252 185.38斤,12条铁柱总重3 026 224.56斤。短期内生产出如此大量的铁,在岭南是前所未见的。中宗、后主均信仰佛教,大铸铜钟、铜像和铁塔:乾和十六年至大宝七年(958—962)所铸留传下来的五口铜钟总重达4 460斤,平均每口近900斤,最重的一口(乾亨寺钟)达1 500斤;兴王府法性寺(今光孝寺)的东、西铁塔和敬州修慧寺的千佛塔,体型庞大,是我国现存最古最重的铁塔④。铅的生产比唐代也有增长。1953年以来,仅广州一地,发现的"乾亨重宝"铅钱就达2 000多斤⑤。

南汉铁器铸造技术颇高。大宝间,刘鋹、龚澄枢等大造铁塔,可以法性寺的东、西铁塔、敬州千佛塔为典型。西铁塔高1丈2尺,共7层,气势雄伟,构造独特,工艺精巧。塔身四面,每面设一印度式佛龛,各供弥陀佛一尊,全塔佛像

---

① 民国《番禺县续志》卷二十三卢应《康陵碑》。
② 《五国故事》卷下《伪汉彭城》。
③ 《南汉书》卷四《中宗纪》。
④ 见吴兰修《南汉金石志》卷一、二,道光《广东通志》卷二百四的钟像塔铭。
⑤ 麦英豪:《广州发现南汉铅钱》,《考古通讯》1958年第4期;邱立诚等:《广州东山又发现一批南汉铅钱》,《考古》1985年第6期。

南汉铁塔。现存广州光孝寺内，此为西塔，大宝六年（964）铸，原7层，今存3层。

达千尊以上，均栩栩如生，故又称千佛塔。塔身四角的檐和角，各铸造形态各异的飞天、飞鹅、飞凤和怪兽。此塔的铸造技术，在五代无与伦比①。

（二）铸钱业

刘隐据有岭南后，于唐末和梁初曾铸"小铅开元"（开元通宝铅钱）、"小铅五铢"（五铢铅钱）和"小铅开平"（开平通宝铅钱），这是我国最早铸造的铅钱②。南汉建国之年乾亨元年（917），铸"乾亨通宝"。次年，又铸"乾亨重宝"，分铜、铅二种。铅钱十当铜钱一，有大小二式：大径寸，重三铢九参；小径九分，重三铢六参③。从出土实物看，乾亨重宝铅钱有文背和光背无文两种。大有十四年（941），刘岩改名刘龑，取"飞龙在天"之意，乃铸"飞龙进宝"④。殇帝曾铸"光天元宝"⑤。

---

① 邱立诚：《中国最早的铁塔——广州光孝寺西铁塔》，《文物天地》1983年第2期。

② 陈衣：《清远县发现五铢、开元通宝铅钱》，《广东文物》1983年第2期。

③ 《十国春秋》卷五十八《南汉高祖本纪》，《南汉书》卷二《高祖纪》。

④ 王贵忱、王大文：《刘隐和南汉铸行钱币考略》，《香港钱币研究会会刊》第7期，1992年。

⑤ 陈敬文等：《陕西定边县发现万枚铜钱》，《考古与文物》1986年第6期。

南汉诸帝大造宫殿，耗费了大批金、银、铜、铁，造成金、银、铜材短缺，故金、银、铜钱很少在市场上流通，只有"乾亨重宝"铅钱大量流通。铸造的地方，已知有广州、连州、春州及邕州。1982年，在阳春县铁屎径发现7块"乾亨重宝"石质钱范，有正面范和背面范二种，每块长18厘米、宽9厘米、厚2厘米，一范可铸10钱①。观范可知，南汉铸钱仍沿用唐代的"母钱"冶铸法。

（三）陶瓷业

据考古发现，南汉时广东有广州皇帝岗窑，南海官窑，澄海澄洋岗窑、官陇窑、北洋窑、窑东窑等新窑址②。南海官窑的产品打破了陶瓷不彩绘的旧习，能大批量生产，专供宫廷使用，产品质量很高。1954年在昭陵（刘晟墓）出土的青釉四耳罐、六耳罐和夹耳罐，铁还原烧制相当成功，釉色晶莹，均极精美，被选为五代南方青瓷的代表，藏于故宫博物院③。

南汉广瓷依然远销海外。在南汉时远航航线所及的海域，考古工作者发现了不少南汉陶瓷。在西沙群岛甘泉岛附近，发现多件类似昭陵和皇帝岗出土的青白釉小口瓶、点彩瓶、罐、

---

① 阮应祺等：《广东阳春县发现南汉"乾亨重宝"钱范》，《文物》1984年第12期。

② 广东省博物馆等：《广东唐宋窑址出土陶瓷》，香港大学冯平山博物馆1985年版，第11页；陈历明主编：《潮汕文物志》上册，汕头市文管会1985年刊本，第68—73页；陈万里：《中国青瓷史略》，上海人民出版社1982年版，第50页。

③ 曾广亿、宋良璧：《广东陶瓷的历史》，《中国陶瓷全集》，日本美乃美出版社1984年版。

四系小瓶、碗、碟、粉盒等①。在印度尼西亚,也发现与昭陵出土瓷器相同的夹耳青瓷罐②。在阿曼,则发现了南海官窑产的彩绘瓷盒③。

(四) 制盐业

南汉时期广盐产区没有大的变化,制法仍是煎制,但随着珠江、韩江下游等沿海地区开发的加速,广盐产销出现重大变化。据推算,南汉时广盐年产量已超过10万石。由于原盐产量的增长,广盐出现产大于销和产销阻滞的局面,并开始销往湖南。湖南方面也曾有人建议对广盐设置官纲,"立务权卖",以收盐利④。

(五) 采珠业

南汉建立后,在传统的产珠基地雷廉沿海和珠江口大力经营采珠。大宝六年（963）,更在海门镇设置媚川都,募采珠卒2 000人,专门从事采珠。采珠的方法是:以绳系身,"以石缒足而下,有及五百余尺,而后得珠,则引绠而出"⑤。规模空前的采珠业为南汉朝廷提供巨量珍珠。高祖时造玉堂珠殿,"殿下设水渠,漫以珍珠"⑥。后主时内库珍珠山积,

---

① 广东省博物馆:《西沙文物》,文物出版社1974年版,第2—4页。
② 广东省文管会等:《南海丝绸之路文物图集》,广东科技出版社1991年版,第64页。
③ 曾广亿:《阿曼出土的中国古代外销瓷》,《古陶瓷研究》1982年第1辑。
④ 陆心源:《唐文拾遗》卷四十七于德辰《陈九事奏》。
⑤ 曾巩:《隆平集》卷十二《伪国刘铱》。关于采珠卒人数,陈均《九朝编年备要》卷一作3 000人,王辟之《渑水燕谈录》卷十作8 000人。
⑥ 《五国故事》卷下《伪汉彭城》。

"所居殿宇梁栋帘箔以珠为饰"①。大宝十四年（971），宋师攻陷兴王府，清点所获战利品，有美珠46瓮②。

三、商贸的活跃

唐末因社会动荡而一度萧条的广州商业迅速恢复旧观。入梁，江淮路绝，广州成为当时南北交通和东南沿海交通的重要枢纽，商业贸易尤盛。南汉建立后，政府统一币制，促进流通，鼓励通商。高祖常接见内地商客，"岭北商贾至南海者，多召之，使升宫殿，示以珠玉之富"③。刘氏"广聚南海珠玑，西通黔蜀，得其珍玩，穷奢极娱，僭一方，与岭北诸藩岁时交聘"④。广东与各地的商业联系更为密切。

广东商人在五代颇有影响，财力雄厚，引人注目，所以在内地经常遭到各国统治者的抢劫与迫害。吴越钱氏，"多掠得岭南商贾宝货"⑤。南平高氏，常"邀留"南汉商使，掠取财物⑥。楚王马希声，得悉商人沈申受刘䶮之托于洛、汴间购宝带一条，经长沙准备返岭南，乃谋杀之，夺得宝带⑦。

刘隐为清海节度使后，掌握了广州的对外贸易；刘岩嗣位，兼任广州市舶使，完全接管了海外贸易的管理权与市舶

---

① 王辟之：《渑水燕谈录》卷十。
② 《五国故事》卷下《伪汉彭城》。
③ 《新五代史》卷六十五《南汉世家》。
④ 《旧五代史》卷一百三十五《僭伪列传·刘陟》。
⑤ 《新五代史》卷六十七《吴越世家》。
⑥ 《新五代史》卷六十九《南平世家》。
⑦ 孙光宪：《北梦琐言》逸文卷一。

之利①。朱温建立梁朝前后，刘氏兄弟向他进献大量海外珍宝。开平元年（907）五月，"进奇宝名药，品类甚多"；十月，"又进龙脑腰带、珍珠枕、玳瑁、香药等"；十一月，"进龙形通犀腰带、金托裹含稜玳瑁百余副，香药珍巧甚多"；四年七月，"贡犀、玉，献舶上蔷薇水"；乾化元年（911）十二月，"贡犀象奇珍及金银等，其估数千万"②。这反映出广州外贸之盛。

刘岩称帝后，推行对外开放政策，鼓励海外贸易。乾亨间，"结连淮海，阻塞梯航"，联吴抗梁坐收海上商利。其后，南汉诸帝都招徕海商，大宝六年（963），后主命行内侍监李托至翁源迎佛教云门宗宗师文偃真身入宫，"许群寮士庶、四海蕃商俱入内庭，各得瞻礼"③。在南汉的中外人士可以互相通婚，不受限制，连后主本人也曾纳一波斯女子入宫，赐号"媚猪"④。大宝七年，后主封南海神为昭明帝，庙曰聪正宫，其衣饰以龙凤⑤。可见南汉朝廷对海外贸易的重视。

值得注意的是，作为商业交易的中介人——牙人也活跃在海外贸易之中。时人陶谷有关于番禺牙侩徐审与舶主何吉罗交往的记载，可见一斑⑥。

商业贸易是南汉时期广东经济中最具活力的部门，对南汉社会经济影响也较大：其一，由于商业贸易的刺激，农业、

---

① 钱俨：《吴越备史》卷二。
② 《旧五代史》卷三、四、五《梁太祖纪》。
③ 吴兰修：《南汉金石志》卷二陈守中《匡圣宏明大师（文偃）碑铭》。
④ 陶谷：《清异录》卷上。疑"媚猪"为"媚珠"之误。
⑤ 李焘：《续资治通鉴长编》卷十二。
⑥ 陶谷：《清异录》卷上。

手工业不同程度地与国内外市场建立了联系，因而促进了出口商品的生产（如陶瓷业）。其二，为南汉政府提供重要的财政来源。官府在各地设置镇、场、务等商业征管机构，征收商税。南汉末，广州每年对猪、羊、鹅、鹿、鱼、果等货物上市的课税连同场镇课利，收入共1 070贯[①]。市舶收入尤为丰厚。高祖时，"犀、象、珠、玉、翠、玳、果、布之富，甲于天下"[②]。后主时，"珠、贝、犀、象、玳瑁、翠羽，积于内府，岁久不可较"[③]。后来，宋神宗在评论广州市舶收入对国家财政的重要性时指出，南汉由于"笼海商得法"，"内足自富，外足抗中国"[④]。

四、兴王府的城市和园林建设

清海节度使刘隐在唐末修筑"新南城"，使广州城区面积大为扩展。南汉建立后，改广州为兴王府，作为首都，大兴土木，在城内外兴建了一大批宫殿、园林，使广州江北市区大部分连成一片。北部子城，为宫殿园林区，是南汉政权中枢所在；南部为商业区；西部为城外商业游览区，外国侨民多聚居于此。

南汉的宫殿"凡数百，不可悉数"[⑤]，大多建筑在兴王府

[①]《宋会要辑稿》食货十七之十。
[②]《南汉书》卷十《黄损传》。
[③] 路振：《九国志》卷九《邵廷琄传》。
[④] 黄以周：《续资治通鉴长编拾补》卷五。
[⑤]《新五代史》卷六十五《南汉世家》。

子城内,部分建于南宫及城外。仅中宗时,便"作离宫千余间,以便游猎"①,宫殿数量堪称五代十国之最,其中可考者有南宫、秀华宫、昌华宫、长春宫、甘泉宫、景阳宫、景福宫、思元宫、定圣宫、龙兴宫、列圣宫、玩华宫、大明宫、玉清宫、太微宫、禹余宫、龙德宫、万华宫、昭阳殿、南薰殿、乾和殿、文德殿、万政殿、集贤殿、刘王殿、三清殿、晨辉殿等。这些宫殿建筑均极豪华。高祖时,建玉堂珠殿,"饰以金碧翠羽"②;昭阳殿"以金为仰阳,银为地面,檐楹榱桷亦皆饰之以银,殿下设水渠,浸以珍珠,又璪水晶琥珀为日月,列于东西二楼之上"③;南薰殿"柱皆通透刻镂,础石各置炉燃香,故有气无形"④。后主时,"所居宫殿以珠、玳瑁饰之,……宫城左右离宫数十"⑤。

与宫殿建设相配合,南汉还在兴王府城内外修建大量的园林。比较著名的有如下几处⑥:

南宫药洲。南汉最著名的御苑,在今西湖路至海珠广场一带。高祖时,利用城西文溪天然河段,开500余丈,潴水成湖,药洲即于其中。湖中奇石林立,与药洲浑然一体,形成花、石、湖、洲并胜的园林景观。洲中的九曜石为太湖名

---

① 《南汉书》卷四《中宗纪》。
② 《旧五代史》卷一百三十五《僭伪列传》。
③ 《五国故事》卷下《伪汉彭城》。
④ 陶谷:《清异录》卷下。
⑤ 《宋史》卷四百八十一《南汉世家》。
⑥ 以下参见曾昭璇:《广州历史地理》,广东人民出版社1991年版,第265—271页。

石，是南汉"富民负罪者，每运置此以自赎，遂成胜景"①。其奇妙之处，在于以水中九石比拟天上星宿，造成天上人间意境②。洲之四周，"环以犀桥，亦盛境也"。北桥名宝石桥，通皇宫，是后主时命罪徒采砺山之石修筑而成，其石光洁如玉，各长1丈6尺，横3尺，厚2尺，排列平整。南桥称仙童桥，制作如北桥③。

玉液池。在今华宁里，以石景著称。池中奇石林立，清波荡漾，故又称明月峡。每年端午节，刘氏游宴其间④。

甘泉苑。面积很大，在今小北路一带，内有甘泉宫。刘氏辟以为御苑，中有泛杯池、濯足渠、避暑亭诸景；其下流为甘溪，夹溪三四里皆植刺桐、木棉，"旁侧平坦大道"⑤。

昌华苑。又称显德园，在今西关荔枝湾（今该处尚有昌华街）。唐代这里河湖相连，洲桥相接，绿树掩映，亭阁错落，是一个风光旖旎、热闹非凡的游览胜地。南汉在此建昌华宫，广40里，袤50里，划为御苑。苑里遍植荔枝，每岁荔枝熟时，果实累累，宛如红云蔽日，后主常设宴于此，号"红云宴"⑥。

华林园。又称西御苑、刘王花坞，在今泮塘。园多梅、莲、菱之属，有桥、林之胜。

游台。在城北越秀山上，即汉朝台故址。高祖时叠石为

---

① 方信孺：《南海百咏·九曜石》。
② 邓炳权：《再论南汉》，《广州文博》1985年第1—2期合刊。
③ 樊封：《南海百咏续编》卷四《宝石桥》。
④ 方信孺：《南海百咏·石屏堂》。
⑤ 方信孺：《南海百咏·甘溪》。
⑥ 《南汉书》卷六《后主纪》。

道，旁栽金菊、芙蓉，名曰"呼鸾道"。高祖常与群臣游宴于此，故称游台。

此外，南汉皇家园林还有芳华苑、西园、望春园等。

兴王府的私家园林有些也很有名，如苏氏园（在今龙津东路北蕉园大街），遍栽芭蕉，以幽胜著称。刘氏曾与宠妃李蟾妃微行至此，为美景所迷，乃于蕉叶上大书"扇子仙"三字，园主因而筑"扇子亭"①。

南汉时在兴王府还修建了其他建筑。在禺山，建有沈香台；在番山，建有朝元洞，后更名清虚洞；在今河南海幢寺侧小丘建梳妆楼；在隔山乡乌龙岗建郊坛；又利用卢循故城（今前进路万松园一带台地）建仓库；在今番禺市新造镇北亭村开辟陵区，"德陵"（刘隐墓）、"康陵"（刘岩墓）均在这里。

将自然景观通过人工改造成大型园林，在广东首创于南汉。南汉政权耗费人民脂膏所建的大量园林，全供宫廷与贵族游乐，而与人民无缘。

第三节　统治者的苛暴与张遇贤起义

刘氏立国后，承平多年，渐现骄纵之弊，一反开国初年关心民瘼、励精图治之策。帝位一传、再传，奢靡暴虐之风愈演愈烈。酷吏、贪官残民以逞，民不堪命。于是在南汉中叶爆发了规模较大的张遇贤起义。

---

① 陶谷：《清异录》卷上《扇子仙》。

一、皇帝的奢暴

刘知谦、刘隐起家裨校,无论在封州还是广州,都很注意节费抚兵,安辑百姓,发展经济,壮大实力,最终在群雄混战中开创立国岭海之基。刘岩即位之初,承先人之策,"坐拥百粤,闭关自擅,而不毒民"①,使南汉出现"府库充实,政事清明,辑睦四邻,边烽无警"②的景象,国力蒸蒸日上,跻身五代强国之列。刘岩本人也表现出开国之君的贤明风范。但是,承平日久,养尊处优,使得刘岩逐渐骄傲自满起来,不思奋进;至晚年,更日务奢华,荒于政事,惟以修筑宫殿为务。建南薰殿,"刻沉香为龙柱,务极奢丽,少不如意,辄诛杀匠役"③。

刘岩原甚尊重臣僚意见,择善而从,但晚年猜忌日甚,听不进忠谏之言。其子秦王弘度判六军,募市井无赖子弟千人为宿卫兵,军纪极坏。宰相杨洞潜进谏曰:"秦王,国之冢嗣,宜亲端士。使之治军已过矣,况昵群小乎?"刘岩拒谏说:"小儿教以戎事,过烦公忧。"洞潜出,见卫士掠商人金帛,商人畏秦王,不敢投诉,乃叹道:"政乱如此,安用宰相!"愤而辞职④。左仆射黄损对刘岩晚年务极奢华十分忧虑,上书劝谏:"今民庶穷落,而工役繁兴,天灾人怨,兵家所忌,苟或

---

① 王夫之:《宋论》卷一。
② 《南汉书》卷九《赵光裔传》。
③ 《南汉书》卷十《黄损传》。
④ 《资治通鉴》卷二百七十九。

不虞，其何恃以为战？且湖、洛未平，荆、吴犷狡，正宜务农息民，以宏圣基，遮遏强敌；乃纵耳目之好，尽生民之膏，兴土木之工，伤朴素之化，供一己逸欲，而失天下心，臣窃以为陛下不取也"。刘岩不听。时值宰相乏人，廷臣共推黄损，刘岩对左右说："我殊不喜此老狂"①。忠言逆耳，竟至如此。

南汉"用刑惨酷，有灌鼻、割舌、支解、刳剔、炮炙、烹蒸之法；或聚毒蛇水中，以罪人投之，谓之水狱"②。

大有十五年（942）四月，刘岩卒，第三子弘度继位（一、二子早丧），改元光天，更名玢。四弟晋王弘熙辅政。刘玢性庸昧轻浮，登位后益恣荒淫。父丧未葬，"召伶人作乐饮酒宫中，裸男女以为乐，或衣墨缞与娼女夜行，出入民家"③。置东、西两教坊，有伶官千余人，"常令昼夜出入宫中"④。又"颇疑诸弟图己，敕宦官守宫内，入皆露索（搜身）"⑤。堵绝言路，"左右忤意辄死"，大臣"无敢谏言"⑥。其弟弘熙为谋夺帝位，"日进声妓诱玢为荒恣"，又与循王弘杲、越王弘昌联合，于光天二年（943）三月，谋杀玢于长春宫。

刘弘熙弑兄自立，改元应乾，改名晟，是为中宗。刘晟初立，害怕诸王效己所为，争夺帝位，谋尽诛之。越王弘昌在刘氏兄弟中最称贤能，乾和二年（944）三月，首先被刺杀。三年，镇王弘泽、韶王弘雅被毒死。五年，齐王弘弼等八王，

---

① 《南汉书》卷十《黄损传》。
② 《资治通鉴》卷二百八十三。
③ 《新五代史》卷六十五《南汉世家》。
④ 《南汉书》卷三《殇帝纪》。
⑤ 《新五代史》卷六十五《南汉世家》。
⑥ 《资治通鉴》卷二百八十三。

"同日见杀",并"尽杀其男,纳其女充后宫"①。于是"数年之内,宗族殆尽"②。

刘晟生性多疑,"以威刑御下","多诛灭旧臣及其昆仲",连替他杀死刘玢的亲信陈道庠、刘思潮等也难逃灭族之灾。晚年宠用宦官林延遇、宫人卢琼仙等,"内外专恣为杀戮","造生地狱,凡汤镬、铁床之类,无不备焉。人有小过,咸被其害"③。某夜,刘晟宴饮大醉,"以瓜置伶人尚玉楼项,拔剑斩之以试剑,因并斩其首"④。

南汉国力此时虽尚称富强,但由于刘晟恣行暴政,大修宫殿,使国家财政紧张,"正供所入,日就支绌"⑤,国势渐趋衰落。

乾和十六年(958)八月,刘晟卒,长子继兴立,更名铱,改元大宝。刘铱性庸懦,继位后纵奢一如其父,大造宫殿,日与波斯女等在宫中游宴,"无名之费,日有千万"⑥,自称"萧闲大夫"⑦。委政于宦官龚澄枢、陈延寿,宫婢卢琼仙,女巫樊胡子等。作烧煮、剥剔、刀山、剑树之刑,施于人民,"或令罪人斗虎抵象,以为笑乐"⑧。听信谗言,杀戮宗室诸弟及钟允章等一班忠臣。迷信佛教,大造寺院塔像,耗费无数帑

---

① 《资治通鉴》卷二百八十七。
② 《旧五代史》卷一百三十五《僭伪列传》。
③ 《旧五代史》卷一百三十五《僭伪列传》。
④ 《新五代史》卷六十五《南汉世家》。
⑤ 《南汉书》卷十三《暨彦赟传》。
⑥ 《五国故事》卷下《伪汉彭城·刘铱》。
⑦ 陶谷:《清异录》卷上《萧闲大夫》。
⑧ 《南汉书》卷六《后主纪》。

藏。强令媚川都采珠卒"以石硾其足入海,至五七百(尺),人溺而死者相属也"①。凡此种种,皆不足以概括刘铱骄、奢、淫、逸、暴、虐的情状。

大宝三年(960),赵匡胤代周建宋后,南方诸国均遣使通好,惟南汉既不通好,又不防备。宦官邵廷琚劝刘铱两者择其一,刘铱不但不理,反而深恨廷琚直言,最后将这位名将冤杀。

二、宦官的专权

南汉建国虽成功地杜绝了唐代藩镇割据的再现,但是,宠用宦官,祸国殃民,却重蹈唐朝覆辙。南汉初设内侍监,宦官不过300余人,位亦不过宫内诸局令、丞。但到刘岩晚年,猜忌朝臣,专任宦官,以宦官典掌宿卫,掌握兵权,为后来宦官势力膨胀与干预朝政种下祸根。

刘晟时,宦官势力大增,人数至千人,并增内常侍、诸谒者等官名。内常侍甘泉宫使林延遇"大被倚任",与宫人卢琼仙等"表里交煽,恣为杀戮,中宗诛杀诸王,尽出其谋"②。内常侍、宫闱诸卫押番吴怀恩"典宿卫二十余年,未尝有小过",在对楚战争中,尽取桂管诸地,当时战功推首,加特进、内侍上柱国,封濮阳县公③,客观上助长了宦官的气焰。

刘铱时,宦官势力鼎盛,掌握朝廷军政大权,人数多达

---

① 王辟之:《渑水燕谈录》卷十。
② 《南汉书》卷十五《林延遇传》。
③ 《南汉书》卷十五《吴怀恩传》。

七千余,"有为三师、三公,但其上加'内'字,诸使名不翅二百"①。台省官员徒有其名,不能参预大政。内侍监许彦真,"性酷诈,尤工谗间"②。宦官陈延寿,与龚澄枢交结,"弄权卖法","作诸淫巧,日费数百万,多方蛊惑",怂恿刘𬬮诛杀诸王,并害死桂王刘璇兴③。行内侍监、内太师、万华宫使、左龙虎军观军容使龚澄枢是南汉后期最有权势的宦官首领,"倚任最笃",军国事务一归掌握。他"思峻刑以服众,因置酷法之具;少有犯过,辄榜掠无完肤,民益苦之,而莫可更诉"。他掌兵权,却不修武备,"城壁壕隍,但饰为楼池宫室,兵器甲械,皆腐败不治"④。行内侍监、内太师、六军观军容使李托,进所养二女为美人,"倚任加隆,一时权势赫奕",大有凌驾龚澄枢、陈延寿诸人之上的势头⑤。

这帮宦官还经常出任监军,领兵打仗,成事不足,败事有余。又勾结宫人,狼狈为奸。陈延寿恃其权宠,引女巫樊胡子入宫,"自言玉皇降胡子身。𬬮于内殿设帐幄,陈宝贝。胡子冠远游冠,衣紫霞裾,坐帐中宣祸福,呼𬬮为太子皇帝,国事皆决于胡子,卢琼仙、龚澄枢等争附之。胡子乃为𬬮言:'澄枢等皆上天使来辅太子,有罪不可问'"⑥。女官也有师、傅、令、仆之号,"具冠带,预职官,理外事者"⑦。

---

① 《宋史》卷四百八十一《刘𬬮世家》。
② 《南汉书》卷十五《许彦真传》。
③ 《南汉书》卷十五《陈延寿传》。
④ 《南汉书》卷十六《龚澄枢传》。
⑤ 《南汉书》卷十六《李托传》。
⑥ 《新五代史》卷六十五《南汉世家》。
⑦ 《旧五代史》卷一百三十五《僭伪列传》。

宦官、宫婢的专横侵权激起一些忠直朝臣的反对。大宝初，尚书右丞参政事钟允章毅然上疏，"数请诛宦官"，"以正纲纪"，结果被诬族诛①。

宦官干政是五代十国的常见现象。刘鋹时朝纲大坏，故后世史家指出："由汉唐来，宦官之众之重且专，与夫杀害之惨，而召亡之速，未有如南汉之极尽无余者也。"②

南汉的政治是一代不如一代。中后期虽然出现简文会、刘博古、陆光图、曾芳、谢杰等恤民疾苦的地方官吏，但毕竟属少数。不少州县长吏十分残暴，"民间孤弱者率为势家凌暴，无可申诉"③。

三、赋役的繁苛

南汉大体上沿袭唐后期赋税制度，推行两税法。高祖时，弭兵息民，赋役不繁，库府充实，人民安居乐业。但到了晚年，享乐挥霍无度，造成"工役繁兴"，"民庶穷落"④。中宗时，"尚奢华，离宫宴幸，耗费不赀，正供所入，日就支绌"⑤，人民的负担日见沉重。后主时，朝廷腐败不堪，统治阶级对人民的压榨进一步加重，正税之外，尚有附加。史载"刘鋹私制大量，重敛于民，每石凡输一石八斗。"⑥民户输税米，每

---

① 《新五代史》卷六十五《南汉世家》，《南汉书》卷十一《钟允章传》。
② 《南汉书》卷十五《宦官传》序。
③ 《南汉书》卷十四《女子传》。
④ 《南汉书》卷十《黄损传》。
⑤ 《南汉书》卷十三《暨彦赟传》。
⑥ 陈均：《九朝编年备要》卷二。

石另加白配钱160文①。

身丁钱为唐代税种，南汉沿用不废，并且成为重要的税项，到宋真宗时才下诏"放免"②。此税征收钱和米，没有定额，时有增加，在岭南西部，"每丁十文，既而加倍，至十倍、百倍，米亦如之。"③宋人刘谊称："唐至于五代，暴政所兴，二广则户计一丁，出钱数百，输米一硕。"④后主时，"计口以税，虽船居皆不免"⑤，可见南汉后期凡丁皆税。

商税是正税外税收的大宗。官府在城镇、圩市设镇、场、务等机构，征收商税。税目繁多，税率又高，官吏舞弊，使税户负担沉重。

其他杂税名目尚多，榷盐、榷茶亦为大宗。广南等地"江湖及池潭、陂塘聚鱼之处，皆纳官钱，或令人户占买输课，或官遣吏主持"⑥，"又有橘园、水碓、社酒、鹅鸭、螺蚌、柴薪、地铺、枯牛骨、溉田、水利等名"⑦，可谓无物不税。

劳动人民除了要负担正税、杂税外，还要直接或间接承担各种兵役、徭役，生活十分艰苦，或被迫逃往他乡，依附豪族，或隐没山林，以避赋役。大宝末，昭州恭城大族周渭因"赋役繁重，弃家挈其乡里亡出，将避地零陵"⑧。大族尚

---

① 李焘：《续资治通鉴长编》卷十六。
② 朱长文：《吴郡图经续记》卷下。
③ 刘克庄：《后村先生大全集》卷一百四十三《颜尚书（颐仲）神道碑》。
④ 《宋会要辑稿·食货》六十五之二十四。
⑤ 《宋史》卷三百六《张去华传》。
⑥ 《宋会要辑稿·食货》十七之十一。
⑦ 马端临：《文献通考》卷十九。
⑧ 《南汉书》卷十八《周渭传》。

且如此，无依小民当更难堪。宋开宝四年（971），宋平南汉，仅得户170 263[1]。主要原因是民户逃亡、课户减少。当时宋太祖屡次下诏废除烦苛赋役，招诱逃亡，充分说明南汉末年人民逃亡以避赋役之严重。

四、张遇贤起义

由于上述种种原因，殇帝时阶级矛盾日趋激化。祯州境内"群盗蜂起"，各拥众数百，互不统属，于是起事者假托神旨，云博罗县吏张遇贤（一作茂贤）为第十六罗汉，推其为首，称"中天八国王"。张遇贤率众起义，建元永乐（一作长乐），署置百官[2]，建立农民政权。这是五代规模最大的农民起义。

起义军"皆衣绛衣，时谓之赤军子"[3]，很快就发展到数万人。时殇帝初立，急遣赵王弘昌为都统，循王弘杲为副都统，统军征讨。官军驻扎在钱帛馆，遭起义军突然袭击，被困"数重，矢下如雨，军人多死"[4]。起义军得胜，军威大振，乘胜攻打潮、循等州。"东方州县，为遇贤所陷。"光天元年（942）十月，起义军攻陷循州，杀南汉刺史刘传[5]。

张遇贤虽被推为起义军首领，但他性庸懦，"无统御之

---

[1] 李焘：《续资治通鉴长编》卷十二。
[2] 马令：《南唐书》卷二十六《张遇贤传》。
[3] 龙衮：《江南野史》卷二。
[4] 《九国志》卷九《刘洪杲传》。
[5] 《南汉书》卷三《殇帝纪》，卷十三《刘传传》。

略",故各路义军"各以便宜,攻剽州县,告其进退而已"①,并没有具体的作战方案与明确的奋斗目标。光天二年,南汉军组织反攻,万景忻率军收复循州。起义军"屡为州兵所窘",无计可施,乃求助于神,并据"神旨",放弃粤东,逾岭进袭虔州之南康②。由于南唐在虔州的驻兵不多,防务不固,所以北上起义军"连陷诸县,州兵击之不胜"③。张遇贤遂据雩都县白云洞,造宫室营署,四出进攻,部众发展至十余万。

中宗应乾元年(南唐元宗保大元年,943),南唐主李璟命洪州营屯都虞候严思(一作严恩)为统帅,通事舍人边镐监军,统兵征剿。李璟对边镐说:"蜂蚁空恃妖幻,中无英雄,至则可擒。"④又发布《招妖贼制》,悬巨赏以图擒杀张遇贤及其部下首领⑤。南唐军至虔州,采纳虔人白昌裕的计谋,伐木开道,突袭白云洞,焚其营署。起义军大败,张遇贤求神不应,遂弃营潜逃。起义军裨将李台见大势已去,执张遇贤及其副黄伯雄、谋主僧景全等投降南唐。张遇贤一行被押送至金陵(今江苏南京市)遇害⑥。

这次起义历时三年,波及南汉、南唐两国,但最终被镇压。究其失败原因,主要是:(1)起义的领导者没有政治才

---

① 马令:《南唐书》卷二十六《张遇贤传》。
② 马令:《南唐书》卷二十六《张遇贤传》。
③ 陆游:《南唐书》卷五《边镐传》。
④ 文莹:《玉壶清洁》卷十。
⑤ 制文见徐铉:《徐骑省集》卷七。
⑥ 马令:《南唐书》卷二十六《张遇贤传》;陆游:《南唐书》卷五《边镐传》。

能和军事指挥才能，队伍组织松散；(2)迷信神灵；(3)轻易放弃基础较好的岭南而盲目转移到人生地疏的岭北；(4)南汉与南唐的军力远比起义军强大，起义军不敌。

第四节 人文继起和佛教风行

五代十国时期，南方诸国由于社会相对稳定，经济较发达，统治阶级也比较重视文化建设，所以文化发展的势头胜于北方。南汉在南方并不是文化很先进的国家，但由于建立起一套典章制度，初期又注重延揽人才，所以在文学、史学、天文、历算、医学等方面出了不少人才和成果，佛教理论亦有发展。

一、科举仿唐制

刘隐、刘岩兄弟在取得岭南的统治地位后，一方面尽量吸收内地精英分子进入统治阶层，另一方面，大力培植人才。乾亨四年（920）五月，采纳宰相杨洞潜的建议，"置选部贡举，放进士、明经十余人，如唐故事，岁以为常"[①]。高祖建昭阳殿，"亲书其榜，以见进士"[②]，以示对人才的重视。制度化的开科取士为广大文士开辟较广的获取功名和做官的途径，也为南汉提供大批素质较高的人才，从而保证以文治世

---

① 《新五代史》卷六十五《南汉世家》。
② 《五国故事》卷下《伪汉彭城》。

的国策有效贯彻。南汉可考的进士有8人：简文会（南海人，状元）、陈渥（南海人）、王诩（咸宁人）、钟允章（番禺人）、王宏（曲江人）、胡宾王（曲江人）、梁嵩（广西人，状元）、周邦（广西人）①。

二、诗文并茂，人才辈出

宋人蔡绦说："五季文章趣卑陋甚矣，然当时诸僭伪，其国颇亦有人。"②此说不谬。南汉就荟集了一大批博学多才、工于诗赋的名士文人。如：高祖时宰相倪曙，工科举之学，有赋名，著有赋一卷。翰林学士承旨王宏，工诗赋，曾作《白龙见赋》等，文采华丽，传颂一时。中书舍人王诩，喜为诗赋，其《白龙颂》，词藻华灿，与王宏的《白龙见赋》号称"双绝"③。唐诗人张碧之子张瀛任曹郎，"为诗尚气而不怒号，语新意卓，人所不思者，辄能道之，绰绰然见乃父风也"，所作《赠琴棋僧歌》为时人称颂④。此外，赵光裔、王定保、陈光乂、梁嵩等也富有文才，名重于时。当时成就最大的，当推黄损。

黄损，连州人，自幼苦读，曾游洞庭、匡庐等胜处，"文声益大起，知交满天下"。桑维翰、宋齐邱等名士与论天下事，

---

① 此外，五代内地各国都鼓励岭南士人北上参加科举，广东人登进士第者有黄损、何泽、孟宾于、何承裕、邓悒美、骆仲舒、孟蝦，除何泽为番禺人、何承裕为韶州人外，余均为连州人。
② 蔡绦：《铁围山丛谈》卷三。
③ 《南汉书》卷十一《王诩传》。
④ 辛文房：《唐才子传》卷十《张瀛传》。

"皆谢不如"。后梁龙德二年（922），登进士第，投书公卿，"缙绅每交口称之"。时北方战乱，遂南下广州。刘岩称帝，黄损条上十策，多切指权贵，为刘岩所赏识，国事多召咨询，官至尚书左仆射。

黄损在五代诗坛享有盛名。曾与湖海诗宗郑谷、僧齐已共定诗用韵数格，为"葫芦"、"辘轳"、"进退"等格[①]。葫芦格，即押韵时先二后四，如先押二个"东"韵，再押四个"冬"韵，二韵相通，先小后大，有如葫芦；辘轳格，即二、四句押甲韵，六、八句押乙韵，两韵相通，双出双入，此起彼落；进退格，即二、六句押甲韵，四、八句押乙韵，两韵相通，一进一退，相间为韵[②]。此格一出，"为湖海骚人所宗"。其著作有《桂香集》、《射法》一卷及《三要》三篇。

中宗时知名文人亦不少。尚书左丞简文会工为诗章。中书舍人钟允章最为有名，诰敕、碑记及朝廷一切应撰文字，多使属草。他"文思敏捷，援笔立成，词藻灿漫，无不称旨，由是，声华籍甚，诸国皆耳熟其名"[③]。曾随中宗游罗浮山，应制为诗，被誉为"倚马才"；又从游英州盘龙石室，撰《云华御室记》，传诵后世。

后主时颇多饱学之士。古成之以诗文"名动四方"，后在宋成进士。钟允章之弟钟有章与兄齐名，所作有关罗浮山天华宫、云华阁、甘露亭等诗篇，皆极宏丽，被后主称为"大

---

① 辛文房：《唐才子传》卷九《齐已传》。
② 阮阅：《诗话总龟后集》卷二引《缃素杂记》。
③ 《南汉书》卷十一《钟允章传》。

手著作"①。御书院给事雷岳能词章，尤工骈偶文，"朝廷有大著作，多出其手"。所撰《云门匡真大师（文偃）塔铭》，词极宏赡，"抄诵者踵门，一时纸贵"②。西御院使、集贤院学士承旨陈守中为当时词臣之冠。大宝七年（964）撰《匡圣宏明大师（文偃）碑铭》，洋洋三千余言，大为后主赞赏③。

唐末五代，有些广东士子愤世嫉俗，不惜离乡远走，避居内地，寄情于山水；或受正统思想影响，不愿与刘隐等军阀合作，到内地做官，其中有些人在文学上造诣颇高，很有成就。如番禺人何泽，长于诗歌，仕后梁、后唐④；韶州曲江人何承裕，好为诗，仕后晋⑤；连州人邓洵美、石文德，均为一时名士，仕湖南马氏⑥。孟宾于尤为著名。

孟宾于，字国仪，连州辅国乡人。唐末工部侍郎李若虚廉察湘沅，宾于编辑诗歌数百篇，名《金鳌集》以献之。李阅后大为赞赏，并推荐给朝臣，由是孟宾于诗名大噪。

宾于虽富才华，但直到后晋天福九年（944）51岁经历五举方中进士⑦，寻因丧乱回乡，后入楚国马希范天策府，辟为零陵从事、永州军事判官。楚亡，仕南唐为水部员外郎，迁淦阳县（今江西新干）令。因黩货，罪当死，同年进士、翰

---

① 《南汉书》卷十三《钟有章传》。
② 《南汉书》卷十三《雷岳传》。
③ 以上引述的几篇《记》、《铭》均见于吴兰修《南汉金石略》。
④ 《新五代史》卷五十六《何泽传》。
⑤ 《五代史补》卷五。
⑥ 龙衮：《江南野史》卷七《邓洵美传》；《十国春秋》卷七十三《石文德传》。
⑦ 王禹偁：《小畜集》卷二十《孟水部诗集序》。

林学士李昉以诗寄之:"初携书剑别相潭,金榜 题名第十三。昔日声名喧洛下,近年诗价满江南。长为邑吏情终屈,纵处曹郎志未甘。莫学冯唐使休去,明君晚事未为惩。"① 南唐后主李煜见诗,惜其才,赦罪复官。

孟宾于是五代最有名的岭南诗人。宋人陈尧佐称其诗"如百丈悬流,轰轰洒落苍翠间,清雄奔放,望之竖人毛骨,自五季诗人以来未有过宾于者也"②。宾于诗作共505首,分别收录于《金鳌集》、《湘东集》、《金陵集》、《玉笥集》和《剑池集》,宋时其子孟归唐合编为《孟水部诗集》,惜后世不传③。《全唐诗》仅收录8首及一些断句。

三、《唐摭言》和《南汉国史》

为了总结历史经验教训,寻求治国良方,历代统治者都重视史学。南汉割据岭表,纪纂荒缺,官方修史情况已难得其详,不过私人修史却颇可称道,官僚文士孜孜撰著者不少,王定保、胡宾王等人在这方面的成就较大。

王定保(870—940),琅琊(今山东胶南)人,唐昭宗光化三年(900)进士擢第。以中原丧乱,南下为容管巡官,久居岭表,入清海幕府。南汉建立后,军国大事多所匡正,官至中书侍郎同平章事。

王定保擅文词,博闻强记,好咨询朝廷典故,尤其"乐

---

① 龙衮:《江南野史》卷十《孟宾于传》。
② 黄佐:《广东通志》卷四十六《孟宾于传》。
③ 王禹偁:《小畜集》卷二十《孟水部诗集序》。

闻科举之美";由于曾长期与唐末达官名士交往,见闻赡博。晚年著《唐摭言》十五卷,记述唐代科举制度、文士风习及文人墨客的遗闻佚事,于"贡举之制特详,多史志所未及;其一切杂事,亦足以觇名场之风气,验士习之淳浇"①。此书史料价值甚高,在同时代杂史、笔记中属上乘之作。

胡宾王,字时贤,韶州曲江人。曾隐居清远中宿峡,研习经史,后第进士甲科。后主时累官至中书舍人、知制诰。因见后主荒淫,国运日衰,乃弃官归里,搜求遗文,访问耆旧,潜心史学,著《南汉国史》。全书共十二卷,自烈祖至后主为《五主传》,杨洞潜至陆光图等33人为《纯臣传》,又有《具臣》、《乱臣》、《宦官》、《女谒》诸传。这是南汉时私人修撰的唯一一部南汉国史,也是五代十国诸国史中成书较早的一部。入宋,胡宾王将该书易名《刘氏兴亡录》献给宋廷,明代失传。

四、颇具规模的宫廷音乐

南汉建立后,按照唐朝制度制礼作乐,以太常寺的大乐署和鼓吹署为主要音乐机构,内宫则有教坊。殇帝时,东、西教坊伶官多达千余人②。可见南汉宫廷音乐颇为发达,戏曲、舞蹈也颇具规模。大宝六年(963),后主命宦官李托至云门寺迎文偃真身入宫,"许群僚士庶、四海蕃商俱入内庭,各得瞻礼",因此,兴王府内热闹非凡,"瑶林畔千灯接昼,宝山

---

① 《四库全书总目提要》卷一百四十。
② 《南汉书》卷三《殇帝纪》。

前百戏联宵"①。可见南汉京城音乐戏剧等娱乐活动的兴盛。宋平南汉,择其内臣数十人于教坊学习音乐,名"萧韶部",又改曰"云韶","赐宴则用之"②。这说明南汉音乐水平较高。

南汉最有名的音乐家当数连州高良人陈用拙。他工诗歌,著有《诗集》八卷,对音乐尤有研究,所著《大唐正声琴籍》是广东音乐家撰写的第一部音乐专著。该书凡十卷,备载琴家议论、操名及古代善琴的帝王与名士,并对古调进行订正,被时人视为音乐权威著作,后佚。

五、天文、历算与医学

南汉仿照唐制,设置司天监,掌天文,定历法,在国子监设算学博士、助教,培养人才,但其历法自成体系,与中原各国不一样。如中宗乾和十六年(958),即周世宗显德五年,这一年份有一闰月,据梧州光孝寺《感报寺铜钟款》所记为六月,而薛居正《旧五代史》及《资治通鉴》则为七月,两者相差一个月,证明南汉"不奉正朔"。

当时的天文、历法与算学关系密切,因而天文历法家往往又是算学家。冯禧、何泽、周杰、周茂元、林楚材、胡万顷等都是当时的著名专家,其中周杰成就最大。

周杰,唐开成间进士,僖宗时因北方动乱,携家南徙,入清海军幕府。刘岩称帝时,强起为知司天监事,大有中迁太常少卿,卒于官,年90余。他学识渊博,精通历算、术数,

---

① 吴兰修:《南汉金石志》卷二陈守中《匡圣宏明大师碑铭》。
② 王辟之:《渑水燕谈录》卷九。

"凡律历、天官、五律、纬书，靡不究其指归"[①]。他发现唐开元间天文学家僧一行修订的《大衍历》有差错，遂敷衍其法，著《极衍》二十四篇传世。

南汉的医疗机构在中央有太医署、尚药局，地方设医学博士、助教和学生，都是依照唐制。著名的医学家有轩辕述，精通医术，"治病多奇验"，远近闻名。尤好读医书，吸取前人经验与成果，而不拘泥于成说，自具卓识。前人青霞君著有《宝脏论》三篇，缺点很多，轩辕述博采众说，刊去谬误，拾遗补缺，编为三卷，名《宝脏畅微论》，为医家所珍重。

六、崇重"西教"，"云门"大兴

南汉是个佛教昌盛的时代，崇重"西教"（佛教）是其基本的宗教政策。高祖时，礼遇内地僧人，并引入岭南。如益州僧竟钦，居韶州双峰山兴福寺；江南僧文偃、如敏，也都是外来僧人。高祖曾多次召境内高僧问禅机，对灵树寺知圣、光运寺证誓、灵鹫寺景泰、云门寺文偃等"礼意隆重"[②]。乾亨初，高祖"将事兵戎，诣如敏院，使决进止"，如敏致函劝阻，遂"决意寝兵"[③]。这说明佛教不仅受到朝廷的尊崇，而且能对朝政产生一定的影响。中宗、后主两代，也经常召僧人入宫，对佛教崇尚有加。朝廷还大力支持僧徒建寺弘法，广置寺庄。如有一位公主，赐给韶州中兴寺庄田一次就达3000

---

① 《南汉书》卷十《周杰传》。
② 《南汉书》卷十七《如敏传》、《文偃传》、《竟钦传》。
③ 《南汉书》卷十七《如敏传》。

亩①；竟钦在韶州建兴福寺，"数十里广置田庄"。因而各地寺院林立，寺院经济也极发达。据不完全统计，南汉广东境内新建寺院有45所。兴王府最多，府城周围东西南北各7寺，全府共28寺，应天上28宿②。另外，番禺县有宝林寺，东莞县有资福寺，新会县有海光寺。韶州其次，有兴福寺、灵树寺、花界寺、云门寺、双峰寺。端州有华严寺、定慧寺，敬州有大觉寺、西岩寺，英州有西华寺，祯州有延庆寺，潮州有资福寺，康州有白云刹，雷州有广济寺。总之，在朝廷的支持下，南汉佛教比唐代还要盛行，兴王府、韶州等地仍然是佛教传播中心。

唐开元以后，禅宗南宗取得正统地位，唐晚期至五代臻于鼎盛。其青原行思一派分为曹洞、法眼、云门三宗，南岳怀让一派分为临济、沩仰二宗，合称五宗。云门宗盛行于南汉，创于文偃。

文偃（864—949），俗姓张，苏州嘉兴（今浙江嘉兴）人。生而聪慧，11岁时受戒于常州坛。继而南下福建，参雪峰大师。时雪峰大会禅，众至千余，见文偃，甚器重，密有传授。离闽后，遍历诸山，于梁乾化元年（911）至曹溪，谒灵树寺如敏。乾亨二年（918），高祖到灵树，文偃奉召入对。旋于韶州开堂说法，一时道俗毕集，达数千人。"自是，问禅者日益众"；文偃倦于延接，奏请移居，获准创寺于云门山（在今乳源县），被赐名光泰禅院。复奉诏入京问禅机，援左右街大僧录，加号匡真大师。中宗时迎入宫，赐所居曰"瑞云院"。

---

① 《南汉书》卷八《公主传》。
② 方信孺：《南海百咏》有东、南、西、北（各7寺）诗七绝四首。

乾和七年（949）四月十日，召诫众徒，付法于实性。临终遗言："吾灭后，弗可效俗教衣孝、哭泣、备丧车之礼，致紊禅宗。"①圆寂后，于大宝六年（963），后主命官吏往云门山开塔，派秀华宫使李托迎其真身入宫，改寺曰大觉，谥大慈云匡圣宏明禅师②。七年，命西御院使、集贤殿学士御前承旨陈守中撰《大汉韶州云门山大觉禅寺大慈云匡圣宏明大师碑铭》，勒石于云门山，至今犹存。

文偃在岭南弘佛近40年，在禅宗各派中别树一帜，创立了云门宗，形成独特的"云门家风"。此宗佛教哲理主要体现在"云门三句"："函盖乾坤，截断众流，随波逐流。"

"函盖乾坤"："乾坤万象，地狱天堂，一色一味，无非妙体，头头物物，悉皆真现。"即世界上一切事物都由"真如"派生，举"真如"即可"函盖乾坤"，无不包罗。"截断众流"："堆山积岳，一尽尘埃。拟论玄妙，冰消尽解。""本非解会，排遣将来，不消一字，万机顿息。"即"堆山积岳"的"乾坤万象"并不是真正的"解会"（认识）对象，只有"拟论玄妙"的"真如"，才可以使宇宙万有"冰消瓦解"，"万机顿息"，以无为"有"，以有为"无"。"随波逐流"："顺机接引，应物无心。因语识人，从苗辨地。不须拣择，方便随宜。"即在方法论上随机应变，无所定见③。

"云门三句"概括了云门宗的唯心主义世界观，在晚唐、

---

① 《南汉书》卷十七《文偃传》。
② 吴兰修：《南汉金石志》卷二《匡圣宏明大师碑铭》。
③ 智昭：《人天眼目·云门宗》卷二；郭朋：《隋唐佛教》，齐鲁书社1980年版，第562—563页。

五代禅宗各派中很有特色。各宗启发徒众，有"机锋"、"棒喝"等手法，家风各异。"云门家风"以锋辨险绝著称，故该宗自称作"云门剑"、"吹毛剑"。《归心录》云："云门家风，孤危耸峻，格外提撕，蓟除情见。"《纂要》云："云门宗风，出语高古，迥异寻常。北斗藏身，金风露体。三句可辨，一镞辽空。超脱意言，不留情见，以无伴为宗，或一字或多语，随机拈示明之。"①

云门宗把六祖慧能以来的禅宗唯心主义思辨哲学推向深入。从引导人们进行复杂的抽象思维这一方面看，自有其学术价值；但是它提倡纯主观的"顿悟"，否认物质世界的客观存在，企图让人们完全脱离社会，脱离实际，空谈禅理，则是有害的。

文偃之后，弟子实性、性质、志文、契本、达真、妙光、惠能等"善继云门禅乘，能不坠其宗风"②。云门宗在岭南长盛不衰，并向内地传播，成为五代影响较大的佛教宗派③。

---

① 转引自黄忏华：《佛教各宗大纲》，台湾天华出版事业股份有限公司1980年版，第288—289页。

② 《南汉书》卷十七《方外传》。

③ 入宋，文偃门人澄远居青城山香林寺，大播云门宗于四川；经明州雪窦重显、大觉怀琏等的弘扬，云门宗盛行于江南和汴京。文偃的另一个门人圆明三传至灵隐契嵩，厘定禅宗世系，加强了云门宗的宗势。云门宗影响广泛，至南宋始渐趋衰微。

第 九 章

北宋广南东西路的建置与社会经济的发展

宋太祖开宝四年（971）平南汉，广东便在北宋朝廷的管辖之内。

北宋政权为广开财源而重商，为实行文治而兴学。在全国统一的前提下，由于这两项基本政策的推动，广东的社会经济与文化获得前所未有的发展。

农民的生产与生活条件有所改善，土地得到开发，户口大幅度增长，农业商品加多，对内对外贸易兴盛，手工业特别是陶瓷业和矿冶业发展更为迅速。

文化方面，州县学纷纷建立，读书风气日浓，培养了较多的人才。

北宋末年，在徽宗倒行逆施和金国侵宋的影响下，广东的经济状况发生逆转。

第一节　广南东西路的建置和政治军事措施

宋平南汉，使广东人民摆脱了刘氏末代君主的残暴统治，为广东社会进一步发展创造了条件。

岭南在宋初属于广南路，后分为广南东路和广南西路。广南东路又简称"广东"，是为广东定名之始。广南西路的雷、琼等七州军，因海上交通便利，与东路的联系日益加强。

北宋对广东原有的州县大量省并，建置布局较为合理；又因南面无强大敌国，只驻有少量军队，受军队骚扰较少，人民的劳役负担较轻。

一、宋平南汉

赵匡胤于后周显德七年（960）春夺取帝位，国号宋。随即着手平定南方各国，然后北向。慑于宋的威力，南唐、吴越和福建的留从效均相继称藩，荆南高氏取消割据。乾德元年（963），宋出兵削除湖南的割据势力，边境已与南汉相接。就大势而论，古代岭南"当中原多故时，进不能以有为，退犹可以自立；及纷纭既定，必难久存"[①]。然而不明时势的南汉后主刘铱，却既不修明内政以图强，又不通好于宋以求安，反而乘宋初得湖南未定之际，出兵攻打湖南桂阳、江华，欲

---

① 顾祖禹：《读史方舆纪要》卷一百。

扩大疆土，结果大败，反失去原据有的湖南郴州。此后，宋对蜀和北汉用兵，一时未暇进取岭南。开宝初年，南汉又派兵攻湖南道州（今道县），不肯归还所占土地，宋太祖遂决计以武力统一岭南。当时南汉境内的人民，不仅要满足帝王、宦官们穷奢极欲的诛求，还要承受约20万军队的沉重军费负担，处于水深火热之中。兴王府的人民，把每家必备用以盛水的防火桶称为"宋一统"①，以示人心归宋之意。可见宋伐南汉是顺应民心的。

开宝三年（970）九月初一，宋发兵征南汉，任命潭州（长沙）防御使潘美、朗州（今湖南常德）团练使尹从珂为正副统帅，领十州兵会攻贺州。南汉派宦官龚澄枢、李托、郭崇岳分别至贺、韶、桂三要地筹划防御。龚澄枢至贺州，逃回；大将伍彦柔将兵驰援，被宋军设伏击破。十月，潘美等下贺州，使岭南东西两部呼应不灵。刘鋹不得已，起用被罢去兵权懂得用兵的宦官潘崇彻，领兵3万，屯贺江口（在今广东封开县境），阻止宋军从水路南下。宋军在取得昭州（今广西平乐）及桂州后，移师从陆路东向，于十一月攻取连州，进入广东北部，西江一带各州相继归降。刘鋹于是派李承渥为都统，率兵数万守韶州，屯于莲花山下。十二月，两军在韶州大战，宋军用箭集射南汉象阵，象被创回奔，遂大破南汉军，夺取韶州。开宝四年（971）正月连下英、雄二州。潘

---

① 《文献通考》卷三百十。中国古代的天文学以"天人感应"说将天上的星区与我国的各地域相对应称为"天文分野"。"二十八宿"中的房宿，其星区是先秦宋国的分野（见《史记·天官书·正义》引《星经》），也是北宋首都汴梁一带的分野，房与防同音，桶与统同音，故演为"宋一统"之意。

崇彻在贺江口率全军降宋。至是，宋军尽取粤北，并以主力从韶州沿陆路南进，直逼兴王府。南汉遣郭崇岳率兵6万，屯于广州北数十里的马迳，"列栅以待"①。

刘𬬮知败局已定，虽曾遣使向宋军求和，但在众宦官的阻挠下，游移不定，仍然调集败军残卒，企图抵抗。宋军于正月二十七日进抵栅口，次日抵马迳，列营双女山下②。马迳距兴王府仅"一程"之遥，二月初四，刘𬬮命其弟保兴率全军拒战。宋军击破南汉兵，"径收贼垒"③。刘𬬮见兵临城下，命焚烧府库，将刘氏数世搜刮积聚的财帛宝货尽付一炬，终于二月初五日（971年3月4日）至城北七里处向宋军投降④。宋军进入兴王府，割据55年之久的南汉政权乃告终结。刘𬬮及其眷属被押送汴京"献俘"，被封为恩赦侯，九年后卒。

开宝五年（972），即宋军接收南汉全境后的第二年，发生了南汉残余势力的反叛。这次叛乱以南汉宦官乐范为首。他在刘𬬮出降前将一批海船偷偷开走，并藉此在广东沿海一带及韶州、岭南西部、海南岛南部发动叛乱。当时潘美、尹崇珂同任知广州兼市舶使，很快将各地的反宋叛乱平定下去。至开宝六年（973），残余的"岭南群盗"也经诸州都巡检曹光实讨捕扫荡，于是"海隅悉平"⑤。

---

① 《宋史》卷四百八十一《刘𬬮传》。
② 梁廷枏：《南汉书》卷六。
③ 王应麟：《玉海》卷一百九十三上《潘美擒刘𬬮上露布》。
④ 方信孺：《南海百咏·刘氏铜像》引《刘氏兴亡录》。
⑤ 李焘：《续资治通鉴长编》卷十三至十四。

二、广南东西路的建置

宋平南汉之初,暂时仍把岭南作为一个地方行政区域,统称"广南"、广南路或岭南路,一度称为道,以岭南转运使统辖之。太宗至道三年(997),定全国为15路(以后续有增加),并将岭南分为广南东路和广南西路[①]。广东、广西之分,即始于此。广南东、西路的地理分界是:北自贺州而南,经封州、康州至南恩州而尽于海,这几州及其以东属东路,其西皆属西路。

南汉时期,州县设置颇滥。开宝五年(972),以岭南州县多,户口甚少,朝廷下诏"废置并移广南州县",包括对原州县裁革、合并、调整及易名。例如:将泷州废去,改成一县,并入康州;兴王府复名广州,分出浛光一县入英州;割出韶州始兴一县入雄州,并以北方另有雄州而改广东雄州为南雄州,等等。

宋制,地方最高一级行政区域是路(除京畿地区的府直属中央、不隶于路外),路以下为州(或府、军、监)、县,州和县分为五等:望、紧、上、中、下。在重要的府、州,还保留都督府和某某军节度的名义。如广州即为都督府、清海军节度,仅仅是保留唐代遗留下来的名号而已,虽也有在某州新加某节度之名,但只不过是表示其地之重要,无实际意义。经过太祖开宝年间的整顿和以后的变更,至神宗元丰年

---

① 李焘:《续资治通鉴长编》卷四十二。

间，广南东路计有15州军，共40县；广东省当时属于广南西路的，连海南岛，共7州军（其中朱崖军未置县，视其为一县），共17县。详见下表。

元丰年间广南东路及西路七州军州县表

路名	州军名及等级	领县数	县名及等级（第一县为州军治所）	备注
广南东路	广　州^中	7	南海^望、番禺^上、清远^中、增城^中、怀集^中、东莞^{中下}、新会^下	番禺与南海同为治所
	韶　州^中	4	曲江^望、翁源^望、乐昌^中、仁化^中	
	循　州^下	3	龙川^望、兴宁^望、长乐^上	熙宁四年析兴宁置长乐
	潮　州^下	2	海阳^望、潮阳^紧	
	连　州^下	3	桂阳^望、阳山^中、连山^中	
	贺　州^下	3	临贺^紧、富川^上、桂岭^中	
	封　州^下	2	封川^下、开建^下	
	端　州^下	2	高要^中、四会^下	
	新　州^下	1	新兴^中	熙宁五年省广州信安县并入新兴
	康　州^下	2	端溪^下、泷水^下	开宝六年废泷州，以泷水县来隶
	南恩州^下	2	阳江^中、阳春^下	熙宁六年废春州入南恩

(续上表)

路名	州军名及等级	领县数	县名及等级（第一县为州军治所）	备注
广南西路	梅州[下]	1	程乡[中]	南汉敬州改，废，又复置
	南雄州[下]	2	保昌[望]、始兴[下]	开宝四年以韶州始兴县来隶
	英州[下]	2	真阳[望]、浛光[上]	真阳为浈阳县改
	惠州[下]	4	归善[中]、河源[紧]、博罗[中]、海丰[下]	天禧五年改南汉祯州为惠州
	化州[下]	2	石龙[下]、吴川[中]	唐辩州改
	高州[下]	3	电白[下]、信宜[中下]、茂名[下]	熙宁四年废窦州以信宜县来隶
	雷州[下]	1	海康[下]	开宝四年省遂溪、徐闻二县入海康
	琼州[下]	5	琼山[中]、澄迈[下]、文昌[下]、临高[下]、乐会[下]	开宝五年废旧崖州，以舍城、文昌、澄迈来隶，熙宁四年省舍城入琼山
	昌化军[同下州]	3	宜伦[下]、昌化[下]、感恩[下]	熙宁六年改儋州为昌化军
	万安军[同下州]	2	万宁[下]、陵水[下]	熙宁七年改州为军
	朱崖军[同下州]			开宝五年改振州为崖州，熙宁六年改为军，原吉阳、宁远二县废为镇

资料来源：《元丰九域志》卷九；《宋会要辑稿》方域七。

元丰年间广东州县建置与南汉末相较，共废去6州34县，不但使广东境内减少大量州县机构、节省行政开支，而且也使州县布局较为合理、均匀①。

元丰以后到北宋灭亡，广东的州县建置续有变动：徽宗大观年间将贺州从广南东路割归广南西路，新增潮州揭阳县②。又因徽宗曾封端王，故即皇帝位后升端州为肇庆府、肇庆军节度，使它在名义上比州的地位为高。自贺州归广南西路后，两宋广南东、西路的疆域不再变化。

三、各级官员与"摄官"

（一）主要文武官员

宋初，岭南转运使总辖广南东西两部。分为两路后，两路的转运使曾在一段时间内分别综揽军、民、财政大权，为一路之长。广南东路转运使有时兼知广州，西路转运使有时兼知桂州。后来，各路陆续派安抚使，主要是管军事。安抚使由偶遣渐变为常设，其职权凌驾于转运使之上。仁宗皇祐四年（1052）诏"知广州、桂州自今并带经略安抚使"③。徽宗大观元年（1107）复规定广、桂州皆为帅府，于是知广州和知桂州兼任的经略安抚使（下有时简称安抚使）便分别成

---

① 据吴兰修《南汉地理志》对照。南汉末至北宋元丰年间，广东中、东部只有州府的改名，没有增减，所废六州：泷、勤、潘、罗、辩、窦，都在粤西（勤、潘、罗三州分别于开宝五年并入春、高、化州）。

② 宣和三年还曾析韶州曲江、翁源县地置建福县，数年后即废去。

③ 《续资治通鉴长编》卷一百七十二。两宋唯两广与其他个别的路，安抚使带"经略"二字。两广经略安抚使始终具有较大实权。

为两路之长，凡一路民财兵刑之务无所不统，并兼本路马步军都总管，其官署又称"帅司"。

广南东西路安抚使握重权后，转运使的职权相应削减，变为掌一路民政及部分财权，即关于吏治、民生、田赋钱粮，以及财赋收支奏销事宜。其官署为转运司，或称"漕司"，驻广州及桂州，主要佐官有转运副使和转运判官。

东、西路转运使起初都兼掌按察事宜，真宗时各路增置提点刑狱公事（简称提刑），管一路狱讼和监察，并有带兵捕盗的责任。由是转运使的兵权便分别移归安抚使和提刑。提刑在军事上受安抚使节制。广南东路提刑司设于韶州。

宋神宗时，在各路设提举常平司，置提举官，"掌常平、义仓、免役、市易、坊场、河渡、水利之法"。徽宗时又在各路设提举茶盐司，置提举，"掌摘山煮海之利"①。

转运使、提刑、提举后皆赋有监察职能，又统称"监司"。

路以下各州、府长官为知军州（或府）事，简称知州（府），副长官为通判。其下有录事参军、户曹、司法、司理参军。海南四州军成一特区，后由知琼州兼琼管安抚都监统管，隶广南西路安抚使。

州以下的各县长官是县令，其佐官与唐代基本相同，为县丞、主簿和县尉。

县以下，承前代乡里制，部分地方的里改为都。

宋鉴于唐末五代武人跋扈之弊，以文臣节制武将，各级

---

① 南宋将常平、茶盐二司合并为提举常平茶盐司，主管官为提举常平茶盐公事，简称提举。

地方的主要长官大多数以文臣担任。广东的各监司、知州（府）、县令等职也是如此。尤其是安抚使，必须差遣带有"直秘阁"以上"馆职"①的文官充任。

广南东西路最高职位的武将是兵马钤辖或马步军副总管。州府一级的武将是兵马都监或兵马监押，大州还有兵马添监。县一级担任捕盗的县尉，或文或武。宋初，都巡检或数州、一州的巡检是级别较高统领禁兵的武将，后来巡检演变为在各县领土兵担任乡村捕盗和要隘防守的低级武官。

在两宋时期，广南两路文官权大和节制武将的基本情况始终不变。

尽管两宋国势比唐代相对为弱，但是中央对地方的控制却始终是牢固的，不存在中、晚唐那样的藩镇跋扈和割据。这与宋地方长官权位较轻有关。两宋广东的最高长官（除初平南汉时以潘美等为长官外），绝少有带学士、直学士衔的三品官，大都是带待制（较少）、诸寺少卿、秘阁修撰等衔名的四、五、六品官，各监司或带或不带上述诸衔名，也是四、五、六品官，而且他们各有实权，在一定程度上牵制着经略安抚使。可以说，两宋时期广东从来也没有出现过对中央政权不恭顺的跋扈藩臣。此外，宋代官僚也比较"能上能下"，宰相出任地方长官是常事，京官即使降职出任岭南地方长官或州的正佐官（指属于有职有权的"差遣"），一般也不认为是"贬

---

① 馆职指史馆、昭文馆、集贤院、秘阁、秘书省的直馆、直院、检讨、校勘以及集贤殿修撰、直龙图阁等职务，凡任各该职或带有其衔名者是宋代文官的一种荣誉。地方官有时还带有更高的待制、直学士、学士等衔名（皆称"侍从"），更是文官殊荣。

逐",不像唐代那样。

(二) 广南摄官

宋代岭南仍属僻远区域和"烟瘴"之地，广东的新、南恩、英、循、梅诸州，更是瘴疠严重之处①，几乎只有广州才是善地。岭北的士人们不服广东的水土气候，不愿到此做官。当时尚无不可在本地为官的"避籍"制，但岭南科举出身的士人很少，所以两广常缺由中央铨选任命的官员，烟瘴重处尤缺。为解决官员不足的问题，宋继唐"南选"而有行之于两广（四川、福建亦有）的"广南摄官"的特殊文官制度。

摄是代理之意。宋广南摄官是指非经吏部（先为审官院）差遣、无官品和正式俸禄的各大小文职官员，包括知州、通判、县令、县尉、教官、监当（场务官）和少量武职（如后来的巡检）。

宋太宗太平兴国九年（984），已有广南摄官的记载。太宗雍熙四年（987）诏令：岭南缺官处，权用摄官，以后经考察，"稍可取即选用之"，三年无过、有劳绩，即可量才录用为正式的品官。摄官不得任用在岭南的岭北人，亦不得滥添②。太宗淳化二年（991），广南只限用摄官25人，11年后，规定东西两路各准用25人，必须由地方通过乡举、考进士二次、考诸科三次未中的士人充当③。神宗时又规定每两年由

---

① 北宋刘安世曾贬广东，他说："人言'春、循、梅、新，与死为邻；高、窦、雷、化，说著也怕'。"见马永易《元城语录解》。所说谚语，早在窦州废除之前。又英州有"人间生地狱"之称（《宋史·刑法二》）。

② 《宋会要辑稿》职官六十二之三十八、三十九。

③ 《宋会要辑稿》职官六十二之三十九至四十一。

转运司差官考试,"取合格人差摄,不中者许再试"。共考五场,内容为律令与判案①。至此,广南摄官制度方臻完备。

在任用摄官的同时,朝廷又以种种优厚条件鼓励岭北有资格的文人赴任广南,但愿往者不多。神宗变法之后,州县掌管经济的官员增多,两广摄官人数随之增加。先是于两路"正额"摄官50人之外再增50人,名曰"待次";待次亦给官,两年升正额;正额两年便可以由吏部任命为正官。徽宗时,两路再增摄官50人,名曰"额外"②。至是广东摄官的定额达75名。

摄官文化水平一般不如科举及第的士人,又多是年龄较大甚至是年老之人,其能力和治绩一般比不上有出身的正官。摄官中的大多数做官的目的是图利,但其待遇极为菲薄,故难养廉,而多"贪冒无耻之士","务诛求","妨公虐民"③。摄官制虽然弊端甚多,但总的来说,比唐代的"南选"有所进步。

四、禁兵、厢兵、乡兵

(一) 禁兵、厢兵与军事部署

禁兵是中央正规军。宋初,由中央派遣为数不多的禁兵屯驻广东要害之地。真宗咸平以后,在广东组建番号为"雄

---

① 《续资治通鉴长编》卷二百三十八。
② 李心传:《建炎以来系年要录》卷十八。
③ 《宋会要辑稿》职官六十二之五十二至五十四,四十七之五、六;《建炎以来系年要录》卷一百六十九。

略"的禁兵二指挥及骑兵"有马雄略"一指挥,每指挥约500人,驻广州,并与同番号的广西两种"雄略"和两湖的"雄略"、"归远"互相轮流屯戍。由于北方兵不习广东水土,死亡率很大,所以从这时起尽量以本路及邻路禁兵轮戍广东,但有时仍不能不派遣远地的北兵前来。

宋初实行的轮戍制,导致禁兵疲于调防,兵将之间生疏,战斗力削弱。神宗时改行将兵制:由一将专统数千人为一军,兵不离将,且少远调。此制先行于北方,于元丰四年(1081)再推行于南方(唯四川未见),置东南十三将,其中的第十一将长驻广南东路,第十二、十三将长驻广南西路,后又规定两广将兵"不出戍他路"①。广西两将将兵通常不驻雷、琼等七州军。第十一将将兵成为广东禁兵后,以前的"雄略"等便仅具禁兵之名。

厢兵为宋朝各路所广置,从事各种工役,也以"指挥"为基本编制单位,立番号。宋初将南汉"媚川都"采珠卒改编为"静江"厢兵,后来有很大的扩充,遍布两广。"澄海"也是两广建置较早的厢兵,且陆续扩充,分驻岭南各州。海南的琼州还有一支由少数民族成员组成的"蛮蜑"指挥,后改名"宁海"②。真宗时新置"忠敢"于两广,人数较少。又有由南汉水军改编而来的"广南巡海水军",属广东。仁宗庆历年间,广东再招收广南巡海水军。对该水军及"忠敢"、"澄海","皆与旗鼓训练,备战守之役"③,谓之教阅厢兵。教阅

---

① 《宋史》卷一百八十八《兵志》。
② 高承:《事物纪原》卷十,《丛书集成》本。
③ 《宋史》卷一百八十九《兵制》。

厢兵既用于战守，便具禁兵性质，但在全国兵制上仍属厢兵，南宋时称"禁厢兵"。

北宋广东还有许多专事水陆运输、造船、筑城和其他各种劳作的不同番号的厢兵。神宗时曾加以裁并，将教阅厢兵和各专役以外的非教阅厢兵统编为"清化"番号①。

宋代广东的军事部署受中央军事总部署制约。北宋初，强敌在北，军事上重北轻南，"国家于岭南不宿重兵"②。两广不仅兵少，而且"雄略"与"有马雄略"的士兵都是身材不魁梧、月俸只有"三百料钱"的下等禁兵，战斗力也不强。

神宗熙宁三年（1070）裁减禁兵，规定南方诸路禁兵限额，两广最少，仅"各千二百人"。改行将兵制后，驻广南东路的第十一将有兵5 200人，正规军的兵力得到加强。此外宋廷还规定驻江西虔州（南宋改名赣州）的第六将兼为广南东路"勾抽策应"③。

北宋广南东路的禁兵大多集中在广州一带。各州都配有"澄海"，以资防守。沿海地区的东莞屯门（今香港"新界"西部）和南恩州（治阳江）也驻有禁兵。这两处之间的沿海和广州附近有广南巡海水军，新会县沿海也置有营寨。广南西路在元丰以后设有第十二、十三两将，共有将兵1万人以上，但西路地大，又与安南（今越南）接境，故兵力集中在桂、邕（今南宁）等州，化、高、雷、琼等七州军大都只驻有"澄海"。化、高、雷州离桂、邕远，有战事时通常由广南东路派

---

① 南宋广东厢兵基本同北宋，唯番号及役作名称有些变更。
② 余靖：《武溪集》卷五《大宋平蛮碑记》，《广东丛书》本。
③ 《宋史》卷一百九十六《兵制》。

兵援助，包括从海道应援。海南四州军海路离邕州较近，军事上由驻邕州的第十三将兼顾。

北宋广东的军事部署，仅着眼于镇压地方上的反抗与动乱。境内发生小型战乱不难平息，稍大一点则可由邻路广西、湖南、江西、福建酌情应援。但南方各路禁兵皆少，一有较大规模的战事，就非得由中央从北方调来大军不可。反之，邻路有警，广东也可以抽出少量禁兵协助；若北方及中原危急，广东则可调之兵甚少。钦宗靖康元年（1126），金兵大举进攻汴京及北方时，宋廷曾几次发"天下兵"勤王，并两次命远处勤王兵中途退回原地。广南东路派出的是第十一将将兵①。据宗泽说，当时"自广之东西，湖之南北，福建江淮，梯山航海，越数千里，争先勤王……饥饿流离，困厄道路。弱者填满沟壑，强者尽为盗贼。"② 广东将兵，在这次勤王中被消耗大半。

（二）乡兵

《宋史·兵志》说：乡兵是"选于户籍或应募，使之团结训练，以为在所防守"。乡兵分为土兵和民兵两种。土兵纯属募兵制，民兵基本上是"选于户籍"的征兵制。广东乡兵，两种都有。

宋初各县皆有弓手，由乡村人户出壮丁充当，在县尉率领下捕盗，是为差役，人数亦少。熙宁时行雇役法，改弓手为雇役或雇募。久之，受募者职业化而成为地方上长期脱离生产的属于募兵制的土兵。广东雇募土兵稍迟，约始于徽宗

---

① 李纲：《梁谿全集》卷四十八《论不可遣罢防秋人兵劄子》。
② 宗泽：《宗忠简集》卷一《乞回銮书》。

时。各县的土兵分别由县尉和巡检率领，在城乡捕盗或把守境内水陆要隘，维持治安，后来人数渐增。

广东起初无民兵，仁宗皇祐年间侬智高自广西取道西江袭广州，西江口的封州曾募敢死士500守城；广州番禺县募得壮士2 000余人，转运使王罕亦自惠州募民兵来救。这些民兵是为临时救急而募，事毕即散，也来不及训练。仁宗至和元年（1054），广东开始征乡民为"枪手"，于农闲时教练一个月。这是不脱离生产的民兵。几年后，广南东路在广、潮、惠、循、梅五州普遍立民兵兵籍，每年十月一日到县集教，名"广南东路枪手"，亦仿禁兵编制，以指挥为单位。同时，广南西路也有性质相同的民兵，称为"土丁"。熙宁三年（1070）行保甲法，六年后广南东路保甲民兵（亦即枪手）达213 780人。至北宋末，广东的枪手"名籍虽存，其实农夫"①。西路则另有高、雷等州的土丁，但都未经教练；后来虽屡奉命教阅，皆未切实执行。按保甲征民兵，原欲"寓兵于农"，减少募兵，节省军费，但结果反致劳民伤财。

第二节 赋役制度和农业

宋初减除南汉时赋役的额外榨取，使一部分农民摆脱了对豪强地主的人身依附并获得土地。仁宗天圣年间的立法又使佃农有了离开田主的自由。于是，广东人口大幅度增长；大

---

① 李纲：《梁溪全集》卷六十六《乞令韩世忠招捕曹成奏状》。

兴筑堤开陂的水利建设；进行大规模的造田，加速土地开发，尤以广、潮等滨海地区的开发最快；农业技术有所进步；粮食有了较多的富余。

北宋时的广东赋役，较之其他各路为轻，但丁米、丁钱则较重。

一、赋役制度及其演变

（一）南汉苛敛的废除

刘𫚭投降后约 20 天，宋廷便向广南颁布赦文，宣布无名赋敛和以前所欠租税一律蠲除，亡命山泽者免罪，发粮赈济饥民。因此，战后的岭南社会秩序和民生稍趋稳定。接着，又先后发下数道诏令，废除南汉时的苛敛：

开宝四年（971）七月，废除南汉官府收租米的大斗（比普通斗增大 80%），一律改用宋统一量具，每石租附纳 2 升作为"鼠雀耗"。同年十月，令免除刘𫚭时的烦苛赋税。开宝六年（973）七月，诏命岭南纳税米，由过去每石附缴钱 160 文改为只附缴钱 10 文①。但南汉末苛敛名目繁多，一时未能尽除。如捕鱼、买卖鹅鸭和柴薪、灌溉水利等杂税直到太宗淳化元年（990）才废去。广东人民的经济负担从此得以减轻。

（二）熙宁变法前的赋役制度

宋初将人户按财产及丁口数量定户籍，分为五等，其中第五等是没有田产的"客户"。太平兴国五年（980）又定户

---

① 这几道诏令见《续资治通鉴长编》卷十二、十四。

籍为九等（城市及近郊户分十等），上四等服职役，下五等不服职役。"下五等"约相当于宋初五等制的第四、第五两等。赋、役和其他科差通常按五等的分类征取。

宋代田税沿袭唐两税制。广东田税钱粮基本上承晚唐、五代之旧由有田地之人缴纳。夏税多纳钱、麻、麻布，秋粮纳米，每石附加耗米2升。官府收受钱米要加收"头子钱"。上述每石租米所加收的10文应是头子钱。宋初又令天下州县置义仓，官府收两税时，每石另收1斗，贮以备荒。此后时兴时废，广东亦大致如此。广东及南方各路的夏税缴纳期限为五月初至七月十五日，秋税自九月初一至十二月十五日，后将秋税起征日延至十月初一。

田税之外有丁税，称身丁钱米，人户不论城乡、有无田产，均按丁征收。两广从唐末至南汉，都是每户按一丁计算，出钱数百、米一石，叫做"丁口之赋"。南方其他各地，多与此相类。宋太宗之后，各路丁钱逐渐减少，广东亦"所输无几"。至于丁米，其他诸路大多陆续蠲除，唯两广例外，人户不论有无田产，如前照纳。

宋代因有厢兵担负各项工役，故运输、建筑等杂徭较少征派于民。身役主要是职役，又称差役。职役负担最重的是衙前、里正二役，由第一、二等户充当，三、四等户充壮丁、弓手等（按九等分类），全国一样。

北宋初期，广东地旷人稀，土地很难查实，"顷亩不备"，不易按统一规定履亩征税，故曾一度"第以五赋约之"①。"五

---

① 《宋史》卷一百七十三《食货志》。

赋"是公田、民田、城郭、杂变和丁口之赋；"约之"当为州县根据统一制度和五赋的某种定额，酌情按田产和丁口摊征夏秋两税、丁米、丁钱及城郭非农业人户的赋税，无田产户则不征。其具体施行情形和终止时间不详。

（三）熙宁变法后的赋役制度

宋神宗任用王安石实行变法，旨在富国强兵。熙宁年变法之后，广东的丁米和役法发生了变化。

早在真宗天禧年间，广东就存在丁米不均的问题。熙宁四年（1071），神宗派周之纯"相度广南东路均纳丁米"，经过几年，在转运使金君卿等筹划下，奏定用"排定保甲"的办法，将隐瞒的丁口查实，并为此立法，分上中下三等"均定丁米"[1]。此法行后，户口增多，丁米随之增多，符合"富国"目的。分成三等征收丁米，比户计一丁同量输纳也较合理。

熙宁二年（1069）改差役为雇役，除原来应役之户须纳免役钱外，原不役的坊郭户、单丁、女户、寺观及官户等皆须出助役钱，但较少。后又通称免役钱，并于收受时每千钱附征头子钱五文。雇役法在两广及时施行。广东唯海南四州军在元丰三年（1080）复改行差役，但两年后又将广南西路免役钱一部分移于海南，以为雇役之用，实是差役、雇役并行。行雇役法，负担比较均匀，然而也使一些贫下户新增了役钱。熙宁九年（1076），广南东路共收役钱230 354贯[2]，按元丰初年的人户计，平均每户须纳役钱400文。哲宗元祐以

---

[1] 李焘：《续资治通鉴长编》卷二百二十一、二百四十二。
[2] 《宋会要辑稿》食货六十六之四十二。

后，时而复雇役为差役，时而再行雇役，至北宋末，全国以及广东，基本上是差、雇役并存，过去最沉重的差役衙前以及后来成为土兵的弓手，均改用役钱雇人充当，而另一些保甲差役仍属身役（但雇役钱定额不减）。农村的役钱渐演变为随两税征收的附加税。

熙宁十年（1077），广南东路在册民田 3 118 515 亩，官田 27 000 亩（此为广东最早的田亩数据）；税额 765 715 贯、匹、斤、石，其中夏税 135 764 贯、匹、斤，秋税 629 951 贯、石[①]。从这种含混的两税统计数中，可知当时广东夏税是征钱、麻、布（亦有少量绵、绢），秋税征钱、米。

在赋税之外，宋承唐制，各州每年也都有土贡，但宋比唐的土贡种类略有减少和变更。如广州土贡由 13 种减至 8 种，端州由贡银和柑改为贡银和石砚（端砚）。

二、农民境况的改善和户口的增长

南汉时，两广豪富人家多收买男女奴婢，黥面为记。宋灭南汉之次月，即下《禁广南奴婢诏》，"并令放免"这些奴婢。"有敢不如诏旨者，当决杖配流"[②]。又南汉时常有贫民典质妻女，向豪吏、富民借贷以完纳所欠官赋。这些被典质的妇女，其身分与奴婢一样。开宝五年（972），宋太祖诏"所

[①] 《文献通考》卷四引毕仲衍《中书备对》。北宋时期的官方财政收支统计，常把不同单位的各数混加在一起，得出总数，再在总数之后加贯、石、匹等各单位，形成一笔糊涂帐。

[②] 《宋大诏令》卷一百九十八。

在严禁之"。于是，大量奴婢和债务奴婢获得了人身自由。

宋初广东农民对地主的人身依附还很严重。按照"旧条"（过去的法令），江南各路及两广，凡佃耕私人土地的田客，每年只能在一定时间内经田主同意给予"凭由"（证书），方可离开所佃耕的土地，另往别处；否则不得离开。仁宗天圣三年（1025）下诏："自今后，客户起移，更不取主人凭由。须每田〔年〕收田毕日，商量去住，各取稳便。"①从此广东佃农基本上可以自行离开佃耕地，有较多的人身自由。

宋灭南汉，曾严惩作恶多端的宦官，继而又平息了有土豪参加的叛乱。这些宦官、土豪们占有的大量土地的一部分归耕作该地的佃农或其他少地的农民所有（占有）。真宗大中祥符七年（1014），"诏江南、广南伪命日民田，并以见佃（此佃字为耕种之意）人为主。"②广东无地少地农民所占耕的土地所有权，得到朝廷的确认。这些农民遂成为自耕农。

唐后期至五代，岭南豪强地主或少数民族峒主的势力大为削弱，许多依附农民乘机解脱出来，成为佃农或自耕农。宋初这一过程仍在继续。太宗淳化年间，知端州冯拯奏请括诸路隐丁，更制版籍，"于是岭西之僚，多为良民"③。广南东、西路的少数民族峒丁大量入籍立户，成为佃农或自耕农。

以上种种，不仅改善了农民的境况，而且也缓和了农村的阶级关系，使农民占有土地的份额增大。

---

① 《宋会要辑稿》食货一之二十四。
② 李焘：《续资治通鉴长编》卷八十三。"伪命日"指南唐、南汉等割据政权统治时期。
③ 郭棐：《广东通志》卷七十。

宋代的主户为有田产户；客户是无田户，主要是佃农①。据《太平寰宇记》载，宋初广东各州（除贺州及缺载）主客户分别占总户数的77％及23％；而《元丰九域志》所载元丰年广东各州（除贺州）主客户分别占总户数的60％及40％。当时广东特大的地主在主户中是少数。如新会巨富黄家，为独生女"买田万顷"（显系夸大）布施与各寺，新会钟柔"每岁收租谷三万七千余石"②。他们各拥有成百上千户佃农。由此可知，中小地主和自耕农占了主户的大多数，而其中尤以自耕农为多③。这时农村的阶级结构是佃农少，地主更少，自耕农较多。这种阶级结构在封建社会中较有利于农业生产的发展。至于元丰间广东客户比例之所以较宋初为大④，除了因一些自耕农地位有所下降和有相当数量的原依附农民被编入客户之外，还有其他因素。即使是佃农，其处境也比从前的依附农民有了改善，其生产积极性必也有所提高。

当时广东农业生产发展最重要的因素应是人口的大幅度增长。宋平广南时，共得170 263户。太宗太平兴国五年至端

---

① 宋代主户含地主、自耕农、半自耕农以及城镇有房产者；客户含佃农及城镇无房产者。城镇的主客户仅占总户口的极小部分，在按主客户数分析农村阶级状况时，不分析城镇的主客户。

② 黄佐：《广东通志》卷六十四；《钟氏族谱》（新会），民国24年抄本。

③ 按《太平寰宇记》所载主客户数，算出主客比例为3.4比1；按《元丰九域志》所载，算出主客比例为1.5比1。由前一比例可见，不拥有客户的自耕农当然居多数。在后一比例中因大地主拥有百、千客户，故余下的主客户中的小地主及其所拥有的客户自然都不会很多；相比之下，不拥有客户的自耕农必然很多。

④ 据《元丰九域志》的数字推算，全国主客户的比例是1.94比1，客户较广东同期比例为小。

拱二年(980—989),广南东路(除贺州)有 78 970 户(缺惠州户及广州客户),雷、琼等七州军为 4 253 户又 4 200 口,若将广、惠二州所缺数估入,广东约共有 12 万至 13 万户;此后经过近 100 年,至元丰初年,广南东路(除贺州)有 538 048 户,雷、琼等七州军 45 189 户,广东共有 584 237 户[①]。元丰初年户数较前增加 3 倍多。不过,这样的高速增长,必须考虑到下列诸点:宋代盛行大户改小户,元丰广东每户平均口数较宋初为少;元丰初隐漏户口也比宋初为少,有很大一部分未入籍的户口编入了保甲民户;境外迁入的户口,亦为数不少。又据戴璟《广东通志初稿》卷二十二所载:"元丰六年(1083)中书户房进天下户口数,广南东道(含贺州,"道"应为"路")主客户五十一万五千五百,口一百一十五万七千六百"。可知当时广东每户平均仅约 2.2 口强。详见下表。

《太平寰宇记》、《元丰九域志》所载广东各州军户数比较

州(军)别	太平寰宇记	元丰九域志
广　州	16 059(缺客户)	143 261
潮　州	5 831	74 682
惠　州	缺	61 121
韶　州	10 154	57 438
循　州	8 339	47 192
连　州	13 260	36 942

[①] 《太平寰宇记》卷一百五十七至一百七十一;《元丰九域志》卷九。二书只有户数,无口数。

(续上表)

州（军）别	太平寰宇记	元丰九域志
南恩州	1 185	27 214
端　州	843	25 103
南雄州	8 363	20 337
雷　州	106	13 784
新　州	6 208	13 647
梅　州	1 568	12 372
高　州	3 122	11 766
化　州	644	9 273
康　州	1 049	8 979
琼　州	3 515（丁）	8 963
英　州	4 979	8 019
封　州	1 132	2 739
昌化州	685（丁）	835
朱崖州	289	351
万安州	351	271

说明：表内次序系按《元丰九域志》户数多寡排列。

关于宋代官方的户口统计，史学界有三种看法：一说口数与前后各朝一样，按所有口数计算；一说只计男口不计女口，其根据是《续资治通鉴长编》卷四载宋太祖乾德元年（963）九月诏云："诸州岁所奏户帐……女口不须通勘"；一说仅计男丁数(二十岁至六十岁)①。此处从第二说。那末,元丰年广南东路的口数,便应比1 157 600(应减贺州数)增大一倍,即加入女口,共约220余万口。平均每户约4.4口。

将上表中元丰年的户数与第七章第二节中的唐天宝元年户数相比较,便可发现:元丰年广东中、东部的广、潮、梅(唐时属潮)、循、惠(唐时属循)、韶、南雄(唐时属韶)、连、端等州(英州乃从唐时广、连二州分出)户数都有较大的增长;在广州以西的新、南恩二州(包含并入的地域)和更西的粤西康、封、高、雷、化五州以及海南诸州军则增长较少,其中封、康二州反形减少。这种户口分布情形,说明北宋广东经济发展的重点在粤东和粤北,其中尤以广、潮二州为先。

从宋初到元丰年间,广东的农业发展和人口增长,是与宋政权的一系列政策措施相联系的。除前述之外,还包括兴修水利、官米平粜、赈济灾荒、查处贪暴等。直到徽宗在位初期,广东农业和户口,大致仍呈上升的趋势;只是到北宋末年由于政治腐败和对辽、金战争的失利等影响,才转向衰减。

三、农业技术的改进和农产品种类的增多

广东自汉唐以来种植的双季稻至宋时继续推广、扩大。宋真宗大中祥符年间,命自福建取较耐旱的占城稻在江淮等地推广种植,广东潮州和海南岛也有引种②。占城稻耐旱而且生

---

① 参看穆朝庆《两宋户籍制度问题》,《历史研究》1982年第1期。
② 正德《琼台志》卷八;顺治《潮州府志》卷一。

长期短，其引进有利于双季稻的扩种。

双季稻的产量比单季稻一般要高些，但北宋广东的精耕细作尚不很普遍，很多地方农作比较粗放，山区没有足供两造灌溉的水源；而濒海潮田，因利用淡潮灌田一年只有一度，故只能种一造。所以当时双季稻扩大种植尚受条件限制。

水稻育秧移栽法是较直播法先进的方法，在广东始于东汉，但推广似较慢。苏轼《游博罗香积寺》诗云："汪汪春泥已没膝，刻刻秋谷初分秧"。这正是惠州一带分秧移栽水稻的写照。惠州的农业，在北宋不算先进，但已采用移栽法种稻，可见此法在广东已较普遍采用。苏轼在惠州时，还把武昌农民骑"秧马"播秧的方法介绍给博罗县令，又把制秧马法传至龙川①。用秧马插秧，能减轻栽秧的劳动强度（但速度不快）。

宋以前，很少见到岭南生产豆类的记载。熙宁八年（1075），因广西有战事，朝廷命"计置广南东路米五七万石，豆十万石。"② 由此可见宋代广东豆类种植颇广，产量亦多。

宋以前广东只有少数地方种麦。英宗治平年间，福建人陈偁知惠州，见"民未知麦"，乃教以种植之法，"州以有麦"③。至苏轼谪惠州时，见博罗境"夹道皆美田，麦禾甚茂"，"喜见麦吐芒"。可见麦在惠州境的扩种已获得较大成功，并且已存在稻麦一年两熟制。

果与花的栽培，在北宋亦多有成就，包括引进国内外新

---

① 苏轼：《东坡题跋·题秧马歌后》，《丛书集成》本。
② 《续资治通鉴长编》卷二百七十一。
③ 《永乐大典》卷三千一百四十一《陈偁行状》。

品种、培育新种、增加产量等。

荔枝是广东古代最著名的佳果,北宋"闽粤荔枝食天下,其余被于四夷"。因鲜、干荔枝盛销国内外,致闽广"官舍民庐与僧、道士所居,自阶庭场圃至于山谷,无不列植"①。宋初郑熊所撰《广中荔枝谱》中,已记载荔枝22种。此后品种迅速增多,以增城培育的新品种为最,熙宁年间一闽籍增城县令,"多植荔枝",撰《增城荔枝谱》,搜境内所出,得百余种"②。柑橘类果树的品种也多起来,其中的一种是个头很小的金橘。梅尧臣诗句"越橘如金丸"③即是指此。大食国的枣,也被引种于番禺(唐刘恂在广州已见其树),有"甜出诸饧上,香居百果前"④之誉。当时广东尚有不少名果,而且可制成多种蜜饯,每年进贡到京城,有柑子、频婆果、椰子煎及其他"蜜煎果子"、"糖霜"等。糖霜的进贡,意味广东种植的甘蔗质量较佳。

广东花卉素多,四季不绝。北宋时随着广州与南海诸国贸易的发展,有许多异花,"皆舶上所来,岭北无之"。这些花均称以译音,故"花多外国名"⑤。岭北的名花,当时也多被移植于岭南,例如余靖便将牡丹花移栽于曲江县家中的"南斋。"北卉南移、春花冬放,蔚为奇观,诱发了余靖的诗兴,乃写诗咏之⑥。

北宋时广东产茶不多,但产茶地点却不断扩大。贬谪到

---

① 《曾巩集》卷三十五《福州拟贡荔枝状》。
② 陈振孙:《直斋书录解题》卷十。
③ 梅尧臣:《宛陵集》卷三十一《宋次道得广南金橘为饷且有诗因和酬》。
④ 郭祥正:《青山集》卷十九《和颖叔千岁枣》,《四库全书》本。
⑤ 余靖:《武溪集》卷一《寄题田待制广州西园》,《广东丛书》本。
⑥ 余靖:《武溪集》卷一《南斋新植牡丹初冬忽开数朵》。

惠州的苏轼和唐庚,在惠州所作的诗中,曾多次提到茶。唐庚在其所居"寄傲斋"与朋友品茶并撰有《斗茶记》①。

沉香是海南岛最著名的特产。北宋新州产蜜香树,可成香多种,经加工后最佳者即为沉香。曾任广南东路转运使的诗人祖无择云:"大庾岭南郡,新兴事若何?还珠合浦近,辟恶蜜香多。"②又零陵香草,本产于九疑山区,"然今二广所向多有之……南方至易得,富者往往组以为床荐"③。海南还盛产薄荷,南宋初宰相李纲贬海南,有诗咏之:"碧暗槟榔叶,香移薄荷丛。"④

水产亦有新品种见于记载。唐庚在惠州写《白小》诗云:"二年遵海滨,开眼即浩渺。谓当饱长鲸,糊口但白小。百尾不满釜,烹煮等芹蓼。"⑤"白小"即银鱼,产于惠州丰湖。至于海产鱼类,则品种繁多,正如李纲在雷州海康赋诗所云:"山果海鲜多不识,却须传与北人夸。"⑥

北宋广东农、副、水产品种和产量的增加,丰富和改善了人们的生活。

灌溉技术和工具的改良是促进北宋广东农业发展的重要因素。当时灌溉水稻,滨海及沿大河的低处,系利用淡潮水自灌和筑堤开渠引水流灌;高地及山区,或开波塘贮水流灌,或用提水工具引水灌溉。提水工具以往只有人力操作的龙骨

---

① 唐庚:《眉山文集》卷二《斗茶记》,《四库全书》本。
② 祖无择:《龙学文集》卷二《送新州陈式虞部》。
③ 蔡绦:《铁围山丛谈》卷六。
④ 李纲:《梁谿全集》卷二十四,《南渡次琼管纪土风志怀抱》之一。
⑤ 唐庚:《眉山诗集》卷四《白小》,《四库全书》本。
⑥ 李纲:《梁谿全集》卷二十四《九日与宗之对酌》。

水车，这时则创制了自动提水灌溉的"筒车"。

广东的筒车，始见载于神宗熙宁末年。连州"昔有就陂之深 而为车者，潄石为渠，道之入城"，供食用兼灌园圃。"城中之民，其口万计，而车陂之利，一轮为不足，又于其旁增置一轮，于是城中远近无不均济。"① 此车即为筒车。据元丰七年（1084）《英德南山圣寿禅寺水车记》刻石所载，此车为供该寺食用水而制的水车，轮较大，用水力冲动轮叶，按一定间隔，以长绳挂许多筒子于轮，"长绳下垂，修筒抗波，徐徐满引，连连而上，如龙卷空，首举而尾随"。该石刻表明，水车上的筒没有固定在轮上，而是被长绳系在轮上随轮转动，以自重沉入水中盛水的。但转到了"石梁"上却不能自动倾入渠池。要人工将筒中之水倒出，再把绳与筒恢复原状随轮而下。如是周而复始。水车转动时不能离人，人离开时也要把绳、筒取下。这种筒车的最大缺点就是不能全靠水力提灌。

广东还创造了"连筒架槽"引水之法。苏轼在惠州时，罗浮山道士邓守安向他提出：广州城内人常受水咸之苦（离大海较近，咸潮可到），井水不多，非贫人所易得，建议引城北20里处的蒲涧水入城，以供食用。拟于蒲涧滴水崖下作大石槽贮水，以大竹连接为管道，略微向下倾斜，输水入城。设五管道，通到城内五处，各置大石槽承贮。此建议在苏轼的支持下由邓道士着手实施②。这种连筒引水法当然也用于灌溉。

到北宋后期，广东的灌溉工具与技术已不再落后于国内

---

① 郑侠：《西塘集》卷三《连州重修车陂记》，《四库全书》本。此文撰于熙宁十年，可知此前连州已有筒车。

② 《东坡全集》续集卷四《与王敏仲》，此管道建成与否，不详。

各地。

四、农田水利建设和粮食的富余

筑堤防洪水、阻咸潮，或筑堤引水浸灌，建陂塘渠道引水灌溉，是宋代广东种植水稻和其他农作物的必要条件。

北宋广东由于人口增多，必须增加新垦土地。气候土壤较优的西、北江下游各地以及潮州滨海地区的开发日渐加速。这里的居民点已逐渐由背山面水的丘陵和沿海淤高的沙地，向地势较低的土地和新淤成的海滨沙坦扩展。修筑堤围和捍海堤的活动，以正在形成中的珠江三角洲为主。有学者认为：宋代这块地方远未形成像现在这样的三角形；西、北两江的出海水道在今顺德甘竹滩以下，由于两江带下的泥沙在浅海中扩充堆积，出海口陆续向下延伸和变窄，使甘竹以上的西、北江两旁地带更易泛滥成灾。所以不论先已定居于此或新迁来开垦的人们，都不得不在西江出羚羊峡至甘竹滩的沿岸和北江出今三水至佛山的河道沿岸修筑堤围并大量造田。有关的记载从真宗至道年开始[①]。东江方面，今东莞石龙以下至出海口的地带，宋时不断淤浅成陆，向西南面的海洋推移，亦须兴筑堤围。初由地方官民自发办理。神宗熙宁年间大力提倡农田水利，奖励垦辟田亩。徽宗政和六年（116）"立管干圩岸、围岸官法"，并奖励有成绩的官员，对修筑堤围有所促进。西、北江下游淤积延伸的过程较快，故滨海的捍潮堤亦

---

① 佛山地区革命委员会：《珠江三角洲农业志》（二），佛山地区革命委员会1976年刊本，第76页。

应随时废旧筑新；东莞海边淤积缓慢，故北宋所筑捍潮堤历时长久。详见下表。

北宋珠江三角洲堤围修筑情况

年代	堤围名	今位置	堤长（丈）	捍卫面积（亩）
至道二年（996）	揽江提	高要县境	3 700	15 000
至道年间（995—997）	长赤围	高要县境	3 835.6	6 206
至道年间（995—997）	盆塘围	高要县境	1 063.6	1 810
至道年间（995—997）	金西围	高要县境	3 900余	77 200
至道年间（995—997）	香山围	高要县境	875	2 060
至道年间（995—997）	竹洞围	高要县境	1 400	6 280
至道年间（995—997）	腰古围	高要县境	1 458.5	1 435
至道年间（995—997）	罗岸堤	高要县境	1 200	50 000余
至道年间（995—997）	横桐堤	高要县境	1 600	
真宗时（998—1022）	罗格围	南海县境	6 050	40 000
徽宗时（1101—1125）	桑园围东西基	南海县境	14 700余	150 000
徽宗时（1101—1125）	吉赞横基	南海县境	318	
元祐二年（1087）	东江堤	东莞市	12 860	980 000
元祐三年（1088）	咸潮堤13条	东莞市	4 130	1 222 800
共计		26条	55 632.2	2 951 356

资料来源：《珠江三角洲农业志》（二）第10—11页；郭棐《广东通志》卷四十六。

在韩江三角洲，北宋建有新溪涵，引积水洩于海。又元祐年间知潮州王涤开"三利溪"，自海阳城西经揭阳县界至潮阳境入海，其作用大而久远，全长在100里以上，成为韩江下游的一条支流，因其分流而使下游干流堤防减少洪水冲击力，并可灌溉田地，便利行船。因三县共获其利，故后人名之曰"三利溪"。

其他各地区，北宋时期也有不少建陂、掘塘、开渠、筑堤的记载。其中大型的，如太祖开宝年间，知琼州李易在琼州城南开度灵塘，溉田3万余亩；真宗天禧年间保昌县令凌皓开凌陂，溉田5 000余亩；寇准贬雷州时，建议开特侣塘，灌田达数十万亩；知惠州陈偁修丰湖堤，溉田数万亩；熙宁年间，知新州梁立则，筑堤灌田1万亩[①]。

广东兴建的堤、渠、陂、塘，有官修，有民办。大型工程皆属官方经办，故能投入较多的财力、人力及号召官民出资赞助。通过修筑堤围大量造田和开垦山地，使北宋广东的垦田数不断增加，仅徽宗崇宁年间广南东路就"垦辟农田几及万顷"，当时的转运判官王觉也因此而受奖升官[②]。

百余年内广东农业发展的重要结果之一是自产的粮食有了富余。但这只是就整体而言，并非各地区皆如此。海南四州军便是长期的缺粮区，常须隔海较近的高、化二州供应。熙宁年间，广南东路备荒歉的常平仓米已积至91 923石[③]，用兵安南时，朝廷一次就命令广东筹米、豆10多万石。北宋晚年，常有商人贩运广东粮食往缺粮的福建，故有福建"自来

[①] 依次据《宋史》卷九十六；《大清一统志》卷三百四十二；黄佐《广东通志》卷四十七；阮元《广东通志》卷一百十五；戴璟《广东通志初稿》卷一。
[②] 《宋会要辑稿》职官五十九之十二。
[③] 《永乐大典》卷七五〇七。

全仰两淅、广东客米接济食用"的记载①。

第三节 采矿、陶瓷等各业的兴盛

在北宋重商政策的带动与刺激下,广东许多部门的手工业获得较大发展,其中最主要的是矿冶、铸钱、陶瓷等业。

手工业以民营为主。广东矿冶业居全国首位。陶瓷产品以外销为主,致使海上丝绸之路,同时成为海上"陶瓷之路"。广东的制盐业随着人口的增长和销售区域的扩大,也数倍地增长。造船业因海上与内河贸易、交通的扩大而获得进步。端州名产端砚北宋最享盛誉,同时是广东精美雕刻艺术的载体之一。

一、银、铅、锡、铁等开采业的勃兴

北宋比以往各朝都更重视商业,通用货币铜钱的流通量不断扩大,而铸钱的原料除铜之外还有铅和锡,因此要求多开采铜、铅、锡矿。宋朝先后屈辱于辽和西夏,要向辽贡纳,对西夏"赐"岁币,因而对贵金属银(和金)的开采有更多的需求。北宋与以往历代常禁开矿相反,提倡和鼓励开采各种金属矿。广东的金属矿藏种类较多,有的储量较富,且唐以来已有一定的开采基础,故在北宋一度掀起采矿高潮,矿

---

① 黄淮、杨士奇等编:《历代名臣奏议》卷二百四十六张守奏。

冶业呈勃兴之势，并在全国居领先地位。

宋初广东的矿冶业基本上归官营。真宗大中祥符二年（1009）犹"遣使分诣河东、江浙、广南路银、铜坑冶，抚视役夫"①。这些"坑冶"当然是官营矿业。其后渐多民营，但其产物大都由官府收买。如仁宗皇祐二年（1050）以前，韶州每年"市"铜达300—400万斤，可见采矿多为民营。神宗时为鼓励民间采冶而立法，并规定税率：凡"民间自备物料烹炼，十分为率，官收二分"②。这就是后来常被当作抽分准则的"熙丰法"。韶州铜矿在仁宗庆历年间始"大发"，并带动铅、锡大量开采。到熙宁年间，广东矿冶业达于极盛。

据《宋会要辑稿》载，北宋广东各矿场，除"旧置"者外，最早新置的是太宗淳化二年（991）的连州桂阳（今连县）丰〔同〕官银场。继而各矿迭兴，至神宗时，据《元丰九域志》载，广东各矿冶业，共有银监、钱监及银、铜、铁、铅、锡场61处。据此，与英宗治平年间全国271个矿冶处所相较，广东矿冶业约占全国20%以上。

以下是元丰元年（1078）广东银、锡、铅、铁矿的分布及开采情况。

银。广州有银场4处，韶州6处，循州1处，潮州1处，连州1处，端州1处，康州2处，梅州1处，英州4处，惠州1处，高州有银监1处。由于产银多，仁宗景祐二年（1035）起，令广东每年以钱10万贯"市银上供"③。当时每

---

① 《续资治通鉴长编》卷七十一。
② 李心传：《建炎以来朝野杂记》甲集卷十八。
③ 《续资治通鉴长编》卷一百十七。

贯钱值银一两余,即广东每年须上供银 10 余万两。元丰元年广东官方实收银仅约 23 800 两,这表明此时产银高潮已过,产量下降甚多,但犹占全国实收银数的 11%。

锡。诸锡场多置于真宗景德年以后,计广州有锡场 2 处,循州 4 处,潮州 3 处,康州 1 处,惠州 9 处,官府年实收锡 74 万余斤,超过往时,占当时全国年收 232 万余斤的 1/3 弱。其中以熙宁年间新置惠州、循州各场所产为多:惠州 443 556 斤,循州 187 068 斤。

铅。铅场计韶州 3 处,循州 1 处,南恩州 1 处,梅州 1 处,另有许多银、铜场也产铅,产地约达 20 处以上。熙宁年官府年收铅共 320 余万斤,略少于原额,占全国年收铅量的 1/3 以上。其中以连州同官银场、铜坑铜场产铅为多,两场产量都超过原额,共 1 642 620 斤。

铁。计广州有铁场 2 处,韶、端、南恩、梅、惠、英州(不见于《元丰九域志》)州各 1 处。官府年收铁 51 031 斤,其中英州一铁场即占 43 493 斤。铁产量不及全国总产量的 1%[①]。

元丰之后,"新政"施行者愈加鼓励开矿,广东唯铁矿大兴。政和六年(1116)共有"铁场 92 所,岁额收铁 289 万余斤"[②] 比元丰年间岁收额增长 50 余倍。

北宋广东矿冶业自太宗后期逐渐发展,仁宗后期到神宗元丰初年臻于鼎盛(但银矿已衰落)。仁宗皇祐年间余靖说:

---

① 元丰元年银、锡、铅、铁各数均据《宋会要辑稿》食货三十三之三至十七。

② 《宋史》卷一百八十五《食货志》。

韶州"杂产五金，四方之民弃农亩，持兵器，慕利而至者不下十万"①。这充分显示了广东这一矿业主要基地的盛况。然而，元丰年间广东矿业便趋于下降。其升降的变化，部分地与矿物蕴藏量和采矿难易有关，而主要原因则在于国家政策和官府管理之善否。

当时各矿场置官管理或监督收税，重要矿场则设监，置监官，民营矿冶业的产品也经其收买。在矿业大多是民营和民营矿冶业产品由官府收买、抽分实物的条件下，如官府能订出合理价格，及时收买付价，不作额外诛求，矿业便会持续发展。宋朝政府起先尚不甚急于多方求利，故广东矿业基本上能不断发展，但有时也发生收买矿产迟不付价，最后变成无偿掠夺的情况。熙宁年间定出较合理的二八分成制，曾推动了广东矿业的进一步发展。可是熙宁以后仍时有收买不及时付价的情形。银矿方面，每年除上供银外又摊派同天节进奉银和三年一次的南郊大礼银，官府又强行向产银地收买。由于矿藏久开，成本提高，官府非但不提高买价，有时反而不付价，这就严重损害了采银业，导致银场大多停闭。其他金属矿业除铁以外，至元丰八年（1085）都"坑冶不发"②，急剧下降。徽宗时，迫切追求矿利，不但督促广东开采贫矿，"立定年额课利钱数，召人买扑（承包）"③，而且强迫采掘，有"发毁民田"者。致使矿冶业更受摧残，新矿开不成，不少旧矿停闭，矿产日益减少。正如徽宗时诏书所说："坑冶之利，

---

① 《武溪集》卷五《韶州新置永通监记》，《广东丛书》本。
② 《续资治通鉴长编》卷三百六十五。
③ 《宋会要辑稿》职官四十三之一百二十六。

二广为最。比岁所入，稽之熙（宁）、（元）丰，十不逮一。"①

北宋广东还有矾的开采。矾产于韶州岑水场，亦属禁榷之物，由榷货务发"引"至场，听商人请买，每100斤为一大引，纳钱12贯，另加头子、市利、工墨等钱。

二、岑水场与胆水炼铜

北宋广东的矿冶业以铜的采冶为最突出。铜场不多，规模较大，且全集中在粤北，有韶州曲江县的岑水、中子、天兴三场和连州阳山县的铜坑场、英州真阳县的礼平场。诸场中又以岑水场产铜最多，最著名。

岑水场"出产银、铜，庆历七年（1047）置"②。次年，"韶州天兴场铜大发，岁采二十五万斤，请置监铸钱"③。从此，广东的铜采冶业大发展。铅、锡和铁的大规模开采，也是由采铜带动的。所以，庆历后期乃是广东北宋矿冶业勃兴的起点。据余靖说，最初韶州有铜山5处，每年收买铜7万斤，后来一年买得100万斤，继又增至几及600万斤，产量飞速上升。产铜约600万斤，在皇祐元年（1049），应是天兴、岑水二场产量之和。此前韶州所产生铜大量运往岭北各钱监铸钱。皇祐二年（1050）于韶州置永通监就地铸钱后，更促进了当地铜矿的开采。仁宗至和二年（1055），"诏三司，韶州岑水

---

① 《宋史》卷一百八十五《食货志》。
② 王象之：《舆地纪胜》卷九十。
③ 《续资治通鉴长编》卷一百六十五。

场铜大发，其令转运司益募工铸钱"①。岑水场遂声扬全国，成为广东主铜场，而天兴场则似因矿藏渐竭而停废或并入岑水。

但是，当岑水场产铜正旺时，仁宗嘉祐年间却发生官府买铜止给收据，久不付价，"逋欠钜万"的情事，致矿工穷极失业而为盗。后转运使蔡抗规定一面收铜，一面付钱，"民尽乐输"②，产量复升。神宗熙宁三年（1070），仅在岑水场及其附近铅矿，官府就买得本路铸钱以外的余铜400余万斤运往陕西。这时朝廷也不断拨钱帛为购铜"本钱"。神宗元丰元年（1078）岑水、中子二场收铜量为12 808 430斤，占全国收铜量的80%以上；而广东收铜最多的一年竟达21 088 109斤，占该年全国的97%③。

元丰七年（1084），提点铸钱司奏准增岑水场铜价，实因产量下降，欲通过提价刺激生产。次年据奏报，岑水等场"坑冶不发"，连年大幅度减产。稍后据报韶州"自来买铜未见钱支给"，只给予"照帖"，矿民成年累月地按序号等候发钱，等不及的便按贴面钱数减价卖出④。矿民亏损，生活无着，是岑水等场衰落的主因。

岑水场矿即今曲江大宝山矿的前身，是一个含铜、银、铅、锌、硫、铁的大型综合多金属矿床。北宋时以其地盛产多种金属，曾立有"七宝神祠"。徽宗崇宁年间封其神为灵应侯⑤。

---

① 《宋会要辑稿》食货三十四之二十。
② 《续资治通鉴长编》卷一百九十七。
③ 《宋会要辑稿》食货三十三之十二、二十七。产量最多的这一年当在熙宁初至元丰前期的某年。
④ 《续资治通鉴长编》卷四百四十二。
⑤ 《宋会要辑稿》礼二十之八百三十六、八百三十七。

崇宁元年（1102）割矿区曲江县2乡、翁源县1乡新置建福县（南宋废），更见岑水场矿地位的重要。

北宋岑水场炼铜有火冶、湿冶两种。起先，品位高的"矿铜"（所采为矿石），用火炼法炼得黄铜，但矿铜难采；另一种是用含铜量较少而极易采取的"胆土"加水煎炼，是为湿冶，炼得之铜称胆铜。后来又增加胆水炼铜一项，亦属湿冶，是新炼法（详后）。

岑水场的胆土分布甚广，当地的水中亦含铜的成份。胆水炼铜，即从流经该场的胆矾水中取铜。此法始于汉代，久失其传。北宋后期，饶州人张潜"得变铁为铜之法"，令其子献于朝廷，遂被采用，并于哲宗元祐末年推行于岑水场[①]。

宋代称胆水炼铜法为浸铜，即按《抱朴子·黄白》中"曾青涂铁"原理，将铁置于含硫酸铜的胆矾水中，水中的铜离子被铁取代，游离而出，附于未溶的铁上。其具体步骤是，先取生铁打成薄片，放入胆水槽中，如鱼鳞般排列，浸泡数日，"铁片为胆水所薄，上生赤煤"。刮"煤"入炉烧炼，三炼成铜，未溶化的铁片仍可再用[②]。"率用铁二斤四两，得铜一斤。"[③]

浸铜本少利多，铜1斤成本仅50钱。但胆水中含铜量少，须待春夏雨多时胆水亦多，始便于浸炼；秋冬干旱时无胆水，则无法浸炼。胆土煎铜则土多利寡，铜1斤须成本80钱。采用浸铜法后，朝廷大力提倡，但终究还是以生产黄铜为主。至

---

① 《舆地纪胜》卷九十；《宋会要辑稿》食货三十四之二十五。
② 《宋会要辑稿》食货十一之三。
③ 《建炎以来系年要录》卷五十九。

徽宗大观年间，全国年收铜量仅660余万斤，而当时广东年铸钱83万贯，按每贯钱用铜2.5斤计，用铜量当在200万斤以上（余铜尚未包括在内），仍约占全国的1/3。然而，较之昔日盛时已一落千丈。在北宋末敛财损民的措施下，纵有新的炼铜法，也不能改变岑水场冶铜每况愈下的命运。

岑水场集诸种冶铜法于一场，技术上在当时是臻于先进和完备的。它规模大，工匠多。来自四面八方的工匠，饶有经验，技艺精湛，有时还支援别处炼铜。如哲宗绍圣元年（1049）就曾在岑水场募技工前往陕西帮助炼铜。矿工们还积累了丰富的采掘经验，懂得对付矿坑灾害的方法。当时采掘深度有达七八十丈者，"地中变怪至多，有冷烟气（一氧化碳），中人即死"。矿工掘进，"必以长竹筒端置火先试之，如火焰青，即是冷烟气也。急避之勿前，乃免"。又知矿内有"地火"（瓦斯爆炸），一冲数百丈，能烧人，遇此火，急忙贴地而伏，"令火自背而过，乃免"①。

与冶铜技术进步的同时，铜器制造也益加精良。广州铸造的铜钟，远销大食国②。广东在仁宗时已能造较精密的铜制计时仪器"莲花漏"。此漏乃宋代科学家燕肃创制，至和元年（1054）知潮州郑伸派人至福建汀州仿造，以代替原来简陋的木制漏刻，"历四旬，凡总六十事件，而漏刻成"。"盝壶纳水，……自朔至晦，累三千刻，以较昼夜短长，一与之合"③。这部包括60个构件的铜质莲花漏的制成，是广东冶铸技术进

---

① 孔平仲：《谈苑》卷一。
② 《宋会要辑稿》蕃夷四之九十一。
③ 《永乐大典·潮州府》卷五三四三。

步的重要标志。

三、居全国首位的永通钱监

宋初广东使用南汉时的铜、铁旧钱，民间私铸亦盛，且大小不等。虽陆续有内地官钱流入，但不能满足民间商货流通的需要。在韶州诸铜矿"大发"之前，朝廷还命各路将铜钱输入广东换银。

韶州设监铸钱，始议于仁宗庆历八年（1048）九月，次年朝廷令广东执行。其地点在州城外武水之西，三月开工，九月初九日落成，即行开铸。该监建筑规模宏大，有屋800间，分8项工种，开铸之年即雇募成千工匠操作，"日课千缗"，是一所大型官营手工工场；皇祐二年（1050）四月，由仁宗皇帝赐名"永通"[①]。按日产钱千缗计，首年年产能力便在30万贯以上。

宋朝政府兴办铸钱业，一为适应社会需要，二为图利。北宋前期的铸钱配方是："用铜三斤十两，铅一斤八两，锡八两（半斤），得钱一千，重五斤"。后期因铜、锡价贵，便在钱中减铜、锡而加铅，改为"每铸一贯省（宋以770文作1贯者为"省"，1 000文作1贯者为"足"），用铜二斤八两，铅一斤一十五两，锡三两"[②]。由于韶州岑水等场既产铜又产铅锡，故就地使用各种铸材，是既方便又节费的。自置永通监铸钱

[①] 《武溪集》卷五《韶州新置永通监记》。
[②] 《宋史》卷一百八十《食货志》；《宋会要辑稿》食货十一之三。

后，因管理较为得法，发展很快，一跃而"为天下冠"①。

与此同时，惠州的铅、锡开采也在大幅度增长。韶州位于北江之侧，离惠州较近，其余铜从北江转运至东江极为方便，所以英宗治平四年（1067）又在惠州设置了阜民钱监。据《文献通考》载，神宗熙宁八年（1075）全国共铸铜钱506万贯，其中永通监铸80万贯，阜民监铸70万贯，分别居全国13钱监之第一、二位。两监总产达全国的29.5％。

广东年铸铜钱百余万贯，除上供一部分入京城内藏库和拨往各路外，其余充买铜、铅、锡和雇工等费用，又拨给广南东路转运司作为各项经费，投入流通。于是广东民间铜钱充足，把以往各种不合格的钱排除于流通之外，摒弃不用。

然而，自元丰年间岑水场铜产量下降以后，其铜便须尽先供给永通监，不能再充分供阜民监。到徽宗政和年间，便不再见阜民建置，只存永通一监，年铸钱83万贯②，占全国总量的29％，仍为各监之冠。

北宋中后期其他各路大多常闹钱荒，纷纷用铁钱、大钱或纸币，以致有碍商品交换，有的人还蒙受纸币贬值的损失。尽管徽宗时广东也曾奉命铸造、使用过折二大钱、当十大钱，但只一、二年便停用，因为广东基本上能以充足的标准铜钱保证境内通货的统一与稳定，这对广东商贸的发展，起着积极的作用。

北宋时与中国通商的国家，多欢迎中国铜钱。朝廷虽严禁携带铜钱出国，但广东所铸铜钱仍常外流。

---

① 余靖：《武溪集》卷一《送陈京廷评》，《广东丛书》本。
② 李心传：《建炎以来朝野杂记》甲集卷十六。

四、盐产量的增加和销盐区的扩大

(一) 盐业的发展

宋代广东沿海各州均产盐,而且都是经火煮而成的"末盐"。盐田归官府所有,募民煮盐,称为灶户或亭户。

北宋沿海产盐多的地方大都置盐场,设官管理。据《元丰九域志》载,元丰初年广东共有东莞县静康、大宁、东莞三盐场,新会县海晏、博劳、怀宁、都斛、矬峒、金斗六盐场,归善县淡水盐场,海丰县古龙、石桥二盐场。另东莞有归德等三盐栅(盐栅是较小的盐场或由盐场分出),琼州有感恩等二盐栅。潮州当时未设场、栅,但有海阳县三河口等三盐务,是州境沿海盐户所产盐集中运销的管理机构。东西部沿海各盐场皆归广南东路转运使管辖,后属提举茶盐司,不设场处所产盐均由当地州县管理。

北宋盐以50斤为1石。据《宋史》卷一百八十三载,广东所管盐场,每年卖盐120万斤。看来此数偏少,应是宋初某年的定额。其后人口增多,销量大增,仁宗天圣以后,诸场每年卖盐25 684 300斤[①],加上不置场处所产及各地盐户私卖者,产量当远超过此数。元丰年间,每年广东盐运至江西虔州和南安军销售的即达1 000万斤。可见北宋时广东的制盐业已是重要的生产部门。

---

① 《宋史》卷一百八十三《食货志》。

(二) 官运官卖和销盐区域的扩大

宋统一岭南后便对盐实行专利，官运官销；令各地盐场的盐民煎盐交官，官给"盐本"，唯潮州、南恩州（未设盐场）的盐不给盐本，只予免役或折税①。官府收盐后，除销与产盐地附近人户外，余皆装船，以若干船为一"纲"，运往固定的销盐区出售。

北宋初，广东和广西钦、廉二州所产盐基本上供给两广。广南东路所产，销本路及西路的昭州、桂州和江南西路的南安军；西路七州军所产仅销于本州，无定额。太平兴国二年（977），命福建汀州"于潮州般（般同搬）请（盐）"，江西虔州"于南雄州般请"，将广盐销区扩大到这两州。几年后又不准汀、虔州再销广东盐，以致雍熙四年（987）两广积盐达230余万石，仅潮州盐就积压64万余石。因此，朝廷曾命广州等处煎盐"权罢数年"②。

此后，汀州被规定为闽盐销售区（后世称"引地"），虔州被规定为淮盐销售区。闽盐运汀，不如潮州盐经韩江、汀江入汀之便；淮盐运虔，路程太远，不如粤盐之近。因此，销盐区划定后，汀、虔州的官盐因运价过多而变得质劣价高，故民多私贩广盐图利，虔州尤严重。

元丰三年（1080），度支副使蹇周辅请准年运广盐销南安

---

① 《宋会要辑稿》食货二十三之十九。潮州、南恩州的盐民所产的盐只能是副业产品（兼营农业），或为官府不全收、给"盐本"。元丰以后，潮州已设盐场，南恩州盐场则设于南宋，置场后便与其他盐场相同。

② 《宋会要辑稿》食货二十三之十八至二十四。"般请"，指奏请搬运一定数量的盐。

军及虔州，三年后再奏请将广盐扩销到与两广相邻的郴、道、全三州。元丰七年（1084）获准执行。广盐进入该五州军后，该地原销淮盐额被分摊到江西、湖南销量已饱和的其他各州县，向居民强制配销，以致怨声载道。因此，两年后广盐扩销作罢。

（三）盐利与盐禁

广东盐场灶户产盐，以灶若干"眼"为单位，不准私卖，官府收买之价甚廉。如仁宗景祐元年（1035）所给盐本是每斤6文，而广、惠、端三州的官卖价是每斤15文[1]，获利过倍。运至远处销售，其价愈高。通常，官卖的办法是，据销盐区各地人口多寡订出销盐定额，按额发卖。熙宁九年（1076），广南东路销盐总值约44万余贯，西路化、琼等七州军约2万余贯，其利过半，是广东一项大宗的财政收入。

官府为追求盐利，总是尽量压低盐本、抬高卖价。盐本太低，卖价太高，必致私盐买卖盛行，官盐难以售完，故官府往往按户口强制配售。沿海地区最易买得私盐，配售也就多发生在沿海。例如广州早就有过计口买盐之制，至真宗时被知州陈世卿奏除；海南岛则长期实行"丁盐"制，第一至第三等户，每丁每月配售一斤，第四、五等及其他人户每丁月配半斤，后被认为配售太多，所有人户减配一半[2]。有时官府为抵制私盐，也不得不稍降卖价。

盐利之多寡，与运输管理大有关系。仁宗时，广州运往北江英、韶各地区的盐，"泝流洄险，因以逗留，侵窃杂恶"。

---

[1] 《续资治通鉴长编》卷一百十四。
[2] 《续资治通鉴长编》卷八十、三百三十五。

转运使蔡抗予以改革，以十船为一纲，派遣专官，严其考绩，当年便"增盐课十五余万缗"①。

对于私盐的禁令，宋比五代稍宽，但还很严峻。太宗时规定，凡私自煎炼、贩运者，按斤两定罪，一两以上杖五十，以次递加；煎炼100斤以上、私贩20斤以上，皆杖二十、刺面押赴京城；持杖盗贩私盐，3人以上，为首及拒捕者处死。尽管如此，广盐走私仍始终不绝。汀、虔之民，每逢秋冬农毕，常十百为群，"持甲兵旗鼓"，往来广东潮、循、梅、惠、广等五州贩运私盐，甚至拒捕。元祐以后，私盐越发严重，致广南东西路多有"应用大椑船兴贩私盐"，在东、西、北江进行大批量的水运走私②。

五、陶瓷业的发达

北宋广东陶瓷业有较大的发展，其产品虽然不如岭北少数名窑（如江西的景德镇窑等）的精美，但瓷窑分布之广，产品之多，销售之远，都远超唐和五代，且以外销南海各国为主，销量极大。因此，广东成为国际市场的主要陶瓷产地。

据近年不完全的统计，广东已发现宋代窑址80余处，其中北宋窑分布在潮、惠、广、梅、南雄、韶、封、南恩、高、雷、化等十余州③，尤以潮、广两州瓷窑为多，产品数量、种

---

① 张方平：《乐全集》卷四十《蔡抗墓志铭》，《四库全书》本。
② 《宋史》卷一百八十二《食货志》；《宋会要辑稿》食货二十四之三十。
③ 古运泉：《广东唐宋陶瓷生产发展原因初探》，《广东唐宋窑址出土陶瓷》，香港大学冯平山博物馆1985年刊本。

类最多，质量最佳。

有关北宋潮州瓷窑的最早记载，见于南宋《三阳志》（《永乐大典·潮州府》引）："郡以东，其地曰白瓷窑。"今存潮州开元寺北宋政和四年（1114）所铸大铜钟亦有"白瓷窑弟子刘兢"等铭文。据历年考古发掘，潮州主要古窑址在今潮州市韩江东岸之笔架山（韩山），宋白瓷窑即在此。"据群众传说：'笔架山宋时有窑九十九，窑长九丈五尺。'……今笔架山脚一带的村落，群众又称百窑村。"① 此外，韩江西岸潮州市南郊有洪厝埠和竹园墩窑址，西郊有凤山窑址。据当地老人说："相传凤山古代有窑三十六条，窑长九丈五尺"。潮州北郊还有田东园、窑上埠等六处窑址②。以上诸窑的一部分创始于唐，均存于北宋，故潮州北宋时有"瓷都"之称。

广州最重要的瓷窑是广州市西北发掘出的"西村窑"。窑址南面为西场村和南岸村，堆积物主要在西场北面的皇帝岗，西距增埗河约500米。其余诸窑以石湾窑为著。北宋石湾窑址在今佛山市石湾镇及其以西的奇石。

北宋广东诸窑的生产基本上属于民营。窑的结构大都为长形卧坡式龙窑，但笔架山发掘的北宋4号窑"已经使用阶级窑炉灶"，惠州窑头山北宋瓷窑亦属于"斜坡阶级窑"③。阶级窑能使窑中的不同瓷器得到适当的火候，比龙窑结构更为

---

① 广东省博物馆：《潮州笔架山宋代窑址发掘报告》，北京文物出版社1981年版，第41页。

② 曾广亿：《潮州唐宋窑址初探》，《潮州笔架山宋代窑址发掘报告》，北京文物出版社1981年版。

③ 《潮州笔架山宋代窑址发掘报告》，第42页；邹永祥、吴定贤：《惠州文物志》，惠州市文化局1986年刊印，第12页。

合理。

笔架山产瓷土，经淘洗捣练，"纯净细密"。广州无瓷土，西村窑所用原料都从较远处运来。两处窑粗瓷器较多，精瓷胎质"细腻洁白"。器形及种类有：碗、盏、碟、盆、钵、盘、杯、盂、壶、罐、灯、炉、瓶、盒、器盖、头像、玩具等。制坯工具有陶轮、模范等，烧窑工具有匣钵（及盖）、垫座、垫环、渣饼、火标（测火候用）等。制作方法则包含轮制、模制和手制（捏制）三种。

笔架山窑的釉分白、青、影青、黄、酱褐五色。瓷器上釉一般较薄，且多为单色。西村窑的釉色分青、影青、酱黑、绿等色。二窑的影青瓷，即白里透青的瓷器，也是北宋广东各瓷窑共同具有的，与以景德镇窑为代表的江南一带青白瓷属同一窑系。笔架山窑的白瓷（较少且珍贵）和影青瓷，"火候很高，坚致细密，扣之作声清越"。潮州其他窑及惠州窑、阳江石湾窑、佛山石湾窑，均产白瓷，但数量极少。西村窑则以灰白胎的影青瓷为最佳，"施釉均匀，釉色白里泛青，青中显白，晶莹透彻"。笔架山、西村窑的瓷器，除素身者外，还饰有花纹，种类有刻划花、雕花、彩绘、印花、缕空等，以刻划花纹为多。瓷器产量相当可观，每烧一窑，大约可产中型陶瓷器2万余至5万余件[1]。

笔架山和西村窑产品的很大一部分远销南海诸国，其中有些产品则是专销海外的瓷器。而潮州窑出土的"高鼻卷发瓷西洋人头像和一批西洋狗，……无疑的为了满足对外贸易

---

[1] 广州市文物管理委员会、香港中文大学文物馆：《广州西村窑》，香港中文大学考古研究中心1958年刊本；《潮州笔架山宋代窑址发掘报告》。

的需要"①。

西村窑就在广州市舶司所在地，潮州各窑均在韩江两岸，近出海口，奇石窑产品从水路一日可至广州。其余诸窑也都在江河之旁，便于水运，具有近海、近出口港的有利条件。这个条件和国际市场对陶瓷需求日益扩大的条件相结合，促成了广东陶瓷以外销为主的特点。北宋后期的朱彧，在广州曾亲见大型海舶中"货多陶器，大小相套"②。这种情形已从海底打捞起来的遗物得到证实。

在印度尼西亚、马来西亚、阿曼，都发现西村窑的瓷器。在印度尼西亚、菲律宾、马来西亚、巴基斯坦都发现笔架山窑的产品。阿曼曾有南海奇石窑的产品出土。在我国的西沙群岛，近年发现西村窑点彩瓶、点彩罐等典型产品及潮州窑产品，显然是前往南海诸岛国的商船途经此地时所遗留的③。据日本陶瓷专家三上次男在考查世界各地的中国古代外销陶瓷后记载：在东非沿海许多中世纪城镇都发现北宋时的广东青瓷；在伊朗东北部内沙布尔发掘出的中国瓷器中有一只白瓷碗是西村窑的产品；在阿拉伯半岛、印度等地也多发现北宋广东的瓷片④。

考古工作者对已发掘的广东北宋诸窑址的地层、出土遗

---

① 曾广亿：《广唐宋陶瓷工艺特点》，《广东唐宋窑址出土陶瓷》，广东省博物馆、香港大学冯平山博物馆1985年刊本。

② 朱彧：《萍洲可谈》卷二。

③ 杨少祥：《广东唐至宋代陶瓷对外贸易略述》，《广东唐宋窑址出土陶瓷》，广东省博物馆、香港大学冯平山博物馆1985年刊本。

④ 三上次男著，李锡经、高喜美译：《陶瓷之路》，文物出版社1984年版，第29、99、154—155页。

物及其上的刻字、年号钱等进行考证研究，发现西村窑大约于北宋末年已停废；笔架山窑已发掘的 9 座窑中的 7 座已在元丰至徽宗建中靖国年间废弃；潮州韩江西岸诸窑，大致同时转向衰退①。

北宋后期广东以外销为主的大部分主要瓷窑衰落的原因，现尚不甚明了，有待进一步调查研究。

六、端砚的制作

端砚在唐代已为"人间重"，至宋而愈驰名天下。北宋端砚是端州的贡品。

宋端砚的石材，出于高要县东羚羊峡以下西江南侧的斧柯山（即烂柯山）。产石的主要处所有下岩、中岩、上岩和半边山诸岩。下岩石最佳，次为中岩、半边山诸岩，上岩最次。下岩原是唐末五代采石之所，至宋已是佳材难得。到过下岩采石场的北宋书法大家米芾说：穿洞而入下岩，其洞中常年积水。英宗治平年间，为造砚进贡，排水月余方可开采。仁宗以前，皇帝常将进贡的端砚赐给史官，都是下岩的上品，此后贡品中杂有上岩石材所制的下品②。

宋人对砚石很讲究，据米芾说，砚以"发墨为上，色次之，形制工拙又为次"。端砚石上有圆圈，称"眼"，眼有各种形状，如鸲谷（八哥）眼、鹦哥眼、雀眼、鸡眼、猫眼、绿

---

① 《广州西村窑》；黄玉质、杨少祥：《广东潮州笔架山宋代瓷窑》，《考古》1983 年第 6 期；《潮州笔架山宋代窑址发掘报告》。

② 米芾：《砚史》，《四库全书》本。

豆眼等。"石嫩则眼多，老则眼少，石细润发墨。"① 石嫩润而眼多者才是好的端砚。有的文人，视端砚为至宝。如诗人文同，得一端溪紫石砚，"磨知密理润，点觉浮光清。洗濯鉴面莹，弹扣牙音铿。"赞叹之余，珍而藏之："遂剪十袭巾，加以重篚盛。客来有欲观，稍俗不敢呈。"②

采砚石的劳作繁重辛苦。如采下岩之石，要成千匠人排队用桶汲水，传递提出，至水干方持火把或烛照明开石，抡锤凿取，即所谓"千夫挽绠，百夫运斤，篝火下缒，以出斯珍"③。制砚的工艺相当精巧。《端溪砚谱》（南宋初成书）说：砚的形状有平底风字、凤池、瓜样、荷叶、仙桃、蟾样、龟样、钟样、琴样、双鱼样等40余种，多精雕细琢的艺术品。

由于文人喜爱，佳石难得，以致凡在端州做官的人，大都私取数倍、数十倍于贡品的端砚，用以赠送朝中权贵及亲友。著名清官包拯知端州时，除按贡品数命匠人制造外，自己任满后不带一砚北归，成为当时美谈。相反，神宗时知端州杜谘则禁民采石，由自己独占采制，被讥为"杜万石"。后来周敦颐任广东提刑，乃奏请作出规定：凡官端州者只准买端砚二方。

徽宗崇尚侈靡，他本人又是书画家，更滥增端砚贡品之数。大观年间，他动用两广"头子钱千万（文），日役五十夫，久之得（砚）九千枚，皆珍材也"。其中皇帝"御用"者，还指定雕琢成海上三神山和日月星辰等极复杂精细的图样。旋

---

① 《端溪砚谱》（南宋，不著撰人）。
② 文同：《丹渊集》卷十八《谢杨侍读惠端溪紫石砚》。
③ 苏轼：《东坡全集》正集卷二十《端砚铭》。

命封闭端州下岩,欲后世"独贵是研(即砚)"①。

驰名遐迩的端砚,在北宋一代只供封建帝王、官僚和文人墨客享用,并未给产地端州带来社会经济效益。但是,名贵"发墨"的端砚,有益于祖国书画艺术的发展。端砚的精美雕刻,是广东古代雕刻艺术的一枝奇葩。

七、舼舶船和大棹船

北宋广东的海上和内河交通较前发达,造船业亦较前进步。

宋初,广东的商船远航印度。大中祥符八年(1015),注辇国(在今印度科罗曼德尔海岸②)国王进宋真宗的表文中有"昨遇舼舶船商人到本国告称"之语③。所谓舼舶船就是从广州远航南海各国的中国商船。稍早的至道元年(995),占城国王请求让留住广州的使臣打造舶船,运送暂住广州一带的占城人归国。其船即为舼舶船。熙宁九年(1076),宋与安南发生战事,诏广东、福建"差顾(雇)舼舶船载兵甲,每路约可载万人"④赴前线。显然,广东所差雇的这种大海船是民间打造的商船,数量颇多。关于海上商船形制的记载极少。北宋末朱彧在《萍洲可谈》中曾记:广州"舶船深阔各数十

---

① 蔡绦:《铁围山丛谈》卷五。
② 宋、元南海诸国的今地名或所在地,均据陈佳荣等《古代南海地名汇释》一书,中华书局1986年版。
③ 《文献通考》卷三百三十二。
④ 《续资治通鉴长编》卷二百七十二。

丈","海舶大者数百人,小者百余人"。又说"船方正若一木斛"①,张帆航行,"非风不能动"。由于船若"木斛",呈方形,故遇到大风浪时不易倾覆,适于海上远航。至于深阔各数十丈之说,因不具体,且未免夸大,不甚可信。宋代最大的海舶,应为唐代已见记述的"木兰舟"之类(见周去非《岭外代答》卷三及赵汝适《诸蕃志》卷上)②。

关于元丰年间广东沿海往来海南的商船,有"假如五丈三尺为第二等"的记载③。苏轼在海南时曾说:"客自高、化载牛渡海,百尾一舟。"④ 可见这种船是相当大的。

在内河行驶的较大商船称大棹船。棹是划船工具,如桨橹之类。这种船也分大小,大者有30棹,小者有10余棹。运海盐到广州即用其大者,它兼具"出入海道"、行驶内河的性能。北江的韶州也有"打造大船"浮江西下的记载,这也是一种大棹船。

北宋广东海上贸易兴旺,海船随之增加。户口的增多,农业的发展,盐和米粮水运量的增长,冶铸业的勃兴,导致北江、西江、东江运输量的空前加大,这也刺激了官营和民营造船业的发展。

当时的官船除用于交通运输者外,尚有战船。宋初广州

---

① 这应是远望视觉上的偏差,实是船的长宽比差异不甚大。若真的方正如木斛,则阻力必大,航行必慢。
② 元人白珽《湛湖静语》卷二载:"舟之最大者,莫如木兰皮国。其舟内有市井买卖、机坊酒肆之类,柁长数丈,中积数年粮食"。据此,知木兰舟本外国船。
③ 《续资治通鉴长编》卷三百十。
④ 苏轼:《东坡全集》后集卷九《书柳子厚牛赋后》,《四部备要》本。

便设有战船场,配置厢兵造船。"刀鱼船"是所造战船之一种。景德四年(1007)有关于广州驻泊都监周文质"集东西海战棹刀鱼船,据端州峡口以扼之"的记载①。《武经总要》又记:广州"置巡海水师","治刀鱼入海战舰"。其船体长而狭,底尖,速度较快,是中唐以后引进广东的。

第四节　商业、交通的发展

北宋的重商政策,促进了广东国内外贸易和水陆交通的发展。广州城经过扩建,规模更大。

广州市舶司管理下的国内外海上贸易,为全国诸市舶司之首。外贸的对象是南海、印度洋诸国,往来的主要商货是香药和瓷器、丝绸。国内海上贸易也开始兴起。各州县城的商业相当活跃。许多乡村圩市和工匠集中的大矿区成了较繁荣的商业市镇。

北江、大庾岭水陆通道,在北宋初已成为广东与岭北之间的主要通道,广州是通向四方的水陆主干线的交通中心。

一、广州三城和其他州县城的修筑

(一)广州城的扩建

北宋前、中期,广东各州县治所大多还没有建筑城墙,连

---

① 《续资治通鉴长编》卷六十六。

广州这样的南方重镇,也只有一个相当狭小的"子城",且残破不堪。

仁宗景祐四年(1037),知广州任中师曾奏报广州城壁颓塌,请求"添修",但朝命只许在"摧塌及紧要处修整"。庆历五年(1045)任氏在知曹州任上又向朝廷提出修筑广州子城的建议,认为如不修筑,"恐缓急不能御盗"。宋廷同意其议,知广州魏瓘"遂城之,环五里"①,并在城外"建邸店一百七十余门","开东江门跨桥以达东市(东门外的市场,颇热闹)"计用工十余万,由富商捐助物料。又疏通西二澳纳潮水以通舟楫②。

侬智高军围广州时,宋廷命魏瓘再任知广州。广州解围后,他奉命与转运使元绛,募"蕃汉豪户及丁壮并力修完"子城③,增筑瓮城,浚成环城的护城河。

熙宁元年(1068),卸任知广州吕居简奏:因广州外城久未修筑,提议将子城以东的赵佗古城址加以重建,与子城合为一城。宋廷乃令转运使王靖主持其事,并拨与度牒500道,共卖价5万贯作为筑城费用。该城于是年十二月完工,周长4里,外筑城濠④。这是北宋第一次扩建广州城。

熙宁四年(1071),知广州程师孟主张增建西城。神宗对

---

① 《宋会要辑稿》方域九之二十七;《续资治通鉴长编》卷一百五十五。魏瓘受命知广州在庆历四年,许多记载说他修广州子城是在该年,且是自动"大筑子城",误。

② 黄佐:《广东通志》卷十五引宋许致筑城《纪略》。

③ 《续资治通鉴长编》卷二百二十五。

④ 《宋会要辑稿》方域九之二十八;黄佐:《广东通志》卷三十五引郑亶《记》。《记》云筑成于熙宁三年春,"三"字是误刻。

扩建西城非常重视，特派张节爱负责筑城，又虑南方"版筑"技术不精，命随带京城的施工队助役。费时10个月，于次年八月"创筑广州西城及修完旧城毕"，共用钱20万贯，工158万。西城周围长13里余，高2丈4尺，有9门，环城筑壕，水皆入海①。经第二次扩建，广州城建成了东城、子城和西城三城，共计城门16座，周围约长20里②。当时广州人烟稠密，"蕃汉杂居"，中外珍货齐集。程师孟诗云："千门日照珍珠市，万瓦烟生白玉城。山海是为中国藏，梯航尤见外夷情"③。这正是当时广州城的写照。

(二) 其他各城的修筑

广州解侬智高围后，广东奉诏筑城，掀起筑城高潮。转运使元绛在短期内便主持"缮治十五城"④。至北宋末，广东还陆续筑城。

南雄州知州萧渤奉诏筑南雄城在众城之先，"规模宏伟又称甲焉"。新城周长680丈，基阔45尺，上阔为基之半，高25尺，用工180万⑤。潮州奉诏所筑之城很不坚固，不到一年全部倒塌。皇祐五年（1053），新任知州郑伸到任后立即兴工

---

① 《续资治通鉴长编》卷二百三十七；《大德南海志残本》卷八。
② 此后，南宋嘉定三年，知广州陈岘在州城之南筑东、西雁翅城（伸向城外珠江边），东城长90丈，西城长50丈。至此广州共有城门17座：子城4（镇南、行春、有年、冲霄），东城3（迎薰、拱辰、震东），西城9（航海、素波、朝宗、善利、阜财、金肃、和丰、威远、朝天），东雁翅城1（平海）。见《大德南海志残本》卷八。
③ 《舆地纪胜》卷八十九。
④ 《宋史》卷三百四十三《元绛传》。
⑤ 乾隆《南雄府志》卷十八引丁宝臣《修南雄州城记》。

重建，自十月至次年二月农事开始时中止，十月再兴工，于皇祐七年正月完成①，工程颇大。韶州城在皇祐以后"屡加增修"，周围长达9里有余，是广东仅次于广州的第二大城。英州城属新筑，长348丈，高13尺。梅州原是土城，皇祐年间改筑。康州城，皇祐年间始筑。南恩州，绍圣年间始筑土城。封州城，依山新筑。端州城原甚小，"仅容廨宇"，徽宗时升为肇庆府，于政和三年（1113）改建石城，"周围八百七十一丈，阔一丈，南临大江，东北浚濠"，成为广东的第三大城②。

但是，直到北宋末广东仍有许多州县如新州、化州、万安军、朱崖军、新会、潮阳、电白、信宜、翁源、始兴、旧山、连山、博罗、海丰、兴宁、四会、开建等县的治所，或无城池，或只有土城而已③。

二、水陆交通建设

（一）北江官办航运的兴旺

北宋广东农业、手工业和商业的发展，推动境内交通运输的发展，尤以北江流域的水陆交通为繁盛。

韶州人余靖对北江交通及其发展过程很熟悉。他说：两广与岭北的通道有三，其一是从湖南零陵到广西，经桂州下漓水；其二是自湖南越骑田岭到广东（经武水至番禺），唐代

---

① 顺治《潮州府志》卷九引《郑伸筑城碑》。
② 韶州以下诸城均据戴璟《广东通志初稿》卷四，黄佐《广东通志》卷十五。
③ 南宋时，有的无城州县始有土城，土城州县改为砖城。直到元明后才普遍建砖城。

岭南通西安走此路最近，故"武水最要"；其三是粤赣间的大庾岭道，从宋都汴京到广东乃循淮河、长江越大庾岭（经浈水至广州），所以"浈水最便"。宋代从汴京到广州和广东的北江、西江、东江各地，中间只有上下大庾岭的90里陆路，余皆乘船，官员南来赴任，可"全家坐而致万里"，极为方便，故"下浈水者十七八焉"①。但宋初北江的水路货运并不太发达。约在太宗太平兴国初年，宋廷曾派刘蒙正到广东规划香药运输事宜，刘蒙正"请自广、韶江泝流至南雄；由大庾岭步运至南安军，凡三铺，铺给卒三十人，复由水路输送"②。然而，太平兴国七年（982）以前，岭南每年的上供钱帛及香药等，还是"发民负担"走陆路，后又改用驿卒"充其役"③。由此可知刘蒙正走水路的规划并未付诸实施。从广州到汴京的陆路捷径，只有骑田岭驿路。到了真宗咸平五年（1002），因陆路运输费大劳人，乃将广东上供之物改运至大庾岭北的江西南安军，再"汎舟抵京师"④。至此，刘蒙正的规划才付诸实施。此后，广东与汴京间的驿运，北江、大庾岭这条水陆通道，成为南北主运道。大宗货运，如广州运往汴京的上供钱帛与香药，广州、惠州销往南雄州和南安军的官盐，永通监北运的铜钱，岑水等场北运的铜，都走这条通道。韶州运往广西、惠州的铜，广西、惠州以及岭北运至岑水场、永通

---

① 余靖：《武溪集》卷五《韶州新修望京楼记》、《浈水馆记》，《广东丛书》本。
② 《宋史》卷二百六十三《刘熙古传》。
③ 《宋会要辑稿》食货四十二之一。
④ 《宋会要辑稿》方域十之十八、十九；《宋史》卷三百七《凌策传》。

监的铁、铅、锡,也都经过北江干流和支流。其中绝大多数是水运。

当时北江流域的商旅往来和民间货运比不上官运,其运量较为零星,肩挑背负者较多,但比之西江、东江、韩江流域,还是相对频繁。许多大矿场和永通钱监,吸引着各地商人通过水陆路到北江沿岸的韶、英州来贸易。

(二) 修路和造桥

北宋时期广东的重大交通建设大多集中在北江流域的水陆交通线上。

最早的一项筑路工程,是真宗咸平末景德初知广州凌策主持的。由于广州的吉河场到英州的板步圩200里内,盛夏瘴起,"行旅死者十八九",所以他主持"由英州大源洞伐山开道,直抵曲江"①。这条路大致与北江平行,开通后,"人以为便"。

第二项工程是约于仁宗嘉祐五年(1060)修成的峡山栈道。此前,北方商旅越大庾岭后,取陆路从英州到广州共行380里,"皆崇山密林","绝犯瘴莽","险甚于死地"。从英州到端州行400里,也是一条"饥疠积道"的险路。广东转运使荣諲认为,应从真阳境内的真阳峡东岸取一条直路,以缩短在高山峻岭间迂回曲折的长距离。经勘察,决定在真阳峡东岸的丛山深谷内架一条栈道,"凿石横梁,穴石立柱,翼橡敷板,卫以长栏"。将成百里的险瘴曲径,缩成一条平直、安全的捷径。经栈道从英州至广州缩短路程83里,至端州缩短

---

① 《宋史》卷三百七《凌策传》。

路程120里①。

第三项工程是重修大庾岭道。仁宗初年，知南雄州王嘉言"开大庾岭故道，往来便之"②。嘉祐八年（1063）广南东路转运使蔡抗与其弟知南安军蔡挺又奉旨同修③。据稍后亲经大庾岭的王巩说：此番修筑是把上下岭30里路面全部用砖铺砌，每隔数里置一亭以供旅客小憩，道旁左右各开水渠，夹道栽红梅④。这是一项最重要的陆路工程，为南北官民往来和驿运，提供了莫大的便利。

第四项工程在海南。徽宗崇宁年间（1102—1106），广西经略安抚使王祖道开通黎峒道路1 200余里⑤。这虽是草草开辟，却大大便于黎汉人之间的交通。

北宋广东交通建设，还有许多桥梁和几处人工运河。

天圣元年（1023），知韶州陈宗愚（一作陈宗宪）在浈水、武水上分别建东、西二浮桥⑥，均用大船数十横排于宽数十丈的江面。当时广东还没有建造大跨度木、石桥的技术能力。浮桥也是征收商税之处。在南雄州南门外建有木桥，后改建石

---

① 阮元：《广东通志》卷二百六，《广东路新开峡山栈路记》（嘉祐六年石刻）。1995年10月，笔者至英德，经在英德工作40年的黄绍业总工程师介绍，方知栈道在北江东岸丛山中，真阳峡边今尚见凿洞痕迹。

② 刘攽：《彭城集·赠兵部侍郎王公墓志铭》卷三十七。

③ 《宋史·蔡挺传》卷三百二十八，《乐全集·蔡挺墓志铭》卷四十。《墓志铭》所记较准确，云蔡挺此时知南安军，《宋史》云其为江西提刑，乃稍后之职。

④ 王巩：《闻见近录》。

⑤ 周去非：《岭外代答》卷二。

⑥ 黄佐：《广东通志》卷四十七。

桥，名"平政"。在英州城西，知州何智茂于哲宗元符年间创建"何公桥"，"直栏横楹，百贾所栖"①。这是北江较早的一座大石桥。以上各桥都是北江或南北通道上的重要桥梁。此外还有由苏轼、苏辙捐修的惠州东新、西新两座较大的浮桥，北宋末僧大峰在潮阳建造的19孔大石桥。

人工运河有三：一是潮州三利溪（见前）。二是哲宗时潮州"（盐）场官李前始凿程洋岗北畔为溪。上通韩江，东行十五里至神山前会水寨溪入海"②。此溪利于运盐。三是鹿步滘。乃北宋末广州佥书判官厅公事河源县人邬大昕所开。他见东江出口处便是大海，舟船往来常有覆溺，便在"东起东洲（在扶胥镇附近），西接黄木湾"处开成鹿步滘，长10余里③，使广州和东江间的往来船只少受风涛之险。

当时闽、广间的陆路交通亦较频繁。有一条基本上沿海岸从福建漳州经潮州到惠州的陆路。从岭北到粤东循、梅、潮、惠各州也有一条较重要的水陆通道：自江西虔州换小船，由龙南江经信丰、龙南，再陆行至循州境，入东江"下水到惠"④，也可以从循州陆行一段下水经梅溪到梅潮。

（三）广州与海南之间的交通

海南岛在宋代属广南西路，从这里到以广州为中心的广东大陆各地，都要经过海域，共有三条基本通道。

---

① 《苏轼诗集》卷四十四《何公桥》。此桥乃苏轼于元符年间北归过英州时建成，有些方志记为建于熙宁年间，误。
② 乾隆《潮州府志》卷十六。
③ 嘉靖《惠州府志》卷十三。
④ 苏轼：《东坡全集》续集卷七《与萧朝奉》，《四部备要》本。

第一条从海南出发，沿途经雷、化、高、南恩各州的沿海港口，以达广州。

第二条是从海南琼州出发，经海路先到新会县境的崖门，入内河到新会县城，再入浅海穿过一些岛屿至广州。据载，从琼州到崖门，顺风（西南风）须3日，崖门1日至新会，新会到广州须10日[①]。选择这条海河航线是为了避开崖门到珠江出海口这段海上航程，并且可以在新会、广州间沿途活动。在这条航线和第一条航线上航行的帆船，按信风规律，大多一年只能往返一次。

第三条是从广州至海南的江河陆海通道，亦即苏轼走过的路。他自惠州再贬海南时，先由惠州到广州，然后循广州——西江——梧州——藤州——北流——雷州——海南一线而行。其具体行程是：从广州出发，乘船溯西江到广西梧州。再经藤州（今广西藤县）与弟苏辙同至雷州。这段路程中，至少有两次舍水就陆：从藤州乘船到容州北流县登陆，行至陆川县境循龙化水入雷州境，再陆行到州城海康。从海康陆行至递角场（南宋时属于增置的徐闻县）。这里与琼州隔海相对，顺风一日可达其州治琼山县。也可以从海康城南乘船直达海南。

北宋广东的"海北"大陆与海南的联系已大为加强。在三条路线中，前二条是商道，第三条经过徐闻递角场的是驿道。

[①]《太平寰宇记》卷一百六十九。

三、市舶司的建立和对外贸易

（一）广州市舶司与市舶制度

宋代采取对外开放的政策，同时由于陆上丝绸之路受阻，便更加重视海上对外贸易。早在太祖开宝四年（971）刚灭南汉时，便首在广州设立市舶司，管理市舶事宜。此后又设杭州、明州（今宁波）、泉州等市舶司，并开辟其他市舶贸易点。在北宋一代，广州市舶司始终居于最重要的地位。

广州置市舶司之初，以知广州潘美、尹从珂二人兼任市舶使，其下还有一名市舶判官。后来，或以知广州、广东经略安抚使兼领市舶使，或以知广州与广东转运使同兼市舶使，或遣其他官"勾当市舶司事"。元丰三年（1080）才规定各处以转运使提举市舶司，不再用市舶使衔名，机构亦改为提举市舶司。徽宗崇宁初年，广、明、杭等路各置提举官，大观六年（1107）市舶提举遂成为专官，其下有监官、专库、手分等分管各项事务①。

提举市舶司（或市舶司）的职责是"掌蕃货海舶征榷贸易之事，以来远人，通远物"②。即专管中外海船往来远洋的对外贸易。而且在一定程度上也管中国海船国内沿海贸易（如批准发船出海贸易等）。

北宋市舶贸易制度不断完善，订有市舶条例。

当时，中国对外海上贸易分为东洋、南洋两路，广州的

---

① 《宋会要辑稿》职官四十四之八，《宋史》卷一百六十《职官志》。
② 《宋史》卷一百六十七《职官志》。

对外贸易只有南洋一路。按制度，外国商舶除纯粹贸易者外，尚有各国运送使臣向中国皇帝"朝贡"兼贸易的船舶。贡使到达广州后，携带贡品至京城，再经广州返国。贡品以外的货物一律在广州贸易①。贡使往还京城，由市舶机构迎送接待。

北宋前期，在南洋方向贸易的中外舶船原则上不许到广州以外的其他口岸贸易，到广州后还须在市舶司的监督管理下活动。泉州置市舶司前，福建泉州等处商人往来南洋诸国贸易，按熙宁年间所订的《市舶法》规定，"往复必使东诣广，不者没其货"②。广东沿海各地商人到海外贸易也必以广州为往返地。神宗元丰三年（1080），修定市舶条例（内容不详）。同年八月中书札子节文规定，"诸非广州市舶司，辄发过南蕃舶船，……以违制论"③。中国沿海往来南海诸国贸易的商船，都必经广州市舶司许可，领取凭证，方可出发。这就扩大了广州市舶司的权力，加强了对中国商船到海外贸易的约束。此后，哲宗元祐年间的《元祐编敕》规定：中国商船"往外蕃兴贩"，须将船主姓名、船名、货物数量、在船人数和所至地报告所在州，并须由本地有财力者三人担保其货不夹带兵器；经州验实后，持公文到"愿发舶州"登记，领取公据（执照）方可出航；返航仍须回到原发舶处将公据上缴市舶司。如"不请公据而擅行，……徒二年，五百里编

---

① 唯安南（今越南）被规定在广西边境通商和经广西内地到京城朝贡。宋代的"东洋"，指到朝鲜、日本一路。
② 《永乐大典》卷三一四一《陈偁行状》；王象之：《舆地纪胜》卷八十九。
③ 苏轼：《东坡全集》奏议卷八，《四部备要》本。

管"①。据此规定可知,元祐年间各地商船往南海诸国已不须先到广州和不一定以广州为往返地。朝廷先后制定的各条例都禁止中外商舶走私漏税。规定凡舶至,由市舶司官"阅其货而征之(税)";"未经抽解,敢私取货物者,虽一毫皆没其余货,科罪有差"②。外商与民间发生债务争执,须申报中国官府处理。

广州市舶司对舶船还采取了保护措施。因州城近海,舶船易受台风之害,故真宗时知广州邵晔开通内濠,让舶船入濠避风③。真宗天禧三年(1019),广州特抽调巡检一员,带兵驻市舶亭(在今海珠广场一带),防止舶船被劫。后又建立"望舶"制度,在褥洲(今台山广海)设望舶巡检司,派兵船接应来舶,谓之"一望",沿途依次有二望、三望,将舶船护送至广州市舶亭下④,以待"阅货"。

此外,北宋还继承唐代传统,每年由市舶司长官宴请舶商,以示友好。

(二) 市舶贸易的发展

宋初,太宗为发展对外贸易,于雍熙四年(987)曾派遣宦官八人,带着敕书和金帛,分四起"往海南诸蕃国",表示欢迎他们来中国"进贡"和贸易,并在各国买回中国需要的香药、犀、象、珍珠等货物⑤。太宗时,诸市舶司贸易及外国

---

① 苏轼:《东坡全集》奏议卷八,《四部备要》本。
② 朱彧:《萍洲可谈》卷二。
③ 《续资治通鉴长编》卷八十三。
④ 朱彧:《萍洲可谈》卷二。
⑤ 《宋会要辑稿》职官四十四之一、二。

到汴京进贡物售卖所得,每年30余万贯,后又增至50万贯。这表明宋初全国市舶贸易在发展。真宗大中祥符初年,到广州贸易的舶船一度稀少,知广州马亮乃派人招请中外海舶,于是次年"至者倍其初,珍货大集"①。此后,广州的对外贸易日益兴旺。

北宋时期,与广州往来贸易的国家与地区,见于记载者达数十处,其中以大食(阿拉伯帝国)诸国、三佛齐(在今印度尼西亚的苏门答腊岛)、阇婆(在今印度尼西亚的爪哇岛或苏门答腊)、占城(在今越南中南部)等国为主,其他为真腊(今柬埔寨)、罗斛(今泰国中部班塔欣一带)、登流眉(今泰国南部马来半岛洛坤附近)、蒲甘(今缅甸中部)、蒲端(约为今菲律宾班乃岛西岸或棉兰老岛北岸)、渤泥(今加里曼丹岛北部文莱一带)、麻逸(菲律宾群岛之民都洛岛)、注辇国(在今印度科罗曼德尔海岸一带),等等。其范围及于今东南亚、印度、波斯湾以至东非,可能达到北非。中外商船借信风航行,一般一年一往返,唯远方大食诸国等往返一次须二年。

据北宋后期曾到广州的朱彧说:中国到南洋诸国的远洋舶船,大者能容数百人,以巨商为纲首,另有副纲首和杂事。市舶司给予印信,许管理其众。船上"商人分占贮货","无少隙地",远者至大食贸易。其航行"夜则观星,昼则观日,阴晦观指南针"②。中国商人到达诸国,备受礼遇。当宋初中

---

① 《宋史》卷二百六十八《张逊传》、卷二百九十八《马亮传》。
② 朱彧《萍洲可谈》卷二。其时中国发明的指南针用于航海未久。

国商人到达注辇国时,就曾受到注辇国王的重视①。三佛齐尤为"诸蕃水道之要冲,常是中国商人居留之处"。凡"华人诣大食,至三佛齐修船,转易货物"。故临国(今印度西南奎隆一带)当东西方船舶往来必经之点,中国商船经此必停,再从这里"易舟而行",即将大船停泊,改乘较小的海船前进②。中国商人到外国当年不归者叫"住番";长期住番不归者的后裔,称"土生唐人"。

外国到中国的商船,有大有小。"凡舶舟之来,最大者为独樯舶,能载一千婆兰(胡人谓三百斤为一婆兰也);次曰牛头舶,比独樯得三之一;次三木舶,次料河舶,递得三之一也"③。

外国商船到广州,其有贡使者,进京呈贡物后获得"答赐"。如注辇国于熙宁十年(1077)遣使进京,贡物甚丰,神宗"答赐其王钱八万一千八百缗,银五万二千两"④。答赐通常超过贡物价值,让贡方有利。贡使在回到广州后,又可将所赐银、钱购买回货。外国大商人称纲首或舶主。有的舶主甚至有用自己名义进贡的资格。外国舶船到广州市舶亭阅货

---

① 《宋史》卷四百八十九《外国传》。
② 朱彧:《萍洲可谈》卷二;周去非:《岭外代答》卷二。从此前往波斯湾还要上溯到今伊拉克一带的两河流域,因大船不能进入幼发拉底河和底格里斯河,故要换乘小船。
③ 《文献通考》卷二十。叶庭珪(北宋晚年至南宋初人)《海录碎事》卷十二记:"《市舶录》有独樯舶,深五十余肘;三木舶,深四十余肘;又有牛头金睛舶。其大者可载一千婆简。方言二十两为一加底,二百四十加底为婆简。"《市舶录》疑即赵翘《广南市舶录》(早佚)。
④ 《宋史》卷四百八十九《外国传》。

后,一般要在广州港停泊一段时间,以便购置回货和等待季风。通常是乘东南信风约于五、六月到,十一、十二月乘西北信风返。此期间中外商船多聚集在今黄埔港东南庙头村附近的古扶胥镇港口。此为广州外港,"蕃汉杂处"。另外,珠江南面的琵琶洲(今琶洲)也是蕃舶聚泊之所。真宗时即有注辇国使船"至琵琶洲"①。方信孺《南海百咏》亦云:琵琶洲"在郡东三十里……盖海舶所集之地也"。贡使回国之前,为等信风及与民间交易,有时留广州达一、二年。如太宗时三佛齐贡使蒲押陀黎,自京城回广州,"住南海凡一年",后乘舶船至占城,"偶信风不到,复还"②。有些外国舶商则长期居留广州经商,且多有定居广州累世不归的。个别使臣也有长期不归的。大食商人蒲希密之子,于太宗至道年间向宋廷上奏说:"父蒲希密因缘射利,泛舶至广州,迄今五稔未归。母令臣远来寻访,旐至广州见之"。大食使臣辛押陀罗,长期在广州经商,居"数十年矣,家赀数百万缗"③。徽宗时,已有在广州居留五世的蕃客,并置有产业。蕃商当年不归国者称"住唐"④,长期住唐不归者的后裔称"土生蕃客"。

除到广州的贡使、商人及舶船受到保护外,凡商船遇到事故和发生困难,以及外国人流亡到广东,也都受到广州市舶司或有关当局的关照及安置。

朝廷对入贡者和贡使特别优待,如咸平年间大食国主差

---

① 《宋史》卷四百八十九《外国传》。
② 《宋史》卷四百八十九《外国传》。
③ 《宋史》卷四百九十《外国传》;苏辙:《龙川略志》卷五。
④ 朱彧:《萍洲可谈》卷二。

贡使托舶主在广州代购铜钟，欠钱1 300贯，朝廷"特免追收"①。使臣有在广州死亡者，予厚赐并宴犒其随从。中国皇帝还往往赐予外国国主及贡使以各种官号，以显其荣。真宗时，一般大蕃舶遇风漂至琼州，缺少钱粮，广西转运使命琼州贷与钱300万（文）。该船顺利到达广州后，"输上之货，十倍其贷"，以为报答②。占城人几次成百人浮海投奔海南儋州、雷州、南恩州和广州，多被安置在南海、清远二县境内；其后占城国主请宋朝政府允许将其国"流民"接回，宋廷特"遣使诣广州询问"，命愿还者让占城使臣领回③。

外国蕃商亦以其财力为广州作出贡献。大食商人辛押陀罗，在建广州州学时，捐助过学舍和学田。广州子城外天庆观于仁宗皇祐年间遭焚毁，三佛齐"地主都首领"地华迦罗，在获所派舶船回报后，从英宗治平四年（1067）起，三次派人到广州，先修该观个别殿堂，随后又捐钱修三清殿、御书阁，又另捐钱40万，以充该观经费及其他善举。宋朝政府接受助建。神宗元丰二年（1079）天庆观重建成，"规模宏备"。其所捐40万钱则用以置田收租，供给观用及给净慧寺（即今六榕寺）赈济施舍。地华迦罗于熙宁末年曾充三佛齐使臣入贡，被授予保顺慕化大将军称号④。

北宋时期，南洋诸国与广州当局相当友好，故诸市舶司

---

① 《宋会要辑稿》蕃夷四之九十一。
② 范仲淹：《范文正集》卷十二《兵部侍郎致仕胡公墓志铭》，《四库全书》本。《宋史·胡则传》谓该舶"不能去"，实误认其为回船。
③ 《宋史》卷四百八十九《外国传》。
④ 地华迦罗及重修天庆观事见宣统《南海县志》卷十二引宋《重修天庆观记》，及《宋史》卷四百八十九《外国传》。

的对外贸易"唯广最盛"。但《萍洲可谈》说："官吏或侵渔，则商人就易处，故三方亦迭盛衰。"这说明官"侵渔"与否，对广州市舶贸易的起落有很大的影响。

（三）进出口货物与市舶抽分

北宋广州市舶贸易的主要进口货物有珠贝、玳瑁、犀象、鼊（龟类）皮、珊瑚、玛瑙、乳香、木香、槟榔、石脂、硫黄、沉香、檀香、丁香、胡椒、阿魏、缩砂、高良姜、没药、安息香、乌樠木、降真香、琥珀等40余种，其中绝大多数为热带香料和药物，简称香药，故市舶贸易又名香药贸易。出口的主要是金、银和锡、铅、杂色帛、丝绸、精粗瓷器等货物。诸国皆爱好中国铜器及铜钱，但自宋太祖时起，便禁止铜钱外流，不得带至"南蕃诸国"①（惟皇帝所赐可带出）。当时广东最重要的出口货品是土产陶瓷器，以及从别路贩运到广州出口的丝绸，因而构成了南洋诸国与广州往来的"香药和陶瓷、丝绸贸易"。以广州为出发点的海上丝绸之路，也是中国与南海、印度洋诸国的物质、文化交流之路。

对外市舶贸易，既可"通远物"，还可裕财政。宋代市舶贸易一开始便采取对进口货"抽解"（即抽分）实物和定价收买一部分的办法。上列进口各货从珠贝到乳香的前八种，属于"榷货"，除抽分者外，其余全部按官价收买，其他各货皆收买抽分后的一部分，所余准在广州自由出卖。

太宗淳化二年（991），朝廷认为抽分过少和官买货物定价太高，遂将税率增加，各货一律抽解20％，将榷货之外各

---

① 《宋史》卷一百八十《食货志》。神宗时一度准铜钱纳税输出。两宋时期大量铜钱从闽、广偷漏出口。

货择优按市价"和市"（收买）一半①。

此后，税率和官买比例时有变动。从真宗咸平年间到仁宗时，广、杭、明三市舶司均抽分10%，非榷货征税后收买30%－40%。徽宗时的抽解因货而异，凡珍珠、龙脑（冰片）等"细色"货物抽10%，"粗色"抽30%，此外非榷货各物"官市各有差"②。

各市舶司每年抽解、榷买、和市所得之数颇钜，为国家提供了大宗财政收入，以致宋神宗说："东南利国之大，舶商亦居其一焉。"③ 据统计，仁宗皇祐年间，明、杭、广三市舶司"总岁入象犀、珠玉、香药之类，其数五十三万有余"。至英宗治平中，"又增十万"；哲宗元祐元年（1068）收钱、粮、银、香药等共778 229缗、匹、斤、两……粒；徽宗崇宁至政和年间"九年之内，收至一千万"④。宋政府从对外贸易中所得利益越来越大，然"三方唯广最盛"。仅以乳香一项为例，自熙宁九年（1076）起的三年中，杭、明、广三市舶司共收买354 449斤，内广州一司即收买348 673斤⑤。

（四）外国商人在广州

北宋在广州"住唐"的外国人，除一部分"蕃汉杂处"者以外，多聚居于"蕃坊"。因来广州贸易者以大食人为多，大约居于蕃坊者皆属信奉回教的阿拉伯诸国之人。蕃坊置"蕃

---

① 《文献通考》卷二十；《宋会要辑稿》职官四十四之二。
② 朱彧：《萍洲可谈》卷二。
③ 秦湘业：《续资治通鉴长编拾补》卷五。
④ 王应麟：《玉海》卷一百八十六；《文献通考》卷二十。缗、匹、斤、两……粒乃市舶抽分及和买诸ң货经卖出后所得市舶之利的钱、粮、银、香药物之单位。
⑤ 梁廷枏：《粤海关志》卷三引毕仲衍《中书备对》。

长"一人，由蕃官充当，穿戴华官服饰，管理蕃坊的蕃人事务。蕃人在广州犯法，由广州官府处理，罪重者判决，轻者交蕃长自行处置，一般比较宽容。蕃长还有招徕蕃舶的任务。太宗淳化年间，便有大食舶主"曾得广州蕃长寄书招谕"而"届五羊之城"①。

蕃人在广州置产通婚皆不禁，亦可改从汉姓，只要三代之内有做官的，与宋宗室通婚亦为法所许。对其日常生活、宗教信仰、房屋的形制与规模等，广州地方当局基本上不加干涉，没有过多的禁忌和限制。

住唐蕃人大都能遵守中国法度，与广州官民和睦相处，彼此绝少发生大的争端。当广州遇到特殊困难时，他们还能与中国官民和衷共济和给予协助。如侬智高围广州时，他们就曾协助守城，蕃官蒲亚讷曾以"猛火油（石油）"焚烧围城军的攻城器具②。后来扩建广州城，他们也提供了资助。

广州为外国商人来广州贸易提供了良好的生活和居住的环境，这是广州对外贸易得以不断发展的因素这一。

四、沿海和内地商贸

北宋时期广东与国内沿海地区的贸易也发展起来。

广东地处亚热带，亦产香药，海南所产沉香尤为大多数南海国家产品所不及。广东香药和国外进口香药，以及南方特产的干鲜果品等运销国内其他港口，包括福建、两浙和山

---

① 《宋史》卷四百九十《外国传》。
② 《续资治通鉴长编》卷一百七十四。

东的各口岸。回货以丝绸、精瓷器等为主，基本上是转销南海、印度洋诸国。

京东西路的密州（今山东诸城）高密县板桥镇，向为广南、淮、浙商旅所聚，他们中既有"乘海船贩到诸杂税物"者，也有"京东、河北、河东等路商客，般（即搬）运见钱、丝、锦、绫、绢往来交易"，买卖极为繁盛①。镇江向来是"闽、广客船并海南蕃船"经海上转长江前来买卖的地方②。福建则常赖广东的"客米"从海上贩运接济。

海南的一般生活必需品，大多由隔海不远的高、化等州贩来，包括"米包、瓦器、牛畜之类"，而泉州、福州、两浙、广州商船到海南则"一色载金银匹帛"，每船货值达1万余贯③。介于广州、海南之间的雷州，亦有"吴绡与鲁缟，取具舳船客"④之盛。元丰以前，由于广南西路对贩到海南的货物按船只大小尺寸征税而不计货值，造成粗货税重、细货税轻，以致"高、化客人不至，……少有牛米"⑤。

宋代国内沿海贸易中的近海贸易，一般不属于市舶贸易，但未见立定界限。而广州与福建、两浙、山东较远程的沿海贸易，则由所在市舶司或市舶务管理。元丰三年（1080）的新市舶条例规定：往来海南（甚至雷、化等州到海南）贸易的海船，也要往返数千里到广州，经市舶司批准给"引"方

---

① 《续资治通鉴长编》卷四百九。
② 《宋会要辑稿》食货五十之十一。
③ 《续资治通鉴长编》卷三百十。
④ 秦观：《淮海集·海康书事》卷六，《四库全书》本。
⑤ 《续资治通鉴长编》卷三百十。

可发船出航，把近海贸易也纳入市舶司管理之下。元丰五年（1082），因广西转运副使吴潜奏请"广西一带沿海州县，如土人、客人以船载米谷、牛、酒、黄鱼及非市舶司抽解之物，并更不下广州请引"，遂有诏令广东转运使（时领市舶）酌情办理①。据此和前引《元祐编敕》的有关规定看，这种近海贸易的管理到后来也一定是放宽了。

北宋时对海南远程贸易的主要是泉州、广州商人的船只。据苏轼所记，海南的"药物酱鲊"以至粮食都须泉、广海舶运来，连他于哲宗元符年间从海南渡海北归时，也要搭乘"牢稳可恃"的泉人许九的船②。泉、广、两浙船在海南贸易的回货，基本上是香药。这些船一定要按市舶条例规定，回到发船港口。

有关发船、回船处所的规定和报请制度过苛过严，或办法不够妥善，对广东（含海南）国内沿海贸易的发展是不利的。

北宋广东内地商业发展迅速。宋灭南汉之初，广州一带各河岸就多有"猪、羊、鹅、鹿、鱼、果"的贩卖；社会秩序稳定后，"商旅甚多"③。此后废除了南汉时的"无名商税"，小贩细碎交易、岭南商贾贩卖生药均不纳税。内地商业按全国统一规定，大致上是行商贩货从价纳"过税"，税率2%，坐商售卖纳"住税"，税率3%④。

---

① 《宋会要辑稿》职官四十四之七。
② 苏轼：《东坡全集》续集卷七《与元老侄孙》、《与秦少游》。
③ 《宋会要辑稿》食货十七之十。
④ 《宋史》卷一百八十六《食货志》。

商业大多集中在各州、县城。坐商和手工业者设摊点或店肆经营；过商往来其间或非州、县城内的要道上。甚至像春州（治阳春，后废入南恩州）这个瘴疠最严重的地方，官府在州城还设有"招商院"以"恤逆旅"①。仁宗至和年间，广州某商曾买好珠40余两，欲到汴京去卖（实只到潭州），据云"元于广州用钱一千余贯买到上件珠子，只自潭（长沙）又入京师，其价（预计售价）已经两倍"②。这是一宗见于史籍的较大的珠宝贩卖，其他可想而知。

北宋的大小城市都存在一些工商业的"行"，广东亦不例外。神宗时起，向它们征"免行钱"（以代替服役）。同时广东也有市易牙人③，即经纪人。

在不加重商税的前提下，商税数额的变化，是反映商业盛衰变化的重要尺度。北宋广东凡州、县城皆置商税务征商税，有些要津或镇亦置税场，大者派专官，小者由州县官兼领。太宗淳化三年（992），命全国州县以端拱元年至淳化元年（998－990）三年中税利最多的一年的钱数，"立为祖额"④，为以后每年商税的岁额，并作为征税官员考绩的标准。此后，隔若干年改定一次岁额。广东各州军税收情况见下表。

---

① 阮元：《广东通志》卷一百二十七引《招商院记》。
② 赵抃：《清献集》卷七《奏状乞取问王拱辰进纳赃珠》，《四库全书》本。
③ 《续资治通鉴长编》卷二百九十六。
④ 《文献通考》卷十四。

各州军商税比较表（单位：贯）

州别	旧额	熙宁十年收数	州别	旧额	熙宁十年收数
广 州	27 022	68 703	端 州	2 659	19 770
韶 州	4 662	25 304	新 州	301	1 088
循 州	2 590	51	康 州	5 055	5 113
潮 州	10 799	27 361	南恩州	846	7 259
梅 州	1 043	2 922	南雄州	6 073	13 328
连 州	4 115	7 715	英 州	8 204	43 305
封 州	1 823	5 591	惠 州	3 591	15 971
化 州	2 419	6 857	昌化军	无 额	16 904
高 州	691	6 980	朱崖军	200	1 237
雷 州	1 126	9 877	万安军	无 额	1 189
琼 州	4 288	19 592			
共 计	旧额 87 507 贯，熙宁十年收数 306 116 贯（各州军数贯以下均四舍五入）				

资料来源：《宋会要辑稿》食货十七之一至十。

上表中的旧额，据研究，为仁宗嘉祐元年至四年（1056—1059）的定额[①]，距熙宁十年（1077）不过20年左右，商税增长了两倍半以上。增长速度最快的端州，其境内的胥口镇

---

① 郭正忠：《铁钱与北宋商税统计》，《学术研究》1985年2期。

(今三水芦苞），熙宁十年收数达8 500余贯之多。韶、英二州是工矿业发达之处，且当北江要道，增长速度也是很快的。至于广州，南汉末每年商税仅1 070贯，熙宁年间收数为其30余倍①。而高、化、雷、南恩、琼、昌化等州军商税数的快速增长，反映出沿海地区商业的发展。

与民间商业同时存在的还有官营商业。神宗时行市易法，熙宁七年（1074）置市易务于广州，继又改置提举常平司，管市易及常平等事宜。其商业活动为：购进滞销货物，待价格上涨时卖出，以"平抑"物价，收取买卖之间的差额作为利钱；又向商民发放抵押贷款，以取利息，与后世的当铺相类。经过六年，虽每年盈亏不同，还是"出息不少"②。

五、商业市镇的初步兴起

随着商品交易的愈益频繁，广东的许多圩市由不定期变为定期，定期的间隔日也由长而短。南汉时在县治以外的地方，已出现了成为货物集散之所、有若干店肆的商业市镇。北宋时这样的镇逐渐增多。

据《宋会要辑稿》载，熙宁十年（1077）广东共有19个镇，其中广州6个、韶州1个、潮州2个、连州3个、端州2个、康州2个、南雄州1个和昌化军2个（小镇）。而据三年以后成书的《元丰九域志》记载广东的市镇已增至40个：广州有大通、瑞石、平石、猎德、大水、石门、白田、扶胥、

---

① 《宋会要辑稿》食货十七之十。
② 《宋会要辑稿》食货三十七之十九、二十九、三十。

足〔尼〕子9镇（其中番禺县占有瑞石至扶胥7镇），韶州有濛浪、玉壶2镇，循州有驿步1镇，潮州有朐州、黄冈、圃湾、里湾、净口、海口、黄冈（另一黄冈）7镇，连州有桐台、清陇2镇，端州有三水、胥口2镇，康州有悦城、都城、陇水3镇，梅州有李村、梅口、双派、乐口4镇，南雄州有大宁1镇，英州有清溪、光口、回田、板步、浛光5镇，化州有渌零1镇，琼州有焚楼1镇，朱崖军有临川、藤桥2镇。将熙宁十年的镇名与《元丰九域志》中的镇名互勘，发现熙宁年间的若干镇名已经消失，而元丰新增加的镇名有20多个，可知集镇的盛衰变化情况。

以上各镇中，最大而著名的是番禺县的扶胥镇。它形成较古，位于广州城东80里今黄埔新港之下不远处。该镇人民与"海中蕃夷、四方之商贾杂居"，商业极其兴盛，但侬智高围广州时，人民"被杀之余，流散逮尽"。至英宗末，虽经十余年恢复，仍不及昔时之盛①。熙宁末年扶胥镇所收商税才900余贯，这时最繁荣的镇是端州的胥口镇，年收商税8 500余贯；其次为英州的清溪场（元丰年为镇）年收商税5 700余贯。

市镇之外，还有各"场"，也是不同于一般农村圩市的商业较繁盛之处。场多是矿场和盐场所在地，商业较发达的场设有场官或商税务征收商税。著名的韶州岑水场，熙宁末年年收商税2 100余贯。元丰以后，粤北矿冶业衰落，使一些矿场所在地商业萧条，并导致其近处的市镇废罢。

---

① 阮元：《广东通志》卷二百六，治平四年《重修南海庙碑》。

第五节 北宋中后期的战乱

北宋朝廷对两广的兵防不够重视,以致皇祐年间侬智高反宋,在攻占广西邕州后不久便兵临广州城下。这是北宋时期广东境内发生的最大一次战争。

由于北宋对辽、西夏的和战交替,耗费巨大,加上冗官、宗室等费用日增,导致全国的赋税加重。徽宗追求"丰亨豫大",更诛求无厌。广东人民的负担也不断加重,社会动乱因素日渐增长。

一、侬智高围广州

仁宗皇祐四年(1052)四月,广西"广源蛮"(广源州为北宋羁縻州,属广南西路,在今越南境)首领侬智高起兵反宋。五月初一,攻下广南西路重镇邕州,沿郁江顺流而下,半月后到达梧州。北宋边防"重西北而轻东南",曾知端州的包拯早就指出:"广南州郡,并无城壁及攻守之具,加之兵力绵薄,无堪用者。"[①] 侬智高军于五月十七日到封州,封州只有兵百人,"又无城隍以守",乃召乡民作战,结果知州曹觐败死,城破。十八日侬军循西江到康州,守城兵仅三百,知州赵师旦、兵马监押马贵战死,即日城陷。侬军十九日到端州,

---

① 王偁:《东都事略》卷七十四《王拱辰传》;《包拯集》卷九《论蛮贼事一》。

知州丁宝臣事先"请兵于广州，凡九请，不报"，临事仅率百余兵稍战即走①。侬军势如破竹，于二十二日包围广州城。

广州在兵临城下之前未作任何准备，以致敌军未到，城外百姓仓卒涌往城内，许多人被践踏而死，来不及入城的，都归附了侬智高。其时，韶州永通监监卒杀监官欲响应②，广州"十县民皆反"③。侬智高军受到一部分被压迫者的拥护，声势益大。

六月初十，宋廷才得知广州被围，立即向广东调兵遣将，同时将不称职的知广州仲简调离，改命庆历年间曾修筑广州城的魏瓘代任。据被任命为两广军事负责人之一的余靖说，"贼起三月而后师集"④，从各路调向两广的大军，一时还不能到达。在这种情况下，较快来援广州的只能是广南东路境内的一些军队。六月十一日，广州、端州都巡检高士尧率兵来援，战于南城外之市舶亭，大败。十七日，广、惠等州都大提举捉贼武日宣、惠州巡检魏承宪率所部战于广州城下，皆败死。稍后，又有知英州苏缄募得壮勇数千人，到广州以北20里处屯扎，待机而动。

在本路官军赶来救援的同时，被困在广州城内的番禺县令萧注突围而出，募得水上民兵2 000余人，集于上流，等得顺风纵火焚敌船，一战获胜。于是广州得以开南城纳入援兵和粮草。又转运使王罕，自惠州发乡民壮丁及各县尉所领弓

---

① 欧阳修：《文忠集》卷二十五《集贤校理丁君墓表》，《四库全书》本。
② 蔡襄：《端明集》卷四十《尚书屯田员外郎郭公墓志铭》，《四库全书》本。
③ 司马光：《涑水纪闻》卷十一，《四库全书》本。
④ 余靖：《武溪集》卷五《大宋平蛮碑记》，《广东丛书》本。

手,得3 000乡兵,沿东江而下,至广州南门入城。至是,广州守备益固,出战亦屡得胜利①。

侬军似乎未做好争取民众的工作。围城57天,侬智高见广州久攻不下,宋大量精锐禁兵将到,遂于七月十九日撤围退走。

当时广州水军已占优势,江西的援军亦已赶到广州以北与苏缄部会合。他们料到围城军会退走,预先在其退路上分兵扼守,重重设障,使得侬智高既不能走来时的水路,又无法通过西归近道,只好绕道到清远县境再过江向北,从陆路经连州退至贺州。

在侬智高退走之际,新任广东兵马都监张忠从京城赶到,强夺苏缄等部8 000人,逞勇斗狠,在贺州白田一战败死。虔州巡检董玉等亦战死。九月,新任广东钤辖蒋偕又在贺州太平场被侬智高夜袭营寨杀死。十月,宋廷任命枢密副使狄青为统帅,领大军至两广作战,侬智高被迫退走邕州。

侬军围攻广州,使广州及部分州县受到较大损失。广州城外"蕃汉数万家悉委于贼,席卷而去"②。这记载或许是言过其实,但扶胥镇经残破后十余年后不能恢复,却是实情。

这次战争充分暴露出当时广东兵少、战斗力差和许多州县无城壁可守的弱点,以致千里外的敌军数日内便掩至广州城下。幸赖不久前才修筑过的广州城可以坚守,使城内的繁华市区免遭破坏,并且阻止了战争的扩大蔓延。

---

① 《续资治通鉴长编》卷一百七十三;《宋史》卷三百十二《王罕传》。
② 《宋会要辑稿》方域九之二十八。

二、零星的变乱

北宋前期，广东的赋税尚称轻简。中期，熙宁变法后，人民负担渐有增加。神宗之后，特别是徽宗统治和奸臣蔡京当政时期，朝廷穷奢极侈，诛求无已。如徽宗崇宁年间重修《上供格》，上供财赋，"一路之增，至十数倍"①。广东和其他各路都苛敛丛生。至北宋末年，涉及岭南的有：征陂罚钱（征于灌溉用水）和把一部分地方经费提解京城应奉司（地方经费不足则由广东另加征于民）；宣和六年（1124）扩大头子钱范围，令南方九路凡官民出纳钱物每百文收头子钱一文；同年又命"天下并输免夫钱，夫二十千，淮、浙、江、湖、岭、蜀夫三十千。"② 此外，政治腐败也使广东官吏贪赃枉法更为严重。如宣和年间兼任广南东西两路转运使的郑良，累资"为岭表冠"，在原籍英州所建府第，"穷工极丽，南州未之有也"。家中"宝货甚多"，是搜括而成巨富的典型③。因此，神宗之后以至徽宗统治时，阶级矛盾和社会不安因素在增长，并表现为武装对抗和动乱逐渐加多。

北宋后期海盗活动较前频繁，这与海上贩运私盐有关。乘船在海上兴贩私盐者，有时也兼事抢劫。为此，哲宗元祐年间令将广东濒海船户严格登记造籍，编甲管理，并定出法令：

---

① 陈傅良：《止斋先生文集》卷十九《赴桂阳军拟奏劄子第二》，《四部丛刊》本。
② 《宋史》卷一百七十九、一百七十五《食货志》。
③ 洪迈：《夷坚志》甲志卷十《南山寺条》。

"如犯强盗，视犯人所坐轻重，断罪有差。"①

新州土豪岑探，被称为"妖人"，是一个以幻术或迷信活动吸引民众的土著领袖，得到新兴等"数郡"民众的尊崇。元祐元年（1081）十一月，岑探率众围新州城，广东当局上报，说岑探领卒数千，要下番禺，"包据岭表"。朝廷命广东发兵征剿，并派遣江西第六将全军入粤应援。其实岑探部下皆乌合之众，唯"不逞子及老弱从者以百数"②。虽然新州"城中无百兵，坐待五羊救"，但围城实止一夜，到"平明作鸟散"③。而派往征讨的将官童政等，却纵兵滥杀平民，以此冒功。新任知广州蒋之奇闻知，改派钤辖杨从先捕杀岑探。童政民愤极大，终以"擅杀无罪者六十有三人"被诛④。这个事件是广东一些文武官员草菅人命、残民以逞所造成的。群众之所以追随岑探，是对阶级压迫的反抗。

岑探事件前后还有若干零星的动乱发生，兹不备述。

北宋广东动乱和武装对抗的特点是：规模小，反抗或暴乱人数一般不到1 000人，少则百余或数十，其中一部分来自境外。当时广东地广人稀，谋生稍易，铤而走险的人较少，故声势和影响都不大。

---

① 《宋会要辑稿》食货五十之四、五。
② 黄庭坚：《山谷集》续集卷五《黄几复墓志铭》，《四库全书》本。
③ 郭祥正：《青山集》续集卷二《新昌吟诗寄颖叔待制》，《四库全书》本。阮元《广东通志》所载北宋石刻《六侯之记》中竟说岑探兵临广州。此乃传闻，大谬。
④ 《宋会要辑稿》兵十二之十二；《续资治通鉴长编》卷三百九十八。

第六节 汉、瑶、黎族风俗

宋以前的古籍对广东各族风俗鲜有记载,有则一鳞半爪,且多不连贯,或年代模糊不清。至宋代,有关史籍对广东汉、瑶、黎三族风俗记载稍明,但仍零星,未获全貌。

一、汉族风俗

广东境内居民共同的风俗大概要算信巫祀鬼的迷信活动。西部和海南还盛行"鸡卜"。如诗人秦观流放雷州时写道:"骆越风俗殊(指古骆越地宋时汉人的风俗),有疾皆勿药。束带趋祀房,瞀史巫纷若。……呻吟殊未央,更把鸡骨灼。"① 此为一般情况,鸡卜则源于古越人之俗。但在官宦士人众多、文化较为先进的地区,此风便显淡薄。其他特殊风俗,分述如下。

"舂堂"。"广南有舂堂,以浑木刳为槽,一槽两边约排十许男女间立,以舂稻粮。敲磕槽舷,皆有遍拍。槽声若鼓,闻于数里。"② 这种活动起源甚早,在北宋仍相当普遍。各人手持木杵,以长木槽为臼,集体舂米,故名"舂堂"。同时有集会的意味。在高、新等州,如遇外人侵犯,"则鸣舂堂,集子弟"。此时舂堂又有报警和召集族人的作用。此俗继承于俚僚,

---

① 秦观:《淮海集》卷六《雷阳书事》,《四库全书》本。
② 刘恂:《岭表录异》。

当无疑问。

嗜槟榔。此俗由来已久，宋时"唯广州为甚，不以贫富长幼男女，自朝至暮，宁不食饭，唯嗜槟榔。富者以银为盘置之，贫者以锡为之"①。食后，其人口唇"如嗽血"②，习以为常。

嗜食蛇、虫、鼠、蚁。此俗亦起源甚古。至宋，苏轼在惠州见有当地人食"蜜唧"，即将初生之鼠蘸蜜糖活生生吃下，小鼠入口，吱唧作声，故名（现在广东个别地方犹有如此吃法，名曰"三叫"）。又有食大赤蚁及其卵之俗，即"以糁粕姜盐酿为鲊，云味极辛辣"③。《萍洲可谈》载，"广南食蛇，市中鬻蛇羹"④。这些关于吃的风俗，无一不与"夷蛮"食性相关，《岭外代答·僚俗》所说"虫豸能蠕动者皆取食"之俗，同样流行到汉人之中。

婚姻较自由。广南"贫家终身布衣，惟娶妇服绢三日，谓之郎衣"。贫家女十四五岁，便自备嫁妆，可以选择自己所喜的男子为夫，其父母都会同意⑤。由此可见，广东北宋时封建礼教观念还很淡薄，男女婚姻比较自由。

"妇市，男子坐家"。循州有此俗，在北宋初已形成⑥。昌化军无富民而风俗俭约，"妇人不曳罗绮，不施粉黛……男子

---

① 周去非：《岭外代答》卷六。
② 江少虞：《宋朝事实类苑》卷六十《南海啖槟榔》。
③ 《宋朝事实类苑》卷六十。
④ 蛇羹现为广东名菜，驰誉国内外，已不是怪异食品。
⑤ 庄绰：《鸡肋编》卷下、卷中。
⑥ 《太平寰宇记》卷一百五十九。

弱而妇人强。男子多坐食于内，而妇人经营于外"①。《萍洲可谈》也说广州"妇人强，男子弱"。在这种风俗下，妇女的地位自然比较高。广东民间多不受中原传统习俗的约束。这与广东多杂蛮夷之风和远离中原有关。比如称舅父为"官"，女婿为"驸马"，都是内地人所不许的。人际称谓之随便，反映出尊卑差别不甚明显。民有欢聚，一时高兴，会大呼"万岁"，毫无顾忌。和尚公开娶妻，富家女嫁给和尚，还"大会宾客"，不以为怪；和尚也开店卖酒，"率皆致富"②，不足为奇。可见社会风气是比较自由的。

蓄奴之俗仍然存在。由于蕃船在广州贸易，带来"生口"，故"广中富人多蓄鬼奴……谓之昆仑"，而且官府也蓄"鬼奴"③。这是唐代遗风。

重视传统节日。北宋时连封州这样一个"穿城不千步"的小州城，在庆祝上元日（正月十五）时，竟出现了"十步燃一灯"，"士女鱼鸟集"④的场面。海南"元夕"（即上元）节，在琼山的琼台上"燃万炬"⑤庆祝，十分壮观。曲江端阳竞渡，则"呼声动地汗如雨"，"大堤士女立如堵"⑥。驻广州的经略安抚使于此日到州城海山楼检阅水军在珠江上演习，"水战横

---

① 李光：《庄简集》卷十六《儋耳庙碑》。
② 庄绰：《鸡肋编》卷中、卷下。
③ 朱彧：《萍洲可谈》卷二；郭祥正：《青山集》卷八《广州越王台呈蒋帅待制》。
④ 《清江三孔集》卷二十三孔平仲《封州上元》，《四库全书》本。
⑤ 李光：《庄简集》卷二《元夕阴雨》。
⑥ 朱翌：《灊山集》卷一《端午观竞渡曲江》。诗中又有"拣花角黍五色缕"句，角黍即粽子，故知北宋广东已有端阳食粽之俗。

江一百舟"①，引来万众士女观看，热闹非凡。每年七月初七"乞巧日"，尤受广东人重视。诗人刘克庄有"粤人重巧夕，灯火到天明"②之句，以记其盛。此外有关节庆的记载颇多，毋庸一一列举。

立祠纪念名人。唐时，中原被贬谪到岭南的名人学士颇多，后人为之立祠纪念。如韩愈深受潮州人仰慕，北宋咸平二年（999），陈尧佐贬潮州时遂为立祠庙于州治③。此后广东立祠之风大兴；有的地方则在被纪念人居处保留遗迹，以供瞻仰。如元祐年间知广州张颉取前代在广东为官的滕修、吴隐之、宋璟、李勉等十人建"十贤堂"（南宋又取北宋潘美等八长官建"八贤堂"）；端州建包公堂；苏轼在惠州、海南的许多遗迹被保存；英德学者石汝砺在南山的读书处成为涵晖谷书院。此外，各州、县也多有把在当地有治绩的官员列为"名宦"，立祠祀之。这些祠祀有别于宗教崇拜和迷信，而有表彰、学习先贤和鞭策后人之意，在封建社会起过正风俗人心的作用。

此外，又有仅为某地独有的习俗。

广州妇女的着装较特殊："妇人十八九戴乌丝髻，衣皂半臂，谓之游街背子。"④这种短袖女衫，在古代中国属罕见服饰。

据南宋人记载："潮州之旧俗，妇女往来城市者，皆好高

---

① 洪适：《盘洲文集》卷六十七《广州水教致语》，《四库全书》本。
② 刘克庄：《后村集》卷十二《即事十首》，《四库全书》本。
③ 《永乐大典》卷五三四三《潮州府》。
④ 《萍洲可谈》卷二。

髻，与中州异，或以为椎结之遗风……今（南宋末）无复有蛮妆者矣。"① 这说明北宋潮州妇女的发型独特。

高州风俗，"生时布衣不充，死时尽财殡送。父子别业，兄弟异财。无故带刀，持矛执剑"②。

新州"豪渠之家，丧则鸣锣鼓"③。

雷州以雷而得名，有重雷祀雷之俗。"候雷时具酒馔奠焉，法甚严谨。"④ 海康则于"腊日"（定在十一月或十二月的己酉日，与中原所定日期不同）"杀牛挝祭鼓，城郭为沸动"⑤。这是汉俗与俚俗混杂的表现。

海南风俗又有其独特之处。琼州"俗朴野"，叔伯弟兄之子，不以年龄长幼分兄弟，伯之子虽幼为兄，叔之子虽老为弟。万安州"其俗质而畏法，不喜为盗，牛羊被野而无敢冒认。居多茅屋，绝少瓦屋"。朱崖军汉人出入亦必持弓矢⑥。

二、瑶族风俗

南宋前期，范成大《桂海虞衡志》和周去非《岭外代答》，对广南西路的瑶俗作了较为详细的叙述。反映的正是北宋至南宋初的实况，所述虽系西路，但应与东路无异。

衣饰。"椎髻临额，跣足带械，或袒裸，或鹑结，或斑布

---

① 《永乐大典》卷五三四三《潮州府·风俗形胜》。
② 《太平寰宇记》卷一百六十一。
③ 《太平寰宇记》卷一百六十三。
④ 《太平寰宇记》卷一百六十九。
⑤ 秦观：《淮海集》卷六《海康书事》。
⑥ 王象之：《舆地纪胜》卷一百二十四、一百二十六、一百二十七。

袍裤，或白布巾。其酋则青巾紫袍，妇人上衫下裙，斑斓勃窣。惟其上衣斑文极细，俗所尚也"①。斑以蓝靛染色，"其纹极细。其法以木板二片，镂成细花，用以夹布，而溶蜡灌于镂中，而后乃释板取布，投诸蓝中。布既受蓝，则煮布以去其蜡，故能受成极细斑花，炳然可观"②。这种蜡染工艺，是瑶族的重要发明。斑布色泽鲜新，经久耐用，远近闻名。

食。"种禾、黍、粟、豆、山芋，杂以为粮。截竹筒而炊。暇则猎山兽以续食。"③因瑶族耕山，故多种杂粮和旱禾（又叫山稻）。农闲则用"弓弩"进行集体狩猎。所谓"截竹筒而炊"就是用竹筒煮饭。竹筒亦称竹釜。瑶人所用"截大竹筒以当铛鼎"，食物熟而竹筒不烧毁④。瑶人居处山间，溪流皆有篁竹，就地取材，不但用于炊饭，也用以盛水、盛酒，还用竹管引水自流入屋，如自来水。

住。瑶族居住很简陋，"以木叶覆屋"⑤，即以竹、木、茅草搭成寮棚居住，如徙他处则付之一炬。有些"山瑶穴居野处，虽有屋以庇风雨，不过剪茅叉木而已，名打寮"⑥。近年在龙门县蓝田瑶族乡发现古代瑶族残存的圆形洞穴和半露式洞穴（上盖应为茅草顶），皆近山边坡地，穴内有火炙遗存。

行。瑶人村寨一般都在高山峻岭，山路陡峭狭窄，"岭蹬

---

① 周去非：《岭外代答》卷三。
② 周去非：《岭外代答》卷六。
③ 范成大：《桂海虞衡志》佚文，《文献通考》卷三百二十八引。
④ 范成大：《桂海虞衡志·志器》。
⑤ 范成大：《桂海虞衡·志蛮》佚文，《文献通考》卷三百二十八引。
⑥ 朱辅：《溪蛮丛笑》。

险厄，负戴者悉著背上，绳系于额，偻而趋"①。男女老少皆赤脚负重在崎岖山道奔走如履平地。常人认为怪，乃有"上下山险若飞，儿始能行，烧铁石烙其跟踵"的说法②。有的史籍、方志以讹传讹，多记载了这种无稽之谈。

祭祀、娱乐和婚姻。岁首祭槃瓠，杂置鱼肉酒饭于木槽内，敲槽群声呼号为礼。十月初一，"各以聚落祭都贝大王"。男女各自成列，相携舞蹈，称为踏瑶。男女之间有意，男即跳入女群，将所爱之女背负而去，遂自成婚，不由父母。未有相悦者，须至来年踏瑶再觅。乐器有卢沙、铳鼓、胡芦笙、竹笛等。合奏时众相和唱，击竹筒以为节拍，团团围着跳跃③。踏瑶后称"歌堂"，集祭祖、男女社交活动为一体，是瑶族传统的全民性盛大节日。

三、黎族风俗

北宋黎族地区社会生活较之唐代有较明显变化。居住在海南岛东北部沿海和汉、黎交界地区的黎族，受汉族影响较多，而岛南、东南、西南靠近五指山、黎母山腹地的黎族，其原始的风俗习惯，则保留甚多。地区之间经济发展不平衡，使黎族在衣、食、住、行、婚姻、丧葬等方面，显出多种特色和风貌。

黎族男女服饰装扮绚丽多采。男子椎髻、赤足，腰系麻

---

① 《桂海虞衡志》佚文，《文献通考》卷三百二十八引。
② 《桂海虞衡志》佚文，《文献通考》卷三百二十八引。
③ 《桂海虞衡志》佚文，《文献通考》卷三百二十八。

或木棉织成的垂裙两幅,盛装以红布或采帛包髻,加雉尾,插银、铜、锡钗,或戴小花笠,穿织花短衫,系花裙;出入弓刀不离身,黎刀长约二尺,插于藤织的兜鍪中,佩于腰间;竹弓执于手,箭箙负于背,长枪荷在肩。琼州黎峒上层首领,赴州府觐官时,则穿着朝廷赐予的青衣、红锦袍,束银带,穿麻鞋。上述衣饰均被琼州官员绘成图状,上送朝廷。《岭外代答》、《桂海虞衡志》等宋代古籍,就是根据这些图状来描述当时五指山腹地的黎族男子衣饰的。琼州有的黎族男子"鬆首插梳,带人齿为璎饰"①,而沿海杂居地区所谓"都老人"的上层首领,则"着紬缨",上衣"无异中土",唯下裳"用布缦"②。黎族妇女善于纺织。他们将购自汉区的锦帛,拆取色丝,与自纺的木棉线合织,挑织成精细的黎锦、黎幕;也有用纯木棉线或麻织粗布,缝制成男女穿着的短上衣或裲裙。妇女头顶高髻,耳带铜环,下坠垂肩,穿着五色斑斓的吉贝裲裙,"无有袴襦,徒系裙数重,裙制四围合缝,以足穿之而系诸腰"③。万安州黎族妇女以五色布为帽;"以斑布为裙,似袋,号曰都笼;以斑布为衫,方五尺,当中心开孔,但容头入,名曰思便"④。这种贯首衣,是上衣剪裁的初级形态。有的妇女"戴花藤笠,文领露胸","缉木皮为布"⑤。黎族男女以文身、绣面为修饰美,男文臂腿,女绣身面。不同地区、不

---

① 乐史:《太平寰宇记》卷一百六十九。
② 赵汝适:《诸蕃志》卷下。
③ 周去非:《岭外代答》卷二。
④ 《太平寰宇记》卷一百六十九。
⑤ 《桂海虞衡志》佚文,《文献通考》卷三百三十一引。

同阶层纹缕的花样、部位、疏密各有差异。如儋州黎族男子，"豪富文多，贫贱文少，但看文之多少以别贵贱"①。妇女年将及笄则绣面，请女伴为刺上极细的"虫蛾花卉，而以淡栗纹遍其余地"②。绣面文身完成则表示成年，设酒宴会亲友庆贺。唯女婢不得绣面。

黎族地区人烟稀少，"地多荒田，所种秔稌，不足于食"，日常以"藷、芋、杂米作粥糜以取饱"③。黎人性好酒，"用木皮草叶代曲蘖"，"用薯粮以变色"④。或用安石榴花酿酒，喜以竹筒吸之而不用碗，称之为"人饮石汁"⑤。妇女用陶土团捏成釜，放在柴火上烧成原始陶器，作为储水、煮饭的用具，又以瓠瓢为盛水器。黎族地区"虽无富民，而俗尚俭约，凶年不见匄者"⑥。大多数黎族人民过着原始的简朴生活。

黎境峒落，多有茅竹，故屋宇以竹为棚，形如覆舟，架木两重，下饲牲畜，人居其上。这种称为"栅屋"的船型干栏式住房，适宜于地处热带、亚热带的海岛潮湿气候。

五指山区，地多崇山峻岭，又多湍急溪流，黎人往来悬崖缘木上下，遇溪涧则涉水而过。五指山腹地原"无路可通"，至徽宗崇宁年间，王祖道抚黎，才开通道路1 200余里。在汉黎交界处的黎族，已经有赴州县赶圩的习惯，逢圩集

---

① 《太平寰宇记》卷一百六十九。
② 《桂海虞衡志》佚文，《文献通考》卷三百三十一引。
③ 赵汝适：《诸蕃志》卷下。
④ 《诸蕃志》卷下。
⑤ 《桂海虞衡志》佚文，《文献通考》卷三百三十一引。
⑥ 赵汝适：《诸番志》卷下。

"率皆肩担背负,或乘桴而来,与民贸易"①。"日将晚,吹牛角为声,纷纷聚会,结队而归"②。

青年男女交往自由,"春则鞦韆,会邻峒男女,妆饰来游,携手并肩,互歌互答,名曰'作剧'。有乘时为婚合者,父母率相无禁"③。黎族多姓王,有王、符、张、李等姓,不同血缘的同姓男女可以结婚。议婚折箭为质。举行婚礼则"聚会椎鼓舞歌"④,饮酒欢庆。

黎族信巫鬼,用鸡骨、鸡卵卜吉凶。《岭外代答》卷十对鸡卜的方法记载甚详。病则杀牛、犬、鸡、猪祭鬼,不事医药,击鼓奏乐求神鬼消灾去疾,称为"作福"。丧祭鸣鼓乐,人死凿圆木为棺。"亲死不哭,不吃粥饭,惟食生牛肉,以为哀痛之至"⑤。葬则异独木棺而行,一人前导,以鸡蛋掷地,蛋不破处为吉穴。此类奇特的丧葬习俗,在宋代黎族中普通流行。

与人交往甚好客,讲信用,风俗淳厚。凡生客来访,主人为试探客人是否善意,先设酒和有恶臭异味的腌菜招待,如客人不拒而食用,则主人喜而相亲,否则不与往来。对有信用的汉商,相处如至亲,借贷不吝,且欢迎他每年都来作客。对负债至期不还者,虽数十年仍擒其同郡人为质,枷其颈,待负债者来偿,方可获释。如负债者死或远逃,则无辜被枷者

---

① 《诸蕃志》卷下。
② 《岭外代答》卷二。
③ 《桂海虞衡志》佚文,《文献通考》卷三百三十一引。
④ 《诸蕃志》卷下。
⑤ 《桂海虞衡志》佚文,《文献通考》卷三百三十一引。

至死方休。再有同郡人来，亦枷之，直到其家人到负债之家痛诉责偿。负钱一缗，十年还千缗。若误杀一鸡，村峒鸣鼓告众责偿"一闻"（即雌雄各一），如经久不偿，以鸡年产小鸡数"闻"累计，辗转十年，虽富商亦无力赔偿。故汉商不敢负其一钱，"客其家无敢损动其一毫"①。黎族"喜仇杀，谓之'捉拗'，其亲为人所杀，后见仇家人及其峒中种类，即擒取而械之"②。对方若要赎命求释，则索其牛、酒、银瓶等。这是原始血亲复仇习俗的延续。

第七节 州县兴学和文化事业的加快发展

北宋时，广东文化事业前进的步伐显著加快。最为突出的是，开始普遍建立州学和部分县学，并培育出比前朝更多的人才。其中的佼佼者是韶州曲江籍的政治家余靖。

部分来自境外的官僚、谪宦们，以其较高的文化素质，对广东文化教育事业的发展发生了较大影响。

一、州县学的设立

宋初，全国官学甚少，"太祖、太宗和真宗三朝，学校教育一片萧条"③。全国如此，广东更是如此。

---

① 《桂海虞衡志》佚文，《文献通考》卷三百三十一引。
② 《诸蕃志》卷下。
③ 袁征：《宋代教育》，广东高等教育出版社1991年版，第7页。

宋代重文。文官需要量的增加，要求有更多的人经受系统的文化教育。光靠京城国子监、太学和少数地方官学来培育文官队伍，已供不应求，因此大力兴办州县学，以提供更多的合格人才，已成必然之势。

庆历四年（1044）三月，在范仲淹、欧阳修等倡导下，宋仁宗颁发了普遍兴学的诏令："诸路州府军监，除旧有学外，余并各令立学"。学生达200人者，可立县学；如当地条件较差，可先以文庙（孔子庙）的屋宇作为学址。各路转运使受命物色适当的文官或曾经应举之人充教授[1]。同时，中央和地方各官学的教学内容也作了相应的改进。熙宁初年，又命诸路置学官，由国家正式任命州学教授。徽宗时更加重视州县学，命天下州县皆置学，规定每县的学生数，大县50，中县40，小县30，学生过少的州县可以附在其他州县学中就读。

宋初广东只有极个别的官学，如潮州在宋太宗时已有州学[2]，可说是承袭韩愈在潮州兴学的流风余韵。广、韶等州虽有夫子庙，可能有士人住在里面读书，但还不是官学。各地读书人甚少，士人的文化、知识水平，也一般较内地偏低。太宗端拱二年（989），康州曾请颁给《九经》，"以教部民之肄业者"。咸平六年（1003），连州建州学，名曰"书堂"。大中祥符三年（1010），赐给英州文庙《九经》。这些情况反映广东各地学习文化、知识的要求在逐渐增长。

庆历兴学之前，除潮、连二州州学外，广东又自发地建立了高、新、封等几所州学和惠州海丰县县学。至兴学诏下，

---

[1] 《宋会要辑稿》崇儒二之四。
[2] 乾隆《潮州府志》卷二十四。

广东更闻风而动。先是广州于庆历年间暂以文庙为州学之所，此后在皇祐、熙宁、绍圣年间凡三次迁建，第三次建在城东南隅的番山之下，后不再迁。韶州于仁宗至和年间亦以文庙为州学，熙宁年间再扩建州学于新址。英州州学于庆历年间创建于大庆山。南雄、雷、琼、南恩等州学也都创始于庆历年间。至徽宗时，肇庆府、循、梅、惠、化、康、昌化等州军，也相继设置了官学，唯经济、文化最后进而且人口极为稀少的万安、朱崖二军尚付阙如[1]。可以说，州一级的官学已基本建立。县学则兴建得较迟较少。至北宋末，只建有海丰、阳春、新会、高要、阳山、昌化等少数县学。因为办一所官学，须具备教官、房舍、经费等条件，缺一不可。元丰年间，广东唯广州有州学教授一员，其他各州学不免要当地的一些文官参加任教和管理，县学就更难组成一个教学班子。

以上的州县学，都是已读过一些书、在童年之上或成年人读书的学校，属于大学。徽宗崇宁元年（1102）又命所有的县皆置小学，让10岁以上儿童入学学习，但广东在北宋最后的20余年内未及兴置。

官学经费，熙宁初便有规定：州县学各给田1 000亩，以其租入作为办学养士之费。徽宗时也规定要拨给州县学官田宅和钱充经费。但各地所置早迟不一，多寡不等。广东以广州州学置经费最早。南海县富人刘富，于熙宁年间将郊外一大片田地捐给州学，包括土地上的仓廪房舍，共约值钱150万文。阿拉伯商人辛押陀罗，除曾捐资建学舍，亦买学田捐赠，

---

[1] 以上均据戴璟《广东通志初稿》卷十六；黄佐《广东通志》卷三十六。

计所赠之值不少于刘富①。韶州州学于哲宗元祐年间始置学田，元符年间再增加。潮、南雄、新、琼等州州学，也都置有学田。但北宋州县学学田设置情形已多失载。学田之外，官府还拨有办学钱。

当时人们读书，并不单是图出身入仕，也为了求知和提高文化修养。而官学的兴建，不能不起着号召、激励人们向学的作用。广东就不乏这样的记载：英州于庆历中建州学，"教养生徒，人知向学"。庆历间，宋守之知琼州，建州学，"暇日躬自讲授，由是州人始知向学"②。

此外，大食使臣（阿拉伯商人）辛押陀罗曾要求"置别舍，以来蕃俗子弟，群处讲学"③，学习中国语言文字和儒家经典，以适应居住在广州的"蕃人"生活和工作的需要。经过一段时间的筹备，到徽宗大观二年（1108）二月，广南东路的贺州（此年五月改属广南西路）前摄州学教授曾鼎旦奏称："广州蕃学渐已就绪"；旋诏：以曾鼎旦为广州蕃学教授，"其应合行事件并依"所奏④。广州蕃学的设立，有利于中国人民与南海各国人民的文化交流。

二、士宦南来和苏轼贬粤

北宋时期，很多具有较高文化素养的岭北（及福建）士

---

① 黄佐：《广东通志》卷三十六、五十六。
② 黄佐：《广东通志》卷四十七《王仲达传》；正德《琼台志》卷七。
③ 黄佐：《广东通志》卷三十六。
④ 《宋会要辑稿》崇儒二之二十二。

人来广东。这些士人的到来大致可分两类：做官和贬谪。前者含升、转、降职的各级官员的差遣，后者含带空头官衔俸禄到贬所"居住"、"安置"和不带衔名俸禄的强制"编管"①。

广东的重要官职，如知广州、转运使、提刑、要郡知州及通判等，绝大多数由非广东籍士人充当。其中著名的人物较多，如前期的陈尧佐（宰相），筑广州城有功绩的魏瓘、程师孟，修筑道路的凌策、蔡抗，曾知韶州的王益（王安石之父），等等。他们或以治绩，或以道德、学问，在广东赢得好的名声，或对广东某方面的进步起过积极作用。影响广远的，则首推包拯和周敦颐二人。

包拯字希文，庐州（今安徽合肥市）人，宋代著名清官，仁宗康定年间知端州，"以清心直道为治本"，"恩威并著"②。去任后，端州人给他立祠祭祀。他的高尚品德，长期成为广东特别是端州人民心目中的楷模。

周敦颐字茂实，道州（今湖南道县）人，是宋代"濂派"理学的创始人，世称濂溪先生。熙宁元年（1068）任广东转运判官，四年（1071）正月改任提刑，同年八月离去。他在广东为官，恪尽职守，身体力行，不辞辛苦，不畏瘴毒，到各州县甚至最荒僻烟瘴的地方，细心巡察，"务以洗冤泽物为己任"③。他自谓所作所为是为了"一方恩惠尽均匀"④。他在

---

① 宋贬谪之制，"居住"比较自由，但不得离州境；"安置"比居住要多受些约束，亦不得离开。这两类人后多会"量移"岭北。"编管"最重，编管之前必先"除名"，不再有官的身份。
② 道光《肇庆府志》卷七引（元）王揆《包孝肃公祠记》。
③ 朱熹：《朱子大全》卷九十八《濂溪先生事实记》。
④ 周敦颐：《周濂溪集》卷八《按部至春州》。

广东几年的治绩并不很突出,因为他是宋代理学的开创人,其理学思想在南宋时广泛传播广东,故自南宋始,广州、潮州等地皆建濂溪书院,或立祠祭祀,影响广远。

两广为唐、宋贬谪流放之所。北宋贬流到广东的文官络绎不绝,尤以哲宗时新遭贬的"元祐党人"为最多。宋初以降,宰相被罢职贬流广东的就有卢多逊、寇准、丁谓、蔡确、刘挚、章惇、苏辙等。著名的学者、文人被贬流者,较早的有冯湛、唐介,王安石当政时有郑侠,元祐以后有苏轼、刘安世、唐庚、秦观和范祖禹等。在贬谪期间,他们都以自己的智慧、学问、财力和人格,分别在不同方面,为广东做出贡献或起着积极的影响。如寇准曾在雷州建议兴水利,苏辙在循州筑堤,郑侠在英州教学和参与制水车。最突出的是苏轼,他在广东流放时间长,经历地方广,涉及事物多,接触人也最多,加上他的学问文章造诣和优良品德,对广东产生了深远的影响。

苏轼字子瞻,眉山(今四川眉山)人。是文学"唐宋八大家"之一。绍圣元年(1094)以党争被诬"讥斥先朝",贬知英州,再贬宁远军节度副使、惠州安置。是年十月抵惠州,经两年又7个月,再责授琼州别驾、昌化军安置。绍圣四年(1097)七月到昌化军。元符三年(1100)六月离海南移廉州而后北归,贬居广东共七年之久。

苏轼贬广东,只带空头官衔,"不得签书公事",没有丝毫权力。他在惠州虽身处逆境,仍处处为当地人民着想,如捐资造桥修堤,制药治瘴,建议置水碓水磨,教用秧马,介绍北方造酒法,参与筹建广州的引水管道,甚至为惠州税米折钱一事写信给安抚使,甘冒干涉官政之嫌而"勇于为义"①。他入境随俗,嚼槟榔,食蛙蛇,与当地群众关系极为融洽。其弟苏辙说他在惠州"胸中泊然无所蒂芥,人无贤愚皆得其欢心"②。

到昌化军后,苏轼与黎族人民平易相处,着黎衣,戴藤帽,"不愁故人惊绝倒,但使俚俗相恬安"③。他同情过着贫苦生活的黎族人民,而痛恨"鹰挚狼食"的贪官污吏,并在诗歌中予以抨击。他看到黎人十分迷信,祭鬼"治病"而不用医药,先用名贵的沉香与商人换牛,再杀牛祭鬼来"医"人,弄得人牛皆死,深为痛惜。对此愚昧习俗他悯而莫能救,只好拜托僧人道赟规劝当地稍有知识的人,期望能使其俗"少衰"④,可谓用心良苦。他对海南汉、黎人民和当地风物怀有深厚的感情,吟咏出发自肺腑的诗句:"兹游奇绝冠平生","宁死南荒吾不恨"⑤。

广东的风土人情为苏轼的文学创作提供了大量新鲜素材,人们给予他的友谊也使他的思想感情发生重大变化。因此这七年他所撰诗文别具特色。他以被贬逐到岭南而自豪,北归后还对着自己的画像自问自答道:"问汝平生功业,黄州、惠州、儋州。"

苏轼对广东的影响是多方面的、深远的。广东人民爱戴他,怀念他,凡是他到过的地方,多有被人民保留的遗迹,并

---

① 费衮:《梁溪漫志》卷四。
② 苏辙:《栾城集》卷二十二《亡兄子瞻端明墓志铭》。
③ 《苏轼诗集》卷四十三《欧阳晦夫遗接䍦琴枕,戏作此诗谢之》。
④ 《东坡全集》后集卷九《书柳子厚牛赋后》。
⑤ 《苏轼诗集》卷四十三《六月二十日夜渡海》。

有祠祭祀。如惠州有"东坡故居"、"六如亭",海南琼山有东坡台;高州有松明书院,廉州有文明书院,琼州有东坡书院,皆为苏轼建(当时书院是用作祠祀或学校兼祠祀的)①。

三、进士的增多和文化的发展

北宋发展了唐以来的科举制度,扩大了选拔人才的数量②。

广东在宋太宗在位的23年内,已有7人成进士,其中著名的有河源人古成之,曾"结庐罗浮山,力学不息"③。此前,有连州进士邵晔,他在知广州任上治绩卓著,后被列入《宋史·循吏传》,成为名臣。著名学者南海人冯元,真宗时进士,兼通《五经》,尤精于《易》,仁宗时任龙图阁学士、翰林学士等官,曾与修《三朝国史》和《景祐广乐记》④。还有曲江人余靖(详后)及始兴人许彦先(后任广南东路转运使)仁宗天圣二年(1024)举进士。天圣八年(1030),兴宁人罗孟郊举进士第三名(探花),官至翰林学士。家乡人受其影响,"始多学者"⑤。但是,北宋前期广东的人才仍然很少。

庆历兴学之后,广东向学之风为之一振,其后人才渐多,

---

① 黄佐:《广东通志》卷十九、三十八。
② 自太宗时起每科进士比唐代约30人之额增加数倍。英宗时定为三年一科。此后每科进士又增至数百人或近千人,另外还有数举不第、特许不经省试直接参加殿试的"特奏名"进士。
③ 黄佐:《广州人物传》卷五。
④ 《宋史》卷二百九十四《冯元传》。
⑤ 黄佐:《广东通志》卷五十六。

甚至有一门出数进士之盛。北宋 150 余年间广东进士共有 189 人，其中哲宗、徽宗统治的最后 40 年内有 72 人。

但是，文化发展、人才增长在广东各地区却差异很大。下面从进士的分布情况考察各州（地区）的这种差异：

北宋广东各州进士统计表（不含特奏名进士）

州　别	进士数	州　别	进士数
广　州	29	潮　州	37
韶　州	27	惠　州	7
连　州	46	端　州	4
英　州	2	封　州	2
南雄州	18	康　州	5
梅　州	1	高　州	2
循　州	9		
合　计	189		

说明：自开宝四年算起。特奏名进士不是经过省试的正规进士，不计入。

资料来源：阮元《广东通志》卷六十六。

宋制，按地方考试人数比例解"乡贡"（相当于后来的举人），所以读书风气盛、参加地方科举考试人数多，因而乡贡名额多的地区，才可能有较多的士人经礼部试而成进士。从上表看，唐以来文化发达的连州共有进士 46 人，居首位。潮州自韩愈刺潮以来读书风气日盛，至宋初，已有"海滨邹鲁是潮阳"[①] 之说，所以北宋时有进士 37 人，居第二位。广州

---

① 《舆地纪胜》卷一百引陈尧佐《送王生登第归潮阳》诗。

进士数虽居第三，但它辖七县，比辖四县的韶州地域大得多，故实际上其文化发展水平和人才数量不及韶州，甚至不及南雄州。在上述五州之后为循、惠二州，而西部各州则明显落后，特别是海南四州军，竟无一个进士①。

连、韶、南雄三州皆在粤北，潮州在粤东。当时广东文化进步的动因，除受文化的继承性、连续性和经济发展的影响之外，还受境外较先进文化的影响。粤北三州邻接湖南、江西，潮州东接福建，均受各该邻地影响。因此，北宋时广东文化发展乃呈北高南低、东高西低之势。循、惠二州偏北偏东，且罗浮山是颇多士人读书之处，故文化胜于西部。梅州在粤东，当时只领一县，虽只有一名进士，但其地所产的纸，"阔似棊枰净如水"②，被人们视为珍品，则可作为梅州重视文化的旁证。其读书风气大约与邻州循、惠不相上下。

四、余靖及其政治主张

余靖（1000—1064）字安道，韶州曲江人，是北宋广东的最著名人物。"自少博闻强记。至于历代史记、杂家小说、阴阳律历，外暨浮图老子之书，无所不通"。为人"质重刚

---

① 正德《琼台志》引宋《锦衣堂记》云海南进士始于南宋绍兴年间，较为可靠。南宋王迈《臞轩集·昌化军修军学记》说儋州在北宋末"已有登名春官……如符确、赵荆者（赵为南宋初人）"。但登名春官也可以理解为赴礼部试而未成进士。又黄佐《广东通志·选举表》仅载符确为徽宗大观三年乡贡。

② 《清江三孔集》卷六孔武仲《内阁钱公惠高丽扇以梅州大纸报之》，《四库全书》本。

劲"①。天圣二年（1024）举进士，庆历三年（1043），擢右正言，"遇事直言，无所回避"。曾奉命报聘辽国，凡三使契丹。侬智高围广州时受命任"经制广南东西贼盗"之职，随即从狄青讨平侬智高。又历任安抚广西等官。嘉祐六年（1061）知广州、广南东路经略安抚使兼市舶使。英宗治平元年（1064），召为工部尚书，病卒于道中，谥"襄"，后世称"余襄公"。

余靖才识广博，文学造诣很高，在自然科学上亦有创见，并撰有《海潮图序》，对潮汐提出较为正确的见解，但他主要擅长政治与外交，是北宋的一位政治家。

他的政治（含外交）主张，大都在"庆历新政"任谏官（右正言）期间提出，有如下诸方面：

（1）任贤能。认为："京城择诸司之长，边鄙择将帅之才，牧民选循良之官，理财委明察之吏，则兵农刑政，庶职皆修矣。"

（2）足财用。认为："去冗兵，惜冗费，谨山海之禁，则国用足矣。"关键在于节省不必要的开支，而不是多所聚敛。为此他曾谏止挪用常平仓钱米，以用于"赈赡饥荒"；反对严山海之禁和将原来纳税通商的河北盐改为官卖专利；在广东时，罢去地方对市舶贸易擅征的"装船税"。

（3）恤民力。认为："省配率，恤有无，去侵渔之吏，则民力完矣。"所谓"省配率"，就是取消巧立名目向人民摊派的苛捐杂税。

---

① 欧阳修：《文忠集》卷二十三《余襄公神道碑》，《四库全书》本。

余靖图像
选自易行广《余靖谱传志略》

(4)防盗贼。认为:"方今官多冗费,民无私蓄,一岁不登,逃亡满道"。水旱之后,盗贼滋长,"若待有逃亡,然后振救,将无及矣"。故提出"宽租赋以防盗贼",使民不致衣食不足而为盗。庆历年间湖南瑶族起义时,他多次上书反对主将杨畋一味主剿滥杀,认为"盗贼"越来越多是官军逼出来的,力主招抚,"各令归业"。

(5)广言路。余靖在任谏官前即已越职上疏给仁宗皇帝,提出凡官员进言,不论是否正确,都不应视为"谗邪",加以罪责。其实质就是要广开言路。与此相联系,他还提出应坚持唐以来所施行的封驳制度,即皇帝所下制敕,经中书省宣读后,要送门下省"封驳司审省"才能施行,使重大决策能经门下省审查驳议,以减少失误。

(6)慎外交。当时,宋、辽、西夏三国的矛盾复杂,形势多变,随时可能发生战争,余靖主张对辽和西夏的外交要特别谨慎,不卑不亢,静观其变,并利用它们之间的矛盾,不能轻起兵端。宋廷采纳了他的意见，收到了较好的效果。①

余靖一生的业绩，欧阳修概括为：对"庆历之治，实多补益"；"功书史官，名在夷狄"；"威行信结，岭海幽遐"。其撰述今存者有《武溪集》二十卷及《余襄公奏议》辑文二卷。被收入《武溪集》的诗、文、表、记，多有广东政事、人物、交通、物产、宗教等各方面的史料，是他留给广东的珍贵遗产。他初任谏官时，蔡襄有诗赞曰："好竭谋猷居帝右，直须风采动朝端"②。后人纪念他，特建"风采楼"于韶州城。

五、医疗和医学

宋初，广东大部分地方，对付疾病仍是"鸡骨卜休咎"，祷神祭鬼，而不是延医治疗。宋太祖以琼州无医，"民有病但求巫祝，诏以方书本草给之"。又命凡商人贩运药材至岭南者免税。太宗亦强调岭南诸州"杀人祭鬼，病不求医"等恶俗，"深宜化导"③。当时，只有少数地方如广州，已较重视医药，并且出现了一位医药学造诣很高的陈昭遇。

陈昭遇，广州南海人，世代行医，宋初"随刘𬬮归朝，后为翰林医官。所治疾多愈，世以为神医"④。他一直在汴京当医官，除治病外，还参与编写了两部重要医学、药学著作。

开宝六年（973）宋太祖命刘瀚、道士马志、陈昭遇等七

---

① 以上政治主张及个别措施，除罢广东市舶装船税见《舆地纪胜》外，余均见黄慈博辑：《余襄公奏议》，《广东丛书》本。

② 蔡襄：《端明集》卷四《喜欧阳永叔余安道王仲议除谏官》，《四库全书》本。

③ 《续资治通鉴长编》卷十六、二十六。

④ 江少虞：《宋朝事实类苑》卷四十八；黄佐：《广东通志》卷五十六。

人重订《唐本草》。编定之后,新增药物 133 种,对 938 种药皆"详其解释,审其形性"。又加注及按语,连目录共 21 卷,经翰林学士李昉等审定,"广颁天下",是为《开宝本草》①。

太平兴国年间,太宗挑所藏之有效"名方异术"千余编,以及各医官上家传方书,命王怀隐、陈昭遇等"校正编类,各于篇首著其疾证"。淳化初年,成书 100 卷,太宗御制《序》、《引》,命名《太平圣惠方》,颁行全国②。

《太平圣惠方》等书颁行后,各州皆由医学博士掌管。岭南的医药状况也常特受政府的关注。如真宗时"复赐广南圣惠方","岁给钱五万市药疗病者";仁宗时以岭南多瘴雾之毒,令"凡军民有疾者,给官钱市药疗治之";嘉祐年间又以广南兵苦瘴毒,"为置医药"。后来各州学设医学科目,以培育医药人员。政和八年(1118),全国医学贡额 93 名,广南东西路各占 3 名③。北方来的士人,也多有倡导推广医药者,如苏轼在惠州时,用姜、葱、豉三物制治瘴药散给病者饮用,说此药"浓煎热呷,无不效者。"④

六、佛教禅宗的衰落和著名寺庙

(一)禅宗的衰落

中国古代佛教,自宋而衰,广东亦是如此。

---

① 《宋史》卷四百六十一《方伎传》、卷二百六十五《李昉传》。
② 晁公武:《郡斋读书志》卷十五;《宋史》卷四百六十一《方伎传》。
③ 《宋会要辑稿》崇儒三之二十四。
④ 《东坡全集》续集卷四《与王敬仲》。

广东是佛教禅宗发源地，禅宗特盛。北宋天禧五年（1021），全国僧尼共458 854人，其中两广僧尼24 899人，因两广人口偏少，故广东僧尼在人口中所占比例并不算低。由于六祖惠能驻锡曲江南华寺和南汉时禅宗的云门宗创于韶州，故四方来韶的"缁衣之徒"，"结舍为精庐者，差倍他境"。仁宗康定元年（1040）以前，韶州共31 000户，"削发隶祠曹者三千七百名，建刹为精舍者四百余区"。平均不到9户便有僧尼1人，不到80户有寺庙1所①。从佛徒佛寺的情况看，广东，尤其是韶州，佛教还是相当兴盛的。

但是，禅宗主张不坐禅、不读经，提倡"顿悟"，故一般徒众多缺乏佛学理论基础，能"悟"出道理的高僧甚少。从《五灯会元》这部禅宗史籍看，其中所载各系各宗诸禅师事迹，多有师徒问答的"机锋"之语。其语令人难以理解，参不透究竟有何奥妙。举青原下九世的韶州南华寺宝缘慈济法师（应是北宋人）与其徒的问答为例。僧（徒）问："如何是祖师西来意？"师答："青山绿水。"僧又问："未来时还有意也无？"师答："高者高，低者低。"② 即便师答具有"机微"，对弟子也不可能有大的启发，岂能弘扬哲理？另一方面，宋代广东禅宗各寺，对兴修庙宇、装饰佛像和殿堂，力求宏大富丽，其不能忘情于物外的风气，也违背了禅宗清修之旨，即

---

① 余靖：《武溪集》卷九《韶州光运寺重修证真寂照大师塔记》、《韶州善化院记》，《广东丛书》本。

② 释普济：《五灯会元》卷十五。

在实践中自我否定①。所以，殿宇堂皇，且夕礼拜，反而昭示着禅宗的衰落。宋代前期之后，由于官颁度牒的限制，以及熙宁年间行免役法，僧道户要出助役钱，出家人极少有经济上的优待，故全国以及广东的僧尼数亦逐渐减少。

北宋广东僧人"博通经典"、能文善诗者固不乏人，但在佛教哲学上有所创造和提高的实属阙如。

（二）光孝寺、六榕寺和光塔

光孝寺。今存在广州市区西部光孝路，北宋名法性寺，南宋绍兴七年（1137）改名报恩广孝寺，十余年后易广为光，后遂一直称光孝寺②。

光孝（法性）寺的部分主要殿堂，在宋代历经重修，多被保存下来。如始建于东晋的大雄宝殿、唐代的六祖瘗发塔、风幡堂，就型制言，都是宋代的建筑古迹。宋朝还新建六祖殿。方信孺《南海百咏》中，就有三首诗是咏法性寺的。其《风幡堂》诗有"今日堂中容百众，不知那个可传衣"之句，富有寓意。

六榕寺与花塔。今存在广州市西六榕路，距光孝寺甚近。唐人王勃《宝庄严寺舍利塔碑》云："此寺乃曩在宋朝（指南朝刘宋）早延题目"，"舍利塔者，梁大同三年（537）内道场沙门昙裕法师所立也"③。即宝庄严寺建于先，塔建于后（梁

---

① 南宋理学家陈宗礼在为广州光孝寺新修六祖风幡堂的《记》中说："今为之殿宇而加像设焉，得无惹尘埃乎？""晨香夕灯之奉，为着法乎？为不着法乎（六祖说：心若着法，乃成自缚）？讥评极为深刻。

② 乾隆《光孝寺志》卷二。

③ 《全唐文》卷一百八十四。

武帝时)。北宋初,寺、塔皆毁于火。端拱二年(989)重建,因僧人崇拜禅宗六祖,以修"净业",故改称净慧寺。绍圣年间,重建净慧寺塔,内供千佛像,遂称千佛塔。方信孺记净慧寺千佛塔云:"塔在寺中,高二百七十丈(按:夸大),成于哲宗绍圣间,郡人林修之力也。其初规地得古井九,环列其外,仍得宝剑、巨鼎之类。"又咏曰:"九井神光射斗牛,天开宝级镇南州。客船江上东西路,常识嶙岣云外浮。"塔高大,且近珠江,对珠江船只起着指示方向的航标作用。因塔身美观,斑斓多彩,故后人改称"花塔"①。元符三年(1100)苏轼来寺游览,见院内有大榕树6株,为题"六榕"二字,后以此为门额,寺亦被称为六榕。

阿拉伯人在广州定居,也带来了回教建筑。其今存的主要建筑之一是"光塔"。

光塔位于今广州市中山六路以南的光塔路,高36.3米,宋时俗称"番塔"或"窣堵波"。其创建年代,方信孺《南海百咏》说始于唐,但无确凿证据。今知最早具体记"番塔"事的是北宋后期的郭祥正。他在元祐年间登广州越王台,看到"蕃坊翠塔卓椽笔",又曾登临番塔赋诗:"宝塔凝神运,擎天此柱雄。势分吴越半,影播斗牛中。拔地无层限,登霄有路通。三城依作镇,一海自横空。礼佛诸蕃异,焚香如汉同。祝尧齐北极,望舶请南风。……"②

---

① 现存塔高57米,八角形,外观9层,内分17层,最高一层之中央立有"千佛铜柱",柱身密布1 020尊小佛像,乃元朝至正十八年(1358)铸。
② 郭祥正:《青山集》卷八《广州越王台呈蒋帅待制》、卷二十《同颖叔修撰登番塔》。

光塔在宋代坐落蕃坊内怀圣寺中，其顶有一金鸡，"随风南北"①，所以能据鸡首尾而辨风向。该处当时是江边，故光塔又起着导航的作用。其创建年代当然早于郭祥正题诗之年，可能在北宋前、中期，或在晚唐。光塔也是当时阿拉伯国家与广东进行海上贸易和友好往来的历史见证。

---

① 方信孺：《南海百咏·番塔》。

第 十 章

南宋广东沿海地区的加速开发与文明的增进

宋钦宗靖康二年（1127）春，金灭北宋。同年五月，康王赵构即位，改元建炎，朝廷旋即南渡，是为南宋。自此至少帝行朝在崖山覆亡的祥兴二年（1279），广东在南宋统辖下凡152年。此期间，重商、兴文的情况维持不变。

南渡伊始，大量中原士民避难逾岭，广东一部分地区遭受严重的兵祸和破坏。这两件大事对广东社会影响深远。南迁人口大多定居在西江下游和沿海地区，加速了这里的土地开发和交通、商业的发展。北部和东北部山区屡遭兵燹，户口散亡，经济呈衰退之势。

宋室南渡后，两浙、福建、江西等路与广东的经济联系加强；广、潮二州文教发展较前迅速，终于遥遥超过粤北。

第一节 地方建置与水陆兵防

南宋时期，由于广东经济发展和政治、军事的需要，增

第十章 南宋广东沿海地区的加速开发与文明的增进

置了若干县,将西沙、南沙等岛屿划归吉阳军辖境,并在广东境内建立水陆营寨系统,分别由正规军和州县土兵驻守。

一、新县的增置和吉阳军辖境的扩大

在广南东路增置香山、遂溪、徐闻三县。北宋初因雷州人口稀少,曾将遂溪、徐闻二县罢废,南宋时因经济上升、人口增加而复置。香山原为东莞辖境,因隔海不便管理而以原香山镇建县。此外,因高宗曾受封康王,宁宗曾受封英国公,以"潜邸之故"①,于绍兴元年(1131)升康州为德庆府(继又置永庆军节度),升英州为英德府。

属广南西路的七州军,化州新增石城(今廉江)县;海南的朱崖军改为吉阳军,增置宁远、吉阳二县(该军原无县),并将南面的西沙群岛及其以南的南沙群岛划入该军辖境。

北宋仁宗时奉敕修撰的《武经总要》记载:广南东路"治舠鱼入海战舰……从屯门山用东风西南行,七日至九乳螺洲。"② 九乳螺洲即今西沙群岛,北宋舟师已巡行至此。南宋时,更把西沙群岛至南沙群岛一带岛屿列入本国疆土,载在图籍。理宗宝庆元年(1225),提举福建路市舶赵汝适在其所撰《诸蕃志》的序文中说:"汝适被命来此,暇日阅《诸蕃

---

① "潜邸"指皇帝即位之前受封的地方(或长期居住的非京城的某地),宋宗室(以及异姓)封王、公等爵,虽多以地域之名为名,但受封者并不领有封地,也不到各该地区居住。

② 曾公亮:《武经总要》前集卷二十一《广南东路》。

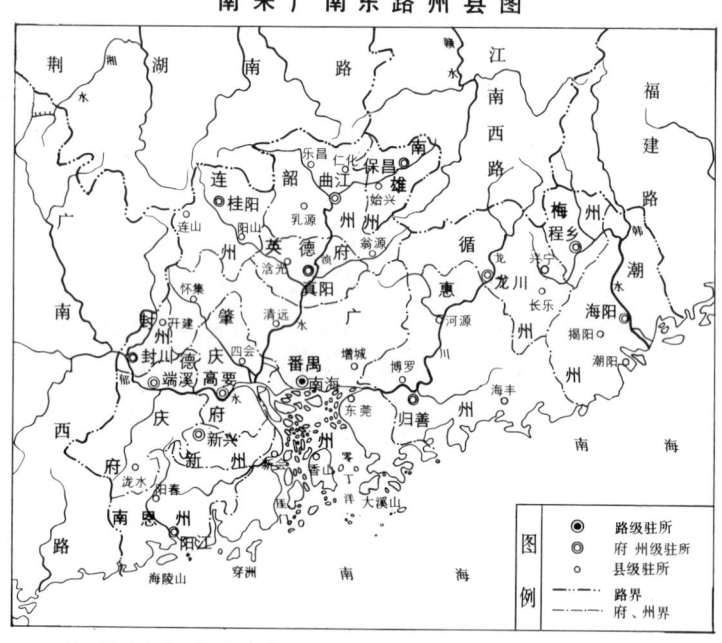

注：属于广东（省）的广南西路七州军未入图

图》，有所谓石床、长沙之险，交洋、竺屿之限。"① 关于"千里长沙、万里石床"或"千里长沙、万里石塘"，在南宋《岭外代答》、《舆地纪胜》及《诸蕃志》中屡有记述，系泛指海南吉阳军辖境的南海诸岛屿。交洋即今北部湾。竺屿即今马来西亚半岛东北岸以外的海岛。以交洋、竺屿为"限"，则是《诸蕃图》明确地把国境界限划在西至北部湾、南至竺屿以北，亦即把千里长沙和万里石塘划在宋的国境之内。两宋时期，中

---

① 载缪荃荪《艺风堂藏书记》卷三，转引自厦门大学南洋研究所编印《我国南海诸岛史料汇编》第1册第28页。今《诸蕃志》各本均未刊此序。

国商船特别是海南船只频繁往来于这些地域并在岛屿上居留，且有中国官员率舟师前往实地巡察①。

二、水陆兵防的加强

（一）军队结构与兵力

南宋政权先后以绝大部分武装力量投在防御金、元前线上。"广（东）无巨寇"②，又远离前线，故兵力配置较少。

绍兴二年（1132），广南东路的第十一将将兵只剩下不满千人。击曹成，御"虔寇"，都是从境外临时调来的军队。经守臣累次奏请增派常驻部队，到绍兴四年（1134）才从湖南调来北方兵韩京部约3 000人，屯广州，"弹压盗贼"。韩京以该军统制兼广东兵马钤辖。稍后，这支军队被命名为殿前司摧锋军，长驻广南东路。该军按两宋之际形成的新编制组成，主将为统制，其下为统领，统领以下依次为正将、副将、准备将等。摧锋军初到广东时带有兵匪习气，战斗力也不强；后来韩京本人作风有改进，并以较多的适应岭南水土的当地人和罪犯、强盗等亡命之徒补充队伍，又在军中设"回易所"，经商以养军，竟使该军成为一支比较稳定、战斗力相当强的军队。摧锋军在绍兴年间曾发展到七八千人，经陆续抽调往别路，自孝宗淳熙年以后，仍始终保持在3 000人左右。它是

---

① 近年的考古发掘与发现，证实西沙、南沙群岛早在两宋以前就有中国人民在那里停留或居住。

② 方大琮：《铁庵集》卷十八《与郑金部》。南宋广东动乱甚多，但大规模者多出自邻路。

南宋广东陆军的主力。

大约在南宋初海盗甚盛时,广东将北宋教阅厢兵"广南巡海水军"改编成一支"广东水军",以主将为统领。广东水军于乾道五年(1169)一度扩充到2 000人。在此前一年新置"潮州水军"200人①。不久,这两支水军都被抽调走一部分。广东水军又称"经略安抚司水军",常有1 000余人,是南宋广东水军的主力②。

摧锋军和广东水军是禁兵。原第十一将将兵虽已成为广东非主要部队,但它与更早的"雄略"、"澄海"等,仍都被当作禁兵,后来广州还有各不过数百人的"忠勇军"、"勇敢军"。除摧锋、水军两支主力部队外,其他军队都只能担任州县城的防守。

此外还有乡兵。南宋开始广东就加强土兵,以维持地方治安。各州县都召募了比北宋为多的土兵,包括由州县巡检和县尉率领的土兵和弓手。宋高宗曾多次令广东筹组兵农合一的民兵,均告失败,但土豪所组织的"民兵"却所在多有。南宋初,广东不少州县城以"土豪率民兵,曰召募者,相与守御"。乾道年间知德庆府莫廷秀说:"二广诸军孱弱,惟赖土豪"。凡私贩等劫杀平民,则"聚其保伍,以遏绝之"③。整个南宋时期都靠土豪助官府卫乡里。他们虽多鱼肉乡里,但

---

① 《宋史》卷一百八十八《兵志》。

② 真德秀曾有过广东"摧锋水军"之说,阮元《广东通志》所收宋石刻亦有"摧锋水军"字样。查摧锋军皆陆军,其军无水军编制,所谓摧锋水军,实是借陆军之威名而来。

③ 《宋会要辑稿》兵一之二十二。

只要不流为土匪而能协助官军防盗御寇,则其性质仍为乡兵。

南宋时,属于广南西路的雷、琼等七州军中的琼州、雷州、化州,各增设了一支人数较少的水军。

(二) 州县和水陆要隘的防御系统

南宋广东军队兵力有限,因动乱多而不绝,故以广、韶二州为重点,分散防守,并尽量在不安宁处屯驻少量军队。于是各州的兵马都监之类武将已同虚设,权力移归驻军将领。

广州为帅府所在的重镇,驻有摧锋军一部分,另有第十一将将兵、雄略、澄海、忠勇、勇敢等番号的军队。广东水军驻广州附近,专注海上及海口一带,非经略安抚使不得调动。

韶州为提刑司所在。摧锋军统制司自孝宗时移韶州后,该军由提刑直接节制,常驻韶、广者较多,驻其他各州者较少。有警时由提刑调集驻各州者执行军务。

据淳熙二年 (1175) 广东提刑林光朝奏:摧锋军共2 787人,"分屯二十四处,韶州重兵八百四十七人"[①]。数年后,该军分屯于"连、英、韶、广、潮、惠、循、梅、肇、南雄,共二十一处,……除广、韶州外,其余人数不多"[②]。东路广、循、连、南雄、封、英、南恩、惠、潮、德庆十州府及西路雷、高二州皆驻有"澄海"一至数指挥[③]。南恩州是唐清海军驻所,

---

① 高士奇:《历代名臣奏议》卷二百二十四林光朝奏。
② 蔡戡:《定斋集》卷一《割属宜章临武两县奏状》。
③ 《宋史》一百八十九《兵志》。

亦当海陆要道，故南宋约有将兵一支在此驻守①。琼、雷、化、潮各有少量水军。

州府以下的县，在县治都驻有土兵。在水陆要隘，也有驻军，各州普遍设置水陆营寨。营寨的驻军，包括主力、其他禁兵和土兵，但绝大多数为土兵。每州都有一处或多处水陆营寨。例如：南宋后期，广州管辖下番禺县界有扶胥都监所管"澄海"二指挥，新会县界有同巡检所管"澄海"一指挥；此外，每县有巡检寨一至二处，每处100人至200人以上不等，统称巡检寨兵；广州近郊还有三处"弹压"，共200余人②。潮州三县有巡检寨四处，每处约100人，另水军由原来一寨分为二寨。南雄州保昌境有巡检司土军寨二处，增额管100人，后各仅五六十人③。各巡检寨大都在乡间要隘，但淳熙年间，提刑杨万里巡视各地时，发现惠、潮等州"外砦寨址皆荡然无存"，将士皆居城中，遂奏请将所有诸路乡间外砦"并令盖造廨舍营房"，不准迁驻城内④。

这样，广东境内，在以主力军为骨干辅以其他禁厢兵及土兵守州县治之外，还形成了以州县巡检司所率土兵为主的驻守各水陆要隘的营寨防御、治安系统。

---

① 黄佐《广州人物传·伍隆起传》云：高宗时有伍珉为岭南第十三将，驻南恩州。此误。第十三将全军驻邕州，驻南恩的应是第十一将将兵。
② 《大德南海志残本》卷十。
③ 《永乐大典》卷五三四三《潮州府》、卷六百六十五《南雄府》。
④ 杨万里：《诚斋集》卷六十九《甲辰以尚书左郎官召还上殿第一劄子》。

第二节 人口南迁和土地开发

宋高宗避金南渡,导致又一次中原人迁入岭南的浪潮。其中的大多数在越岭后沿北江顺流而下,定居今珠江三角洲各地。其余以落籍于今韩江三角洲者为多。南迁人口加速了广东沿海土地的开发,以筑围造田和耕作海滨新生沙坦为主。水利设施也有更普遍和更大规模的扩展。

广东北部和东北部山区,因多遭战祸,人口散亡,经济衰退。反之,沿海广、潮二州却相对安定,人口增加,经济发展超过粤北。

一、北人大规模南迁及其分布

(一) 北人两次大举迁粤

北宋末,宋军屡败于辽、金,纷纷溃散。继而金人入汴,中原丧乱,宋高宗南渡,中原人民又一次大规模南徙,流入江南各地①。高宗建炎三年(1129),金兵渡江追击,从两浙打到今江西南昌,已到江南的中原士民,辗转南逃②,其中很

---

① 《宋史·高宗纪》:建炎三年二月,朝廷命"出米十万斛"以济太湖一带各州府"东北流寓之人"。

② 《宋史·高宗纪》:建炎三年六月诏:"请太后率宗室迎奉神主如江表,百司庶府非军旅之事者,并令从行……官吏士民家属南去者,有司毋禁。"七月,太后到南昌,十一月金人追至,太后再迁虔州。虔州各军互攻,大乱。随之逃亡者(或非随太后者)又进一步南逃。

大一部分经江西到了广东。因"中原士大夫避难者多在岭南",故绍兴三年（1133）诏,令给他们以廪禄①。实际上,"多在岭南"避难的既有士大夫也有非士大夫的士民及其家属。兹略举数例:陈猷,"其先汴梁人,仕宋。金陷汴,迁南雄珠玑里"②。陈息卿,"其先汴梁人。祖铎,宋承事郎。钦宗靖康末,扈跸（指随宋高宗）于杭。遂入广,家于番禺、增城之间。"③"汤氏,邑（新会）之著姓也,自言其先汴人,随宋南渡,居岭南南雄。"④"逻冈钟氏,番禺巨族也。其先汴梁人,宋靖康避地来广州……卜居逻冈。"⑤这些南迁者,似多从江西越大庾岭入广东。又据南宋初曹勋奏报:"窃见广南两路,自潮州而南,居民鲜少,山荒甚多。……自中原兵火,西北工商士庶,散处其地。"⑥所云自潮州而南,实指潮州以西的两广沿海。曹勋本人即曾逃到广东,其《题潮州黄冈（今饶平治所）驿》诗云:"北客闲时泪可知"⑦可证。他所说的这些西北工商士庶,似大多经福建或从海道来到两广沿海。以上所述的,就是南宋北方（含中原人及江南人）向广东的第一次大迁徙。

南宋度宗咸淳十年（1274）元世祖大举伐宋。端宗景炎

---

① 《建炎以来系年要录》卷六十三。
② 同治《番禺县志》卷一百十五。
③ 同治《番禺县志》卷一百十五。
④ 康熙《新会县志》卷十一引陈献章《汤氏族谱序》。
⑤ 光绪《广州府志》卷三十一引明何维柏《钟氏大宗祠碑记》。这几例中,钟氏、汤氏不是士大夫。
⑥ 曹勋:《松隐集》卷二十三《上皇帝书十四事》,《四库全书》本。
⑦ 曹勋:《松隐集》卷十九。

元年（1276）九月，"元将吕师夔、张荣实将兵入梅岭"。前此，江西、湖南等地的人民，为逃生保命，纷纷举家迁入广东①。赵昰、赵昺"二王"行朝期间文天祥在江西、福建募集的众多部属，行朝由闽入广所率大量军兵，以及随行朝入广的大批宗室，在行朝灭亡后，有一部分残存者也散居于广东各地②。这就是南宋末北人（长江以南包括湖南、江西、福建等地）的人口向广东的又一次大迁徙。

（二）南迁的主要路线和珠玑巷的传说

浈水—大庾岭—赣江这条水陆通道，是南宋京城与广东间往来的必经之道。南宋初流亡到虔州的大量士民，定是循赣水上溯然后越过大庾岭，再迁到广东境；同理，元兵入广东以前，从江西方向迁移到广东的人，也大多走这条路线。因此可以断言，这是一条人口南移的主要路线。此外是从湖南境内骑田岭一带越岭入粤北或从江西、福建境入循、梅、潮诸州。

从江西境南行的人们，大都先至南安军，从这里取陆路经大庾岭到广东南雄州治保昌县城约90里。南雄州城小，不能接纳过多人口。位于城北10余里处岭下驿道旁的村庄珠玑巷及其附近地方，便成了多数初越岭者的暂栖之所。现存广东族谱及不少墓碑，多有记其祖先居南雄，后由南雄珠玑巷迁某地的事。其中最典型的是珠玑巷97家集体沿浈水南迁的故事。据说是皇妃胡氏（或苏氏）被黜，潜逃出宫，由珠玑巷富商黄贮万带回作妾。朝廷风闻此事，乃借口在珠玑巷一

---

① 下文所述珠玑巷民于咸淳九年、十年集体南迁，实即此情况。
② 如赵氏宗室多有定居于新会者，文天祥族人亦有定居宝安者。

带建立营寨,把居民尽行驱逐。珠玑巷人大惧,97家居民遂商议南迁,认为"南方烟瘴地面,土广人稀,必有好处。大家向南而往,但遇是处江山融结,田野宽平,及无势恶把持之处,众相开辟基址,共结婚姻,朝夕相见,仍如今日之故乡也"①。其迁徙时间、户数、人名各族谱说法不一,或说绍兴元年(1131),或云开禧元年(1205),或云咸淳九年(1273)、十年(1274);户数是97、98户,或至100户以上;人名、姓别大多相同,带头人或是罗贵、罗贵祖,或是陆阊圣、陈猷;而起因于皇妃事,始迁地为珠玑巷,则是共同的。各族谱所载某一家族或一家、一人从珠玑巷南迁,也多有起因于胡妃、苏妃之说。

广东早期族谱,大多始于明代,距宋二三百年,后人对其祖先事迹的印象已十分朦胧,很易以讹传讹,以致胡妃、苏妃故事流传广远,真假莫辨。但是在南宋初年、末年,人们经过南雄珠玑巷和以南雄珠玑巷(或其附近)为起点的两次大规模南徙广东各地却是客观事实②。

(三)南迁人口的分布

关于南移人口的分布,广东各种方志、族谱、墓碑、文集,都有资料,可反映出如下事实:南宋(以及北宋)移入广东的人口,绝大多数分布在今珠江三角洲各县,次为西江

---

① 《东莞英村罗氏族谱》,转引自黄慈博:《珠玑巷民族南迁记》,广东中山图书馆1957年油印本。

② 各族谱所载珠玑巷人口南迁的原因,除皇妃故事外,尚有南宋初兵乱、绍兴末金人南侵、乾道末年灾、端平年间"中原多故"、南宋末皇室南迁后勤王兵起等五六种,都说与兵灾有关,唯时间多有不同。

下游的高要和今韩江三角洲一带,其余各地均较少。仅据广州孙中山文献馆所藏广东各姓的部分族谱资料,在275部、75姓族谱中,就有187部、64姓的族谱含有宋代人口南移广东的内容。现将其中南北宋南移人口在广东各州县的分布状况列表比较①于下。

两宋部分南移人口在广东的分布

州　县	南宋		北宋	
	户	姓　数	户	姓　数
广州　南海	45	29	7	7
广州　番禺	23	19	6	6
广州　新会	34	21	4	4
广州　东莞	12	12	3	2
广州　香山	8	7	6	6
广州　增城	3	3		
广州　清远	3	1	1	1
肇庆府高要	4	3	2	2
四会	2	2		
潮州各县	13	8	3	2
南　恩　州	1	1	1	1
新　　　州	1	1	1	1
英　德　府	2	2		
韶　　　州			1	1
梅　　　州	2	2		

---

① 此表包含全广东范围的数字,与《珠玑巷民族南迁记》所载有异,后者仅限于从珠玑巷迁至珠江三角洲各地的数字:宋至元初共73姓、164族。

(续上表)

州 县	南宋		北宋	
	户	姓数	户	姓数
循 州	4	3		
惠 州	1	1	2	2
高 州	1	1	1	1
化 州	1	1		
雷 州	1	1		
海南四州军	2	2		
共 计	163	120	38	23

说明：凡一个家族迁至某县不另迁者为1户，一个家族至某县后随即分居数县者为数户，在一县分居数处仍作为1户。姓数按各州县累计。泛言"宋时"迁粤者未列入。所据各《谱》均列入1986年广东中山图书馆：《馆藏广东族谱目录》。

上表所列类似抽样调查，当然是很不完全的，但所反映的南宋南移人口数倍于北宋，却证实了人口大迁徙确为实情；而南移人口以迁居广州南海、番禺、新会、东莞、香山（南宋初新置县）以及潮州、高要为多，也是大致属实的。又广东个别县因历史上外地移居者甚多，故在县志中还专设"氏族"门类记载。如迁入高要县的北宋有29姓，南宋有32姓61户；迁入香山县的北宋有4姓5户，南宋24姓29户[①]。清末，"考新会全境乡村无虑七百余，男口逾万者十余族（指氏族），……然约查各谱，其始迁本境之祖，皆唐以后人。至宋

---

① 民国《高要县志初稿》卷二；民国《香山县志续编》卷三。

度宗咸淳九年（1273），由南雄珠玑巷迁至者，约占全邑民族（此民族乃氏族之意）之六七焉"①。这些资料均可作为南宋人口大量南迁和分布较为集中的佐证。

南宋时期大量人口南迁广东，对于广东土地开发和社会进步，起着重大的作用。

二、农田水利工程的普遍兴建

（一）筑堤开陂

南宋时期广东进行了更为普遍的农田水利建设，兴修堤围仍占主要地位，而以珠江三角洲一带为多。大概于北宋时高要、南海两县傍河较易围垦的土地已大多修筑了堤围，所以南宋修筑的较大堤围便多在这两县的南端和更南的新会、番禺、香山三县的近海大河两侧及海滨，基本上是自北而南与北宋堤围相衔接。这种情况与南移人口的定居开发相联系。迁居沿海的人，在形成不久的沙坦上开垦，筑成很多小堤围，以挡咸潮并借淡潮灌田，后来海边进一步淤积，海水后退，原来的小堤围因潮水不能到达而湮废，改为开渠涌引河水灌溉。据统计，今珠江三角洲高要县东和南海、鹤山、顺德、番禺、中山、珠海、东莞、博罗等境内，南宋时所筑的堤围共17条，总长度14 000余丈，捍卫面积134 000余亩②，堤数、围长、

---

① 卢子骏：《卢氏族谱·芦鞭开族琐记》（新会），宣统三年刊本。
② 佛山地区革命委员会：《珠江三角洲农业志》（二）第10—11页附表。此数中包括另据阮元《广东通志》及《大清一统志》补入的横桐堤一条（长1 600余丈，捍田1万余亩），大演堤的捍田面积（8万余亩）及苏村堤的长度（215丈）。

受益面积皆远少于北宋。此乃大量海边堤围埝废失载所致,而实际上应是超过北宋的。

除了今珠江三角洲之外,南宋时所筑的堤围、陂塘等水利工程,见于记载的则较北宋为多,地域包括广、潮、循、惠、连、南恩、化、雷等州和德庆府,以及海南琼州。其中较重要的有:泽沛陂,宋末所筑,在鹤山境,"溉田二百余顷"。王家渠,在东莞,"引龙潭之水,纡回三十余里,至大汾头,灌田数十顷"①。罗婆陂,南宋末,香山土瓜岭刘罗氏"捐田为址,筑陂引水,藉灌得能都诸乡田数百顷"②。新溪涵,在今澄海境,"北起横陇,南抵下埭",东西共10 242.6丈,有石矶22、涵沟16,引积水泄于海。此乃自北宋知潮州周明辩、王涤至南宋历任知潮州宋敦书、林嶙等陆续增修或改筑而成,主要功能在排涝③。惠州海丰县令柯煜,"浚灵溪陂,溉田三千余顷"④。阳江县辣达堤,溉田5 000亩⑤。化州普遍掘塘蓄水灌田,即所谓"化之田必与塘俱,非塘无以为田也"⑥。南宋中期,德庆府通判赵汝儆,"筑堤障晋康江,亘三十里",使濒江之田得免水涝之害,"至是为上腴"⑦。海南琼山县岩塘陂,端平年间乡人砌石筑成,长200余丈,分为两支,各溉田数万亩。澄迈县祥塘,乡民陈伯威等筑长堤引水流灌,堤

---

① 阮元:《广东通志》卷一百十五、一百十七。
② 刘燇芬:《刘氏东支谱》(香山),光绪八年抄本。
③ 顺治《潮州府志》卷一。
④ 民国《福建通志》《列传》宋三。此数字过大,疑"顷"为"亩"之误。
⑤ 郭棐:《广东通志》卷四十六。
⑥ 乾隆《化州志》卷十下。
⑦ 民国《福建通志》《循吏传》宋二。

长5里余,琼山、澄迈两县交界处"数乡皆蒙其利"[①]。雷州所开陂塘甚多,其中海康县境柳子塘,为宝祐年间知州孟安仁所筑,周围60余亩。

(二) 雷州万顷洋田灌溉工程

雷州万顷洋田灌溉工程是广东古代规模最大、设计最完善的灌溉工程。

万顷洋田在海康县境。海康城南、东、东北皆滨海;城北不远处有特侣塘,周40里;城西北半里有西湖,亦大;南面又有擎雷水过西城外转东入海。北宋已引特侣塘水灌田,南宋绍兴末至乾道年间,知雷州何庚、戴之邵相继在这里进行了大规模的灌溉工程建设。何庚主要是修渠引水灌溉,戴之邵则是在已修渠的基础上着重筑堤,以便更有效地利用渠水和阻挡咸潮。整个工程的概况是:

何庚在西湖建东、西二石闸;于西闸处开渠引水向南,灌溉海康西南郊的白沙田;于东闸处开渠向东,转至县南南亭闸,灌溉东面万顷洋田;又在东北方向遂溪县(南宋新复)境开张熟塘,广40亩,引其水入东渠助溉万顷洋田。数年后,戴之邵见西湖原东渠已不便灌溉,乃凿渠经过城内导西湖水至东城外新建的万顷闸,并在特侣塘旧废渠处开新渠,向东南会张熟塘水至万顷闸,与西湖水合;闸以上之渠共长2760丈,沿渠筑堤,以防地势低处的渠水漫溢;沿渠堤又开8分渠,各长1800丈,并在8分渠口上建桥以便交通。以上设施用以灌溉城东北面的田地。又自万顷闸之下向南至南亭闸,共

---

① 正德《琼台志》卷七。

设6闸（一说8闸），开分渠24道，各长1200丈，灌溉南亭闸东北面的滨海田。再在南面海边筑堤3道，共长2万丈以上，以御咸潮；堤内田地则由西湖西闸及南亭闸放水灌溉。总计渠堤数十道，共长约六七万丈，各渠首尾皆有闸以司启闭。全部工程包括开渠、筑堤、挖塘、建闸、造桥，五者配合成套，实为宋代广东灌溉工程的伟大创举。后来的知雷州薛直夫为之作《记》曰："东洋之田，云连万顷，东南有海潮之害，西北有湖塘之利。去其害施其利。"① 此数语可为此工程之总结。

灌溉工程在经过若干岁月后，往往淤塞坍坏。雷州万顷洋田工程，以及北宋所建的东江福隆堤、南雄的连陂和凌陂、潮州三利溪等重要官修工程，南宋时期都能注意修浚，有的还进行了扩建。

三、麦、棉种植的推广

（一）推广种麦和稻麦两季栽培

广东种麦，从南宋初年起，推广较快，其原因是：(1) 农民掌握了种麦的技术，推广较快，且能使麦与水稻的生长期相衔接，在宜于栽种稻麦的地方，实行冬种春收麦、夏种秋收稻的一年两熟耕作制。而广东在北宋时已普遍实行秧田育稻秧之法，为收麦后翻耕水田提供了足够的时间。(2) 原来种单季稻的地方，一旦再多种一季麦，不但自耕农可有更多

---

① 工程及《记》均见阮元《广东通志》卷一百十八，嘉庆《雷州府志》卷二。

的收获，而且佃农也无须为此而增纳田租，所以农民对种麦都有较大的积极性。(3) 南宋初年大量北方人移居广东，他们习惯吃面，对麦的需要量增大，使麦价提高，从而刺激了麦的扩种；同时南移人口也带来了种麦和稻麦双季种植的技术。

还在高宗绍兴年间，曾任南雄知州的庄季裕就亲眼见到当地扩大种麦的情形："建炎之后，江、浙、湖、湘、闽、广，西北流寓之人遍满"。"绍兴初，麦一斛至一万二千钱，农获其利倍于种稻。而佃户输租，只有秋课"，因种麦之利独归客户，于是竞相种麦，竟至"不减淮北"①。其后，从北方迁居南海县的陈氏，在淳熙末年曾买"麦地四十亩"为墓田②，这说明广州境内较高寒处也可种麦。惠州地区种麦更早，南宋时已较普遍。属于惠州的河源县，这时已有用麦纳税的了③。

广东气候过热，多不宜种麦。南宋时扩种麦和稻麦双季栽培，表明广东农作物栽培技术的进步和更能合理地利用土地。

(二) 植棉地域的扩大

唐代广东棉植业已有所发展，有些地方家家织棉布，但就全境来说仍然未达到普遍植棉和以棉布为衣料的地步。

宋初，《太平寰宇记》载：琼州"有夷人，……号曰生黎……以木棉为毯"，"土产吉贝布"。又云雷州"有木棉树，一实得棉数两，冬夏花而不实"。元丰初年，广东安抚使陈绎之子曾

---

① 庄季裕：《鸡肋编》卷上。"不减淮北"，初只限于粤北宜于种麦之地。
② 《陈氏族谱》(顺德)，道光二十八年抄本。
③ 郝玉麟：《广东通志》卷三十九《欧阳直卿传》。

"使广州军人织造木棉生活"①。南宋后期,广东东部的潮州也有"木棉田"②。概而言之,海南、雷、化,以至广、潮、韶(韶州五代时已见记载)等州皆种植棉花,种棉的地域较广。

两宋时期,植棉已由闽、广渐传至江南和中原。

关于蚕桑,两宋诸书仅提到广东有上供绢(少量),在字里行间偶见蚕桑和丝织品。北宋时惟惠州见有桑树的记载:陈尧佐《野史亭》诗有"耕桑蛮聚落"之句③,其后彭汝砺又有"山近冷光摇几席,地平余润入桑麻"之句④。南宋前期,知肇庆府郑思恭,曾"劝民植桑万六千株"⑤。《岭外代答》卷六则云:"广西亦有蚕桑,但不多耳。得茧不能为丝,煮之以灰水中,引以成缕。以之织䌷,其色虽暗,而特宜于衣。在高州所产为佳。"从记载少和植桑要"劝",说明两宋广东蚕桑、丝织业极为微弱。

四、珠江三角洲等沿海地区的加速开发

南宋初,广东广大地区受到战乱的严重破坏,连、韶、南雄、循、梅诸州残破尤甚。这几州的人口和从岭北来的南迁人口,都向今珠江三角洲及其他沿海地区迁移。因此,粤北粤东连、循诸州的人口损耗是双重的,而今珠江三角洲沿海

---

① 王明清:《熙丰日历》,载《说郛》,顺治刻本弓第四十二。
② 《永乐大典》卷五三四三《潮州府》。
③ 嘉靖《惠州府志》卷五引。
④ 彭汝砺:《鄱阳集》卷四《丰湖》。
⑤ 韩元吉:《南润甲乙稿》卷二十《秘阁修撰郑公墓志铭》。

及其他沿海地区，则因有别地人口迁来，户口增长抵消战乱损耗而有余，并且从岭北迁来的人还带来了诸如种麦和建设灌溉工程等先进经验和技术。于是，广东沿海地区的社会经济获得许多优越条件，尤其是农用土地的开发更为迅速。

户口数的变化见下表。

南宋广南东路户口变化表

年　　份	户	男口	与北宋元丰年户数比较
绍兴三年（1133）	61万余	107万余	比元丰年多七八万户
绍兴三十二年（1162）	513 711	784 774	比元丰年略少
乾道八年（1172）	526 913	911 042	同上
嘉定十六年（1223）	445 906	775 628	比元丰年约少8万户

资料来源：元丰年户据《元丰九域志》；南宋各年户据《建炎以来系年要录》卷四十九，《宋会要辑稿》食货六十九之七十、七十一，《文献通考》卷十一。

由上表可知，南宋初以后，广南东路的户口一直比北宋后期少。实际上是一部分州人口剧减，另一部分州人口增加，全路减多于增。广、潮二州人口增加幅度较大：广州淳熙年间共有185 713户，比元丰年间多42 452户；潮州端平年间共有135 998户，比元丰年多61 361户[①]。广南西路的7州军皆在沿海。据仅存的个别州的户口资料，雷州在南宋绍熙年

---

① 《大德南海志残本》卷六；《永乐大典》卷五三四三《潮州府》引《三阳志》。

间共有68 309丁，按宋每户平均不过2丁计，比元丰年间的人口似有成倍增加，而另一则资料说南宋雷州有91 134户。高州在绍熙年间有26 486户，亦比元丰年间增长1倍多①。海南岛是大量福建商船前往贸易的地方，闽人商船在海南岛附近遭风沉船破产者，"多入黎地耕种"②，加上落籍的北人亦复不少，所以户口有所增加。据上所述，尽管各地户口资料不全，也可大致窥见南宋广东沿海各州的户口数普遍有所上升。

土地开发多在沿海各地进行，广州地区（即今珠江三角洲地区），新会县（含今新会、台山全境及开平、恩平各一部分）地处西江尾闾、大海之滨，南宋时尚是人烟甚稀之处，迁进人口、开辟土地的情形最为突出。宣统《新会乡土志》云："今新会民族之由珠玑里（巷）来者，多居郁江（即西江）两岸，如中华、乐荨等都，皆当西江正冲，全藉围堤以御涨潦，宋时虽成洲渚，尚少村落，迁民于此垦辟。"新会潮连乡卢氏后裔云：该乡宋时乃"海中孤岛，……而披荆斩棘，辟地垦荒者，大率皆南雄偕来之伴侣也。"③前述自珠玑巷南迁的97家中，来到冈州（即新会）大良都者，在新会县报准立户，"辟土以种食"④。高宗时驻南恩州将领伍珉卒于任，其妻子定居新会县文章都斗洞乡，"插柳成围，因名其居曰绿围"⑤。这是官眷凭其势力，将旷土围为私有，然后开垦。南海县（今

---

① 《宋会要辑稿》食货二十八之三十至三十三；郭棐《广东通志》卷五十五。
② 《诸蕃志》卷下。
③ 卢子骏：《卢氏族谱·芦边开族琐记》（新会），宣统三年刊本。
④ 《东莞英村罗氏族谱》，引自《珠玑巷民族南迁记》。
⑤ 伍瑶光：《伍氏合族总谱》（岭南），民国22年刊本。

西江旁）的九江乡有古迹名破牌角，相传是南宋咸淳年间珠玑巷民聚众结筏顺流南下登岸之地，即所谓"至九江大洋湾，筏破登岸散处"。"本乡生聚，自此始繁。"[1] 南海《霍氏族谱》载，山西霍氏北宋末迁珠玑巷，后携四子南迁，"筑室于佛山之三月冈，实为发源地焉"。番禺县的李昂英，其祖先便是在南宋初从南雄迁至番禺鹭冈乡的。《简氏大同谱》载：南宋从珠玑巷迁至番禺车陂（今广州郊区）等地的简姓，就有三批。东莞县茶园（又名茶山）"周围百里皆浅泽，春夏积水，汪洋无际。……昔蛋民居其滨，宋末诸姓始从此居，相传由珠玑巷至"[2]。《麦氏族谱》载：南宋初麦氏兄弟5人，与珠玑巷97家结竹牌沿北江而下，其麦必荣一支，至"东莞靖康乌沙桥东"定居。香山县有上述麦氏兄弟中人，"至广属香山黄角（今番禺黄阁）、大良（今顺德治所），盘钱已尽，难以远行，各投土人草屋寄歇，分寻栖居而各聚焉"[3]。咸淳年间珠玑巷人尽数逃离，有李必贵者，与众失散，至"香山之揽溪亭子步地奠居。"[4]

如上所述，南宋时期南海、番禺、新会、东莞、香山等县都得到南迁人口不同程度的开发，扩大了耕地面积，使珠江三角洲的面貌逐渐改变。但是，番禺"黄阁"以北尚是咸淡水交汇的浅水滩地带[5]，东莞西部仍皆是大海，新会县东南

---

[1] 顺治《南海九江乡志》。
[2] 民国《茶山乡志》。
[3] 麦初年：《麦氏族谱》（广东），民国27年抄本。
[4] 李喜发：《李氏族谱》（中山），民国3年刊本。
[5] 参见佛山地区革命委员会：《珠江三角洲农业志》（一），佛山地区革命委员会1976年刊本，第74—75页。

的三江以南及斗门一带亦多为海域,香山县则是"海中一岛耳,其地最狭,其民最贫"①,所以,当时东莞仍属中下县,新会、香山均为下县,番禺的海滨尚是人烟甚少的地方。

潮州地区,南宋开发的也主要是海边。最典型的一例是:福建莆田人吴翼,生于南宋初,后至潮阳游历,见滨海土地广沃,山川秀美,乃举家迁居潮阳惠来都,"垦北坑南边坑地,拓至海岸,延袤二十余里,用长子孙,以渔以田"②。惠来都当在今韩江三角洲以东的惠来县境,当时它与正在形成的韩江三角洲都刚进入加速开发的阶段。

雷州地区"多平田沃壤,又有海道可通闽、浙,故居民富实,市井居庐之盛,甲于广右","比之开宝,人物百倍"③。仅戴之邵在海康筑堤阻挡咸潮,海滨耕地就增加了许多。海南四州军,绝大多数土地尚未开垦,但在地理环境和交通条件较好的地方,人们已修筑较多的渠堤陂塘,扩大水田面积。

海南岛澄迈县主簿纪应炎还在当地"募民塞海港,成田千余亩"④。海南也多有外籍人士避难避乱迁来定居谋生。例如,南宋初太学生陈东被诛,另一太学生福建人陈好,因畏株连而避居海南琼山之苍原,后子孙繁盛⑤。

在海边和沿江浅泽筑堤围造田,宋以前久已有之。约在南宋期间,广东沿海人民又发明了加速海边新生沙坦成田的

---

① 《永乐大典·广州府》引《元一统志》。
② 吴佐熙:《吴氏族谱》(潮州),民国6年刊本。
③ 王象之《舆地纪胜》卷一百十八。
④ 嘉庆《雷州府志》卷十六。
⑤ 正德《琼台志》卷三十四。

造田方法。如宋末元初的宋宗室赵必近，勤王入广后隐居新会，在"奇石海傍，东接香山，鱼游鹤立"的未成沙坦上，"皆种苇草，淤积成田"①。所谓"鱼游鹤立"，系指沙坦尚未露出水面时，鱼游其中，水鸟涉足的景观。在这种尚未露出水面的沙坦上种苇草，便能更多地淤积流沙，快速成田。赵必近是外来人，种苇造田法应是从早已掌握此法的新会人那里学到的。此法对迅速扩大耕地面积有很大作用。

五、战乱下北部山区经济的衰退

截至北宋末年为止，广东南部广、潮二州沿海地区经济发展速度虽已超过原居领先地位的粤北连、韶等州，但就总体而言，广东北部，在经济发展水平上仍较南部占优势。但是，从南宋初开始，直到末年，在广东南部广潮经济迅速发展、南部沿海地区经济有所上升的同时，北部山区的经济却反而大部分衰退了，从而使广东古代区域经济的格局发生了一次极其重大的变化。

宋朝廷南渡之初，金兵又渡长江追击。北方溃兵大量南撤，流散各地，南宋政权不能妥善收容安置，任其自生自灭。很大一部分溃兵各自结成股匪，所至骚扰抢劫，为害甚大。这些兵匪原先多在湖南、江西活动，约于建炎、绍兴之际（1130—1132）开始进入广东，首先是进入粤北连、韶等州，并引发广东境内的动乱。特别是绍兴二年（1132）春，兵匪首领曹

---

① 赵锡年：《赵氏族谱》（新会），民国26年刊本。

成，聚众"十数万人"，由湖南进入两广境，"在连、贺等州作过"，并派兵占据广州怀集县①。这时广州危急，幸岳飞奉命帅师急驰广西，大破曹成，又追击曹部，收复连州，才使广州转危为安，而粤北的连州等地已大受破坏。此后的几年内，广东又有叛将元通率1 000余人进犯英州和南雄州②，有湖南、江西农民起义军进入连、韶、南雄、英、循、梅、惠、潮、广等州境，有广东各地的农民起义，还有沿海海盗的劫掠③。海盗活动一般不深入内地，而官军对兵匪和农民军的作战或追剿则大多在粤北和粤东北的广大山区。官军的用兵方式，常是采取湖南、江西兵自北而南，广东兵自南而北，前后夹击。因此，交战地域就主要在连、韶、南雄、循、梅五州境内，遂致南宋初这几州人口伤亡很多，农业和手工业经济受到极大的摧残。官军征剿所到之处，必向当地百姓索取各种供应。正如李纲在绍兴二年（1132）奏报所云："询问民间疾苦，皆言累年以来为盗贼之所侵扰，官兵讨捕又皆科敷民间。应副钱粮次数既频，无可供应。上户皆逃移，往别路营生，抛下田产不复料理。其下户出卖产业净尽，犹未足以应副须索，是致人户不敢归业。"④所以幸存的人口为官兵所逼而逃亡，于是田地大量荒废。

绍兴五年（1135）之后，广东战乱虽有减弱，但直到南

---

① 《梁溪全集》卷六十六《乞令韩世忠不拘路分去广东招捕曹成奏状》。
② 《建炎以来系年要录》卷七十一。
③ 南宋初至绍兴五年，广南东路基本未受兵祸者仅肇庆府、德庆府、新州、封州"江西（应为西江）四郡"。见《建炎以来系年要录》卷八十五张致远语。
④ 《梁溪全集》卷七十一《乞下本路及诸路转运司科敷钱米于田亩上均借奏状》。

宋末还是陆续发生，受害最烈的仍然是上述的五个州。英德府（英州改）受害略次。

北宋时期，广东北部经济以连、韶和南雄三州最为发达，其次是循、梅、英，偏西北的康州（南宋为德庆府）、封州较落后。南宋时期，迭受摧残而得不到恢复的正是北宋经济发达的诸州；但基本未受战祸的德庆、封州，却又在经济上无甚进展。总之，广东北部社会经济在南宋时期出现大幅度的衰退。

这种经济衰退，其原因是多方面的。除战乱破坏外，尚有以下几种因素在起作用。

（1）广东北部地区在兵祸后人口减少、土地荒芜的条件下，南宋王朝仍按原田亩、人丁征税，使残存人口负担加重，不得不继续逃亡。（2）原产银的连、韶、英州在南宋已不产银，但上供银额不减，又摊派于民，人民用钱买银上供，官府或不给钱或象征性地给一点，从而加重这几州人民的负担。（3）原是主要矿区的韶、英、连三州，矿冶业一落千丈，工匠失业，商业也大受影响。（4）循、连二州曾发生重大瘟疫：循州于绍兴二十六年（1156）发生的大疫疠，"民死者十四五"①；绍兴十九年（1149），连州大疫，"郡人无不被疾，哭声连巷，乡落至有绝爨者"②。（5）南宋时期由岭北南迁入岭者多至地广人稀、利于开发谋生的珠江三角洲一带定居，粤

---

① 洪迈：《夷坚志》丙志卷十六《张常先》；《建炎以来系年要录》卷一百七十三（年份据此）。

② 《朱子大全》卷九十五下《少师保信军节度使魏国公致仕赠太保张公行状》。

北也有人避害就利而南迁。(6)由于粤北瑶人的赋税较轻,且居于深山,他族人民为规避赋役,颇多逃至瑶民居区,或与瑶民一起迁移至南面各州的山区。

由于上述军事、经济、自然灾害诸因素的交互作用,导致北部五州经济衰退。其状况大致如下:

连州。在南宋末"荡析离居,阅今在城街巷之故址,大不如古"。而连接瑶峒之处,"如桂阳之同官,阳山之通儒,皆饶沃之地,或数十里无人烟"。连州三县,北宋元祐年间有户5万,时为极盛,至南宋末,阳山、连山二县共仅存4 000余户①。连州由繁荣而变得残破不堪。

韶州。北宋末崇宁年间,户口达81 000户,南宋绍兴年间减至32 584户②,散亡一半以上。后来经济和户口有一定回升,而所存矿冶业则微乎其微。南宋末年元军与宋将熊飞大战于此,又遭一次较大摧残。

南雄州。因是岭南北的孔道之处,南宋初的破坏至宁宗嘉定年间已大体恢复。南宋灭亡之际,元兵越岭,人口南逃,在此复有激战,户口再度大量损耗。

循州、梅州。循州北宋中叶每年征收租米达十万石,至南宋后期"租米仅三万耳"③。这说明南宋期间其农业生产大幅度下降。梅州情况与循州基本相同,唯未发生像循州那样

---

① 《永乐大典》卷一一九〇七《广州府》引《湟川志》。连州州治桂阳,此时户口不详,但从"桂阳之同官"的情况看,户口大减亦无疑问。

② 金光祖:《广东通志》卷九。

③ 《舆地纪胜》卷九十一。

的瘟疫，而两州在南宋后期"所存户口，凋残可哀"①。

此外，与连、韶相邻、靠近中部的英德府（英州），在南宋后期也是"地广人稀，为农者择沃土以耕，而于硗地不复用力"②。抛荒"硗地"，也是农业衰退的表现。特别是这里的矿冶业已不再见于记载。

北部连、韶等五州以及英德府的经济衰退，加上中西部的封州和德庆府原先经济较落后的状况又无甚进展，正好与南宋广、潮、惠以及西至海南的沿海地区经济发展形成很大的反差。于是广东的区域经济发生了南优北劣的根本变化，以南部沿海广、潮等州为主的南部经济，在总体上超过了以连、韶、南雄等州为代表的北部。这个变化，影响深远。

第三节 城乡赋税和阶级关系

南宋广东赋税繁重，不利于农业发展。赋税中的部分丁税和杂税，也征于城市及城郊非农业人口。

南宋广、潮二州地主势力有所发展。地主中的土豪是北宋以来新兴的豪强地主，是聚居一处的一族首领或一乡首领，往往横行乡里，鱼肉人民。一般地主对农民的压迫也较北宋为重。农民在压迫加深、赋税苛重的情况下，境遇不如北宋。因此，南宋广东的阶级矛盾较北宋尖锐，农民起义频繁，规模也较大。

---

① 刘克庄：《后村先生大全集》卷七十九《乞免循梅惠州卖盐申省状》。
② 《舆地纪胜》卷九十五。

一、赋役和广南独存的丁米

（一）按"产钱"多少征赋

宋室南渡之初，南方各地都受到不同程度的破坏。政局稍稳后，高宗曾着手招辑流亡，鼓励垦种荒废土地，恢复农业生产，并于绍兴十三年（1143）颁《经界法》，行于全国。"经界"即清丈田亩，定正田赋，旨在保障田赋收入和使田赋负担较为合理。此项工作在绍兴十九年（1149）冬结束，次年令将执行过程中乖谬害民者改正，"诸路田税由此始均"①。广东是及时实行了经界的，唯海南四州军"土产瘠薄，已免经界，其税额悉如旧"②。广东部分州县按"产钱"计征。此法在北宋前期初行于福建各州，广东乃从福建模仿而来③。

据现见资料，广东行此法的有潮、梅、循、广、连五州（余州不明）。然而这五州的有关资料也不完全，以致无法准确知道按亩计征如何改变为按产钱计征，以及究竟有哪些税项按产钱计征④。唯朱熹议福建漳州"经界"时说到，"每田一亩，随（土质分）九等高下，定计产钱几文"。"以产钱为

---

① 《玉海》卷一百七十六。
② 《文献通考》卷四。据李光《海外谣》所记，海南绍兴十九年经界复查，因扰民而导致陈集成起义，故经界罢于垂成。
③ 福建行"产钱"定税法的最早记载，见淳熙《三山志》卷十。
④ 五州的主要资料见于光绪《嘉应州志》卷十三，光绪《海阳县志》卷三十《浚湖卫城局勒铭》（石刻），《永乐大典》卷一一九〇七《广州府》引《湟川志》。

母","一例均敷。每产(钱)一文,纳米若干,钱若干"①。由此可得田亩折算成产钱和以产钱计征的模糊印象。

按《永乐大典·广州府》引《湟川志》所述连州上等田每亩(以"夏布"为计税尺度)纳田税正耗米6斗并加头子钱和其他征项的情况推测,南宋广东田赋颇重。

(二) 役、丁钱、丁米

1. 役和役钱。南宋广东役法仍是身役与雇役并行。雇役从所征免役钱中支付。身役起初由户长催税,或由保正、副代户长催税。他们如不能收齐则须代纳欠税,往往因此破产。后以乡村30户为一甲,轮差甲头一名,催纳租税及免役等钱,这样就变为30户轮流担任甲头代替原户长等身役,并代纳逋欠。继又规定有田产者由富到贫依次充甲头(无田的客户除外)。为此立有"鼠尾簿",排在鼠尾者为有田产者中最贫之户,可最后任甲头。改行甲头轮差的差役法对田产少的自耕农、半自耕农不利。广东唯海南四州军在北宋时未颁行雇役法,南宋名义上仍全行差役法,而实际上是"募人为利,彼受募者已世其业"②。这些以充役图利的世业者必然又加重各民户的负担。

役钱(免役钱)亦沿北宋旧制,分夏秋二季征收。建炎二年(1128),天下役钱"概增三分",官户役钱不再减半③。

---

① 朱熹:《朱子大全》卷十九《条奏经界状》。据此知产钱是计税尺度,而且是按钱若干文来计算税量的。广东惟连州独特,以"夏布"为计税尺度,按布若干尺计算。

② 《岭外代答》卷四。

③ 毕沅:《续资治通鉴长编》卷一百一。

广东又称此官户役钱为官户不减半役钱。南宋中后期，广州每年夏秋役钱共 40 424 贯；末年，连州计民户夏秋役钱 3 700 余贯，官户夏秋役钱 550 贯省①。南宋末连州人户特少，原役钱岁额不减，故人户役钱负担加重。

2. 丁钱。南宋时南方各路仍多有丁钱之征。绍兴十五年（1145）起，又令诸路僧道皆纳"免丁钱"，每人（丁）每年自 2 000—15 000 钱，分九等。这是丁税新项目。此外，广东丁钱已超出征于成年男子的范围。乾道七年（1171）的赦文说，两广近年对十二三岁未成丁之口，"便行科纳，谓之挂丁钱，多致逃亡"，故令不得滥征②。此令虽于数十年内屡申，但不能禁止。又有所谓客丁钱，可能是对新迁入广东各地的人口征收的丁钱。这就使某些地方丁钱岁额不断增大。而另一些地方人丁减少，却不减丁钱岁额。迁来广、潮二州的人户甚多，其客丁钱也特别多。理宗淳祐年间有人议罢广州客丁钱，但因此钱要供湖广兵饷，故未能免除。嘉熙年间，广西转运判官颜颐仲奏请将广西 25 州身丁钱蠲免③，雷、琼等七州军丁钱均在获免除之列。广南东路潮州的"白丁钱"（可能是指对无田产之户或丁征收的丁钱）原来很重，后得部分减免。循州在端平年间曾豁除丁口逃亡所造成的丁钱虚数。其他各州中也有减或免的。广东丁钱是南宋重要税项之一，淳

---

① 《大德南海志残本》；《永乐大典》卷一一九〇七《广州府》引《湟川志》。据同治《连州志》载，《湟川志》乃咸淳年修。
② 《宋会要辑稿》食货十一之十八、十九。
③ 《后村先生大全集·宝学颜尚书神道碑》卷一百四十三。

祐年间,广南东路丁钱共27万余贯[①]。虽部分地方减除丁钱,但"广南丁钱扰民"终是一大弊害[②]。

3. 丁米。绍兴"经界"结束时,知封州赵善映还朝奏报说:"广东诸州田税,不足岁用。自祖宗以来,不问有无田产,常计丁岁纳身米,以补常赋。"[③] 由是知广东丁米在南宋初仍普遍存在。南方其他各路的丁米,从北宋时起至南宋绍兴年间多已裁蠲,唯两广仍普遍征收,广南东路尤重。如广州每年(约在淳祐年间)额征税米共56 197石,丁米共122 248石,丁米是税米的两倍多,其中第一至第四等户共65 763石,无田的城乡五等户共56 475石。连州南宋末的丁米也以"夏布"(相当于产钱)计征,凡夏布10匹至3匹5尺为一至三等人户,每口纳丁米4斗;3匹4尺5寸至1匹4尺为四等人户,每口纳2.4斗;1匹3尺至1匹为五等人户,每口纳0.73斗;无田产客户与五等户同[④]。在潮州,直至元代初年犹有客户每年每户纳丁米2.5斗的记载,其有田产户当纳丁米更多。南宋丁米各州轻重不一,广、潮等富州的丁米比贫州为重。

广南丁米在南宋一代不断被请求减免,但不一定获准。高宗建炎年间,广南东路转运使赵亿曾"减刘氏丁米"[⑤]。绍兴初,南雄、连、英等州因战乱人户逃亡极多,英州"旧额丁、田米三万余石,至经界核实,不满万石";但转运司仍令该三

---

① 吴泳:《鹤林集》卷二十二《奏宽民五事状》。
② 《宋季三朝政要》卷二。
③ 《建炎以来系年要录》卷一百七十一。
④ 《永乐大典》卷一一九〇七《广州府》。
⑤ 汪藻:《浮溪集》卷二十七《右中大夫右文殿修撰赵公墓志铭》。这是指广东有些地方还实行南汉时过重的丁米制度,此时才得按宋代规定减少。

州按旧额征收，把虚额摊征到现存人户头上。绍兴二十九年（1159）经知英州陈克勤奏请，才将三州虚数蠲除①。乾道六年（1170），知惠州葛延年在奏疏中说，地方官因增加丁口和丁税是考绩的内容，以致对逃亡者的丁米不予减除。孝宗命"与他豁除"②，也不过是减除了逃户丁米的虚数。此后，淳熙年间知新州王克恭虽奏准减丁米，知潮州黄定曾减潮州丁米，但广西转运判官请罢广南西路25州丁米、广南东路许多州请减罢丁米都未见下文。

身役、役钱、丁钱、丁米四项丁税，是广东劳动人民的沉重负担，其中丁米、丁钱两项尤重。丁钱在一部分州县还可获减或免，丁米则唯有减而不免，且为两广所独有，最为苛敛。总赋役而言，丁税重则田产之税相对减轻，对地主阶级是有利的。

（三）属于赋役的其他征敛

头子钱。为田赋的一种附加（见后"经总制钱"）。

折变。折变和支移是两宋使纳税人为纳税而蒙受额外损失的弊政。南宋广东支移仅是个别现象，折变则相当广泛。很大一部分税米折钱征收，官定的折价大都高于市价。绍兴后期，广西各州税米，不问地方远近、税户高下，尽行支移远送，然后再折变为钱。化州每石纳钱2 600文③。这种以支移为手段的折变，使雷、琼等七州军税户损失重大。南宋中期，潮州白丁所纳丁米，每石折钱3 500文足，也是苛敛，后减为

---

① 《宋会要辑稿》食货十之十一、十二。
② 《宋会要辑稿》食货六十六之十。
③ 《宋会要辑稿》食货二十七之六。

2 800文①。海南缺米，南宋后期有时税米竟"斛折钱二十余千"②。

折帛钱也是一种苛刻的折变，始于绍兴二年（1132），令南方诸路上供丝帛一半折钱。广南东路产绢少，故上供绢少，西路产布多，故上供布多，当时折价缴纳，在市价的两倍以上，十余年后方酌予降低③。

朱墨钱及增收耗羡。朱墨钱是纳两税时官给"勘合"（收据）的工本费。《乾道令》："人户纳二税，每贯收朱墨钱二十文足"，不足100文者免收④。印刷勘合成本极少，官家借此可增加大笔收入。宋征税粮已有耗米，但在用斛量收时却又堆尖斛面，将溢出的余粮作为吏员的津贴。最严重的是用大斗量收。南宋初，德庆府"公量逾制，输一耗三"⑤。这些"耗羡"全被吏员干没。

预借。预借钱粮是南宋地方官府在财政窘困时常采用的手段。如嘉定元年（1208）陈岘知广州，先是"民苦预借，岘至，蠲诸邑宿逋四万六千缗"⑥。南宋末，连州连山县"未及秋冬已预借逾年之税"；桂阳县由"吏人分头任责，官中但给钞（借单）与之，就人户那借"⑦。预借是不会归还的，只能抵税。

均籴。两宋当某地缺粮时，有向民"和籴"粮食的制度，即向民户摊派购买，亦称"均籴"。均籴时官付粮值常低于市

---

① 《永乐大典》卷五三四三《潮州府》。
② 民国《福建通志》《循吏传》宋二《顾孺履传》。
③ 《宋史》卷一百七十五《食货志》。
④ 《文献通考》卷五。
⑤ 洪适：《盘洲文集》卷七十五《韩承议墓志铭》。
⑥ 戴璟：《广东通志初稿》卷十一。
⑦ 《永乐大典》卷一一九〇七《广州府》。

价甚多。如绍兴末年广南西路税米折钱交纳,每石折钱2 600文,而同时又令化州籴米1万石,只以每石400文的低价付给税户①,官府盘剥苛敛之迹甚明。

南宋惠州还有法外附加于田赋的"宽剩钱"。又有所谓"给由钱",乃吏役到乡村送发征税单时向税户的勒索。

二、名目繁多的杂税和苛敛

(一) 经总制钱

北宋末出现了所谓"经制钱",即凡民间与官府发生银钱往来,按值每贯抽收头子钱若干,及在买卖田宅的税契钱之外再每贯增收20文,用充政府经费。高宗建炎二年(1128),将"添酒钱、添卖糟钱、典卖田宅增牙税钱、官员等请给头子钱、楼店务增三分房钱"等五个名目,令江南各路及两广收为经制钱,按季送缴供军。绍兴五年(1135),参知政事孟庾主持全军财用,置总制司,将原经制钱额按比例加成,所加之钱称"总制钱",两者又合称经总制钱(后内容更多)。广东经总制钱以田赋、官私出纳、官员请给和税契加收在内的各种头子钱为主。孝宗乾道初年,全国头子钱已增至每贯56文,达5%以上。头子钱有小部分留各路充经费,其余的大部分才是经总制钱窠名②中的一项。另外,地方所征田契钱,上缴的那部分,亦是其

---

① 《建炎以来系年要录》卷一百八十九。

② 两宋财税凡一名目中含多个杂税项目(有的也含非税收入)者,统称窠名。如经总制钱便是一种窠名。它包许多个项目,其中的楼店务增三分房钱是非税收入。归经总制钱中的头子钱(税),包含在此窠名之内,而留归地方的那部分头子钱却与窠名无关。

中之一。广东的经总制钱,每年送交经管军队财用的湖广总领所。绍兴后期,广南西路曾将经总制钱岁额摊入田赋"均取于民",经雷州知州奏请,才下诏禁摊于田赋。广东经总制钱行于南宋始终,今存资料极少,惟见后期潮州每年额解经总制钱银20 890两,连州每年额解银2 300两的记载①。据此可知它是广东一项极重的"橐名"。

(二) 各项杂税

1. 田契(含房产契)钱。北宋原统一规定田契钱按田宅价每贯征40文,后加20文经制钱,南宋又加至每贯共征100文,连附加牙税勘合钱,民间买卖田宅,价100千"输官者十七千有奇",外有契纸钱和胥吏勒索。因此,买卖田宅多隐瞒不报,"谓之白契"。所有田契钱,除本州留用外,凡上缴的都属经总制钱②。当时广东的田宅买卖以广州为多,故田契钱是广州较大的税项之一。

南宋初还普遍按户等征收过一次财产税,征钱发给户帖(执照),故称户帖钱,因所征大都为田宅之产,所以亦属田契钱之类。

2. 茶课。南宋初,潮州一度有"茶租"钱,被转运使赵亿裁除。保昌、龙川两县有少量征于产茶户的茶课,乾道年间课额共1 800斤。海南不产茶,人民用"苦荙"叶代茶,曾被州郡征以每年500贯的茶课,后被广西提刑崔与之免除③。

---

① 《永乐大典》卷五三四三、一一九〇七。
② 《建炎以来朝野杂记》甲集卷十五。田契钱本是一项重要杂税,因其一部分归"总制橐名",故必须在两处分述。
③ 《宋史》卷四百六《崔与之传》。

广东茶课并不普遍,《大德南海志残本》载,广州宋旧税每年有额定茶钱2 138贯,征税对象不明。

3.酒税。北宋两广和南方某些地区无酒税,听民自酿自卖"万户酒"。南宋高宗、孝宗两代屡次有人建言禁榷南方的万户酒。高宗曾说:"献禁榷者甚多,然终不可行,大抵法贵从俗"。孝宗隆兴二年(1164),令福建、广南等处民间所造酒,经官税毕然后出卖。三年后,又"令江南西、闽、二广转运使从长计议官税万户酒然后出卖之议"①,但议而未决。

事实上,南宋前期多有"官酤"(官卖酒)的记载。高宗时,广西一路就曾"创建榷酤"。乾道年间知南雄州黄洧将该州官酤停罢,后来调任广东转运判官,又"移书一路,罢官酤"②。官酤是取利于民而不是征税,但官酤酒价高于民酿市酒价,势必使市价亦随之上涨。为了推销官酒,一定会采取禁民卖酒或向民间卖酒者征税的办法,所以此期间广东有些地方是征过酒税的。南宋末年,潮州有酒税③。这时广东征税甚为杂滥,可能征酒税的地方不止潮州一处。

(三)上供银

上供银本不是税,后来摊征于民,成为杂税之一。建炎三年(1129)令减福建、广南上供银1/3,广南东路每年犹有10万两。其中除广州分摊较多外,原产银的韶、连、惠三州

---

① 《宋会要辑稿》食货二十六之三十六、二十一之七;《文献通考》卷十七。
② 高士奇:《历代名臣奏议》卷二百七十章谊《论财赋》;朱熹:《朱子大全》卷九十三《转运判官黄公墓志铭》。
③ 《永乐大典》卷五三四三引元《三阳图志》:潮州"沽酿者……圣朝榷税如旧"。

每年定额各 8 000 两；次为英、南雄二州，各 3 600 两；其余八州分摊较少。从北宋后期起，广东各银场逐渐减产，继又大多停产，银价不断上涨，由每两六七百钱升到孝宗乾道末年的每两 3 贯。每年朝廷拨下的"市银钱"远不够买价。有时官府还根本不付银价，白取于民。由于是"上供"所需，每年购银或征纳便特别紧迫，吏役们乘机敲诈勒索，最为扰民。据淳熙年间提举常平蔡戡说，民间"异口一词，莫不以上供银一事为扰"。本应拨给广东买银钱 152 169 贯省，但朝廷只拨 5 万贯，且被移作他用，结果将全部买银钱摊征于民。蔡戡提请除广州照数发解上供银外其余 13 州全部放免，或用官府所存盐钱买银上供①，但不能如愿，结果不过稍减买银数和稍加买银钱。理宗绍定年间，南雄知州黄崈奏准，以本州卖盐盈利及原拨买银钱买银 3 047 两上解，作为永制。告示贴出，"欢声雷动"②。南宋末，连州每年上供银犹达 6 800 两，上等田一亩须附征"上供银钱三百文足"。潮州的岁额为 2 900 余两，可能是按产钱摊征。各州上供银大都向民征钱买纳，官府不再拨钱。

（四）天申节和郊祀大礼绢、布

绢布本由官府置办上供，并非赋税，广南东路供绢、西路供布，每年各约数千匹。先是由官钱购买，或用官钱折纳上供，但后来有时也"白科于民"，并且把钱再折银上解。潮

---

① 蔡戡：《定斋集》卷一《乞代纳上供银奏状》。
② 乾隆《南雄府志》卷十八。

州曾把天申节和大礼上供银按"产钱"在城乡摊征①。

（五）醋息钱和公使醋钱②

南宋广东各州，诉讼人呈送诉状时，多被勒索"醋息钱"。这类钱归官府作为公用，各路相当普遍。有时公用钱则直接由州派征于各县担任职役之人，叫"公使醋钱"。

南宋广东城乡正杂各税（尚有盐税、商税等）及变相征敛甚多，上述并非全部。在沉重的名目繁多的苛敛之下，民不聊生，多有逃亡。此乃是中央政权增大上缴财赋定额所致。据淳祐十二年（1252）广南东路转运司奏报，该司每年全部收入，连常平、盐、舶所供88 700余贯，共计446 900余贯省③，其中有274 345贯省是南宋初从湖南调广东的一支军队的军费。此项军费一百多年来每年仍要解赴湖广总领所，供该地"大军"④。可见上缴财赋之多。

三、地主、土豪和农民

关于南宋广东农村阶级结构状况，现存史料中只有广州、高州、雷州和连州的几个主客户的数据，其中主户中的地主

---

① 天申节是宋高宗生日，宋代许多皇帝的生日都称某某节。"大礼"指皇帝三年一次的南郊祭天（见《武陵旧事》卷一）。

② "醋"字古有回敬、报答之意，这两种钱或即"酬劳费"之意。

③ 吴泳：《鹤林集》卷二十二《奏宽民五事状》。这40余万贯是广南东路财赋收入上解中央后留给转运司支用之数，但还有田税和丁米、商税，留在各州支用，在40余万贯之外。

④ 这27万余贯名义上属转运司支配，实为上解财赋，故归转运司留用的实只十余万贯。

和自耕农各占多少无法区分，而且各州数据又不同一时间，故仅凭这些数据不能确知阶级结构状况及其变化。但联系其他资料，却能从广、连二州的主客户数量大体上看出北宋元丰年至南宋中后期广东两类不同地区的土地占有及阶级构成状况。

广州，南宋淳熙年间主户82 090户、客户103 623户，共185 713户①。主户占总户数的44.2%，客户占55.8%。而北宋元丰年间，总户数为143 261，其中主户占45.2%，客户占54.8%。两相比较，总户数中主户比例减少1%，客户增1%，变化极微。然而，淳熙年间广州总户数比元丰年增加42 452户，可谓颇多，其中很大一部分是境外迁来的，他们占有（及佃耕）的土地较多是新开发的无主地。大致广州境内土地兼并、自耕农丧失土地沦为佃农的现象并不严重。与广州上述情况相类似的有潮州。

连州，南宋末阳山、连山二县共4 490户，其中主户占90%，客户占10%②。而北宋元丰年间连州三县的总户数36 942户，主户占82.4%，客户占17.6%。尽管上列南宋末连州户数不全，且受战祸摧残，户口损耗，大部分耕地被弃置荒芜，与正常情况不同；但连山、阳山二县主户所占比例比元丰年全州主客户比例高出7.6%，反映出一些无地农民不难占有荒田成为主户（自耕农）。南宋时循州与梅州也是战祸频繁、户口大减（南宋无户口统计，元丰年户数分别为

---

① 《大德南海志残本》卷六。
② 《永乐大典·广州府》引《湟川志》。尚有宋桂阳一县，未引《湟川志》所载（元及明皆无桂阳县），情况不详。

47 192及12 372,元世祖至元二十七年分别为1 658及2 478,可证),与上述连州耕地荒芜情况相类似。

其他各州,既无主客户数据,各种情况也与广、连二州不尽相类,其土地占有和阶级结构,当或稍近于广,或稍近于连。故就广东整体而言,自北宋以来,自耕农在总户口中占相当大的比重和在主户中居大多数的情形,基本上没有变化。

南宋广东的大地主多在广、潮二州。庆元年间新会人张安在遗嘱中,详列他家在新会、香山二县的田产,计可收租谷10 114石。70余年后,其子张富所立遗嘱,载明占有东莞、增城、香山、南海、新会等五县及新州境内田产,共收租11 200余石①。南宋初将官伍氓之子定居新会,"买田三万余石(收租数)"。南宋末,宗室赵必持自闽入广,在新会"置买田地,租一万余石"②。南海县陈村区仕衡,"承先世之业,辟荒垦秽,岁租八万石"③。潮州陈文晦,"岁租一十二万,富甲潮阳"④。而另一新迁潮阳的大地主吴翼,占垦海滨之田延袤达20余里。而其他州则少见或不见拥有如此多土地的大地主,足见广、潮二州土地占有较他州为集中。

但是,由于当时普遍存在着诸子分产、嫁女给奁田、父子兄弟分居分产立户的习俗,这对大土地的占有起着一定的

---

① 张灿奎:《张氏族谱》(新会),光绪六年刊本。
② 伍建珍:《伍氏族谱》(新会),光绪六年抄本;《赵氏族谱》(新会),民国抄本。
③ 区仕衡:《九峰先生集》卷首《家上舍公传》。
④ 《陈氏族谱》(潮州),光绪末抄本。

制约作用。如顺德《陈氏族谱》载：南宋陈贤高等兄弟三人，各分得祖业300亩，另69亩为蒸尝田（祭田）。新会张安拥有的土地分布于新会、香山、东莞等数县，其父嫁出四个女儿，各给收租谷500余石的奁田，而张安的遗嘱则命长孙继承收租1100余石的田产，次孙继承收租10 114石的田产。黄益廉自南雄迁居南海，"买田数处，分三子随田附籍"①。新会赵必迎无子，在嫁出三个女儿时，便将所有田产3 200余亩分成四等分，自己与三个女儿各得800亩。以上资料表明：地主有子女者其田必定分散；兄弟之间有均分，有不均分；姊妹奁田数量不少，基本上一视同仁。惟祭田一项，据各记载可知，田产稍丰之家必置，多寡不定，有至数百亩者，或由长房或由诸房轮流掌管，是家族公产，所有权不易变动。

两宋广东绝少土著大官僚，虽有潮州"贵者攘濒海民田"②的现象，但少见官宦人家在地方拥有很大的势力。各地农村有较大势力的是土豪。土豪是地主，但不一定是大地主或有官职的人。两宋广东聚族而居的情况很普遍。家族制与地主占有制结合是土豪产生的温床。家族的首领是拥有较多土地又能服众者。他纵然毫无官职，但只要族强势大，又能交结官府，便可能进而成为一方的首领，假宗族之名以号令一族，又假地域之名而号令一乡一地。这种首领各地都有。他们往往横行乡曲，成为土豪。有些土豪还以地方防盗为名，拥有自己的武装。

----

① 黄庆云重辑《黄氏族谱》，咸丰四年抄本。
② 刘克庄：《后村先生大全集》卷一百五十三《刘赣州墓志铭》，《四部丛刊》本。

南宋初，广东土豪势力已很强大。绍兴二年（1132）十一月，江西"虔寇"谢宝领众数千攻博罗县，广东安抚使"遣官兵募土豪与战，各有胜负"。十二月，又有谢达围惠州，惠州守臣事前"募乡豪入保子城"①。整个南宋期间，官方都常利用土豪武装防盗、捕盗。官僚们认为"广南之俗，随方隅为团，团有首领"，若"能因其俗而激用之"，可为广南"除盗之一助"②。因此，广东地主中的土豪，乃是地方政权的重要支柱，并代表着所有地主的利益，影响社会，统治农民。

自耕农虽拥有土地，不受地主剥削，但南宋加于土地所有者的各种赋敛要比北宋沉重得多，所以南宋广东自耕农的经济状况比不上北宋。

农民中的佃农所受压迫与剥削更为沉重，而且社会地位在法律上又较北宋为低。按北宋法令，地主杀死佃客，原则上要处死，但须由皇帝裁定是否抵命；南宋改为不再抵命，减等发配邻州，再改为刺配本城③。

两宋广东没有确切的地租率资料。据南宋末连州每亩中等土地年纳正耗米约3斗，外加头子钱及其他征项来推测，若每亩田收租少于5—6斗米，则地主在纳田税后将一无所获。又南宋时，湖南桂阳军上等田每亩约产米1石④。连州与桂阳军接壤，又同是山区，其中等田的年产量最多不过1石。由此可知，连州的地租剥削率必超过产量的50%—60%。地租

---

① 《建炎以来系年要录》卷六十、六十一。
② 《宋会要辑稿》兵十三之三十七。
③ 朱德熙：《宋代佃客法律再探索》，《历史研究》1987年第5期。
④ 陈傅良：《止斋先生文集》卷四十四《桂阳军劝农文》。

率太重，迫使大量佃农离开土地或逃亡。其他各州的地租率可能比连州轻些。但佃农状况的好坏也要随田税轻重为转移。

佃种官田，官租一般轻于私租。然而官田常多被土豪地主承佃，再按私田租率转租给佃农，从中牟利。如绍兴初年广南东路官府所管乡村户绝田、各种没官田及江海淤积沙田，就都被"兼并之家作弊"，买通官吏，只交轻租。但官租有的也不轻。如绍兴十二年（1142），宋廷曾令各路，凡未出卖的官田，由现佃人"添租三分（3成），依旧承佃"[①]。若是由私人捐献为学田的官田，或由官府将没官田拨作学田，其租便与私租无异。

宋代关于田数及官私田租的计量单位，往往不用"亩"，而用"容种"，即用种子多少"石"计田数，或者以纳税钱（或租钱）多少计田数。

此外还有"职田"。其地租收入作为官府办公费和官员的补贴。琼州职田原纳本色米，从淳熙年起改为折钱，所定价钱为市价的三四倍。如此折变，弄得"职田"佃农纷纷逃窜[②]。

南宋广东佃农不论佃种官、私田，除交出租外还要纳丁米、丁钱和役钱，负担极其沉重。地主和土豪还要把日益加重的赋敛向他们转嫁。有些官宦之家的佃农，多为原僮仆和"家人"，他们对地主有着较强的依附性，更不能违抗地主的意志。

---

① 《宋会要辑稿》食货五之二十六。
② 《宋会要辑稿》职官五十八之三十、三十一。

四、日趋尖锐的阶级矛盾和频繁的农民起义

北宋末的横征暴敛，已使南方各路民不聊生。南宋初，金兵不断南侵，南方各路（包括广东）征敛更重，负担主要落在农民头上。此外，还有严重的兵匪骚扰劫掠之患。同时，广东的土豪对农民的欺压变本加厉。因此，南宋初年广东的社会矛盾和阶级矛盾都比北宋时期尖锐。例如绍兴二年（1132）兵匪曹成部威胁两广时，宋政权为调兵对付曹成，两广征敛"一丁已有出七八千者"①。这样，阶级矛盾遂主要表现为地方政权与农民的对立。农民要生活下去，不得不反对当地的政权，并在一定的时机爆发起义或武装反抗。

南宋初受兵匪之害较早且最突出的是邻近广东的荆湖南路和江南西路，所以这两路农民起义和暴动较早爆发。因为广东兵力单薄，湖南、江西的农民军在受到官军攻剿时，往往进入广东境，并得到当地农民的支持和响应；广东农民或加入湖南、江西的起义军，或自行起义。这是南宋初年广东农民起义的特点。此外，湖南、江西两路的农民起义的规模比广东农民起义相对为大，前者进入广东的人数也比后者为多。因此，"客强主弱"是南宋初年广东农民起义的又一特点。

南宋初年广东的农民起义，是从建炎四年（1130）开始的。是年二月，湖南茶陵"军贼"（含兵匪与"乡民"）2 000余人入广东境，"欲自连、韶路迳趋广州"，被驻韶州的官员

---

① 李纲：《梁溪全集》卷一百十八《与秦相公第十书别幅》。

第十章 南宋广东沿海地区的加速开发与文明的增进

招抚。同年,广东有"盗杨隆与其徒百余人"入梅州,"盗王少八掠韶、惠诸县"①。

绍兴元年(1131)二月,湖南宜章"贼李冬至二犯英、连、韶、郴(在湖南)等州","以军兴赋重,不得保,遂与其徒作乱,自号平天大王",后被招降。是年,广东"贼邓庆、龚富围南雄州",又及"英、韶诸郡"②。官军将领赵永忠"大破英、连诸寇","破循、梅、潮寇刘铁面等"③。

绍兴二年(1132),有江西虔州"盗"陈颙部、谢达部、谢宝部和广东邓庆部攻围循、惠、南雄、梅等州县;又有"海贼"柳聪,拥舟数十艘,往来广、福、雷、琼、钦、高、南恩诸州境上④。

绍兴三年(1133),来自江西境的"陈颙、罗闲十等四百余党,自为头首,各成寨栅,其徒十余万众,侵犯……循、梅、潮、惠、英、韶、南雄,以至广州"⑤。是年又有"海盗"黎盛"犯潮州,焚民居,毁其城而去"⑥。

绍兴四年(1134),湖南的农民军仍进入广东,"韶、连疲于守御。而广州之观音,惠州之河源,循州之兴宁,千百为群,绯绿异服,横行肆掠,以众为强"。是年冬,又有广东

---

① 《建炎以来系年要录》卷三十一、三十六、三十九。
② 《建炎以来系年要录》卷四十二、四十五、四十七。
③ 阮元:《广东通志》卷二百六十三。
④ 《建炎以来系年要录》卷五十三、五十七、六十、六十一。
⑤ 《金佗粹编》卷十七岳飞《再论虔州平盗赏申省札子》。陈颙等"虔寇"皆于是年在江西被岳飞击平。
⑥ 《建炎以来系年要录》卷七十一。

"盗区稠"攻韶州乐昌县,官军统领赵焕战死①。

绍兴五年(1135),江西周十隆,攻"循、梅、潮等州",又有"海贼朱聪自潮州入广东,焚掠州县"。雷州则有"海盗"陈感,拥舟数十,杀官军统领官②。

上述六年是南宋广东邻路农民军入境和境内农民起义或反抗最频繁、涉及地域最广的年代。此后,直至南宋末,仍然常有境外农民军进入广东;广东境内大小规模的农民起义也持续不断,统计不下数十起③。下面仅简述规模较大者。

绍兴十九年(1149),海南文昌、琼山陈集成领导的农民起义,乃由实行经界法丈量田亩、编定册籍时官吏贪酷扰民太甚所引起④。绍兴十一年(1141),湖南骆科起义,自宜章进入连州。孝宗乾道元年(1165),湖南李金起义,进入连、韶、英等州。淳熙二年(1175),湖北"茶寇"赖文政起义,经湖南入广东。淳熙六年(1179),湖南陈峒起义,进入连、英州。同年,广西李接起义,涉及高、化、雷三州。宁宗嘉定元年至四年(1208—1211),湖南罗世传、李元砺起义,众至数万,曾到韶州,并于南雄州大败官兵。理宗绍定六年(1233),江西陈三枪起义,次年在循、梅地区被围歼⑤。

---

① 《建炎以来系年要录》卷七十九、八十二。
② 《建炎以来系年要录》卷八十四、八十六。
③ 何竹淇《两宋农民战争史料汇编》中所列绍兴六年以后广东的农民起义计大小41次,但遗漏仍多。
④ 详见李光《庄简集》卷二《海外谣》。
⑤ 理宗端平二年(1235),广东正规军主力——摧锋军的一部在惠州叛变,进围广州。闲居广州的名臣崔与之为此而就任广东经略安抚使,调集军队将叛军歼灭于肇庆一带。现附述于此。

总的说来,南宋时期的阶级对抗比北宋时期要激烈得多。今存官方史籍及文献中对农民起义或暴动作诬蔑性的记载,其原因、经过、结果、作用往往不明。但在有限的记载中也可以看出,有些农民起义曾经迫使统治者作出让步,取得了积极的效果。如海南陈集成起义就迫使政府停止了扰民的"经界"。绍兴五年(1135),朝廷在农民起义之后对广东"军行所经,历州被贼之家,验实与免科差及拖欠积欠各二年。"①

一般说来,农民起事都是为求生存而奋起反抗的,尽管大都结果不明,其正义性却毋庸置疑。关于海盗,南宋亦较北宋频繁,与农民起义有一定区别。其中不乏无以为生铤而走险的农民、渔民,但也有拥舟数十以掠夺财富为目的歹徒。他们抢劫海上商船,对国内外海上贸易为害不小。因此,不宜把海盗一概视为农民起义。

第四节 手工业的消长

南宋初年的兵祸,对广东手工业摧残极大。此后,由于官府管理不善、经费不足等原因,著名的铜矿采冶和铸钱两大手工业生产更为衰落,其他各金属矿的采冶亦复如是。陶

---

① 《建炎以来系年要录》卷九十二。这里还要说明一点:两宋政权对农民(以及少数民族)起义虽通常也使用"剿"、"抚"两手,但往往是以"抚"为主。广东正是这样,可抚即抚,较少惨酷杀戮,一剿到底。因此,南宋广东阶级对抗虽尖锐,却不曾出现规模浩大的农民战争。

瓷生产也再度下降。盐产量略为减少。此期间盐法迭更，最后是官搬官卖和"钞盐"并行。

由于沿海地区海上和内河商业、运输继续发展，以及军事上的需要，造船业的规模更大。

就整体而言，南宋广东手工业大不如北宋，然而也有零星的新兴手工业出现或兴起，如茶具、文具、雕板印刷等。

一、盐法变更和抑配食盐

（一）盐场分布与灶户

北宋广东新置的盐场屡增，至南宋乾道年间，沿海各州皆有盐场，除海南未见开列外，共计盐场25处，年产盐562 750石（合28 137 500斤），其中广州的静康、大宁、海南、东莞、金斗、广田、归德、叠福、都斛、矬峒、海晏、怀宁等12场160 186石，惠州的石桥、淡水、古隆3场87 150石，潮州的小江、招收、隆井3场66 600石，南恩州的双恩、咸水2场17 124石，高州的博茂、那泷2场2 927石，化州的茂晖、零渌2场81 570石，雷州的蚕村场39 600石[①]。当时广东处在战乱后的恢复期，人口少于北宋，盐的总产量也低于北宋。若将一部分私卖计入，大概比北宋时产量减少不多。

南宋广东盐场的分布已较合理，机构设置与官员分工亦渐健全。绍兴初，南恩州阳江县境有咸潮所浸田124亩，募

---

① 《宋会要辑稿》食货二十三之十六。

民开垦,"置灶六十七眼",设场官管理,"造到监官廨宇、专司司务、盐䉛(厫)、钱库,各得圆备。"① 这个初建的小场尚且如此,其他大场当更完备。

灶户虽是召募而来,但被束缚在官有盐田上不能自由离开。绍兴三年(1133)规定:"诸盐亭户及备工小火,辄走投别场煎盐者,各杖八十,押归本场承认原额。"② 灶户要按岁额缴盐,领取工本,还要受到各种克剥,包括压低"盐本"、不及时付价和加收斤两等。南宋后期,惠州收盐甚至"一箩收三箩之入"(1箩100斤)③。灶户难以为生,只有逃亡,或卖私盐给商贩。尽管政府定有灶户卖私盐不论多寡,皆杖脊配牢城的严厉刑罚,但私盐仍然泛滥,并且发生盐民与官军的大规模武装对抗。

(二) 钞盐法的多变

南渡初,因战乱淮盐运道不通,宋廷乃于建炎四年(1130)春命将北宋已行于北方及两浙等路的"钞盐"制推行于闽、广,并许广盐销入江西、荆湖,准客商至行在(临安)买取钞引,至产盐地提盐运销④。淮盐运道复通后,绍兴五年(1135)规定:广东盐不得再入荆湖及江西;其2/3行客钞,只准贩卖于本路,其1/3仍归官卖⑤。

---

① 《宋会要辑稿》食货二十六之一。
② 《宋会要辑稿》食货二十六之二十。
③ 刘克庄:《后村先生大全集》卷七十九《乞免循梅惠州卖盐申省状》,《四部丛刊》本。
④ 《宋会要辑稿》食货二十五之三十四至三十六。
⑤ 《宋会要辑稿》食货五十五之二十七。据《永乐大典》卷一五二七二引《临汀志》,绍定年间福建请准汀州改食广盐。可知南宋后期广盐销地已放宽。

由商人贩运的"钞盐"，以较高价格向官购买，官府可以省去"官搬官卖"的运输等费用，所以宋廷大力推广此法。绍兴九年（1139），令东路"全行客钞"①，盐钞（即"盐引"）由本路卖钞库发卖；西路的雷、高、化州，20%仍由官卖，销于该三州，余皆行客钞。

广南东、西路皆产盐，东路"盐味咸厚，故易售"；西路"盐味淡薄，故难售"。加上东路水运方便，运费低，商人多运东盐销西路。乾道元年（1165），东盐大量入西路，商旅不买西路盐钞，西路盐场"遂至住煎，走失一路所入"②。三年后，西路全复官搬官卖。此后，西路盐或变行客钞，或变官搬官卖，几经反复，至淳熙十六年（1189）后才正式固定西路盐行官搬官卖法。为限制东盐西销，又将东路盐钞定额减至7.5万箩，到淳熙末年再减为6万箩。

（三）按户口配售食盐

由于私盐盛行，南宋广东盐无论官搬、客钞，都不免强行配卖。客钞乃强配于商人，为时不长，也不普遍；官搬则后来大都强配于民，计口配售。

淳熙年间，广州曾一度计口配售。雷州海康县每年主户一丁配食盐12斤，客户每丁6斤，每斤均32文；遂溪、徐闻二县配售更多，价更高；州郭主户第一等，每户配售达84斤。绍熙年间雷、化、高州配额均酌减③。

潮州先是按主客户丁口科配。绍熙年间改为按产业多寡

---

① 《宋会要辑稿》食货二十六之二十五、二十六。
② 《宋会要辑稿》食货二十七之二十四。
③ 《宋会要辑稿》食货二十八之三十、三十一。

分七等按户科派；唯无产之"白丁"得免，可自由向官府购买。配售的盐价高达1斤110文，后由提举茶盐司查明，减至1斤73文，并准第七等户中产钱仅1—10文之户免配①。惠州先是分七等户配卖，无一户能免，后归提举司措置，亦无非是计口配售。此外尚有卖与渔民的"腌造盐"（广南西路亦有），也是科配②。

南宋末广东食盐科配之弊更甚。

南宋食盐"抑配之事，多在闽、广"③，给广东人民造成重负，且开后世计口配盐之先例。沿海"腌造盐"的出现，说明当时广东沿海渔业已很可观。南宋广南东路盐利多时年收入达90万贯④。

二、采矿和铸钱业的衰落

南宋伊始，广东官府就缺乏购买各种矿产的"本钱"，而绍兴初的连年战乱，使重要矿区韶、连、英、惠等州均遭严重摧残，岑水场亦受到万余人的抢劫⑤。凡此种种都加速矿冶业走向衰落，矿产量急剧下降。

据绍兴末年统计，广南东路各金属矿场共兴发18处，停闭17处，但所兴皆小，所废较大，减产之场更多。乾道二年

---

① 《宋会要辑稿》食货二十八之五十二、五十三。
② 《永乐大典》卷五三四三《潮州府》；黄佐：《广东通志》卷四十八《林一鸣传》。
③ 戴裔煊：《宋代钞盐制度研究》，中华书局1983年版，第174页。
④ 杨万里：《诚斋集》卷一百二十二《右司王侨卿墓表》。
⑤ 李纲：《梁溪全集》卷六十六《乞措置招捕虔州盗贼奏状》。

(1166),"铸钱司比较祖额之数",韶州岑水场黄铜从3 174 600斤降至 10 440 斤,胆铜从 80 万斤降至 88 948 斤,铅从 458 360 斤降至 5 300 斤;连州元鱼场黄铜从 109 260 斤降至 2 880 斤;韶州翁源县铁从 5 万斤降至 12 088 斤;南雄始兴县铁从 36 480 斤降至 440 斤;广州增城、番禺、清远怀集四县铁从 24 000 斤降至 6 980 斤;惠州博罗县铁 12 740 斤同前;南恩州阳春县铅从 630 斤降至 220 斤。另连州桂阳县产铜 5 000 斤[①]。

自此之后,南宋政权始终未能动用较多的官帑来扶植、重振广东矿冶业,而且为防止矿工暴乱,更无意重新集聚数千、数万矿工于一地进行生产。

南宋初岑水等场的铜矿属官营,用厢兵和罪犯进行采冶。至绍兴十三年(1143)始见民营采铜的记载:"韶州铜冈场、连州元鱼场,银铜铅坑已见发泄,人户见今兴采。"[②] 这时粤北民营矿冶业稍稍复苏。乾道年间,岑水场官方曾召募新"坑户",采用胆土进行湿冶,又按"水味浓淡"、给铁多少来定浸铜产量。但终南宋之世,广东民营采铜业都很微弱。岑水场产铜最多时的年产量为 50 余万斤,只不过是北宋末年产量的 1/8。

其他矿冶业,见于记述的有惠州新兴、帽峰、铁冶、三峰四铁场。其中唯帽峰场由当地百姓向官承税,自招炉丁采冶,产品卖与官府,生产比较正常;其他三场皆由官府所招江西人充炉丁,为官营,成本比市价高一倍,而"百姓复遭

---

① 《宋会要辑稿》食货三十三之十八至二十五。
② 《宋会要辑稿》食货三十四之三十四。

其扰"。嘉泰年间经知惠州梁京奏准,罢四铁场摄官,由县尉兼领,许当地百姓认税招炉丁采炼,按市价售与官府①。又惠州归善县有西平、流坑二银场,永吉、信上、永安三锡场;潮州海阳县有"丰济银场、横衡等二锡场"②。大抵广东所产铅、锡,皆供永通监铸钱。

南宋初,永通钱监一度罢废,绍兴二十七年(1157)始恢复③。由于岑水场产铜无多,每年所产铜又大部被调往江西饶、赣(虔州已改为赣州)二州钱监铸钱,乾道以前,永通监每年仅铸钱3 000—4 000贯。为了刺激铜矿采冶以供铸钱,宋政府曾实行对民营采铜优惠的办法:将传统的"二分抽收,八分榷买"改为"免抽收,支还十分价钱";并规定采铜人户每年卖铜5 000斤,免差役一次,1.5万斤免两次,3万斤以上免三次④。这种优惠办法不可能切实、长久施行。淳祐年间,永通监每年铸钱"岁计四五万缗"⑤,仅约为北宋兴旺时的1/20。

三、沿海地区大规模造船

南宋广东最大的远洋商船仍为木兰舟⑥。《岭外代答·柂

---

① 《宋会要辑稿》职官六十二之五十四、五十五。
② 《读史方舆纪要》卷一百三。
③ 《宋史》卷三十一《高宗纪》。
④ 《宋会要辑稿》食货三十四之二十二、职官四十三之一百五十八。
⑤ 张端义:《贵耳集》下集。
⑥ 木兰舟(已见前)本外国大舟,周去非《岭外代答·木兰舟条》不过是借其名以言中国海船之大而已。

条》曰：广西钦州海山有奇材，名乌蒌木，用以为数万斛蕃舶之柁，"缜理坚密，长几五丈，虽有恶风怒涛，截然不动……此柁一双，在钦直钱数百缗，至番禺、温陵（即泉州），价十倍矣"。番禺是造船的重要基地之一，对乌蒌木需求多，所以其价特别昂贵。北宋末，朝廷在闽、浙所募"客舟"，长10余丈，深3丈，阔2.5丈，可载2000余斛，"上平如衡，下侧如刃，贵其可以破浪而行也……大樯高十丈，头樯高八丈，风正则张布驲（即帆）五十幅，稍偏则用利篷，左右翼张，以便风势……若夫神舟之长阔高大，什物器用人数，皆三倍于客舟也。"① 客舟上"上平如衡"指船面平得像秤杆秤物。"下侧如刃"指船两侧越向下越收束，底部尖形如刀。虽是两桅帆船，但主帆之外还有数十幅小的布帆，如羽翼一般张于桅的两侧，随风势而移动。与三国时《南州异物志》所载外徼人之船"四帆不正，前向皆使邪移"的用法相同。由此可知这种船已汲取本国和南海国家的技术。上面所说的闽浙客舟，与广东海船的形制并无差异，所以从客舟可推及广船。它们通常往来于国内沿海各地，兼及海外邻近国家。可知闽、广远航横越印度洋的商船又更大于"客舟"。客舟形制又与北宋朱彧所说状如"木斛"的远洋海船的长、阔比例大不相同，长度约为面阔的4倍以上。但两者都是尖底船，便于在大海破浪前进。

据载，两宋"海舟以福建船为上，广东、西船次之，温、明州船又次之"②。广东造的海船以航行国内沿海为多。

---

① 徐兢：《宣和奉使高丽图经》卷三十四。
② 吕颐浩：《忠穆集》卷二《论舟楫之利》。

南宋建炎、绍兴之际，朝廷曾令广东籴米15万石，雇船运至福建或临安①，如以每船装1 000－2 000石计，便须船75－150艘。建炎三年（1129），宋廷曾一度令在福建、广东沿海州军雇募海船600余只，用于沿海防御。其船分为三等，上等面阔2.4丈以上，中等面阔2丈以上，下等面阔1.8丈以上。南宋海南的海船也分为三等，"上等为舶，中等为包头，下等名蜑船"②。

此外，广东沿海和雷琼等州水军拥有海上战船。绍兴三十二年（1162），广南西路奏报，沿海琼、雷、化、廉等州无水军，欲招募水军400人屯驻琼州白沙港，"合用先锋战船六只，面阔一丈六尺，又大战船四只，面阔二丈四尺"③。孝宗乾道年间，广南东路新旧置水军共约2 200人，其大小海上及江海兼行的战船必有数十艘。

南宋广东还有一种特别的"藤舟"。据周去非说："深广沿海州军，难得铁钉桐油，造舟皆空板穿藤约束而成。于藤缝中以海上所生茜草干而窒之，遇水则涨，舟为之不漏矣。其舟甚大，越大海商贩皆用之。"④ 这种藤舟是唐代广东"缝合船"的进一步发展，但未必普遍用于远洋贸易。

航行于广东各大江（也可出海）的民间商船仍是大棹船。南宋贩运私盐多用大棹船。大小船只的分工是："大船则出入海道，……小舟则上下东西两江。东江则自广至于潮、惠，西

---

① 熊克：《中兴小纪》卷八；《宋会要辑稿》食货四十之二十。
② 赵汝适：《诸蕃志》卷下。
③ 《宋会要辑稿》方域十八之二。
④ 周去非：《岭外代答》卷六。

江则自广至于梧、横（横州在今广西南部）"①。其"小舟"在内河航行的范围极为广阔。

南宋流亡小朝廷行将覆灭之际，濒海居民以"乌蛋船千艘"赶赴崖山救援。这成千的乌蛋船是新会及其相邻州县所造的兼行江海的小船，而此前宋少帝自硇洲（今硇洲岛）迁崖山前后，舟楫等则"多取办于广右（西路）诸郡"②，实即出自化、高、雷、琼等州。也就是说，南宋末年广东（及高雷等）各地造船业仍然相当兴盛。又宋二王迁广，亦带来了岭北较先进的造船技术。明末清初人屈大均所说的宋"宣和龙舟遗制"，就是随宋少帝航海而来的将作大匠（中央负责营造的长官）所传。其船"长十余丈，广仅八尺，……上有台阁二重"③，雕刻及设施极为工巧。

四、棉纺织业

两宋时期，广东的棉纺织业和织造技术都有所发展和提高。

北宋棉织业以海南较为普遍，广东其他地方也有发展。广东经略安抚使陈绎之子曾在广州役使禁军进行大批量棉织品生产④，旨在牟利。

北宋末，婺州（今浙江金华市）人方勺写道："闽广多种

---

① 《宋会要辑稿》食货二十六之二十一。
② 万历《崖山志》卷一。
③ 屈大均：《广东新语·舟语》卷十八。
④ 苏轼：《东坡全集》奏议卷三《缴词头奏状》，《四部备要》本。

木绵……土人摘取去壳,以铁杖赶尽黑子,徐以小弓弹令纷起,然后纺绩为布,名曰吉贝。今所货木绵,特其细紧者尔。当以花多为胜,横数之得一百二十花,此最上品。海南蛮人织为巾,上出细字,杂花卉,尤工巧。"① 这段文字介绍了当时广东棉花的去子和弹花技术。当时棉布已较大量地被贩运到江浙地区。科学家沈括的叔父沈辽,也有诗咏棉布:"岭南地熟气如烟,木华蒙茸散为棉。使君作䌷远相寄,表似夷锦红欲燃。"② 可见岭南棉布外观"似锦",颜色鲜艳。

南宋广东棉织业仍首推海南。高宗绍兴末年有记载:海南黎族,"女工纺织,得中国绮采,折取色丝,和木绵挑织为军幕,不纯织木绵吉贝为布,与省民博易"③。其取色丝和木棉挑织的军幕,后来称为"黎锦"。十余年后,周去非在其《岭外代答》中说:海南所织棉布,"则多品矣。幅极阔,不成端匹,联二幅可为卧单,名曰黎单。间以五彩,异纹炳然,联四幅可以为幕者,名曰黎饰。五色鲜明,可以盖文书几案者,名曰鞍搭。其长者,黎人用以缠腰"。昌化军"女子自少小惟缉吉贝为生"④,"织吉贝花被布黎幕"⑤。吉阳军"妇女不事蚕桑,只织吉贝"。万安军"妇媪以织贝为业"⑥。赵汝适说,

---

① 方勺:《泊宅篇》卷三。
② 沈辽:《云巢编》卷三《谢蔚宗木棉》。
③ 《建炎以来系年要录》卷一百八十七。"折"有"毁"义,故通"拆"。"省民"常用于区别各少数民族之民,意即汉人官吏统治下的汉民(亦含已汉化的少数民族)。
④ 李光:《庄简集》卷十六《儋耳庙碑》。
⑤ 赵汝适:《诸蕃志》卷下。
⑥ 《舆地纪胜》卷一百二十四至一百二十七。

琼州亦"以纺贝为生",海南四州军土产"惟槟榔、吉贝独盛,泉商兴贩,大率仰此"①。当时海南各种吉贝织品远销国内沿海口岸及南海诸国。黎族妇女的棉织技术不断改进,织品花色种类增多。海南的植棉业继续扩大,棉纺织成为海南农家的主要副业。

与海南一水之隔的雷州以及化州,南宋时以棉布"代丝纻"。"有织匹幅长阔而浩白细密者,名曰慢吉贝;狭幅粗疏而色暗者,曰粗吉贝;有绝细而轻软洁白,服之且耐久者"②。雷州一带原主要以"绩葛"为衣,宋时渐推广织棉为衣。

第五节 水陆交通与贸易的变化

宋室南渡,加强了南方沿海各路之间的联系,故广东与两浙、福建的海上交通和商业往来更为密切。

广州市舶司的对外贸易,在南宋初仍远远领先于诸市舶司,后来泉州市舶贸易获得较大发展,至南宋末终于超过了广州。

广东田赋扩大了征钱部分,促使农产品更多投入市场。沿海州县商业和交通较北宋时发达,而北部和东北部山区却转向衰退。

南宋广东开始使用纸币,但民间基本上仍是用钱。

---

① 赵汝适:《诸蕃志》卷下。
② 周去非:《岭外代答》卷六。

一、水陆交通和海上米粮运输

（一）沿海交通和海运米粮

南宋首都临安比北宋首都汴京离广东为近，故广东与临安之间的交通往来较多。临安至广东，陆路与海路距离大致相等。官员赴任及还朝，如取顺风行船海上，比走陆路快，且较舒适；而广东向朝廷运送大批财赋，也以海道为省。广州市舶抽分、收买舶货中的粗色物曾长期由海道纲运临安。解临安的上供银钱有时也走海道。如绍兴四年（1134）二月，户部奏准将广东"盐本钱"及常平钱25万贯"由海道赴行在"[1]。

沿海各路与广东往来最密切的是福建。"凡游宦于广东，闽士居十八九"，其中不乏走海道者。如淳熙年间广州西南道场官李某便曾"附海船归三山（福州）"[2]。《舆地纪胜》说：雷、化、琼州皆是闽商多至之所。浙江的温、台、明等州与广东的海上交通，南宋时也有进展。绍兴年间一位宗室从湖南衡州移官温州，竟舍内地近路，"经由广中"[3]绕道广州由海道赴浙。

广东与闽、浙等地海上交通最突出之处，在于海上大量而较经常的米粮运输。南宋广东沿海农业生产发展，有了更多余粮。这些余粮，从海道运往京城、福建、两浙。其中海运临安、两浙始于南宋。福建要靠广东接济粮食，其海运量

---

[1] 《建炎以来系年要录》卷七十三。
[2] 《永乐大典》卷五三四三《潮州府》；曾丰：《缘督集》卷九。
[3] 《宋会要辑稿》帝系五之三十六。

也较北宋为大。

建炎四年(1130),因临安仓廪不丰,令广东籴米15万石运储于漳、泉、福州,以待转输。绍兴二年(1132),绍兴府奏:两年来,凡闽、广等处运到钱物粮食,皆在本府余姚县境出卸,驳运临安。绍兴五年(1135),朝廷命广东"市米至闽中,复募客舟赴行在"①。此后,临安也常"赖苏、湖、常、秀、淮、广等处客米"②。浙东各州遇荒年,也赖广米接济。乾道年间,"江浙饥荒,有旨发二广义仓米,航海诣永嘉(温州)"。广东转运判官黄洵"处之有方",把广东米连同由他经手的广西米于一月之内便运到8万石③。淳熙八年(1181)浙东旱,新任浙东提举朱熹认为"广东海路至浙东为近",且广东米价低平,遂印榜文"散于闽、广",令不得向米船征税,以招徕商运的广米。广南西路米之运赴闽、浙,也都要在广东沿海运出。此外,海南所缺之米本由高、化等州海运供给,但缺粮严重时也有由东路从海道运往的。

(二) 内地交通及其设施

南宋以广州为中心的广东内地交通,计有五条主要路线:

北路,即北江大庾岭道。南宋期间,大量人口南移,经此道入粤的行人增多;但货运则因韶州矿冶业衰落和战乱的影响而不及北宋④。

---

① 《宋会要辑稿》食货四十三之十八;李心传:《建炎以来朝野杂记》甲集卷十五。

② 吴自牧:《梦粱录》卷十六。

③ 朱熹:《朱子大全》卷九十三《转运判官黄公墓志铭》。

④ 据《永乐大典》卷六百六十五《南雄府》,南宋后期南雄州尚有一"搬运铜铁营",有厢军120人,属提点坑冶司,从事运铁往南、运铜或钱往北的上下岭运输。

西北路，即经湖南蓝山到连州、下湟水入北江抵广州的路线。连州是南宋受战祸最剧之处，末年州城的几条通湖南、广州的要道，每年只收得过往商税 100 余贯，可见此路商旅甚稀。

西路，即广西—西江—广州路线。广东、西之间经西江的交通，较北宋时繁盛，主要是广西的余粮经常通过西江运到广州转供闽、浙，又有木材顺流而下，而广东则常有大量的盐运入广西。

东路循州、惠州线，是由江西龙南入粤到广州的通道。这条路也是北宋固有的，又是自潮州经梅、循、惠到广州的"上路"，亦即潮州到广州的北路。此路循州一带"瘴疠袭人，行者惮焉"[1]，加以屡遭兵燹，行旅稀少。

东路潮州、惠州线。从潮至广，上述"上路"外，另有一条"下路"，即南路。自潮州南下潮阳，由陆路经海丰到惠州转达广州。南宋此路交通非常发达，除潮、广间往来大都循此外，福建至广州也多经潮州再转"下路"而行。有所谓"自闽之广，必达于潮，……假道者无虚日"[2]。朝廷下达潮州的文书，如果驿递经广州再转则"其路为迂，故多由福建路转达"[3]。所以这一条新的主要路线实仅亚于北江—大庾岭道。

交通工程建设，主要有如下各项。

一是设置渡船。各地的主要河流两岸渡口，陆续由官府

---

[1]《永乐大典》卷五三四五引林安宅《潮惠下路修驿植木记》。
[2]《永乐大典》卷五三四五引郑厚《凤水驿记》。
[3]《宋会要辑稿》方域十一之三十八。

设置或添设固定的"横水渡",以济行人。博罗县有横水渡者十余处。广州有许多横水渡,皆是役使蛋民。横水渡之外,还有不少航程较长、路线固定的渡船。

二是建造大型桥梁。南宋初,由闽入广者"至潮有一江之阻",潮州东城外韩江两岸间宽 180 丈,完全靠摆渡往来。乾道七年(1171),知潮州曾汪用 86 条船连成浮桥,为当时广东最大之浮桥。因桥宽易被水冲荡,乃在江的西侧"峙石洲其中",将浮船系于石墩,名曰康济桥。淳熙年间先后在西侧增置石洲 8 个,用坚木相连,其上盖屋,造成西段木石结构桥。自宁宗庆元至理宗绍定年间,又陆续在东侧置 13 个石洲建成东段木石结构桥,名济川桥。于是韩江东西两岸各有一段木石桥,中间用 24 只船组成浮桥连接①。

三是开通河道。湟水流经峡谷,两岸皆悬崖。宁宗嘉泰二年(1202),连州城南楞伽峡山崖崩塌,阻断溪谷,致湟水倒注,舟楫不通达 18 年。宁宗嘉定十三年(1220)冬,始筹得经费,由州司法李华负责疏凿。李华巧思多能,督众动工,"小石绋运,大石镵落,上以火攻,下以堰取"。次年春工竣,"舟自番禺来城下,群川众壑,各得所归"②。海丰县东南濒海有蛋民所栖之东溪西溪,互不相通,南宋将亡之际,宋舟师至,"凿濠筑山",开通而成停船之港③。

四是增置驿站,改善设施。南雄保昌境先有怀德驿一所,正当保昌及岭北大庾县之中。此驿房舍在嘉定年间扩充至 30

---

① 《永乐大典》卷五三四三《潮州府》。
② 叶适:《水心文集》卷十一《连州开楞伽峡记》。
③ 嘉靖《惠州府志》卷五;同治《海丰县志续编》。

余间,"士大夫自本州出岭、由南安入岭,皆宿泊于此"。绍熙年间,在州城南增设寄梅驿一所;庆元年间又在州城濒江处新置凌江馆,以便过往士大夫泊舟寄宿①。潮州"下路"开创之初,驿舍荒凉,行旅不便,绍兴末年加以改善,盖铺驿,设铺兵,夹道种树,"道旁列肆为酒食,以待行人,来者如归"②。后来海阳、潮阳两县陆续设置了许多馆驿。如海阳城(即州城)内新设凤水驿,有床位18个,另尚可住30人,过郡车马至此,即礼敬相待;潮阳黄冈建有三庵,兼充驿站,名曰光华馆,"守以僧,环以田",食宿马料,一应俱备。至是"潮、惠之间,庵驿相望","因漳而潮,东驰南鹜,惟适所安"③,行旅称便。

二、泉州兴起前后的广州对外贸易

(一)贸易的起落和市舶制度

自绍兴初叶战乱稍息之后,广州市舶贸易曾不断上升。绍兴六年(1136)十月改广州奉圣观为来远驿,"以备招来诸国贡使"④。宋高宗也屡发诏旨,令广州招致蕃商。绍兴末,三路市舶"抽解与和买,以岁计之,约得二百(万)缗"⑤。此时广州每年所得,应占其中较大份额。洪适在绍兴二十三年

---

① 《永乐大典》卷六百六十五《南雄府》。
② 《永乐大典》卷五三四五引《潮惠下路修驿植木记》。
③ 《永乐大典》卷五三四五引《凤水驿记》。
④ 《建炎以来系年要录》卷一百六。
⑤ 《宋会要辑稿》职官四十四之二十六。

(1153)曾说:"领(通"岭")以南广为一都会,大贾自占城、真腊、三佛齐、阇婆涉海而至,岁数十柁。凡西南群夷之珍,犀象珠香流离之属,禹不能名,卨不能计。"① 此后,渐由盛而衰。李昴英在淳祐年说:广州港全盛时,"巨舶衔尾笼江。……迩来唐儿罕到狮国(狮国,即今斯里兰卡,此处泛指外国)。……余三十年所目击,公私气象,由丰美入狭啬,岁甚一岁。"② 由此可知当时广东商人(唐儿)已很少往来外国贸易,而且每况愈下。按其所云"三十年"推算,知广州市舶贸易在嘉定后期开始走向衰落。淳祐年间虽一度稍有回升,但后来又下降。

南宋时各市舶司的抽分和收买舶货的规定多变。起初以遵祖宗旧制为借口,令广州市舶官员多收买易于销售的香药,以增加收入。绍兴六年(1136),将抽分比例定为贵重物如旧抽1/10,粗色货由1/10减至1/15。绍兴十七年(1147),因蕃商诉说抽解太重,将三年前所定龙脑、沉香、丁香、白豆蔻四种货物各抽解40%改为照旧抽1/10③。隆兴年间,贵重物犀象、珍珠又改为抽20%,且博买40%—60%,以致舶商不贩贵物,只贩"粗色杂货"。于是再令各市舶司对各货均只抽解10%,更不博买④。

除抽解、收买舶货的规定屡有变更之外,官吏违法滥征、

---

① 洪适:《盘洲文集》卷三十一《师吴堂记》。
② 李昴英:《文溪集》卷一《广州新创备安库记》。
③ 《宋会要辑稿》职官四十四之十九、二十四、二十五。
④ 《宋会要辑稿》职官四十四之二十七。北宋前期的珠、犀等八种货物,此时已非作为"榷货"全买,但不知改变于何时。

压价及其他舞弊行为也层出不穷。

孝宗隆兴元年（1163），因"舶船货物已经抽解，不许再行收税"的旧法不被遵守，"州郡密令场务勒商人将抽解余物重税，却致冒法透漏（走私），所失倍多"。虽由户部立法，凡已抽解之物，"不出州界货卖，更行收税者，以违制论"①，但也未能扭转前此之弊端。如宁宗开禧三年（1207）前南雄知州聂周臣说：泉、广舶司，蕃船抵岸抽解后，"所隶官司，择其精者，售以低价，诸司官属，复相嘱托，名曰和买。获利既薄，怨望愈深。所以比年蕃船颇疏，征税暗损。"② 嘉定年间，泉、广舶司"蕃商浸少，皆缘克剥太过。既已抽分和市，提举监官与州税务又复额外抽解和买"③。于是"透漏"更为泛滥。海南原是违法贸易的场所，这时并潮、惠、南恩等州，也都有中外船舶违法停泊贸易的事实。淳祐初，广州市舶"舟始至有和买纲"，又有"例库"，即接受贿赂，且已成"旧例"④。广州市舶司的舶政，虽说也有清廉守法之时，但总的趋势是旧弊未除，新弊又出，舶政日益腐败，终于导致市舶贸易的下降。

关于市舶贸易税的征收，自唐以来，不论以何种方式或名称征取，都是只讲进口货物的进口税。宋代已有征货物出口税的较明确记载。

---

① 《宋会要辑稿》职官四十四之二十六。
② 《宋会要辑稿》职官四十四之三十三。
③ 《宋会要辑稿》食货三十八之二十四。
④ 刘克庄：《后村先生大全集》卷一百六十三《叶寺丞墓志铭》，《四部丛刊》本。

北宋真宗大中祥符九年（1016），知广州陈世卿建议：广州番客中的各国使臣"缘赐与所得，贸市杂物则免税算；自余私物，不在此例"。经真宗批准实行①。外国使臣仅所得"赐物"才能免税，私购之物尚且要征税，中外商人运货至外洋当然要征出口税，虽未见记载，但应是不言而喻的。

南宋的记载就很明确了。南宋初，曹勋上书高宗，建议令从外国贩到广、泉二州的粗货在广、泉抽解后，再由各该舶商将未抽解的细货运至临安府抽解，使海上贸易（包括国内沿海贸易）的"投回"二税均在临安府完纳②。"投税"即进口税、"回税"即出口税甚明。此后，绍熙年间，庆元府（明州改为府）云："本府僻处海滨，全靠海舶住泊，有司资回税之利，居民有贸易之饶。"③宝庆三年（1227），庆元府又有"市舶回税"的一些奏说④。

根据上述史料，可以初步判定：两宋都是征市舶贸易（含国内外海上贸易）出口税的，而且从南宋由临安府、庆元府征"市舶回税"的情况看，国内外贸易的出口税不是归市舶司征收，而是由府征收，也就是由府城（在广州则为州城）商税务征收。由于出口货物是国内土产，不存在抽解、榷买问题，故国内外海上贸易"回税"是按国内一般商税的税率征收，其税额甚微⑤。

---

① 《宋会要辑稿》蕃夷七之二十；《续资治通鉴长编》卷八十七。
② 曹勋：《松隐集》卷二十三《上皇帝书十四事》。
③ 宝庆《四明志》卷六。
④ 宝庆《四明志》卷八。
⑤ 关于两宋市舶贸易出口税详情的论述，参见汪廷奎《两宋市舶贸易出口税初探》，《广东社会科学》1993年第3期。

(二) 航路的改进和进出口货物种类的增多

南宋泉、广海外贸易的范围较北宋似有所扩大，中国商船航行最远处达到东非海岸的甘眉（今莫桑比克东北科摩罗群岛）和北非的默加腊（今北非摩洛哥及其以东）[①]。据学者研究，宋代广州商船已能横渡印度洋（从印度南端到今索马里海岸）[②]。指南针在北宋开始用于航海，这是横越大洋的必要技术条件。横渡印度洋的航行，似开始于南宋，这是中西航海史上的一次巨大进步。从此，从印度半岛以南到东非，再也不必限于曲折的傍海航行。

北宋初，从"南蕃"进口的货物计列有45种。南宋绍兴十一年（1141），户部裁定市舶香药等名色，计所开粗色、细色货各100余种，除去其中一货分为多种者外，新品种还是增加不少，如天竺黄、蕃糖、苏木等等[③]。中国的出口货也增加了铁、酒、茶、大黄等名色。

对于抽解及收买的舶货，南宋仍如北宋将细色货纲运进京。泉、广舶司粗色货，虽一度改为留在市舶司所在州"打套发卖"，但不久又将其大部或全部纲运进京，以图售得高价，博取厚利。淳熙二年（1175），令以粗细物货5万斤为一全纲，限5个月运到临安交纳[④]。泉、广市舶司都把这种纲运分为粗细色货陆路纲和粗货海运纲两种。后来粗色货在京城充斥难售，遂于嘉定十五年（1222）经朝臣奏准罢运，仍留市舶司

[①] 赵汝适：《诸蕃志》卷上。
[②] 曾昭璇：《广州历史地理》，广东人民出版社1991年版，第316—317页。
[③] 《宋会要辑稿》职官四十四之二十一至二十三。
[④] 《宋会要辑稿》职官四十四之二十九、三十。

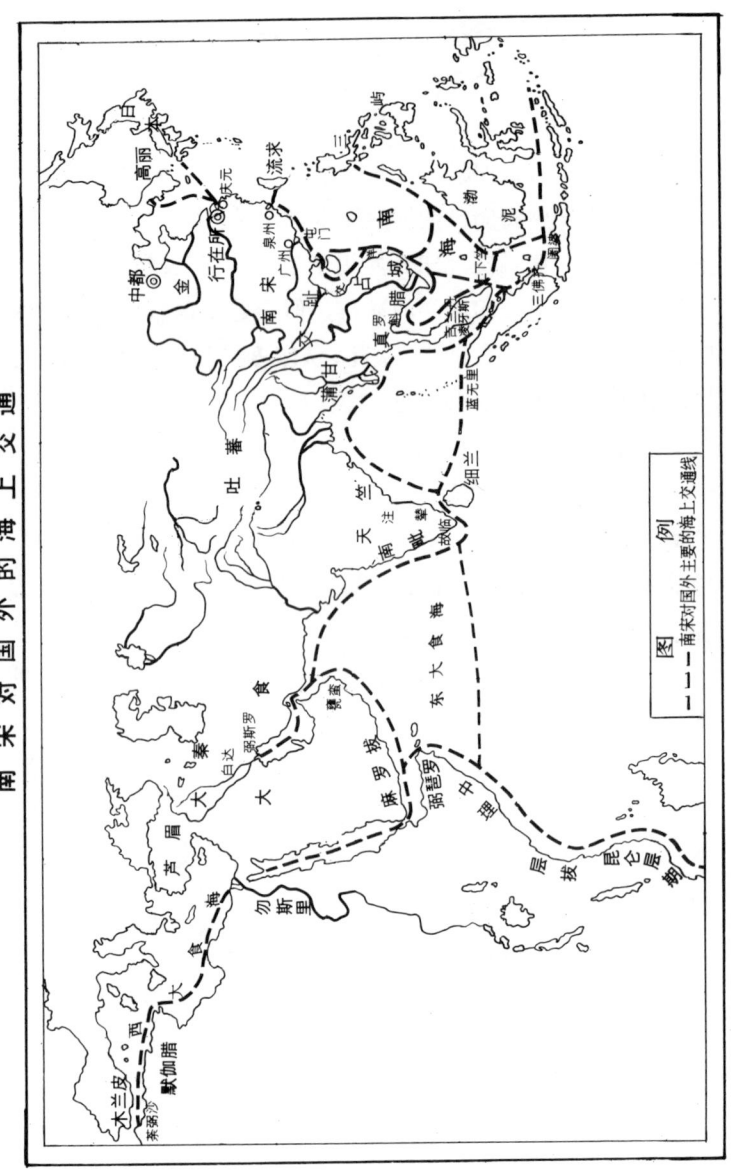

图例
- - - - 南宋对国外主要的海上交通线

当地发卖①。

(三) 广州市舶贸易优势被泉州取代

北宋哲宗元祐二年（1087）置泉州市舶司后，该司便设来远驿并差人到外国招徕蕃舶，市舶贸易发展较快。南宋最初的六年内，泉州市舶司因"每岁海舶不至"而两度罢废，但旋即复置。南渡初，广州市舶提举说：广州"自祖宗以来，兴置市舶，收课入倍于他路"②。绍兴二年（1132）兵祸大作，广州市舶司也一度暂罢。南方稍稳定后，闽、广市舶贸易复兴。从此，泉州发展较快，逐渐赶上居于领先地位的广州。

南宋泉州市舶贸易较广州有如下优越之处：

福建工商业比广东发达。泉州离临安更近，两地经济往来比广州更密切、省费，外国经泉州入贡也更近便。浙江南端的龙泉窑，以其优于广东诸窑的瓷器，运至泉州出口，与福建诸窑所产瓷器一起占夺了广东主要外销商品粤瓷的市场。同时福建有大量茶叶出口，销往南洋诸国。

泉州市舶司在南宋头八年内，共收净利钱98万余贯。绍兴六年（1136）"大食蕃国蒲啰辛造船一只，般载乳香，投泉州市舶，计收解价钱三十万贯。"③一船抽解已如是之多，其贸易增长幅度之大，可以想见。

由于缺少可比的数字和明确的记载，泉州外贸何时超过广州，实难判定。据《宋会要辑稿》所记，自孝宗淳熙年起，市舶贸易大多泉、广并提和泉置广前，应含有泉广并重之意。

---

① 《宋会要辑稿》刑法二之一百四十四。
② 《宋会要辑稿》职官四十四之十四。
③ 《宋会要辑稿》蕃夷四之九十四。

南宋朝贡贸易，在绍兴前、中期犹有多次经广州，此后便只见经泉州及庆元府（今宁波市）。乾道年间大食国的贡船行至占城被盗劫，"诉于福建路市舶"而不诉于广，这也是泉重于广或盛于广的依据之一。然而，嘉定前期泉州只收市舶税10余万贯，绍定五年（1232）仅5万余贯；嘉定前期广州市舶贸易却较兴旺，无疑是超过泉州的，而绍定年间泉州舶商因困于诛求，"漏泄于恩、广、潮、惠间者多，而回州者少"[①]，则广胜于泉亦无疑问。由此可见，直至绍定年间，泉广地位仍互有升降，孰先孰后，尚未见分晓。南宋末，蕃商后裔蒲寿庚"提举泉州舶司，擅蕃舶利者三十年"，并拥有大量海船[②]，从事海上贸易。此外，据说设在泉州的南外宗正司，自南宋初便置海舶从事海外贸易，到南宋末犹保持了一支远洋船队[③]。此两者加上当地的闽商海舶，便有2—3个海商集团在泉州，这是广州所不能及的。故南宋末泉州市舶贸易已超过广州无疑。

三、国内沿海贸易的活跃

南宋初的南方兵祸，妨碍广东商船到江浙沿海贸易。如闽、广以及海南商船到镇江府买卖者，以兵乱而"畏惧不

---

① 真德秀：《西山真文忠公文集》卷十五《申尚书省乞拨降度牒添助宗子请给》。
② 《宋史》卷四十七《瀛国公本纪》。
③ 傅宗文：《后渚古船——宋季南外宗室海外经商的物证》，《海交史研究》1989年第2期纪念刊。但这支远洋船舶是否存在，有不同看法。

来"①。时局一经稳定，闽、广等地的沿海贸易遂恢复正常。绍兴四年（1134），因山东沿海已入金境，故有诏云："闽、粤商贾常载重货往山东，令广南、福建、两浙沿海守臣措置禁止。"②于是，广东的国内海上贸易，北到东海两浙而止。后来，平江府昆山县黄姚税场发展为"二广、福建、温、台、明、越等郡大商海船辐辏之地"，"每月南货商税动以万计"③。孝宗时，建康巨商杨二郎"数贩南海，往来十有余年，累赀千万"④。广东不仅与两浙、福建沿海的海上贸易相当兴旺，而且与琉球（台湾）商船也有往来，其船并达海南⑤。但是，南宋始终执行沿海商船贸易须在市舶司请领执照，所到之处必须是准许海舶贸易之地，发舶归舶必须在同一港口的制度（从海道运米至缺粮区者例外），使国内海贸受到一定的限制。

在沿海贸易被控制的条件下，广东除按章进行的合法贸易外，还有不合法的沿海贸易，例如黄姚在未开为市舶港口并为此专设税场之前，广东商船前往黄姚贸易便未经市舶司批准。又嘉定年间，"常于冬春之时，有温、台、明州白橹船，尽载私盐"到肇庆府售卖⑥。

海南岛是两宋允许沿海商船前往兴贩之处。南宋时海南的沿海贸易很活跃。其"故俗以贸香为业"。最好的沉香，

---

① 《宋会要辑稿》食货五十之十一。
② 《宋会要辑稿》刑法二之一百六。
③ 《宋会要辑稿》食货十八之二十九。
④ 《夷坚志》补志卷二十一《鬼母国》。
⑤ 楼钥《攻媿集》卷三《送万耕道帅琼管》有句云："琉球大食更天表，舶交海上俱朝宗。"
⑥ 《宋会要辑稿》方域十九之三十五。

"价与白金等"。诸香之外,有槟榔、椰子、吉贝、花梨木、鱼鳔等货品。正因其出口货大致与"诸蕃"同,故其与国内沿海的贸易带有特殊性。海南舶船属广州市舶司管辖,与国内沿海贸易只有向东的一线,多经广州。绍兴五年(1135),广东市舶提举报道:"有海南纲首结领艐(艐为一组船)伴前来,号为东船。"①这批海南船的目的地不是广州,而是东南沿海。到海南贸易的主要是泉州商船。"贸易泉舶,以酒、米、面粉、纱、绢、漆器、瓷器等为货,岁杪或正月发舟,五、六月间回舶"。回舶土产"多与诸番同,惟槟榔、吉贝独盛。泉商兴贩,大率仰此"②。海南的沿海贸易,还为当地征得大量税收。琼州五县"皆有市舶",船至"则津务申州,差官打量丈尺,有经册,以格税钱"③。海南的出口货,单是槟榔一项,"海商贩之,琼管收其征,岁计居什之五";运到广州后,"广州税务收槟榔税,岁数万缗"④。从这里也可看到海南与国内沿海贸易的规模。嘉定六年(1213),宋廷曾令户部不得发给兴贩海南货物回临安抽解的公凭,"止许经庆元府给公凭,申转运司,照条施行"⑤。这样,又使两浙商船与海南贸易受到进一步的限制。

---

① 《建炎以来系年要录》卷八十七。
② 赵汝适:《诸蕃志》卷下。
③ 赵汝适:《诸蕃志》卷下。这里的"市舶"不是市舶司机构管辖下的市舶贸易,所征之税,皆归地方。
④ 周去非:《岭外代答》卷二。据海南和广州征税情形,国内沿海贸易须纳货物进出口税甚明。
⑤ 《宋会要辑稿》职官四十四之三十四。

四、重税下的内地商业

(一) 沿海地区兴旺,东北山区萧条

南宋广州、潮州和其他沿海地区,人口增长,农业发展,经营米粮的商业较北宋时兴旺。同时,田赋折钱缴纳的部分又有所扩大,使投入市场的农产品更多。广东一部分盐改行客钞,由商人贩卖,遍及行钞盐的各城镇乃至墟市。手工业出现一些新的品种。如多处州城已有雕板印刷业;雷州"铁工甚巧,制茶碾、汤瓯、汤匮之属,皆若铸就"[①]。又广东产漆[②],漆器是远销到南洋诸国的重要货物,多从广东各地贩运到广州出口。高州、化州的牛,也多有江西及湖南北人前来贩运。广州商人还到很远的内地做生意,如"广州人潘成,贩香药如成都"[③]。因此,在相对安定、交通较便利的广东沿海各地,商业都有不同程度的发展。这从商税的数字也能得到反映:广州八县,南宋后期每年商税课额约11.4万余贯,为北宋熙宁年间的166%,其中,北面山区的怀集一县仅644贯,而海边的扶胥镇则达4 400余贯;潮州在南宋后期有场务七处,年商税额35 100余贯,为熙宁年间的130%,外有坊场河渡钱2 100余贯[④]。

粤北山区连、韶、南雄等州和东北的循、梅二州,则因

---

① 周去非:《岭外代答》卷六。
② 方大琮:《铁庵集》卷十八《与郑金部》,《四库全书》本。
③ 洪迈:《夷坚志》补志卷二十《潘成击鸟》。
④ 《大德南海志残本》卷六;《永乐大典》卷五三四三《潮州府》。

战祸多、人口减少、农业凋残、矿区毁废而导致商业萧条。南宋晚期,当南北要冲的南雄州,州城商税务的租额仅5 569贯省,而熙宁年间的岁额却在万贯以上;连州已无复以往"人物富庶、商贾阜通"之状,商业衰落更甚,其关津、河渡钱年额不足500贯,仅为熙宁年间的1/14[①]。

沿海及上述山区以外各地的商业则介于这两者之间。例如地处粤中的英德府,虽亦地广人稀,商业倒还算活跃。"富家得米则南下于广,籴买钞盐以取赢;其贫无以为生者,则采山之奇石以货"[②]。

南宋合提举常平、提常茶盐二司为提举常平茶盐司,置提举,亦从事官营商业。广东行钞盐法后,部分州县的官府,也像商人贩卖钞盐那样贩卖食盐以营利。淳祐年间创备安库,以一部分库钱放息,借者"以物抵质",年利6%[③]。军队做生意的"回易"在广东也发生了。淳熙后期有严禁广东摧锋军"军中回易"之令,到开禧年间,摧锋军已"有回易所以养军",并被允许在屯驻营寨处"开置铺席,典质贩卖"。后来广州水军更大肆兴贩私盐[④]。官贩钞盐和军队经商,在当时的条件下必然扰民。

另外,南宋"仕乎南者,多自为稗贩,夺州县征商之

[①] 《永乐大典》卷六百六十五《南雄府》、卷一一九〇六《广州府》。

[②] 《舆地纪胜》卷九十五。

[③] 《后村先生大全集》卷九十《广州重建清海军双门记》;《文溪集》卷一《广州新创备安库记》。

[④] 《宋会要辑稿》刑法二之一百二十二、食货六十七之二;《续文献通考》卷十九。

利"①。这种凭恃特权、不纳商税的官员自身经商,在广东比较突出,也妨害民间的商业。

(二)妨害商业的苛税

南宋政权一开始就处在财政极其困窘之中。各路为满足中央不断增加的上供财赋和加筹地方经费,遂多征、滥征商税。广东的情况,如绍兴年间知英州陈孝则所说:"州郡财计,除民租之外,全赖商税。"②

南宋广东所征的内地商税,计有城镇、坊场、墟市的货物落地税,店肆的住税,交通要道上的货物通过税,重要津渡的河渡钱。这些都是北宋所旧有。绍兴年间,博罗主簿罗从彦曾设横水渡13处,"岁收渡饷"③,此后,各处多有横水渡,乃向摆渡的船夫征钱。征税的货物,连竹木砖瓦之类,亦在所不免。后来,竹木由抽分改变为抽分后另量尺寸征取;原免税的农器、柴薪皆在征收之列,一束柴要征五六文钱。米船原是不征税的,后地方便加重征取"力胜钱"(征于商船),量米船长阔征收,其数多于税米。人烟稀疏的循州和梅州,山间小路略通商民之处,也被私立关津,差派胥吏,"缗钱斗粟,菜茹束薪,悉令输税。空身行旅,白取百金;纤路曲径,指为透漏。……至有捆载而来,罄囊而归者"④,简直形同抢劫。

尽量多设征税场务,是南宋广东非常突出的榨取之法,但

---

① 真德秀:《西山真文忠公文集》卷四十《刘文简公神道碑》,《四部丛刊》本。
② 《宋会要辑稿》食货十七之四十一。
③ 乾隆《博罗县志》卷三。
④ 《宋会要辑稿》食货十八之二十四。

往往不如所期。绍兴年间知英州陈孝则奏：英州有一宜安镇税务，每月课额仅10贯，而监官的俸给大于此数一倍，实为"虚立税务，以阻行旅"①。朝廷闻奏后，在几年之内，撤并宜安镇税务及各路类似的税务100余处。此后，广东官府便主要转向增设乡村墟市税场，企图以此多征商税。当时广东乡村墟市交易量很有限，征税量甚少，增置的税场，便不设监官，多采取包税形式，由豪民"买扑"，每处每年交官"不过百十缗"，任买扑者恣意征取，以致"民食贵米，用贵柴，被害之甚"。淳熙六年（1179）有诏："二广墟市，更相贸易，非江浙私置税场之比。可从民便，与免落地税钱"②。但不生效力。庆元年间，经朝臣奏准，将两广墟市税场罢去21处，存留80处。尽管罢去一部分，旋即又兴，甚至变本加厉。嘉泰年间，广州清远县山区人烟稀少的石津、石梯二处，也被转运司置为墟税场，包给土豪征税，因无客旅，"但将人户所收谷米麻豆之属，一一征取"。开禧元年（1205），仅广州、惠州、肇庆府境内的税场即达83处，皆"苛征虐取"，商民受害极大，而每年官府才收得墟税钱2.3万余贯③。这83场当年被罢去，但七年后，朝臣犹奏："广中诸郡，无名税场在在有之。"④

---

① 《宋会要辑稿》食货十七之四十一。
② 《宋会要辑稿》食货十八之十。
③ 《宋会要辑稿》食货十八之二十三、二十四。
④ 《宋会要辑稿》食货十八之二十四。

五、实物税的进一步货币化和纸币的始用

两宋广东除市舶及矿税为抽分实物外，商税和杂税一概征钱。北宋赋役中的夏税、秋税、差役都有征钱的部分。农村征税钱比例的扩大，使农民必须把更多的农产品投入市场，换取货币纳税。南宋广东田税、丁税又进一步将征实物改为征钱。例如潮州，原夏税征钱。北宋元符年间该州所拨一批学田，其秋税是纳白米354石余，"准税钱"1 610贯余，而南宋历次拨为学田的官田，都是记田若干石，税钱若干①。这显示出南宋一些官田租改为固定收税钱。广州的学田也是纳货币地租的。连州在南宋是经济衰退、商业凋残之处，然其夏税布、秋粮、丁米竟也全都纳钱②。

实物税的进一步货币化，是商品货币经济发展的标志之一。然而，当时商品货币经济比广东更为发达的两浙、福建等路，其赋役折钱交纳的成分反远不及广东。如镇江府、会稽府和福州，都是夏税纳钱少，纳大小麦、丝绸、绢、䌷、布等为多；秋粮折钱交纳的亦甚少③。这是因为广东离京城路远，没有经常供给京城粮食的必要，而且其丝织麻织等品质量较差，不为朝廷及两浙等地所必需，所以广东所能调出的财赋都尽量折成货币上供。

货币流通方面，南宋广东（及广西）的另一特点是，虽

---

① 《永乐大典》卷五三四三《潮州府·学校》。
② 《永乐大典》卷一一九〇七《广州府》。
③ 嘉定《赤城志》卷四，嘉泰《会稽志》卷十六，淳熙《三山志》卷十七。

开始使用纸币，但民间极少有纸币流通，与其他诸路使用纸币较为普遍有所不同。

北宋政权开始发行纸币，最先用于四川，称交子，后被推广，"惟闽、浙、湖、广不行"。南宋初年颁行"关子"。后各地纸币名称较多，而流通最广的是中央发行的"会子"。孝宗淳熙年间，两广以外的各路，使用纸币均已相当普遍，但到淳熙九年（1182）十二月，广南西路因用度不足，才由中央拨给"会子二十五万缗"①。这是纸币进入广南西路的最早记载。所以雷、化、高等州使用纸币可能早于广南东路。此后，嘉定十五年（1222）朝臣请准泉、广停运粗色香药纲，"令舶司就地发卖，止以官券来输左帑"②。"官券"即会子。可知此时纸币已流通于广州一带。至淳祐年间，流放韶州并到过两广不少地方的张端义记道：二广"所在州县村落，未尝一日无铜钱"；"所谓会子，皆视之弃物"③。这段话说明：直到淳祐年间，广东民间基本上不用会子。宋政府通常规定，纳税交"钱、会各半"。为此，广东民间不得不在与官、军交易中接受会子，但一般很少投入市场流通，而是尽量通过纳税让纸币回流。

理宗宝祐六年（1259），蒙古兵一度进入广西，迫使广西加强战备，增多军费。理宗开庆元年（1260），广西军事负责人李曾伯奏："广西民间自来止用见钱，不用会子"。去年以来拨给的会子，只好按"钱会中半（即各半）支付诸军"。但会子贬值，民间不愿接受。请朝廷将近来所拨给17界会子

---

① 《建炎以来朝野杂记》乙集卷十六；《宋会要辑稿》食货二八之十四。
② 《宋会要辑稿》刑法二之一百四十四。
③ 张端义：《贵耳集》下集。

2 000余万贯转拨湖南、广东，以换取铜钱。结果是朝廷准拨广东铜钱20万贯给广西①。后来，两广都进入大量会子，必然分散于民间。理宗景定年间，知德庆府冷应澂"乞用楮券（会子）折银纲"，说明德庆这个经济并不发达的地方，也积有较多的为人民不愿使用的纸币。冷应澂提出上述请求，立即被提升为广东提举兼转运使，"俾行其说"②。这时已是南宋末，纸币贬值率较大，一旦新辟"折银纲"之类新的回收渠道，会子便会集中流向官府，而极少在民间交易中流通。

广东所以不普遍使用纸币，一是因为广东军队很少，本境财赋收入已足够支付包括军费在内的一切费用，一直不需大量会子源源输入；二是由于北宋以来广东铸钱极多，民间积累的铜钱很丰富，足够用作交易流通媒介，从无钱荒；三是更由于当时广东商业还不够发达，一次交易所需的货币量，大都不过是若干贯铜钱或少量银，纸币轻便的优越性显不出来。正因纸币使用不普遍，南宋时在别处成为严重问题的纸币贬值，对广东却无大的影响。

第六节　瑶族分布地区的扩大和海南黎族社会发展的不平衡

两宋政府对广东各少数民族的基本政策仍是"羁縻"，在

---

① 李曾伯：《可斋续稿》后集卷九《回奏庚递宣谕（二件）》，《四库全书》本。宋纸币分"界"，即每隔若干时间便换用新造纸币（不同于前），称为换界，有时两界纸币并用。

② 《宋史》卷四百十六《冷应澂传》。

民族矛盾导致对抗时，除个别场合采取武力镇压外，一般都以招抚为主，对海南黎族尤有成效。

广东各少数民族在南宋时期发生较大变化。海南部分黎族地区经济文化发展加快。由于粤北战乱频繁，山区瑶族多被迫往粤西等地迁移，从而扩大了瑶族的分布。瑶族分布的变化，引起了民族的新组合和分化，瑶、僚已难于区别，畲族的新族称始见于南宋史籍。

宋代或者更早，广东已有僮族居住，但到南宋为止，广东还没有"僮"的称谓。

一、抚黎政策和黎族的社会经济

（一）抚黎政策

两宋大批汉人迁移到海南岛，促进了海南的开发和黎族社会的发展。其封建化过程的加快，使阶级矛盾、民族矛盾亦逐渐加深。宋王朝采取一套较前代严密的"以抚为主"的政策，以加强对黎族人民的统治。

宋代在海南除通常以禁军600人和厢兵180人维持州、县治安外，还以乡兵（或称土丁、民兵，有汉人也有黎人）协助乡老征收赋税，维持乡村治安，遇事随官军征伐。在汉黎交界地带设营寨：琼州设通感等6寨，南宁军、万安军、吉阳军设昌化等4寨，由官军或乡兵防守。

宋王朝"戒边臣无得侵扰外夷"，"但用本土之法"，即行羁縻政策①，并"诏海南诸郡倅守慰抚黎人，示以朝廷恩信"②。据不完全统计，宋朝320年来，黎族大小武装反抗十多次，驻岛官吏大多取"抚慰"招降之法，以平息起义③。朝廷对招降有功者予以奖励，对激黎生变者给以惩戒。北宋初，琼、崖、儋、万四州都巡检使李崇矩，对于骚动的黎族，不仅至其村落抚慰，还把自己的财帛送给酋长。仁宗至和初年，边吏放还"犯边"的黎人符护的奴婢10人，符护亦放还所俘宋军官、兵士56人④。此后曾长期相安。徽宗时，广西经略安抚使王祖道"抚定"907峒，使"汉唐以来所不臣之地，皆入版图"⑤。北宋封建统治开始及于五指山腹地。

宋王朝对待愿意归附或一度叛宋而就抚的黎族人民，给予犒赐和减免租赋等实惠。如北宋元丰四年（1081），朝廷同意琼管司以经抚库钱物作为"生黎归附"的"犒设赏赐"⑥。南宋乾道二年（1166）诏令尽免就抚黎人以前所欠的租赋，并再免此后的五年租赋；由官府拨田地给无田者耕种，亦免租赋五年。淳熙九年（1182），琼管安抚韩璧，出入黎族地区，不辞辛劳，"化外黎人，闻风感慕，至有愿得供田税比省民者"⑦。以上抚黎政策的成功，使宋朝对黎族的统治得到加强。

---

① 李焘：《续资治通鉴长编》卷七十二。
② 《宋史》卷四百九十五《蛮夷三》。
③ 刘耀荃编：《黎族历史纪年辑要》，广东民族研究所1982年刊本。
④ 《宋史》卷四百九十五《蛮夷三》。
⑤ 周去非：《岭外代答》卷二。
⑥ 《续资治通鉴长编》卷三百二十。
⑦ 朱熹：《朱子大全》卷七十九《琼州知乐亭记》。"省民"指汉人和已经汉化了的少数民族人民。

官吏在"抚辑黎峒"过程中也开始注意"修崇儒学"。北宋后期古革任琼州教授,"蛮峒亦遣子弟受教"①。南宋庆元初年,琼州通判刘汉创建小学,有十余名黎族上层的子弟入学。而被贬谪到黎族地区的知名政治家、文学家,如苏轼、胡铨、李光等,皆在贬所致力于传播封建文化,讲学明道,教民读书著文,使黎族酋长命子向学,客观上促进了黎族地区文化教育事业的进步。

"羁縻之道"的重点,是授予受抚归附的黎族上层人士官爵,并赐以财帛袍带,以利禄笼络,让他们统治本地区的黎族人民并招抚来归附者。对黎族的羁縻,在朝廷及士大夫间颇有争议。随苏轼贬居昌化军的苏过之论最为精辟。他是苏轼之子,在海南多年,深察黎情,著文力驳各种主剿、主灭或一律归汉官管治之说,坚持主抚,认为对黎"上策莫如自治"②。此后,宋廷执行以抚为主的政策更为坚定,效果也很显著。如北宋宣和年间,符元享率三十余峒归附,被授以承信郎;乾道年间乐会黎人王日存等归附,被授予承节郎等官号者达三十余人,子孙均得世袭。黎族首领如无男系子孙,其俗女系亦可继承,宋政府亦予承认,故女系得袭其官号。

琼州黎族妇女王二娘,是南宋杰出的黎族首领。其祖先在北宋时归顺,弹压36峒,捍御隘口,被封为"三十六峒都统领"。南宋初,琼山许益"为乱",二娘之母黄氏"抚谕诸峒",使"无敢从乱",故于乾道七年(1171)被封为宜人。黄氏年老无子,淳熙八年(1181),朝命其女"三十六峒都统领

---

① 黄佐:《广东通志》卷五十六。
② 苏过:《斜川集》卷五《论海南黎事书》。

王氏女（即王二娘，其母黄氏，嫁与王家，故二娘姓王）袭封宜人"①。二娘之夫姓吴，其名不显。二娘"家饶于财，善用其众，力能制服群黎"。"琼管有令于黎峒，必下王宜人，无不贴然。二娘死，女亦能继其业。"② 嘉定九年（1216）其女吴氏袭封，以后不论男女受封首领，大都能长期效忠宋王朝。

实行以羁縻招抚为主的治黎策，使黎族地区无大战祸，客观上对当地经济、社会发展有利。"民夷杂糅"、"民与黎蛋杂居"的结果，使汉黎人民"相与如至亲"，有不少黎人已"半能汉语，变服入州县墟市"③。

但是，宋王朝并没有完全放弃对黎族的武装镇压政策。南宋嘉定至绍定年间（1208—1233），琼山王居起自号"南王"，领导声势浩大的起义，就被宋官军镇压下去。招抚（为主）与镇压（为辅）都是宋王朝强化对黎族的统治的手段。

（二）社会经济发展不平衡

宋代黎族地区的生产力有较大提高，在沿海黎汉杂居和邻近州县的黎族聚居区，引种占城的稻谷良种，夏种秋收，产量增加，并种植可以"岁四番收采的苎麻"④。儋州等地有的黎人已使用钽（锄）、耙、耰、耦等农具和牛耕，开始改变单纯采用刀耕火种的落后耕作方法，从事水稻种植等农业生产。采集沉香、槟榔、吉贝、红白藤等土特产，也是黎族的重要生产活动，并以贸香解决"所种秔稌不足于食"的问题。黎

---

① 《宋史》卷四百九十五《蛮夷三》。
② 周去非：《岭外代答》卷二。
③ 范成大：《桂海虞衡志》佚文，《文献通考》卷三百三十一引。
④ 王象之：《舆地纪胜》卷一百二十四。

族妇女织吉贝为布，拆取绮绔色丝织绣成绚丽多采、美观实用的黎单、黎幕、黎锦，不仅可供自己穿用，还远销国内各地。

但是，宋代黎族地区社会经济的发展很不平衡，地区间的差异很大。在古籍中，把黎族分为"生黎"（最早见于《太平寰宇记》）和"熟黎"（最早见于《桂海虞衡志》），这种带有侮辱性的称呼，反映了宋代黎族内部社会经济发展的地区性差异。其差异情况，大致表现为三种类型：

第一，融合型。居住在沿海平原和州县附近、与汉族杂居的黎人，以农业为主，封建地主经济已占主导地位，与汉族一样编户入册，供奉赋役。社会生活与汉族基本相同。经过长期杂处以至通婚，黎汉经济文化进一步交融，有的黎人逐渐与汉族同化，被称为"黎裔汉人"。也有少数汉人进入黎区，长期居住，或与黎人通婚，成为"汉裔黎人"。并受其影响。

第二，过渡型。居住在距州县治所较远的岛东北、东南丘陵山区被称为"熟黎"的黎人，"耕省地，供赋役"[①]，以农业为主。其生产工具是汉区输入的铁制农具和部分木制农具并用。耕作技术落后，仍是"不粪不耘"。稻谷单位面积产量甚低，常以薯、豆等杂粮和稀粥充饥。男子不喜营运，妇女不事蚕桑，但从事织造吉贝、花被、缦布、黎幕等家庭手工业。采集土特产等生产活动，仍占重要地位。他们"半能汉语"，用土特产、手工业品去"省地"博易，或成群结队"变服入州县墟市"，进行产品交易。这些地区虽然"峒落日以繁

---

① 周去非：《岭外代答》卷二。"省地"是指汉人官府治理境域内的土地。

滋"，但彼此仍"咸无统属，峒自为雄长"①。各峒中杂有从湖、广、闽、浙等地逃亡来谋生的"奸民"，他们侵占黎峒土地，雇佣贫苦黎民耕种，加速了黎族土地通峒公有的原始公有制的瓦解。这些地区的黎族人民，既要承担封建王朝繁重的赋役，还要受到黎族上层人物的掠夺和剥削，生活贫困，"居多茅竹"，"家无宿储"②。宋代海南农民起义大多在这些地区爆发。"熟黎"分布的地区还普遍保留着好仇杀和刀耕火种等本民族的风习和原始生产方式，处在从原始社会到封建制过渡阶段，落后于沿海黎汉杂居区。

第三，原始型。居住在远离州县统治的五指山、黎母山腹心及其周围大片山区和岛的南端的黎人，被称为"生黎"。他们住地"深邃"，外人之迹不入，"不服王化"，"不供赋役"③。他们刀耕火种，生产技术落后，从事原始农业生产。此外，采集、渔猎也是他们的重要生产活动。贸易以物物交换为主，他们同时把采集到的香料等土特产，肩挑背负或乘独木舟沿溪河顺流而下，到汉黎交界的墟市，"与民贸易"④。村峒由峒首统辖，"田土各峒通同占据，共耕分收"⑤。原始公有制和平均分配普遍存在，但已存在以文身为标志即"纹之多少以别贵贱"的身份差别。他们"质直犷悍"，不受人欺，亦不扰人；俗尚俭约，村峒亲友互相接济，生活虽贫困，然凶年也无乞

---

① 赵汝适：《诸蕃志》卷下。
② 赵汝适：《诸蕃志》卷下。
③ 范成大：《桂海虞衡志》佚文，《文献通考》卷三百三十一引。
④ 赵汝适：《诸蕃志》卷下。
⑤ 《续资治通鉴长编》卷三百十。

丐；病不求医，杀牲祀神祭鬼求保祐；氏族血亲复仇之俗盛行。

以上三种类型中，以第一种分布地域最小、人数最少，第二种次之，第三种分布地区最广，"不啻数百峒"，"可能占多数"①。

二、瑶族的分布及其变化

自唐至宋，广东境内的瑶族分布较广，两宋时期又多有起义的湖南瑶人进入广东留居。

据北宋庆历三年（1043）的记载，北宋前期，广东的连、韶二州已多有瑶人，且"不事赋役"②。这两州是广东瑶人的主要聚居中心。而在庆历年以前，广州所辖的部分山区县亦"多蛮瑶"③。景祐二年（1035）五月，有"瑶、僚寇雷、化州"④。这是粤西雷、化州早有瑶人之证。

庆历三年（1043），湖南桂阳监瑶民因严重缺盐而引发"盗贩盐，杀官军"事件。宋政权采取招降诱杀手段，激起更大反抗，从而酿成声势浩大的起义。瑶民集众5 000人，出蓝山县华阴洞，次年入广东境⑤。此后两三年，官军多次大举进剿，特别是主将杨畋"锐于杀伐"，"夺其生理之具"，导致起

---

① 《黎族简史》，广东人民出版社1982年版，第57页。
② 《续资治通鉴长编》卷一百四十三。
③ 《续资治通鉴长编》卷一百二十八。
④ 《宋史》卷十《仁宗纪》。
⑤ 《续资治通鉴长编》卷一百四十一、一百五十二。

义军更强烈的反抗。进入广东的起义瑶人，"转入英、韶州界，依山自保，时出抄掠"①。至庆历七年（1047），宋王朝不得不改剿为抚，命起义的瑶族首领唐和、盘知谅、房承映等五人为峒主，各授官号，历时五年的武装对抗才告结束。在这次起义中，一部分瑶人从湖南移入至粤北，瑶人在广东的居地遂扩延至英州。自此之后，北宋政权对五岭南北的瑶族，基本上采取以抚为主的政策。

南宋初，湘、粤边界兵匪交织，瑶民或受其害，或不得已而举事。在连年的战祸中，瑶民有一部分离开粤北山区南移到其他州县山区。继而，绍兴九年（1139），"宜章峒民骆科作乱，寇郴、道、连、桂阳诸州县"②，为宋王朝大兵所镇压。孝宗淳熙年间又有李金、陈峒、邝深等，皆起自宜章等地瑶峒，或仅至粤境，或深入至连、英、韶州③。最大规模的一次，则是嘉定初年以罗世传（瑶人）、李元砺为首的郴州黑风峒起事。李元砺曾在南雄大败官军④。南宋瑶族的反抗和起义大多发动于湖南境，延及广东，因此，导致岭北和粤北部分瑶民南移（也可能向粤西迁徙）。

南宋广东赋税苛重，战乱频繁，尤以粤北为最。其中的连州，是汉以来荆蛮和隋唐以后莫瑶的最早居地，也是宋代瑶族最多的地方。从南宋初年起，这里的各族人民因避兵、避赋而逃亡，使人户从北宋末的5万户，降至南宋的数千户。逃

---

① 《续资治通鉴长编》卷一百五十九。
② 《宋史》卷四百九十四《蛮夷传》。
③ 蔡戡：《定斋集》卷一《割属宜章临武两县奏状》。
④ 《宋史》卷三十九《宁宗纪》。

户中必有很大一部分逃往本州（或邻州）山区。他们中的汉人逃避到瑶民聚居的深山，与瑶民杂居，日久便被官方视为瑶人①。

汉人杂入瑶中的情况在连州是较典型的，韶、英等粤北山区州县也有这样的情形。这是瑶族生存、分布和民族关系上的一个重要变化。

《岭外代答》卷三说："瑶人者，言其执役于中国也。"作者周去非于南宋淳熙年间在广西做官，到过广东，此言应有其事实。隋、唐瑶族称莫瑶，不服徭役是其特征之一。查两宋广东不见瑶族赋役记载，唯他路各少数民族载有每口（丁）纳米数斗。瑶史专家李默认为周去非所谓"执役"不是通常的赋役中的役，而是服军役，诚为卓见。但事实上也不是一切服军役的少数民族都称为瑶，而是一部分少数民族确实本非瑶族，大约因和瑶族同样服兵役而被称为瑶族了。宋广南东路不见瑶族服军役的记载，而《宋史·兵志·乡兵》所记广南西路"邕、钦溪洞壮丁"即是由少数民族组成的乡兵；"广南西路土丁"虽不是少数民族乡兵，但其中却有少数民族成员（含宋高、雷、化州的）。据上，或即有瑶族的地方，因其他少数民族与瑶族同样服军役之故，这些其他少数民族也就逐渐被通称为瑶了。瑶族由不服徭役一变而为服徭（军）役，是又一个重要变化。这是南宋两广瑶族数量大增、分布地域迅速扩大的主要原因。此变化始于何时，无法详考，只能以

---

① 广东的这种现象始于南宋，元代尤盛。元末镇守韶州的刘鹗说："广东户口数十万，瑶、僚半之。近年以来，民化瑶僚之俗者又半。"此说虽夸张，而明初广东绝大多数府、州、县有瑶峒，瑶人极多，则是明证。

两广瑶族已服徭（军）役的南宋前期作为时间界限。从这时起（或更早）古籍中所载的广东各少数民族的族属更难辨别。因为东汉以来广东越裔各族凡入郡县编户者都是服徭役的，与不服徭役的"莫瑶"较易区分；一旦俱服徭（军）役，又都居于山区、还有若干生产和生活习俗的共同点，遂致混淆难分。宋（及元）广东各少数民族族称，大都称瑶、称僚、称蛮僚，都是泛称①。事实上，粤北的"僚"基本上是瑶，粤东的则是畲。

韶州本是南朝始兴蛮生活的地区，应早已有瑶人。这里南宋时已设有管理瑶民事务的"瑶官"。淳祐五年（1245）"英德府峒瑶煽乱，远近骚然。（顾）孺履廉其情，密檄摄瑶卢陵萧宗远开诚招抚，瑶即期来款"②。"摄瑶"即绥瑶之官。由此可知，南宋时英州瑶人必比前朝为多，故有瑶官之设。韶州辖境与湖南接界，其地瑶人之多和有瑶官之设当无疑问。南宋晚年连州方面的资料记载：阳山县"管山瑶峒三十六，计四百五十五户。一十户系佃户，纳田税，不系身税；四百四十五户无田业，亦不系丁税"。连山县"山瑶峒六，计三十三户，不系租赋"③。这是载于户籍的瑶民，他们或赋役较轻，或不纳租赋。不入户籍的应不在少数。因连州是瑶族最多之处，这种赋役状况是颇具典型性的。

---

① 如余靖在庆历年间湖南瑶人起义时多次称该瑶人为"蛮"、"山僚"、"蛮僚"。见黄慈博辑《余襄公奏议》：《论荆湖盗》（四）及《乞移杨畋近边差遣》（一）。

② 同治《韶州府志》卷二十七《顾孺履传》。

③ 《永乐大典·广州府》引《湟川志》。

古代瑶族先民流动的、落后的山区游耕经济，妨碍其社会发展，以致在瑶族内部始终未能形成一个统一的政治、经济、文化中心。但是到了宋代，在汉族的强力影响下，特别是铁制工具更多地传入瑶区，瑶族的社会生产力和经济有较大的发展。宋代"居于丘陵和河谷地带的瑶民，已开垦出一定数量的水田，可以'始创城砦'……由于瑶族社会是在特定历史条件下由原始社会直接（向封建社会）过渡的，所以直到解放前夕，在瑶族社会生活的各个领域中，还保留着较多的原始公社制的习俗，都没有发现奴隶制的痕迹"①。在瑶族语言中没有"奴隶"这个词。

瑶族从原始氏族公社直接向封建社会过渡，经历了漫长而复杂的发展过程，而且长期保留着氏族公社的种种残余形态和特征。粤北连南（宋时属连州）的八排瑶，至本世纪上半叶仍保留着原始民主色彩的瑶老制，即由族内、排内选出天长公和头目公作为首领，维持瑶排内部的社会秩序，调解纠纷，主管公共事务、生产活动和宗教活动等②。瑶老制产生的年代甚古。在古代它还有组织军事活动的功能。此外，瑶族还长期保存着氏族社会其他一些特点③。

---

① 《瑶族简史》，广西民族出版社1983年版，第33页。
② 参见《连南瑶族自治县概况》，民族出版社1985年版。
③ 粤北古"蛮瑶"与八排瑶、过山瑶等有传承关系。八排瑶聚排而居，相对稳定；过山瑶居处无常，无大的村寨，其内部保留着更多的母系氏族公社的女权特征，如习尚男子出嫁，生子女皆从母姓，男女在经济上、分配上地位平等。

三、壮族源流及其与俚、僚的关系

壮族是岭南百越族群的后裔，虽然它早已存在，但直到南宋才有壮族这个族称，当时称"獞"或"獐"，后改"獐"为"僮"，1965年据国务院周恩来总理的倡议而改称"壮"。

壮族族称始见于南宋前期张孝祥的诗中："獐人生南方，托家碧山崖。采择供贡篚，扶持上天街"。"獐人虽木强，醇德真无涯"①。张孝祥于乾道元年（1165）知桂州，其诗所说壮人，当在广西桂林附近，故有"扶持上天街"的描写。但张氏也有题咏湖南道州等地风土的诗，其诗所咏的也可能是湖南壮人。南宋晚年广南制置大使兼知静江府李曾伯在奏文中说："宜州元团结到宜山、河池、天河、忻城、思恩五县保伍民兵义效獞兵共一万三千四百五人，系经略徐敏子团结到"。"前政经略印应飞宝祐五年（1257）九月内牒……将宜州团结到保伍獞兵人等逐一核实"。又在另一奏文中说："如宜、融两州，则淳祐五年（1245）亦有团结旧籍在，宜州则有土丁、民丁、保丁、义丁、义效、獞丁共九千余人，其猗獞一项可用。"②将张、李二人所说结合起来看，可知岭南地区，大约从宜州（治所在今广西宜山县）至桂林间的广西北

---

① 张孝祥：《于湖集》卷三《椰子酒榼》，《四库全书》本。又毕沅《续资治通鉴长编》卷一百十载，绍兴二年（1132）岳飞击曹成于贺州时，"张宪与獞军统制王经皆至"，此记载查不到更早的史料依据，若确无误，则壮族族称的出现当始于南宋初或北宋末。

② 李曾伯：《可斋续稿后》卷七《回宣谕团结奏》，《可斋杂稿》卷十七《帅广（西）条陈五事》。

部地区是南宋壮族较为集中之处,其人或称"獞"或称"撞"。元成宗大德二年(1298)有人言及"募融、庆(庆远府,南宋末的咸淳七年改宜州为庆远府)溪洞瑶撞民丁"①,可见到元朝前期壮族族称的专用字尚未确定。

上溯壮族之源,据《岭外代答》卷三所云:"钦(州)民有五种。一曰土人,自昔骆越种类也,居于村落,容貌鄙野,以唇舌杂为音声,殊不可晓,谓之蒌语。……三曰俚人,史称俚僚者也,此种自蛮峒出居,……语音尤不可晓。"其中的僚原是古骆越之后裔,经与俚杂处互相融合,故与"土人"、"俚人"实是同源。宜州等广大地区,自东汉以后大都为俚人居地,亦即西瓯越裔居地,也是俚僚混杂。所以后世的粤西和广西的壮族,也就是由汉晋南朝的俚僚衍化而来的。今壮族自称"布壮"(壮语"布"即"人"),亦称"布越"、"布土"等,可见"壮"、"越"和"土"之间有着共同的渊源关系。而壮语一直保留有古代越人语言的特点。如刘向《说苑》中的越人歌,东汉人袁康《越绝书》中所载的古越语,"在语法结构和基本词汇上与现代壮语都有许多共同点"②,此即壮族为越裔的铁证。至于汉以后荆蛮族群进入壮人居地,以及壮人血缘、风俗或杂有瑶人成分等都是次要的问题。

据《新唐书·南蛮传》载,唐西原蛮,"居广、容之南,邕、桂之西"。其姓氏有宁、黄、韦、周、侬、真、武、廖、莫、梁、罗等。宋广源州蛮,其居地"在邕州西南郁江之

---

① 《元史》卷一百《兵志》。
② 《壮族简史》,广西人民出版社1980年版,第6页。

源"，"其先，韦氏、黄氏、周氏、侬氏为首领"①。侬智高即是这里的侬氏族人。这广源蛮亦即西原蛮，也是后来的壮族。

北宋皇祐四年（1052），侬智高反宋，由广西循西江入广东，兵围广州，撤退时在西江水路受阻，改从陆路经连州回广西。连山县扼广东通广西的古驿道，是侬智高西归必经之路。李宗谔（宋人）记其事道："昔在皇祐中，侬僚犯邑（连山），属瘟淫蛊食，浸及于连。"② 据说在宋军追击下，有一部分侬智高"遗孽"流落并藏匿于此。

其实，在百越遗裔被汉族不断同化过程中，在粤西的怀集、开建、封川一带，早有一支讲僮侗方言——"标话"的群体。他们以党山（亦名多罗山，壮话是似大缸的大山）为中心，一直保存着自己的语言，是当地源远流长的土著。怀集《植氏族谱》记：植氏以"南越望族"的子孙为自豪，并有"蛙蛇崇奉"的习俗，与俚僚有亲缘关系，五代时曾支持南汉政权并建有功勋。这些宋以前早在粤西定居的讲标话的群体，应是广东壮族的先民。

另据后世同治《连州志》等记载，在毗连广西的粤西北连州境，宋时已有壮族居住繁衍，其内部有"主壮"、"客壮"之分，地域有"内峒"、"外峒"之别；又有"主壮富、客壮贫"，"土居为主壮、瓦舍为客壮"之说③，但未详其人是否与侬智高军西走有关。

宋代古籍中，广东未见壮族族称，据上引资料，可知当

---

① 《宋史》卷四百九十五《蛮夷传》。
② 民国《连山县志》卷六引《重建集灵庙记》。
③ 同治《连州志》、民国《连山县志》、民国《阳山县志》壮条均引用。

时今广东境确已有壮族或壮族先民生息蕃衍。但他们仍被称为僚、峒僚或蛮夷。《桂海虞衡志》(《文献通考》引)记广西左、右江及南丹等处之蛮(即壮或其先民)的社会状况及风俗甚详,当时广东境内壮族未必与之尽同,但下述情况应大致相同:其一,"洞人生理,尤苟简,冬编鹅毛、木棉,夏缉蕉竹、麻纻为衣,搏饭掬水以食";其二,"民居苦茅,为两重棚,谓之麻阑,上以自处,下蓄牛豕";其三,"其人剽悍,以劲木为弩,聚毒傅矢,中人立死。"

第七节　四大方言的形成

广东是个多民族聚居的地区,语言复杂,除汉人使用的汉语外,还有多种少数民族语言,在唐宋时期,广州等沿海城市还有不少外国人侨居,阿拉伯、印度、东南亚等国语言也在一定范围内通行。即使是汉语,由于分布广,各地区因历史条件、地理环境等因素的差异,内部也存在差别。秦汉至唐宋,广东汉族居区相继形成四大方言:粤方言,以广州和珠江三角洲为核心,分布于粤中、粤西和桂东、桂南;潮州方言,以潮州为核心,分布在粤东一带;客家方言,以梅州为核心,分布于粤东北部和粤北;海南、雷州方言,分布在海南岛和粤西沿海。

一、粤方言

先秦时期,广东是百越族的一支——南越族的居住区,南越族使用的语言与北方诸族不同,语言学上称为"古台语"。周朝以后,楚国与岭南的经济文化联系日益密切,岭北人特别是楚人不断进入岭南,楚方言开始传入,并与南越语发生融合,从而产生与南越语和楚方言都有所不同的新方言,即汉人扬雄在《方言》一书中提到的"南楚"和"南楚之外"的汉语方言。一般认为,这就是粤方言的前身。当时粤方言既保留了南越语的若干语词、语音和语法特点,又吸收了较多的楚方言成分。扬雄《方言》卷十称"短,……桂林之中,谓短矬";卷八称"鸡,……桂林之中,谓割鸡。"方言骏《续方言》卷下引《论文》谓"南越名犬曰獿獀。"据研究,今天广州方言中的睇（tei^{35},斜着眼看）、羃（pɔk^{55},对乡下人的贱称）、崽（tʃai^{35},指小孩）、睩（luk^{55},睁大眼看）、纫（jan^{35},缝衣服的动作）、渧（又作咁,Kam^{33},这样）、嬉（héi^1,游戏、玩弄）等方言词先秦时期也已经出现①。

秦代,大批"中县人"进入广东,"与越杂处",中原汉语开始在广东推广。经南越国至两汉时期,粤方言大量接受中原汉语的渗透与同化,增加了许多汉语的共同语特别是书面语的特点,由原来与楚方言相近转而接近中原汉语,逐步由萌芽走上发展的道路②。

汉末至南朝时期,又有大批汉人涌往南方,特别是唐宋两代大批汉人迁入广东,对粤方言的发展具有重大意义。他

---

① 参见李新魁《论广州方言形成的历史过程》,《广州研究》1983年第1期。
② 区大任《百越先贤志》卷一称汉孝惠帝时,南海人张买"侍游苑池,鼓櫂为越讴,时切讽谏"。如果这条资料可靠,则汉代粤方言在说唱文学方面已较成熟。

们进入广东后，除居留粤北、粤东外，更南迁珠江三角洲，今广州、南海、番禺、顺德、中山、新会、江门、鹤山、开平、恩平、阳江、高要、增城、东莞、宝安等地最多[①]。迁来的北方汉人的骤增，使粤方言的分布范围大为扩展，语言特点、词汇体系和语法结构得到增强和完善，而与中原受辽金北方各族影响后的汉语差距越来越大，当时南来做官或游历的内地人士留下不少记载。唐人李绅《逾岭峤止荒陬抵高要》诗序云："南人谓水为泷，……南中轻舟，迅疾可入此水，因名之泷船，善游者为泷夫"[②]。许浑在《岁暮自广江至新兴往复中题峡山寺》诗注云："南方呼市为虚，呼戍为逻"[③]。内地人在广东普遍感到粤方言难听难懂。唐德宗贞元十九年（803），韩愈为连州阳山令，"始至言语不通，画地为字，然后可以告以出租赋，奉期约"[④]。柳宗元称"楚、越间声音特异，缺舌啅噪，今听之，恬然不怪，已与为类矣。家生小僮，皆自然晓晓，昼夜满耳，闻北人言，则啼呼走匿"[⑤]。贾岛亦谓："蛮国人多富，炎方语不同"[⑥]。所以，与广人打交道，非带翻译不可。刘长卿《送韦赞使岭南》诗亦有"岁贡随重译"之句[⑦]。

宋人周去非认为属粤方言区的钦州居民可分为五类，第

---

① 参见本章第二节（及注）。
② 《全唐诗》卷四百八十。
③ 《全唐诗》卷五百三十七。
④ 韩愈：《昌黎先生集》卷二十一《送区册序》。
⑤ 柳宗元：《柳河东集》卷三十《与萧翰林俛书》。
⑥ 《全唐诗》卷五百七十四贾岛《送人南游》。
⑦ 《全唐诗》卷一百四十八。

五类为蛋人,"语似福、广,杂以广东、西之音"①。可见粤方言自成一系,已具突出的特点,它与今天的粤语相差不远。据研究,今天广州方言的声母 p、p'、m、f、t、t'、n、l、k、k'、h 等,其发音与代表隋唐语言面貌的《切》(或《广韵》)音系相当一致;韵母方面,中古时期一、二等韵的区别在今天广州方言中同样存在;粤音 -i、-u 两种元音韵尾与 -m/p、-n/t、-ŋ/k 三种辅音韵尾也与中古一样;中古时各个韵类音值的读法在今天广州方言中不少被保存下来②。换言之,唐宋时期粤方言保留较多中原汉语的成分,奠定了今天广州方言的基础。当然,粤方言还保留古越语和楚方言的成分,恐怕还吸收某些阿拉伯、印度等外国语的因素③。

二、潮州方言

在新石器时代,广东东江以东和福建九龙江以南的滨海地区存在着文化内涵大体一致的几何印纹陶文化,在南方几何印纹陶文化中自成一区,考古学家称之为粤东闽南区,与

---

① 《岭外代答》卷三。
② 李新魁:《粤方言语言特点探论》,《广东社会科学》1990年第1期。
③ 宋元以后,粤方言按照自身的发展规律向前发展,继续扩大与中原汉语的差距,发展成为有20个声母、53个韵母的方言体系,分布在广东、广西大部分地区,语言学家把它划分为粤海系、钦廉系、高雷系、四邑系和桂南系(见袁家骅等:《汉语方言概要》,文字改革出版社1989年版,第177页)。随着广人移居海外的增多,粤方言向东南亚、北美华人社区传播。

宁镇区、太湖区、湖南区、岭南区、闽台区并列①。商周时期，这一区域的土著居民为百越族的一支，曾创造"浮滨文化"和本地区早期的青铜文化，并与中原文化特别是楚文化发生接触②。秦统一岭南后，这一地区属南海郡管辖，已有部分"中县人"定居，秦发数十万军队屯戍五岭，据说其中有史禄率部留驻揭阳岭（一般认为在今揭阳市）③。1983年，澄海县上华镇龟山发现一处"具有军事、政治意义的"汉代官府建筑④，表明秦汉时期潮汕平原有较多的中县人（及军人）活动，汉语也在这里逐渐传播。晋代汉人继续迁入粤东闽南，义熙九年（413），析东官郡置义安郡，领海阳、海宁、潮阳、义昭、绥安五县，义安渐成为粤东闽南的政治经济中心，潮汕平原一带人口不断增多。陈天嘉六年（565）世祖诏曰："侯景以来遭乱移在建安（今福建建瓯）、晋安（今福州市）、义安郡县，并许还本土"⑤。表明六朝时期北方汉人避乱进入粤东闽南者不少。唐代潮州社会经济发展较快，元和末人口增至1万多户，潮州方言开始形成。元和十四年（819），韩愈为潮州刺史，曾以"正音""为乡人诲"，力图推广中原汉语，但由

---

① 参见李伯谦《我国南方几何印纹陶遗存的分区、分期及有关问题》，《北京大学学报》1981年第4期；彭适凡《中国南方古代印纹陶》，文物出版社1987年版，第231—235页；蒋炳钊等《百越民族文化》，学林出版社1988年版，第29—33页。

② 参见蒋炳钊等《百越民族文化》，学林出版社1988年版，第57页。

③ 顾祖禹：《读史方舆纪要》卷一百三。

④ 邱立诚等：《澄海龟山汉代建筑遗址初识》，《汕头文物》第14、15期合刊，1989年。

⑤ 《陈书》卷三《世祖纪》。

于没有持久,不久就"一失其真",在郡东白瓷窑、水南二地,还衍变出既不同于潮州方言,又不同于"正音"的"不老音"①。显然,唐代潮州方言已形成自己的特点,不易接受中原汉语的渗透,甚至产生抗拒作用。

唐以前福建由于地形封闭,人口稀少,社会经济发展缓慢,唐后期特别是五代及宋,庞大的南移北人涌入福建,推动各地以前所未有的速度发展,一跃而居全国发达地区行列,同期的潮州虽然发展较快,但不及福建,其在粤东、闽南的政治、经济中心地位受到漳、泉二州的挑战而失落,潮州方言对闽南的影响开始削弱。两宋大批闽人迁入粤东,潮州方言反而受到漳、泉闽语的影响,出现向闽语趋同的现象。后人称宋以后入潮的闽人为"福佬",即"福建佬",以别于前此迁入的"河东佬"(河套以东山西等地的中原汉人),也把潮州方言归入闽方言体系②。

与粤方言一样,潮州方言也保留较多的古汉语和古越语的成分,潮州在隋以后海上交通与海外贸易发展颇快,潮州

---

① 陈香白辑:《潮州三阳志辑稿》卷三。

② 关于潮州方言的起源与形成过程,学术界存在不同看法。李新魁教授认为,潮州话来自福建闽语,而闽语又来自吴语。战国至东吴,是闽语从吴语分化衍变的阶段,也是潮州方言从闽语分化出来的起始阶段。六朝时期,潮语进一步发展。唐宋时期,随着闽人和中原汉人的继续迁入,潮州语进一步分化,形成一支既保存闽语本来的许多特点、又接受某些北方汉语语音和词语的方言。元代以后,潮汕方言最终形成(见李新魁《广东闽方言形成的历史过程》,载《广东社会科学》1987年第三、四期;《广东的方言》潮汕方言部分,广东人民出版社1994年版)。另有一些学者则认为,潮州方言不是从闽南方言中分离出来的,它的形成应早于以漳、泉为代表的闽南话,并影响后者的形成(见黄甦《粤东方言的形成及其有关问题的探测》,载《广东社会科学》1990年第二期)。

方言大概也吸收了一些外国语言的因素。

三、客家方言

"客家人"与广府人、潮州人一样，其主体是南移汉人的后裔。客家先民原居黄河流域和长江流域，秦统一岭南时，部分戍卒与"中县人"居留粤东山区，这是客家第一批先民。据唐人韦昌明的记述，当时龙川县的"中县人"有4家，其中韦昌明的35代祖先系从"陕中"迁来[①]。

两汉至六朝，大批汉人进入广东，有一部分定居粤东、粤北山区。这里自然条件较好的可种之地、可耕之野多为土著居民和先至汉人所占居，凡迟来者，便只好深入粤东、粤北山区和内河上游盆地垦畲拓荒，筚路蓝缕，自耕自食。在比较闭塞的山居环境里，他们使用中原汉语，保持传统的宗族观念、文化礼俗，形成特殊的社会生活区域，客家人这一社会群体此时实际上已具雏形。

唐宋时期，因避乱、谋生、征戍、做官等原因进入粤北、粤东山区的内地汉人数量更多。今天梅县的李、杨、廖、黄等姓都是唐代迁入的，梅县的谢、邱、邓、刘、巫、何、张、温、吴、罗、廖、陈、林、侯、徐、赖、萧、饶、古、卜等姓，兴宁的刘、何、张、温、吴、罗、廖、陈等姓，五华的魏、曾、徐、吴、罗、廖、陈等姓，大埔的饶、刘、何、温、吴、黄、廖、陈等姓，龙川的魏、刘、何、吴、陈姓，河源

[①] 《全唐文》卷八百一十六韦昌明《越井记》。

的邱、刘、何、温、吴姓，蕉岭的刘、何、张姓，和平的徐、刘姓，平远的刘、吴姓，始兴的华、黄姓，南雄的邓、黄姓，紫金、惠阳刘姓，海丰、翁源、揭阳何姓，曲江巫姓，丰顺吴姓，都是宋代及宋末元初迁入的①。他们迁来之后，往往聚族而居，且世代不易，在梅、南雄、韶等州形成较深厚的基础，与闽西、赣南连成一片，成为我国客家人最密集的居住区。

客家人作为汉族的一个民系，具有自己特殊的风俗习惯、群体意识和共同语言，尤其是后者。客家方言伴随着客家群体的发展而形成于晋唐，正式见诸载籍则在宋代，朱辅《溪蛮丛笑》云："客语，能省民之言者，名客语。"它直接脱胎于晋唐汉语，保存了大量古汉语的入声词（中药、曲、学）和单音节词（如转、冇等），"多隋唐以前古音"②，在广东四大方言中最接近中原古汉语，所以可以同南来中原汉人通话。当然，由于客家人长期与畲人、瑶人、蛋民等少数民族相处，客家方言也与之产生交流③。

---

① 参见罗香林：《客家研究导论》，台湾众文图书股份有限公司1981年版，第55—57页。
② 光绪《嘉应州志》卷七《方言》。
③ 宋以后客家人因谋生、避乱、政府组织等原则迁往省内其他地区以及广西、湖南、四川、台湾、港澳、南洋、欧美的越来越多，客家方言的传播也越来越广。广东客家人分布地区不同，客家方言也有差异，语言学上划分为粤台片、粤中片、惠州片和粤北片，见熊正辉《广东方言的分区》，《方言》1987年第3期。

四、海南方言与雷州方言

粤、潮、客方言都是北方汉语移植广东，经过本地化后土生土长的汉语方言，海南方言与雷州方言则是汉语方言的一支——闽方言移植两地后产生的次方言，是闽方言在广东的两个分支。

秦代以前，海南的土著居民也是百越族。汉武帝元鼎六年（前111年）平定南越，在海南设置儋耳、珠崖二郡，汉人开始进入该岛。由于少数民族势力多次暴动，汉昭帝始元二年（前85年）、元帝初元二年（前46年）先后废弃了儋耳郡和珠崖郡，直到南朝梁代，复设崖州，中央政府才恢复对海南的统治。隋唐时期朝廷对海南的统治加强，环岛州县，来自北方的戍卒、官吏、流人越来越多，有些定居下来。唐末南汉，"中原避乱之人多家于此"[1]，汉语不断传播，为宋代闽语、客家话、粤语等汉语方言的流行奠定基础。

两宋（及元）时期大陆沿海汉人进入海南的很多。宋元丰初，海南四州军共有户10 366，元世祖至元年间，增至99 885户[2]，两宋大陆人口移入显然是人口大幅度增长的原因之一。宋代福建商业贸易发达，闽商活跃在东南沿海和海外；闽地人多地少，"硗薄少平川"，"不足以衣食之也，于是散而之四方"[3]，因而闽人入琼者最众。他们由海路进入海南，从

---

[1] 《东坡全集》后集卷十六《伏波将军庙碑》。
[2] 《元丰九域志》卷九，《元史》卷六十三《地理志》。
[3] 曾丰：《缘督集》卷十七《送缪帐干解任诣诠改秩序》。

事经商或农耕；不少深入黎地，与黎人杂居。周去非称，黎母山熟黎居住区，"多湖广、福建之奸民"。赵汝适亦谓："闽商值风飘荡，资货陷没，多入黎地耕种之"①。这样，闽语自然传入海南。由于闽人人多势众，闽语成为海南最流行的方言。受黎族语言风俗的影响，海南闽语吸收了一些黎语，形成自己的特点，脱胎而成海南方言。

两宋时期有不少福建人居留粤西沿海，如化州"以典质为业者，十户而闽人居其九"②。而雷州"海道可通闽浙"，"市井居庐之盛甲于广右"③，善贾的闽人之来雷州定居者，又非化州可比。因为从陆上赴琼州必由雷州之海康或徐闻渡海，故雷州实为闽人经陆路赴海南之中站，况且其海道通闽浙，闽商航海往返于海南，又多经雷州历史悠久的口岸。于是闽人在雷州客居之多，并与当地语言相互影响，从而逐渐演变成闽语在广东的另一分支——雷州方言。

黄佐《广东通志》卷二十记明代琼、雷二府的语言说：琼州府语有数种，"一曰东语，又名客语，似闽音……"。雷州府"有官语、客语、黎语"，"客语则相与之乡谈也"。明代琼、雷的"客语"，也就是宋以来的接近闽方言的海南方言和雷州方言。

第八节　文明增进和兴学育才

南宋广东普遍建立州县官学，一部分州办有小学，还有

---

① 《岭外代答》卷二，《诸蕃志》卷下。
② 《舆地纪胜》卷一百十六。
③ 《舆地纪胜》卷一百十八。

了一批正规书院。南方的各派理学相继传入，并有传人。科举进士比北宋多出一倍。雕板印刷逐渐发展，本地人的著述增多，地方志的纂修也受到重视。

物质文明也大为增进：病人就医服药日渐普遍；恤贫、济困、赠医、赈济等事业陆续兴办；少数经济文化较发达的州，还设置了一些群众游乐场所。

但是，各地区的文明演进程度不一，差异颇大。沿海广、潮二州遥遥领先，粤北连、韶二州的优势已成为历史陈迹。

一、书院的初兴和理学的传播

（一）书院的初兴

书院之名始于唐，最初是国家或私人藏书处或学士文人读书处，至五代、宋初已变为学者授徒讲学之所，是国家和州县官学之外的教育机构。此后，书院或为官办或为学者私设。书院是当时的一种新型学校，除讲习经书外还兼及时务、政治，研讨学术问题，比太学、州县学等官学教学风气较为新颖活跃，学术思想亦较自由和较合实用。广东书院兴起稍晚，起初也是学者个人读书处，或是祭祀著名人物的祠堂，而后演变为课授生徒的学校。

北宋广东的书院甚少，最早的是知英州王仲达于真宗景德三年（1006）所建的涵晖谷书院。神宗时的名儒石汝砺著书讲《易》于此①。此后兴建的数处书院，俱在北宋晚期，仍

---

① 《舆地纪胜》卷九十五；黄佐：《广东通志》卷三十八、四十七。

是读书处或祠祀性质的，具体年代不明。

南宋广东学人研习讲学的学术中心仍在罗浮山。学者张宋卿（探花）、闽人留正（宰相）皆曾在罗浮山水簾洞读书讲学，故该处成立书院后，以"张留"为名。在张、留之前，理学家罗从彦于绍兴初任博罗主簿，建钓鳌书院，"置渡田若干，以赡来学"①。博罗县城中的罗从彦读书处，后来又成为豫章书院。继而书院渐多，以韶州相江书院为最著名。乾道六年（1170），知韶州周舜元以周敦颐曾任广东提刑驻曲江而于此为之建祠，原仅"蔽庐三间"；淳祐六年（1246）提刑杨大异于帽峰山麓、相江之滨择地改建，"创为书堂，聚士以祀而习之"。"右为祠五间，继以讲堂，间亦如之。左为两斋，皆五间。外为三门，总而翼之以室。……闳壮甲一方"。宝祐二年（1254），提刑吴燧请于朝，赐额曰"相江书院"。咸淳元年（1265），由朝廷任命迪功郎邓道为"韶州相江书院山长，主祀先儒周敦颐"②。

南宋广东共有书院33所（北宋原有2所在内）：计广州8所，韶州1所，英德府1所，循州3所，潮州2所，梅州1所，惠州7所，肇庆府3所，南恩州1所，化州2所，雷州3所，琼州1所。

南宋的书院中，不乏仅限于祠祀的，是北宋情况的继续；有的则属于家学或民办的初级学校。但从淳祐年起，书院兴办较多，而且新创的城南书庄，相江、元公、番山、丰湖等书院也都是正规书院。如潮州城南书庄，讲堂在中，后为韩

---

① 黄佐：《广东通志》卷十九；嘉靖《惠州府志》卷八。
② 《宋史》卷四十六《度宗纪》。

愈祠，设洞主（知州兼）、山长（州博士兼），又选择学生为堂长、司计及四斋斋长（这六名学生的职司按学业分数升黜），另有一般斋生20人，共额定学生26人。还置有不少学田。潮州元公书院，规模与城南书庄差不多，山长以教官兼，堂长则"择其（学生）文而学者充"，"讲说课试，一如（州学）学规"①。惠州丰湖书院亦设四斋，有学生23名，"以州学教授兼山长事以领之"②。韶州相江书院山长且由朝廷任命。这四处无不兼祠祀先贤，表明两宋广东书院始终未脱祠祀性质。然而礼祀先贤，也正符合要以所祀"先贤的为依归"③的办学宗旨。此乃书院有别于州县官学的特色。

宋代广东书院，较之文化发达的诸路，既偏少，又后进。有些州虽然书院多，但大都为草创，也并不说明该州教育先进（如惠州教育就比不上潮州）。

（二）各派理学的传播

宋代理学以周敦颐为开端，继分濂、洛、关、闽四派。濂派创始人周敦颐于熙宁年间在广东做官三年多。约在此前后，关、洛两派的创始人张载、程颢、程颐亦一度到潮州，三人还曾在东莞慧云寺讲论终日④。因当时周、张、二程的学说流布未广，广东的学术水平亦有局限，更未见广东有周程等的直接传人，故三派学说终北宋之世未在广东传布。

首先在广东传播理学的是豫章先生罗从彦。他是福建人，

---

① 城南、元公均据《永乐大典·潮州府》引宋《三阳志》。
② 嘉靖《惠州府志》卷八。
③ 刘伯骥：《广东书院制度沿革》，商务印书馆1938年版，第20页。
④ 宣统《东莞县志》卷五十三引钱益《重修慧云寺记》。

受业于二程弟子杨时。杨时"弟子千余人,无及从彦者"①。绍兴二年(1132),罗从彦任博罗主簿。此后博罗县境共出现六所书院,其中五所都与他有关。惠州丰湖书院也主祀豫章先生。可见他的学术,对惠州地区,特别是罗浮山一带,有很大的影响。他的《观书有感》诗云:"周诚程敬应粗会,奥理休从此外寻。"②诗中所表述的理学思想甚明。虽然他的影响很大,但在广东却无直接传人。李侗及朱熹之父朱松是罗从彦的同乡,朱熹又是李侗弟子。从朱熹创闽派理学起,理学对广东的影响便进入新阶段,传播始广。

朱熹(1130—1200)是宋代理学的集大成者。他一生为官年数不长,主要从事讲学与著书,培养学生甚多。潮阳郑南升、揭阳郭叔云都是朱熹的门人。朱熹死后,他们与同门学友"往来辩析不倦,一时后进多师尊之,视其言行以为准则"③。朱熹弟子廖德明,曾任韶州州学教授、广东提刑及安抚使,对朱子理学在广东的传播起过作用。闽人刘爚,受业于朱熹及另一理学名家东莱先生吕祖谦,曾知德庆府,后又任广东提刑,在广东也有兴学之功④。

与朱熹同时而齐名的张栻,也师承程氏,世称南轩先生。他曾住连州,番禺人简克己往连州师事他数年。简克己在乡讲性理之学,"性喜启迪后进","士无少长,咸呼简先生"⑤。

---

① 《宋史》卷四百二十八《罗从彦传》。
② 罗从彦:《罗豫章集》卷十。
③ 隆庆《潮阳县志》卷十二。
④ 民国《福建通志》列传宋十《刘爚传》。
⑤ 《广州人物传》卷七;黄佐:《广东通志》卷二十。

廖德明知广州时，常延请他讲学，亲自拱手谛听。又理学中"心学"一派创始人陆九渊，世称象山先生，与朱子同时，有南海弟子陈去华。

明代学者黄佐说：朱、张、陆派诸弟子郑南升、简克己、陈去华等，"皆传道以淑后生，于是岭海间始知有道学矣。"① 至南宋末，东莞李用，杜门读周程诸书凡三十年，"士之从学者，馆无虚日"②。各书院也是理学传播中心，并以其所祀先贤学说为主，如潮州城南书庄，于祠祀韩愈外还兼祀周敦颐和廖德明，其课程有"濂洛诸老之议论"和"朱文公（熹）所著书"。元公书院之宗旨与课程，"盖为讲明义理之学，非徒肄举子业，攫科第，媒利禄"。该书院刊周敦颐全部著作以广其传，又合祀张载、二程与朱子③。于是，自南宋初罗豫章至罗浮迄于宋末，尽管广东尚未出誉满全国的理学名家，但各派理学已传播甚广，多有传人，并通过向士人传授，使其义理中的某些观念影响及于民间。

二、广潮二州文教领先

南宋时期，广东除个别县外，已普遍建立县学，部分州及个别县还设立小学，兴建一批正规书院，因而文教事业较之北宋时大有进步，人们入学读书的风气渐长，人才和科举进士大增。然而，由于各个地区的经济状况、人口素质和社

---

① 黄佐：《广东通志》卷二十。
② 黄佐：《广州人物传》卷九；陈琏：《琴轩集》卷十《梅外李公墓表》。
③ 《永乐大典·潮州府》引《三阳志》。

会风气之不同，导致文教事业发展不平衡，有的甚至相差悬殊。文化发展最迅速的地区是广、潮二州。

广、潮二州经济发展，人口增加，州县办学的条件最优越。广州已成人文荟萃之地，文化氛围较他州浓烈。李昂英曾说：这里"文风彪然日以张，虽蕉阜桃林之墟，蛎田蟹窟之屿，皆渠渠斋庐，币良师以玉其子弟，弦歌铮相闻"①。此语虽不免夸大，但确反映了广州文教发展蒸蒸日上的势头。他本人亦结庐读书于广州海珠石胜地。广州不仅州县学及官办濂泉书院等较正规，私家聘师教学亦盛行，还有私人办书院讲学。如南海区仕衡私人主讲于自辟的九峰书院，"远近来从讲授者二百余人"。潮州的两所书院，尤称完善。南宋时解试在各州分别进行，潮州考试人数，在绍兴二十年（1150）不到 2 000 人，至嘉泰年间（1201—1204）为 4 000 余人，南宋末已达万人以上②。宋孝宗曾向潮人王大宝问潮州风俗，王答："地瘦栽松柏，家贫子读书。"③更难得的是女子读书者亦较多，还出现了几位女诗人。如王文元妻黄氏，有文才，尤长于诗；又有陈白姑、陈璧娘，皆能诗④。

广潮二州著名的人物有崔与之、李昂英和王大宝⑤。

崔与之（1158—1239）字正子，号菊坡，增城人，光宗绍熙四年（1193）进士，曾任广西提刑、金部员外郎、主管

---

① 李昂英：《文溪集》卷三《重修南海志序》。
② 《永乐大典》卷五三四三《潮州府》引《三阳志》。
③ 《永乐大典》卷五三四三引《大元一统志》。
④ 民国《潮州志·丛谈志》。
⑤ 尚有南海人张镇孙，咸淳七年（1271）殿试第一（状元）。但其事功不著，故不另叙其行状。

淮东安抚司公事、工部侍郎、成都路安抚使、四川制置使、广南东路安抚使等职。晚年家居，朝廷累征为参知政事、右丞相，皆不就。理宗嘉熙三年（1239），以观文殿大学士致仕，旋逝世，谥清献。今存《崔清献公集》五卷。

李昴英（1201—1257）字俊明，番禺人，理宗宝庆二年（1226）登进士第三名。初任外官，后任太学博士。理宗嘉熙二年（1238），以直秘阁知赣州，改官福建建宁。为官清正，贪官为之避走；因发仓赈济，受劾去任。居家赋闲至淳祐六年（1246）方奉诏入京，宋理宗"命为右正言"。曾先后劾奏权奸贾似道及奸相史嵩之。宝祐三年（1255），"归隐于羊城文溪之上"。诏授端明殿学士、签书枢密院事（资历较浅的宰相职），辞不赴。卒后谥忠简。今存《文溪集》（原名《文溪存稿》）20卷①。

王大宝字元龟，潮州人，"于《易》、《春秋》尤有所长"②。建炎二年（1128）廷试第二（榜眼）。绍兴中叶知连州，还朝奏罢广东六州免行钱。后历任国子司业、广东提刑、礼部尚书，著有《周易正义》等书③，今佚。

惠州经济状况亚于广、潮，书院虽多，但较正规的仅丰湖一所。南雄因当南北文人往来要道，南移士人居此者亦不少，故文化有所发展，"操翰以取金紫，比比相属"④。肇庆府在南宋时经济开发较快，高要人谭惟寅（进士，官至提刑）创

---

① 李昴英：《文溪集》卷首《忠简先公行状》。
② 王十朋：《梅溪先生文集》后集卷二十八《祭潮州王尚书文》。
③ 《宋史》卷三百八十六《王大宝传》。
④ 乾隆《南雄府志》卷三。

书院亦早，故其文化状况已不亚韶州。韶州在南宋初年受破坏严重，至南宋后期文化才有起色。

连、循、梅州在整个南宋期间经济迭遭摧残。但循州颇能注意兴学校、办书院。梅州受潮州影响很深，知梅州方渐曾说："梅人无植产，恃以为生读书一事耳！"① 所以循、梅文教仍能有进步。连州原是广东文化水平最高的地区，在南宋最初20年内，仍能保持较高水平，出了七名进士，但后期呈不断下降的趋势，从理宗端平三年（1236）到度宗咸淳十年（1274）只出了一名进士。这里因战乱特别频繁，人口散亡大半，存留人口中文化极低，所以成了广东文化落后区。

英德府、德庆府和新、封二州，南宋时经济、文化都没有显著变化。而西部沿海的南恩、化、高等州，由于土地开发、经济上升，故文化也有较明显的进步。原来文化最后进的雷州和海南四州军，则发展较为迅速。南宋后期雷州应解试者"近千人"②。琼州甚至是"文物彬彬，有中土风"，在宁宗庆元年间还创置了官立小学，有70个名额，黎族和其他少数民族的子弟也入学就读③。昌化军未遭兵革，"中原人士谪居者相踵"，南宋初已是"人知教子，家习儒事，青衿之秀日以增盛"，每次解试达300余人，州学"文学彬彬，不异闽浙"。至南宋后期，昌化军更是"每季考不下二千人"④。海南

---

① 王象之：《舆地纪胜》卷一百二。
② 阮元：《广东通志》卷二百二十四。
③ 正德《琼台志》卷十七。
④ 李光：《庄简集》卷十六《儋耳庙碑》、《昌化军学记》；王迈：《臞轩集》卷五《昌化军修军学记》。

文教遂以超过经济发展的速度跃升。

下表可大致反映各地区文教之兴衰及次第。

南宋广东各州进士统计表（不含特奏名进士）

州（府）别	进士数	州　　别	进士数
广　　州	135	连　　州	10
韶　　州	22	南 雄 州	30
梅　　州	3	封　　州	2
潮　　州	73	德 庆 府	4
惠　　州	23	雷　　州	7
循　　州	21	化　　州	3
肇 庆 府	26	高　　州	9
南 恩 州	2	海南四州军	7
共　　计：			377 名

资料来源：阮元：《广东通志》卷六十六。

将上表与北宋进士表相对照，便见南宋广州进士数由原来少于潮州而变为几达潮州进士数的两倍。其所以跃居首位，除本身的经济、文化因素外，还在于受到众多迁居珠江下游的南来士人和定居广州的岭北官宦的影响。

两宋时期，广东进士共566名，而毗邻的福建有6 000余名，江西5 000余名，湖南1 000余名，广西200余名[①]，广东除高于广西之外，与福建、江西和湖南相比，差额很大。由此可知，广东的文化教育虽较前代有较大发展，但仍然相对

---

① 见民国《福建通志》、光绪《江西通志》、光绪《湖南通志》、嘉庆《广西通志》之《选举表》（均不计特奏名进士）。

落后于多数邻区。

三、学田和贡士庄

南宋广东育才兴文，主要靠州县官学和书院，而较正规的书院又多属官办。这些官学的办学经费，基本上靠官拨和私捐学田的田租收入。学田所能提供的经费，在很大程度上决定着官学培育人才的数量与质量。

北宋时，广州州学已有较多的学田，南海、番禺二县学附于其中，实际是一所州学和两所县学合在一起，二县学是否另有学田，不详。南宋嘉定二年（1209）始建南海县学，知广州陈岘拨与地基租钱每年100贯，又买给"赡学田共四十余顷"。淳祐初新建番禺县学，当即得官田400余亩，继而知广州方大琮又增拨学田①。东莞县学于嘉定年间重建时，增没官田180余亩。乾道年间，新建不久的香山县学亦增学田200余亩②。潮州州学原有田约700石（下种子数），淳熙年起又不断增加，计所增达600余石；此外，州有官山16座，"广袤数百里"，"抽收山税木植"，后拨给州学及海阳县学，均分租入③。总之，广、潮二州的学田及官学经费最为丰裕。

惠州州学，南宋初学生"岁数百人"，以致不得不设法抽

---

① 《大德南海志残本》卷九。
② 李昴英：《文溪集》卷一《东莞县学经史阁记》；黄佐：《广东通志》卷四十八。
③ 《永乐大典》卷五三四三《潮州府》引元《三阳图志》。

出官钱增置学田①。南雄州学学田原可收租米1 200余石,兵燹以后,失去一半以上,淳祐年间查回失陷学田近3 000亩;此外,新建小学另置田一庄,有时还岁拨仓米"添凑养士"②。海南琼州,南宋时增拨学田给州学、小学、县学,亦屡见不鲜。以上所举都是经费较宽的。至于连州,南宋重建州学后,则仅拨官田200亩③。

官办书院的学田,见于记载的甚少,唯《永乐大典·潮州府》中记"韩山书院(即城南书庄)学廪"甚详:淳祐年间,经四次拨官款连同官员捐俸共得钱5 767贯,用以买田。所买田加原韩祠田共200余石,又园、地、山等各若干,每年共可收税钱700余贯。以此供养20多名学生,似是比较宽裕的。而博罗的蜕斋书院,只有少量"渡田",其经费微不足道。

贡士庄与官学学田不同。它所筹集的经费专用于补助解试取录、次年赴京省试之人。广东离临安远,应省试者往返盘费及在京用度,非贫困之家所能负担,故有贡士庄之设。它兴置较迟,也不普遍,多设于州,县一级设置者仅为个别。

南雄州贡士庄始于宁宗嘉定八年(1215),起初只有官拨的一宗寺产收入,每年30贯,其后陆续增拨官田,复建楼店一所,年租100贯,大约每年共可收入200—300贯。省试三年一次,遇省试年,将三年所得尽给"新旧举人及赴殿试

---

① 民国《福建通志》循吏传宋一《陈鹤传》。
② 《永乐大典》卷六百六十五《南雄府》。
③ 黄佐:《广东通志》卷三十六。

(指考特奏名进士)者"①。雷州贡士庄乃理宗嘉熙年间知州薛直夫筹钱1 000贯创建,其中官拨一半,州学诸生共捐一半,用以置田,合三年之租约得600贯,以助赴京应试之士②。广州、潮州也有贡士庄。广州究属富庶,补助更多。据李昴英说:广州离临安4 000余里,"负笈一诣,费比中州数倍"。赴京应试者,由广州赠钱100贯,"此天下郡国所无"。淳祐元年(1241)增城县又新创"贡士库",县令筹资300贯,由学官用以贷出取息,每次出入收利20%,合三年之息,以补助本县中解试的"新贡士"。连同州的补助,新贡士每人共得150贯,"足以优游往返"③。

南宋广东官学学田及贡士庄,其经费的多寡,固依该地方的经济状况和学人多少为转移,但也与地方长官暨父老是否关心、支持有关。

四、地方志的修纂和图书的刻印

广东地方志的修纂自两宋而渐兴。这也标志着广东文化的发展和对本地历史的重视。南宋广东文人的撰述远较北宋为丰富,地方志的修纂即是其中的一个重要方面,但也有一部分广东方志出于非粤籍文人之手。

两宋广东诸方志,据现在搜集到的有关书目和序言来看,南宋所修显较北宋为多,包含全路的《图经》,州和县的

---

① 《永乐大典》卷六百六十五《南雄府》。
② 阮元:《广东通志》卷二百二十四。
③ 李昴英:《文溪集》卷一《增城新创贡士库记》。

《志》或《图经》，以及属于某个方面的专志。

关于全路的，据郑樵《通志·艺文略》记载，宋有《广东路图经》57卷。府、州、军一级的，唯昌化、万安二军未见有著录，其余皆有《志》或《图经》，共数十部，有些州府则多达四、五部，或有新旧两种。县一级的，计有增城、清远、封川、真阳、曲江、保昌等为数不多的《志》或《图经》①。

属于专志和介绍广东状况的则有《广东会要》、《广西会要》、《广州记》、《罗浮山记》、《湟川开峡志》、《番禺杂记》、《广南市舶录》、《广东西城录》、《广州牧守记》等近20种。

宋代广东各方志的修纂状况，多不可知，唯广州和潮州的《志》或《图经》的修纂，尚能略知梗概。

广州：南宋宁宗嘉定二年（1209）修《南海志》（即《广州志》，非南海一县）13卷（早佚），系州文学齐琥、监盐仓季端二人奉知广州陈岘之命纂辑，由陈岘作《序》。约40年后，知广州方大琮又命州文学张雷震为主纂，重修《南海志》，延请有学识和阅历的人参加，"分授以凡例，使各以其见闻，述然后合，而参订是正。"此书是多人分修、一人总纂，体例分明，有淳祐七年（1247）李昴英序（序见《文溪集》）。元大德《南海志》中所引宋《旧志》，或即出于此二《志》中。嘉定《南海志·序》云："昔方志之传，其存者盖尟，近时图述复多缺略"②。据此可知此前或自北宋以来广州已多次修

---

① 州、府、军、县的《志》及《图经》据《舆地纪胜》、《直斋书录解题》、《宋史·艺文志》、《永乐大典》及广东诸方志所载的书目统计，但数字不精确。

② 黄佐：《广东通志》卷四十二引。

志，有的还附以图，或者即名《图经》。

潮州：北宋已有《图经》。南宋的第一部《潮州图经》修于淳熙二年（1175）。知潮州常祎为之《序》曰：《图经》"自宋而益详。今著在甲令，凡诸州《图经》十年一上之职方氏，以备参考。"此《图经》乃潮州人王中行教授所纂，"其地形则绘以图，使览者一开卷而尽得之"。其后，至端平二年（1235）的《续修潮州图经》共修三次。第三次的主纂人为黄楚锡，另有唐曾、林刚中二人助纂，也是多人合修的①。端平以后，约在南宋末，潮州又纂《三阳志》（潮州含海阳、潮阳、揭阳三县）。总计南宋期间潮州《志》及《图经》凡五修。

两宋广东方志和宋人专记广东之书今多已不存。今全存者唯有两部：其一为杨万里在广东做官时记其行迹及见闻的《南海集》（载于杨氏全集——《诚斋集》中）；另一部为方信孺的《南海百咏》（诗100首）。广东方志残存的唯南宋末的《三阳（潮州）志》和《湟川志》（《连州志》），其残存的若干大段文字，皆见于《永乐大典》《潮州府》及《广州府》。这些资料极为宝贵。

两宋广东撰述渐多，是与雕板印刷术传入分不开的。今所知广东最早刊刻的书是北宋仁宗皇祐五年（1053）在惠州刊印的《罗浮山记》。是年，作者郭之美在《罗浮山记·序》中记道："余皇祐中为惠椽，……集成《山记》一卷。"哲宗元符年间知惠州谭粹，"寻访《山记》，已无版刻"，乃集成《罗浮集》一书，"命工刊镂"，于元符三年（1100）在惠州印

---

① 《永乐大典》卷五三四三《潮州府》引《三阳志》。

成①。广州刻书应早于惠州,但今所见记载却较迟。哲宗元祐初年(约1086或1087),文人郭祥正在广东写有《补到难》诗,又有《颖叔为余亲札(补到难)并和篇开刻既成以二绝句送上》赠知广州蒋之奇(字颖叔)。从诗题可知,诸诗已在广州刊刻成书了②。但北宋广东雕板印刷的书还很少,到南宋才有大量刊刻书籍的记载。如潮州《三阳志》记:"郡书旧数十种,岁久漫灭,多不复存"。其"见管及新刊者"有:大、中字《韩文公(愈)集》、《赵忠简(鼎)集》、《药书》(5种)、《濂溪大成集》、《朱文公书》(3种)、《三阳讲义》等书共42种、10 865板。这一万多板似全是南宋所刻,且不是所有各种书板的全部。李光谪居海南时,曾出所藏医药书付刊。海南偏远之地尚且能刊印图书,则雕板印书在广东各地已较为普遍无疑。印书的推广,是南宋广东文教增进的重要条件。

五、医药、社会福利事业与游乐设施

(一) 医药

南宋时期,广东的一些地方,如万安军,"病不服药,信尚巫鬼";梅州"俗信巫尚鬼,舍医即神,劝以药石伐病,则慢之不信"③;少数民族地区更甚。然而,在官府、北来士人及当地有识之士的倡导下,南宋广东医药状况比北宋大有进

---

① 宋广业:《罗浮山志会编》卷十引《罗浮山记·序》及《罗浮集·序》,康熙五十五年刻本。
② 郭祥正:《青山集》卷二十八,《四库全书》本。
③ 《舆地纪胜》卷一百二十七、一百二引《万安军图经》、《梅州图经》。

步。

绍兴十九年（1149），知南雄州朱同还朝，"言岭南无医，凡有疾病，但求医祝鬼，束手待毙"。奏准取"古今名方"治瘴气者，合为一书，颁给广南东路[①]。同年，知潭州刘昉纂辑《幼幼新书》。刘昉是潮州人，次年病故，书即刊出。该书不可能不流传到他的家乡和岭南。该书集以往小儿科医书之大成，共40卷，分40门，内容包括从婴儿出世前的保胎到各病、药方等，颇为完备，造福儿童不浅[②]。绍兴中期，李光谪昌化军，说这里风俗已渐变，有病"稍知服药，不专巫祝之事"。他认为初和甫所撰一部药方最为有用，"按方治病，无不愈者"。故出藏本付刊，以便消"祷解之风"而信"医药之可恃"[③]。这说明原来最信巫讳医的海南，从南宋初起，已有一部分地方逐渐求医治病。在原来"俗不知医药，病则专事巫祷"的雷州，嘉熙年间，知州薛直夫特设惠民药局[④]，施药以推广医疗。而南宋后期，连万安军也"创药局，人稍知服药之利"[⑤]。

潮、广二州是广东医疗卫生状况最佳的地方。南宋末潮州所藏医药书板五种：《瘴论》、《备急方》、《易简方》、《治未病》、《痈疽秘方》。从《治未病》一书雕板刊行可知，当时已有不少潮人比较注重日常卫生。宝庆年间，李昂英在临安致

---

① 《建炎以来系年要录》卷一百五十九。
② 民国《潮州志·丛谈志》。刘昉，进士出身，与弟刘景是秦桧党羽。
③ 李光：《庄简集》卷十七《跋再刊初虞世必用方》。此医方《宋史·艺文志》有著录。
④ 嘉庆《雷州府志》卷十。
⑤ 赵汝适：《诸蕃志》卷下。

书家人,要求将"戚家苏合香丸、感应丸亦买数两来"①。显然,这"戚家"已是制中成药的老店,而用舶来品苏合香制成的苏合香丸和感应丸则是广州较常用的中成药。

(二) 社会福利事业

两宋时期,广东已有一些由官府设置的恤贫常设基金和机构,举办社会福利事业。这是社会文明进步的表现之一。

北宋徽宗时,官办的社会福利事业在各地普遍推行。如:设居养院,收养老幼贫疾无依者及乞丐、遗弃小儿等;设安济坊,收疗贫困病人;设漏泽园,令僧主持,置地以葬贫人。当时居养院、安济坊规定的救济标准甚优,然开支太大,广东决难维持,今已不详其事。至于漏泽园,则所费无多。南宋淳熙年间韶州的旧"漏泽园,在光远寺之侧,其荒已久"②,当是北宋末兴置,其后各处多有。

两宋到广东做官的岭北人,多有殁于任所。有些小官死后,家属还乡乏资,须到江西境才能得到官府的接济。淳熙五年(1178),广州始设接济库,置田收租,以给还乡官属由广东至江西一段路程的费用③。11年后,广东转运判官管鉴,又将一大批没官田的租米、租钱长期拨充福利经费,建"广安宅"一所,可住50余户,以收养亡殁官员饥寒无依之家眷;不住其内的按日计口周济;欲还乡者,量予补助④。稍后,提刑陈晔又在韶州建广安宅。庆元年间,知潮州陈宏规"辟养

---

① 李昴英:《文溪集》卷二十《家书》。
② 楼钥:《攻媿集》卷一百三《知江州汪公墓志铭》。
③ 《宋会要辑稿》选举三十二之二十五。
④ 《宋会要辑稿》食货六十八之八十九、九十。

济院",拨官田、官钱为经费,收养废疾及贫老无依之人,给钱米及疗治之费,后又给死者置棺钱。淳祐年间,知州陈圭增广该院,"门宇轩豁,廊舍周环",易名安养院;又将旧养济院址一处加以改建,拨钱置园收租,专济往来行旅,供病人住宿,"给予粥食汤药裹粮之费",称为"安乐庐"[①]。南雄州也设有养济院。宝祐年间,提举刘震孙在广州建"廨库",以官钱放息之利创"寿安院",共10室,每室容1人,收容鳏寡孤独及行商、旅客之病者,"诊必工,药必良,食必精",有专人伺应;"扶曳来者无虚日,全活甚众";病故者,为敛葬[②]。

以上广安宅之类,是继承唐岭南节度使孔戣置"广恩馆"以居谪官子孙不能自存者之旨而来,其他养济院、惠民药局等大多发端于北宋,至南宋渐多。广东这类社会福利事业,或"慈善事业",自是始奠初基。

(三) 公共游乐设施

宋代广东著名胜迹,如罗浮山、英州南山和碧落洞、清远峡山、高要"崧台石室"(今七星岩)等大风景区,都在山间或乡野,只有少数官员和文人名士到那里。但是,一些较繁荣的城市及其郊区的居民,对游乐于优美环境的要求也很强烈,以致地方长官有时也不得不标榜"与民同乐",对一些近城而范围较大、不可能由官府霸占独享的风景区,加以修饰点缀,以为民人士女的公共游憩之所。这种游乐场所,主要在广、惠、潮三州。

[①] 《永乐大典》卷五三四三《潮州府》引《三阳志》。
[②] 李昴英:《文溪集》卷二《寿安院记》。

广州城内外的游乐场所甚多。"二广之区,五羊最大,药洲蒲涧,民有嬉遨之风。"① 蒲涧是前代以来加造寺观的游览风景区,《南海百咏》云:"在郡东北二十里乱山间,涧旧有蒲,一寸九节,安期生服之飞升处"。这一带有蒲涧、滴水岩、菖蒲观、觉真寺、流杯池等多处名胜景致。北宋时,每年正月二十五日蒲涧节和七月二十五日安期生飞升日,自安抚使以下"倾城来游"。南宋洪适诗云:"年年正月扫松关,飞盖倾城赏佳节。"杨万里诗曰:"胜日从公(指安抚使等)蒲涧游,万岳声满千崖秋。……安期飞升今几年?祖龙(秦始皇)不是不求仙。至今七月二十五,倾城游人来访古。"② 药洲是南汉刘䶮所开之湖,中有九曜石,又称海珠石。其湖甚大,宋时在子城之西,即今广州珠江边海珠广场至西湖路一带。两宋药洲是常多游人的去处。再往东不远便是仁宗末年所建的海山楼,楼下又有著名的市舶亭。陈与义《登海山楼》诗云:"海清无蜃气,彼固蓬莱宫。"③ 方信孺《南海百咏·海山楼》云:"海山雨过月明时,自是南州一段奇。"两诗道出了当时珠江边一带的优美景色。

惠州城西的丰湖是大型群众游乐区,即今惠州西湖。北宋知惠州陈偁在此"筑堤防,创亭馆,胜概为一郡之最"④。后苏轼谪惠州,也在丰湖留下不少佳话。当他作《西新桥》(桥

---

① 洪适:《盘洲文集》卷二十二《张运知广州制》。
② 洪适:《盘洲文集》卷七十八《蒲涧》;《诚斋集》卷十六《游蒲涧呈帅蔡漕张舶》。北宋郭祥正已有咏游蒲涧之诗,见郭氏《青山集》。
③ 陈与义:《简斋集》卷六。
④ 戴璟:《广东通志初稿》卷一。

在湖上）诗时，这里已是游人众多之处。南宋庆元年间知州林复重修西新桥以"导湖山之胜"。其桥连接两岸，横跨湖中，分湖为二，长11.5丈，宽2.1丈，上建亭，旁有扶栏。"西则梵宇祠宫，崔嵬辉焕；东则城市井邑，空濛掩映；南北则峰峦洲渚，随境献状；俯仰则禽鱼飞泳，水天互明"。常有"父老云集，士女和会"，"徘徊游宴"于此①。

潮州城西有西湖，其旁有山，合称"湖山"，北宋时已为官员们赋咏勒石之地。庆元年间知州林嶙对湖山着意修饰，砌石级以登峰，辟小径而建亭，栽竹种花，祠宇杂错；又扩大湖面一倍，绕以围栏，建桥入湖，水映如虹，小舟荡漾，荷香飘溢。游人至此，留连忘返。"阖郡之人，以恬以嬉……相与登穷览之胜"，"舟行画图"，"朝而往，夕而归"②。后来，知州林光世再扩大湖山风景，重浚西湖，使湖面周围达10里。又北宋前期知州王汉在州城北金山建亭设景，至南宋绍兴中诸亭又被重建，在山上砌石为道，多种竹木花卉，"邦中人士，操觚挈榼偕乐焉"③。

值得特别一提的是，宋代广州已有经评选以导游人赏玩的"羊城八景"，并开此后广东各地（府、州、县）竞相拼凑"八景"之风。

羊城八景为：（1）扶胥浴日。扶胥镇附近有浴日亭，当时这里临大海，早晨可看到海上日出美景。苏轼尝为此亭书额。（2）石门返照。石门在广州西北约30里，两岸石冈对峙

---

① 嘉靖《惠州府志》卷十六引许骞《西新桥记》。
② 《永乐大典》卷五三四三《潮州府》引《湖山记》、《重辟西湖记》。
③ 《永乐大典》卷五三四三引《金山亭记》。

如门，故名。宋时江流过石门后，河面开阔，可观其落日回光，水天相映之景。(3) 海山晓霁。海山楼景有如上述；晓霁则是特别突出雨霁晨景之美。(4) 珠江秋色。当时广州城外珠江宽阔，秋日晴朗，江上景色特别宜人。(5) 菊湖云影。菊湖是宋广州城北的一个大湖。蓝天白云映入湖中，令人赏心悦目。(6) 蒲涧帘泉。蒲涧有滴水崖，水从崖上落下，如布如雾，为蒲涧众多名胜中之一佳景。(7) 光孝菩提。实指宋光孝寺内环境及诸古迹。该寺常为游人集中之处。(8) 大通烟雨。大通是宋南海县的市镇、大通寺所在地，位于今"白鹅潭西侧花地大通滘口"，当通佛山一带水道要冲，以烟雨朦胧景色见长，亦被定为一景①。

除广州八景外，宋代还有连州的"湟川八景"，其名为：(1) 双溪春涨，(2) 龙潭飞雨，(3) 楞伽晓月，(4) 静福寒林，(5) 中峰远眺，(6) 秀岩滴翠，(7) 星峰晚霭，(8) 岩湖秋嶂②。

六、南海神庙和道教南宗五祖白玉蟾

(一) 显赫的波罗庙

隋文帝开皇十四年（594），诏"南海于南海镇南，并近海立祠"③。是为南海神庙之始。后又称波罗庙。今庙犹存，在

---

① "八景"参见曾昭璇《广州历史地理·羊城八景》，广东人民出版社1991年版，第303—316页。明、清时的羊城八景不全同于宋。

② 祝穆：《方舆胜览》卷三十七。

③ 《隋书》卷七《礼仪志》。

广州市东郊左岸黄埔庙头村,庙前小山上有浴日亭。唐代南海庙地位提高。天宝十载(751),以"屡效休征之应",南海神被册封为"广利王"。唐宪宗元和年间韩愈所撰《南海神广利王庙碑》说:"南海神次最贵",在北、东、西三海神之上。唐代对外开放,外贸兴旺,来往广州的海舶皆经过或停泊于神庙所在地,故封其神号为"广利",以隆其地位。此乃当时广州海上贸易发展的反映。南汉甚至尊南海神为昭明帝[①]。宋初,复其唐时封号。仁宗康定年间又加封洪圣广利王,皇祐年间再加为洪圣广利昭顺王,南宋高宗绍兴七年(1137)更加封为广利洪圣昭顺威显王。庆元四年(1198),官军与大奚山岛民在南海庙前水战获胜,以为得神佑,故敕赐庙额,名为"英护庙"[②]。两宋时,南海以立夏为祭日,一般以转运使或经略安抚使为主祭官。庙宇经常重修并陆续扩大。宋廷和广东官员,利用人民的迷信心理,把南海神的"威灵"尽情扩大,说成是:"庇佑南服,民无震惊;风雨时叙,百谷用成;夷舶往来,百货丰盈;顺流而济,波伏不兴"。遂致胡商海贾,来往祠下,必禀命"然后敢行"[③]。宋代还在南海王之下封有"六侯"以配祀。据说"六侯"之首乃梁朝普通年间随兄达摩来广州的达奚,后卒于庙门之东,封助利侯。被封为顺应侯的姓蒲。宋常住广州的阿拉伯人多蒲姓。故从"六侯"之封也可看到广州与南海诸国交通贸易的历史发展痕迹。从所谓告神而后敢行一事可见神庙所在乃海上丝绸之路的东端起迄

---

① 吴任臣:《十国春秋》卷六十(南汉)《后主本纪》。
② 见阮元《广东通志·金石略》卷二百五、二百六、二百十一各碑记。
③ 阮元:《广东通志·金石略》卷二百九。

点,且由来已久。

南海神庙今存,但已非宋时规模。内存古物较多,有唐代越式铜鼓、韩愈所撰《南海神广利王庙碑》及两宋所立各《庙碑》等。

实际上,宋代广州有两个南海神庙:东庙及西庙。上述者为东庙,西庙在广州城西。杨万里诗曰:"大海更在小海东,西庙不如东庙雄。南来若不到东庙,西京未睹建章宫。"① 可见宋南海神东庙之宏丽。相传南海神的生日为二月十三日,杨万里《二月十三日谒西庙早起》一诗,叙及其事,有"起来洗面更焚香,粥罢东窗未肯光"之句。刘克庄亦有诗云:"香火万家市,烟花二月村。居人空巷出,去赛海神祠。"② 以两诗互相印证,可知南宋时已确定二月十三日为南海神诞。此日也就是南海神庙庙会的正日,东西两庙皆照例庆祝。庆祝的规模很大,香火鼎盛,万人空巷,整个二月份都成了南海神参拜月。这种活动,反映了南宋广州人对南海神崇拜的狂热心态和对海外交通贸易的非常重视。

(二)紫清真人白玉蟾

道教在北宋时盛行于北方,道观多而宏丽;在广东,唯广州天庆观可以匹敌,而道教胜地罗浮山则平平无奇。虽罗浮道士邓守安被苏轼称为有道之士,然"黄冠常苦饥,迎客羞破袂"③。面黄肌瘦、衣衫蓝缕的道士,象征着广东道教的衰微。

---

① 杨万里:《诚斋集》卷十八《题南海东庙》,《四部丛刊》本。
② 刘克庄:《后村先生大全集》卷十二《即事十首》,《四部丛刊》本。
③ 《苏轼诗集》卷三十九《正月二十四日游罗浮道院及栖祥精舍》。

南宋以后，南北道教皆出名宗。南方道教南宗创始人为张伯端，号紫阳真人。传人石泰，称翠元先生，是为二祖。再传僧道光，姓薛，后为道士，号紫贤真人，是为三祖。三传陈楠，字南木，号翠虚真人，是为四祖；以其常捻土疗病，人称"陈泥丸"①。五祖为白玉蟾。南宗不尚丹鼎符箓，主修"内丹"。

白玉蟾（1194—1229），祖籍福建闽清，其祖父落籍海南琼山。本名葛长庚，后过继于白氏，遂改名白玉蟾，号海琼子，一号琼山道人，敕封紫清明道真人②。少聪颖，七岁能赋诗、背诵《九经》。十二岁举童子科，以任侠杀人亡命，从陈泥丸为道士。宋宁宗嘉定九年（1216）至江西龙虎山，从此云游四方。嘉定十一年（1218）至临安，讲道玉隆观，有旨召见，不赴，遁去。四年后又至京，"伏阙言天下事"，被捕，一日而释。当时有朝臣上奏，说他"左道惑众，群常数百人"。十余年来，其足迹遍于南宋境内诸名山。理宗绍定二年（1229）卒于盱江（今江西境）③。

白氏自谓：少时广游四方，好谈兵，喜纵横家，但读书、任侠均无成效，乃"去而为老氏之徒"。"平生翰墨半天下"，"世间有字之书，无不经目"。虽在道门，却从不烧香礼拜。

---

① 白玉蟾：《重编海琼白玉蟾文集》卷三《题张紫阳薛紫贤真人像》，明正统年间刻本；任继愈：《宗教词典》有关条目。
② 王圻：《续文献通考》卷二百四十三。
③ 以上生平见《重编海琼白玉蟾文集》卷首《海琼玉蟾先生事实》卷二《日用记》；任继愈《宗教词典》第319页。惟王圻《续文献通考》云闻卒于"海丰县"。

"所吟所赋,类皆凄苦之辞"①。

他所学的道法,虽含"五雷法"和祈雨、治病之术,但主要是炼内丹。撰有《无极图说》,讲穷理尽性之道。其《玄关显秘论》说:"虚无生自然,自然生大道"。"忘形以养气,忘气以养神,忘神以养虚","立丹基于顷刻"。其说杂道家的老庄和佛家的禅宗于一体,在哲学上属主观唯心论。因其学识渊博,故有"出入三氏,笼罩百家"②之誉。他多才多艺,擅诗文,顷刻之间,赋诗百韵。有词百余首,是岭南最早的词人之一。工书画,"大字草书,视之如龙蛇飞动,兼善篆隶","尤妙梅竹",人物写生,"数笔立就"。他是广东有记载的最早的宋代书法家和画家。

他的作品中,既有不可一世之概,又有爱国御敌之情,还有"济世利人之念"。但他毕竟是个道士,主要的倾向还是超尘脱俗。正如其自画像赞所云:"千古蓬头跣足,一生服气餐霞,笑指武夷山下,白云深处吾家。"

白玉蟾以居福建武夷山时为多,但曾数至罗浮,所传弟子"郑翠、房孺、张湛然、月窗,皆住罗浮者"③。白氏著述甚丰,卒后,其弟子彭耜校勘遗作,纂次成集,共40卷,名《海琼玉蟾先生文集》。今存明《重编海琼白玉蟾文集》六卷,续集二卷,内有少量道教理论、炼内丹法及神仙之说,大部为诗、文、赋之类。另有《道德宝章》一书,即《老子注》;还有多种道教著作。

---

① 《重编海琼白玉蟾文集》卷一《送朱都监入闽序》,卷二《日用记》。
② 《重编海琼白玉蟾文集》卷首《海琼玉蟾先生文集序》。
③ 檀萃:《楚庭裨珠录》卷三《留紫元》。

第十一章

元朝对南人的压迫及其短暂统治

元朝统治广东88年（1279－1367），即元世祖至元十六年（宋祥兴二年），到元顺帝至正二十七年。

蒙古贵族政权将人按民族及其地域划分等级，实行民族歧视和民族压迫的政策。南人是最低等级，广东土著各族皆在南人之列。

元朝统治期间，减轻广东田税，重视和发展水利灌溉，但是复兴奴婢制度，强化农民对地主的人身依附，又扩大对农户的科差。

元代广州市舶贸易和海上远洋交通的范围比宋代扩大，而手工业、内地商业和交通运输，则在农村自然经济强化的条件下转衰。

在沉重的阶级压迫和民族压迫下，广东人民的起义和反抗始终不断。

第一节 南宋行朝的覆亡

蒙古勃兴于漠北，灭金之后，元世祖大举伐宋，不二年便击降临安政权，席卷东南。广东人民在文天祥、张世杰、陆秀夫等领导下进行的抗元斗争，是抗残暴、反压迫的正义斗争。

文天祥、张世杰分统陆、海抗元军，坚持抗元二三年之久。由于江淮闽浙战士和广东各地人民组成的乡兵奋力抗暴，以致元军三下广州皆不能据有，许多已降州县一有机会又复起反抗。

崖山之战使南宋最后的赵昰、赵昺"二王行朝"终于覆亡。

一、"二王行朝"的建立和文天祥抗元

元世祖忽必烈于至元八年（1271）十一月建国号曰大元，十一年（宋咸淳十年，1274）六月大举伐宋，势如破竹，十三年（宋德祐二年，1276）二月宋少帝赵㬎投降，南宋临安政权灭亡。

在元军逼近临安时，赵㬎曾封兄赵昰为益王、福建安抚大使，封弟赵昺为广王、判泉州（地位特高者任知州曰判），前往福建。至元十三年（1276）五月，陈宜中等在福州立益王为帝，改元景炎，立益王母杨淑妃为太后，同听政，改封

赵昺为卫王，改福州为福安府，以陈宜中为左丞相兼都督，张世杰为枢密副使，陆秀夫签书枢密院事。是为二王行朝。文天祥抵达福州之后，任右丞相兼知枢密院。

行朝成立，即遣诸将分道出兵，收复失地。七月，文天祥以同都督开府于南剑州（今福建南平），规复江西；景炎二年（元至元十四年，1277）三月自漳州率兵入粤收复梅州①；五月，出兵江西，收复赣、吉诸州。继而赣州兵败复失，处置使邹洬之军数万在吉州又有"空坑之败"，损失惨重。于是天祥收残兵至循州，屯南岭（今广东紫金东南80里，宋属惠州）。景炎三年（元至元十五年，1278）三月复惠州，欲率部归行朝，因与张世杰意见不合未果。八月，加少保、信国公。当时循、潮、梅三州已收复，被任命知潮州的陈懿，原是大盗，据潮州叛服不常，肆虐害民，更不遵行府（行都督府）节制，天祥乃于十月率军赴潮讨伐，陈懿败走。十一月，行府移至潮阳，讨杀时叛时服的剧盗刘兴，邹洬亦自江西来会，稍复声势。闰十一月得知元将张弘范所率水陆大军已到福建泉、漳，天祥度势不敌，移屯海丰，欲入南岭。叛匪陈懿以舟济张弘范军渡海港，引元军抄捷径追袭。是月二十日，天祥在海丰城北二里的五坡岭被俘②。张弘范置之军中，以礼相待，殷勤劝降。天祥丝毫不为所动，后在《过伶仃洋》诗中写下"人生自古谁无死，留取丹心照汗青"的不朽名句。

---

① 见文天祥《文山先生全集》卷十六《集杜诗第六十四至六十六》，卷十七《狱中手书》。

② 文天祥被俘日期，以其《狱中手书》为准。此后，其部将赵孟溁犹率万余众在惠州一带坚持抗元近二年。

二、熊飞、马发抗元和元军三下广州

（一）元军一下广州和熊飞抗元

宋帝赵㬎降后，元军迅速进取江西、湖南，至元十三年（1276）三月上旬占领长沙及湖南大部，是月二十日江西"赣、吉、袁、南安四郡内附"①。至是元军已到达大庾岭的北面。五月，宋广东经略安抚使徐直谅派原淮将梁雄飞至江西求降，江西元将吕师夔命黄世雄、梁雄飞带一支元军逾岭入粤，连下南雄、韶州，直下广州②。

这时，徐直谅已知行朝建立，乃不愿降元，派权提刑李性道领摧锋军将黄俊、陈实和水军将谢贤拒元兵。军至石门，"遥望虏骑，阻山塞川"。李性道惧不敢战。黄俊建议：元军零乱，如分兵两翼，水军登陆绕攻其后，可以取胜。李不从。及元军列阵鼓噪而进，唯黄俊率所部摧锋军力战，余皆畏缩不前，结果失败，徐直谅逃走。六月十三日，元军入广州城，黄俊不屈就义③。

东莞人熊飞"有武略，善骑射"，曾从文天祥"勤王"④，回到家乡后，于至元十三年（1276）八月，集东莞数百人攻

---

① 《元史》卷九《世祖纪》。
② 这第一支逾岭入粤元军的记载，见黄溍《黄学士文集》卷三十五《中大夫延平足决管韩公墓志铭》。
③ 《广州人物传》卷十七。
④ 广东有关方志及元、明人著作都说熊飞率众从文天祥勤王，兵溃而归或"未至"，且时间不明。查文天祥奉诏勤王在德祐元年（1275）春。十月常州之役，其部将朱华所率广兵"多死于水"，熊飞应在广兵中。他曾在兵溃后一度降元。

至广州城下，败回。黄世雄遣将姚文虎追击，熊飞杀之，集乡兵再攻广州。宋新会县令曾逢龙亦率乡兵前来助攻。九月十一日，黄世雄败退，熊飞、曾逢龙收复广州城①。

宋制置使赵溍、安抚使方兴到广州，捕杀降元将领李性道、陈实、谢贤。接着，熊飞又收复韶州与南雄，但元军仍据守大庾岭，控扼南北岭路②。同月，元副元帅吕师夔、张荣实自江西率大军逾大庾岭，赵溍派曾逢龙与熊飞守南雄，刘自立接替熊飞守韶州。十月初，元军陷南雄，曾逢龙战死，熊飞退保韶州。元大军至，刘自立开城降，熊飞率兵巷战，最后赴水自杀，州官丘必明亦战死。韶州因顽强抵抗而被元军屠城③。

(二) 元军二下、三下广州和广州各地乡兵的抗元斗争

吕师夔、张荣实占领韶州后，取英州，直下广州。景炎元年（1276）十二月初，赵溍、方兴逃走，将城守事宜交付郡人赵若冈。赵若冈与忠勇军将陈勇开城降，元军顺利二度入广州。而在此前后，其他元军也从四个邻路分道进入广东各州，广东大部归附于元。

元军占广州城后，广州各县抗元乡兵纷起。南海县张镇孙集乡兵抗元，被行朝任命为广东制置使，与都统凌震图复广州。区仕衡在南海陈村，出家资积谷数千石，聚乡兵800余

---

① 《永乐大典》卷一一九〇五《取广州始末》；《宋史》卷四十七《瀛国公》；戴璟：《广东通志初稿》卷十五。

② 黄溍：《黄学士集》卷三十五《中大夫延平路总管韩公墓志铭》。

③ 《永乐大典》卷一一九〇五《取广州始末》；《宋史》卷四十七《瀛国公》；戴璟：《广东通志稿》卷十五。

人,修栅砦,铸兵器,有艨冲舰20艘,另多置游船;又发书各乡,倡议同心纠结,各组乡兵,推兵长,操练行伍,以保障自卫,有警则互为声援,谓可集万人,皆听张镇孙、凌震节制,"誓图兴复"①。番禺李志道"纠集乡勇",又"上粟十万石,馈送饷军"②。新会伍隆起献粟数千石,组织乡兵数千人,进战于广州城(后被部下叛徒杀害)。宋宗室赵若榉,在香山"募潮居里民数百以勤王"③。景炎二年(1277)四月,元军终于以"水道不通、军饷不济"而退,广州城被张镇孙收复。

元军再度退出广州后,张世杰、文天祥二军也稍有作为,但不久皆败。十一月,元将塔出、吕师夔会福建舟师攻广州。张镇孙"集战舰二千于海珠寺",与元军大战,为所破④,元军遂三入广州,并夷平东、西二城。

(三) 马发守潮州和宋军三复广州

景炎元年(1276)冬,潮州知州逃走,驻潮摧锋军正将马发被推为知州。次年正月,元兵掩至,马发战败,潮州降元。五月,张世杰攻潮州,元兵退走,马发便一直为宋守潮。十月,元将唆都来攻,因马发拒守,不能拔。景炎三年(1278)正月二十七日,唆都又来攻城,陈懿兄弟五人(号称

---

① 区仕衡:《九峰先生集》卷一《纠集乡兵书》。
② 阮元:《广东通志》卷二百七十。
③ 伍建珍:《伍氏族谱》(新会),光绪六年抄本;《赵氏族谱》(新会),民国26年刊本。
④ 姚燧:《牧庵集》卷二十三《皇元故怀远大将军同知广东道宣慰司事王公神道碑》;《宋史》卷四十七《瀛国公》。张镇孙败后投降,在押赴大都(北京)的途中自尽。

"五虎")齐助攻,马发与城内军民竭力死守月余。守南门巡检黄虎子放元兵入城,肆行屠杀,"城中居民无噍类"。马发犹收残兵百余人入守子城,于三月初一全家自杀殉国①。这是广东抗元守城时间最长最惨烈的一役。

元军第三次入广州后,各县境义军、乡兵抗元如故,文天祥部又屯循、惠一带,元军因粮饷不继而于景炎三年(1278)二月退走。三月,宋都统凌震与转运判官王道夫三复广州。

三、张世杰抗元和崖山之战

宋二王行朝是与张世杰所统舟师在闽、广抗元相始终的。

景炎元年(1276)六月,元兵从江西进攻福建,十一月至福安。赵昰由海道至泉州,泉州招抚使蒲寿庚叛,枢密副使张世杰夺得蒲寿庚一部分船只,将行朝移到潮州。其旧部多淮、浙人,转移时"正军十七万,民兵三十万有奇"②。十二月,行朝再移至惠州甲子门(今陆丰境)。次年正月至四月,行朝先后移驻广州境之东莞梅蔚山(今香港新界西南海中)和官富场(今九龙附近)。五月,张世杰从海上攻取潮州;七月,再进围泉州,因有畲族女首领许夫人联合漳州陈吊眼义军及诸洞畲军从陆路配合,"兵威稍振"③。九月,元军从海上反攻,

---

① 《永乐大典》卷五三四三引元《三阳图志·平潮州始末》;《宋史》卷四十七《瀛国公》。
② 陈仲微《广王始末》。
③ 陈仲微:《广王始末》。

张世杰退走。十一月，元将刘深率舟师追攻行朝于浅湾（在九龙西北，今名荃湾），行朝退至秀山（今虎门大小虎山），旋因元军已占广州，故不得不浮海西走。十二月，行朝在井澳（今澳门西南大小横琴岛一带或即十字门）遇飓风，舟船损失极大，士卒"死者十四五"，赵昰惊悸成疾，张世杰集残余舟师西走，刘深追至七洲洋（今海南岛东北大海中）而还。景炎三年（1278）二月，元军撤出广州，行朝复自海上东还广州境。三月，张世杰移舟师于雷州，拟在此建立根据地，但元军已招降了雷、高、化三州，只得驻行朝于硇洲（今湛江市以南的硇洲岛）。四月，赵昰死，时年10岁，谥端宗；赵昺被立为帝，改元祥兴，升硇洲为翔龙府。祥兴元年（1278）五月，遣琼州安抚张应科攻雷州，败死，硇洲亦不能留。只有海南岛和珠江口以西的香山、新会一带尚非元势力所及，行朝乃于六月徙至新会县的崖山①。

崖山位于崖门海口，两山对峙如门，便于进出、防守和避风，是一个较佳港口。行朝派人入山伐木，建行宫军屋，造船只，治兵器，又升广州为翔龙府。当时行朝军队还有20万②，其粮食、诸物及资财，多由"广右（广西）诸郡、海外四州"供给。事实上，行朝已到了无路可走的地步，只好在这里作最后挣扎。

南宋祥兴元年（1278）十月，元将阿里海牙招降海南，琼州安抚都监赵与珞拒战于琼山白沙口，旋兵败，赵与珞及其

---

① 二王行朝的迁徙地点和时间，各书记载不一，以上系据《宋史》、《元史》、《广王始末》、《崖山志》、《永乐大典》有关记载斟酌写成。

② 陈仲微：《广王始末》。

部将谢明、谢富、冉安国、黄之杰皆被执死。元军回至南恩州，又击降方经略①。十一月，元将李恒击败凌震与王道夫，第四次攻下广州。张世杰军的海上供给又告断绝。

元世祖至元十六年正月十四日（1279年2月26日），张弘范率舟师抵崖山，广州的李恒立即率战舰120艘取海道来会。当时宋有"巨舰千余艘"，下碇海中，较之元船既大且多，更善水战，要起碇浮海走脱，根本不成问题；如指挥得法，战胜亦非难事。可是张世杰却把千余巨舰集中一起，以"大索贯之"，结成一水上连营，丝毫不考虑战术进攻，纯然待敌攻打，实属下策②。元军据海口，首先派兵占领陆地及山寨，焚宋宫室，断其采樵、汲水之路，宋军只得吃干粮，喝咸水，官兵皆呕吐腹泻。元军又将港内北面千余艘来救援的乡兵乌蜑船消灭。为防宋船出海远走，元军曾施行火攻，但因宋船作了充分准备而无效，乃改用逼近强攻之策，部署颇为得当。二月六日（1279年3月9日）晨，元军发动总攻，张弘范在南，李恒在北。李恒乘退潮顺流直捣宋阵，宋军"江淮劲卒各殊死斗，矢石蔽空"。李恒夺得数船。至中午，张弘范又以更大的兵力乘涨潮扑登宋船，宋军至是南北受敌。双方都在宋船上短兵相接，展开混战。从早战斗到傍晚，"声振天海，斩获

---

① 姚燧：《牧庵集》卷十三《湖南行省左丞相神道碑》；黄淳：《崖山志》卷二。方经略即方兴，此后在崖山大战中又有方兴与元军作战的记载，当是"降而复叛"。

② 文天祥《集杜诗第三十六》记："初，行朝有船千余艘，内大船极多。张元帅大小船五百，而二百舟失道，久而不至。北人乍登舟，呕晕执弓矢不支持，又水道生疏，舟工进退失据。使房初至，行朝乘其未集击之，蔑不胜矣。行朝依山作一字阵，帮缚不可复动，于是不可以攻人，而专受攻矣。"

(宋军)几尽"。数日后,海上浮尸达十余万具①。

战至最后,张世杰与苏刘义各斩断碇缆突围走。宰相陆秀夫先驱妻子下海,然后负少帝赵昺赴海死②。张世杰、苏刘义拥杨太后率十余舰走脱后,复还崖山收残卒,杨太后旋亦赴海死。张世杰尚欲立赵氏后,五月在南恩州平章港口(今阳江市南)覆舟而亡③。

崖山大战中,宋行朝战死及殉节的重要人物还有:枢密使高桂、权礼部侍郎徐宗仁、翰林学士刘鼎孙、兵部侍郎茅湘、吏部侍郎赵樵,以及潮州人、《平元曲》作者陈璧娘之夫、都统张达④。苏刘义后不知所终。另有吏部尚书陈仲微走死安南,其所撰《广王始末》今存。

文天祥、张世杰、陆秀夫,并称宋末"三忠"。后人在崖山建"三忠祠"和"慈元殿"以纪念他们和杨太后殉国。

崖山之战后,张弘范在海中崖石上刻"镇国大将军张弘范灭宋于此"⑤,以自表其功。明人有诗嘲之曰:奇功勒石张弘范,不是胡儿是汉儿。

---

① 苏天爵:《元文类》卷四十一引《经世大典·崖山拉倾》;《宋史》卷四百五十一《张世杰传》。
② 《宋史》卷四百五十一《陆秀夫传》云陆为景定元年进士,误。
③ 《广州人物传》卷二十四《张世杰传》。
④ 《广州人物传》卷二十四;《宋史》卷四十七《瀛国公》;《崖山志》卷二。
⑤ 见屈大均《广东新语》卷二。

第二节 压迫南人的措施和人民的反抗

元代将宋广南东路建置为广东道,隶江西行省;广南西路沿海九州军立为海北海南道,隶湖广行省。这样,广东道就不如两宋地方最高一级的路处理政务之灵活及时;同时,经济、政治中心在行省治所,广州这个南方重镇的地位被降低,其繁荣发展也受到窒碍。

广东土著各族人民皆属法律地位最低的南人。元朝歧视压迫南人的政策与措施,贯彻于法律、官制、治安和人民社会活动、日常生活各个方面。元代广东的阶级压迫也加重了。因此,在以民族压迫为主的双重压迫下,广东各族人民进行着持续不断的反抗。

一、广东道与海北海南道的建置

(一) 广东道与海北海南道的设立及其辖属

元世祖即位之年(1260),立中书省为中央最高政权机构。同年八月,立秦蜀行中书省,作为中央中书省的派出机构。此后陆续增派行中书省,称为某处行中书省(简称行省),于是某处行中书省,便成为最高级的地方权力机构。广东、广西在元代分别隶属于江西等处行中书省和湖广等处行中书省。

行省之下设路、府、州、县四级,一部分行省设有宣慰司,"掌军民之务,分道以总郡县,行省有政令则布于下,郡县有请则为达于省"①。宣慰司是居于行省之下，路、府、州、县之上的承转机关，其辖区称为"道"。

元世祖至元十五年（1278），"立广东道宣慰司"于广州，设广东道宣慰使司都元帅府。至元二十九年（1292），将前此隶属广西的肇庆路、德庆路、封州、连州复划归广东道，广东道的疆域始定②，其下设置路（及州、军）县二级行政机构③。至元十七年（1280），改前设之雷州安抚司为海北海南道宣慰司，治所在海康。两道建置详见下表。

元广东道和海北海南道的路（及州、军）县建置表

道名	路、州名及等级	县数	县名及等级（第一县为路、州治所）	备 注
广东道	广州路上	7	南海中、番禺下、东莞中、增城中、香山下、新会下、清远（应为下）	番禺与南海同为路的治所，原怀集县割入广西贺州。
	韶州路下	4	曲江中、乐昌下、仁化下、乳源下	以翁源县入英德州。
	惠州路下	4	归善下、博罗下、海丰下、河源下	
	南雄路下	2	保昌下、始兴下	
	潮州路下	3	海阳下、潮阳下、揭阳下	
	德庆路下	2	端溪下、泷水下	
	肇庆路下	2	高要中、四会中	

---

① 《元史》卷九十一《百官志》。
② 《元史》卷十七《世祖纪》。
③ 广东道（及海北海南道）之下的路和州、军为平级，与全国性的普遍规定稍异。

(续上表)

道名	路、州名及等级	县数	县名及等级（第一县为路、州治所）	备注
广东道	英德州^下	1	翁源	以原韶州翁源县并入，原真阳、浛光二县废。
	梅　州^下	1	程乡	
	南恩州^下	2	阳江^下、阳春^下	
	封　州^下	2	封川^下、开建^下	
	新　州^下	1	新兴^下	
	桂阳州^下	1	阳山^下	废去原桂阳县。
	连　州^下	1	连山^下	
	循　州^下	3	龙川^下、兴宁^下、长乐^下	
海北海南道	雷州路^下	3	海康^中、徐闻^下、遂溪^下	
	化州路^下	3	石龙^下、吴川^下、石城^下	
	高州路^下	3	电白^下、茂名^下、信宜^下	
	乾宁军民安抚司	7	琼山^下、澄迈^下、临高^下、文昌^下、乐会^下、会同^下、定安^下	天历二年改琼州为乾宁，最后二县为新增，《元史》误定安为安定。
	南宁军	3	宜伦^下、昌化^下、感恩^下	
	万安军	2	万安^下、陵水^下	
	吉阳军	1	宁远^下	废去原吉阳县。
	钦州路	2	安远^下、灵山^下	今属广西。
	廉州路	2	合浦^下、石康^下	今属广西。

资料来源：《元史》及《新元史》之《地理志》。

以上元广东道共 15 路、州，36 县；海北海南道之属于广东者（即除去钦、廉二路）计 7 路、司、军，22 县。合计 22 路、州、司、军，58 县。这里的路、州、司、军虽皆直隶于宣慰司，为平级，但路和司的地位较州（元称这种州为散州）、军为高。

元代尚有一特殊制度，在路的治所"置一司，以掌城中户民之事"，称录事司；若"城市民少，则不置司，归之倚郭县"。即把人口众多的路治所在的城区划为一行政区域，归路管辖而不属县。元初，广东道诸路多置录事司，后因各路治所城市人口稀少，罢去不少，广东、海北海南两道只广州、潮州、韶州三路设有录事司。

（二）各级行政机构与职官

广东道宣慰使司都元帅府，设宣慰使3员、同知2员、副使2员，宣慰使及同知兼都元帅、副都元帅，又经历2员、知事2员、照磨兼架阁管勾（管文书档案）1员。海北海南道宣慰司，设宣慰使都元帅3员，副都元帅、佥都元帅事各2员，经历以下同广东道。

路，分上路、下路，各设总管府。上述两道的路，唯广州路为上路，余皆下路。总管府设达鲁花赤①1员、总管1员，兼管劝农事；同知、治中（下路无治中）、判官各1员；推官2员（下路1员），专治刑狱；经历1员，知事1—2员，照磨及承发架阁1员，译史、通事各1员，司吏无定员。广、潮等路的录事司，置达鲁花赤、录事、判官、典史各1员，以判官兼捕盗事。乾宁军民安抚司相当于路，设达鲁花赤、安抚使、同知、同知副使、佥事、经历、知事各1员，余同别路。

---

① 亦称达噜噶齐，蒙语音译，为首要主管，原则上由蒙人充任。

州军分上中下三等。广东道诸州、海南三军皆为下等,设达鲁花赤、知州、同知、判官各1员,吏目1—2员,以判官兼捕盗事。

县亦分上中下,均置达鲁花赤、县尹、簿、尉各1员,典史2员。上县有县丞1员,为尹之副。县尉主捕盗事。另有巡检司,置巡检一员[①]。

县以下,每乡设里正1名;都设主首,上都4名,中都3名,下都2名。里正、主首由上户轮充,主要掌管征催赋役[②]。又农村每50家立为一社,不及50家之村可与别村合立,家数略多亦可。每社立社长一人,以年长而通晓农事者充任,其任务为劝事农桑及教化[③]。

元代道与路的长官,品级都较高,权力也较大。宣慰使都元帅秩从二品,同知从三品;路的达鲁花赤和总管,上路为正三品,下路为从三品。

元代路、府、州、县,"其长则蒙古人为之,而汉人、南人贰焉"。路、府、州、县各置达鲁花赤1员,即是"其长"。其设置,旨在加强蒙古人对各族人民特别是汉人、南人的统治。后来此职不全限于蒙古人,色目人亦可充任。终元之世,汉人任此职者仅个别,南人绝无。

元朝定都大都(今北京),重北方,轻南方。广东较偏远,是中央政权不大重视的地方,也是岭北人不愿来做官的烟瘴

[①] 以上职官均据《元史》卷六十二、六十三《地理志》,卷九十一《百官志》。
[②] 《元典章》卷二十六《编排里正主首例》。
[③] 《元典章》卷二十三《劝农立社事理》。

之地①。因此，元朝沿宋惯例，对担任两广官职者给予某些优待，并采取类似唐代的南选制度。

两广初定之后，缺官。至元十九年（1282）十月诏："两广福建五品以下官，从行省就便铨注。"广东下州知州以下的官员，可由行省选任，旋改为六品以下，就便委用。元后期，因"广海"远，朝廷犹"三年一差官分诣行省，自三品以下皆得优等斟量铨注，谓之广选"②。这种铨选制度，类似唐岭南"南选"，但元代所选并不仅是岭南人。此制度也反映元代行省权重。

元朝对两广官员的优待，也早有规定：江淮及腹里（山东、山西、河北为腹里）等处官员，"若于接连福建、广东溪洞州郡任用，升一等"，若在溪洞州郡则升二等。至元二十九年（1292）诏：福建、两广官员历两任者，许转官江南，"愿于两广、福建者听，依例升等"。由中央派任两广、四川等处的官员，往往受了"宣敕"还不肯赴任。至元末年，元世祖为此发怒，下旨："如今勾当高了低了也，更嫌远，受了宣敕不去的人每（们）……要罪过（治罪）呵。……那畜生每（们），根底（到底）也，教种田者么道。圣旨了也，钦此。"③此旨下后，派官广东者始不敢抗不赴任。

---

① 《元典章》卷六。延祐四年御史台奏：两广"烟瘴歹地面有，五六月里省台差去的使臣，著烟瘴多有死了的；廉访司官署月审囚去呵，也著烟瘴死了有。"

② 郑天祐：《侨吴集》卷十二《高昌布达实哩公墓志铭》。

③ 《元典章》卷十《广选不赴任例》。

二、驻军与屯田兵

元朝军队以蒙古兵为主力,多在北方。按世祖时的定制,江淮以南,以至南海,"各以汉军及新附等军戍焉"①。按元兵制,上万户府管军7 000人以上,中、下万户府分别管5 000及3 000人以上。世祖至元二十六年(1289)诏:"季阳、益都、淄莱三万户军久戍广东,疫死者众,其令二年一更。"②说明当时广东道常驻的正规军在1万人以上,而且都是汉军,数量约为两宋广南东路正规军的2倍。在海北海南道,琼州白沙津(今海口市)置有水军镇;钦、廉二路与安南接壤,必有重兵,但这里和雷、高、化等路的军队情况均失于记载。海北海南道还另有屯田军。成宗元贞元年(1295)的屯田军为4 000人,大德年间尽撤。顺帝元统二年(1334),海南重新设置黎兵万户府(世祖末年设,大德年罢),领千户所13处,多以土人为兵,兼屯田③。元千户亦分上中下,管军数各为上中下万户的1/10,这13千户所的兵士总数约5 000人上下。

元代前期,江西、湖广两行省都有重兵屯戍于广东以外的要地,广东一旦有警,两行省便会及时调兵增援广东戍兵。

元朝在各郡县普遍设置的县尉司、巡检司,各置巡军、弓手,用以捕盗,但他们是"南人",使用兵器也受到限制,除

---

① 《元史》卷九十九《兵志》。汉军为北方汉人组成,新附军为南方各地人组成。
② 《元史》卷十六《世祖纪》。
③ 《元史》卷九十二《百官志》、卷一百《兵志》。

了扰民,是没有多大用处的。

元前期驻广东的兵力较强大,后渐转弱。仁宗皇庆年间,枢密副使张珪,以"中州军士镇江南者",逾岭而戍,多死于瘴疠,奏准改为"岭表要害,因其土人而戍"①,但未完全实行。其后,马祖常上《建白一十五事》,内云:"汉军征戍岭海之南,岁病而死者十率七八"。军官们又多在兵士贫困之际,"厚息借贷",令以北方原籍的家产归还,常致军人之家破产②。在上述情况下,戍守广东的少数汉军及大多数地位低于北人的当地南人士兵,士气低落,军事镇压力量便大为减弱。

三、民族歧视和民族压迫

(一)民族歧视和有关的法律、禁令

元军初入岭南,曾多次对各族土著进行残酷的大屠杀。例如在潮州"元唆都屠城时,传闻仅逃三人,藏于巷中",故后人名其巷曰"三家巷"③。

元灭宋后,蒙古贵族为巩固其统治,对汉人、南人实行民族歧视,尤以对南人歧视为甚。

元朝的法律和禁令,或明文规定民族的等第,或实质上表现为民族歧视和民族压迫。其有关禁令如下:

"诸斗殴,以手足击伤人者,笞二十七",重者以次加等;

---

① 苏天爵:《元文类》卷五十三《平章政事张公墓志铭》。
② 马祖常:《石田文集》卷七。
③ 民国《潮州志·丛谈志》。《永乐大典·潮州府·户口》引《三阳图志》说:"潮州数万生灵,或罹锋镝,或被驱掠,或死于盗贼,或转徙他方。"

而诸蒙古人与汉人争,"殴汉人,汉人勿还报,许诉于有司"。"诸杀人者死,仍于家属征烧埋银五十两给苦主";而蒙古人因争执或酒醉殴死汉人,则只"断罚出征,并全征烧埋银"。凡盗贼,除判刑外,都要在臂上或项上刺字,而蒙古人"不在刺字之列"。"诸汉人持兵器者,禁之"。"禁学散乐词传"。"诸乱制词曲为讥议者,流"。"禁治装扮四大天王等","禁治锣鼓","禁弄蛇虫唱货郎"。"禁治习学枪棒","禁射小弩弹弓","诸弃本逐末,习用角觝之戏,学攻刺之术者,师、弟子并杖七十七"。"诸民间有藏铁尺、铁骨朵及含刀铁挝杖者,禁之"。"诸夜禁,一更三点,钟声绝,禁人行;五更三点,钟声动,听人行"。"诸关厢店户,居停客旅,必问其所奉官府文引,但有可疑者,不得容止,违者罪之。"① 世祖至元二十七年(1290)以前,甚至禁止江西、湖广、福建、广东官府捕盗的县尉和弓兵等携带弓矢。由于捕盗者不得使用兵器,结果弄得这些地区"盗贼发",才"依内郡例,许尉、兵持弓矢"②。

以上各禁,皆在防杜汉人、南人各种形式的反抗。

民族歧视还表现于排斥南人、汉人掌权,包括行政权和兵权。从各级地方长官到行省和宣慰司的最高长官,一般都不让汉人、南人充当。路、府、州、县,皆以蒙古人及色目人担任的达鲁花赤为最高长官。就广东而言,除元初和末年外,广东土著人竟没有一个担任高级文武官职的。较多的蒙古、色目人还充任各级文官。对此有明文规定:中央国子学

---

① 《元史》卷一百四、一百五《刑法志》;《元典章》卷五十七。
② 《元史》卷十六《世祖纪》。

学生"试贡"入官,"试蒙古之法宜宽,色目生宜稍加密,汉人生则全科场之制"。每届科举取进士100名,内"蒙古、色目、汉人、南人分卷考试,各二十五人"。"蒙古、色目人愿试汉人、南人科目,中选者加一等注授。"① 因此人数多而文化程度高的南人和汉人,绝大多数被排斥在仕途之外。"台省要官皆北人为之,汉人、南人,万无一二。其得为者,不过州县卑秩,盖亦仅有而绝无者。"②

(二) 监察机构的设置与吏治的腐败

派遣官品极高的大臣到行省担任丞相、平章、左右丞、参知政事,赋予他们很大权力,是元朝加强对各地区统治的措施之一。但是地方权重也有其弊,故又由中央监察部门派专职监察官员,在地方设机构,进行经常监督,并划分监察区,也称为"道"。海北广东道和海北海南道两监察区,均隶江南行御史台。海北广东道肃政廉访司设于广州,海北海南道肃政廉访司设于雷州海康,长官为肃政廉访使。御史台系统有权监察包括行省在内的所有地方行政长官,"纠察百官善恶,政治得失",以保证地方的统治较符合中央的意旨,比两宋路一级的各监司互监更为加强。肃政廉访使在地方也渐干预政军诸权,越到后来权力越大,但对日益腐败的吏治却无能为力。

元朝统治时期的吏治,一开始便有许多弊害。早在初年便有人指出:"方今内而省部台院百司,外而按察司(后改肃政廉访司)府州司县,用吏员俱出自州县校书帖写之人,因

---

① 《元史》卷八十一《选举志》;《元典章》卷三十一。
② 叶子奇:《草木子》卷三上。

而上达。以至侥倖成风,廉耻扫地。……中间求其廉慎、可称熟练吏事者甚鲜,而天下……刑名铨选,生死曲直,高下与夺,悉出于乳臭若辈之手。"① 大德年间,包含广东道在内的江西行省,各路府州县的司吏,"即系土豪之家买嘱承充,……上下交通,表里为奸,起灭词讼,久占衙门。……改〔败〕坏官事,残害良民"②。而这些最低下的司吏一旦做官,为害更大。所以元朝政治比起以往各朝更易腐败,更加腐败。还在世祖末年,雷州路竟有廉访司佥事、遂溪县尹等官员数人,"入场赌博",与民户"赌扑钱物",赢得民人金银马匹钞锭③。在任地方官员与百姓一起聚赌的现象,是古来罕有的。武宗至大年间,番禺县贼人劫夺商船,杀死9人,后被捕获,达鲁花赤居然任其"保管外出,纵令在逃"④。至于冤狱错案和草菅人命情事,在《元典章·刑部》所载刑法《违枉》、《违错》的少数案例中,多为广东官吏擅自打杀被误告之人和错判案件的事。元人文集中对广东官吏贪赃枉法,造成冤狱,亦多有反映。

四、广东人民的抗元斗争

(一)持续不断的武装反抗

宋行朝灭亡之年,琼州便有"土寇黄威远等四人为乱"⑤。世祖至元二十年(1283)三月,宋臣林获之子林桂芳拥宋室

---

① 王恽:《秋润先生大全集》卷九十《试吏员》,《四部丛刊》本。
② 《元典章》卷十二《司吏》。
③ 《元典章》卷五十七《职官赌博断罢见任》。
④ 《元典章》卷五十五《番禺县官保放劫贼》。
⑤ 《元史》卷十《世祖纪》。

赵良骓（或作钤）在新会举兵抗元，聚众万人，称罗平国，年号延康，旋被镇压①。九月，广州路黎德、欧南喜起兵反元。"区（欧）将军伪署置官，自王清远"，"改元僭号"。遣马帅、陆帅、徐相攻广州，增城县蔡大老、钟大老、唐大老皆响应，声势浩大。欧南喜被元将王守信击破，至新会与黎德会合，众号20万，有船数千艘，势复振。次年，在东莞、博罗境击杀广东运盐使合剌普华；十一月，黎德败于海上，被擒死。至元二十二年（1285）初，欧南喜等亦败死，这次历时两年多的大起义才告结束②。与欧、黎起义同时，有陈良臣领导的东莞、香山、惠州私盐贩"万人为乱"；又有东莞民张强等起兵，以复宋为号召，众至2万余人。据至元二十二年（1285）广东宣慰使月的迷失奏，仅招降的山寨即达"百五十余所"③。两年后，又爆发了以钟明亮起义为主的广东道各地武装抗元。钟明亮起义于福建汀州，旋即影响到广东。次年春，"循州贼万余人掠梅州"。四月，广东董贤举等7人皆称大老，聚众起兵，攻击赣南各地及韶州、南雄、汀州，官军"连岁击之，不能平"。十一月，又有潮州民蔡猛等"拒杀官军"。这些都是响应钟明亮或即是钟领导下的部属。至元二十六年（1289）五月，钟明亮率众18 573人降，数月后复反，分攻梅州及福建漳州，韶州、南雄20余处皆举兵响应，"声势张甚"。二十七

---

① 《元史》卷十二《世祖纪》；赵锡年：《赵氏族谱》（新会），民国26年刊本。

② 《元文类》卷四十一《经世大典·讨捕》、卷六十三《王守信神道碑》、卷七十《高昌偰氏家传》；《元史》卷十三《世祖纪》。

③ 《元史》卷十三《世祖纪》。

年（1290）春，钟明亮在江西境再降。五月，钟明亮又反，于是年被江西平章叶仙蕱"讨平"①。钟明亮又被称为"畲贼"，其本人应是畲族，但参加起义及响应者甚广，不限于畲族。

元初十年内外，广东的起义反抗遍及绝大多数的路和州。元世祖末年之后，广东转入相对稳定的经济恢复时期，起义和反抗较前为少，规模亦较小，但仍然接连不断。

（二）士人拒不仕元

读书的士人，通常以入仕做官为出路。元初广东的士人们，有些本是宋官，甚至参加过抗元战争，目击崖山惨剧，最为敌视元政权，不愿为其臣仆。其他的宋遗民，在民族歧视、压迫下，也大多不肯出仕新朝。不肯仕元，乃是一种消极反抗的表现。士人们的子孙秉承先人遗训，也大都隐居不仕。而元朝的重吏轻儒政策，更助长了士人不仕之风。

先是一批落籍广东的赵氏宗室拒不仕元。如定居东莞的赵必𤩽，既当过宋官，又参加过抗元，行朝灭亡时才30岁左右，拒受元官，忧愤而终。与他同隐东莞的宗室还有赵时清。东莞不仕元文人尚有很多，如：李春叟，宋末曾任德庆府教授，入元后命为东莞县尹，辞不就，在家讲学，"以道自任"②。文应麟，以堂叔文璧（文天祥弟）降元为耻，"遁于东莞"。蔡郁，闽人，宋亡家于东莞，"子孙无仕元者"③。宣统《东莞县

---

① 《元史》卷十四至十六《世祖纪》、卷一百六十二《刘国杰传》、卷一百三十三《叶仙蕱传》；苏天爵：《滋溪文稿》卷十五《漳州新军万户府副万户赵公神道碑》。

② 陈琏：《琴轩集》卷十《梅外李公墓表》。

③ 黄佐：《广州人物传》卷九；黄佐：《广东通志》卷五十三。

志》还载有陈庚、陈纪、黎友龙、何文季、方幼学等，本人或连同其子孙皆不仕元。

其他各县也不乏拒不仕元的士人。如：南海人区适，宦家子。入元后有人劝其做官，他说："安能与达鲁花赤相俯仰耶？"易湛，南海人，宋亡时遗嘱子孙拒仕，故终元之世，"子孙无一仕者"①。番禺李逵道，李昴英之侄，宋亡后改名遁迹于南海乡村②。都统凌震曾与张镇孙共复广州，第四子避世为僧，第十子凌方达避元征召，遁迹番禺③。新会人陈元辅、英辅兄弟（曾献粮于行朝）和陈猷（曾在南雄率乡兵抗元）都遗命子孙不得仕元④。增城人廖金凤，原是武职，曾率部勤王崖山，矢志"不食元粟"，于世事一字不提⑤。蔡昇，宋驸马，与公主皆死于崖山，子蔡鉴，居保昌，"当元之世，子孙俱不仕"⑥。吴丙，江西进士，先在文天祥军中，后定居潮阳，"晦迹方外"⑦。文天瑞，天祥从弟，远走海南，家于万州，"有微子去国之意"⑧。又《广东新语·琼人无仕元者》云：终元之世，海南岛"无登进士"者。这虽不等于不仕元，但亦可见在元代开科后，海南一些优秀士人不愿应科举以求仕。

---

① 黄佐：《广州人物传》卷十；易学清：《易氏族谱》（鹤山），宣统三年刊本。

② 李鄂：《李氏族谱考》（番禺），民国18年抄明本。

③ 凌江春：《凌氏族谱》（始兴），光绪二十六年刊本。

④ 黄淳：《崖山志》。

⑤ 陈琏：《琴轩集》卷十《宋银青光禄大夫太尉廖公墓表》。

⑥ 阮元：《广东通志》卷三百二十七。

⑦ 乾隆《潮州府志》卷二十九。

⑧ 文仕镜：《文氏通谱》（宝安），光绪元年刊本。

旧朝士人不仕新朝为列代所常有，而广东士人家族在80余年内长期不仕元之举，却在历史上甚为突出。

第三节　农业缓慢发展和农民封建依附性的加强

元政权统一中国前后，蒙古贵族已是非常重农，并采取了设专官、立村社、颁农书、奖农桑、兴水利、减田税和赈恤等一系列措施。

重农政策在广东的推行，并非全面奏效，如蚕桑便不见进展，得到切实执行的是减轻田赋、兴修水利、在海北海南道屯田、对农村赈恤等。结果是西江下游及沿海水利大兴，土地得到相当的开发。但是，元朝加强了农民的人身依附和扩大了奴婢的数量，却妨碍了广东农业的发展。

一、轻田税，重科差

（一）减轻田税和重视赈恤

蒙古族在攻金之前，纯是游牧生活，没有农业。进入中原之后，蒙古统治者才渐知农业之利。到世祖即位时，便很重视农业，诏天下"以农桑为本"，常令诸路劝课农桑。世祖至元七年（1270），立司农司，专掌农田水利，又颁《农桑辑要》，以为天下示范。各地方官以农事修举与否考绩，并由监察官考查。后又颁农桑之制14条，令各县乡村50家立一社，设社长一人,"以教督农民为事",社内及邻社之间实行耕种互助。又各处设正官一员,专司水利,并规定每丁岁种树若干株。成宗大德年间,复申扰农之禁,"力田者有赏,游惰者有罚"。这一系列重农桑的政策措施,在各地实行成效不一。而减轻江南各行省田税,则已基本实行,这对广东农业生产的发展,是有利因素。

元蒙早期由耶律楚材初定的田税制,以金制为蓝本而略加改变:地税每亩中田2.5升,上田3升,下田2升,水田5升。灭宋之后,大致上仿此税率,征之于南方各省。这类资料现存甚少,据广东各方志记载,元代南恩州额征秋粮3 902石,平均每亩7.3升;新兴县有田447 109亩,秋粮米4 189石,平均每亩0.94升;大德八年(1304),香山县有田311 018亩,秋粮米11 981石,平均每亩3.9升;文宗天历二年(1329)以后,海南岛有田1 551 900亩,秋粮米16 512石,平均每亩1.06升[①]。再拿元代广州田税数与南宋相比,南宋后期广州8县,夏秋税计田钱1 391贯,米40 804石;元广州路7县,大德八年(1304)秋税田钱175贯余,正耗米12 434石(元耗米为每石税粮带征7升)[②]。又参考延祐《四明志》、《永乐大典·湖州府》、至顺《镇江志》,元中后期庆元路、湖州路、镇江路每亩秋粮分别为4.4升、4.9升、5.2升。这就证实了元代江南各省及广东的秋税确实是大大减轻了。不仅如此,元初还普遍免除了南方各省旧有的夏税。但成宗

---

① 依次据康熙《恩平县志》卷四;郭棐:《广东通志》卷四十七;光绪《香山县志》卷七;正德《琼台志》卷十一。

② 《大德南海志残本》卷六。

元贞二年（1296）又"定征江南夏税之制"①。实际上此后并未在所有南方普征。《元典章》曾载明：大德元年（1297）三月诏，江西秋税用宋大斛征收，特重，"若再科夏税呵，莫不百姓根底重复么？两广这几年草贼作耗，百姓失散了有。那百姓每根底要呵，不宜也者。浙东、福建、湖广百姓每，夏税依亡宋体例交纳呵。……钦此"②。查广东诸通志及大量府志、县志，凡记载元代田赋者，皆无"夏税"。可见元代广东未征夏税。此外，仁宗延祐七年（1320），两浙、江东西、湖南北，均令"民田见科粮数，一斗上添答二升"，但"除福建两广外"③。故有元一代，广东的田税又较南方大多数地区为轻。

在正规田税之外，世祖于至元十三年（1276）下旨："其残宋诸名项繁冗科差、圣节上供、经总制钱等一百余项，都休要者。"④ 宋代广东的经总制钱中的头子钱含附加田税，大礼银、上供银等亦曾按田亩科派，这些在元代都被取消。

与重视农业和减轻田税相联系的是，元朝政府对农村的赈恤事业比较务实和认真。查考史籍，不难发现，元代有关广东官府赈灾的记载，比以往列朝都多，而且不像两宋一般限于减免或缓征田税。在元世祖后期到文宗至顺年间有数十次赈济记载，内容有：免田租，发粟赈济，按受灾户给粮一月或二月，按口施赈，减价售官粮，免差役一年，赈粮及钞

---

① 《元史》卷九十三《食货志》。
② 《元典章》卷二十四《起征夏税》。
③ 《元典章》卷二十四《科添二分税粮》。
④ 《元典章》卷十九《强占民田回付本主》。

等。减免田税，受赈恤的是地主和自耕农，而按户、按口之类的赈济，受赈者多是贫苦人户。可见元代赈恤有其可取之处，这也是重视农业的一种表现。

常平、义仓是有关赈恤的措置。元常平仓粮由官收籴，不征于民，义仓归民自办，比有些朝代常平仓粮征之于民、义仓归官经理为好。

（二）扩大科差

元代赋役分税粮和科差两大项。科差系按丁和财产多少以定轻重先后，按户征派，性质上属于丁税。广东的科差较之宋代有所加重。

大德二年（1298）以前，广东道宣慰司曾擅自"加民丁粮"，后经江西行省左丞史燿纠正①。大德八年（1304），广州路税户（即主户）28 117 户、23 128 丁，正耗丁米 14 539.6 石；客户 38 303 户，每户一丁，正耗丁米 4 703.6 石②；主、客户所纳丁米均不及南宋后期的 1/6。又元《三阳图志》载：潮州"自归附以来，客户亦纳丁米，每户二斗五升，今亦蠲免"③。由上可知，大德年间广东曾大减丁米，不久就全部蠲除。另外，从元初起又罢废宋代的夏秋役钱。

但是，元代广东新增的科差却更广更重。

职役。元代广东在免去役钱的同时将职役全部改为身役，各种职役均不再雇募而直接役人。元乡村基层组织沿袭金制。

---

① 姚燧：《牧庵集》卷十六《荣禄大夫福建等处行中书省平章政事大司农史公神道碑》。

② 《大德南海志残本》卷六。

③ 《永乐大典》卷五三四三《潮州府》。

乡设里正，管理户口、催督赋役、劝课农桑，并按户数多寡，下设主首一至数人以佐里正，于所在乡里按一定原则轮户充当。这种催督赋役的职役，与南宋存在的部分差役无大差别，也往往要赔累。元急递铺，由铺兵乘马日夜趱行递送紧急公文。宋代这类铺兵属雇募，元代则签发充当，以站户中之贫者充①。与宋土兵职能相同的元代弓兵，全属差役，按每100户取中等户一人当役，免其本人杂差徭和其他科派。此外，在南方，诸驿站中的人夫、库子、庖丁、厮养，各州县衙门和仓库的诸侍候、祗应之类杂役、库役等，也莫不差役，均有定额，由余粮户或有田产人户充，按一定月日轮流。有些重要浮桥也派役看守及修船。如韶州东西两浮桥，武宗至大年间始拨税户看守，兼修船、缆，共300户，免其杂役，二年一换②。各种职役的派役总原则是："先富强后贫弱，贫富等者先多丁后少丁。开具花户姓名，自上而下，置簿挨次。"大德七年（1303），江西行省奏定，以纳粮一石之上为限，"一体当役"③。无田产人户不服职役。

  杂泛差役。元代各种劳作均征工役于民间，称杂泛差役，包括甚广。如征调工役筑城、修路及临时调发人夫从事搬运，州县各种用物的派办等，都属于杂泛差役，是贫下和无田产户不能免除的。宋代因有专事工役的厢兵，故这类徭役少，元代则扩大很多。

---

① 《元史》卷一百一《兵志》。
② 《永乐大典》卷一九四一六《站赤》；《元典章》卷二十六《站户祗侍》；光绪《曲江县志》卷七。
③ 《元典章》卷二十六《编排里正主首例》。

站役。元代驿站发达，遍设水、马驿站于各地，称为"站赤"。江南各省先是由"余粮户"按纳粮数，每税粮70石出站马一匹，40石出站船一只，或独户承当，或数户合凑，马和船均按期轮流当差。大德六年（1302），以余粮户标准难定，改为凡有田的纳粮户按科粮及田数多少，由富而贫，轮流当差①。这些出马出船供驿站用的当差人户，称为站户。出马的站户，在正马之外还要备"贴马"一匹，在家喂养，以便在站当差之马一旦病死立即补换，但非补换不得拘贴马应役。南方站户当役时，免一切杂泛差役。这是据田产按户役畜役物的科差。

户钞。元初，诸王、后妃、公主及勋臣皆有食邑采地，在北方征"五户丝"给受封之人。后来又将江南若干土地分封，令封户每年纳钞，称"江南户钞"。受封于广东的有10人，封户计有广、韶、南恩、连、桂阳等路和州的十余万户。世祖初定每户每年纳钞5钱，当时合银0.25两。钞是纸币，后逐渐贬值，成宗时改为每户每年纳钞2贯②。此后钞继续贬值，征数未变。

包银。宪宗蒙哥于乙卯年（1255）定北方"包银"制：每户征银4两（此前为6两）。仁宗延祐七年（1320）六月，中书省认为南方"不曾百姓身上科要，好生偏负"。议定江南除佃农、佣工、赁房居住的单丁贫下小户外，平均每户每年额征包银2两，折纳至元钞10贯，由各地官府"验各家物力高下，品答均科"③。是年英宗即位，下改元诏，令至治元年

---

① 《元典章》卷三十六《站户余粮当差》。
② 《元史》卷九十五《食货志》。
③ 《元典章》卷二十一《科征包银》；《元典章新集·至治条例》。

(1321) 两广包银"权且倚阁"(暂停征)。泰定二年 (1325) 闰正月诏:"除江淮创科包银"①。广东包银实止征收一年。

元代施于广东的各项科差,无不含有人身依附性,尤以户钞、包银的依附性最为突出。科差扩大,征钱的部分减少,役人和征物部分加多,导致农村商品货币关系减弱,自然经济加强。此外,虽规定无田产户不服职役,但实际上却往往有无田贫下等户充役,富户反得免充的情况。如元统年间,新州使有田者"当排年里正、坊正等项差役,以苏民力"②,便足反证此前新州无田户亦服职役。而杂徭增多,易违农时,也妨碍农业生产。

元代也有"土贡"制度,但种类及数量均比两宋为少。

二、农业缓慢发展

(一) 沿海的土地垦辟和海北海南道的屯田

宋元之交的战乱,使广东人口有较大的损耗。到世祖至元二十二年 (1285),广东道宣慰使月的迷失犹向世祖面奏:广东治理不善,"故盗贼各据土地,互相攻杀,人民渐耗"③。所以,元初广东的户口一定少于南宋后期。

《元史·地理志》载有世祖至元二十七年 (1290) 广东道和海北海南道的户口数 (仅英德州缺),兹据以列表如下。

下表中广东道广、韶、惠、南雄、潮、南恩、新、循8路

---

① 《元典章新集·诏令》;《元史》卷二十九《泰定帝纪》。
② 黄佐:《广东通志》卷四十八。
③ 《元史》卷十三《世祖纪》。

(州）每户的平均口数俱为整数，很值得怀疑。这几州户口数可能不是实际登记数，而属于经抽样调查所作的估计，准确性较差。

至元二十七年广东道和海北海南道户口表

（不含钦、廉二路）

路（州、军）	户	口	路（州、军）	户	口
广州路	170 216	1 021 296	桂阳州	6 356	25 655
韶州路	19 584	176 256	连　州	4 154	7 141
惠州路	19 803	99 015	循　州	1 658	8 290
南雄路	10 792	53 960	雷州路*	89 535	125 310
潮州路	63 650	445 550	化州路*	19 749	52 317
德庆路	13 705	32 997	高州路*	14 675	43 493
肇庆路	23 338	55 429	乾宁军民安抚司*	75 837	128 184
梅　州	2 478	14 865	南宁军*	9 627	23 652
南恩州	19 373	96 865	万安军*	5 341	8 686
封　州	2 077	10 742	吉阳军*	1 439	5 735
新　州	11 316	67 896			
共　计	广东道 378 770 户、2 115 957 口，海北海南道 216 203 户、387 377 口，合共 594 973 户、2 503 334 口。				

说明：有 * 号者属海北海南道。

世祖至元二十七年之后，广东只有少数几个路（州）有户口记载，且年代多不准确。这些数字为：广州路 180 873 户（据《大德南海志残本》），潮州路 70 070 户（据《永乐大典·潮州府》），惠州路 24 976 户、111 462 口（据嘉靖《惠州府志》),韶州路11 975户(据郭棐:《广东通志》),南雄路19 883户(据嘉靖《南雄府志》),循州3 498户(据光绪《嘉应州志》),梅州3 522户(顺帝至元年间,据同上书)。以上各路(州)的户口数除广州记于大德八年(1304)外,其余均不明年代。这七路州的户口数与元初相比,除韶州路减少之外,其余均有所增长。与南宋相比,如广州路大德八年户数仅略少于南宋,再经几十年,到元末大乱以前,其户口可能超过南宋。由此可以推断,元末大乱以前,广东一部分路州的户口可能超过南宋;另一部分路州或少于南宋(如韶)或与南宋不相上下;全广东人口大概不会超过南宋[①]。

户口情况如上,则元代广东土地开发总量不可能增多,各地区虽有垦辟但亦有荒废,耕地增减不一。有所开发垦辟的地方,主要是在广、潮二路的沿海地带和西江下游高要以下的沿江地区。据今存广东各姓族谱记载,元代广东境内外移居广、潮的仍然较多,故两地的海滨新生沙坦不断被垦种。肇庆路的高要县,是元代建堤围造田最多的,这也是由于这里有许多人迁入之故。新来聚族而居的有金、李、吴、林、梁、邵、张、陆、彭、赵、廖、黎等姓(明代划入高明县的区域除外),分别在元初或元末迁来,多云因避乱来自南雄珠玑巷[②]。海南也是元代有所开发的区域,而且速度超过以往。如琼山县有元畯都征占城招降的番兵,安置在海口浦(今海口

[①] 两宋广东列次户口数中,每户平均不过2口左右,上表至元二十七年各州平均每户高至5—9口之多,口数比南宋多出几倍,这是决不可能的。据此足以证明宋代口数是只计男口或男丁的。

[②] 民国《高要县志初稿》卷二。

市);宋元之间一批在中国的阿拉伯人,"因乱挈家而来",散居各地海岸①。元军深入黎境,将大量黎族纳入编户,使黎人与外界接触更多,也对黎峒土地的垦殖有积极的影响。人口凋零、土地荒弃的地区仍以粤北、粤东北的山区为主,其程度甚于南宋。故其农业越来越不如沿海地带。

土地垦辟的另一种方式是海北海南道的屯田。

世祖初年,在内地各行省陆续"立屯田,以资军饷"。有军屯和军民合屯两种形式。屯田军民须向军方交纳军饷,屯垦无主的生熟官有荒地,是为军屯;民屯则"岁征佃户口粮纳仓,俱有定额"②,并规定垦荒三年不征税课。世祖至元三十年(1293),海北海南道宣慰使都元帅罗璧,以新附士卒及召募民户在海南海北诸处屯田,并奉诏设屯田万户府③。成宗元贞二年(1296)抽走一半屯军,留 2 000 人屯种,其余皆为民屯。大德三年(1299)罢屯田万户府,调走屯军全部,唯存民户 8 428 户屯田,其中:琼州路 5 011 户,田 29 298 亩;雷州路 1 566 户,田 16 551 亩;高州路 948 户,田 4 500 亩;化州路 843 户,田 5 524 亩;廉州路 60 户,田 488 亩。至文宗天历年间,海北海南诸处屯田尚存 8 003 户,田 56 000 亩④。

据此推算,该五路每一屯田户垦田仅 5—10 亩左右,每

---

① 正德《琼台志》卷七。
② 正德《琼台志》卷二十。
③ 《元史》卷十七《世祖纪》、卷一百《兵志》;程矩夫:《雪楼集》卷二十《元都水监罗府君神道碑铭》。
④ 《元史》卷一百《兵制》;《元文类》卷四十一《经世大典·屯田》。

户所耕种的土地不及一个劳动力胜任之数。显然，各该路大德年间屯田数都是此前某年的垦荒数,实际垦荒数必不止此。

元代还非常注重在全国推广先进农业生产工具和耕作技术，尤以刊出好几部农书所起的作用为大。其中，王祯所撰的《农书》，乃集中国自古至元农学之大成。其中多载江浙、福建、两湖等地的耕作、栽培方法，必须酌加变通，才能应用于广东；又备载各种农具及其图样，可供广东采用。诸书均可能对广东农业有所裨益，尤以《农书》为多。但元代广东农业技术究竟有何进步，却不见记载。

元代广东农作物的推广和引进，有下列几则：

世祖至元二十六年（1289），置浙东、江东、江西、湖广、福建木棉提举司,"责民岁输木绵十万匹"（两年后罢司）①。广东是中国植棉的故乡，在这种强制推广的措施下，植棉有所发展是必然的。元代"海南布"远销南洋②，是这种措施影响的结果。

西瓜种植于元初始引进广东，经数十年，"岭南在在有之"。宜母子，即柠檬，因其汁"解渴水"可作最佳饮料，故广东扩大种植，广州还创置御果园二处，种柠檬以为贡品③。

养鱼已成为农村副业。据新会凌冲《张氏家谱》（抄本）万历年记载：在元中后期，凌冲张氏增产业1 800亩，有"鱼塘一十六口"。这说明当时广州路境内已有较大规模的塘鱼饲养业出现。

---

① 《元史》卷十五《世祖纪》。
② 汪大渊：《岛夷志略》遐来物、都督岸、蒲奔诸条。
③ 《大德南海志残本》卷七。

元代广东的农业史料，尚有待于发掘。然而，就全广东境综合考察，元代农业进步缓慢却无庸置疑。例如这一时期广东竟全然不见蚕桑资料，可见蚕桑业不兴，这便是农业进步缓慢的一个侧面。

（二）水利灌溉工程的修筑

水利灌溉是元统治者十分重视的。从元初起，便为此屡定法令，如规定致堤堰失修缺坏，地方长官要按轻重责罚或治罪。武宗至大初年，曾定"庸田司五等围岸体式"：田与水平者为第一等，围岸高7.5尺，底阔1丈，面阔5尺；以下以田每高于水1尺为等差，至第五等为田高于水4尺，围高3尺，底阔6尺，面阔3尺；"若迫近诸湖之处，自愿增高者听"①。据郭棐《广东通志》所载高要、高明县元代所筑各堤的高度，皆在9尺至1丈3尺之间，可见元代广东所筑堤围多有工程较大质量较高的。当时所筑堤围，见诸记载的，总计有34条，共筑堤总长62 413丈，捍卫面积共352 617亩，绝大多数在今珠江三角洲上端高要、三水、高明三县境内的西江两岸，其中80%以上为元末至正年间由当地乡人所筑。而三角洲更近海的番禺、香山、新会等县却均未见新堤围的记载②。

顺帝至正年是元末大乱的年代，高要等县的乡人大建堤围，主要目的是防守自卫，同时也是为了农田水利。这无疑是水利建设的成就。

---

① 纪昀等：《续文献通考》卷三。
② 见佛山地区革命委员会《珠江三角洲农业志》（二），佛山地区革命委员会1976年刊本，第15—16页表。

元代南海、高要境所筑堤围统计表

年代	名称	今所在县境	堤长（丈）	捍卫面积（亩）	备考
仁宗延祐年间（1314—1320）	蚬塘围	三水	1 100	4 000	嘉庆《三水县志》
顺帝至元二年（1336）	陈鸭塘围	高要	4 129	539	康熙《高要县志》
至正元年（1341）	金溪堤	高要	6 010	25 700	郭棐《广东通志》
至正元年（1341）	豁陵围	三水	2 756	8 340	嘉庆《三水县志》
至正元年（1341）	大路围	三水	6 840	4 800	嘉庆《三水县志》
至正二年（1342）	塘步堤	高要	1 300	600	郭棐《广东通志》
至正十二年（1352）	范州堤	高明	6 340	30 800	郭棐《广东通志》
至正十二年（1352）	柏树堤	高要	4 780	20 000	郭棐《广东通志》
至正十二年（1352）	榕树围	高明	3 000	20 000	民国《高要县志》
至正十二年（1352）	陈等围	高明	568		光绪《高明县志》
至正十五年（1355）	罗郁堤	高明	8 000	80 000	郭棐《广东通志》
至正十五年（1355）	白岗围 石根围	高要	392	2 300	民国《高要县志》

(续上表)

年代	名称	今所在县境	堤长（丈）	捍卫面积（亩）	备考
顺帝至正十五年（1355）	院主围	高要	1 119	4 458	民国《高要县志》
至正年间（1341—1368）	秀丽堤	高明	2 500	36 000	郭棐《广东通志》
至正年间	白鹤、小零、南岸、进州四堤	高明	共 3 200	共 19 200	郭棐《广东通志》
至正年间	陶筑堤	高明	1 200	4 000	郭棐《广东通志》
至正年间	企山堤	高明	300	2 000	郭棐《广东通志》
至正年间	大沙堤	高明	4 896	50 000	郭棐《广东通志》
至正年间	菰荴、绿葱、东坑、铁栅、伦涌、蛤菜鸟、石鲇涌六堤	高明	共 2 620	共 22 700	郭棐《广东通志》
至正年间	佛凹冈、梅子、暗珠三堤	高明	共 323	共 4 180	光绪《高明县志》
至正年间	石头庙堤	高明	890	3 000	郭棐《广东通志》
元代（1279—1368）	白泥围	三水		8 800	嘉庆《三水县志》
元代（1279—1368）	雄旗围	三水		1 200	嘉庆《三水县志》
元代（1279—1368）	蔡坑围	三水	150		嘉庆《三水县志》
合计	堤围34条		62 413	352 617①	

---

① 上表以《珠江三角洲农业志》（二）中之表为蓝本，惟将其中一部分堤名及数字改从郭棐《广东通志》卷四十六之记载，因郭《通志》较早、近实。元明称堤不称围。

珠江三角洲和其他地区旧有的堤围，特别是大型护田堤围，一遇损坏冲决，都能及时修复。如至正七年（1347）东莞县重筑东江福建堤，潮州两次重筑南北堤。珠江三角洲以外，新修、改修的重要围堤、水渠及大型灌溉工程有：英宗至治年间，海阳县主簿张德明新修梅溪堤；顺帝至元三年（1337），海南琼山县遵化、义丰、丰好等处，由官府主持，有田之民出力，七年内"凡通水利者一十八处，成熟田者十万余顷（亩?）"①。特别重要的是雷州大型水利工程。雷州海康万顷洋水利设施，在南宋戴之邵创修之后，又经陈大震重修。入元之后，水利失修，田多灌咸潮而成盐碱。大德六年（1302），海北海南道廉访使乌古孙泽（女真裔）认为"西北广衍平衺，宜为陂塘"，乃教民开浚特侣塘、西湖等"故湖"；并筑大堤，置7斗门，开渠自西而东而南，长8 760余丈，渠上置6闸，"通支流以溉东南际海之田"；新堤外复开24渠，以"溉东北之田"，长13 650余丈，建8桥以通行旅；各渠道首尾皆有闸，官府派人依时启闭；另于"附城山田作石渠引西湖注之"；又在近海处"筑塘"以贮涨潮之淡水，待退潮时流出。结果，计得良田数十万亩，濒海田尽为佳壤，"无旱无涝"②。乌古孙泽所实施的工程，其方法、规模与戴之邵基本相同，其不同或有所扩大者，主要是在海康城的西北方向增加了作石渠引西湖水溉附城山田等工程，比南宋进了一步。

　　上述之外，各地所开筑的主要堤堰、陂塘尚有：番禺孔

---

① 顺治《潮州府志》卷四；正德《琼台志》卷七。
② 《元史》卷一百六十三《乌古孙泽传》；陆文圭：《墙东类稿》卷十二《中大夫江东肃政廉访使孙公墓志铭》。

钝庵居诜敦,将村南水道开阔1.5丈,长790丈,东西建桥,使水汇入大涌,又开一水渠由钟村通大涌①。新州马巷陂,至正年间乡人陈文广筑,灌田1万余亩。琼山县送甲陂,"堰水溉田五百余顷"②。开陂塘堤渠的数量,尤以海南和雷州路为多。

元广东水利事业的兴建超过了南宋,对一部分地区的土地开发和农业生产发挥较大的作用。

三、土地占有更为集中和地主对佃农剥削的加重

元初战乱之际,广东丢荒的土地极多,价格低廉,很便于大地主扩大他们的土地占有。如陈大震家全部买下番禺、增城两县交界处的"陈家林",包含山水田园、别墅、仓库和墓地,周围二三十里;南海人罗铸夫之子,广置田庄3万亩③。当时的无主荒田和新生沙坦,乡豪亦可报领,只要纳税,便归其所有。曾任宋侍郎的李志道,原有和报领有公据的田地、山园、沙坦,及于新会、香山、南海等数县,亩数以万计④。也有长期积累兼并土地的,如福建洪氏,于元初迁居揭阳,不断营置土地,迁揭第二代次房子孙,到元末共拥有该房分得之祖田及蒸尝田58 000亩⑤。大土地所有者以广、潮二路为多。

---

① 孔广汉:《孔氏家谱》(番禺诜敦),光绪三十四年修。
② 郭棐:《广东通志》卷四十六;阮元:《广东通志》卷一百十八。
③ 陈庆新:《陈氏族谱》(增城沙堤),乾隆四十三年刊本;阮元:《广东通志》卷二百七十一。
④ 陈云焘:《陈氏族谱稿》(新会),民国元年刊本。
⑤ 洪己任:《洪氏族谱》(潮州),民国11年汕头刊本。

《大德南海志残本》载：广州路主户 28 177 户、客户 38 303 户①，客户占总户数的 57.6，比例高于南宋，表明元前期广州路土地趋向集中，地主经济上升。广、潮二州之外的其他各地，地主经济大致是有升有降。与土地集中相反的土地所有权分散的诸因素仍大约如宋，诸如：兄弟均分遗产，女儿获得奁田，富家舍田入寺等，动辄数百、数千亩。亲族间争夺遗产也很激烈。番禺李志道无子，将田产全部归女儿继承，李家族子们后来乃与李志道的外孙陈氏争田，官司打到广州路，陈家所用诉讼等费共钞 25 万贯②。也有恶霸地主霸占族产、抗拒赋役的情况③。

元代对土地买卖有一定的限制。凡卖田地，须优先卖与五服内的宗族和亲戚，先亲后疏，然后及于邻人，再及于该田典押之典主（如已典押），经官府批准，立契纳税，方为有效；违令私下成交者，将田没官④。这种限制，更助长了封建宗亲的凝聚而居。

元代田地并非一概按亩计算，特别是民间，除按顷亩计之外还有以所收租钱计田产，或按用种子的数量若干石、若干斗为计田单位，或以收租米或租谷的石、斗数计，或只记税田亩数（即另有漏税亩数），或按纳税粮若干石计等多种。在这种情况下，笔者根本找不出一则关于民田的确切亩产量

---

① 主客户共 66 480 户，比世祖至元二十七年、大德八年广州路总户数减少太多，原因不详。

② 陈云焘：《陈氏族谱稿》（新会），民国元年刊本。

③ 据光绪年间新会《李氏家谱》（李景承修）载：元新会李复宏兄弟有田 600 余石，霸占族产 300 余石，专事佚乐，不应赋役，后其子均被逮死京城。

④ 《元典章》卷十九《典卖田宅须问亲邻》、《田宅不得私下成交》。

和地租率。现仅得元潮州几则学田每亩田租数如下：潮州州学田，世祖至元年间在潮阳买田400亩，计收租400石，亩租为一石，不知是米是谷；续置田33.7亩，租谷60石，亩租谷近1.8石；泰定年间买田23.2亩，租谷40石，亩租谷1.7石强；又买揭阳田10.5亩，租谷19.8石，亩租谷近1.9石。韩山书院延祐年间买田58.7亩，租谷134.5石，亩租谷近2.3石①。取上面各数之适中者，大约潮州较好的田每亩租谷在1.8石左右。当时全广东的上等田亩产未必有谷3石，据此可推知地租率必大大超过产量的50%，亦可略见广东地主对佃农的剥削之沉重，比南宋时尤甚。元世祖曾注意到南宋地租率之重，于世祖至元二十二年（1285）令江南（含广东）田主所取佃客租课"减免二分"②。成宗大德八年（1304）、顺帝至正十四年（1354）朝廷又两次重申此令，且曰"永为定例"。此可反证历次减免之令并未切实遵行。而按上引资料看，延祐、泰定年间的地租率比元初更重。

元代佃农的地位也不如宋代。元律规定：杀人者死，仍令杀人者家属给烧埋银50两，职官以细故打死平民者处死，但地主殴死佃客却只"杖一百七，征烧埋银五十两"③。这表明佃农对地主的封建依附加强，地主对佃农的压迫、奴役加重，均被法律确认。

蒙古贵族在灭宋前，往往将所获人口作为奴婢。统一中国后，在法律上犹规定："诸蒙古、回回、契丹、女真、汉人

---

① 《永乐大典》卷五三四三《潮州府》。
② 《元典章》卷二《圣政》。
③ 《元史》卷一百五《刑法志》。

军前所俘人口，留家者为奴婢。"奴婢还可以出卖、转卖，立契纳税，被认为合法。岭南在唐代曾是蓄奴较严重的地区，经多次严禁，至宋代广东此风已微，而元初又重新滋长起来。如大德四年（1300），海南都元帅私占没官奴婢达675人，以"奸利不法"被查究①。

元人称奴婢为"驱口"，视之"与牛马无异"②。元律规定：奴婢背主逃亡，杖77；主奸奴妻者，不坐；奴奸主女者，处死；略诱奴婢转卖与人为奴婢，减略诱良人一等；故杀无罪奴婢，杖87；因醉杀之者，再减一等③。奴婢不仅与主人极不平等，与一般良民也不能平等。

奴婢和佃农，尤其佃农，是农业生产的主力之一，他们深受民族、阶级双重压迫，这是抑制、妨碍广东农业发展的重要因素。

第四节　手工业与采珠业

广东制盐采用晒法，约始于元初。从此在煎盐（熟盐）之外有了晒盐（生盐），这是制盐业的一大进步。

元代曾在广东大造海上战船。广州所造远洋商船，比前代更大更先进。陶瓷的外销市场扩大，产量比南宋时提高。海南的棉织业特别是棉纺织工具和技艺大有改进。

---

① 袁桷：《清容居士集》卷三十四《萧御史家传》。
② 陶宗仪：《辍耕录》卷十七《奴婢》。
③ 《元史》卷一百四、一百五《刑法志》。

由于禁民间藏兵器，特别是长期不用铜钱，导致广东传统矿冶业和官营铸钱业衰落。

大量蛋民被强迫在东莞大步海采珠，是倒行逆施的暴政。

一、盐的生产和销售

（一）盐务机构的建置和晒盐的初兴

元代两广盐场全在广东道和海北海南道境内。广东道14场：招收、隆井、小江、石桥、淡水、靖康、东莞、归德、黄田、香山、海晏、矬峒、双恩、咸水①，比南宋减少数场。海北海南道诸盐场，记载不明，大体同于南宋。

元朝对盐务特别重视。广东道盐务初隶江西盐铁茶都转运司，后一度成立广东盐课市舶提举司，大德四年（1300）改为专管盐务的广东盐课提举司。海北海南道则早在世祖至元三十一年（1294）设广海盐课提举司。广东盐课提举司设提举1员，同提举1员，副提举1员。广海盐课提举司的地位和职官品级均略高，设都提举2员，同提举、副提举各2员，尚有知事、提控案牍各1员。盐场各设司令1员，司丞1员，管勾1员。盐务机构及职官较两宋为完备。各场盐户所制盐，由官府收买，给予工本，与两宋一样。所给工本钞，虽屡有加增，但赶不上纸币贬值速度，盐户境况日益恶化。

元代广盐生产的一项重要进步或成就，是开始晒盐。晒盐是引卤水入盐田经日晒而成，盐呈颗粒状（煎盐为粉末状），不用燃料煎熬，成本较低，且可以在较大面积的盐田中

---

① 据《大德南海志残本》卷六所载；《元史·百官七》多一海晏场。

生产。

广东之有晒盐,不知始于何时,有关的记载只有下列一段文字:世祖至元二十九年(1292)正月,"江西行省准中书省咨,……本省照得晒盐不同〔用〕柴薪,若便与煎盐一体增添〔工本〕,虑恐差池。扣算比附得煎盐工本,每引元支中统钞五两,今添支三两,每两该添六钱;晒盐工本四两,每两添支六钱,每引该添二两四钱"①。广东道是江西行省唯一产盐地区,文中所指当是广东情形。可知广东道当时已有了晒盐。

(二) 散办盐、客旅盐和引地

元代盐的批量以"引"为单位计算,每引400斤。广东道世祖至元二十二年(1285)岁办盐10 825引,成宗大德十一年(1307)增至35 500引,仁宗延祐五年(1318)正、余盐②共达50 552引,产量增加很快。但当岁额加到5万引之后,灶户被强迫赶制,官民被催督完成课额,以致"呻吟愁苦",乃于泰定年间减去余盐1.5万引。后来为追求盐课,又恢复原额。江南行御史台监察御史奏称:"灶户盐丁,十逃三四,官吏畏罪,止将现存人户,勒令带煎。……恐责办太严,敛怨生事"。据此,朝廷才将总岁额定为4.5万余引。广海盐最初只岁办2 400引,延祐二年(1315)正余盐共50 165引,顺帝至元五年(1339),以灶民"累遭劫掠,死亡逃窜,民物凋蔽"而量减至45 165引③。广东两地(含钦、廉)年最高

---

① 《元典章》卷二十二《添支煎晒盐本》。
② 按生产定额交售官府的盐为"正盐",定额以上者为"余盐"。
③ 两道产盐量据《元史》卷九十四、九十七《食货志》。

产盐量共 100 717 引、40 286 800 斤，较之南宋乾道年间广南东西路最高产量约多 1 100 万斤以上。这是元代粤盐引地较南宋为大之故。

元代称销盐区为"引地"。粤盐除销两广外，尚销江西行省的南安一路和湖广行省的全、道、郴三路。由于广东和海北海南道分属江西、湖南两行省，而淮盐以今赣南、湖南为引地也确实多弊，所以每当淮盐缺产或运道不通时，两行省便及时放粤盐入淮盐引地调节，以致造成粤盐"夺淮"现象。元末，陈友谅据武昌，淮盐道阻，也儿速吉尼（即也儿吉尼）"奏通粤盐于衡、永、宝三府以便民"①，又进一步扩大了粤盐引地。

粤盐的运销，始终是官府计口配售（称散办盐）与客钞（称客旅盐）并行。世祖至元二十二年（1285）定制：原则上官、商各运销一半。设常平盐局，每县一处。大德年间，当广东道14场岁额达30 100引时，其中用以供给官吏、配售与民及灶户的"散办盐"共 21 191 引，"客旅盐" 8 909 引，即广东道的官府高价配售盐已达总额的 2/3 以上②，远远超过了官、商各半的规定。客旅盐可能只行于两广境内偏远处和岭北引地，即官运困难费用又多的地方。其法由客商向盐课提举司付价纳税领引，凭引到盐场提盐运销。元代户口食盐（即官配）到后来强行高价加配，其盐质量差，又不及时散给，甚至收钱不给，扰民害民实甚。顺帝元统年间，新州"民盐

---

① 光绪《江西通志》卷八十六；光绪《湖南通志》卷五十六。据此可知，更南的全、道、郴三路划为粤盐引地更早。

② 《大德南海志残本》卷六。

(散办）尝和沙土，轻重其色，散取民钱。前者未输，后者继至"。而两广"食盐害民，所在皆是，……民至破家荡产犹不充"①。此外，行商旅盐的地方，成本高，售价太贵，多有积压；而"贫穷之家，经岁淡食"②。

粤盐贩私在元代也很严重。因此，私盐之禁甚严："诸犯私盐者，杖七十，徒二年，财产一半没官，于没物内一半付告人充赏。""转买私盐食用者，笞57下，不用断没之令"③。

二、造船、陶瓷和矿冶业

（一）大批制造海上战船和大型远洋商船

世祖为远征交趾、占城等国，在南方沿海大造战船，使广东军用海船的制造达到空前规模。复因元代疆域辽阔无比，声威远播，又重视海上贸易，故广东以其对外通商之便，大量制造大型海上商船。

世祖至元十九年（1282），元军征占城，广东道"造海舟运粮"。二十二年（1285），设江西、湖广造船提举司，又大造内河和海洋官船，其中的海船多在广东沿海制造。次年，发江浙、湖广、江西三行省兵6万伐交趾，广东所出海船数不详。而至元二十四年（1287），海南琼州安抚使陈仲达等发黎

---

① 郭棐：《广东通志》卷四十九；郑天祐：《侨吴集》卷十二《江西行省左右司郎中高昌布达实哩公墓志铭》。
② 《元史》卷九十七《食货志》。
③ 《元史》卷一百四《刑法志》。

兵助征交趾，所出私船即达120艘①。二十八年（1291）议伐交趾，世祖特命虎都铁木禄"督匠南方"，在广东道造战船500艘，三年完工。其造船地不止广州，潮州亦是其一。因任务紧急，致潮州正在重修的文庙，以"造舟役兴"而未能及时落成②。在征交趾期间，海北海南道宣慰使马成龙，尝"出新意，造大舰数十，名曰海哨马"③。又至元三十年（1293），"市蜑船百斛者千艘"④，皆海南海北道民间所造小型海船。

有关广东所造的远洋商船的记载，唯见于摩洛哥人拔都他（别译白图泰）《游记》。拔都他于顺帝至正二年（1342）奉摩洛哥苏丹之命，作为聘使，由印度经海道前来中国，到过广州。《游记》说：当时所有印度、中国间的海上交通，皆操于中国人之手。中国船共分三等：大者曰"镇克"，中等曰"曹"，第三等曰"喀克姆"（皆译音）。大船有3—12帆，帆以竹为横梁，织成席状；一只可载1 000人，分四层，"公私房间极多，以备商客之用，厕所秘房，无不设备周到"。水手在船上植花草、生姜等于木桶中。大镇克上的橹几乎与桅同长，每橹须10—30人方能摇动。顺风使帆，无风用橹。每一大船附有小船三只。拔都他到达印度喀里克脱港（今印度南部西海岸科泽科德）时，见港内停泊中国大小船共13艘。

---

① 《元史》卷十四《世祖纪》。
② 《元史》卷一百二十二《虎都铁木禄传》；《永乐大典》卷五三四五《潮州府》。
③ 程钜夫：《雪楼集》卷二十《海北海南道宣慰使马府君神道碑》。
④ 《元史》卷二百九《外夷传》。

"此类商船皆造于刺桐(泉州)及兴克兰二埠"①。兴克兰即广州。一船载千人,加上货物和航海必备的薪粮淡水等,载重当达几百吨。于此可见广州当时的造船能力和水平。

(二)外销市场扩大下的陶瓷业

元代海外贸易的范围比两宋为广。据元末《岛夷志略》一书所载,中国商船到南海诸国贸易,所至之处,无不以陶瓷为主要销售商品之一。中国外销陶瓷的市场也扩大了。

元代广东陶瓷窑址,发现较少,至1983年,"窑址仅在潮安、遂溪、澄迈发现13处,其中有10处分布在海南岛澄迈偏僻的山区。从调查材料和文献记载来看,当时主要采用龙窑。……潮安窑规模不大,产品不多,主要系仿制浙江龙泉窑青瓷"②。这13处可能未计入佛山石湾窑,该窑在南宋及元是继续存在的。在饶平城北70公里处的"九村"发现古窑址群,有烧造不精的元代陶瓷③。

然而,来自外国的资料颇有说服力。拔都他记其在广州亲眼所见道:兴克兰城"世界大城中之一也。市场优美,为世界各大城所不能及。其间最大者,莫过于陶器场。由此,商人转运瓷器至中国各省及印度、夜(也)门"。中国人将泉州与广州陶瓷"转运出口至印度诸国,以达吾故乡摩洛哥。此种陶器,真世界最佳者也"④。国外的考古工作者在开罗以南

---

① 张星烺:《中西交通史料汇编》第2册,中华书局1978年版,第50—56页。
② 《中国陶瓷·广东陶瓷》,上海人民美术出版社1983年版。
③ 陈历明:《潮汕文物志》上册,汕头市文物管理委员会办公室刊本,第77页。
④ 张星烺:《中西交通史料汇编》第2册,第69、79页。

尼罗河畔的古福斯塔特，曾发现"被认为是广东烧制的褐釉"元代陶瓷。1968年在马尼拉召开的关于"东洋陶瓷"的会议，弄清了从唐到清的"在东南亚出土的陶瓷，大半是福建省和广东省的窑口烧制的"①。

由于资料不足，目前还不可能对元代广东陶瓷生产状况作全面的描述和分析。

（三）衰落不堪的矿冶业

从元初起，便一直以纸币（钞）为通货，除武宗至大年间偶一用铜钱外，其余年代均不用铜钱，这就使铜矿开采、冶炼业萎缩。在广东，元前中期从未提及产铜，换言之，韶州岑水场铜矿及其他铜矿已基本停采。顺帝至正十二年（1352）十月，因决定行用铜钱，乃置铜冶场于韶州岑水，"掌浸铜事"②。这是一所用胆水浸铜法炼铜的官营冶炼场，所产铜运往设在江西的宝泉提举司铸钱。然而此时已掀起全国农民大起义，该场必很快停废。

铁矿在元初曾准民间采冶，并按宋二八分成制抽课。成宗元贞二年（1296）"革罢百姓自备工本炉冶，官为兴煽发卖"。仁宗延祐二年（1315）复"禁民炼铁"③。元代广东产铁之所，只在《元史·食货志》中见有桂阳（州）一处，属官营。

关于银和铅。世祖至元二十三年（1286）曾令韶州曲江

---

① 〔日〕三上次男著，李锡经、高喜美译：《陶瓷之路》，文物出版社1984年版，第15、142—143页。

② 《元史》卷九十二《食货志》。

③ 《元典章》卷二十二《铁货从长讲究》；《元史》卷二十五《仁宗纪》。

县银场"听民煽炼",每年输银 3 000 两①,有一定规模。次年钟明亮起义,及于韶州和它的邻郡,曲江民营采银业势难继续,后遂不见记载。又《读史方舆纪要》载:兴宁宝山,"元末陈友定采矿于此,得银数百万(两)"②。元代广东产铅之处,也只有韶州路和桂阳州。

此外,广东设有淘金使和淘金副使,且"岁有常课"③,说明有官营的淘金业,但地点不明。

元代广东采矿冶炼业虽然衰落,但是在冶铸技术上则有所进步。今存元代延祐年间广州制作的铜壶滴漏④一套,器物精美,表面平滑,计时准确,反映当时广东铜器铸造业有相当高的技术水平。

铜壶滴漏。元延祐三年(1316)造。

---

① 《元史》卷九十四《食货志》。
② 顾祖禹:《读史方舆纪要》卷一百三。陈友定元末据潮、循最多二年余,决无采银数百万两之理,其数不可信。
③ 陈栎:《定宇集》卷九《广东淘金副使沧州金公墓志铭》。
④ 铜壶滴漏乃计时仪器,此漏今完好,广州市博物馆陈列有复制品。

三、得自海南的黄道婆棉纺织技术

植棉、棉纺织业在元初仍以闽、广为发达，尤以海南为最。

陶宗仪《辍耕录·黄道婆》载："闽、广多种木绵，纺绩为布，名曰吉贝。松江府东去五十里许，曰乌泥泾。……觅种于彼，初无踏车椎弓之制，率用手剖去子，线弦竹弧置按间振掉成剂，厥功甚艰。国初时，有一妪名黄道婆者，自崖州来，乃教以做造捍弹纺织之具。至于错纱配色，综线挈花，各有其法。以故织成被褥带帨，其上折枝团凤棋局字样，粲然若写。人既受教，竞相作为，转货他郡，家既就殷。"元末居于乌泥泾的王逢也说：黄道婆，乌泥泾人，"少沦落崖州，元贞间始遇海舶以归。躬纺木棉，织崖州被自给，教他姓妇不少倦。未几，被更乌泾，名天下，仰食者千余家"。她死后乡人为其立祠祭祀①。比较全面地叙述黄道婆在乌泥泾教授纺织技术的，是清道光初年包世臣所撰《上海县新建黄婆专祠碑文》。其《铭》曰："沪非谷土，不得治法，棉种空树；惟婆先知，制为奇器，教民治之；踏车去核，继以椎弓，花茸条滑；乃引纺车，以足助手，一引三纱；错纱为织，粲如文绮，风行郡国。"②

黄道婆在乌泥泾传授的棉纺织技术，也就是她在海南学

---

① 王逢：《梧溪集》卷三《黄道婆祠》。
② 包世臣：《安吴四种》卷二十九《齐民四术》。

得的棉纺织技术。

其后,不见海南棉纺技术的记载。但见元末《岛夷志略》所记,当时中国舶商运往都督岸(在今加里曼丹岛西北部)、遐来物(在今爪哇岛北部,或其以西的苏拉威西岛)和蒲奔(在今爪哇岛东部及附近)等国的货物,均有"海南布"。它在元末犹是外贸出口名产,可见海南的棉纺织技术在国内仍然是先进的。

四、为害蛋民的采珠业

宋平南汉之次年,即罢官府采珠。终宋之世,皇室、贵族们所需用的珍珠,基本上买自舶商,广东官府很少强迫人民采珠。

元朝统治者自入主中原之后,很快染上豪侈恶习,极重视珠宝。所需珍珠,除属国进贡及来自市舶外,还在全国多处地方采取,其中一处便是大步海①。

大步海在今深圳市西南至香港"新界"的"大埔"一带海域。这里连接惠州海域,古代曾产珠。成宗元贞元年(1295),屯门寨巡检刘进程、张珪献言:东莞县大步海有后海龙歧、青螺角、荔枝庄等23处产珠。经行省委官试采属实,定议采捞②。第一次采捞在成宗大德元年(1297),以蛋民700余家为采珠户。官给口粮,令其在大步海及惠州珠池三年一采。但是这一带海域产珠极少,每次"仅获小珠五两六两",

---

① 《元史》卷九十四《食货志》。
② 《大德南海志残本》卷七。

而采珠民入海,"为虫鱼伤死者众"①。武宗时,有东莞士人张惟寅至宣慰司上《采珠不便状》,陈述近年官府迫使蛋民"冒死入水"的惨状,极力请求效法宋太祖,罢采珠"以活民命"②。由于每次采珠极少,得不偿失,书上,广东宣慰司遂令罢采。

但是,不久又有广州路官员向佞臣献利,于是奉令设提举司监采。广东廉访司奏提举司扰民,遂改归当地官府负责采捞。仁宗延祐四年(1317)"复广州采金银珠子都提举司",三年后再罢归地方官府。泰定元年(1324),平章政事张珪奏劾佞臣"冒启中旨,驰驿督采",请按旧制,罢采珠,悉遣归民。是年七月,乃奉旨"罢广州、福建等处采珠蛋户为民"。此次罢采达12年以上。顺帝至元三年(1237),又立采珠提举司,三年后复罢。综上所述,强迫蛋民采珠,凡三兴三罢,为害甚大。

采珠是一种水产捕捞业。宋太宗初年李崇矩(曾任广西邕、钦等六州都巡检使及海南四州军都巡检使)已改进采珠方法,"以铁为耩,最后木柱扳口,两角坠石,用麻绳作兜如囊状,绳系舶两旁,乘风扬帆而兜取之"③。但元代采珠仍袭南汉时的落后方法:采珠人系大绳于腰,沉入海中,得蚌后,提绳使人出水④。这是一种倒退。

---

① 《元史》卷一百七十五《张珪传》。此张珪乃张弘范之子,非屯门巡检张珪。
② 宣统《东莞县志》卷五十四。
③ 宋应星:《天工开物》卷下。
④ 陶宗仪:《辍耕录》卷十《乌蛋户》。

第五节　国内外贸易与水陆交通

元代海外贸易范围扩大，市舶制度臻于完善。尽管广州不再是全国海上贸易的第一大港，但广东对国内外的海上贸易与交通运输，仍有一定的进展。但是中国商船的对外贸易在较长的时间内由官营商船所垄断，不利于民间经营。

由于进入商品流通的农产品减少和一些民用手工业（如铁器制造业）受到限制，广东内地商业出现衰退。纸币的不断贬值，对广东商业的发展起消极作用。

内地交通的水陆驿站，以元代最为发达，但主要是服务于政治、军事的需要。广东驿站四通八达，以水站为主。

一、市舶制度的完善和海外贸易

（一）市舶司沿革和市舶条例

元朝外贸也实行开放政策，但对本国民营商船的海外贸易有所抑制。

世祖至元十四年（1277）首置泉州市舶司，接着又立庆元（今浙江宁波市）、上海、澉浦（在今浙江海盐县）三市舶司。二十三年（1286），改广东转运市舶提举司为盐课市舶提举司，隶广东道宣慰司；而泉州盐课市舶司则复改为市舶提举司，责任较专。这反映出元初广东市舶贸易不如泉州受重视。

此后，曾罢诸市舶司，由各该地方官管理对外贸易。仁宗延祐元年（1314），复立市舶提举司，继又取消，到英宗至治二年（1322）才复立泉州、庆元、广东三处市舶司，自此不再变更。广州市舶司的职官有提举2员、同提举2员、副提举2员、知事1员，较两宋的管理机构有所加强。世祖至元三十年（1293）还曾在海南立博易提举司，武宗至大四年（1311）罢①。

世祖至元三十年（1293），元朝起用宋市舶人员李晞颜，参照南宋末《抽分市舶则例》，制定《市舶则法二十三〔二〕条》，基本内容如下②：

凡中外商人海舶贸易，细货征1/10，粗货征15％。所抽贵细货物上解，余在当地发卖。已抽分的货物，由商人贩卖，须领公凭到售卖地商税务投税，税率为1/30（但这已属国内贸易性质）。

严禁权豪势要之家不依则例纳海上贸易税；严禁市舶官勒令舶商为己带本钱出海，以低价折取回舶贵细物货或重取利息，违者治罪。

本国舶商须在发船前至所在地舶司领取公凭（船照）、公验（附照）报请出海，并于公凭上填写去处（如往外国，须填明何国，不得别往他国）；回帆仍须返至发舶处抽分，不得投泊别处；如有不实，"依例断没"。

舶商请给公验，要召保舶牙人③担保，开具本船财主、纲

---

① 《元史》卷九十一《百官志》。
② 见《元典章》卷二十二。
③ 保舶牙人即代理"蕃舶"买卖货物的经纪人，出现于宋代。

首、直库、梢工、杂事、部领、人伴等姓名,船只力胜、樯高、船长。每大船一只,许带小船一只。公验之后附填货物清单。不得携带违禁物及私卖所贩货物。如作弊或货物填写不尽,按漏舶法断没。外国商船回国时也要领取公验,内附贩去货物清单,不得带出违禁物。

海商不请凭、验而私发船舶,船货没官。所带兵器,到舶所即寄存官库,起船时还给。每船自纲首以下所有人须请领文凭,每五人结为互保;这些人皆是"办课程之人",所在州县免除其家杂役,其舶船亦不得差占。

行省行泉府司市舶司官,每岁舶之前,先去抽解处所,以待舶船到来,"依例封堵检次,先后随时抽收",不得舞弊走漏。监抽官员不得迟往及与舶商为难。

舶船开发时,令舶司轮差正官一员,亲行检视凭证、货物、人众及有无违禁物,然后发放开洋。来舶及回舶须及时派员检视抽解。地方监察机构要对市舶事宜时加督察。

22条中还含有专对海南和广东的一条:舶商"多在海南州县支泄细货。仰籍定姓名(指查明舶商姓名籍贯),仍令海南海北、广东道沿海州县市镇地面官司用心关防,如遇回舶船只到岸,常切催赶起离,前赴市舶司抽分"。这说明当时中外海舶违反市舶制度漏舶走私贸易比较严重。

元代的市舶制度是唐、宋以来数百年市舶贸易经验的结晶,已达到相当完备的程度。

武宗至大二年(1309)罢行泉府院,以市舶提举司隶行省①,遂改为每年由行省派员到市舶司所在地监抽进口货税。行省对此非常重视,所派官员往往级别甚高,甚至派行省左右丞(地位仅次于行省丞相及平章)监抽。广州市舶司也曾有权力很大的江西行省断事官到来"监临抽分舶货"②。

(二) 南海交通的扩大和以官船为主的对外贸易

南海诸国中,交趾、占城、缅(今缅甸)、暹(今泰国)及爪哇都是较早向元帝国称臣进贡之国。世祖从至元十六年(1279)起,曾派广东招讨司达鲁花赤杨廷璧两至俱兰(今印度南端西海岸的奎隆),并另派衔命传令的使臣前往。到至元二十三年(1286),杨廷璧完成招谕海外诸国的使命,诸国乃新遣使前来贡方物、通商,计有俱兰、马八儿(宋称注辇)、须门那(今印度西北吉那特邦之苏姆拉)、僧急里(今印度柯钦北面克朗加诺尔)、南无力(今苏门答腊岛北端班达亚齐一带)等印度及东南亚地区11国③。马可波罗(Marco Polo)还曾记载元世祖遣使者到东非印度洋中的马达加斯加岛④。大汗的使臣出访必乘专船,说明元初中国船在印度洋方向已航行到前所未及的远处。

据《大德南海志残本》载,成宗大德到泰定帝致和年间(该书经后人补充记事至致和年止)同广州有使臣、贸易往来的国家与地区,共达140余处,按现在的国别划分,包括越

---

① 《元史》卷九十四《食货志》。

② 程端礼:《畏斋集》卷五《监抽庆元市舶左丞资德约苏穆尔公去思碑》;吴澄:《吴文正集》卷三十六《都运尚书高昌侯祀堂记》。

③ 《元史》卷二百十《外夷传》。

④ 〔意大利〕马可波罗著,陈开俊等译:《马可波罗游记》,福建科学技术出版社1982年版,第239页。

南、缅甸、泰国、马来西亚、菲律宾、印度尼西亚、孟加拉、印度、斯里兰卡、伊朗、伊拉克、阿曼、沙特阿拉伯、埃及、土耳其、索马里等国,"其来者视昔有加焉"。

元代的海外交通是扩大了,但到海外贸易的船却以官船为主。世祖至元二十一年(1284),杭、泉二州始行官船入蕃贸易。至元二十八年(1291),江淮行省平章赛富迪音建议"国家出财资舶商,往海南贸易",可得"宝货赢亿万数"。元世祖批准其议①。从此,遂进一步推行中国官船对南海诸国的贸易。

官船贸易由官备资本及船,选海商出洋经营。"其所获之息,以十分为率,官取其七,所易人得其三。"②"所易人"即所选海商及船上配备之人员。但是,市舶条例并未载明官船贸易是否抽分。

中国民营商船出洋贸易在整个元朝则屡有限制。世祖至元二十二年(1285)及次年,两度暂禁"商贾航海者";成宗大德七年(1303),再"禁商下海";仁宗延祐元年(1314),"仍禁人下蕃,官自发船贸易";到英宗至治三年(1323),才"听海商贸易,归征其税"③。在这30余年内,全国的市舶贸易不正常:除外国商船到中国贸易未受限制外,中国对外贸易由国家所派的官船垄断,只有官营,没有民营。因此,在

---

① 吴澄:《吴文正集》卷六十四《元荣禄大夫平章政事赵国董忠宣公神道碑》。宋、元所谓"海南",有时指海南岛,有时乃指南海诸国,此处的海南即指南海诸国。

② 《元史》卷九十四《食货志》。

③ 《元史》卷十三、十七《世祖纪》,卷九十四《食货志》。

禁海商下蕃期间,广州的官船海外贸易发展了,而民营的对外贸易则被制止。

以下是整个元朝广州对外贸易的一些具体状况。

广州在"归附"之初,往来贸易的中外海舶到各市舶所在地,市舶官员以权谋私,上下其手:"教军每看守着,将他每的船封了,好细财物选拣要了。为这般,奈何上头那壁的船只不出来有,咱每这里入去来的每些小来。"① 制定《市舶则法》后,广东道宣慰使又加以整顿,结果"番商大悦,其后舶至者常倍焉"②。

据《大德南海志残本》记载,往来广州贸易的国家与地区增多,货物愈益丰富,说明广州的对外贸易在发展。直到元末的至正初年,据摩洛哥使臣拔都他的记述,可知当时广州的对外贸易仍兴旺不衰。他说:俱兰是最华丽的都市之一,富商甚多,是中国商船抵印度后首先停泊之港;中国人操纵着印度诸港与中国间的交通,其船皆造于广、泉二州。华商搭船者都要预购中国船的来回票;外国官员来中国,也在印度港口包定中国船的房舱③。由此可见,元末从广、泉等州出发的舶船,向南洋方向一路贩卖转运,直到印度各港,贸易非常旺盛。拔都他在印度所见的中国"镇克"船,上有水手600人、兵士400人,应是选商经理的官营远洋商船。

至于元代广东民间商船赴外洋贸易的情况,由于文献无载,不得其详。

---

① 《元典章》卷二十二《市舶则法二十三〔二〕条》。
② 黄佐:《广东通志》卷四十八。
③ 张星烺:《中西交通史料汇编》第二册,第54—57页。

《大德南海志残本》卷七载有广州进口舶货种类，共分宝物、布匹、香货、药物、诸木、皮货、牛蹄角、杂物等8类70余种，其中以香药居多。根据广东的具体情况推断，元代广东的主要出口货应为：陶瓷器、金、银、铜及铜器、谷米、海南棉布、槟榔等。

元朝政府曾屡禁金、银、铜、铁"私贩入蕃"，世祖时曾令"广东官民不得运米至占城诸蕃出粜"，这对出口贸易必有消极影响。

综观元代广东对外贸易，在地域和进出口货种类上，较两宋有所扩增。至于贸易规模、中外蕃舶来船数量，以及市舶抽分数，则从不见定量数据，唯见如下各空泛之言："广为蕃舶凑集之所，宝货丛聚"[①]。"岁时蕃舶，金珠犀象香药杂产之富，充溢耳目，抽赋帑藏，盖不下钜万计"[②]。"炎洲际苍溟，万舶集奇货。有司慎委寄，资用邦国佐"[③]。"市货烦重译，蛮琛尽九垓"[④]。诸如此类，都不能说明广东市舶贸易究竟达到什么水平。鉴于元代曾长期禁止本国民间商船出洋，末年大乱时官船贸易又必然停废，因此，对整个元代的市舶贸易是否超过两宋的问题，不宜遽下定论。

[①] 《大德南海志残本》卷七。
[②] 吴莱：《渊颖集》卷九《南海山水人物古迹记》。
[③] 吴师道：《礼部集》卷三《送王正美提举广东舶司》。
[④] 许有壬：《至正集》卷十四《越王台》。

二、国内贸易与纸币的使用

（一）沿海贸易

元代国内海上交通、贸易的范围较南宋为广。海南岛是中外商船违犯市舶条例私下买卖之处。蕃货在此出售并转贩全国沿海各地，因此海南乃是蕃货在国内的转口地。其著名的土产海南布、槟榔、香料等也运销沿海各地，对内贸易也相当兴旺。除广州和仅次于广州的海南外，还有"舶通瓯吴"[①]的潮州的沿海贸易。庆元府每有"客商于泉、广等处兴贩"。其舶货中的槟榔、吉贝花、吉贝布、蕃花棋布、吉贝纱、崖布、万安香、桂皮等细货和广漆、益智、椰子、椰壳、焦布等粗货，基本上是从广州、海南或广东其他沿海港口贩来的[②]。从货品名称看，广东向国内出售的商品种类是加多了。此外，广东多余的米粮有时也从海上运出。如大德末年，江南大旱，浙江人吴世澄见"广东丰穰，乃哀家赀，驾大舟，循海而南，运粟以济其乡之人"[③]。

到元末人民大起义时，大都（或北方）与广东的陆路交通常为战乱所阻断，于是多取海道，甚至从岭北北还，也得逾岭至广东转海路[④]。至正二十年（1360）冬，朝廷任命多尔

---

① 《永乐大典》卷五三四五《潮州府》。
② 延祐《四明志》卷五、卷六。
③ 徐一夔：《始丰稿》卷十二《故元赠承务郎江浙等处行中书省左右司员外郎吴君墓志铭》，《四库全书》本。
④ 周震霆：《石初集》卷四《诏至》。

布哈(即朵列不花)为江西行省平章。是时"武昌、湖南诸处,道里不通,(多尔布哈)遂远涉海洋,几万余里,而至于潮(州)"①,遂驻潮治事。直到至正二十五年(1365),朝廷犹遣太常卿余观国"航海至新会"②。大致在元末最后十几年,岭北、江南与广东的民间往来、商品交流也多经由海道。

元代前期往往"禁商下海",可能国内远程沿海贸易也被禁止。纵然不禁,民营商船被禁下蕃,也必然妨碍对外贸易进出口货物在沿海的转运和转口贸易。此后元末大乱,各处商业皆衰落,广东的沿海贸易也在所不免。故综观元世,广东的沿海贸易与交通比南宋有所衰退。

(二)纸币的流通和贬值

世祖中统元年(1260)始印行中统元宝钞,又称中统钞,以贯为单位③。每2贯同白银1两,50贯为1锭。有1贯文、2贯文两种。贯以下另有10—500文共7等小面值钞作为辅币。不用铜钱。各路设平准行用库,管理通货及物价。这种纸币,最初允许兑换金银,信用良好。后不再兑现,且发行量过多,遂致贬值。世祖至元二十四年(1287)另制至元钞,与中统钞并用。每至元钞1贯当中统钞5贯,即中统钞贬为原值的1/5。是年,雷州路民吴秋来,将田4亩5分"卖与唐政为主,价钱三十两;至元三十年(1293),唐政添价一百两,卖与王冯孙为主;成宗大德元年(1297),王冯孙添价一百二

---

① 戴良:《九灵山房集》卷十二《送丁郎中赴京师诗序》。
② 万历《新会县志》卷一。
③ 南宋两广仍多使用铜钱,很少通用纸币。元朝广东始普遍使用纸币(中统钞、至元钞)。

十五两，卖与韩二十为主"①。添价即增价，至元三十年前后正是元代纸币剧烈贬值的时期，该地由30两增至255两（当时皆以中统钞计算），地价涨至8倍以上，可证纸币贬值之快。因纸币继续贬值，武宗至大二年（1309），又发行至大银钞，每贯当至元钞5贯，次年并开始铸用铜钱。至大四年（1311）仁宗即位，认为至元钞贬值未贬到只合原值1/5，乃废至大银钞及至大通宝铜钱，只有中统、至元二钞长期并用，通常仍以中统钞结算。而据《元史·食货志》所载每年发行的新钞数看，此后的一段时间内，至元（及中统）钞仍在贬值，但不如以前迅速。

元朝晚年，流通中的纸币少，多有伪造者。至正十年（1350）十一月，诏"其以中统交钞一贯文省权铜钱一千文，准至元宝钞二贯，仍铸至正通宝钱与历代铜钱并用，以实钞法。至元宝钞，通行如故。"② 这里所说的中统交钞是新版的纸币，以往的中统钞不能再用。此后，旋即发生全国农民大起义，朝廷靠印钞充军费，恶性贬值，强迫人民使用，但"刑愈严而钞愈不行"③。结果是钞法崩溃。

（三）商税的减少和内地商业的衰落

元代赋役中的身役和实物部分的扩大，使两宋农产品商

---

① 《元典章》卷十九《格前私卖田土》。
② 《元史》卷九十七《食货志》。
③ 叶子奇：《草木子》卷三下。元代有时可由大臣带钞版到所至地印制，发行愈滥。1976年揭西境掘出一块"至元通行宝钞"钞版（见《考古》1980年第1期），应是元末某大臣所携，在此遗失。有人认为遗失时间在文宗天历二年以前，理由是此后不再印至元钞。此说误，《元史·顺帝纪》犹载至正元年曾印至元钞。

品化趋向负面发展。矿冶业的衰微,又使两宋形成的矿区手工业市场陆续消失。这些都是导致商业衰退的重要因素。

元代广东商业状况,因无直接资料,故不详,只能从不完全的税收数字中稍作分析。

元制,各路设税务,置提领1员,大使、副使各1员;州、县亦有税务,征办商、杂各税。

商税,即通过税,早年定税率为1/30,但世祖至元二十六年(1289)"大增天下商税"岁额,导致各地在实际征收中提高税率。大德二年(1298)虽有"定诸税钱三十取一,岁额之上勿征"[1]之令,但在岁额不易完成之处,实际税率仍会大于1/30。商税之外的杂税,主要有茶课、酒(及醋)课、竹木课、门摊[2]及契税。上列除契税外,都属于商税范畴。

成宗大德以后之某年,广州七县的商税及竹木税课钞104 993贯余,酒醋课钞162 908贯余,共267 901贯525文;而南宋嘉定以前,该七县年商税为113 795贯[3]。两者相比,似乎元代商税增多,其实不然。宋、元商税税率大致相同,而币值却大异。元初中统钞1贯约相当宋铜钱1.5−2贯(按银钱比价折算),而大德以后中统钞已贬值为原值的1/5至1/20左右(参见前述),所以,实际上这时元钞267 000贯所代表的价值为:267 000×1.5(或2)÷5(甚或20)=80 100或106 800(甚或26 700)贯,无论哪一个数目都大大少于宋

---

[1] 《元史》卷十九《成宗纪》。
[2] 据陈高华《元代税粮制度初探》,载南京大学历史系编《元史论集》。门摊是"许令百姓自造酒、醋食用"的代价,是按户征收的无商业行为的"商税"。
[3] 《大德南海志残本》卷六。

代的113 795贯。南宋后期，潮州商税及坊场河渡钱每年共约3.7万贯，而元《三阳图志》（成书于大德年之后）载潮州年商税及茶课钞48 430贯、年酒课钞111 118贯[①]，共近16万贯，按上述贬值比数折算，元也少于南宋。又南宋嘉定年间，南雄州各项商税共约收钱7 400贯，而元《南雄路志》载，"场务之入仅五千余缗"[②]。《路志》成书决不会早于大德年间，可见元南雄路商税的实际价值也比南宋要小许多。广、潮二路是元代广东商业最盛处，尚且不如南宋，他处更不必论。南雄商税数所反映的商业衰落，也表明岭南北之间商业往来的衰退。

三、驿站和内河渡船

（一）水陆驿站

元代驿站甚为发达，制度也甚严密。水陆驿站遍于全国，"皆总之于通政院及中书兵部"。驿站之官，北方设驿令，南方诸站设提领，要路驿站尚有"脱脱禾孙"，专司查诘往来使臣，以辨奸伪。官员使臣及其从人在驿站换马换船、住宿，皆由驿站按规定分别支给米、面、酒及油、盐、柴、炭、马料等。

诸驿站有马站、水站、车站、江船站。"水站、马站则通客旅，车站、江站则通货。"[③]

---

① 《永乐大典》卷五三四三《潮州府》。
② 《永乐大典》卷六百六十五《南雄府》。
③ 《永乐大典》卷一九四一六《站赤》。

元代广东两道的主要水陆驿路有三。从江西到广州：赣州—南康—南安—南雄—韶州—英德—清远—广州；从广西至海（或广州）：静江（桂林）—平乐—富川—开建—德庆—肇庆—新州（或广州）—海；从福建至广东：福州—泉州—潮州—南海①。但也有因情况特殊而改变原来驿站线路的，如世祖至元二十五年（1288），粤东因钟明亮起义，军事上需要加强潮州与江西行省（治所在今南昌）之间的直接联系，广东道便建议将原经江西抚州至福建转潮州的驿路改为抚州—汀州—梅州—潮州，路程1 600余里，比原来缩短750余里，在所取近道上设置17个驿站②。

各路、州驿站详见下表。表中所有马匹数皆含"贴马"，在役站马实约占全数的1/2。从分布上看，广州路及其以东以北的驿站较多，显示出广东道西部及海北海南道的内地水陆交通较为不便。驿站并非每处皆有供住宿的驿馆。如大德年间广州路共有驿站16处，驿馆只有14处。驿站的设备、条件不一，较佳的如世祖末年新建潮州城的"三阳驿"："为堂前后有二，为庑前后有四"；馆门南向，气派堂皇，背山筑池，环境幽美；"汤沐饮食之需，供帐服用之具，件件精实"③。

普通站赤之外，专为朝廷和军方传递紧急文书的急递铺更多，仅广州路便有40处。

与驿站发展相伴的是交通建设。陆路上，开辟新驿路必同时修筑道路。世祖时广东道宣慰使塔剌海曾"开西驿路，以

---

① 《永乐大典》卷一九四二六《站赤》。
② 《永乐大典》卷一九四一八《站赤》。
③ 《永乐大典》卷五三四五《潮州府》。

元代广东道及海北海南道驿站分布统计表

路及州	驿站(处)	马 站	马(匹)	水站	船(只)
广州	15	7	128	8	88
韶州	8	4	100	4	36
南雄	4	2	60	2	20
惠州	14	6	66	8	28
潮州	10	8	84 (轿20乘)	2	22
循州	6	3	16	3	7
梅州	3	1	8	2	12
南恩	2	2	10	—	—
新州	3	2	10	1	6
肇庆	2	—	—	2	12
德庆	2	—	—	2	7
封州	1	—	—	1	5
雷州	6	6	60 (黄牛300,车60,轿90)	—	—
化州	2	2	20 (黄牛30,车10,轿15)	—	—
琼州	2	2	10 (黄牛40)	—	—
共计	80	45	马572 (轿125,黄牛370,车70)	35	243

资料来源:《永乐大典》卷一九四二三《站赤》。

通步驿"。在武水上游,顺帝至正二年(1342)乐昌县尹张思智凿"平新陇西路"①。水上交通方面,除维修南宋诸重要桥梁和浮桥外,又新建大小桥梁50座②。

然而,元代广东陆路官道,在山区人烟稀少处,还是行

---

① 黄佐:《广东通志》卷四十八;同治《乐昌县志》卷三。
② 阮元:《广东通志》卷一百五十三至一百五十八。

走艰难。元初社会不靖,赴任官员和普通旅客,行溪谷间,"素无店舍,……兼有盗贼,轻则劫掠,重则致伤人命"。在社会较稳定的仁宗皇庆年间,亦复如是①。

再者,官方的驿运,按规定除"进呈茶货、金银、钞锭、丝绵布匹"等贵细物货,依例可差弓兵护送外,粗重之物"不须防送"。又有明文:入广镇守军马合用船只,令"与梢水人等两平和议雇觅,明白立约"②。如此则远程的军运大都用民船,粗重货物的一部分也会付价交归民运。境内经常的官卖散办盐应属官运。矿产及铜钱运输无几。因此,元代广东的驿站虽然发达而官府驿运却远不及两宋。至于民间不经驿站的交通运输,也只有广州等经济领先的沿海地区的水运比较繁盛。

(二) 内河的长河渡和横水渡

粤人向擅舟楫之利。其在内河,一水之隔或相距数百里,多有船只往来相通。唐宋以来,随着交通和商业的发展,横渡江河的船只,在两岸有了固定的简易码头,每日往来摆渡;航程较远的船,不仅逐渐在起迄点有固定的码头,而且有了固定的班期。这两类船,在元代以前早已存在,但直到元前期,广东文献才开始将它们分别称为"横水渡"和"长河渡"(后亦称长行渡)。

据《大德南海志残本》载,广州南海县的长河渡有新会渡(即南海至新会,下类此)、肇庆渡、四会渡、龙江渡、马宁渡等33路,番禺县的长河渡有东莞渡、惠州渡、石湾渡、

---

① 《元典章》卷十六《品官之任分例》、卷三十六《远方任回官员》。
② 《元典章》卷三十六《不须防送粗重物件》、卷五十六《入广军船》。

佛山渡等17路。以上各渡都以广州城西、城东的江岸为往返起讫点，定期往来，可见当时广州附近与西江、东江下游一带水上交通之便，民间商贸之盛。横水渡比长河渡更多，南海县计有官窑渡、佛山渡、胥江渡、西南渡、九江甘竹渡等45处，番禺县计有猎德渡、沙头渡、石井渡、相对冈渡等33处。长河渡的起讫点基本上是城镇，横水渡的码头也大多在城市、乡镇或墟市。

元代广东其他各地都有横水渡，但多寡不等；长河渡以外的远程客船、货船是不定期的，也为各大河流所俱有。

第六节 封建统治深入黎峒和瑶、僚、回族分布的扩大

元朝的统治深入黎峒，客观上促进了黎境的封建化。广东大陆境内，瑶、僚等族人民，因逃避压迫和兵燹，几乎遍至所有深山地区，因而分布地区比以往扩大，在族属上也因进一步混杂而更加难分。从南宋至元，粤东山区出现了新族称畲族；又有较多的中、西亚和东南亚穆斯林迁居到广州和海南的滨海地带。

一、元兵深入黎境和黎兵万户府的设置

元王朝对待地处南陲的海南岛汉、黎族人民，同样采取武力征服和民族歧视的高压政策，统治海南90年，大举用兵

黎境十余次,"武装镇压的规模更是前所未见"①。

元军初下海南即深入黎峒,将黎族人民强制编入户籍。世祖至元二十七年(1290),海南户口总数达92 244户、165 257口,户数为宋《元丰九域志》所载10 366户的9倍。至元二十八年(1291)开始,初命海南海北道宣慰使都元帅陈仲达统军,因仲达病亡,改派湖广行省平章政事阔里吉思率领蒙、汉军及民兵2万余人,征伐琼州、南宁军等地的黎族,为时三年,"入人迹不到之处,黎巢尽空"②。还在吉阳、南宁军交界山区(今乐东黎族自治县尖峰岭)刻"大元军马下营"于石上,以炫耀军威。此次征伐又增加新附黎峒2万余户,并新置会同、定安二县③。

世祖之后的几十年内,元王朝在海南加紧掠夺。文宗时,在海南建佛寺,"工费浩穰,黎人不胜其扰",激发了汉、黎人民的大规模起义④。文宗至顺元年(1330),王官福"寇乾宁界",澄迈"王六具亦寇临高"⑤。至顺二年(1331)七月,"海南黎贼作乱,诏江西、湖广两省合兵捕之"。九月,"海南贼王周纠率十九洞黎蛮二万余人作乱,命调广东、福建兵隶湖广行省左丞移剌四奴统领讨捕之"⑥。镇压这次起义牵动了

---

① 《黎族简史》,广东人民出版社1982年版,第47页。
② 《天下郡国利病书》卷一百四。
③ 《元史》卷十七《世祖纪》。
④ 《元史》卷三十五《文宗纪》。
⑤ 《天下郡国利病书》卷一百四。
⑥ 《元史》卷三十五《文宗纪》。

三省的兵力,还要靠福建海运军粮接济①,可见影响之大。次年正月,"万安军黎贼王奴罗等集众五万人寇陵水",湖广行省又请增兵。文宗至顺二年(1331)夏,王官福"贼五万,复由东入寇"。几年内,起义军曾占领会同、乐会、万州、文昌、定安等县,"东西诸黎皆应,仅存琼州"②。此次波澜壮阔的起义,在三省兵力的逼迫下,以新任元军统帅完泽"受贼金"纳降而告终③。然终元之世"黎乱"不绝。

在军事镇压行动之外,元王朝对海南还采取如下措施以加强其统治。

世祖至元十五年(1278)改琼州为琼州路安抚司。其后,将海南置于海北海南道管辖之下,并对州、军、县建置陆续有所变易。起初,渡海入海南的大都是汉军、新附军和少数蒙古兵,此后又收编了一部分新附的土军。阔里吉思"平黎"后,置海南海北屯田万户府及黎兵万户府。黎兵万户府的设置,则是在黎族人民强烈反抗下,仿前朝羁縻之策,在黎族地区推行的"因俗而治"的土司制度,作为武力征服的重要补充。

黎兵万户府的初置,《元史》无明确记载,今见较早的记载为正德《琼台志》:世祖至元三十年(1293)"佥土民为黎兵,用则为兵,散则为民。立五原、仁政、遵化、义丰、潭揽、文昌、奉化、会同、临高、澄迈、永兴、乐会十二翼,翼

---

① 吴海:《闻过斋集》卷五《故翰林直学士奉议大夫知制诰同修国史林公行状》。

② 《天下郡国利病书》卷一百四。

③ 《天下郡国利病书》卷一百四。

各置千、百户所,立万户府以总领之"。这12翼均在琼州路。"(至元)三十年,又立镇守黎蛮屯田万户府,召募民户及新附士卒屯守"①。又《元史·世祖纪》载:至元三十年八月,"湖广行省臣言海南、海北多旷土,可立屯田,诏设镇守黎蛮海北海南屯田万户府以董之。"黎兵万户府和镇守黎蛮海北海南屯田万户府是两个不同的机构,初置的时间也稍有前后之分。前者仅设于海南,后者管辖下的屯田包括海南琼州路和海北雷、高、化、廉四路。

黎蛮屯田万户府先是有屯田军4 000人,余为民屯。成宗元贞元年(1295),以其地多瘴疠,调走屯军2 000人还各翼,留2 000人与召募民屯种。大德三年(1299),"罢屯田万户府,屯军悉令还役,止令民户八千四百二十八户屯田",其中海南"琼州路五千一十一户",屯田"二百九十二顷九十八亩"。余皆在海北的雷、高、廉、化四路。罢军屯后的民屯称"海北海南道宣慰司都元帅府民屯"②。另据《元史·成宗纪》载,大德二年(1298)五月,"罢海南黎兵万户府及黎蛮屯田万户府,以其事入琼州路军民安抚司"③。

顺帝元统二年(1334),湖广行省建议:"海南僻在极边,……环海四千余里,中盘百洞,黎、僚杂居,宜立万户府以镇之"。经中书省奏准,"依广西屯田万户府例,置黎兵万户府。万户三员,正三品。千户所一十三处,正五品。每所领

---

① 正德《琼台志》卷十八。卷十七中言明设黎兵万户府在至元三十年。
② 《元史》卷一百《兵志》。
③ 《元史》卷十九《成宗纪》。按此处所言罢屯田万户府比《元史·兵志》所言提早一年。

百户所八处，正七品"①。另据《元史·顺帝纪》载，元统二年十月"立湖广黎兵屯田万户府，统千户一十三所，每所兵千人，屯户五百，皆土人为之，官给田土、牛、种、农器，免其差徭"。正德《琼台志》卷十八所记有所补充：文宗至顺三年（1332）完泽"平黎，建议复立屯田府，以土人吴斌为万户。顺帝元统二年（1334），省亦奏复置黎兵万户府，增万安翼为十三所，万、千、百户兼用土人"。根据上述记载可知，平息起义后先重建带有军事性质的屯田府，元统二年又恢复万户府。为加强军事统治而复置的黎兵万户府，每翼（所）兵1 000人、屯户500家，并且在早年黎兵万户府的十二翼外，在万安军境内增加"万安"一翼。

黎兵万户府以黎族上层担任军官，行世袭制，虽犯罪亦罚而不废。但世袭军官只限于千户、百户，万户则由当地较有文化的汉人（或黎人）担任，或由行省、道派遣。著名文人贡师泰《送黎兵胡万户南还》诗云："将军策杖去安边，诏下东南万里天。云海旌麾趋玉帐，春江鼓角载楼船。"② 据此可知，这位胡万户不是黎人。

黎兵万户府兼管军、民诸政，在万户统领下，千、百户等黎族上层，平时既向辖境内的黎（及汉）族人民收取沉香、玳瑁等土产珍品进贡，派遣修路、赴驿站服役官差；遇有征伐，也要带兵参战。各千、百户所曾立"寨学"，以训谕诸峒黎人子弟，传播封建文化。元王朝对黎官的贡献，则以超过贡物价值的采帛、金银回赐，并封赠各种官号和赐佩金虎符

---

① 《元史》卷九十二《百官志》。
② 贡师泰：《玩斋集》卷四。

等，以示恩宠。

自元朝设黎兵万户府后，担任军官的黎族首领权势增大，不论万户府是否废罢，他们往往拥兵自雄，互相火拼，"民甚苦之"。元末，万户府又复罢。全国农民大起义时期，海南各地多被汉、黎反元起义势力割据，亦置万户、千户等官。至正二十六年（1366），起义首领张贤击败割据者陈有庆等；次年元王朝复置屯田万户府，以张贤为万户①。逾年而元亡。

元王朝用兵征服黎峒，加强了对黎族的压迫；同时在客观上也有促进黎族社会封建化的积极作用。

二、广州和海南的回族及其风习

元代优待"色目"人，故定居在广东的阿拉伯人甚多，回教也愈益流行。拔都他《游记》说：秦克兰（广州）城内，"有地一段，回教徒所居也。其处有回教总寺与分寺"，还有养育院和市场。拔都他（回教徒）住在饶有资财的奥哈爱丁家14日，每日有回教徒设盛宴于小舟内请他，并馈赠礼物。据此可知元代广州回教徒聚居地即宋代的"蕃坊"，总教寺怀圣寺之外还有分寺，回教徒之间往来很密切。怀圣寺曾于至正三年（1343）被毁，"殿宇一空"，广东道宣慰使司都元帅僧家讷、副都元帅马合谋先后出力修复，于至正十年（1350）竣工，"殿宇宏敞，广厦周密"。"常住无隐，徒众有归"②。

---

① 道光《琼州府志》卷十三下。
② 元至正十年《怀圣寺碑》。此碑原在怀圣寺，"文化大革命"期间被毁。

唐宋至元，中国与东南亚及波斯等阿拉伯国家的海上贸易兴盛。海南岛的南部是这条海上商路的停泊点和中继站。当时蕃客经海南岛时，一般要在此暂住或歇息，以补给粮食、饮水，或翻晒、整理受潮货品。这些蕃客中很多是阿拉伯国家的回教徒，其中有少数人定居下来。尚有逃避国内战乱，而从安南、占城迁来的。此外，也有由闽、广大陆迁来者。关于宋、元时迁到海南定居的回教徒，多见载于明、清方志。

正德《琼台志》载：琼山县以外的沿海地区有番人，多蒲、方二姓，不吃猪肉，家中不供祖先，"一村共设佛堂① 一所，早晚念经礼拜"。元初唆都"征占城，纳番人降，并其属发海口浦安置，立营籍，为南番兵"②。道光《万州志》云："其在崖、万者，亦皆元初因乱挈家驾舟而来，散泊海岸。"其中由大陆移来的海姓和蒲姓两支，还是名门望族。

在海南，凡带"番"字的地方，多是历史上穆斯林留居之地，一部分有其活动的遗迹可寻。万宁、陵水一带有番岭、番人村、番人井、番人田等。海口市原名海口浦，元时称"番营"。早在南宋时，"番人有居琼营者，立番民所"③，元时继之。

海南凡有番人、番客创立清真寺之处，必有穆斯林居民集居其周围，以便礼拜；又有"番村"，以"识番书者为番长"④。有的"番民，本占城回教人，宋元间因乱挈家泛舟而

---

① "佛堂"是因误解而误记，应为清真寺。
② 正德《琼台志》卷七。
③ 邓淳：《岭南丛述》卷五十七《番商》。
④ 道光《万州志》卷九《蛋民》。

来，散居（崖州）大蛋港、酸梅铺海岸，后聚居三亚里番村。初本姓蒲，今多改易。不食豕肉，不供祖先，不祀诸神，惟建清真寺。白衣白帽，念经礼拜，信守其教，至死不移。吉凶疾病，亦必聚群念经。有能西至天方，拜教祖寺茔归者（即朝麦加），群艳为荣。岁首每三年必退一月。本月朔见月吃斋，以次月朔见月次日开斋，为元旦。捕鱼办课，广植生产。……不与汉人为婚，人亦无与婚者。"① 由此可见其风习之独特。又据发掘墓葬得知，其人入殓以白布裹缠，无棺椁，无葬具和随葬品。各墓葬方向一致，排列有序，坐东南向西北，头北脚南以示头向圣地麦加之意。已知的古墓葬有称为"番人墓"的梅山古墓群，称为"番坟坡"的大蛋古墓点，称为"番冢"的番岭坡古墓，还有干教坡古墓群、土福湾古墓群等。这五处古墓群（点）分布在海南岛南端今三亚市和陵水一带，其年代的上限为唐代，下限为元代②。此乃回族在海南岛上长期生息的历史明证。

此外，色目人中的"也里可温"人即基督徒，也多有来到中国。据考证，先后曾任同知广东道宣慰使司副都元帅的安马里忽思、塔海，都是也里可温人；有一意大利基督徒名和德里，于仁宗时到过广州③。

---

① 光绪《崖州志》卷一。
② 见姜永兴：《广东海南回族研究》，广东人民出版社1989年版，第55—56页。
③ 陈垣：《陈垣学术论文集·元也里可温考》，中华书局1980年版；方豪：《中国天主教人物传·和德里传》，中华书局1988年版。

三、遍布于山区的瑶、僚

两广唐以前的越裔俚人，宋以后多改称为僚，元亦称僚。但元代文献中的"僚"有时含义更广，成为各少数民族的总称，瑶、畲等族包含在内（"洞蛮"一词也是对两广少数民族的总称）。宋、元的瑶一般单指瑶族（有时含畲族），但是，由于元代广东瑶族分布范围扩大，有些地方僚人受瑶族影响，也被称为瑶人，故元代所称的瑶人中也有僚人。元文献中往往瑶僚二字连用，含意也不一，或总称各少数民族，或只指瑶、僚二族，甚难区分。

元代广东的瑶、僚，遍布境内山区，除海南外，几乎无往而不届。汉族人民为避战火与压迫，也多匿入深山，与瑶、僚为邻为伍，故被统治者视为瑶、僚，或同化于瑶、僚[①]。

成宗大德三年（1299），广东道宣慰使都元帅罗璧说："洞蛮二十余万，负固夺民田以食，租赋不入。乃诱致其首，假以官职，晓以祸福，令谕其党，相率奉版籍以归"[②]。"夺民田以食"，其实是瑶、僚分布地域的扩大。其地内的汉民也随之不纳租赋，故被官府视为洞蛮，遂有洞蛮20余万之数。"假以官职"，即是设置"瑶首"之类。宋、元及明初湖南、广

---

① 中国古代都是落后的少数民族同化于先进的华夏族或汉族，相反的情形仅为个别。南宋至元广东有些特殊，瑶人极多，居地极广，瑶中多有汉人，被视为瑶，而真正"瑶化"者也比前此多得多。史志所载的瑶族、畲族等起义领袖姓氏繁多，有些并非瑶族传统的"十二姓"和畲族的"四大姓"。可为汉族"瑶化"的旁证。

② 程矩夫：《雪楼集》卷二十《元都水监罗府君神道碑铭》。

西对瑶族等归服后所定的赋税,通常是每口每年纳米数斗(外服兵役),其税甚轻。广东应类似。所以杂居在瑶、僚地区的汉人,乐于被当作瑶、僚而得以少纳赋税。

虽然少数民族赋税轻,但从南宋到元朝,在官吏腐朽贪残日甚和战乱频繁的条件下,广东的瑶、僚等族也被刻剥侵害得民不聊生,不得不向无人少人的深山转移逃匿,因而分布地区日益扩大。这可从元代的有关记载特别是瑶、僚等族的起义和反抗的记载中反映出来。

连、韶、英三路州本是北宋瑶族主要居地。元代的桂阳州有阳山萧大老①响应钟明亮起义。元末守韶州的刘鹗说,南雄路之始兴,在万山间,与翁源(元属英州)……相接,"溪洞险恶,其人为僚"。可见元代粤北的桂阳州、连州、韶州路、南雄路,以及英州,皆有瑶僚。

南宋后期,广州路已有"蕃徭所聚"②之地。元时瑶、僚分布远较宋代为广。元初欧南喜反元时有增城蔡大老响应,又有被元将刘国杰所破的清远阁大老。后来,文人称颂清远一位县尹的治绩,有"民僚服其化"之语③。元末,"大僚萧八反番禺"④。据此可知当时番禺北部山区也有瑶、僚。

在肇庆路,元初有阁大老。刘国杰破邓、刘两大老数千人于四会,又攻曾大老于德庆。《元史·世祖纪》亦载"德庆

---

① 黄溍《黄学士文集》卷二十五《刘国杰神道碑》云:"广东群僚,率依山林而居,其酋谓之大僚,亦有部伍约束,伪署称号。"大老即"大僚",故有大老之处即有瑶、僚。
② 祝穆:《方舆胜览》卷三十四。
③ 傅习、孙存吾编:《元风雅》卷四聂古柏诗。
④ 贡师泰:《玩斋集》卷十《潘积中墓志铭》。

府泷水徭蛮为乱"。终元之世，有关广东瑶族的记载以德庆府为最多。新州福缘寨"所统大率僚人"①。《元史·英宗纪》亦载新州瑶"为寇"。

南恩州，据《元史·英宗纪》载有瑶"为寇"。《元史·泰定帝纪》载"瑶酋盘吉祥寇阳春"，"高州瑶寇电白县"。又元人李存有诗云："窃闻黎瑶民，煽聚雷与廉。"②由上述可知粤西的南恩、高、雷三州皆有瑶、僚。

潮州揭阳，元末有"瑶贼刘文远"③。《元史·泰定帝纪》载"循州瑶寇长乐县"。潮、梅州又有畲族（亦在瑶僚泛称之内）。

查考《元史》以及元人著作，广东大陆唯化州路、封州和惠州路未见有关瑶、僚的记载。其实化州在北宋已有瑶、僚，封州在隋初已有莫瑶，其西苍梧、东德庆元代又皆多瑶，故这两个山区有瑶亦无疑问。可以说元代广东大陆基本上各路、州皆有瑶、僚分布。

元代两广和湖南的汉人多有习染瑶人的风俗。当时有一篇《莫瑶行》云："莫瑶射生蛮峒谷，窄袴短衣双赤足。前年应募作官军，恶少如云学妆束。"④刘鹗说："广东一道……户口数十万，瑶僚半之。近年以来，民化瑶僚之俗者又半。"⑤此说虽过于夸大，但可反映元末广东瑶僚分布极广、汉人瑶僚

---

① 苏伯衡：《苏平仲文集》卷十三《宋君墓志铭》。
② 李存：《俟庵集》卷一《汪巡检南雄官满过安仁且将北上赋诗为别》。
③ 《元史》卷八十二《朵列不花传》。
④ 黄镇成：《秋声集》卷一。
⑤ 刘鹗：《惟实集》卷三《广东宣慰司同知德政碑》。

化者较多的实情。

四、畲族及其风习

畲族，古称輋。輋，本粤地俗字，土音读"斜"。畲，指一般近山坡地。唐刘禹锡《竹技词》云："长刀短笠去烧畲"。唐李商隐《赠田叟》诗云："烧畲晓映远山色"。宋范成大《劳畲耕》注云："畲田，峡中刀耕火种之地也。"可见畲是地貌，烧畲则是原始的耕作方法。一说輋是指巢居。如粤东，多有在山地搭寮棚居住者。或言结竹木障覆居息者为輋。

把畲、輋作为族称是他称。畲族自称为"山哈"或"山子"。"哈"在畲语中为"客"、"客人"之意。"山哈"即是居住在山里的客人。浙、闽的畲族都这样自称。粤地的畲族往往自称"山子"、"山地人"，以粤东凤凰山区为原居地、发祥地。畲族现已通用客家方言。但据调查，畲语语音系统，有声母16个、韵母55个、声调6类，没有唇齿音〔f〕、〔v〕等声母，这不同于客家方言和潮州方言①。在莲花山区仍有畲语在族内流行，是一种接近瑶族"布努"语的话。"布努"语属苗语支②，与百越族群的壮侗语言迥然不同。它为瑶、畲同源异流提供了语言"化石"的例证，对考察畲族的形成很有价值。学者多已公认畲族的主源是崇拜狗图腾的荆蛮族群之一。

---

① 朱洪、姜永兴：《广东畲族研究》，广东人民出版社1991年版，第36—37页。

② 朱洪、姜永兴：《广东畲族研究》，广东人民出版社1991年版，第36—37页。

荆蛮南移，进入岭南后有莫瑶的蔓延，乃渐分脉为瑶、畲；进入粤东地带的一支融合当地土著，而称畲，或曰山越。"瑶民以两粤为大本营，其支流之流入苏、浙、闽、粤，形成另一民族者，则为畲民，故畲民之姓，多为盘、蓝、雷、钟，与瑶之姓同"①。这又是瑶、畲同源异流的一个铁证。

成书于南宋嘉定至宝庆年间的《舆地纪胜》卷一百二最早记道：梅州有菱禾，"此本山客輋所种"。稍后，许应龙知潮州时，距州城六七十里外有"山斜，峒僚所居"。其人"耕土田"，向来不纳租赋，曾与当地禁兵发生纠纷，许氏为其调解，"其首感悦"②。上文的"峒僚"实是畲族。这些畲民也有自己的首领。南宋晚年刘克庄在《漳州谕畲》文中说："畲民不悦（役）、畲田不税，其来久矣"。"余读诸畲款状，有自称盘护孙者"③。文天祥《知潮州寺丞东岩先生洪公行状》也说："潮与漳、汀接壤，盐寇輋民群聚。"④ 由此说明，至迟在南宋中期畲族已生息于粤、闽两省边界山区，且与"莫瑶"一样，曾是一支免役、免税的山地民族。

宋末及元代，广东关于畲族的记载渐多。世祖至元十四年（1277），宋将张世杰进围泉州时，所率为"淮军及吊眼、许夫人诸洞畲军"⑤。陈吊眼是漳州畲族抗元领袖。"诸洞畲军"即漳州及粤东潮州的抗元畲军。至元二十五年（1288），

---

① 刘锡蕃：《岭表纪蛮》，商务印书馆1935年版。
② 《宋史》卷四百十九《许应龙传》。
③ 刘克庄：《后村先生大全集》卷九十三，《四部丛刊》本。
④ 文天祥：《文山先生全集》卷十一。
⑤ 陈仲微：《广王始末》。

"畲寇钟明亮起临汀（汀州）"①，声势浩大，粤东畲民多有参加。该义军转战闽、粤、赣，经几年才被镇压。在元末的起义浪潮中，复有"梅州畲贼陈满"起义。这些记载，证实元代广东畲族是在粤东潮、梅山区，而且数量颇多。因元朝战乱多，科差重，故粤东也有汉人避居山区而杂入畲人之中。

畲族也有其独特风习。宋、元广东畲族皆已自认是"盘护"（即盘瓠）的子孙，每逢大节，挂"盘护大王"（或称龙犬、龙麒）的图像供奉，出猎时则拜"游山仙子"。潮州的凤凰山被公认是畲族发祥圣地，始祖"狗王之墓"、"南山祖墓"、"皇恩赐葬狗王之墓"，皆传说在凤凰山。畲歌代代传唱："广东路上有祖坟"。从南宋末畲族抗元女领袖许夫人的姓可知畲族是与当地汉人通婚的。因畲无许姓，故许夫人若娘家姓许，必是非畲族嫁畲人的，若是夫家姓许，则是畲族之嫁与汉人者。"许夫人者，潮州畲妇也。……张世杰遣人招纳义军，夫人倡率诸峒畲户应命。……战死，土人义而祀之"②。许夫人以一畲妇而能倡率诸峒畲户，可见畲俗妇女可掌大权，包括兵权。而汉女嫁畲夫或畲女嫁汉夫可成畲众首领，则说明当地畲汉关系融洽。

潮、梅一带山区，多有客家人居住，与畲族长期杂居，便于汉畲两族经济、文化交往。

---

① 刘壎：《水云村稿》卷二《参政陇西公平寇碑》。
② 民国《大埔县志》卷三十。

第七节　学校教育与民间诗社的出现

元朝重吏轻儒，而又迟迟不行科举，歧视南人，饱学之士的出路不及粗通文墨的吏人，这对广东文化发展起着消极影响。广东士人"不仕元"的敌对心理和态度，也不利于造就从政人才。

此时期，广东出现了民间诗社。

一、儒士地位的低下

蒙古兴起之初，文化极低。金末"吏习日甚"，以吏为正官之风大行①。吏一般学识不高，识字能文，明晓法令，有一定的办事能力，且易于驱使，所以元朝进入中原后便很自然地继承了金末文官制度中的"重吏"部分。世祖时虽曾比较重视儒士，却并未改变其"重吏"的趋向。直到仁宗时才实行科举，但"科目取士，止是万分之一耳，殆不过粉饰太平之具"。仕途中仍"多是吏员"②。

元官制，吏可以为官，官可以为吏，这种官吏互转的范围为九至六品，五品以上官、吏不能互转，吏员出身者最高

---

① 《金史》卷五十一《选举志》。
② 《草木子》卷四下。

可升至四品①。另有更多的无品级资格的吏。府州学儒生亦可充吏，称儒吏。他们须经推荐、试选、中央考试，才能担任各道廉访司正九品书吏，否则就和路分差役"库子"（管仓库工作的小吏）等同样，可选补为无品级的州县司吏。高级教官中的教授，与廉访司书吏同为正九品。前者须经考试才能担任后者之职，"儒不如吏"甚明。此外，许多可以入品升官的吏职，都只须经荐举，无庸考试，可凭钻营而得。此乃为文化素质和道德修养低于儒士的人们大开入吏之门。尤有甚者，武宗至大四年（1311）圣旨：云南、海南、两广的廉访司书吏，除完全合乎"体例"任用者外，其他"书吏每汉人内委用，蛮子书吏每革罢了"②。意即两广、海南的儒士地位低于汉人儒士。故明代黄佐曾说：元朝对待南人，"置（南人之）儒于倡丐之间。"③这种歧视南人儒士的政策，对广东文化的发展不利。

二、科举迟兴与民间诗社

元朝开国40多年后，于（仁宗）延祐二年（1315）始复科举。其科举乃仿金制，分乡、会、殿试三级，三年一科，间有罢废及推延，共开科16科，取进士1 057名。进士每科蒙古、色目、汉人、南人各占1/4。16科共应取南人进士264名，

---

① 许凡：《元代吏治研究》，劳动人事出版社1987年版，第52—55页。五品以上都是官，不再有吏。
② 《元典章》卷十二《官职吏员》。
③ 黄佐：《广东通志·自序》。

但据郭棐《广东通志》载，元广东进士仅9名①。此与广东士人之坚决不仕元有很大关系。明人罗洪先说："元鄙儒术，七八十年间，科举诏不岁下，山林之士无他慕，因各肆力于文学，于是多为古辞诗歌，以道己志。"② 广东宋遗民不仕元者多，其子孙亦如是，故书香世家子弟归隐山林"肆力于文学"者，比他地为多。但由于广东文化水平和文人数量均不如江、浙、闽、赣、湘等地，且差距较大，故其山林之士的影响亦不如上述各地之大。此外，元代派到广东当行政长官和教官的也极少名流，故治学之风亦逊色于宋。

由于士人不仕元，多隐逸山林，而寄情于诗歌，因此广东在元初首次出现了民间诗社。东莞宋遗民赵必𤩪，有咏梅诗五言绝句14首，题为《吟社递至诗卷足十四韵以答之为梅水村发也》。从此诗题及赵氏生平交往可知，赵必𤩪与东莞一群文人曾立诗社，有时还用传递方式唱和及立意命题。赵氏又有《和同社饯梅》及《和同社酒边韵》诗，并有"移文鸥社盟莫冷"之句③。"和同社"即和诗社同人，其意甚明；"移文鸥社盟莫冷"，亦是向同社人表达诗社唱和宜常举行，不宜停罢之意。该诗社的出现对此后广东诗社的发展起了开风气之先的作用，至元朝末年，遂有著名的"南园诗社"。

南园诗社的所在地为南园抗风轩，其遗址在今广州市文德南路原省中山图书馆南馆处。该社的主要成员为孙蕡（南

---

① 阮元《广东通志》共载元进士（及存疑）32人，内举进士年份与实际开科年份不符者居大半，其中竟有未开科举之前的进士，故不可信。又黄佐《广东通志》仅载元进士4名。

② 郭钰：《静思集·罗洪先序》，《四库全书》本。

③ 赵必𤩪：《覆瓿集》卷一、二。

海人，今为顺德）、王佐（南海人）、李德、黄哲等。据孙蕡《南园歌赠王给事参军》（即王佐）诗云："昔在越江曲，南国抗风轩，群英结诗社，尽是琪琳仙。南园二月千花明……与余共结沧洲盟，沧洲之盟谁最雄，王郎独有谪仙风。……当时意气凌寰宇，湖海诗声万人许。……分飞几载远离群，归来城市还相亲。闲来重访旧游处，苍烟万顷波粼粼……"①。知此诗乃孙蕡于洪武初年赴京做官返回广州时寄赠在外地做官的王佐的。诗中回忆昔时诗社情状。孙、王两人约在顺帝至正二十三年（1363）后便一直在据有广东部分地区的何真手下当幕僚，而黄哲在明朝建国前后都已在朱元璋处做官，所以南园诗社的创立时期当约在至正二十三年以前②。

三、官学和乡学

元代地方学校比较齐全，包括各种官学和农村民办的乡学。官学共含路、州、县儒学以及书院、医学、阴阳学（天文、占卜、堪舆之类）和蒙古学。新学校增加，学校的机构、教官设置也都较以前更制度化。

地方管理儒学的最高机构是行省（或道）常设的儒学提举司，置提举、副提举等官，"统诸路、府、州、县学校祭祀教养钱粮之事，及考核呈进著述文字"。路设儒学教授1员，学正、学录各1员；府及上、中州设教授1员，下州设学正1员，县设教谕1员；后又在路府州各县各设直学1员，掌学

---

① 孙蕡：《西庵集》卷三，《四库全书》本。
② 元末明初，赵介与孙蕡等四人齐名，合称"五先生"，但创南园诗社时，赵介很可能年龄太小而不及参创，故未提及。

校钱谷。书院一律设山长，与学正同品级。元平广东后，旧有的州县学都逐渐恢复或重建为路、州、县学，个别县学因与路或州学同在一城，毁后不再重设；宋时尚未建的县学如高州信宜县学、惠州归善县学均加补建；新立的县如海南定安县、会同县，也建了县学。在州县学的普及方面，比宋代又进了一步。

但是州县学也有不少问题。如直到世祖至元末年，方重建南海县学，将番禺县学置于其内。增城县学，初毁于兵，竟以士人郑聪老之宅为学"历五十余年"[1]。连州虽设官学，而有时"州不设教"[2]，若有若无。潮州海阳县、潮阳县儒学，宋末毁于兵，海阳县学"元代遂不复建"，潮阳县学复建时则将原4斋减为2斋[3]。

路一级还设有医学和阴阳学，各置教授1员，医学教授之下也有学正、学录等。这两种学不属儒学系统。元统治者对医学相当重视。世祖至元二十二年（1285），令各地医官，将"附籍医户并应有开张药铺、行医货药之家子孙弟侄，选拣堪中一名赴学，若有良家子弟才性可以教诲，愿就学者，听"。又将医学分为13科[4]。路一级普设惠民药局。

江浙、湖广、江西三行省有蒙古提举学校官。在各路蒙古学读书的是蒙古、色目人子弟。如南雄路蒙古学，在保昌

---

[1]《大德南海志残本》卷九；揭傒斯：《文安集》卷十一《广州增城县记》。以私宅为学，能容学生之数必少。
[2] 刘将孙：《养吾斋集》卷四《送黄观乐连州学正序》。
[3] 乾隆《潮州府志》卷二十四。
[4]《元典章》卷三十二《医学》。

城南门内，"设官生，习蒙古字、进奏表笺、儒学撰文、蒙古学校勘"①。广州路蒙古学设在原"训蒙堂"（小学）旧址。蒙古、色目人应科举，考试内容比汉人、南人容易得多。

元制，儒户、医户及非儒户、医户子弟而习儒习医者，蒙古学生员及阴阳人员，均免杂泛差役，以示优待。

元统治者还在农村大事推行乡学。世祖至元二十八年（1291），订《劝农立社事理》15款，其第8款为："今后每社设立学校一所，择通晓经书者为学师，于农隙时分，令子弟入学。先读《孝经》、小学，次及《大学》、《论（语）》、《孟（子）》、经、史。务要各知孝悌忠信，敦本抑末。依乡原例出办束修，自愿立长学者听。"②乡学是在宋代原偶有乡校的基础上加以普遍发展的，基本上是农隙就读的季节性蒙学，但常年教学的"长学"允由各地自定。元初虽曾大力推行这种乡学③，然而50户左右办一所小学亦非易事，所以全国办乡学的成效都不大。"村庄各社，请教冬学，多系粗识文字之人"，且多"废业不举"④。尽管如此，元代农村初级教育，还是有所进步，但在广东，仅见个别记载。如琼州城南19里的"珠崖乡校"、城东40里的"惠通乡校"，都是长期存在的元代所建乡校。泰定年间，香山县尹左祥，"留心政教，为《劝学文》，以训社学子弟"⑤。东莞县的农村教育最为普及，已达

---

① 乾隆《南雄府志》卷三。
② 《元典章》卷二十三《立社》。
③ 一般认为明太祖令普遍立社学为社学之始。从元初立社令每社办学看，此学便应是社学，但这里仍权名之曰"乡学"。
④ 《通制条格》卷五；《元典章》卷二十三《社长不管余事》。
⑤ 阮元：《广东通志》卷二百二十四、二百四十一。

到"田夫野老,亦曾读书,樵童牧儿,多解识字"①的效果。

广东到南宋后期才有为数不多具学校性质的真正书院。它们不论私办、官立,均或多或少有自由讲学意味。元代于"先儒过化之地,名贤经行之所,与好事之家出钱粟赡学者,并立为书院"。书院设山长、直学各一员,学生与京学及州县学生徒一样,凡"肄业于是者,守令举荐之,台宪考核之,或用为教官,或取为吏属"②。这种书院全属官办,与州县学无甚差别。

书院的官学化,使广东宋代的一些仅为祠祀性质的书院进一步演变为正式书院。如潮州城内原祀宦南宋丞相赵鼎的得全书院,在元后期其裔孙赵继清任潮州路推官时,修复废祠,"俾潮民之秀受业于其中,请设录事司校官以主领之"③,使之成为真正的官办书院。又如广州濂泉书院:殿居于中;右为周敦颐祠,一座三间,旁有两庑;左为尊道堂,一座七间;后为演极堂,为诸生讲道之所;前设两庑斋房四五间④。潮州的城南书庄元初被毁,重建为韩山书院,"营缮多缺",至顺年间扩建,"宏敞壮伟,倍加于前"。潮州元公书院在元初独未被毁,经"复旧观而新之",有祠堂五间、讲堂三间,设四斋"视旧有加"⑤。元代理学在一切学校教育中都占统治地位,故书院与州县学讲学内容也不会有大的不同,只

---

① 宣统《东莞县志》卷四十九引元县尹郭应木《劝农文》。
② 《元史》卷八十一《选举志》。
③ 《永乐大典》卷五三四五《潮州府》引欧阳玄《赵忠简公得全书院记》。
④ 《大德南海志残本》卷九。
⑤ 《永乐大典》卷五三四五《潮州府》。

不过地位低于州学而已。

元代见于记载的广东书院共 22 所①。其中广州路 5 所，韶州路 1 所，英德州 1 所，循州 1 所，潮州路 3 所，惠州路 5 所，肇庆路 1 所，南恩州 1 所，雷州路 2 所，琼州军民安抚司 1 所，另 1 所地点不明。元末毁、废者有 8 所。

元代广东各官学的办学经费，来自学田的租米和租钱，一般说来似少于宋。各县县学的经费相差也很悬殊。这可能与各县的经济实力、官府态度、学生人数有关。例如：广州路七县县学各有学租米、中统钞两项，内南海县学米 124.14 石、钞 860 贯，番禺县学米 246.73 石、钞 401 贯，增城县学仅米 4 石、钞 180 贯，东莞县学则有米 284 石、钞 1 464 贯，无怪乎东莞学风独盛②。

四、陈大震《南海志》

陈大震字希声，番禺人，南宋宝祐元年（1253）进士，官至知雷州，后归隐。二王行朝召为吏部侍郎，不就。元初录用宋旧臣，授广东道儒学提举，婉辞家居，自号蘧觉先生。卒年八十。有文集数十卷，皆失传③。

元成宗大德年间，广东道廉访使曾委任陈大震与广州路教授吕桂孙同修《广州路志》。大德八年（1304）书成付刊，

---

① 此数偏少，据刘伯骥《广东书院沿革》（内有个别误载）及广东部分方志、个别元人文集统计。
② 《大德南海志残本》卷九。
③ 黄佐：《广州人物传》卷十。

共20卷，名曰《南海志》。此书明时已残，今仅存第6—10卷，通称《大德南海志残本》。其中卷九有一部分言及泰定、致和年事，乃后人所增补。这五卷《南海志》是今存最早的成卷广东方志，所记户口、赋税、物产、舶货、城池、学校、兵防、驿站、河渡、廨署等内容，叙事翔实，时间亦较明确。陈氏自云此书是"爰即旧志而增益之"①，故今存五卷中关于宋户口、赋役、广州城的多次兴筑、学校、进士题名、兵防等，都有较详尽的记载。或者其"即旧志"之意在存亡宋之史。此残本是了解和研究广东南宋到元初历史的极宝贵资料。

大德《南海志》之外，已知元修广东方志尚有：元末乐会人蔡微撰《琼海方舆志》2卷（亡），潮州《三阳图志》（今存片断于《永乐大典·潮州府》中），《南雄路志》（今存片断于《永乐大典·南雄府》中）。

第八节　反元起义和土豪割据

广大汉人、南人，在元末举行全国性的反元大起义，终于埋葬了元王朝。

广东的反元起义，由于特定的政治、地理等原因，未与中原大起义汇合到一起，规模不大，比较分散，并且与土豪割据同时并存。由于元末广东未经过中原那样的大混战，因而所受摧残相对较轻。

---

① 大德《南海志·序》，原载阮元《广东通志》卷一百九十一。

在十余年的反元过程中,广东形成了几股较大的割据势力,其中以何真的势力最大,也较得人心。除少数残民以逞的土豪外,元末广东反元势力多有进步作用。

一、各地人民的反元起义

元朝中期以后政治日益腐败,导致赋敛加重。如增城县赋税,"除税粮、科差二者之外,凡课之入,日增月益。至于明宗之世,已二十余倍"①。其他州县的情况当大致相同。明宗之后,财用匮竭,《元史·食货志》载,天历三年(1330),行入粟补官之制,正式卖官,且有定价。江南诸省,纳米万石之上者,授正七品;300石之上者,便得上等钱谷官,而且在考满之后,依例升转。到元末,广东犹是"赀粟多者,辄得显爵"②。买官的人,没有不尽情朘削人民的。

广东的土豪更是穷凶极恶。南海逢村人梁祐,曾任广西两江道宣慰副使,"联姻贵官,交结当道,有司多出其门下,百姓畏之如虎狼。多造战船,私积军器,分布爪牙,招集凶恶,令为盗于海洋,掠田禾于乡井,而坐分其利。他人之田庄,占为己业;他人之妻女,占为己有。广东七路八州之民,被其毒害,无可申诉。根盘蔓结,垂五十年"③。

在官吏和土豪的朘削下,到顺帝初年,广东已是"苦元久矣"。顺帝至元三年(1337)正月,增城朱光卿起义,称大

---

① 乾隆《增城县志》卷七。
② 《琴轩集》卷九《小庵处士伍公墓志铭》。
③ 《惟实集》卷三《广东佥宪去恶碑》。

金国,改元赤符。四月,惠州聂秀卿、谭景山等借宗教外衣起事,奉戴甲为定光佛,响应朱光卿①。此两次起义虽在是年七月失败,但为元末广东起义揭开了序幕。

至正十一年(1351)全国反元大起义爆发后,广东反元义军蜂起。是年,海南"临高土人吴国宝等构乱";"梅州畲贼陈满等啸聚梅塘,攻陷城池"②。至正十二年(1352),湖南"郴寇陷乐昌,驱民数万攻韶城"③。十三年(1353),南海县邵宗愚、卢实善起兵,自称元帅;"贼数千,自循、梅"攻江西虔都。又连州自上年即"有警",当局以广东缺兵,至广西募得"达尔罕"兵二千,于是年夏开赴连州,合当地兵与"寇"交战,达尔罕兵以地形不熟,战败④。同年,海南文昌"土酋陈子瑚作乱",尽有乾宁各县⑤,形成一较大势力。十四年(1354),东莞王成、陈仲玉等兵起,互相争雄。次年,新会"土寇黄斌作乱",攻据县城;潮州路李先锋、张有作等据潮州城⑥。十六年(1356)江西徐寿辉部将熊天瑞攻陷南雄路,派兵据守,进围韶州,迫使据韶州多年的李如璋逃走,乃一度占领韶州。十七年(1357),南恩州吴元良据州城反,自称

---

① 《元史》卷三十九《顺帝纪》。定光佛,北宋末始有信此佛者,说是"世且乱,定光佛再出世"。见朱异《曲洧纪闻》卷八。

② 正德《琼台志》卷二十一;顺治《潮州府志》卷七。

③ 民国《仁化县志》卷四。

④ 郭棐:《广东通志》卷五;王礼:《麟原前集》卷一《赣州路总管府判官王侯纪勋碑》,《麟原后集》卷十《罗泸州子父志节状》。

⑤ 正德《琼台志》卷二十一。

⑥ 宣统《东莞县志》卷五十五;康熙《新会县志》卷三;乾隆《潮州府志》卷三十三。

元帅①。

大体上，到至正二十年（1360）为止，广东境大半已为各地反元起义军所占领。

二、土豪割据与何真据粤

元末，广东始终未形成有统一领导的农民大起义。反元起义首领，一般是各地的土豪。他们的势力大多不相伯仲，通常是占据一地称雄，除与元军敌对外，又互相争斗，相互兼并。

此外，各地区又出现许多保卫乡里的小型割据。各地人民为避免焚掠杀戮，纷纷举首领，率众立寨设防，置兵器，保卫乡里。被举的首领基本上也是当地"威能服众"的土豪。凡属单纯自卫的这类保聚，一般都脱离了元政权的控制，也算是一种割据。不过其性质和作用与争权夺地、残民以逞者有很大不同。

例如：潮阳胡禄据清陇，乃"为众所推，立为寨长，保障一方"。其寨名光华寨，反元含意甚明②。南海平地乡黄斐然，"募壮士屯防，一方皆赖其保障"③。新会久苦于黄斌攻掠，北到甲人林文秀，"率众保固乡里，避乱者咸往依之"④。

---

① 光绪《曲江县志》卷十一；康熙《恩平县志》卷一。
② 嘉靖《潮州府志》卷一。
③ 黄任恒《黄氏家谱节本》，宣统三年刊本。
④ 乾隆：《新会县志》卷十。据《明太祖实录》载，洪武十六年，已降明的何真父子奉命回广东，共收得"土豪"10 623人，其中大多应是元末率众保卫乡土的首领。

到明太祖派兵入广东之前，海南全岛由万州土酋王丽珠基本平定；而广东大陆则由何真据有大部分地区。

何真，字邦佐。中原大乱后，在东莞家乡聚众自保。至正十四年（1354）以后陆续攻灭其他割据者，大致上据有惠州及循州，并被元政权授予惠阳路同知、广东都元帅（都元帅是虚号），守惠州①，成为一大势力。

至正二十一年（1361），元廷以广东道廉访使八撒剌不花"久居广东，专恣自用"，调其改任江南行台侍御史，命完者笃代其职。二月，八撒剌不花拒命，杀完者笃，"以兵自卫，据广州"②。这次事变进一步削弱了广东道的统治力量，有利于反元势力的发展。

至正二十二年（1360），驻揭阳的江西行省平章朵列不花以"招复循、梅、惠三州之寇"，力量一度颇强，乃传檄讨八撒剌不花；割据于广州附近南海三山的邵宗愚乘机于十月攻占广州城，执杀八撒剌不花③，成为广东一大割据势力，并被元任命为行省参知政事。约与此同时，朵列不花及其主要部属被"土寇"金元祐杀死④。至此，在广东道境内形成何真、邵宗愚和控制了德庆、封州、肇庆等地的李质三大势力。这三人皆接受元官号而行割据之实。

邵宗愚在广州"大肆焚掠"，不得人心，特别是他以元朝名义发号施令，为何真所不能容忍。何真于至正二十三年

---

① 《元史》卷一百三十《何真传》；宣统《东莞县志》卷五十五。
② 《元史》卷四十六《顺帝纪》。
③ 《元史》卷四十六《顺帝纪》。
④ 《元史》卷一百九十五《朵列不花传》。

（1363）自惠州出兵，夺取广州，将邵宗愚逐归三山①。元廷擢何真为行省参政，旋又升江西、福建（时合为一省）行省左丞，仍驻广州。是年陈友谅败死，其将熊天瑞分兵攻循、梅诸山寨，又夺下重镇韶州②。至正二十五年（1365）初，朱元璋部将常遇春进军赣南，熊天瑞以其地（包括南雄、韶州二路）降。同年，邵宗愚复夺广州。约于是年初，福建陈友定派兵进入潮州境。

至正二十七年（1367）四月，何真再夺广州，逐邵宗愚。至此，广州道除南雄、韶州二路已属朱元璋占有、潮州路大部被陈友定占据外，惠州路全部和广州、循州、梅州大部都在何真的直接控制之下，故其势力最大。西面的李质一直与何真修好，这时且愿居其麾下。邵宗愚的势力，则已被削弱到广州附近之一隅。至于海北海南道（大陆部分）各地，或处割据状态，或仍在元势力控制之下。

---

① 宣统《东莞县志》卷五十五。
② 《明太祖实录》卷十六；《新元史》卷二百十七《刘鹗传》。

征 引 书 目

《易》
《尚书》
《周礼》
《礼记》
《左传》
《国语》
《逸周书》
《战国策》
《墨子》
《竹书纪年》
《荀子》
《楚辞》
《吕氏春秋》
韩婴：《韩诗外传》
刘安：《淮南子》
《史记》，中华书局标点本
　　（以下凡属廿四史者皆
　　同）
《汉书》
《后汉书》

《三国志》
《晋书》
《宋书》
《南齐书》
《梁书》
《陈书》
《魏书》
《隋书》
《南史》
《旧唐书》
《新唐书》
《旧五代史》
《新五代史》
《宋史》
《金史》
《元史》
《明史》
《新元史》
桓宽：《盐铁论》
刘向：《说苑》

刘向：《古列女传》
袁康：《越绝书》
刘珍等：《东观汉纪》
许慎：《说文解字》
应劭：《风俗通义》，王利器校，中华书局1981年版
刘熙：《释名》
张华：《博物志》
嵇含：《南方草木状》
葛洪：《抱朴子》，王明校释，中华书局1980年版
葛洪：《肘后备急方》，《道藏辑要》本
干宝：《搜神记》
法显：《佛国记》
《昭明文选》，李善注
任昉：《述异记》
僧慧皎：《高僧传初集》
宗懔：《荆楚岁时记》
贾思勰：《齐民要术》，缪启愉校释，农业出版社1982年版
郦道元：《水经注》
徐陵：《徐孝穆集笺注》，《四库全书》本
费长房：《历代三宝记》
温大雅：《大唐创业起居注》
虞世南：《北堂书钞》
欧阳询：《艺文类聚》
陆德明：《经典释文》
《唐律疏议》
义净：《大唐求法高僧传》
释道宣：《续高僧传》，《大藏经》本
惠能：《六祖坛经》，敦煌本
释宝唱：《比丘尼传》，《大藏经》本
许敬宗辑：《文馆词林》残本，《粤雅堂丛书》本
张鷟：《朝野佥载》
《唐六典》
徐坚：《初学记》
吴兢：《贞观政要》
许嵩：《建康实录》
《三辅黄图》，孙星衍校，《丛书集成》本
韩愈：《昌黎先生集》
柳宗元：《柳河东集》
皇甫湜：《皇甫持正集》
刘禹锡：《刘宾客文集》

元稹:《元稹集》
元稹:《元氏长庆集》
白居易:《白居易集》
白居易:《白氏六帖事类集》
杜佑:《通典》
李吉甫:《元和郡县图志》
牛僧孺:《玄怪录》
李肇:《国史补》
张读:《宣室志》
刘轲:《刘希仁集》,《丛书集成》本
郭湜:《高力士传》
郑处诲:《明皇杂录》
苏鹗:《杜阳杂编》
康骈:《剧谈录》
段成式:《酉阳杂俎》
段公路:《北户录》
刘恂:《岭表录异》
裴廷裕:《东观奏记》
裴铏:《裴铏传奇》,上海古籍出版社1980年版
王定保:《唐摭言》
马缟:《中华古今注》
孙光宪:《北梦琐言》
范摅:《云溪友议》
杜光庭:《洞天福地记》
《全唐文》,董诰等编,中华书局1983年版
《全唐诗》,彭定求等校点,中华书局1964年版
《唐大诏令集》,宋敏求辑,商务印书馆1959年版
陶谷:《清异录》
王溥:《唐会要》
王溥:《五代会要》
马令:《南唐书》
路振:《九国志》
钱俨:《吴越备史》
龙衮:《江南野史》
王钦若等:《册府元龟》
李昉等:《太平御览》
李昉等:《太平广记》
乐史:《太平寰宇记》
《五国故事》,北宋初成书,撰人不详
钱易:《南部新书》
王禹偁:《小畜集》
陶岳:《五代史补》,《四库全书》本
范仲淹:《范文正集》,《四库

全书》本
赵抃：《清献集》，《四库全书》本
郭若虚：《图画见闻志》，人民美术出版社1963年版
欧阳修：《文忠集》，《四库全书》本
曾公亮：《武经总要》
余靖：《武溪集》
蔡襄：《端明集》，《四库全书》本
包拯：《包拯集》，中华书局1963年版
曾巩：《曾巩集》
曾巩：《隆平集》
梅尧臣：《宛陵集》
祖无择：《龙学文集》，《四库全书》本
沈辽：《云巢编》，《四库全书》本
周敦颐：《周濂溪集》，商务印书馆1937年版
刘攽：《彭城集》
彭汝砺：《鄱阳集》

文同：《丹渊集》
王存等：《元丰九域志》
米芾：《砚史》
高承：《事物纪原》
张方平：《乐全集》
郑侠：《西塘集》，《四库全书》本
郭祥正：《青山集》，《四库全书》本
孔文仲等：《清江三孔集》，《四库全书》本
孔平仲：《谈苑》，《四库全书》本
王巩：《闻见近录》
苏轼：《东坡全集》
苏轼：《苏轼诗集》，王文诰辑注
苏轼：《东坡题跋》，《丛书集成》本
苏辙：《栾城集》
苏辙：《龙川志略》
苏过：《斜川集》，《丛书集成》本
黄庭坚：《山谷集》
秦观：《淮海集》

唐庚：《眉山诗集》
司马光：《资治通鉴》
王辟之：《渑水燕谈录》
文莹：《玉壶清话》
朱彧：《萍洲可谈》
唐慎微：《大观本草》
欧阳忞：《舆地广记》
徐兢：《宣和奉使高丽图经》
阮阅：《诗话总龟后集》
方勺：《泊宅篇》
马永易：《元城语录》
马永易：《实宾录》
《宣和画谱》宋人撰，佚名，《津逮丛书》本
宗泽：《宗忠简集》，《四库全书》本
李纲：《梁溪全集》
汪藻：《浮溪集》
曹勋：《松隐集》，《四库全书》本
吕颐浩：《忠穆集》
庄绰：《鸡肋篇》
陈与义：《简斋集》
江少虞：《宋朝事实类苑》
罗从彦：《罗豫章集》

蔡绦：《铁围山丛谈》
李光：《庄简集》，《四库全书》本
《端溪砚谱》，南宋人撰，佚名
叶庭珪：《海录碎事》，《四库全书》本
李焘：《续资治通鉴长编》
洪适：《盘洲文集》
洪适：《隶释》
洪迈：《夷坚志》
张孝祥：《于湖集》
罗泌：《路史》
熊克：《中兴小纪》
晁公武：《郡斋读书志》
王十朋：《梅溪先生文集》
朱翌：《灊山集》，《四库全书》本
朱弁：《曲洧纪闻》
曾慥：《类说》
陆游：《南唐书》
王偁：《东都事略》
朱熹：《朱子大全》
叶适：《水心集》
蔡戡：《定斋集》

征引书目

范成大：《桂海虞衡志》
周去非：《岭外代答》
曾丰：《缘督集》，《四库全书》本
韩元吉：《南涧甲乙稿》
杨万里：《诚斋集》
《庆元条法事类》，燕京大学图书馆印
楼钥：《攻媿集》
李心传：《建炎以来系年要录》
李心传：《建炎以来朝野杂记》
陈傅良：《止斋先生文集》
真德秀：《西山真文忠公文集》
方信孺：《南海百咏》
赵汝适：《诸蕃志》
白玉蟾：《重编海琼白玉蟾文集》，明正统本
陈均：《九朝编年备要》
郑樵：《通志》
陈振孙：《直斋书录解题》
王象之：《舆地纪胜》
祝穆：《方舆胜览》
《宋会要辑稿》，徐松辑，中华书局版
王明清：《熙丰日历》，《说郛》本
何薳：《春渚纪闻》
洪兴祖：《韩子（愈）年谱》
费衮：《梁溪漫志》
方大琮：《铁庵集》，《四库全书》本
刘克庄：《后村先生大全集》
吴泳：《鹤林集》，《四库全书》本
李昴英：《文溪集》，《粤十三家集》本
张端义：《贵耳集》
王迈：《臞轩集》，《四库全书》本
释普济：《五灯会元》
僧赞宁：《宋高僧传》
僧志磐：《佛祖统纪》，《大藏经》本
李曾伯：《可斋续稿》，《四库全书》本
区仕衡：《九峰先生集》，《粤十三家集》本

文天祥：《文山先生集》
《宋大诏令集》，中华书局1962年版
陈仲微：《广王始末》
吴自牧：《梦粱录》
周密：《武陵旧事》
王应麟：《玉海》
马端临：《文献通考》
《宋季三朝政要》，《四库全书》本
赵必𤩹：《覆瓿集》，《粤十三家集》本
汪大渊：《岛夷志略》，苏继顾校释
王恽：《秋涧先生大全集》
程钜夫：《雪楼集》，《四库全书》本
刘壎：《水云村稿》，《四库全书》本
姚燧：《牧庵集》
王祯：《农书》
袁桷：《清容居士集》
许有壬：《至正集》，《四库全书》本
马祖常：《石田文集》

刘将孙：《养吾斋集》
程端礼：《畏斋集》
陆文圭：《墙东类稿》
吴澄：《吴文正集》
郭钰：《静思集》
黄镇成：《秋声集》
吴师道：《礼部集》
苏天爵：《滋溪文稿》
陈栎：《定宇集》
周震霆：《石初集》
白珽：《湛湖静语》
揭傒斯：《文安集》
贡师泰：《玩斋集》
李存：《俟庵集》
刘鹗：《惟实集》
吴海：《闻过斋集》
郑天祐：《侨吴集》
王礼：《麟原集》
戴良：《九灵山房集》
王逢：《梧溪集》
　　以上皆《四库全书》本
吴莱：《渊颖集》
黄溍：《黄学士集》
辛文房：《唐才子传》
叶子奇：《草木子》

苏天爵：《元文类》
傅习、孙存吾编：《元风雅》
《元典章》
《元典章新集》
陶宗仪：《辍耕录》
陶宗仪：《说郛》
徐一夔：《始丰稿》
苏伯衡：《苏平仲集》，《四库全书》本
孙蕡：《西庵集》
陈琏：《琴轩集》
《明太祖实录》
《永乐大典》残本
黄淮、杨士奇辑：《历代名臣奏议》
丘濬：《重编琼台稿》
胡震亨：《唐音癸笺》
高棅：《唐诗品汇》
黄佐：《广州人物传》
区大任：《百越先贤志》
李时珍：《本草纲目》
宋应星：《天工开物》
邝露：《赤雅》
王圻：《续文献通考》
李贽：《史纲评要》
王夫之：《宋论》
顾炎武：《天下郡国利病书》
屈大均：《广东新语》
钦定《续文献通考》
《四库全书总目提要》
顾祖禹：《读史方舆纪要》
赵翼：《廿二史劄记》
毕沅：《续资治通鉴》
王士祯：《渔洋诗话》
陆心源：《唐文拾遗》
沈德潜：《唐诗别裁集》
沈德潜：《古诗源》
吴任臣：《十国春秋》
刘应麟：《南汉春秋》
吴兰修：《南汉地理志》
吴兰修：《南汉金石志》
吴兰修：《端溪砚史》
包世臣：《安吴四种》
王谟辑：《汉唐地理书钞》
梁廷枏：《南汉书》
梁廷枏：《粤海关志》
倪鸿：《桐阴清话》
计楠：《石隐砚谈》
徐松：《登科记考》
陆耀遹：《金石续编》

樊封：《南海百咏续编》
薛福成：《庸盦笔记》
檀萃：《楚庭稗珠录》
周广：《广东考古辑要》
邓淳：《岭南丛述》
范端昂：《粤中见闻》
陆增祥：《八琼室金石补证》，文物出版社1985年版
朱长文：《吴郡图经续记》
淳熙《三山志》
嘉泰《会稽志》
嘉定《赤城志》
宝庆《四明志》
陈大震《大德南海志残本》
延祐《四明志》
至顺《镇江志》
戴璟《广东通志初稿》
正德《琼台志》
黄佐：《广东通志》
嘉靖《潮州府志》
嘉靖《惠州府志》
嘉靖《南雄府志》
嘉靖《钦州志》
嘉靖《仁化县志》
隆庆《潮阳县志》

郭棐：《广东通志》
郭棐：《粤大记》
万历《新会县志》
黄淳：《厓山志》
宋广业：《罗浮山志会编》
金光祖：《广东通志》
郝玉麟：《广东通志》
顺治《潮州府志》
顺治《南海九江乡志》
康熙《新会县志》
康熙《恩平县志》
乾隆《大清一统志》
乾隆《潮州府志》
乾隆《南雄府志》
乾隆《化州志》
顾光：《光孝寺志》
乾隆《新会县志》
乾隆《增城县志》
乾隆《博罗县志》
嘉庆《雷州府志》
阮元：《广东通志》
道光《肇庆府志》
道光《琼州府志》
道光《万州志》
道光《南海县志》

道光《封川县志》
咸丰《琼山县志》
同治《韶州府志》
同治《连州志》
同治《乐昌县志》
同治《海丰县续志》
光绪《广州府志》
光绪《番禺县志》
光绪《香山县志》
光绪《曲江县志》
光绪《嘉应州志》
光绪《兴宁县志》
光绪《清远县志》
光绪《海阳县志》
光绪《崖州志》
宣统《南海县志》
宣统《东莞县志》
雍正《江西通志》
乾隆《江南通志》
乾隆《福建通志》
乾隆《贵州通志》
乾隆《马平县志》
嘉庆《广西通志》
嘉庆《四川通志》
光绪《湖南通志》
光绪《江西通志》
光绪《浙江通志》
光绪《广西通志》
民国《潮州志》
民国《连山县志》
民国《阳山县志》
民国《番禺县续志》
民国《香山县志续编》
民国《高要县志初稿》油印本
民国《(东莞)茶山乡志》
民国《大埔县志》
民国《仁化县志》
民国《福建通志》
民国《湖北通志》

陈庆新:《陈氏族谱》(增城沙堤),乾隆四十三年刻本

李景承:《李氏家谱》(新会),道光年抄本

《陈氏族谱》(顺德),光绪二十八年抄本

黄庆云:《黄氏族谱》,咸丰四年抄本

文仕镜:《文氏通谱》(宝

安），光绪元年刻本
张灿奎：《张氏族谱》（新会），光绪六年刻本
伍建珍：《伍氏族谱》（新会），光绪六年抄本
刘燸芬：《刘氏东支谱》（中山），光绪八年抄本
凌江春：《凌氏族谱》（始兴），光绪二十六年刻本
孔广汉：《孔氏家谱》（番禺诜敦），光绪三十四年修
《陈氏族谱》（潮州），光绪末年抄本
卢子骏：《卢氏族谱》（新会），宣统三年铅印本
易学清：《易氏族谱》（鹤山），宣统三年刻本
黄任恒：《黄氏家谱节本》（南海学正），宣统三年刻本
《张氏家谱》（新会凌冲），清代抄本
陈云翥：《陈氏族谱稿》（新会），民国元年铅印本
李喜发：《李氏族谱》（中山），民国3年铅印本
吴佐熙：《吴氏族谱》（潮州），民国6年刻本
洪己任：《洪氏族谱》（潮州），民国11年铅印本
李鄂：《李氏族谱》（番禺），民国18年抄本
伍瑶光：《伍氏合族总谱》（岭南），民国22年石印本
《钟氏族谱》（新会），民国24年抄本
赵锡年：《赵氏族谱》（新会），民国26年石印本
麦初年：《麦氏族谱》（广东），民国27年抄本
《赵氏族谱》（新会），民国抄本

（上列族谱之外，本册第十章第二节《表》中所征用的尚有广州中山文献馆所藏谢、胡、韩、朱、邓、韦、蔡、周、

区、罗、甘、简、关、庞、侯、何、梁、劳、霍等姓族谱100余部，不一一列举。）

吴道镕等编：《广东文征》，广东文征编印委员会刊本

简又文等编：《广东文物》，上海书店1990年版

汪兆镛：《岭南画征略》，商务印书馆1961年版

万斯年辑：《唐代文献丛考》，开明书店1927年版

《二十五史补编》开明书局1935年版

黄慈博：《珠玑巷民族南迁记》

陈垣：《陈垣学术论文集》，中华书局1980年版

岑仲勉：《唐史余沈》，中华书局1960年版

汤用彤：《汉魏两晋南北朝佛教史》，中华书局1955年版

郭沫若主编：《中国史稿》，人民出版社1976年版

刘伯骥：《广东书院制度沿革》，商务印书馆1938年版

陈万里：《中国青瓷史略》，上海人民出版社1962年版

丁颖主编：《中国水稻栽培学》，北京农业出版社1961年

刘锡蕃：《岭表纪蛮》，商务印书馆1935年版

罗香林：《客家研究导论》，台湾众文图书股份有限公司1981年版

罗香林：《中夏系统中之百越》，独立出版社1943年

戴裔煊：《宋代钞盐制度研究》，中华书局1983年版

何竹淇：《两宋农民战争史料汇编》，中华书局1976年版

任继愈主编：《中国佛教史》，

中国社会科学出版社1988年版

任继愈主编:《宗教词典》,上海辞书出版社1981年版

谭其骧主编:《中国历史地图集》,地图出版社1982年版

朱绍侯:《中国古代史》,福建人民出版社1982年版

《纪念马坝人化石发现三十周年文集》,文物出版社1988年版

《纪念黄岩洞遗址发现三十周年论文集》,广东旅游出版社1991年版

《文物考古工作十年》,文物出版社1990年版

珠海市博物馆等:《珠海考古发现与研究》,广东人民出版社1991年版

香港考古学会编:《赤腊角考古》,1994年刊本

香港考古学会编:《赤腊角考古研究》(英文版),1994年刊本

广东省博物馆等:《广东文物普查成果图录》,广东科技出版社1990年版

广东省博物馆等:《广东出土先秦文物》,1984年刊本

广东省博物馆等:《广东出土晋至唐文物》,1985年刊本

麦兆汉:《粤东考古发现》(英文版),香港考古学会1975年刊本

广东省博物馆:《广东唐宋窑址出土文物》,香港大学冯平山博物馆1985年刊本

广东省博物馆:《西沙文物》,文物出版社1974年版

广东省博物馆等:《南华寺》,文物出版社1990年版

《广州汉墓》,文物出版社1981年版

《广西贵县罗泊湾汉墓》,文

物出版社 1988 年版

广东省博物馆等:《广东唐宋窑址出土陶瓷》,香港大学冯平山博物馆 1985 年刊本

香港中文大学文物馆等:《穗港汉墓出土文物》,1983 年刊本

香港中文大学文物馆等:《紫石凝英》,1991 年刊本

广东省博物馆:《潮州笔架山宋代窑址发掘报告》,文物出版社 1981 年版

广州市文物管理委员会等:《广州西村窑》,香港中文大学考古研究中心 1958 年刊本

《中国陶瓷·广东陶瓷》,上海人民美术出版社 1983 年版

中国硅酸盐协会编:《中国陶瓷史》,文物出版社 1982 年版

张光直:《中国青铜时代》,北京三联书店 1983 年版

陈大运等:《岭南第一唐刻——龙龛道场铭》,香港三昧出版社 1993 年版

高世瑜等:《唐玄宗与泰陵》,陕西旅游出版社 1992 年版

《广州市文物志》,岭南美术出版社 1990 年版

陈历明主编:《潮汕文物志》,汕头市文教管理委员会 1985 年刊本

《乐昌文物志》,广东人民出版社 1989 年版

张宗仪等:《揭阳文物志》,揭阳县博物馆 1986 年刊本

邹永祥等:《惠州文物志》,惠州市文化局等 1986 年刊本

梁振兴等:《广东珠海岩画的发现和研究》,1991 年宁夏国际岩画学术讨论会论文稿

《古代铜鼓学术讨论会论文

集》，文物出版社1982年版

《景德镇陶瓷》，中国古陶瓷研究专辑第1辑

唐耕耦等编：《敦煌社会经济文献真迹释录》第1辑，书目文献出版社1986年版

王仲荦：《敦煌石室地志残卷笺释》，上海古籍出版社1993年版

《吐鲁番出土文书》，文物出版社1987年版

刘俊文：《敦煌吐鲁番唐代法制文书考释》

《中国考古学会第四次年会论文集》，文物出版社1985年版

《云南博物馆学术论文集》，云南人民出版社1989年版

容观琼：《文化人类学与南方少数民族》，广东人民出版社1990年版

黄现璠等：《壮族通史》，广西人民出版社1988年版

陈国强等编：《百越民族史论集》，中国社会科学出版社1982年版

香港博物馆编：《岭南古越族论文集》

蒋炳钊等：《百越民族文化》，上海学林出版社1983年版

朱俊明主编：《百越史研究》，贵州人民出版社1987年版

石钟健主编：《百越史研究》，中南民族学院1983年刊本

百越民族史研究会编：《百越民族史论丛》，广西人民出版社1985年版

《岭南古越族文化论文集》，香港市政局1993年刊本

余天炽等：《古南越国史》，广西人民出版社1988年版

朱洪、姜永兴:《广东畲族研究》,广东人民出版社1991年版

姜永兴:《广东、海南回族研究》,广东人民出版社1989年版

《黎族简史》,广东人民出版社1982年版

《壮族简史》,广西人民出版社1980年版

中南民族学院民族史研究所:《南方民族史论文集》,1982年刊本

刘耀荃:《黎族简史纪年辑要》,广东民族研究所1982年刊本

唐兆民编:《灵渠文献粹编》,中华书局1982年版

江经畬编辑:《历代小说笔记选》,上海书局1983年版

陈序经:《扶南史初探》

朱杰勤:《中外关系史论文集》,河南人民出版社1984年版

张铁生:《中非交通史初探》,北京三联书店1956年版

方豪:《中西交通史》,台湾华冈出版有限公司1971年版

方豪:《中国天主教人物传》,中华书局1988年版

温广益等:《印度尼西亚华侨史》,海洋出版社1985年版

周一良主编:《中外文化交流史》,河南人民出版社1987年版

李长傅:《中国殖民史》,商务印书馆1937年版

张星烺编:《中西交通史料汇编》,中华书局1977年版

《南海丝绸之路文物图集》,广东科技出版社1991年版

《广东风物志》,花城出版社1985年版

中国农业科学院编:《稻作科

学论文选集》,北京农业出版社1959年版

《广东省海洋带和海涂资源综合调查报告》,海洋出版社1987年版

曾昭璇:《历史地貌学浅论》,科学出版社1985年版

曾昭璇:《广州历史地理》,广东人民出版社1991年版

曾昭璇:《广州——古代海上丝绸之路的起点》,1990年广州与海上线绸之路学术讨论会论文

甘肃省民族研究所:《伊斯兰教在中国》,宁夏人民出版社1982年版

金吉堂:《中国回教史研究》,台湾瑽庭出版社1971年版

杜石然等:《中国科学技术史稿》,科学出版社1982年版

佛山地区革命委员会:《珠江三角洲农业志》1976年刊本

祝慈寿:《中国古代工业史》,学林出版社1988年版

戴裔煊:《干阑——西南中国原始住宅的研究》,岭南大学1943年刊本

厦门大学南洋研究所:《我国南海诸岛史料汇编》1975年刊本

陈佳荣等:《古代南海地名汇释》,中华书局1986年版

自然科学史研究所主编:《科技史文集》第14辑,上海科技出版社1985年版

赵文林、谢淑君:《中国人口史》,人民出版社1988年版

崔瑞德主编:《剑桥中国隋唐史》,中国科学出版社1990年版

章巽:《我国古代的海上交通》,商务印书馆1960年版

沈光耀:《中国古代对外贸易史》,广东人民出版社1985年版

叶显恩主编:《广东航运史》(古代),人民交通出版社1989年版

黄滋生、何思兵:《菲律宾华侨史》,广东高等教育出版社1987年版

沈福伟:《中西文化交流史》,上海人民出版社1985年版

徐松石:《民族学研究著作五种》,广东人民出版社1993年版

李学民、黄昆章:《印尼华侨史》,广东高等教育出版社1987年版

陈伟:《岛国文化》,文汇出版社1992年版

吕绍纲、吕乐美:《中国历代宰相志》,吉林文史出版社1991年版

黄忏华:《佛教各宗大纲》,台湾天华出版事业股份有限公司1980年版

郭朋:《隋唐佛教》,齐鲁书社1980年版

王兴瑞:《冼夫人与冯氏家族》,中华书局1984年版

王寿南:《唐代藩镇与中央关系之研究》,台湾大化书局1978年版

方积六:《黄巢起义考》,中国科学出版社1983年版

袁征:《宋代教育》,广东高等教育出版社1991年版

《学术研究》编辑部编:《史学论文集》,广东人民出版社1980年版

南开大学历史系编:《元史论集》,人民出版社1984年版

许凡:《元代吏治研究》,劳动人事出版社1987年版

《连南瑶族自治县概况》,民

族出版社1985年版
易行广:《余靖谱传志略》,暨南大学出版社1993年版
《南中国及邻近地区古文化研究论文集》,香港中文大学出版社1994年版
《中国——澳大利亚第四纪学术讨论会论文集》,科学出版社1987年版
《考古》(以下为期刊)
《考古学集刊》
《考古学报》
《考古与文物》
《农业考古》
《香港考古学会会刊》
《史前研究》
《文物》
《文物集刊》
《南方文物》
《文物天地》
《南京博物院集刊》
《广东省博物馆馆刊》
《广东省博物馆集刊》
《广东文物》
《广东文博》
《广东文物工作》
《广州文博》
《文博通讯》
《福建文博》
《汕头文博通讯》
《人类学报》
《广东民族研究通讯》
《科学通报》
《泥沙研究》
《古陶瓷研究》
《文史》
《中国史研究》
《中华文史论丛》
《东南亚研究》
《海交史研究》
《历史研究》
《学术研究》
《广东社会科学》
《岭南文史》
《中山大学学报》
《中山大学史学集刊》
《广西民族学院学报》

《香港钱币研究会会刊》
《潮州市志资料》
《吴川文史》
《始兴文史》
《珠海乡音》
《中国文物报》
《羊城晚报》
马克思、恩格斯：《马克思恩格斯全集》（中译本），人民出版社1957年版（以下为外国人著作）
马克思、恩格斯：《马克思恩格斯选集》，人民出版社1972年版
马克思：《摩尔根〈古代社会〉一书摘要》，人民出版社1978年版
〔日〕真人元开：《唐大和上东征传》，日本昭和七年本复印
〔阿拉伯〕苏莱曼等著，穆根来等译：《中国印度见闻录》，中华书局1983年版
〔阿拉伯〕伊本·胡尔达兹比赫著，宋岘译注：《道里邦国志》，中华书局1991年版
〔意大利〕马可波罗著，陈开俊等译：《马可波罗游记》，福建科学技术出版社1982年版
〔越南〕黎厕：《安南志略》，《四库全书》本
〔日〕桑原骘藏著，陈裕菁译：《蒲寿庚考》，中华书局1954年版
〔日〕桑原骘藏著，杨炼译：《唐宋贸易港研究》，商务印书馆30年代版
〔日〕木宫泰彦著，陈捷译：《中日交通史》，商务印书馆1932年版
〔越南〕黎文兰等著，梁志明译：《越南青铜时代的第一批遗迹》，河内科学出版社1963年版
〔美〕劳费尔著，林筠因译：《中国伊朗编》，商务印书馆1964年版

〔日〕三上次男著,李锡经、高喜美译:《陶瓷之路》,文物出版社1984年版

《中国陶瓷全集》,日本美乃美出版社1984年版

〔英〕阿·克·穆尔著,郝镇华译:《1550年前的中国基督教史》,中华书局1984年版

后　记

经过数年埋头苦干，数易其稿，总算把这册书完成了。其余五册将陆续问世。这是集体的劳动成果。其分工执笔者为：《广东通史绪论》方志钦、蒋祖缘；第一、二章杨式挺；第三章何维鼎；第四章第一至五节何维鼎，第六节何维鼎、陈摩人；第五章第一至三节何维鼎、汪廷奎，第四至六节汪廷奎；第六章第一、二、三、四、六节汪廷奎，第五节陈摩人，第七节李庆新；第七章第一至七、九至十一节李庆新，第八节第一、三目陈摩人，第二目许宁英；第八章李庆新；第九章第一至五、七节和第六节第一目汪廷奎，第六节第二目陈摩人，第三目许宁英；第十章第一至五、八节汪廷奎，第六节第一目许宁英，第二、三目陈摩人，第七节李庆新。第十一章第一至五、七、八节汪廷奎，第六节第一目许宁英，第二至四目陈摩人；《征引书目》汪廷奎。

在本册编写过程中，得到广东省博物馆、广东省中山图书馆、香港博物馆、广州市博物馆和广东省社会科学院图书馆提供图书资料和图片，并得到其他有关单位和个人的支持协助，谨在此表示衷心的感谢。

广东高等教育出版社全力支持本书的出版，并对编写者时加督促，使它排闼而出，得与读者见面。该社历史编辑室主任詹家豪同志对本书细加审阅、处理，提出了许多有益的修改意见。在此，我们表示诚挚的感谢。

由于这是第一部《广东通史》的首卷，既无先例可循，又无类似的成果可资借鉴，复无成套、完整的资料可供参考，故不完善和错漏之处当不可免，惟望专家和读者不吝赐教。如本书再版有期，当吸收各方宝贵意见，订而正之。

编　者
1995 年 12 月